개정 8판

재무행정학

신무섭 · 주상현

도서출판 대영문화사

Public Budgeting

8th Edition

by Moo Sup Shin

Emeritus Professor, Chonbuk National University

Sang Hyeon Ju

Professor, Chonbuk National University

Daeyoung Moonhwasa Press, 2019

Printed in Korea

개정 8판 머리말

정부는 수많은 정책과 사업을 한다. 그리고 정부는 이것들을 수행하기 위해서 필요한 재원을 확보하고 그것을 필요한 곳에 나누어 사용한다. 이 책은 이러한 정부의 활동에 대한 이해를 돕기 위한 것이다.

서울대학교 유훈 교수님에 의해서 1963년 처음 한국에 『재무행정론』 교과서가 출간된 이래 많은 재무행정 분야 교재들이 출판되었다. 이 책들의 내용은 시대의 변화를 반영하여 조금씩 변화된 내용을 기술하고 있지만 변하지 않는 큰 줄기들도 많이 있다. 모든 책들이 예산의 종류와 분류, 예산 과정, 예산 개혁 등을 소개하고 있다. 이번 개정 8판 『재무행정학』도 큰 줄기에서는 보면 다른 책과 비슷하다. 다만 몇 가지 점에서 다른 책과 차이가 있다고 할 수 있다. 이 책은 재무행정에 대한 기본 내용을 소개하는 데 주력하였다. 이 책에서는 행정이 존재하는 곳에 재무행정이 존재한다고 보았다. 이 책은 예산 이론과 세무행정을 개관했다. 또 이 책은 예산 개혁을 예산 제도의 나열을 넘어서고자 노력했다. 한국의 예산 개혁을 소개하고 그 특징을 소개했다. 이 책은 정부회계, 재정관리 등 소개의 범위를 확대하였다. 끝으로 한 장의 끝에 때때로 통계, 기출문제 등을 학습자료 부록으로 보충하였다. 1960년대 한국과 2010년대의 한국은 크게 다르고, 1960년대의 한국 정부관료제와 2010년대의 한국 정부관료제가 크게 다르다. 그럼에도 불구하고 재무행정 교과서의 큰 줄기가 변하지 않았다. 앞으로 새로운 소개 틀을 구상해볼 만하다. 저성장시대, 지방분권시대, 정보화시대, 글로벌시대, 제4차 산업혁명시대에 적합한 재무행정의 소개 틀을 구상할 과제가 우리에게 남아 있다.

종종 행정학은 경영학과 대비된다. 관리(管理)라는 측면에서 양자는 유사하다고 한다. 그러나 어느 정도 상대적이기는 하지만, 경영학은 조직체(기업)의 이익을 극대화하는 데 초점을 두고 행정학은 조직체(행정기관) 밖에 있는 시민들의 이익을 극대화하는 데 초점을 둔다는 데 큰 차이가 있다. 요약하면 행정학의 과제가 경영학의 과제보다 더 어렵다는 것이다. 조직이 노력해서 조직의 이익을 크게 하는 것이 힘이 든다고 하더라도 조직이 노력해서 조직 밖의 공중의 이익을 크게 하는 것보다는 쉬울 것이기 때문이다. 과연 어느 조직이 자체 인력과 돈을 활용하여 조직 밖의 공중에게 봉사를 하는가? 그런 조직의 특성과 구조를 탐구해보는 것이 재무행정의 영역이리라.

개정 8판 『재무행정학』의 필자는 전북대학교 선생과 학생으로 만나 그 인연으로 공동의 작업을 하였다. 벌써 오래 전부터 신무섭이 담당했던 재무행정 강의를 주상현이 담당하고 있다. 필자는 이번 공동 작업이 재무행정에 대해 보다 깊이 있는 연구를 스스로에게 촉진하는 계기가 될 것으로 믿는다.

책을 아껴주신 독자와 대영문화사 사장님과 관계자에게 깊은 감사를 드린다.

2019년 7월

신무섭 · 주상현

초판 머리말

이 책은 대학생을 위한 교과서로 쓰여진 것이다. 본인은 대학에서 10년 동안 재무행정을 강의해 왔으나, 강의를 할 때마다 충분하지 못하다는 생각이 들곤 하였다. 그것은 교과서들이 행정 체제의 하위 체제인 재무행정을, 행정이론을 원용하여 설명하기보다는 "정부 예산의 절차나 과정에 관한 법령 및 제도의 해설"에 치중하고 있거나(오연천 · 박영희, 1985: 60), 외국의 제도를 소개하고 있는 관계로 재무행정에 대한 흥미를 절감시켜 놓고 있다는 생각에서 비롯되었다. 이러한 생각은 필자만의 느낌이 아니었다. 지난 1985년 건국대학교에서 한국행정학회 연차학술대회가 개최되었을 때 재무행정 교과 과정에 대한 발표와 토론이 있었으며, 그 자리에서도 많은 행정학자가 그러한 점을 지적하였다.

그리하여 이 책에서는 재무행정의 대상을 행정관료제를 중심으로 한 예산 과정에 두었다. 그리고 재무행정 연구를 하나의 독립된 학문 분과로 하자는 주장을 강조하기 위하여 '재무행정학'이라는 용어를 사용하였다. 재무행정 현상이라는 것이 복잡한 것이어서 정치학, 재정학, 정책학, 회계학 등과 깊은 관계가 있고, 이러한 관계로 현상 이해에 종합 학문적 접근(interdicsiplinary approach)이 필요하다는 것을 주장하였지만, 필자는 능력 부족으로 그러한 관점을 충분히 반영하지는 못하였다. 이 책의 기술(記述) 방법은 예산 과정에 초점을 두었으나, 어떤 한 이론이나 접근 방법에 따라서 일관성 있는 설명을 하지 않고, 예산 과정을 따라가면서 중요하다고 생각되는 문제를 중심으로 소개하였다.

이 책의 내용은 크게 세 부분으로 나뉜다. 예산제도, 예산 과정, 예산 이론 등이 그것이다. 예산 개혁은 예산 제도에 포함시킬 수도 있다고 생각된다. 그러나 차례에서 보듯이 그렇게 세 부분으로 나누어 차례를 꾸미지는 않았다.

제3장 예산의 종류와 분류, 제4장 재무행정의 조직과 법적 기초, 제4장 예산 제

도의 발전 등은 재무행정을 이해하는 데 기초가 되는 것으로 예산 과정은 바로 이 예산 제도를 근간으로 하여 이루어지므로 매우 중요한 부분이라고 생각된다. 제16장 예산 개혁은 예산 운영을 좀 더 합리적으로 하기 위한 기술 및 방법으로서, 제1장에서 설명한 바와 같이 예산 제도에 포함시킬 수 있으나, 예산 개혁은 예산 이론, 예산 과정과도 깊은 관계가 있다. 제7장 예산 과정은 예산회계법상의 예산 절차를 소개한 것이며, 이어서 제8장 기획과 예산, 제9장 세입세출의 예측, 제10장 예산사정과 사업분석, 제11장 행정국가와 입법부의 역할 및 구성, 제12장 입법부와 예산 심의 과정의 개선, 제13장 예산 집행, 제14장 예산결산과 회계검사, 제17장 조세 체제와 세무행정, 제18장 국민과 예산 등은 예산 과정과 관련된 주제들이다. 예산 이론은 제2장, 제5장, 제6장, 제15장 등에서 소개하였다. 이 책에서는 공기업, 자본예산, 구매 제도 등을 다루지 않았다. 그 이유는 그것들이 중요하지 않아서가 아니라, 중요하기는 한데 필자의 역량 부족 때문이었다. 위에서 제시한 각 장의 내용은 하나하나가 중요한 연구 주체로서 단행본을 구상할 수 있는 것들이라고 생각된다. 그러나 모든 것이 뜻대로 만족스럽게 이루어지지 못하였다. 가능한 한 한국의 현실을 준거하기는 하였지만, 그 천착의 정도가 미진하였다고 생각된다.

끝으로 필자는 이 책을 집필하면서 서울대 유훈 교수의 『재무행정론』(1984), 건국대 박영희 교수의 『재무행정론』(1989), 청주대 이종익 교수의 『재무행정론』(1981), 서울시립대 심정근 교수의 『정부예산론』(1983), 서울대 김동건 교수의 『현대재정학』(1984), KDI 심상달 박사의 「정부지출의 수혜분포 분석」 등을 많이 인용하고 참고하였다.

"힘이란 경제적 부(富)와 그 창조적 능력, 그리고 군사비와의 엄격한 균형에서만 유지될 수 있다. 강대국의 쇠퇴는 주로 경제적인 부를 군사비에 과다하게 전용함으로써 촉진되는 것으로 이해된다. 방대한 방위망과 엄청난 군사력을 유지하고 있는 초강대국인 미국이나 소련도 예외가 될 수 없다고 본다. 더구나 역사의 교훈이 있다고 한다면, 과거 스페인, 네덜란드, 프랑스, 그리고 영국의 몰락이 그와 같은 과정을 겪었던 것"(구영록, 1988: 145)이라는 주장에서 사회의 자원을 어떻게 사용하는가 그 여부에 따라서 국가의 흥망이 좌우된다면, 그 일부를 연구하는 재무행정학의 중요성은 더욱더 증대되고 있다고 할 수 있다. 특히 격렬한 사회적 갈등 속에서 재원의 능률적 배분과 배분적 정의의 조화가 시급한 과제로 제기되고 있는 우리 사회에서는 더욱 그러하다.

필자는 이 책을 집필하면서 가능하면 재무행정 연구의 영역과 방법을 확대하면서도 행정학적 시각을 강조하려 하였으나 연구 영역의 정당화 미흡, 불충분한 설명 등의 한계를 드러냈다고 생각한다. 독자 여러분의 비판과 지도는 필자에게 크나큰 은총이라 믿는다.

1989년 5월

필자 씀

감사의 말

필자는 무엇이든지 쓰지 않고는 안 된다는 강박 관념에 사로잡혀서 전전긍긍하던 중, 필자의 전공인 재무행정에 관한 이 책을 쓰기 시작하였다. 필자를 괴롭혔던 그 강박 관념이라는 것이 매우 개인적인 것이지만, 그것을 유발시켰던 여러분과 제도에 대하여 필자는 감사를 드려야 한다.

필자는 항상 재무행정 강의를 수강하는 나의 학생들에 대하여 고맙게 생각해 왔다. 도대체 필자의 강의가 그들에게 무슨 도움이 될 것인가에 대하여 필자는 항상 회의적이었다. 필자의 강의가 아침밥을 먹고, 학교에서 멀리 떨어진 군산이나 익산에서 시외버스 값을 들여가면서까지 청강할 만한 가치가 있는 것일까? 도대체 대학교수가 강의실에서 수업을 하고 논문을 쓰고 하는 일이라는 것이 사회에 기여하는 바가 있는 것일까? 필자의 논문이라는 것이 푸줏간의 비닐 한 장도 못 되는 것이 아닐까? 필자의 강의라는 것이 술판에서의 “위하여!”라는 외침에도 못 미치는 것이 아닐까? 필자는 이 점에 대하여 선배 교수, 동료 교수와 상의도 해 보았다. 그들은 그렇지 않다고 하였다. 그러나 필자는 여전히 그러한 의문을 떨쳐버리지 못하고 있다.

필자는 연구실에서 항상 생각한다. 필자의 대학 동기생들은 지금 이 시각에 무엇을 하고 있을까? 아마도 그들은 큰 사무실의 어느 모퉁이에서 의자에도 앉지 못한 채 상사에게 서류 결재를 받고 있을 것이며, 각종 거래처에 전화를 걸고 있을 것이며, 공장에 나가 감독을 하고 있을 것이며, 비행기 안에서 도착지에 내려 설명할 내용을 구상하고 있을 것이며, 옆 공장의 화염병이 자기 공장에 떨어지지나 않을까 전전긍긍하고 있을 것이다. 또 어떤 친구는 대리점에서, 해외의 여관에서 계산기를 두드리며 상담 준비를 하고 있을 것이다. 이들이야말로 사회에 크게 기여하고 있는 것이 아닌가? 연구실은 너무나도 편한 곳이 아닌가? 필자는 나의 친구들에게 끝없는 고마움을 느낀다.

그 언젠가 가을이 접어들 무렵, 밤이었다. 필자의 아버지는 나의 방문을 조심스럽게 열면서, 지금 생각해도 귓가에 들려오는 측은한 음성으로, "우리 같은 서민은 알 수가 없다. 장사해서 세금 내기도 힘들다. 너는 대학원도 나왔으니 어떻게 연구 좀 해봐라……." 그때 필자는 그 말이 무슨 뜻인지 몰랐었다. 지금 돌이켜보면, 아마도 그때가 1977년 가을이었던 것 같다. 부가가치세가 도입되었는데, 큰 도매상에서 영수증을 안 주고 있다는 하소연이었던 것 같다. 우리 역사의 일제 통치, 해방, 6·25 등 굽이굽이에서 인생이 전도되었던, 그래서 세상을 초탈한 듯 사시는 아버지와 세상을 두려움 속에서 사시는 어머니, 이 두 분의 인생의 어두운 그림자를 필자는 잊을 수 없을 것이다. 마땅히 필자는 이 두 분의 인생의 소리에 귀를 기울여야 하며, 그들의 헌신에 감사를 드려야 한다.

필자의 무엇이든지 쓰지 않으면 안 된다는 강박 관념은 아내의 헌신적 생활 태도에서도 비롯되었다. 그녀는 필자가 연구실에서 밤늦게 귀가하여도, 매번 그때까지 일하고 있었다. 그녀는 필자보다 매일 일찍 일어나며, 필자보다 늦게 자는 경우가 많다. 그녀는 세 아이를 돌보면서도 자신의 일에 필자보다 더 철저하다. 그러면서도 아이들에게 큰소리를 치거나, 필자의 늦은 귀가를 탓한 적도 없다. 그녀는 교수가 방학 때 왜 학교에 가는지를 이해하지 못하는 그러한 가정주부이면서도 아이들에게 필자의 입장을 알기 쉽게 설명해 주었다. 이들의 인내심과 사랑에 대하여 필자는 고마움뿐만 아니라 희망을 느낀다.

필자는 서울대 행정대학원에서 행정학을 처음 배웠다. 모든 과목이 필자에게는 재미있는 것이었다. 첫해 2학기에 강신택 교수님으로부터 재무행정을 배웠다. 졸업 후 상당한 기간 안해균 교수님의 지도를 받았다. 학위논문 지도는 유훈 교수님과 노화준 교수님께서 해주셨다. 건국대의 박영희 교수님은 논문을 심사해 주었을 뿐만 아니라 필자가 필요한 논문을 얻으러 갔을 때 흔쾌히 도와주셨다. 필자가 논문 작성 때문에 고민하고 있을 때 성균관대의 정용덕 교수는 여러 가지 방법을 제시하며 같이 고민해 주었다. 또 건국대의 이성복 교수님은 유학 생활의 그 바쁜 와중에도 필자가 요청한 논문과 서적을 구입해 주었다. 이 자리를 빌려 필자는 은사님께 감사드리며, 특히 두꺼운 학위 논문을 여러 차례 읽고 지도해 주신 유훈 교수님과 노화준 교수님께 감사드린다. 그리고 여기에 성함을 밝히지 않은 선배 교수님의 지도와 사랑에 대하여도 진심으로 감사드린다. 이 모든 분이 없었더라면 이 책의 집필이 불가능하였을 것이다.

필자는 직접 또는 간접적으로 빚을 진 많은 분을 기억하고 있으며, 그분께도 감사의 말씀을 전한다. 또 그동안 필자에게 평안한 마음으로 공부할 수 있도록 격려하고 협조해 준 본교 행정학과 동료 교수님과 선배 교수님께 감사드린다. 그리고 함께 공부하고 토론하는 '관악행정연구회' 선배 및 동료 회원께도 감사의 말씀을 드린다. 이들의 열정은 감동적인 것이어서 필자의 생활에 활력이 되었다. 젊음으로 가득 찬 회원의 탐구욕과 비평은 필자에게 무엇이든지 쓰지 않으면 안 된다는 강박감을 주기에 충분한 것이었다. 그리고 '대학별곡(김신)의 술 위에 쓴 이름'처럼 모인 나의 벗, '다스 비어그라스'의 우정과 성원에도 감사의 뜻을 전하고 싶다. 끝으로, 책의 출판을 허락해 준 대영문화사 임춘환 사장님과 교정을 함께 보아준 여러 친구들에게 감사드린다.

1989년 5월

필자 씀

차 례

Contents

Chapter 02 정부 활동과 예산 43

Chapter 03 예산의 개념과 기능 및 원칙 61

Chapter 16 조달과 계약 563

Chapter

1

재무행정학이란 무엇인가?

학습 목표

정부는 국민으로부터 세금을 거두고 그것을 자금으로 해서 각종 사업을 한다. 정부가 세금으로 거두는 자금이 국내총생산(國內總生產, Gross Domestic Product: GDP)은 일정 기간 동안 한 국가에서 생산된 재화와 용역의 시장 가치를 합한 것)의 상당 부분이 되므로 이것을 국가의 목적 달성을 위하여 능률적이고 효과적으로 사용하는 일은 국가의 운명을 좌우할 정도로 중요하다. 그러므로 일반 국민이 정부의 재정활동을 감시하는 것이 필요하다. 또 이러한 이유에서 재무행정 연구는 매우 중요하다.

제1장에서는 재무행정 연구의 중요성, 개념, 연구 경향을 정리하였다.

제1장을 읽고 다음에 답할 수 있어야 한다.

- 재무행정은 어떤 활동을 말하나?
- 재무행정을 어떻게 정의할 수 있나?
- 재정의 뜻은 무엇인가?
- 한국에서 재무행정은 대략 어떻게 발전하였나?
- 한국에서 어떤 학자들이 재무행정 발전에 기여하였나?

제 1 절 재무행정 연구의 중요성

1. 재무행정을 공부하는 이유

네이버 국어사전에 따르면, 공부는 학문이나 기술을 배우고 익히는 일이다. 학문은 어떤 분야를 체계적으로 배우고 익히는 일이나 그 결과를 말한다. 연구는 어떤 일이나 사물을 깊게 조사하고 생각하여 진리를 따져보는 일이다. 배우고 익히려면 생각을 해야 한다. 따지려면 생각을 해야 한다. 공부, 학문, 연구 3개 단어가 그 뜻이 약간 다르지만, 모두 "사람이 생각한다"는 뜻과 관련이 있다.

우리 대학생에게 공부가 무엇인가?라는 질문을 한다면 책을 읽고 정리하고 생각하는 일이라고 대답할 학생이 많을 것이다. 그리고 왜 공부를 하나?고 물으면 학생들은 대개 취직을 위해서 공부를 한다고 말한다. 시험에 대비하기 위해서 공부를 한다고 말하는 것이다. 그러니 공부를 할 때 정답을 잘 찾아야 하고, 좋은 선생은 정답을 꼭 집어 가르쳐주는 사람이다. 그렇기 때문에 많은 학생들은 공부와 연구를 연계시키지 못한다. 즉, 조사하고 진리를 따져 보려고 하지 않는다.

공부는 질문을 만들고 그 질문에 답하는 것이라 할 수 있다. 우리는, 아니 학자들은 연구라는 말을 더 좋아한다. 어떻든 공부 혹은 연구에는 여러 가지가 있고 그 이유도 다양하다. 착한 사람이 되기 위해서 공부를 하고, 부자가 되기 위해서 공부를 하고, 사람들마다 각각 다른 이유가 있을 것이다.

대개 과학자들은 연구를 세 가지 이유에서 한다. ① 세상을 기술하고 설명하기 위해서, ② 세상을 이해하고 해석하기 위해서, ③ 또 세상을 변화시키기 위해서 공부 혹은 연구를 한다.

이 책을 읽는 독자는 행정이나 재무행정에 관심이 있는 분이므로 이 책을 공부하는 분은 혹은 이 책을 읽는 분은, 취직을 하기 위해서, 혹은 우리나라 재무행정 현상을 기술하고 설명하기 위해서, 혹은 재무행정 현상을 이해하고 해석하기 위해서 혹은 재무행정 현상을 변화시키기 위해서 노력하는 학도일 것 있다. 다시 말하면, 재무행정을 공부하는 목적은 크게 세 가지 관점이 있다.

① 기술(記述)과 설명(說明): 보건복지부의 예산이 얼마이고, 매년 증가율은 얼마인가? 왜 보건복지부의 예산은 증가하는가? 정부가 중기재정운용계획을 사용하면 정부 예산의 증가율이 낮아지는가? 정부의 예산 운용에 대한 여당과 야당의 태도가 다른가? 이런 물음에 답을 찾기 위해서 재무행정을 공부한다. 이 관점의 핵심은 인과관계(因果關係)의 파악이다.

② 이해(理解)와 해석(解釋): 우리나라 국회는 매년 거의 이른바 날치기로 예산을 통과시키곤 하는데 이것은 무엇을 의미하나? 신문이나 칼럼을 보면 예산 배분을 정치적 논리에 따라 하지 말고 경제 논리에 따라 해야 한다는 주장이 있는데, 이 주장을 어떻게 이해할 것인가? 행정기관들이 예산을 효율적으로 관리하기 위해서 사기업이 사용하는 방법을 적용하면 어떻게 될까? 이런 질문에 답을 하려면 우리는 행정기관을 둘러싸고 있는 사회적·경제적·정치적·문화적 관계를 이해하여야 하고, 행정기관에 근무하고 있는 관리자의 가치관을 이해하고 해석해야 한다.

③ 해방(解放): 우리나라 중앙정부의 수입이 지방정부의 수입보다 훨씬 많다. 그래서 지방정부는 중앙정부로부터 보조금을 받아야 운영이 가능할 정도이다. 이런 구조는 오랫동안 지속되어서 많은 수의 지방정부는 자체적으로 사업을 추진하기 힘들다. 이런 현상을 어떻게 개선할 수 있을까? 이 문제는 역사적·사회적·정치적 구조와 관계가 있다고 본다. 특히 권력구조의 개편과 관계가 있다.

재무행정 연구의 목적이 기술 및 설명, 해석, 해방이라는 관점을 포함해서, 재무행정 연구도 학문을 배우고 익히는 일의 일종이므로, 기초적인 학문의 목적으로 논리적이고 체계적인 사고를 배우고 익히기 위한 것이라고 할 수도 있다. 논리적이고 체계적인 사고를 잘 할 수 있다면 재무현상을 잘 설명하고 문제 해결 방법도 잘 찾을 것이다. 또 재무행정을 연구하면 연구자는 인간과 사회에 대한 이해가 깊어져 보다 나은 사회를 구성하는 방법을 알게 될 것이고, 마침내 성숙한 사람이 되는 길도 터득할 수 있을 것이다.

만약 독자께서 공무원이 되기 위해서 재무행정을 공부한다면 틀림없이 공공에 봉사하고 싶은 마음이 있을 것이다. 공공기관의 자리를 차지하려는 분을 위해서 일본 화폐 만 엔 권에 그의 얼굴이 실여있는, 일본 개화기의 사상가인 후쿠자와 유키치(福澤諭吉)의 『학문을 권함』의 한 구절을 인용한다.

"지식인이라면 천하의 일을 근심하는 사람으로 재능이 없는 사람도 아니다. 생활을 하는 정도는 간단할 것이다. 관계(官界)에 있으면서 공무를 하는 것도, 민간에 있으면서 사업을 하는 것도 다를 바 없다. 혹시 관료 쪽이 민간보다 이익이 많다면 이는 세금의 낭비라고 해야 할 것이다. 지나친 이익을 탐하는 것은 신사가 할 일이 아니다. 아무 기술도 능력도 없는 인간이 가끔씩 행운으로 관료가 되어 높은 급료를 받아 사치하는 자가 있다면 이는 우리들의 친구가 아니다(1874년 1월)."

(후쿠자와 유키치, 2011: 71)

2. 재무행정 연구가 중요한 이유

어떤 연구가 중요하지 않은 것이 있겠는가? 다만, 재무행정을 연구하는 입장에서 그것이 가지는 중요성을 강조하고자 할 뿐이다.

정부가 세금을 거두어들이고 자금을 배분하는 활동은 자원의 배분, 소득 재배분, 경제 안정 및 성장에, 그리고 또 정부관리의 능률성과 효과성에 큰 영향을 미치므로 재무행정에 대한 연구가 매우 중요하다고 볼 수 있다. 그뿐만 아니라, 정부의 재정 운용은 일반 시민, 정치가, 행정가 등에게 영향을 미치고 또 영향을 받으므로 재무행정에 대한 이해는 매우 중요하다.

이해를 위해서 관련 신문 기사를 살펴보자.

◆ 조선일보 2018년 8월 16일 종합 A1면(공무원 증원의 그늘… 인건비 무려 7조 6,000억 원 증가): 문재인 정부 출범 첫해인 지난해 공무원 인건비 지출이 전년도보다 7조 5,911억 원 늘어난 것으로 나타났다. 2016년 정부 인건비 지출 증가분(4조 8,921억 원)보다 2조 7,000억 원 많은 것으로, 관련 통계가 작성된 2007년 이후 역대 최고다. 또 공기업의 비정규직 정규직 전환, 최저임금 인상 등 영향으로 지난해 공기업들의 인건비 지출액도 전년보다 1조 4,774억 원 늘어났다. 문재인 정부의 공무원 증원 정책에 돈이 많이 들고 그만큼 국민 부담이 된다는 비판 기사이다.

◆ 중앙일보 2018년 8월 27일(news.joins.com)(특활비 없앤 국회, 업무추진비 증액 논란에 "꼼수 아냐"): 국회가 의장단 몫을 제외한 상임위원장 특수활동비를 폐지한 가운데 각 상임위에 매달 300만 원 규모의 업무추진비 및 기관운영비를 배정하는 것을 추진 중이다. 국회 사무처 관계자는 27일 뉴시스와 통화에서 "특활비가 전액 없어지

니까 회의나 정기국회 등에 대응해 쓸 경비가 없어서 추진하게 되었다"며 "상임위원회 운영을 위해선 업무추진비가 필요한데 예전(특활비 폐지 전)에는 특활비를 업무추진비로 대체해서 썼던 것으로 봐야 한다"고 설명했다. 이 관계자에 따르면 새로 추진되는 업무추진비 및 기관운영비는 매월 300만 원 규모로 18개 상임위에 지급될 것으로 보인다. 국회가 특수활동비를 방만하게 사용하자, 이에 대한 국민 여론이 나빠졌다. 그러자 국회가 그것을 폐지하고 대신 업무추진비 및 기관운영비를 증액하는 방법을 모색하려고 하는데 대한 기사이다.

◆ ChosunBiz.com 2011년 12월 3일 10시(850억 원 들인 모노레일(인천 월미은하레일), 또 300억 원 들여 철거할 판): "총부채 46조 원… 51개 지방공사 방만 경영 실태, 지자체 선거 때마다 선심공약 경제성 안 따지고 사업진행, 강원 태백시 오투리조트 등 수지 못 맞춰 결국 주민부담." 지방자치단체가 선거 때 수지를 따지지도 않고 주민에게 선심성 사업을 많이 공약해서 지방공사의 방만한 경영을 유발시켰다는 것이다.

◆ 서울신문 2013년 7월 10일 12면(용인경전철 같은 재앙은 다시는 일어나지 말아야 합니다): "경기도의회가 김문수 도지사의 핵심 사업인 수도권광역급행철도 수요 예측 조사에 대한 검증에 나서기로 했다. 수요 예측 잘못으로 자치단체에 재정 부담이 되고 있는 잘못을 미연에 방지하기 위해서다." 지방자치단체의 장들은 재임기간에 가시적 성과를 내고 싶어한다. 선거에서 표를 의식해서이다. 그러나 그 부담은 모두 주민에게 되돌아온다.

◆ 문화일보 2013년 6월 27일 31면(비과세 · 감면 제도 개선이 또 다른 졸속이어선 안 된다): "우리나라의 비과세· 감면 제도는 무려 226개다. 연간 감면액만 30조 원에 이른다. 누가 봐도 비정상이다." 복잡한 비과세제도와 감면 제도를 개선하는 것은 마땅하나 박근혜 대통령의 복지공약을 증세 없이 실천하기 위해서 졸속으로 흐르지 않을까 염려하는 기사이다.

◆ 중앙일보 2001년 1월 9일 3면(국기 흔든 범죄… 왜 트집잡나): "안기부 총선자금 지원사건 검찰 수사를 놓고 정치권에서 거친 공방이 계속되자 검찰이 반격 겸 진화에 나섰다…… ◇ 검찰이 밝힌 사건 성격=김○섭 전 안기부 운영차장은 안기부 일반 예산과 재경부 예비비에 숨겨둔 안기부 예산, 안기부 남산 청사 매각대금 가운데 일부로 1천 1백 57억 원을 만들었으며, 이 돈을 선거자금으로 당시 집권여당에 불법 지원했다." 국민 세금이 집권당 선거자금으로 불법 횡령되었다는 기사이다.

공무원 인건비, 공기업 비정규직 정규직 전환, 국회의 특수활동비, 비과세, 감면, 공기업 부채, 선거 등 매일 신문에 재무행정과 관계가 없는 기사가 없을 정도이다.

위의 기사가 지적하고 있듯이, 국민생활과 국가 존립에 긴밀한 관계가 있는 여러 문제가 재무행정과 관계가 있다. 부처의 예산 편성, 국회의 예산 심의, 조세, 공기업 등의 제도와 실제 운영이 어떠한지, 그리고 그것을 어떻게 합리적으로 개선할 것인지 이런 것에 대한 기초 지식을 얻기 위해서 재무행정 연구가 중요한 것이다.

아래에서 정부, 시민, 행정 관리자, 국회의원 등의 입장에서 몇 가지를 강조한다.

첫째, 재무행정은 정부의 활동에 중요한 기초이다. 정부는 돈이 있어야 무엇을 할 수 있다. 법률이 있고, 조직이 있고 좋은 생각이 있어도 돈이 없으면 정부는 활동을 할 수 없다. 그러므로 돈을 거두어들이고 그 돈을 조리있게 사용하는 일은 정부 활동의 기초이다.

둘째, 시민들이 정부 활동을 이해하고 통제하기 위해서는 재무행정에 대한 이해가 필요하다. 정부는 시민의 수입의 일정 부분을 강제로 징수한다. 시민은 정부가 무엇을 하고 있는지, 수사가 아니라 실질적으로 무엇을 하고 있는지 알려면 돈의 흐름을 파악해야 한다. 정부가 무엇을 한다고 발표했을 때 그 표현이나 느낌보다 돈의 흐름을 보는 더 정확하다. 정부가 시민의 뜻을 따라 사업을 수행하는지, 정부가 목표 달성을 위해서 돈을 효율적으로 사용하는지 등을 판단하는 데도 재무행정에 대한 이해가 중요하다. 또 정부가 세금을 거두어들이고 각종 사업에 돈을 쓰는 일은 바로 시민의 생활에 영향을 준다.

셋째, 행정수반이나 관리자들은 자신들이 속한 기관의 목적을 달성하기 위해서 재무행정에 대한 이해가 절실하다. 이들은 한정된 자원을 가지고 기관의 목적을 구현해야 한다. 행정수반이나 관리자들은 미래를 계획하고 정책의 우선순위를 정하고, 그것에 따라 재원을 배분하고 이러한 우선순위에 따라 배분된 재원이 본래의 목적에 따라 집행되는지를 점검해야 할 것이다. 이에 대해서 재무행정은 많은 지식을 제공한다.

넷째, 국회의원과 정치가들은 자신의 목적을 달성하기 위해서 또는 행정부가 자금을 효율적으로 관리하고 있는지 통제하기 위해서 세입과 세출에 대해서 관심을 가진다. 국회의원과 정치가들은 자신의 목적과 정책을 실현하기 위해서 예산 과정을 이해하고 있어야 한다.

다섯째, 학자에게 동일한 과정이 매년 반복되는 예산 과정은 정책 결정이나 의사 결정의 훌륭한 연구 대상이 된다.

제 2 절 재무행정이란 무엇인가?

재무행정이 무엇인가는 나라와 시대에 따라 차이가 있다. 한마디로 무엇이라고 정의하기 힘들다. 책을 보면 대개 개념 정의를 할 때 여러 학설을 설명하고 있는 것이 바로 그 때문이다. 시대에 따라, 그리고 학자에 따라 달리 정의되는 것이다. 그러므로 현상을 설명하는 데 도움이 된다면 연구자가 자유롭게 정의할 수 있을 것이다.

1. 재무행정의 예

1) 서울시 종로구

우선 독자들이 재무행정의 개념을 이해하는 데 도움이 되게 하기 위해서 서울시 종구로 조직을 보고 생각해 보자.

종로구 홈페이지[www.jongno.go.kr(2018.8.28.)] → (종로구 소개) → (구정 정보) → [2018 구정 현황(2018.8.28)]을 클릭하면, 종로구청의 현황을 알 수 있다. 2017년 현재 인구는 154,770명, 2018년 예산은 일반회계와 특별회계를 합해서 384,198백만 원이다. 그리고 부서는 구청장 아래 5국 1소, 31개 과 17동이 있다. 공무원 정원은 1,216명이다. 2017년 12월 현재 그러하다. 구청은 감사담당관, 총무과, 기획예산과, 자치행정과, 재무과, 세무1과, 세무2과, 문화과, 민원여권과, 복지지원과, 사회복지과, 여성가족과, 청소행정과, 주택과, 도시개발과, 도시디자인과, 건축과, 공원녹지과, 토지정보과, 건설관리과, 도로과, 안전치수과, 교통행정과, 주차관리과, 보건위생과 등으로 구성되어 있다. 과 및 담당관의 명칭을 보면 이들 부서가 무슨 일을 하는지 대략 알 수 있다. 청소행정과와 도로과는 구역 내 청소와 도로 관리의 업무를 한다. 이 가운데 몇 가지 업무를 간단히 정리하면 다음과 같다.

1. 감사담당관: 구 자체 감사 등
2. 기획예산과: 구 예산 편성과 집행의 조정 및 총괄 등
3. 재무과: 지출 및 세입 세출 총괄 및 결산 등
4. 세무1과: 재산세, 종합토지세, 등록세, 취득세 등의 세원 조사 및 부과 징수 등
5. 세무2과: 구 세입 총괄 및 현재, 과년도 징수 결과 및 세입금 출납 등
6. 도시개발과: 도시계획시설 입안, 결정 및 토지구획정리 사업
* 구의회: 예산 및 결산 심의

종로구청 도시개발과에서 2019년에 일정 지역 토지구획정리 사업을 한다면, 미리 계획을 세워서 구청의 예산으로 확정해야 할 것이다. 구청 예산은 기획예산과에서 작성한다. 물론 구청장의 결심이 있어야 하고 구 의회의 승인을 받아야 한다. 예산이 확정되면 도시개발과가 사업을 시행하고 사업의 진행정도에 따라서, 도시개발과와 기획예산과, 그리고 재무과가 상의를 해서 재무과에서 지출을 한다. 그리고 그 지출 상황을 기록하고 보관한다. 한편, 사업비를 지출을 하려면 구청에 수입이 있어야 할 것이다. 한국의 구청(區廳)은 상급단체로부터 보조를 받기 때문에 자체 수입이 많은 비중을 차지하지 않지만, 세무1과에서 재산세, 취득세 등을 조사・부과・징수한다. 세무2과에서는 구 세입을 총괄한다. 감사담당관은 이러한 모든 활동을 감사한다. 종로구청은 감사담당관의 감사도 받지만 서울시의 감사 또는 감사원의 감사도 받을 수 있다. 물론 구 의회는 예산과 결산의 심의를 통해서 구청의 활동을 감시한다. 이런 활동을 재무행정이라고 할 수 있다.

2) 교육부

또 다른 예로 교육부를 보자. 교육부 홈페이지[www.moe.go.kr(2018.8.28)] → (교육부 소개) → (조직)을 클릭하면, 2018년 8월 현재, 교육부는 3실 4국 10관, 49과(담당관), 총 599명의 직원이 일하고 있다고 한다. 『2018년도 나라살림 예산개요』에 따르면, 교육부 소관 약 64조 원 정도이다. 교육부는 장관, 차관, 운영지원과, 감사관, 기획조정실, 고등교육정책실, 학교혁신지원실, 교육복지정책국, 학생지원국 등으로 구성되어 있다. 이 가운데 몇 개 부서가 하는 일을 간단히 정리하면 다음과 같다.

1. 감사관: 교육부와 그 소속기관에 대한 감사 등
2. 운영지원과: 경리업무총괄, 재무총괄, 계약총괄, 지출, 자금, 수입 관리 등
3. 정책기획관: 기획, 예산 편성 및 집행 업무, 결산 및 인건비 총괄 등
4. 학술진흥과: 한국학학술연구지원, 한국사회과학연구지원사업(SSK), 글로벌연구네트워크 지원사업(GRN), 대학인문역량강화사업(CORE) 등

* 국회: 교육부 예산의 심의 및 결산 심의

예를 들어, 학술진흥과에서 2019년 한국사회과학연구지원사업(SSK)을 추진하려면 이미 시행하고 있는 SSK사업을 평가하고 문제점을 개선하여 1, 2년 전부터 계획을 세워 교육부 예산사업으로 그것을 포함시켜야 한다. 교육부의 예산은 장관의 책임 아래 편성된다. 그러나 실무는 각 과와 정책기획관 아래 예산담당관이 편성하는 일을 담당한다. 물론 학술진흥과에서 예산을 올렸기 때문에 예산담당관이 그 사업 예산을 편성하게 되었을 것이다. 예산이 편성되면 학술진흥과는 사업을 수행하는데 그에 필요한 자금은 운영지원과에서 관리한다. 해당 사업에 대해서 계약을 하고 사업 진척에 따라 채권자에게 대금을 지불하라고 공문을 보내고 한국은행의 교육부 구좌에서 채권자 구좌로 돈이 지불되고, 이런 활동이 적법하게 진행되었는지 감사관이 감사를 한다. 물론 감사는 감사원에서 할 수도 있다. 국회가 교육부 예산과 결산을 심의・확정한다. 이 과정에서 국회는 교육부의 예산 편성과 집행 상황을 감시할 수 있다. 이런 모든 활동을 재무행정이라고 볼 수 있다.

3) 중앙정부

중앙정부의 예를 들어보자. 『2018년도 나라살림 예산개요』에 따르면, 중앙정부 2018년 일반회계 예산 총지출 규모는 301조 원이다. 중앙정부 조직은 "정부24" 홈페이지[www.gov.kr(2018.8.28)] → (정책정보) → (정부조직도)순으로 클릭을 하면 볼 수 있다. 중요한 기관의 기능을 간단히 정리하면 다음과 같다.

1. 대통령(실): 국정 총괄
2. 감사원: 감사

3. 기획재정부– 예산실: 예산의 편성과 집행 관리 등
세제실: 조세정책
국고국: 국고자금의 조달·배정·운용, 채권관리, 국가계약 제도 등
재정관리국: 회계결산, 타당성검사, 재정집행 관리, 재정성과평가 등
– 국세청, 관세청, 조달청, 통계청
4. 교육부: 대학교육정책, 학술진흥 등
* 국회: 예산과 결산 심의 등
* 한국은행

정부가 무슨 사업을 하려면, 교육부를 비롯한 18개 부(部)와 여러 기관들이 각각 사업계획을 세우는 가운데 기획재정부를 중심으로 과거의 정책을 평가하고 미래의 환경을 조망하면서, 경제 성장, 물가, 국가채무 등을 전망하면서 총수입과 총지출을 전망한다. 기획재정부는 부처의 계획을 받아 매년 변경되는 연동계획인 국가재정운용계획을 작성하고 이에 따라 분야별·부처별 예산한도를 정한다. 그리고 기획재정부는 부처로부터 예산요구를 받는다. 기획재정부가 예산을 편성하고 대통령의 재가를 받아 국회에 제출한다. 예산이 국회를 통과하면, 각 부처가 예산을 집행한다. 기획재정부 예산실은 예산 집행을 관리하고 국고국은 자금을 관리한다. 부처는 사업을 발주하고, 계약을 하고 사업 진척에 따라 지출을 한다. 그러나 대규모 시설사업은 조달청을 통해 계약을 한다. 한편, 교육부는 수입에 대해서 그렇게 신경을 안 쓰지만 정부는 수입에 신경을 안 쓸 수 없다. 기획재정부 세제실에서 조세정책을 정하고 국세청과 관세청은 법률에 따라 세금과 관세를 징수한다. 한국은행은 징수된 돈을 보관하고 그 돈(국고금)을 수납하고 지급한다. 기획재정부 재정관리국에서 회계 결산, 타당성검사, 국가채무, 재정수지, 성과평가 등을 다룬다. 이 모든 활동에 대해서 감사원은 감사를 하고 국회는 예산 심의와 결산 심의를 통해서 행정부를 통제한다. 이와 같이 대통령, 기획재정부, 각 부처, 감사원, 국세청, 조달청, 국회, 한국은행 등이 서로 상호작용하면서 복잡한 활동을 하는데 이 모든 것을 재무행정이라고 할 수 있다. 종로구청, 교육부, 정부 등이 관련 기관과 활동에 차이가 있기는 하지만 각 기관이 수입을 마련하고, 사업과 정책을 시행하기 위해서 지출을 하고, 입법부가 예산과 결산을 심의하고, 각 기관이 사업을 집행하기 위해서 계약을 하고 물품을 구매하고 대금을 지불하며, 이런 활동에 대해서 평가도 하고 감사도 하는 것은 동일하다. 이런

활동을 재무행정이라고 한다.

사실 위에서 살펴본 서울시 종로구, 교육부, 중앙정부 등의 활동은 재무행정일 뿐만 아니라 행정 그 자체이기도 하다. 다만, 돈에 관련된 활동에 초점을 두어 재무행정이라고 한 것이다.

2. 재무행정의 개념

1) 재무행정의 개념 예시

재무행정에 대한 정의를 몇 개 살펴봄으로써 그 개념을 알아보기로 한다.

서울대 강신택 교수는 행정을 다음과 같이 정의하였다: 행정은 "정치 · 경제 · 사회 · 문화 및 과학기술의 제 관계 속에서 국민(또는 시민)의 요구와 필요에 관련된 여러 가지 문제를 다루면서, 정의와 복지를 실현하려는 정치공동체의 질서를 유지, 향상, 발전시키기 위하여 행정부(또는 그 기능적 대체조직)가 정책을 형성하고 집행하는 일련의 행동 및 상호작용의 과정과 체제"이다(강신택, 2000: 5).[1] 그는 재무행정은 행정의 한 부분으로서, 행정이 있는 곳에 재무행정이 있다고 주장하였다. 모든 조직과 집단의 운영에는 재원을 동원하고 배분하는 과정이 있다.

고려대의 이문영 · 윤성식 교수는 "재무행정은 효과적이고 효율적인 자금의 조달과 관리, 그리고 사용에 대한 학문"이라고 규정하였다(이문영 · 윤성식, 1993: 14).

중앙대의 황윤원 교수와 명지대의 김성철 교수는 "재무행정은 행정 중에서도 돈에 관한 행정이요, 정부의 돈에 관한 행정이라는 뜻이 된다. 말하자면 정부가 어떻게 돈을 벌며, 어떻게 돈을 쓰느냐에 관한 문제를 다루는 포괄적인 의미가 재무행정이다"라고 하였다(황윤원 · 김성철, 2005: 3－4).

연세대의 하연섭 교수는 재무행정을 "정부와 공공기관이 조직의 목적을 달성하는데 필요한 재원을 조달 · 배분하며 이를 관리 · 운용하는 것과 연관된 일련의 활동"이

---

1) 강 교수의 행정 정의는 후에 다음과 같이 다소 수정되었다(강신택, 2009: 94－95): 행정은 "정치 · 경제 · 사회 · 문화적 제 영역과의 관계 하에서, 구성원들의 요구와 욕구에 부응하는 정책을 형성하고 집행함으로써 정치공동체의 정의와 복지를 구현할 수 있는 질서를 유지, 향상, 발전시키려는 일련의 활동과 상호작용의 과정"이다.

그림 1-1 재무행정의 개념 예시

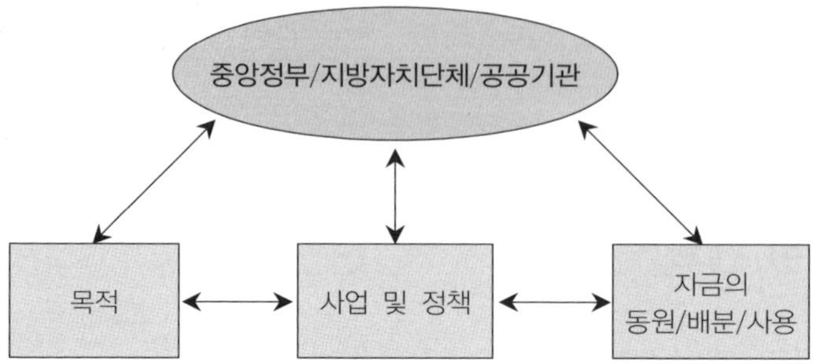

라고 한다(하연섭, 2018: 4).

일반적으로 재무행정은 행정의 한 부분으로서, 중앙정부, 지방자치단체(지방정부), 공공기관 등이 그들의 목적을 달성하기 위해서 재원을 동원·배분·사용하는 체계적인 활동이라고 할 수 있다.

2) 재정과 재무행정 및 재무관리

메리엄-웹스터사전[merriam-webster.com(2018.8.29)]에 의하면, 재정(財政, finance)은 다음과 같은 뜻을 가지고 있다: ① 정부, 지방자치단체, 기업, 집단, 개인의 돈 혹은 현금화할 수 있는 자원, ② 금융기관, ③ 자금조달, ④ 재정학 등. 그리고 네이버사전(국어)[naver.com(2018.8.29)]에 의하면, 재정은 ① 돈에 관한 여러 가지 일, ② 국가 또는 지방자치단체가 행정 활동이나 공공 정책을 시행하기 위하여 자금을 만들어 관리하고 이용하는 경제 활동, ③ 개인, 가계, 기업 따위의 경제 상태 등을 뜻한다. 영어 finance는 뜻이 참으로 다양하다. 이에 반해서 우리나라에서 재정(財政)이라고 한다면 ① 정부, 지방자치단체, 기업, 집단, 개인 등이 쓰는 돈(자금), ② 국가 또는 지방자치단체의 자금 동원·관리·이용 등의 경제 활동을 의미하는 것으로 많이 쓰인다.

한편, 2009년에 우리나라에서 국가재정법이 제정되었다. 이때부터 재정(財政)을 예산(豫算)과 기금(基金)을 포괄하는 개념으로 사용하기도 하는데, 이때 재정은 정부의 돈(자금)을 말하는 것이다. 즉, 재정, 예산, 기금 등은 모두 정부 돈의 이름인데, 재정이 예산과 기금을 포괄하니 재정의 범위가 가장 크다고 할 것이다.

네이버사전(국어)[naver.com(2018.8.29)]에 의하면, 재무관리(財務管理)는 "기업이나 국가가 필요로 하는 자금을 효율적으로 조달하고 운용하도록 관리하는 일"이다.

영어로 "재무관리"는 그냥 "finance"이다. 기업재무관리는 "corporate finance"이고, 정부재무관리는 "public finance"이다. 다만, 관리(管理)라는 특성을 강조할 때 재무관리를 finance보다 좁은 의미로 financial management로 표시한다.2) 그런데 financial management는 기업재무관리로 보이니까 정부재무관리는 public financial management로 표시할 수 있을 텐데, 행정학에서는 public finance administration을 선호한다. 그러나 정부 운영을 기업처럼 해야 한다는 시각에서 public finance management를 사용하는 흐름도 있다.

요약하면, 재무행정과 재무관리 모두에 "재원을 동원·배분·관리·이용하는 일", 즉 재정(finance)과 관련되는 공통점이 있다. 다만, 우리나라에서는 재무행정은 정부나 지방자치단체에 적용이 되고 재무관리는 기업에 적용되는 용어로 많이 쓰인다고 보면 될 것이다.

제 3 절 재무행정은 어떻게 연구되어 왔나?

행정학은 1950년대에 새로운 학문으로 한국에 소개되기 시작하였다. 정인흥 교수가 1955년에 최초로 행정학 교과서를 출간하고, 1956년에 한국행정학회의 전신인 행정연구회가 창립되었다. 그리고 서울대학교 행정대학원이 1959년에 설립되었다(이종범, 2006: 15-16). 그러나 1948년 해방과 1950년 동족상잔의 6·25를 생각해 볼 때,

2) 미국의 관리예산처(OMB)는 재무관리를 다음의 체제를 포함하는 것으로 정의한다: 재무 결정을 위한 자료 수집·분석·보고 체제, 재정 거래와 재원을 통제하고 계리하는 체제, 부처의 미션을 지원하는 재정 정보를 생산하는 체제. 재무관리는 재산과 재고 통제, 보조금 및 계약 관리, 채무와 현금 관리, 인사 및 보수체제 관리, 정부 조달 관리 등을 포함한다(Schick, 2000: 255-256).

동란으로 파괴된 산업시설과 사회 질서, 피폐한 경제 생활, 신생국의 정치적 불안정 등을 고려할 때, 우리나라에서 학문다운 학문을 하기에는 시대적 여건이 너무 열악했다. 그러나 이런 와중에도 1960년대 대학에서 공부한 학도들이 미국으로 유학을 하여 1970년대에 돌아와 사회과학의 한 분과로 행정학을 소개하고 연구하였다. 관주도 경제 개발을 힘차게 밀어붙이던 1960년대 정부의 정책도 행정학을 확대시켰던 요인이었을 것이다. 행정학은 법률과 제도적 접근에서 점점 체제론적 · 행태론적 접근 방법으로 접근법을 확대시켰고, 1980년대에는 행정학에 정책학을 포함시킬 정도로 확대되었다. 1990년대 이후 행정학은 연구의 질적 · 양적 성장이 이루어지고, 지방행정, 전자정부, NGO 등으로 연구 대상이 확대되고, 접근 방법도 양적 · 질적 방법으로 확대되었으며 양적 방법은 더 정교해졌다. 접근 방법이 체제론, 생태론, 행태론 등에서 현상학적 접근 방법, 공공선택론, 포스트모더니즘, 신공공관리론, 신제도론, 거버넌스론 등으로 다양화되었다.

재무행정의 연구 경향도 행정학과 비슷하다. 1950년대부터 1980년대까지는 교육과 연구 기반을 조성하였고, 1990년대부터 2010년대까지는 연구 대상과 방법을 확대시켰다. 2018년 현재 행정학 교과서 중 재무행정 교과서가 20여 종으로 가장 많고 [(www.aladin.co.kr(2018.8.30)] 연구 논문도 많다. 그러나 연구 수준이 성장단계로 성숙단계로 들어서기 위해서는 아직 개선할 점이 많다는 비판을 받는다(배득종, 2006: 143－144; 이정희, 2016: 241).

여기서는 재무행정을 처음 접하는 학도들을 위하여 몇몇 학자와 교과서 중심으로 재무행정의 발달을 소개하고자 한다.

1. 서울대의 유훈 교수

유훈 교수는 한국에서 재무행정의 주요 내용을 처음으로 제시한 학자이다. 그는 1963년에 『재무행정론』(법문사)을 발간하고 계속 개정 작업을 하였다. 2012년까지 9번 개정 및 수정을 하였다.

1963년 『재무행정론』의 목차에 따른 내용은 아래와 같다.

제1장 서론(재무행정 서설, 재무행정조직, 예산 제도의 발달, 예산의 종류, 재무행정의 법적 기초, 예산의 분류)
제2장 예산절차(예산절차, 예산의 편성, 예산의 심의, 예산의 집행, 결산, 회계검사)
제3장 예산의 특수문제[공기업과 예산, 성과주의 예산(실적예산), 자본예산, 균형예산]
제4장 구매행정

유훈 교수는 위에서 볼 수 있듯이, 재무행정을 예산 과정을 중심으로 소개하였다. 또 그는 영국, 미국 등 선진국의 예산 제도를 설명하였고, 한국의 실정에 맞게 버크헤드(Jesse Burkhead)의 『정부예산론(*Government Budgeting*)』(1959) 등과 같은 책에 포함되어 있지 않았던 재무행정과 관련이 있는 법률을 설명하였다. 또 유훈 교수는 서울대학교 행정대학원에서 발간한 『행정논총』에 예산결산위원회(1972년), 예비비 제도(1974) 등에 관한 연구를 발표하였다(신무섭, 2009b).

2. 서울대의 강신택 교수

강신택 교수는 『사회과학연구의 논리』(1981), 『행정학의 논리』(2002), 『한국행정학의 논리』(2005) 등을 저술하였고, 1993년에 『재무행정론』을 발간하였다. 행정학계에서 강 교수는 방법론을 전공하는 학자로 알려져 있지만, 그는 1969년에 계획예산 제도에 대한 연구로 박사학위를 받은 바 있다. 그의 「재무행정론」 목차는 다음과 같다.

제1장 서론, 제2장 현대 정부의 기능과 예산 운영, 제3장 예산의 분류, 제4장 예산회계관계법, 제5장 재무행정조직과 중앙예산기관, 제6장 반응성과 책임성, 제7장 예산편성, 제8장 예산의 심의, 제9장 예산의 집행, 제10장 결산과 회계검사, 제11장 예산과 의사 결정, 제12장 예산개혁론, 제13장 성과주의 예산 제도, 제14장 계획예산 제도, 제15장 목표관리와 영기초 예산 운영, 제16장 자본예산, 제17장 사업분석.

강 교수는 재무행정을 예산 과정을 중심으로 설명하였다. 그는 예산 운영 체계라는 개념 구조를 제시함으로써 설명의 깊이와 일관성을 보여주었다.

3. 고려대의 이문영 · 윤성식 교수

이문영 · 윤성식 교수는 행정학과 회계학을 공부한 학자이다. 이들은 재무행정에 대한 교과서를 많이 저술하였다. 『재무행정』(1993), 『재무행정원론』(1996), 『공공재무관리론』(2002), 『예산론』(2003), 『재무행정론』(2003), 그리고 윤성식 · 주기완 공저 『재무행정학』(2012) 등이 그것이다. 윤 교수는 공기업과 정부회계 분야 교과서를 발간하기도 하였다.

이문영 · 윤성식 교수는 『재무행정』(1993)에서 광의의 재무행정을 구상하였다. 그들은 재무행정을 전통적인 재무행정, 협의의 재무행정, 그리고 광의의 재무행정으로 구분하였다. 그리고 전통적인 재무행정에는 예산론, 세무행정, 정부회계, 감사행정, 구매행정을 포함시켰다. 그런 다음에 협의의 재무행정에는 전통적인 재무행정과 재무관리를 포함시켰다. 그리고 끝으로 광의의 재무행정에는 협의의 재무행정과 공기업론, 규제행정, 금융 및 증권행정, 기타 경제에 관련된 행정을 포함시켰다(이문영 · 윤성식, 1993: 41). 이들은 재무행정을 예산 및 재정행정이라고 부르는 것이 더 정확하다고 하면서 1993년에는 협의의 재무행정을 다음의 목차로 설명하였다.

제1편 서론, 제2편 예산과 정책, 제3편 예산의 편성과 심의, 제4편 예산의 집행과 감사, 제5편 예산분석기술, 제6편 자금의 조달, 제7편 자금의 관리와 사용, 제8편 예산개혁, 제9편 예산회계 정보시스템과 내부통제 제도, 제10편 정부회계, 제11편 결어.

윤성식 교수는 주기완 박사와 함께 『재무행정학(*Budgeting and Financial Management*)』(2012)을 펴내고 정책과 예산의 관계를 강조하였다.

이문영 · 윤성식 교수는 재무행정의 내용을 예산론과 재무관리로 확정하고 재무관리의 내용을 자세히 소개하였다.

4. 연세대의 배득종 교수

배득종 교수는 1996년에 『신재무행정, 좋은 예산을 찾아서』을 발간하였다. 그는 머리말에서, 그간의 재무행정이 돈에 국한된 행정, 예산실의 업무 중심, 공급자 중심의 한계가 있다고 지적하였다. 또한 그는 재무행정이 정부 예산의 거시경제적 효과와 영향을 다루지 않고, 예산행위에 관한 이론이 부족하다고 비판하였다. 그는 재무행정이 "공공 부문에서의 인간의 행동에 관한 것"(배득종, 1996: vi)이라고 적시하고 다음과 같은 목차로 설명하였다.

제1장 서론: 예산 현상, 제2장 규범적 기준을 찾아서, 제3장 성장과 안정, 제4장 자원의 효율적 배분, 제5장 형평성 있는 분배, 제6장 규범 논의의 요약과 예산평가 실습, 제7장 한국 정부의 예산 제도, 제8장 잠정적 예산정책의 형성: 예산편성지침, 제9장 정책집행 수단의 요구, 제10장 중앙예산기구의 예산안 편성, 제11장 대표를 통한 국민의 감시: 의회와 예산 심의, 제12장 예산의 집행, 제13장 예산에 대한 평가와 환류, 제14장 한국의 예산 제도 개혁/개선, 제15장 일반적인 예산개혁론, 제16장 21세기를 행한 예산 개혁, 제17장 맺음말.

배득종 교수는 예산 운영의 규범적 기준을 제시하고 현행 한국 예산 제도를 설명한 후 새로운 방향으로 예산 운영을 개혁하자는 논리를 친절하게 설명하였다. 다른 책에 비해서 성장과 안정, 효율적인 자원 배분, 형평성 있는 분배, 실천가능성 등 규범적 기준을 상당히 자세히 설명한 것이 특징이다.

5. 계명대의 윤영진 교수

윤영진 교수는 1998년 『새재무행정론: 배분의 정치경제학』을 발간하였다. 그는 예산론 중심으로 재무행정을 설명하였다. 책에서 강조하고자 했던 것은 예산 배분의 효율성 추구와 재정민주주의 확립이었다. 그는 생각을 발전시키어 2011년 『새 재무행정학』에서는 예산론과 재정관리론으로 나누어 설명하였다. 그 목차를 보면 다음과 같다.

제1장 예산론 서설, 제2절 예산제도론, 제3절 예산과정론, 제4장 예산행태론, 제5장 예산이론, 제6장 예산분석론, 제7장 예산정보론, 제8장 예산개혁론, 제9장 예산과 시민, 제10장 정부회계, 제11장 조달 및 계약 관리, 제12장 재정적자 및 채무·채권 관리.

윤 교수는 2014년에 『새재무행정학2.0』을 출간하면서 예산이라는 용어 대신에 재정이란 용어를 사용하였다. 그러나 기본적인 설명 틀은 이전과 같았다. 배분의 정치

경제학 관점에서, 예산론과 재무관리론으로 나누어 설명했다. 그리고 그는 시민과 재정을 강조하였다.

6. 연세대의 하연섭 교수

하연섭 교수는 2010년 『정부 예산과 재무행정(*Public Budgeting and Financial Management*)』을 발간하였다. 그 목차는 다음과 같다.

제1장 정부 예산과 재무행정의 의미, 제2장 정부의 경제적 역할과 재정, 제3장 예산의 이해, 제4장 예산의 종류와 분류, 제5장 예산 과정과 예산 운용의 기초, 제6장 예산 편성, 제7장 예산 심의, 제8장 예산 집행, 제9장 결산과 감사, 제10장 예산이론, 제11장 예산 개혁, 제12장 결과 중심 예산 개혁과 성과주의 예산제도, 제13장 정부회계, 제14장 자본예산과 투자분석, 제15장 자금관리, 16장 조달행정, 제17장 조세이론과 조세행정.

하연섭 교수는 재무행정을 정치, 경제, 관리의 교집합에 해당하는 영역이라고 보았다. 그는 재무행정을 정부예산론과 재무행정론으로 나누어, 전자는 "조세와 지출에 관한 의사 결정에 초점을 맞추고, 후자는 정부 예산 운용과 관련된 보다 구체적이고 기술적인 측면을 다루는 영역"이라고 하였다(하연섭, 2010: 12).

이외에도 군산대 유금록 교수, 동아대 전상경 교수, 고려대 윤성채 교수, 서울대 김상헌 교수 등이 공공선택론의 입장에서 정교한 계량모형을 이용하여 예산 결정, 예산 행태, 자금 운영 등에 대한 연구를 꾸준히 하였다(신무섭, 2004).

한편, 2000년대에 희망제작소, 좋은예산센터, 나라살림연구소 등 시민단체에서 시민에게 나라 재정의 중요성을 설명하는 책을 발간하기도 하였다. 대표적인 것을 소개하면, 희망제작소에서 발간한 이원희의 『시민이 챙겨야 할 나라 가계부』(2008), 정광모의 『또 파?? 눈먼 돈, 대한민국예산』(2008), 좋은예산센터에서 발간한 김태일의 『국가는 내 돈을 어떻게 쓰는가』(2016), 『재정은 어떻게 내 삶을 바꾸는가』(2014), 나라살림연구소에서 발간한 정창수 외의 『최순실과 예산도둑들』(2016) 등이 있다.

이상에서 한국에서 재무행정에 대한 연구는 연구 대상과 방법이 다양화되었음을 알 수 있다. 재무행정은 1960년대부터 예산 제도, 예산 과정, 예산 개혁을 중심으로

표 1-1 주요 교과서로 본 재무행정 연구 변화

학자 이름	교과서와 발간 연도	주요 내용
유훈	재무행정론(1963)	예산론 중심: 재무행정조직, 예산 제도, 재무행정의 법적 기초, 예산절차, 공기업과 예산, 구매행정 등
강신택	재무행정론(1993)	예산론 중심: 반응성과 책임성, 예산과 의사 결정, 사업분석 등
이문영 · 윤성식	재무행정(1993)	재무행정을 예산론과 재정관리로 보고자 함. 예산분석 기술, 자금조달, 관리, 사용, 예산회계 정보시스템과 내부통제 제도, 정부회계 등
배득종	신재무행정(1996)	성장과 안정, 자원의 효율적 배분, 형평성 등 예산 운영의 규범적 기준을 탐색함.
윤영진	새재무행정론(1998)	예산배분의 효율성과 재정민주주의 확립을 강조하면서 예산론 중심의 설명. 2011년 개정판에서 재무행정에 예산론과 재무관리론을 포함시킴.
하연섭	정부 예산과 재무행정(2010)	정부의 경제적 역할과 재정, 자본예산과 투자분석, 자금관리, 조세이론과 조세행정 등

전개되었으며, 1993년부터는 정부회계, 계약, 자금관리 등이 포함되었다. 연구 방법도 행정학에서 사용되었던 방법들이 재무행정에도 적용되었다. 행태론과 공공선택론 혹은 정치경제학적 접근 방법이 대표적이다.

결론적으로, 재무행정에 대한 연구는 재정, 예산, 재무관리를 포함하며, 그 접근 방법은 법률적, 제도적, 비교론적, 행태론적, 체제적, 공공선택론적(정치경제론적), 신제도론적 접근 방법 등 다양하다. 이러한 까닭에 재무행정 연구에 학제적(inter-disciplinary) 연구가 강조되지만 아직 그렇게 성공적이지 못한 실정이다. 왜냐하면, 재무행정을 이해하기 위해서 정치학, 경제학, 회계학, 사회학, 경영학 등의 도움을 받을 수 있으나, 도움을 받는다는 것이 정치학의 이론, 경제학의 이론 등을 빌려 재무행정 현상을 설명하는 데 그치고, 재무행정의 독특한 면을 잡아내는 데까지는 미치지 못했기 때문이다. 그러나 재무행정 연구 주제는 점점 분화되고 전문화되었다(이정희, 2016: 231).

[부 록]

재무행정학
재무행정론
새 재무행정학 2.0
윤영진
財務行政
李文永
尹聖植
財務行政論
財務行政論
[第6訂版]
兪焄 著
재무행정론
[신판]
全訂版
財務行政論
姜信澤 著
정부예산과 재무행정
하연섭

재무행정 교과서들

Chapter

2

정부 활동과 예산

학습 목표

정부는 여러 기관을 통하여 다양한 활동을 한다. 그리고 정부는 이를 위하여 많은 돈을 사용한다. 즉, 정부는 많은 활동을 어떻게 할 것인가를 계획하고 관리하고 집행하기 위해서 예산을 도구로 사용한다.

제2장을 읽고 다음에 답할 수 있어야 한다.

- 정부 활동은 어떤 특성이 있나?
- 예산과 재정의 뜻은 무엇인가?
- 통합예산은 무엇인가? 왜 필요한가?
- 정부는 무슨 활동을 해야 하고, 또 무슨 활동은 하지 말아야 하는가?

제 1 절 정부 활동의 특성과 종류

1. 정부와 관련한 용어

먼저 위키백과사전을 통해서 다음의 용어를 알아보자[http://ko.wikipedia.org/wiki)2018.9.3)].

1) 국 가

"국가(國家) 또는 나라는 일정한 영토를 차지하고, 조직된 정치 형태, 즉 정부(政府)를 지니고 있으며 대내 및 대외적 자주권을 행사하는 정치적 실체이다. 대체로 학계에서 동의하는 국가성의 조건은 독립성 인정과 국제 협약을 맺을 수 있는 능력 등이 포함된다." 그러나 학설이 다양하다. 통상 국가 구성의 3요소로는 영토, 인구, 주권이다.

2) 정 부

"정부(政府, government)는 어느 지역 또는 국가를 통치하는 단체나 기관을 말한다. 넓은 의미로는 국가기관(입법부, 행정부, 사법부 등)과 지방자치단체를 모두 포함하며, 좁게는 행정부(行政府)만을 의미하기도 한다."

국가는 "정치와 행정기구를 포괄하는 공공부문의 제도적 총체인데 반해, 정부는 집권담당 세력과 행정관료를 주축으로 하는 정책행위자의 집합체이다. 국가는 정부보다 근본적이고 영속적인 통치기제로 간주된다." 국가와 정부는 개념적으로는 구분되나 그 실체는 사실상 거의 동일한 것으로 간주되기도 한다(김호진, 1992: 160).

3) 국 민

"국민(國民)은 국가의 인적 요소 내지 항구적 소속원으로서 국가의 통치권에 복종

할 의무를 가진 개개인의 전체 집합을 의미한다. 또한 국가에 소속하는 개개의 자연인을 의미하기도 한다. 국민은 국가적 질서를 전제로 한 법적 개념으로서 국가의 구성원을 의미하는 점에서, 국가적 질서와 대립되는 사회적 개념으로서 사회의 구성원을 의미하는 인민(人民)과 구별된다. 또한 국민은 법적인 개념이라는 점에서 혈연을 기초로 한 자연적・문화적 개념인 민족(民族)과 구별된다."

4) 시 민

"시민(市民)은 도시 지역 및 국가 구성원으로서 정치적인 권리를 갖고 있는 주체를 말한다." 시민이라는 용어는 산업혁명과 유산 계급(부르주아지, Bourgeoisie) 등장과 같은 역사적 배경과 관련이 있다. "오늘날 시민은 국민 국가의 구성원을 포괄적으로 일컫는 말로 국민과 동의어로도 쓰인다."

2. 정부 활동의 특성과 종류

1) 정부 활동의 특성과 관점

(1) 정부 활동의 특성

정부 활동은 그 특성이 매우 다양하다. 정부가 국토를 방위하고 개인의 자유와 안녕을 증진시키는 각종 정책과 사업을 수행하는 것으로 볼 때 그러하다. 정부는 사회구성원에게 그들의 욕구와 요구를 충족시키기 위해서 각종 서비스를 제공한다. 이러한 정부의 활동은 외부경제 효과(external economics)가 큰 사업일 수도 있고, 시장이 공급할 수 없는 공공재(publics goods)를 생산하고 배분하는 것일 수도 있다. 정부의 활동은 경찰과 군대와 같은 물리적 폭력의 뒷받침을 받기도 한다. 또 정부의 활동은 독점성이 있는 것도 있고 시장성이 있는 것도 있다. 정부 활동은 시장성이 있더라도 공익성이나 공공성 때문에 정부가 제공해야 하는 것도 있고, 때때로 관료나 유력 정치가의 필요에 의해서 정부 사업이 추진되기도 한다.

정부 활동은 기본적으로 ① 강제성, ② 독점성, ③ 국민 기본 욕구 충족 등의 특성이 있다.

(2) 정부 활동에 대한 관점

국가의 특성을 야경국가, 발전국가, 복지국가 등으로 나눈다면 이에 따라 정부 활동에 대한 관점도 달라질 것이다.

또 정부에 대한 관점을 보수주의와 진보주의로 대별한다면, 보수주의 입장에서는 정부가 가능한 개인 생활에 개입하는 것을 싫어하며 마찬가지로 정부의 시장 개입도 선호하지 않는다. 정부를 불신하고 시장을 옹호한다. 이러한 이유에서 보수주의는 정부의 활동을 가능한 축소하려 하고, 기회 균등, 규제 완화, 조세 감면 등을 선호한다. 같은 맥락에서 보수주의는 복지 확대, 소득 재배분 등과 같은 정책을 멀리한다. 보수주의는 작은 정부를 추구한다. 이런 생각은 애덤 스미스(Adam Smith)의 주장, 자유주의(liberalism)와 거의 같다.

본래 보수주의는 세상에 완전한 것은 없으며 오늘의 상태에 어느 정도 만족하며 변화를 추구하는 경우 점진적이어야 한다는 주장이다. 보이지 않는 손(invisible hand)에 의해 시장이 모든 것을 해결해준다는 18세기 스미스의 자유주의는 고전적 자유주의라 한다. 현대의 자유주의는 1930년대 대공황에 대한 대처 방법으로 정부가 부채를 안고 적자예산을 편성해서 실업에 대응하는 등 정부의 적극적 역할을 요구한다. 이러한 변화를 반영해서 자유주의는 고전적 자유주의와 개혁적 자유주의로 구분된다. 동일한 자유주의인데 서로 반대가 되는 개념이 되어 버렸다. 현대 경제적 보수주의는 현재의 경제 상태가 완전하지는 않지만 정부가 개입하기보다는 기업에게 맡기고 점진적 변화를 추구하자는 생각이다.

진보주의는 평등과 정부 개입을 선호한다. 진보주의는 시장을 지지하지만 시장의 실패를 정부가 보완해야 한다고 생각한다. 진보주의는 복지 확대, 정부 규제, 소득 재배분 등을 강조하는 정책을 선호한다. 진보주의는 큰 정부를 추구한다. 진보주의에 따르면, 정부의 활동은 확대되고 세금은 증가할 가능성이 크다.

일반적으로 진보주의는 보수주의의 반대말로 쓰인다. 진보주의는 현재의 경제, 정치, 사회 등의 분야의 여러 문제를 급진적으로, 혁신적으로 바꾸어야 한다는 생각이다. 그러나 진보주의 역시 시대에 따라 상대적이다. 절대왕정 시대에는 자유주의와 민주주의가 진보주의였고, 18세기 중엽 산업혁명 이후에는 자본주의의 모순을 개혁하려는 사회주의가 진보주의였다. 즉, 사회주의는 진보주의가 되었고 자유주의와 민주주의는 보수주의가 되었다. 사회주의 또한 다양한 의미가 있지만 핵심은 생산의 사회적 소유와 사회적 관리이다. 현실적으로 오늘날 정부가 시장의 폐해인 불평등, 빈곤 등을 완화하는 정책을 시행한다면 그 정부는 진보주의적이고 동시에 사회주의적이라는 말을 들을 수 있다.

2) 정부 활동의 종류

(1) 자본주의 국가와 정부의 활동

자본주의 국가에서는 정치 부문과 경제 부문이 구분되고 각각 자율성을 누리지만 경제 부문이 궁극적으로 정치 부문을 지배하는 구조를 가진다. 국가가 자율성을 가지지만 자본주의적 생산 양식에 의해서 제한을 받는다(정용덕, 2002: 260-261). 자본주의 국가에서 정부는 합의, 생산, 통합, 집행 등의 네 가지 활동을 한다(정용덕, 2002: 262-265).

① **합의**: 사회의 구성원들, 집단들이 기존의 사회계약을 수용하도록 하는 기능이다. 국회와 정당, 법률, 경찰과 군대 등이 하는 일이 바로 합의이다.

② **생산**: 공사 부문에서 사회 투자를 규제함으로써 생산의 조건을 확보하는 것이다. 정부가 직·간접적으로 공공재를 생산하거나 재정을 운영하는 것이 생산과 관계가 있다.

③ **통합**: 경찰과 군대에 의해서 합의가 이루어진다고 본다면, 통합은 복지와 이데올로기를 통해서 이루어진다. 복지, 보건, 교육, 정보, 통신 기구가 하는 일이 통합이다.

④ **집행**: 합의, 생산, 통합 등의 활동이 수행될 수 있도록 중립적인 입장에서 조정하는 활동이다. 정부관료제, 규제기관, 준정부기관 등이 하는 일이 바로 집행이다.

합의, 생산, 통합 등의 활동은 그 순서에 따라 합의가 생산보다 우선적인 활동이고, 생산이 통합보다 우선적인 활동이다. 합의가 이루어져야 생산을 할 수 있고, 또 생산을 할 수 있어야 통합을 할 수 있는데, 이 세 가지 활동이 서로 갈등을 일으킬 우려가 있다. 이것을 조정하는 것이 집행이다.

(2) 활동 영역에 따른 종류(기능별 분류)

자본주의 정부의 활동을 보다 세분한 것이다. 크게 나눈다면 대(對)국민 활동과 대정부 활동으로 나눌 수 있다. 보통 우리가 기능별 분류로 알고 있는 것이다. 대정부 활동으로 일반 공공행정, 그리고 대국민 활동으로 공공 질서와 안전, 통일외교, 국방, 교육, 문화 및 관광, 환경 보호, 사회복지, 보건, 농림해양수산, 산업중소기업, 수송 및 교통, 통신, 국토 및 지역 개발, 과학기술 등이 있다.

자본주의 정부의 활동으로 분류한다면, 공공 질서, 안전, 통일외교, 국방 등의 활동은 합의, 교육, 문화, 사회복지, 보건 등은 통합, 농림해양수산, 산업중소기업, 수송 및 교통은 생산, 일반 공공행정은 집행에 해당된다고 볼 수 있다.

정부 활동을 기능별로 분류할 때, 국가 체제를 유지하기 위한 기본적 기능(국가관리 기능), 민간의 생산 활동과 생활의 편의를 지원하는 기능(산업 · 경제 기능), 국민의 능력 신장, 사회적 약자 보호 및 생활의 질적 향상을 위한 기능(사회 · 문화 기능), 지역 단위로 행정 서비스를 제공하는 기능(지방행정 기능) 등으로 나누기도 한다(임주형, 1998: 87).

국가관리 기능에는 국방/외교 기능, 국내 질서 유지 기능, 재정 기능, 정책 조정/정부 운영 기능 등이 포함된다. 국방부, 법무부, 행정안전부, 기획재정부 등이 하는 활동이다.

산업경제 기능에는 제조업/통상 관련 기능, 1차 산업 기능, 과학기술/정보통신 기능, 사회간접자본/국토관리 기능 등이 포함된다. 중소벤처기업부, 국토교통부 등이 하는 활동이다.

사회문화 기능에는 교육/문화 기능, 복지/후생 기능 등이 포함된다. 교육부, 고용노동부, 환경부 등이 하는 활동이다.

지방행정 기능에는 지방자치단체에서 수행하는 활동들이 포함되며, 서울특별시, 경기도, 청주시 등이 수행하는 활동이다(임주형, 1998: 88).

제 2 절 공공 부문과 민간 부문

공공 부문과 민간 부문을 구분하는 것은 쉽지 않다. 국민 경제가 정부, 기업, 가계 등의 부문으로 구성되어 있다면 정부 부문을 공공 부문이라고 하고, 기업과 가계 부문을 민간 부문이라고 한다. 그러나 현실적으로 그 구분이 쉽지 않다. 공공 부문을 정부의 활동이라고 볼 때 시대에 따라서 정부 활동이 변하였고, 또 정부 활동 여부를 구분하는 기준이 변하기 때문에 공공 부문의 범위가 변하기 때문이다.

아래에서 몇 가지 예를 들어 본다.

1. 가족의 치매환자 돌보기와 치매 도우미 사업

어느 날 나이 드신 아버지 혹은 어머니가 아들과 딸을 못 알아보는 일이 발생한다면 참으로 황당할 것이다. 나이 드신 아버지 혹은 어머니가 기억을 상실하고 그 오랫동안 잘 하던 전기밥솥을 이용해서 밥을 만드는 것을 잊어버린다든지, 설거지 방법을 잊어버린다든지 하는 당혹스러운 일이 발생한다. 급기야 자식들을 알아보지 못하거나 대소변을 가리지 못하는 일이 발생한다. 1980년 한국에서 이런 일이 발생하면 전적으로 그것은 그 가정의 일이었다.

1980년대 치매환자가 있는 가정은 그 치매환자를 집에서 가족들이 보호하였다. 가족이 없는 동안 치매환자가 집을 나가 행방불명이 되어 가족들이 환자를 찾으러 다니고, 혹은 치매환자가 외진 곳에서 사망하는 일도 가끔 있었다. 치매환자와 가족 간의 의사소통이 잘 안 되어 보호자가 큰 소리를 치고 아기 다루듯이 환자를 보면 혹시 자녀 교육에 부작용이 안 생길까 걱정을 하기도 하였다. 치매환자를 돌보는 것은 참으로 힘든 일이다. 나이든 부부 가운데 한 사람이 치매에 걸리면, 자녀에게 부담이 되지 않기 위해서 노인이 노인 치매환자를 돌보는 경우도 있다. 아주 가끔, 노부부가 배우자인 치매환자를 죽이고 자신도 자살하는 일도 있다. 2010년 한국의 치매환자는 기십만 명이라고 하고, 2018년 65세 이상 노인 가운데 70만 명 정도가 치매환자로 유병률이 9%대라고 한다(chosun.com. 2018.2.17). 이와 같이 치매환자가 증가하면서 치매는 사회문제로 떠올랐고, 정부는 치매 연구기관을 설립하고 치매 요양기관도 설립하였다.

이와 같이 자신의 부모를 돌보는 사적인 가정 일이 민간 부문에 속하는 활동이라고 할 수 있으나 사회 구성원들이 그것을 사회문제로 인식하고, 정부가 관련 사업을 수행하면 사적인 일도 공공 부문의 일로 전환될 수 있다.

2. 경찰서와 사설 경비회사

경찰은 국민의 생명과 재산을 보호하고 국가 질서를 확립하는 일을 한다. 이러한 일을 수행하기 위해서 경찰은 법률에 의해, 사전에 정해진 절차에 따라 총기를 사용할 수 있다. 즉, 경찰은 폭력을 사용할 수 있다.

경찰은 1950년대에 공비 토벌에 참여하였다. 경찰은 1960년대부터 1980년대까지는 학생 시위 방지에 최루탄을 사용하였다. 최근 경찰은 주택재개발, 대기업 노조 활동 등과 관련해서 동원되는 일이 있다. 경찰이 국가 질서를 확립하기 위하여 현장에 출동한다. 그러나 경찰은 개인의 생명과 재산을 보호하기 위해서도 출동을 한다. 여러분도 경찰관의 도움을 요청한 적이 있었을 것이다.

요즈음은 사설 경비회사가 있어서 경비나 방범 활동을 수행하기도 한다. 민간인이 사설 경비회사에 맡겨서 자신의 집 경비를 의뢰하거나 자녀의 안전한 통학을 도와주기 위해서 사설 경비회사를 이용하기도 한다.

개인의 생명과 재산을 보호하는 일을 경찰서에 맡기면 공공 부문의 일이 되고, 사설 경비회사에 맡기면 민간 부문에 속한다. 동일한 업무인데 경찰서가 맡으면 공공 부문의 활동이 되고, 사설 경비회사가 맡으면 민간 부문의 활동이 되는 것이다. 이 경우 경찰서는 세금으로 운영되고 경찰서를 이용한 시민은 이용료를 납부하지 않아도 된다. 반면에 민간 경비회사를 이용하는 고객은 이용료를 납부해야 하고, 민간 경비회사가 수행할 수 있는 활동은 공공 부문의 경찰과 사뭇 다르다. 민간 경비회사의 직원은 총기 등 폭력을 사용할 수 없다.

경찰 활동에는 법률에 따라 총기를 사용할 수 있는 강제력이 포함된다. 또 경찰만이 경찰 활동을 할 수 있는 독점성도 있다. 그리고 이런 경찰 활동은 국민의 기본권을 보호하기 위한 것이다. 이런 의미에서 경찰 활동은 공공 부문에 속한다. 이에 대해 민간 경비회사는 특정 고객의 생명과 재산의 보호할 뿐 경찰처럼 강제력을 행사할 수 없다. 민간 경비회사는 「경비업법」과 같은 법률의 규제를 받지만 세금으로 운영되지 않는다. 이런 의미에서 민간 경비회사는 민간 부문에 속한다.

3. 시의 아동복지시설과 민간 아동복지시설 활동

어떤 도시에 시청 복지과가 있다고 가정해서 생각해 보자. 그 복지과는 시민의 복지 증진을 위하여 사업을 계획하고 집행하는 일을 담당할 것이다. 복지과는 각종 사업을 위해서 중앙정부로부터 보조도 받고, 또 시 자체 수입을 사용하기도 할 것이다. 이렇게 시청 복지과가 수행하는 업무는 모두 공공 부문에 속한다고 할 것이다. 그런데 복지과의 업무 가운데 일부는 민간단체에 의해서 수행되기도 한다. 예를 들어, 시에서 직접 운영하는 아동복지시설이 있기도 하고, 민간 비영리 공익법인이 운영하는 아동복지시설이 있기도 하다. 이 경우 민간 비영리 아동복지시설의 활동이 공공 부문에 속하는지 혹은 아닌지 구분하기가 쉽지 않다. 시청의 시민에 대한 책임이라는 관점에서 볼 때, 시의 아동복지시설 활동이나 민간 비영리 공익법인의 아동복지시설 활동에 대해서 시청은 책임을 져야 할 것이다. 더구나 시에서 민간 시설에 보조금을 주었다면 더욱 그러하다. 정부의 보조금을 받은 민간 복지시설의 회계는 감사원의 회계검사 대상이기도 하다. 이런 면에서 보면, 시의 아동복지시설과 민간 아동복지시설 활동은 공공 부문에 속하다고 할 수 있다. 그러나 소유라는 관점에서 보면, 민간 비영리 공익법인이 운영하는 아동복지시설의 활동은 민간 부문에 속한다고 볼 수 있을 것이다.

4. 버스와 택시

현재 한국에서 버스는 대중교통 수단의 대표적인 예이다. 그런데 최근 2012년 11

월 국회 국토해양위원회와 법사위원회는 "대중교통 육성 및 이용 촉진에 관한 법률 개정안"을 통과시켰다. 이는 일명 「택시법」이라고도 하는데, 택시에 대중교통 수단이라는 법적 지위를 주기 위한 것이었다.

「대중교통 육성 및 이용 촉진에 관한 법률」에 따르면, "대중교통 수단은 일정한 노선과 운행시간표를 갖추고 다수의 사람을 운송하는 데 이용되는 운송 수단을 말한다." 버스, 철도, 비행기, 여객선 등이 해당된다. 법 규정에 의할 때 택시는 대중교통 수단이 아닌 것이다. 그럼에도 불구하고 택시를 대중교통 수단으로 규정하려는 이유는 만약 택시가 대중교통 수단으로 법적 지위를 얻으면, 정부가 버스에 각종 지원을 하듯이 택시에도 해야 하기 때문이다. 국민 세금으로 택시사업을 육성 지원해야 하고, 이렇게 하면 택시사업의 어려움이 해소될 것으로 국회 국토해양위원회는 본 것이다. 그러나 이 개정안은 우여곡절 속에 국회에서 통과되었으나 대통령이 거부권을 행사하였다. 그런데 시간이 지난 후 국회는 2017년 「택시운송사업의 발전에 관한 법률」을 통과시켰다. 이에 따라 2018년부터 택시운송사업자는 정부의 지원을 받을 수 있게 되었다.

택시의 대중교통 수단화를 반대하는 성낙문 한국교통연구원 연구실장의 의견을 소개한다(성낙문, 2012). 성 연구실장은 다음과 같이 주장한다. 택시는 현재 법률의 규정상 대중교통 수단이 아니다. 택시는 버스에 비해서 도로 이용의 효율성이 떨어진다. 택시는 시간표와 노선이 없기 때문에 운행에 대한 통제가 불가능하다. 택시 경영 적자 보전을 위한 정부와 지방자치단체의 부담이 너무 크다. 개인 택시의 경우, 택시 영업이 안 된다고 정부가 지원하면, 음식점, 판매점 등 자영업자와의 형평성 논쟁이 발생할 수 있다.

대중교통 수단은 많은 사람의 생활과 밀접한 관계가 있고, 그렇기 때문에 정부는 도로를 건설하고 각종 지원을 하기도 한다. 대중교통 수단의 관리와 지원은 공공 부문 활동에 속한다고 볼 수 있다. 반면에 택시는 아직 대중교통 수단으로서 법적 지위를 얻지 못하여 정부의 지원을 받을 수 없다는 점에서 택시의 운행은 공공 부문에 속한다고 보기에는 어려움이 있다고 볼 수 있다. 그런데 정부가 택시의 차고지 설비, 서비스 향상 등에 지원을 할 수 있게 법으로 규정하였고, 이에 따라 정부가 택시운송사업자에게 보조를 할 수 있다. 국민의 세금이 택시운송사업자에게 보조금으로 주어진다는 점에서 공공 부문에 속한다고 할 수도 있다.

5. 요약: 공공 부문과 민간 부문의 구분

앞에서 사례를 들어가며 공공 부문과 민간 부문의 구분에 대해서 이야기를 한 것은 그 구분에 따라서 정부가 해야 할 일이 정해지고 정부의 재정 규모가 정해지기 때문이다.

공공 부문은 정부의 활동이다. 그런데 정부 활동은 다양하다. 공공 부문 혹은 정부 활동은 다음에 의해서 그 범위가 정해진다고 볼 수 있다.

① 국가와 사회의 안위에 필요한 기본 활동(국방, 외교, 질서와 안전 유지, 국민의 생명과 재산의 보호 등), 국민의 기본 욕구 충족도 여기에 해당한다고 볼 수 있다.

② 국가와 사회 발전에 긴요한 활동(미래 첨단 기술 개발 등)

③ 시대와 국민의 요망 사항(치매센터, 어린이 놀이터 등)

④ 국민의 조세 부담 역량

경제학자는 공공 부문 혹은 정부 활동의 근거를 외부경제(externality, external economy)의 존재 여부 혹은 시장의 실패(market failure)에서 찾기도 한다. 그러나 현실적으로 시장의 실패로 재화가 공급이 제대로 되고 있지 않은지? 그래서 정부가 그 재화를 공급해야 하는지는 입법부에서 정한다. 입법부는 어떤 사업이 국가와 사회의 존위에 긴요한 것인지, 국민의 시대적 여망이 무엇인지 등을 가름해서 결정한다. 현실적으로 공공 부문의 범위는 입법부에 의해서 정해진다. 즉, 어떤 활동이 민간 부문에 속하고 어떤 활동이 공공 부문에 속하는지는 정치적으로 결정된다.

제 3 절 정부 활동과 통합예산과 재정

1. 정부 활동의 운영 단위

국민 경제를 공공 부문과 민간 부문으로 구분할 때, 공공 부문에는 정부가 포함되고 민간 부문에는 기업과 가계가 포함된다. 정부의 경제적 활동을 공공 부문이라고 보는 것이다. 그리고 정부의 활동은 여러 운영 단위에 의해서 이루어진다.

조직론적으로 볼 때, 정부의 활동을 집권화할 수도 있고 분권화할 수도 있다. 집권화를 극단적으로 한다면 한 기관이 정부의 자금(정부 재정)을 운영할 수도 있고, 어느 정도 권한과 책임을 나눈다면 여러 기관이 정부의 자금을 여러 개로 분리하여 운영 수도 있다. 예를 들면, 정부조직이 입법부, 행정부, 사법부 등으로 구성되고, 행정부가 여러 부서로 구성되어 운영된다면, 정부 재정은 정부 조직에 따라서 각각 운영될 것이다. 이렇게 생각하면, 정부재정은 크게 중앙정부재정과 지방재정으로 구분되고, 중앙재정은 국방재정, 교육재정, 복지재정 등으로 구분될 수 있다. 그리고 각각의 재정에 그 운영 주체가 정해져 있다고 생각한다면, 중앙정부예산, 지방예산, 국방예산, 교육예산, 복지예산이란 용어를 사용하여도 될 것이다.

재정과 예산은 같은 용어이기도 하고 다른 용어이기도 한다. 재정(finance)은 메리엄-웹스터사전에 의하면, 다음의 네 가지 뜻이 있다[meriam-webster.com(2018.9.5)]: ① 개인, 집단, 조직, 정부의 자금, ② 금융 활동, ③ 자금 조달, ④ 재정학. 한편, 예산도 개인, 집단, 조직, 정부 등의 자금이라고 볼 수 있다. "예산이 없다"와 "재정이 없다"라는 말은 동일한 의미일 것이다. 메리엄-웹스터사전에 의하면, 예산은 ① 지갑, ② 행정기관의 재정상태 보고서, ③ 재원과 지출, 세입과 세출을 조정한 계획, ④ 특정 목적에 사용가능한 돈의 양 등을 뜻한다[meriam-webster.com(2018.9.5)]. 정부의 자금이라는 측면에서, 재정과 예산은 같은 의미이다. 또한 재정은 자금의 조달, 투자, 지출 등의 활동을 의미하는데 예산은 이런 활동의 도구가 된다. 즉, 자금 조달을 어떻게 하고 투자를 어떻게 하고 지출을 어떻게 관리하고 하는데 예산이 도구로 사용된다. 이런 측면에서 예산은 재정관리의 도구이다.

예산은 재정관리의 도구이다. 공공 부문의 운영 단위가 정해져 있다면, 그 운영 단위는 재정을 잘 관리하여 소기의 목적을 달성하기 위해서 장기적 목적을 정하고 계획을 세우고, 계획을 실천하기 위해서 여러 조직과 상호작용하고, 사업을 집행 및 통제를 해야 할 것이다. 이와 같이, 예산은 공공 부문 관리의 도구이고 정부관리의 도구이다.

예를 들어, 대한민국 대통령은 대한민국 정부 예산 운영에 대해서 책임을 질 것이고, 기획재정부 장관이 대통령을 보좌하여 대한민국 정부 예산 운영을 총괄할 것이다. 국방부 장관은 국방부 예산 운영을 총괄할 것이다. 국민연금법에 의해 설치되는 국민연금기금은 보건복지부 장관이 관리 주체이다. 물론 실무는 국민연금공단의 기금이사가 담당한다. 이와 같이 정부의 활동은 여러 부서에 의해서 수행되고 각 활동에는 그것을 책임지는 운영 주체가 있다. 그 사업 주체는 사업을 잘 운영하기 위해서 계획을 세우고 자금을 배분하고 자금의 집행을 통제하는 활동을 하게 되는데, 이때 예산이 그 도구로 사용되는 것이다.

2. 통합예산의 개념

일정 기간 동안 정부의 모든 활동에 필요한 자금이 얼마인가? 이 질문에 답하기 위한 것이 통합예산이다.

통합예산(unified budget)은 정부 활동을 위한 정부의 모든 수입과 지출을 중복거래를 제거한 순계(純計)로 하나의 문서에 표시한 보고서이다.

미국 연방정부는 1960년대 후반에 채택하였고, 이후 OECD 여러 나라에서 예산을 편성하고 제시하는 방법으로서 점점 보편화하였다(IMF, 2006: 5). 미국 연방정부의 통합예산은 일반예산과 예산 외 거래를 포함한 것이다. 여기서 예산이란 입법부의 승인을 받아야 하는 혹은 입법부의 승인을 받은 정부의 재정계획이다. 그리고 예산 외 거래 또는 예산 외 자금(extrabudgetary funds)은 입법부의 승인을 받아야 하는 예산에 포함되지 않는 일반정부 거래(general government transactions)이다(IMF, 2006: 4).

우리나라는 1979년 IMF의 권고에 의해서 채택하였다. 그리고 우리 정부는 2004년부터 예산 편성 시 통합재정 기준을 사용하기로 하였다. 이때 통합재정은 "일반회계 외에 특별회계와 기금도 포괄하되 중복 계상 방지를 위해 포괄 범위 내 회계·기금 간 내부거래를 제거하여 국가 전체 재정을 파악하는 것"을 말한다(기획예산처, 2004. 4.27. 보도자료).

통합예산이 바로 정부에서 말하는 통합재정이다. 만약 통합예산이 정부의 모든 운영 단위의 예산을 포함한다면 통합예산 규모와 정부 재정의 규모는 동일할 것이다.

3. 통합예산과 포괄 범위 논쟁

통합예산이 정부 활동을 위한 모든 수입과 지출이라고 하는 경우, 무엇을 정부 활동으로 보느냐에 따라서 그 포괄 범위가 달라진다.

1) 일반정부와 공기업

우리가 잘 알고 있듯이 정부 활동은 국방부, 법무부 등과 같은 정부기관이 강제력을 동원하여 징수한 세금을 재원으로 하여 공공 목적을 위한 각종 활동이다. 국방과 치안 유지와 같은 활동은 강제성, 독점성, 공공성 등이 매우 강하고, 또 국방부와 법무부 같은 정부기관에 의해 수행되는 까닭에 이런 활동을 일반정부라고 한다. 일반정부는 정부 활동이라고 볼 수 있다. 일반정부와 그 성격이 대칭되는 것이 있다면 그것이 바로 민간 부문이다. 민간 부문의 대표적인 것은 기업 활동이다. 그러나 정부의 활동 가운데도 시장성이 있는 것이 있다. 공기업이 대표적이다. 공기업은 기업성, 시장성이 있지만 동시에 공공성이 있는 경제 조직이다. 이것을 일반정부와 합해서 공공 부문이라고 할 수 있다. 따라서 통합예산의 범위를 정할 때, 일반정부, 공기업 등을 어떻게 규정하느냐에 따라서 그 범위가 달라진다. [그림 2-1]에서 공기업을 어떻게 정의하느냐 그 여부에 따라서 통합예산의 규모가 달라진다.

그림 2-1 일반정부와 공기업

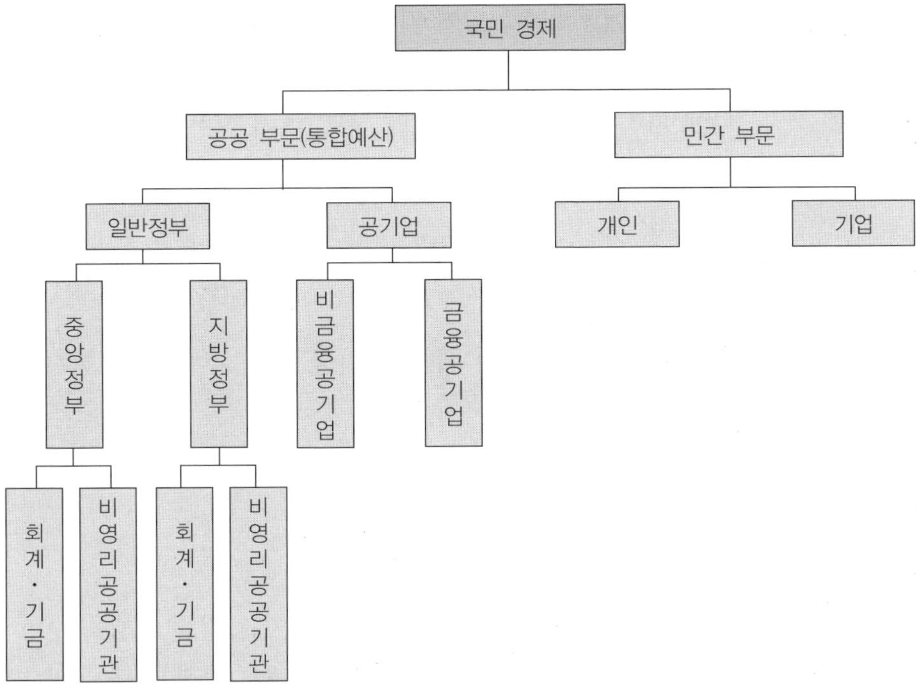

2) 펀드 단위와 제도 단위

또 통합예산의 범위와 관련되는 것이 펀드 단위와 제도 단위이다. 펀드(fund)란 자금의 집합이다. 특정 목적을 수행하기 위한 자금을 모아놓은 것이 펀드이다. 이에 비해 제도 단위는 자산의 소유, 부채의 부담, 경제 활동의 참여, 타 단위와의 거래 등을 자신의 권한으로 할 수 있는 경제적 실체(entity)이다. 펀드 단위로 통합예산을 정할 때는, 중앙정부와 지방정부의 일반회계, 특별회계, 기금 등이 포함된다. 반면, 제도 단위를 기준으로 할 때는 중앙정부 기관과 지방정부 기관, 그리고 이른바 공공기관이 포함된다. 그런데 공공기관에 어떤 기관을 포함시켜야 하는가에 대해서 논란이 있다.

우리나라에서 공공기관이란 「공공기관의 운영에 관한 법률」에 따라 공기업, 준정부 기관, 기타 공공기관 등 기획재정부 장관이 지정한 기관을 말하다.

3) 현금주의와 발생주의

통합예산의 포괄 범위를 어떻게 하느냐에 따라서 세입과 세출의 규모, 흑자 혹은 적자의 규모가 달라지지만, 또 통합예산의 회계 기준을 현금주의를 택하는가 아니면 발생주의를 택하느냐에 따라서도 세입과 세출의 규모, 흑자 혹은 적자의 규모가 달라진다.

4) 예산 외 자금의 포함 여부

끝으로, 입법부의 승인을 요하지 않은 "예산 외 자금"을 통합예산에 포함시키느냐 여부에 따라서도 통합예산의 규모가 달라진다.

4. 정부 활동과 재정과 통합예산

정부가 국토를 방위하고 개인의 자유와 안녕을 증진시키는 각종 정책을 수행하는데 이것을 정부 활동이라고 할 수 있다. 정부 활동을 위해서 각종 자금이 필요한데 이것을 재정이라고 한다. 재정은 정부 활동의 경제적 측면을 보기 위한 것이기도 한다. 자금을 운영하는 주체가 다양하므로 그 운영 주체에 따라서 중앙재정, 지방재정, 교육재정 등의 용어를 사용할 수 있다. 이런 재정을 순계로 합계한 것을 통합재정이라고 할 수 있다. 통합재정과 통합예산은 포괄 범위가 동일하다면 그 규모는 동일하다. 다만, 재정이라는 용어보다 예산이란 용어를 쓰는 경우, 예산은 재정이란 용어보다 계획, 관리, 운영주체의 행동 등에 더 초점을 둔 것이라 생각된다. 2018년 정부 활동을 위한 재정 및 통합예산은 <표 2-1>과 같다. 정부는 회계연도 2018년에 총지출 규모 428.8조 원을 사용할 계획이었다.

표 2-1 2018년 정부 활동을 위한 재정 및 통합예산(중앙정부)

<table>
<tr><th rowspan="2">구분</th><th colspan="2">예산</th><th rowspan="2">기금</th></tr>
<tr><th>일반회계</th><th>특별회계</th></tr>
<tr><td>개수</td><td>1개(248.8조 원)</td><td>19개(47.5조 원)</td><td>67개(132.6조 원)</td></tr>
<tr><td>규모</td><td colspan="3">총지출 기준 428.8조 원</td></tr>
<tr><td>내용</td>
<td><table><tr><th>세입</th><th>세출</th></tr><tr><td>• 내국세
• 관세
• 교통세
• 교육세
• 종합부동산세
• 세외수입</td><td>• 사회복지
• 교육
• 교통 및 물류
• 국방
• 일반공공행정
• 농림수산식품 등</td></tr></table></td>
<td><table><tr><td>기업 특별 회계 (5개)</td><td>• 양곡관리
• 조달
• 책임운영기관
• 우편사업
• 우체국예금</td></tr><tr><td>기타 특별 회계 (14개)</td><td>• 교통시설
• 농어촌구조개선
• 광역지역발전
• 에너지 및 자원사업 등</td></tr></table></td>
<td><table><tr><td>사회 보험성 (6개)</td><td>• 국민연금기금고용보험기금 등</td></tr><tr><td>금융성 (8개)</td><td>• 신용보증기금, 수출보험기금 등</td></tr><tr><td>계정성 (5개)</td><td>• 공공자금관리기금, 공적자금상환기금 등</td></tr><tr><td>사업성 (48개)</td><td>• 국민주택기금 납북협력기금 등</td></tr></table></td></tr>
</table>

출처: 기획재정부(2017). 『2017~2021년 국가재정운용계획』, p.8.
국회예산정책처(2018.3.8). 『대한민국 재정 2018』, p.15.

[부 록]

표 2-2 OECD 주요 국가의 일반 정부 총지출 비교

(단위: 명목 GDP 대비 %)

연도 / 국가	2000	2005	2010	2015	2016	2018	2019
한국	24.7	29.5	31.0	32.3	32.3	33.6	33.8
미국	33.9	33.6	43.2	37.8	37.9	37.6	37.9
영국	35.4	41.2	47.8	42.4	41.5	40.2	39.5
프랑스	51.3	53.1	56.7	56.8	56.6	55.9	55.1
독일	44.7	46.3	47.4	43.7	44.0	43.7	43.2
일본	37.5	35.1	39.3	38.8	38.7	38.2	37.6
덴마크	52.7	51.2	56.7	54.8	53.6	51.5	50.6
스웨덴	53.4	52.5	50.9	49.6	49.5	48.8	48.5
OECD 평균	38.7	39.2	43.8	40.8	40.6	39.9	39.7

출처: www.oecd.org/statistics(2018.9.15) OECD Economic Outlook. Vol. 2018, Issue 1.의 부록 표29.
* 일반정부는 중앙정부와 지방정부, 그리고 사회보장의 합계이다. 공기업의 영업 흑자 순액이 포함되어 있다. 2018년부터는 전망치.

표 2-3 중앙정부 통합재정과 수지 추이

(단위: 조 원, %)

연 도	2009	2010	2011	2012	2013	2014	2015	2016	2017
중앙정부 통합재정 규모	268.4	254.2	273.7	293	300.2	312.4	339.4	354.4	379.8
(GDP 대비 %)	23.3	20.1	20.5	21.3	21	21	21.7	21.6	21.9
통합재정수지	−17.6	16.7	18.6	18.5	14.2	8.5	−0.2	16.9	24
(GDP 대비 %)	−1.5	1.3	1.4	1.3	1	0.6	0	1	1.4
관리재정수지 (사회보장, 공적자금 제외)	−43.2	−13	−13.5	−17.4	−21.1	−29.5	−38	−22.7	−18.5
(GDP 대비 %)	−3.8	−1	−1	−1.3	−1.5	−2	−2.4	−1.4	−1.1

출처: http://index.go.kr/portal/(중앙정부 통합재정 규모, 통합재정 수지, 2019.3.18).

Chapter

3

예산의 개념과 기능 및 원칙

학습 목표

예산은 정부 활동의 도구이다. 그것은 국민의 선호를 반영한 정부 목적의 설정과 그 목적 달성을 위한 화폐 단위로 표시한 계획이다. 정부 예산은 민간 예산과 여러 면에서 차이가 있다. 정부 예산은 여러 가지 성질을 가지고 있고 그것을 운영할 때 준수해야 할 원칙이 있다. 그 원칙은 크게 입법부 우위 원칙과 행정부 우위 원칙이 있다.

제3장을 읽고 다음에 답할 수 있어야 한다.

- 예산의 개념과 기능은 무엇인가?
- 정부 예산과 민간 예산은 어떤 점에 차이가 있나?
- 예산 원칙에는 어떤 것이 있나?
- 예산, 재정, 회계는 어떻게 구분되나?

이 장의 목적은 예산의 개념과 원칙을 소개하는 것이다. 이를 위하여 제1절 재무행정과 예산, 제2절 예산의 개념, 제3절 정부 예산과 민간기업 예산의 차이, 제4절 예산의 기능, 제5절 예산의 원칙 등으로 나누어 설명한다. 제1절에서는 재무행정의 도구가 예산임을 설명한다. 아울러 행정을 담당하는 공무원은 재무행정과 관련이 있다는 것을 설명한다. 제2절과 제3절은 예산의 개념을 설명한 것이다. 제4절 예산의 기능도 예산의 개념을 이해하는 데 도움이 될 것이다. 제5절에서 예산의 원칙을 일반 원칙, 입법부 우위의 예산 원칙과 행정부 우위의 예산 원칙, 그리고 「국가재정법」상의 예산 원칙 등으로 나누어 설명하였다. 이 책에서는 입법부 우위 예산 원칙을 자세히 설명하였다.

연구에 도움이 된다면 예산의 개념을 다양하게 정의할 수 있다.

제 1 절 재무행정과 예산

행정의 일부가 재무행정이고 재무행정의 중요한 도구가 예산이다. 먼저 재무행정의 한 예를 봄으로써 재무행정이 행정의 일부분인 것을 설명한다.

1. 재무행정의 예

교육부 직원의 예를 들어보자.

교육부에 대해서 앞의 제1장에서 간단히 설명하였다. 이를 참고로 생각해 보자. 만약 교육부 장관이 2018년 4월 교육부 직원의 복지 향상을 위해서 우리나라의 경치 좋은 해변에 교육부 직원 휴양소를 건설하기로 정하였다고 하자. 그리고 장관은 이 일을 업무지원과장에게 맡겼다고 하자.

업무지원과장은 2018년에 대상 부지를 물색하는 한편 토목 및 건축 설계와 비용을 산정해서 몇 개 대안을 마련하고, 이것을 요약한 사업보고서를 장관에게 올린다.

장관은 간부회의에서 이에 대해 상의하여 대상 지역과 예산 규모를 정하여 업무지원과장에게 보낸다. 업무지원과장은 2019년 교육부 예산에 이 사업을 포함시키기 위해서 지금까지의 일을 정책기획관실에 설명한다. 교육부의 예산은 장관의 책임 아래 편성된다. 그러나 실무는 각 과와 정책기획관 아래 예산담당관이 편성하는 일을 담당한다. 업무지원과장이 이 사업은 이미 장관의 관심 사항이고 간부회의에서 논의를 한 사업이라고 설명을 한다. 예산담당은 요즈음 기획재정부에서 직원 휴양시설과 같은 사업은 인정을 잘 안 해준다고 불평을 한다. 그러나 업무지원과장이 노력하여 교육부 2020년 예산에 포함시키고 기획재정부을 설득하는 데 성공한다. 국회도 그 사업을 그대로 인정해주었다고 한다. 그러면 업무지원과장은 사업을 수행하게 된다. 업무지원과는 필요한 자금을 관리한다. 그리고 해당 사업에 대해서 계약을 하고 사업 진척에 따라 채권자에게 대금을 지불하라고 공문을 보내고 한국은행의 교육부 구좌에서 채권자 구좌로 돈이 지불되고, 이런 활동이 적법하게 진행되었는지 교육부 감사관이 감사를 한다. 물론 감사원이 감사를 할 수도 있다. 국회가 교육부 예산과 결산을 심의한다. 이 과정에서 국회는 교육부의 예산 편성과 집행 상황을 감시할 수 있다. 이런 모든 활동은 행정이고, 그리고 동시에 재무행정이다.

2. 공무원과 재무행정

위의 예에서 교육부 감사관은 업무지원과 등 교육부 업무에 대해서 감사를 하는데 그들은 감사를 하지 재무행정을 한다고 생각하지 않을 수 있다. 정책기획관실에 근무하는 직원은 교육부 사업을 총괄하고, 교육부 예산을 편성하고 집행을 총괄하기 때문에 재무행정에 관여한다고 확실히 말할 수 있을 것이다. 그러나 정책기획관실에 근무하는 모든 직원이 예산 편성과 집행 관리의 업무를 하는 것이 아니므로 재무행정과 관련이 없다고 느끼는 직원도 있을 것이다. 이런 생각을 하는 이유는 다음과 같다. 첫째, 교육부는 대규모 조직인데 이런 조직은 분업을 하기 마련이다. 그래서 조직은 칸막이가 되어 있고 공무원은 자신의 업무와 재무행정이 관련이 없다고 생각할 수 있다. 둘째, 공무원이 재무행정이라고 하면, 재정, 예산, 회계, 자금관리 등등과 관련된 업무를 좁게 한정하여 생각하는 것이 아닌가 한다. 그래서 자신의 업무가 그것들과 관련이 없다고 생각하기 쉽다. 셋째, 재무행정과 관련이 있는 예비타당성조사, 세입 예측, 세출 예측 등에 조예가 없는 경우 공무원은 재무행정을 자신의 업무가 아니라고 말할 수 있다. 그러나 모든 공무원은 사업과 관련이 있고 사업을 하려면 돈과 관련될 수밖에 없다. 모든 공무원은 돈을 확보하고 그것을 사용하는 일과 관련이 있다.

3. 재무행정과 예산

재무행정은 돈과 관련되는 일이지만 돈이 관련되는 것은 무언가 일을 하기 때문이다. 행정기관이 일을 하기 위해서는 직원이 있어야 하고 조직이 있어야 하고 다른 조직과 함께 상의도 해야 하고, 사업을 계획하고 그 사업을 집행하면서 관리도 해야 하고 사업의 결과를 평가도 해야 할 것이다. 이와 같은 활동을 행정이라고 한다면 이 활동은 곧 재무행정이다.

행정기관이 사업을 하기 위해서는 돈이 필요한데 그 돈은 시민의 세금으로 대부분 충당된다. 또 행정기관도 많고 시민이 세금을 무한정 부담할 수 없는 관계로 행정기관들은 미리 계획을 세우고 정해진 범위에서 돈을 사용할 수 있을 것이다. 행정기관은 인건비, 기관운영비, 사업비 등을 나열하고, 계획상 총합계가 얼마인데, 이것이 실제로 가능한지 그 여부를 검토도 하고, 기관 간에 서로 의사소통도 한다. 이때 사용되는 것이 예산이다. 부처와 부처, 부처와 입법부의 기관들과 의사소통을 하기 위한 도구가 바로 예산이다. 예산을 통해서 미래에 대해서, 목표와 계획에 대해서, 사업과 금액에 대해서, 기관 안에서 서로 의사소통을 하고 기관 간 의사소통을 할 수 있을 뿐만 아니라 행정부와 입법부도 의사소통을 할 수 있다. 이렇게 예산은 재무행정의 도구가 된다.

제 2 절 예산의 개념

일반적으로 개념을 논의할 때는 그것이 연구자에게 필요하기 때문이다. 다시 말해서 현상을 설명 · 예측하고, 더 나아가 문제에 대한 처방을 하려는 필요에서 개념이 요구되는 것이다. 따라서 연구자가 하나의 개념을 정의하면 현상은 그런 식으로 연구자에게 드러날 것이고, 그것은 연구자가 독자를 이해시키는 방법이기도 하다. 이러한 의미에서 개념 정의는 나름대로 목적이 있고, 개념 정의에 따라서 연구 방향과 현상 이해의 길이 결정된다는 사실을 잊지 말아야 한다.

예산이라고 하면 먼저 두터운 서류 뭉치가 생각날 것이다. 우리의 머릿속에 떠오른 그 생각으로서 서류를 예산이라고 하는 경우, 그것은 일정 기간의 수입과 지출의 예정적 계산이라고 할 수 있다. 버크헤드(Jesse Burkhead), 엑스타인(Otto Eckstein) 등이 예산을 국가 수입과 지출에 관한 예정적 계산 또는 명세서라고 한 것도 같은 뜻이다.[1)]

조금 더 자세히 설명하면 예산은 ① 일정한 회계연도 동안의, ② 정부의 현실적인 경제 능력을 감안한, ③ 화폐 단위로 표시한 세입세출에 관한(유훈, 2003: 22; 강신택, 2006: 16-18), 그리고 ④ 입법부에 의해서 승인된 계획이다. 이런 정의는 예산이라는 문서의 뜻을 이해하는 데 도움이 된다. 그러나 이런 정의는 예산과 행정이 어떻게 관련되는지 이해하는 데는 다소 미흡한 면이 있다.

『정부예산체제론』의 저자인 리와 존슨(Lee & Johnson, 2008: 18-19)은 예산을 세입, 세출, 활동, 그리고 목적에 관한 정보 등 조직의 상황을 표시한 문서로,[2)] 그리고 린치(Lynch, 1977: 5)는 예산을 일정 기간 동안의 목적과 관련된 사업의 달성을 위한 계획으로 정의한다. 이것은 정부가 일정한 기간 동안 어떤 목적을 위하여, 어떠한 사업을 계획하고, 이에 따라서 어떻게 자원을 배분할 것인가를 나타낸 정보로

---

1) "A budget is a detailed statement of a government's expected expenditures and revenues" (Eckstein, 1979: 18).

2) "예산은 상태 묘사, 인과관계에 대한 설명, 그리고 선호나 가치에 대한 언명으로 이해될 수 있다. At the most general level, budgets can be conceived of as ① descriptions, ② explanations or causal assertions, and ③ statements of preferences or values"(Lee & Johnson, 2008: 18).

서, 또는 계획으로서 예산을 정의한 것이다. 이렇게 생각할 때 예산은 정보, 계획, 정책 등의 여러 가지 성질을 가지고 있다고 볼 수 있다.

1. 예산은 정보이다

예산은 중앙정부, 지방정부, 중앙부처 등의 재정 상태를 묘사한 정보이다. 예산은 행정기관의 과거, 현재, 미래 등의 상태를 묘사한 정보이다. 예산은 행정기관의 정책, 사업, 활동, 지출 대상 등에 관한 정보를 포함하고 있다. 행정기관의 활동은 체제론의 입장에서 보면, 투입, 과정, 산출, 결과 등으로 구성된다. 이렇게 본다면 예산은 투입, 과정, 산출 등에 대한 정보를 포함하고 있기도 하다.

예산 과정에 참여하는 행위자가 필요로 하는 정보는 다양하다. 또 행정기관의 활동에 관한 정보를 어느 정도 공개해야 하는가는 논란의 대상이 될 수 있다.

2. 예산은 계획이다

예산은 장래에 발생할 일을 대비해서 또는 장래에 달성하고자 하는 상태에 도달하기 위해서 무엇을 어떻게 해야 하는지를 그려 보는 일과 관련이 있다. 1년 후에 또는 5년 후에 이런 것이 이루어졌으면 하고 희망하면서 그것을 달성하기 위하여 인재를 양성한다면, 인재 양성을 얼마나 어떻게 해야 하는지 생각해 보고 그 방법에 따라서 재원을 배정하는 일이 필요할 것이고, 이런 작업에 예산은 중요한 도구가 된다. 이러한 이유에서 『행정국가론』의 저자인 마르크스(F. M. Marx)는 예산을 정부가 수립한 사업계획서라고 보았고, 나이그로(F. A. Nigro)는 예산을 작업계획이라고 보았다. 계획을 기획의 소산이라고 본다면, 예산은 기획 활동의 일부이며, 예산은 계획을 더욱 세목화하고 구체화해 놓은 행동지침이라고 할 수 있다(김도훈, 1988: 102-103).

대표적인 예로서 국가재정운용계획, 지방재정중기계획 등을 들 수 있다. 이런 계획의 일 년치를 구체화하면 해당 연도의 예산이 된다는 것이 이상이고 이론일 것이다. 중기계획이 아니더라도 단년도 예산만을 생각하는 경우에도 예산은 미래의 상태를 추정해서 편성된다는 점에서 계획이다. 이러한 까닭에 우리는 예산의 내용을 살펴보면 정부 혹은 행정기관이 일정 기간 내에 무엇을 어떻게 하겠다는 사업 추진 방향과 사업 내용, 그리고 자금 규모를 파악할 수 있다.

3. 예산은 정책이다

예산은 몇 가지 점에서 정책이다.

첫째, 예산은 정부가 하기로 한 일에 재원을 배정한 것이다. 정책도 정부가 하기로 한 것이다. 다만, 정부가 안 하기로 한 일에는 재원이 배정되지 않지만, 즉 예산이 없지만, 정부가 안 하기로 한 일도 정책이란 점에서 예산과 정책이 다소 다르다.

둘째, 정부가 명시적 혹은 묵시적 목표를 정하고 그것을 달성하기 위한 수단을 선택하고자 할 때 정책과 예산이 고려된다는 점에서 예산과 정책은 같다. 결정 행위라는 점에서 예산과 정책이 같다.

셋째, 예산은 정책을 제약하고 정책은 예산을 제약하기 때문에 예산과 정책은 상호 작용을 한다. 이러한 점에서 예산과 정책은 동전의 앞면과 뒷면과 같다(이문영 · 윤성식, 2002: 53-55).

4. 예산은 국민과의 계약이다

민주주의 국가에서는 국민의 요구를 여러 통로를 통하여 예산에 반영한다. 정치지도자는 선거 기간 동안에 국민에게 공약을 하고, 집권하면 그것을 이행할 책무를 부여받는데 이것은 예산에 구체적으로 나타난다. 그러나 일반 국민들은 예산을 계속적으로 검토할 수 없는 경우가 많으므로, 국민의 의사가 예산에 반영되어 있는가 여부를 판단하는 활동은 대개 국회의원과 입법부에 위임되어 있다. 사실, 예산 운영에 대하여 정부관리에게 그 권한이 부여되어 있지만, 그들은 최종적으로 국민에게 책임을 져야 하는 의무가 있다. 우리는 쉽게 이러한 사실을 잊고 있다. 다시 말해서, 예산은 국민을 위한 계획이라는 것이다. 이러한 연유로 정부 예산과 민간기업의 예산과는 원칙, 범위, 기능, 결정 기준 등에서 많은 차이가 있다.

국민이 국민을 위해서 이런 것을 해달라고 공무원에게 신탁을 한 것이 예산이라고 볼 수 있다. 이렇게 보는 경우, 피신탁인인 공무원이 신탁인인 국민을 위해서 예산을 잘 운영한다는 계약이 있어야 한다. 그래야 국민은 국민을 위한 계획을 공무원에게 맡길 수 있을 것이다. 즉, 국민은 예산 운영을 공무원에게 맡길 수 있을 것이다.

위의 측면 외에 예산은 관리의 도구, 의사 전달의 도구 등의 측면이 있다.

끝으로 우리나라에서 예산이라고 하면 예산총칙(豫算總則), 세입세출예산(歲入歲出豫算), 계속비(繼續費), 명시이월비(明示移越費), 국고채무부담행위(國庫債務負擔行爲)를 총칭한다(국가재정법, 개정 2017.12.26. 법률 제15284호, 제19조). 예산총칙은 일반회계와 특별회계를 포함하여 세입세출, 계속비, 명시이월비, 국고채무부담행위 등에 관한 총괄적 규정과 국채와 차입금의 최고액 등 기타 사항을 규정한 것이다.

5. 예산 · 재정 · 회계

흔히 재정을 나라 전체의 살림살이라고 한다.[3] 그렇다면 재무행정도 나라 전체의 살림살이이다. (정부)회계 또한 그러하다. 나라 전체의 돈의 씀씀이가 어떻게 되고 있는지 그런 활동에 초점을 두면 그렇게 말할 수 있다. 이와 같은 유사한 용어에 대하여 간단히 정리해 본다.

예산은 정부나 조직이 그들의 목적을 달성하기 위한 금액으로 표시한 계획이라고 할 수 있다. 예산은 계획이다. 그리고 우리가 "예산이 없다"고 할 때 그것은 돈이 없다는 뜻으로 사용한 것이다. 재정도 유사하다. 재정이란 정부 또는 조직의 경제 활동을 의미하고 그 활동에 소요되는 돈을 의미하기도 한다. 회계는 정부 또는 조직의 경제적 사건을 기록, 분류, 요약, 해석하는 활동이다.

현실적으로 예산과 재정은 구분이 안 된다. 정부의 활동이라는 점에서 보면, 예산관리, 재무행정, 재정관리는 모두 유사하다. 모두 재원을 동원하고 그것을 능률적으로 사용하는 활동과 관련되어 있다. 이 점에서 회계도 동일하다. 정부의 경제 활동을

3) 한승수 전 총리, 부총리 겸 재정경제부 장관의 추천사에서 "재정은 나라 전체의 살림살이로서 국민이 부담하는 세금으로 이루어지므로 …"(재정경제원 예산실, 1997: 5).

기록하고 분석해서 재원을 능률적으로 사용하자는 것이다. 이런 활동과 회계도 연계되어 있다. 그러므로 예산과 회계는 밀접하게 연계되어 있다. 예산은 미래에 대한 계획이고, 회계는 예산 집행에 대한 기록이다(윤성식 · 권수영, 1998: 58).

제 3 절 정부 예산과 민간기업 예산의 차이

정부 예산과 민간기업 예산과의 유사점과 차이점은 행정과 경영의 그것과 유사하다. 행정은 경영과 목적, 법적 제약 등에서 많은 차이가 있듯이 정부 예산은 민간기업 예산과 목적, 의사 결정 방법, 지도 이념, 규모, 범위 등에서 많은 차이가 있다.[4]

1. 목적과 동기

정부의 예산 운영의 목적 및 동기는 사회 질서의 유지, 민간경제 활동의 촉진, 사회보장 제도의 운영 등 공공의 이익을 증진시키는 데 있다. 반면에 민간기업 예산 운영의 목적은 기업 이윤, 매출액, 시장점유율 등의 극대화에 있다. 정부는 사회 질서의 유지와 국방을 위해서, 그리고 국민의 일부가 아니라 모든 국민을 위해서, 이윤이 남건 안 남건, 세금을 납부한 사람이건 납부하지 않은 사람이건 모든 이를 위해서 사

4) 정부 예산과 민간 예산과의 차이는 근본적으로는 공공 부문과 민간 부문의 차이에서 찾아야 할 것이다(김완순, 1986: 169－178; 오연천, 1987: 11－27). 오연천은 공공 부문과 민간 부문의 특징을 다음과 같이 비교하였다.

특징/부문	공공 부문	민간 부문
목표	공익의 실현	사익(이윤)의 추구
수단	권력	시장기구
산출물	공공재	사적재
재원	조세	가격 수입
보상 관계	일반적 보상 관계	개별적 보상 관계
의사 결정 방식	집단적 의사 결정	개별적 의사 결정
수입지출 결정 양식	총량적 결정	한계적 결정
지도 이념	공평성 우선	효율성 우선

업을 하고 서비스를 제공한다. 이에 반해서 민간기업은 물건값을 지불한 고객에 대해서 서비스를 제공하고 이윤이 남는 사업만 한다. 이것은 많은 것을 시사하는데, 첫째, 정부 예산의 존재, 즉 정부가 이런 사업에 예산을 사용해야 하는지에 대한 의문을 제기하기 힘들다. 정부가 있으니 사업을 해야 하듯이 예산은 당연히 있는 것으로 생각하기 쉽다. 둘째, 사업의 선정과 평가에 명백한 객관적인 기준을 선정하기 힘들다. 민간기업에서는 상품이 잘 팔린다든지 손님이 높은 가격을 주고도 상품을 산다든지 하는 것으로 상품을 평가할 수 있으나 정부 예산 운영에는 이런 가격이라는 객관적 기준이 존재하지 않는다. 셋째, 정부사업의 목적을 정의하기 힘들고 평가할 기준이 명백하지 않으므로 예산이 낭비될 가능성이 크다.

2. 규모와 범위

정부 예산의 규모와 범위는 민간기업의 그것에 비해서 대단히 크고 넓다. 정부의 세입과 세출 규모가 매우 커서, 이 자원을 어떻게 동원하고 배분하느냐에 따라서 국민 경제에 영향을 미친다. 그렇지만 정부 예산 규모는 국가의 부(富), 국민의 세금 부담 의향 등에 의해서 제약을 받는다.

정부 예산의 범위는 정부 활동의 범위에 의해서 좌우되는 것이므로, 정치 체제와도 깊은 관계가 있다. 정부 활동의 범위를 ① 스미스(Adam Smith)처럼 국방, 치안, 그리고 특정 공공사업으로 할 수도 있고, ② 사기업이 생산하기를 꺼리는 공공재(公共財)의 생산에 한정할 수도 있으며, ③ 공공재의 생산과 기술적 위험이 큰 사업, 자연적 독점 상태에 있는 사업, 기타 공황과 인플레이션에 대한 대처 등을 그 범위로 할 수도 있고, ④ 좀 더 적극적으로 재개발사업, 전략산업, 전매사업, 의료보장, 사회보장, 실업 대책, 소득 분배 등을 그 범위로도 할 수 있다. 이에 따라서 정부 예산의 범위는 상이해진다(Eckstein, 1979: 5－17).

일반적으로 정부 예산은 그 규모가 매우 클 뿐만 아니라 영향을 미칠 수 있는 범위가 기능별·사업별·집단별 등으로 매우 포괄적이다. 민간기업의 예산 규모가 대단히 클 수 있으나 그 범위는 대개 특정 부문에 집중되어 있기 마련이고, 아무리 민간기업의 사업이 다양하더라도 정부 활동보다는 다양하지 않다. 이러한 이유로 해서 정부 예산을 운영하는 데 부처 간, 계층 간, 수혜자 간 갈등이 발생하기 쉽고 나타난 갈등을 조정하는 데도 어려운 점이 있다. 또 규모가 대단히 크다는 점에서 낭비의 가능성도 항상 존재한다고 볼 수 있다.

3. 참여자의 다양성

정부의 예산 운영에 직접적으로 참여하는 공식적 참여자는 민간기업의 예산 운영에 참여하는 공식적 참여자보다 많고 다양하다. 정부의 예산 운영에는 행정부, 입법부, 감사원 등이 공식적으로 참여한다. 행정부는 수십 개의 부처와 수천 명의 공무원으로 구성이 되어 있고, 입법부 역시 수십 개의 위원회와 의원들로 구성이 되어 있다. 이들은 각각 다른 목적을 가지고 활동을 한다.

이에 비해서 민간기업은 여러 사업장과 여러 조직으로 구성되어 있다고 하더라도 정부의 그것과 비교할 수 없으며, 민간기업의 예산 운영에 참여하는 참여자는 기업의 이윤을 극대화하기 위해서 일을 한다는 점에서 다양한 목적을 가진 정부 예산 운영의 참여자와는 구분된다. 정부 예산 운영의 참여자를 비공식적 참여자까지 포함시키면 모든 국민이 참여자가 된다. 민간기업의 예산 운영의 참여자를 아무리 확대한다고 해도 모든 국민에까지 확대할 수는 없을 것이다. 이러한 이유에서 정부 예산을 둘러싼 갈등을 조정하기도, 예산 운영에 대한 책임을 진다는 것도 그만큼 어렵다.

4. 법적 제약

자원의 동원은 물론 자원의 배분 시에, 즉 정부의 예산 운영은 법률의 제약을 받는다. 세법에 따라서 세금이 징수되고, 각종 법률에 따라서 이전지출, 특별회계, 기금 등 예산이 집행된다. 이로 인하여 정부 예산의 신축적 운영이 제한을 받는다. 행정기관이 사업을 새롭게 시작하려고 해도 법률에 의존해야 하고, 규정에 따라서 절차를 밟아야 한다. 이런 절차를 준수하는 것이 행정기관이 일하는 방법이다. 그러다 보니 민간 기업에 비해서 일이 늦게 진행되고 능률성이 떨어지는 것처럼 보일 수도 있다. 행정기관은 예산을 사용해서 사업을 할 때 결과가 적법해야 하지만 과정도 적법해야 하는 것이다. 여기서 정부의 예산 운영에 대한 경직성, 무책임성 등의 문제가 제기될 수 있다.

5. 경비 부담자와 사용자의 불일치

민간기업은 각종 사업에 충당할 자금을 자신이 마련하고 그 자금을 어떻게 사용할 것인가도 자신이 결정한다. 반면에 정부의 경우에는 일정 기간의 수입과 지출을 구상하는 것은 선출된 공직자나 임명된 공무원이지만 실제로 세입을 부담하는 주체는 국민이다. 그리고 그 동원된 자금의 사용 방법을 결정하고 사용하는 주체는 공무원이다. 이와 같이 정부 예산의 경우, 경비 부담자와 경비 사용자가 다르다. 이러한 성질로 인해서 책임성과 능률성이 저하되기 쉽다. 따라서 방대한 규모의 정부 예산 운영에는 투명성이 중요한 과제가 된다.[5]

제 4 절 예산의 기능

예산은 정치적, 행정적, 법률적 등 여러 기능을 한다(Hyde & Shafritz, 1978: 1; Axelrod, 1988: 7).

1. 정치적 기능

예산이란 누가 비용을 부담하고 누가 편익을 얻는가에 관한 계획서라고도 할 수 있다. 따라서 예산이 편성, 심의, 집행되는 등의 예산 과정에서 사회의 각종 세력과 집단들이 자신들의 요구를 표명함으로써 더 많이 자신들의 이익을 예산에 반영하려 할 것이다.

---

5) 루빈(Rubin, 1997: 6-7)은 정부 예산 운영의 특징을 다음과 같이 정리하였다: 다양한 목적을 가진 다양한 행위자가 참여한다; 환경에 취약하다; 납세자와 사용자가 다르다; 제약이 많다.

한편, 예산 편성의 책임을 맡고 있는 행정부는 여러 사회집단의 이해를 조정하여 예산에 반영하려 할 것이다. 또한 입법부는 예산 심의를 통하여 행정부의 예산 결정을 재검토하여 국민의 요구를 반영하려 할 것이다. 이와 같은 예산 과정을 통하여 정부의 자원이 배분되는데, 이것이 곧 정치이다. 행정 실무자들이 예산이 정치적으로 편성되었다고 말하는 경우가 많다. 이것은 정치에 대한 부정적 의미로 불만을 토로하는 말이다. 그러나 시장이나 행정수반 등 예산결정자들은 자신의 권력을 강화하는데, 혹은 조직과 정부의 안정에 기여하는 방향으로 예산을 결정한다. 이와 같이 예산의 정치적 기능은 다양하다.

2. 행정적 기능

예산을 목적, 정책, 사업 등에 관한 정보라고 하는 경우에, 예산은 정부에 부여된 목적과 자원을 연계한 것이다. 즉, 정부는 사회 문제를 해결하기 위하여 정책을 결정하고, 그 정책을 수행하기 위하여 인적·물적 자원을 조직화하고, 이러한 활동이 소기의 성과를 거둘 수 있도록, 관계 공무원의 행동을 통제하게 되는데, 이때 예산이 필수불가결한 도구로 이용된다.

예산 연구에 큰 업적을 남기고 한때 미 의회의 분석전문가로 근무한 경험이 있는 쉬크(Allen Schick)는 위와 같은 예산의 기능을 통제, 관리, 기획 등으로 분류하여 설명하기도 하였다.

3. 법률적 기능

예산은 입법부가 행정부에 대하여 재정권을 부여하는 중요한 형식이다. 예산이 영국과 미국처럼 법률의 형식을 갖는 경우도 있고, 우리나라처럼 그렇지 않은 경우도 있다. 어느 경우이든 입법부가 승인한 예산의 용도와 액수, 그리고 기한을 행정부는 엄수하여야 한다.

4. 경제적 기능

정부의 세입세출 예산이 어떻게 구성되느냐에 따라서 국민 경제에 큰 영향을 미친다. 즉, 정부가 민간 부문으로부터 얼마나 자원을 동원하고, 이들 자원을 이용해 공공의 욕구를 충족시킬 수 있는가 하는 민간 부문과 공공 부문 간의 자원 배분에, 또 위의 과정에서 조세 제도, 세출구조 등을 통하여 소득 계층 간의 소득 재배분에, 그리고 고용 확대, 물가 안정, 경제 성장 등의 경제 안정에 예산은 큰 영향을 준다. 따라서 우리나라 교과서에서 많이 인용되고 있는 『재정학(*Public Finance in Theory and Practice*)』의 저자인 머스그레이브는 예산의 주요 기능을 자원 배분, 소득 재배분, 경제 안정 등으로 요약하였다(Richard A. Musgrave & Peggy B. Musgrave, 1980: 6–20).

제 5 절 예산의 원칙

1. 일반 원칙

예산 원칙은 예산 운영 시에 지켜야 할 규범과 준칙이다. 정부가 자원을 동원하고 배분하는 데 준수하여야 할 원칙은 말할 필요도 없이 공공 이익의 극대화이다. 이러한 일반 원칙은 ① 공공 부문의 규모, ② 각 사업들 간의 지출 규모, ③ 조세의 종류와 세수 규모에 관한 결정과 직접적으로 관련이 있다.

공공 부문의 규모, 지출 규모 등을 결정할 때 준수되어야 할 원칙은 능률성(efficiency)과 형평성(equity)이다. 경제적 능률성에 의하면, 공공 부문의 규모는 공공 부문에 사용된 마지막 한 단위의 돈이 가져오는 사회적 편익과 세금으로 민간 부문에서 빠져나가는 마지막 한 단위 돈의 사회적 비용이 동일할 때까지 계속 증대되어야 한다는 것이다. 또 각 사업들 간의 지출 규모는 모든 사업들에 투여되는 마지막 한 단위의 돈이 가지고 오는 사회적 편익이 동일하도록 해야 한다는 것이다. 예를 들면, 교육사업, 보건사업, 건설사업 등에 자금을 투자할 때, 투자되는 마지막 1,000원의 사회적 편익이 동일하도록 교육, 보건, 건설사업 등에 예산을 배분하여야 한다는 것이다. 이러한 방법은 경제학에서 많이 논의되고 있으며 예산 운영이나 예산 결정에 이러한 사고를 적용하기도 한다.

2. 경제학적 관점과 행정학적 관점

한편, 정부의 예산 운영 시에 공공 이익의 극대화가 일반 원칙이고 이것을 좀 더 구체화한 것이 능률성과 형평성이라고 할 때, 능률성과 형평성을 경제학적 관점으로 또는 행정학적 관점으로 다룰 수 있을 것이다. 재무행정에서도 물론 능률성과 형평성이 주요 관심사이다. 다만, 재무행정에서는 예산 편성, 예산 심의 등의 예산 과정과 예산의 형식에 초점을 두어서 그것들을 추구하고자 한다는 점에서 경제학과 차이가 있다. 경제학에서는 정부사업의 사회적 편익과 사회적 비용을 한계효용의 개념에 의존하여 분석하지만 재무행정학에서는 일차적으로 세입과 세출 규모 계산을 위한 정보 개발, 자료의 공개, 결정 방법 및 절차, 회계 기간 등 조직적 · 관리적 · 행태적 측면에 초점을 둔다.

따라서 예산 원칙을 이해할 때 정부적 관점과 입법부와 행정부의 관점, 그리고 행정기관적 관점에서 계층적으로 생각해 보는 것이 도움이 된다.

그림 3-1 계층에 따른 예산 원칙

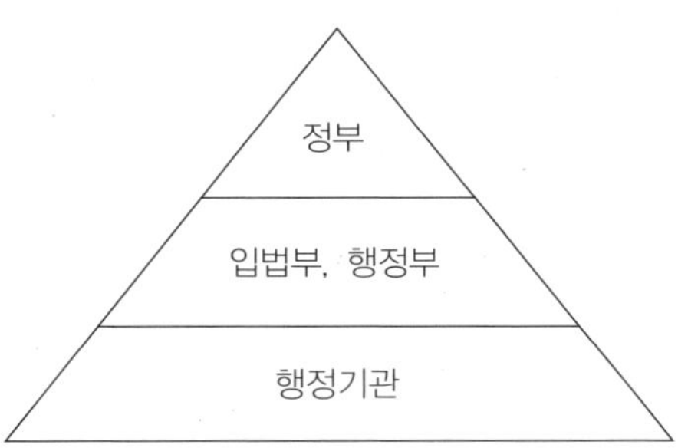

3. 입법부 우위의 예산 원칙과 행정부 우위의 예산 원칙

정부 수준에서는 공공 이익의 극대화 혹은 능률성과 형평성이 중요한 예산 원칙이 될 것이며, 시민사회의 입장에서 보면 정보 기술의 발전에 힘입어 투명성과 참여가 중요한 예산 원칙이 될 것이다. 입법부와 행정부 수준에서는 대응성(responsiveness)과 책임성(accountability)이 될 것이다. 그런데 입법부와 행정부는 그 역할상 예산을 둘러싸고 입장 차이가 있다. 입법부는 대응성과 책임성에 충실하기 위해서 행정부를 통제하여야 한다고 생각하고, 반면 행정부는 대응성과 책임성에 충실히 하기 위해서 행정의 전문성과 재량권을 사용할 수 있어야 한다고 본다.

입법부와 행정부의 예산에 대한 권한은 시대에 따라 변하였는데, 예산 원칙은 이들의 예산에 대한 영향력에 따라 입법부 우위의 예산 원칙과 행정부 우위의 예산 원칙으로 나눌 수 있다(유훈, 1992: 100–110). 입법부 우위 예산 원칙은 예산 운영에 대해서 행정부보다 입법부가 더 많은 권한을 가져야 한다는 원칙이다. 입법부가 예산을 편성하고 확정하며 행정부는 입법부가 확정한 예산을 집행하는 역할을 해야 한다는 것이다. 이 예산 원칙이 준수되려면 입법부가 정해준 사업, 금액, 기간 등이 행정부에 의해서 그대로 준수되어야 한다. 그리고 입법부 · 행정부가 이러한 것을 준수하고 있는지 자세히 감독할 수 있어야 한다. 미국 의회가 예산 운영에 주도권을 가졌던 1900년대 초가 대표적인 시기이다. 반면 미국에서 1921년 예산회계법이 제정됨으로써 대통령이 예산을 편성하여 의회에 제출할 수 있게 되었다. 예산 운영에 대한 주도권이 입법부에서 행정부로 이전되기 시작한 것이다. 이와 같이 행정부 우위 예산 원칙은 행정부가 예산 운영에 대해서 입법부보다 더 많은 권한을 가져야 한다는 원칙이다. 행정부가 국가적 차원에서 목표와 계획을 세우고 변화하는 재정 여건에 대응할 수 있어야 한다는 원칙이다. 입법부 우위 예산 원칙을 전통적 예산 원칙이라고 하며, 이에 대해서 행정부 우위 예산 원칙을 현대적 예산 원칙 또는 행정국가론적 예산 원칙이라고 한다.

1) 입법부 우위의 예산 원칙, 전통적 예산 원칙

입법부 우위의 예산 원칙 또는 전통적 예산 원칙에는 다음과 같은 것이 제시되었다. 유럽의 예산 제도를 연구한 선델슨(Jacob Wilner Sundelson)은 ① 포괄성, ② 배타성, ③ 통일성, ④ 명세성, ⑤ 단년성(單年性), ⑥ 엄밀성, ⑦ 명료성 등의 원칙을 제시하였고, 루스벨트(Franklin Roosevelt) 대통령 행정부에서 예산국장을 역임한 스미스(Harold D. Smith)는 ① 공개, ② 명료, ③ 포괄성, ④ 통일성, ⑤ 명세, ⑥ 사전 승인, ⑦ 정기성, ⑧ 정확성 등의 원칙을 제시하였다. 한편, 노이마르크(F. Neumark)는 ① 공개, ② 명료, ③ 사전 의결, ④ 엄밀, ⑤ 한정성, ⑥ 단일, ⑦ 통일, ⑧ 완전성 등의 원칙을 제시하였다.

위와 같은 예산 원칙은 통제 지향적 예산 운영과 입법부의 재정통제에 주안점을 둔 것으로 예산의 규모가 작고, 그 운영과 경제적 기능이 단순하였던 때의 원칙이다. 그러나 현대 국가의 행정 기능이 확대된 것과 마찬가지로 예산의 규모가 확대되고 예산의 기능도 복잡하여 예산 운영 시에 전문성, 계획성, 능률성이 점점 강조되었다. 따라서 행정부 우위, 또는 행정국가론적 예산 원칙이 제기되었다.

2) 행정부 우위, 행정국가론적 예산 원칙

이 원칙에는 역시 스미스가 제시한 것으로 ① 계획, ② 책임, ③ 보고, ④ 재량, ⑤ 시기 신축성, ⑥ 다원적 절차, ⑦ 수단 충분성 등의 원칙이 있다.

행정국가론적 예산 원칙이 ① 예산 규모의 팽창과 구조의 복잡성, ② 예산통제 제도의 발달, ③ 행정의 전문성과 대응성의 발전, ④ 공기업의 발전 등으로 당연히 요청되는 것이지만, 바로 위와 같은 이유 때문에, 그리고 예산의 정치, 행정, 경제적 기능 때문에 예산에 대한 민주적 통제를 강조하는 전통적 예산 원칙을 경시할 수 없다. 따라서 전통적 · 입법부 우위의 예산 원칙과 현대적 · 행정국가론적 예산 원칙의 상호 조화가 이루어져야 할 것이다.

3) 입법부 우위 예산 원칙과 행정부 우위 예산 원칙의 조화

양 예산 원칙의 조화를 위하여 ① 입법부, 행정부, 사법부, 삼권분립이 명실상부하게 이루어져야 할 것이고, ② 국민에 의한, 그리고 입법부에 의한 예산통제가 원활히 이루어질 수 있도록 제도가 구비되어야 할 것이며, ③ 공무원의 책임성 및 정직성이 고양되어야 할 것이다. 또 한편으로, 정부 수준에서는 전통적·입법부 우위 예산 원칙이, 그리고 부처 단위에서는 현대적·행정국가론적 예산 원칙이 강조될 수도 있을 것이다.

다음에서는 입법부 우위의 예산 원칙 또는 전통적 예산 원칙 가운데 중요한 예산 원칙을 간단하게 설명하고자 한다.

(1) 예산 공개의 원칙

예산 운영의 모든 상태가 국민에게 공개되어야 한다는 원칙이다. 예산 운영 시에 ① 국가의 재정 상황, ② 예산의 내용, 즉 일반 및 특별회계 세입세출, 기금 운영 현황, 국고채무부담행위, 명시이월비, 계속비, ③ 예산의 심의와 결산 과정, ④ 결산의 내용 등이 국민 또는 국민을 대표하는 입법부에 공개되어야 한다. 우리나라에서도 「국회법」과 「국가재정법」에 이를 명시하고 있으며, 정부의 각종 간행물, 기자 회견 등을 통하여 예산을 공개하고 있다. 대표적인 간행물로서 『나라살림: 예산개요』를 들 수 있다. 정부가 예산을 공개할 때에는 일반 국민이 알기 쉽게, 그리고 투명하게 공개해야 한다. 그러나 정부가 예산을 어느 정도 공개하느냐 그 정도는 여러 가지 요인에 의해서 영향을 받는다.

(2) 예산 사전 의결의 원칙

예산은 집행하기 전에 입법부의 의결을 반드시 받아야 한다. 행정부가 입법부에 제출한 예산은 늦어도 회계연도 개시 전에 입법부의 승인을 받아야 하는데, 그것이 어려운 경우에 우리나라에서는 준예산(準豫算)을 이용할 수 있게 하였다(헌법 개정 1987.10.29. 헌법 제10호, 제54조).

(3) 예산 한정성의 원칙

예산의 각 항목은 상호 명확한 한계를 지니고 있어서 ① 각 항목 간의 융통을 금하며, ② 계상된 금액 이상의 지출을 금지하고, ③ 정해진 회계연도 내에 지출이 이루어져야 한다. 우리나라 현행 국가재정법 제3조와 제45조에서도 각각 회계연도 독립의 원칙과 예산의 목적 외 지출을 금지하고 있다.

그러나 예산의 전용과 이용, 그리고 예산의 이월, 계속비, 과년도 수입, 과년도 지출 등을 허용함으로써, 예산 한정성의 원칙에 예외를 인정하고 있다.

(4) 예산 총계주의 원칙

예산 완전성의 원칙이라고도 하는 것으로, 한 회계연도의 세입 세출은 모두 예산에 계상함으로써 예산의 규모, 수지 균형, 예산의 흐름 등을 명료하게 파악할 수 있도록 하자는 것이다. 예산 총계주의 원칙에 따르면, 회계 간 또는 계정 간 돈의 흐름이 나타나게 되고 정부의 활동이 서로 어떻게 관계되어 있는지 설명이 된다. 예산 규모, 정부 활동의 관계 등을 이해함으로써 입법부나 국민은 예산에 대한 통제를 용이하게 할 수 있다. 이에 대한 예외로, ① 순계 예산, ② 예산 외로 운영되는 기금, 현물 출자, 외국 차관의 전대(轉貸) 등이 있다(국가재정법 제5조, 제53조).

예를 들면, 2018 회계연도 우리나라 일반회계와 여러 특별회계의 금액을 단순 합산하면 총계 규모는 369조 원 정도이다. 그러나 이 금액에서 각각의 회계 내에서의 계정 간 거래를 제외한 규모상 순계 액수는 366조 원 정도이다. 여기에서 다시 일반회계와 특별회계와의 거래, 특별회계 간 거래 등 중복 계상된 부분을 제외한 순계 규모는 331조 원 정도이다. 그러니까 2018회계연도 우리나라 총예산 규모는 369조 원이라고 할 수 있다. 그리고 회계 간, 계정 간 거래로 중복된 부분을 제외한 총예산 순계는 331조 원이다. 이와 같이 계산한 총예산 규모가 <표 3-1>이다.

그러면 우리나라 정부가 2018년에 운용하는 예산의 총규모가 총계로 볼 때 369조 원인가? 아니다. 이 금액에는 수많은 기금이나 지방정부 예산이 포함되지 않은 것이다. 이러한 이유에서 만약 정부가 발표하는 중앙정부 예산 규모가 일반회계와 특별회계를 합한 총계를 뜻한다면 그것은 기금 등을 제외한 것이므로 "한 회계연도의 모든 수입을 세입으로 하고 모든 지출을 세출로 한다"라는 예산 총계주의 원칙에 맞

표 3-1 2018회계연도 총 세출예산과 순계 규모

(단위: 10억 원)

구 분	총 계	규모상 순계	순 계	계정 간 거래	회계 간 거래
일반회계(A)	301,417	301,417	269,797	0	31,620
특별회계(B)	67,229	64,815	61,045	2,414	3,770
합계(A+B)	368,646	366,233	660,841	2,414	35,391

순계=(규모상 순계)-(회계 간 거래). 계정 간 거래는 한 회계 내에서 계정 간 거래를 말한다. 교통시설특별회계의 '공항계정'에서 '도로계정'으로, '공항계정'에서 '철도계정'으로 이전하는 것이 좋은 예이다. 회계 간 거래는 일반회계와 특별회계 간의 거래 또는 특별회계 간 거래를 말한다.
* 표의 수치는 억 원 단위에서 반올림한 것으로 합계에 차이가 있음.
출처: 『2018년 예산개요 참고자료』, pp.46-49. 규모상 순계=(총계)-(계정 간 거래).

지 않는다. 또 정부가 순계만을 발표하고 총계를 발표하지 않는다면 이것 역시 예산 총계주의 원칙을 위반한 것이다.

(5) 예산 단일의 원칙

정부의 재정 활동을 손쉽게 알아볼 수 있도록, 정부 예산은 하나여야 한다는 것이다. 그러나 현실적으로 특별회계, 기금 등의 운영 주체가 다양한 까닭에 다양한 형태로 여러 종류의 예산이 운영되고 있다. 현재 우리 정부가 사용하고 있는 통합예산은 예산 단일의 원칙을 추구하는 것이라고 할 수 있다.

(6) 예산 통일의 원칙

한 회계연도의 정부의 모든 수입이 곧 세입이며, 모든 지출이 세출이다. 이때 특정 수입으로 특정 지출을 하도록 되어 있는 것이 아니라, 모든 수입은 국고(國庫)에 편입되고 여기서부터 지출이 이루어지는 것이다. 이것을 예산 통일의 원칙이라 한다. 여기에 예외가 되는 것으로 특별회계와 목적세가 있다. 목적세에는 국세로는 교육세, 농어촌특별세, 교통에너지환경세가, 그리고 지방세로는 지역자원시설세와 지방교육세가 있다. 이들은 모두 특정한 수입으로 특정한 지출을 연계한 것으로 예산 통일의 원칙을 어긴 것이다.

흔히 국립대 학생들은 자신들이 낸 납부금으로 학교가 운영되는 것으로 알고 있다. 그러나 학생들이 낸 납부금은 원칙적으로 국고로 들어가고 그 국고로부터 국립

그림 3-2 예산 통일의 원칙의 준수와 미준수

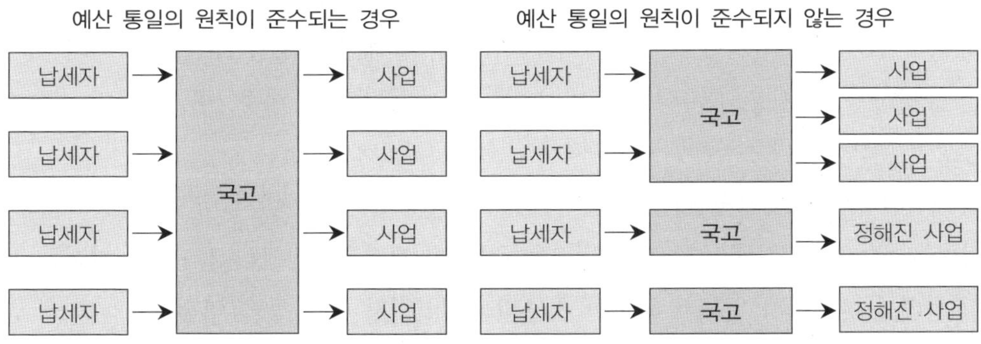

대학교 운영에 필요한 돈이 지출되는 것이다. 다시 말해서, 정부가 받아들인 모든 수입이 국고가 되고, 정부는 이 국고의 규모를 예상하여 계획을 세워 다시 지출을 하게 됨으로써 특정 수입과 특정 지출이 연계되는 것은 아니다. 만약 특정 수입과 특정 지출이 연계가 된다면 국고는 여러 주머니로 나뉘게 되어 정부가 예산을 운영하는 데 제약을 받게 될 것이다.

4. 「국가재정법」상의 예산 편성과 집행 원칙

정부는 2007년 「국가재정법」을 시행하면서, 예산 편성과 집행에 있어서 준수할 원칙으로 재정건전성의 확보, 국민 부담의 최소화, 재정지출 및 조세 지출의 성과 제고, 예산 과정의 투명성과 국민참여 제고, 예산의 여성과 남성에 미치는 효과 평가와 예산 편성에 반영 등을 규정하였다(국가재정법 제16조).

5. 예산 원칙과 재정준칙

1) 재정적자, 재정건전성, 재정의 지속가능성

사회복지의 확대, 인구고령화 등으로 선진국들이 재정적자가 크게 문제가 되고, 우리의 경우도 1997년 외환위기를 거치면서 재정적자가 관심의 대상이 되기 시작하였다. 세입보다 세출이 더 많아지면서 적자가 나타나고, 이 적자를 정부가 국채를 발행하여 메꾸는 과정에서 누적 적자가 급증하였다. 대표적인 국가가 일본이다.[6] 누적 채무가 GDP에서 차지하는 비율이 증가하고 정부 예산의 상당 부분이 국채의 이자를 충당하는 데 사용되는 상황이 벌어지면서, 재정건전성, 재정규율, 재정의 지속가능성이 논의되었다.

재정건전성(財政健全性)은 수입과 지출의 균형을 유지하면서 국가부채를 축소하여 복지 수요를 감당할 수 있는 능력을 뜻한다. 재정규율(財政規律)이란 건전한 재정 상태를 유지하기 위해서 과도한 지출의 증대, 적자 누적 등을 억제하여 미래에 발생할 수 있는 재정 압력에 대응할 수 있는 재정적 완충장치를 확보하는 것을 말한다. 재정의 지속가능성(持續可能性)은 재정적자가 발생하더라도 채무 불이행이라는 사태가 발생하지 않고 재정수지가 균형으로 회복할 수 있는 가능성을 말한다(유금록, 2011: 123). 이와 같이 재정적자, 재정건전성, 재정의 지속가능성 등이 논의되면서 재정 운용에서 재량권의 남용을 막기 위한 방법으로 재정준칙이 이용되기도 하였다.

2) 재정준칙

재정준칙은 국가채무, 재정적자, 정부지출 등을 규제하는 계량적 목표치를 말한다(하연섭, 2012: 22). 재정준칙은 계량적 목표치를 제시하는 계량적 재정준칙과 예산과정을 규율하는 공식적 비공식적 규칙이 있는데, 이렇게 생각하면 예산 원칙과 재정준칙은 서로 깊은 관계가 있다고 볼 수 있다. 예산 원칙을 잘 준수하면 재정건전성, 재정규율, 재정의 지속가능성 등이 확보될 수 있기 때문이다. 다만, 계량적 재정준칙은 총지출, 재정적자, 국가채무 등을 수치로 규정함으로써 더 구체적이고 법률로 규정하는 경우 재량의 남용을 강력하게 방지할 수 있다는 점에서 차이가 있다고 볼 수 있다. 계량적 재정준칙에는 국가채무준칙, 재정수지준칙, 재정지출준칙 등이 있다(하연섭, 2012: 26－32).

---

6) 나무위키(2018.9.14)의 "일본/경제"에 의하면, 일본은 2017년 GDP 대비 공공부채 비율이 240.3%로 세계 1위였다. GDP의 2배가 공공부채이다. biz.chosun(2017.12.28), "재정 · 금융"에 따르면, 2016년 한국과 일본의 (일반정부 부채)/GDP는 각각 42.8%, 237%였다. 일본은 OECD 가입국 중 1위였다.

Chapter

4

예산의 종류와 분류

학습 목표

정부의 활동은 다양하고 그 운영 주체도 다양하다. 이에 따라서 정부의 활동을 뒷받침해주는 예산도 그 종류와 분류 형식이 다양하다. 예산의 종류와 분류는 기술적인 문제이지만 지극히 정치적이기도 하다.

시민의 입장에서 예산의 종류와 분류를 알고 있으면, ① 정부 활동과 예산 규모를 알 수 있고, ② 예산 운영에 대한 정부의 책임을 물을 수 있다. 공무원의 입장에서는 예산의 종류와 분류를 알고 있으면 ① 예산 운영의 책임성을 높일 수 있을 뿐만 아니라, ② 예산 운영의 안정성과 능률성을 확보할 수 있다.

제3장을 읽고 다음에 답할 수 있어야 한다.

- 예산의 종류에는 어떠한 것이 있나?
- 예산의 분류에는 어떠한 것이 있나?
- 정부가 한 회계연도 동안 지출하는 세출 예산규모에는 어떠한 것이 있나?
- 현재 한국 정부가 IMF에 보고하는 일반정부 규모의 포괄 범위는?

제 1 절 예산의 종류

1. 의 의

우리는 앞에서 국민의 예산에 대한 이해와 입법부의 예산에 대한 통제를 용이하게 하기 위하여 예산 명료, 예산 엄밀, 예산 공개, 예산 사전 의결, 예산 한정성, 예산 완전성, 예산 단일, 예산 통일 등의 전통적 원칙이 있음을 살펴보았다. 그러나 예산은 국민의 요구를 반영하여 일정한 정책 목표를 달성하기 위한 실질적인 계획으로서, 예산을 운영하는 데 있어서 국민에 대한 책임의 확보뿐만 아니라 목표 달성과 관련한 효과성과 능률성의 제고도 중요하다. 따라서 전통적 예산 원칙에는 어긋나지만, 예산을 운영할 때 회계 책임, 능률성, 대응성 등을 높이기 위하여 예산은 여러 종류로 구분 운영되는 것이 일반적인 추세이다. 행정부의 재량, 다원적 절차 등의 현대적 예산 원칙도 그러한 추세를 반영하고 있다.

2. 예산의 종류

여기서는 예산의 종류를 ① 세입의 성질, ② 예산 절차상의 특징, ③ 예산 운영 기술상의 특징에 따라서 그 종류를 정리하여 보았다. 예산 운영 시에 ① 세입의 성질에 따른 예산 종류는 사업의 안정성 및 회계 책임과 관계가 깊으며, ② 예산 절차상의 특징에 따른 종류는 불확실성의 완화와, ③ 예산 운영상의 특징에 따른 종류는 행정적 · 경제적 능률성과 관계가 깊다.

1) 세입의 성질에 따른 종류

정부에서 수행하는 사업의 성질에 따라서 예산을 일반회계와 특별회계로 구분할 수 있다. 정부의 사업은 기본적으로 국민의 기본 욕구를 충족시키기 위한 것으로 공공성(公共性)이 매우 크다. 이 가운데 좀 더 기초적이고 항구적인 것이 일반회계이며, 일시적이고 사업적 성격이 큰 것이 특별회계이다.

그러나 일반회계와 특별회계의 구분은 다소 자의적이어서, 행정의 편의에 따라 특별회계가 설치될 수 있다. 따라서 일반회계와 특별회계의 구분은 일면 그 세입의 구성에 있다고 할 것이다. 일반회계의 세입은 주로 조세이며, 특별회계의 세입은 자체수입, 일반회계로부터의 전입금 등이다. 끝으로 특별회계의 설치는 예산 운영의 능률을 위한 것이지만, 너무 많이 설치되면 그 운영이 방만하여 예산통제에 어려움이 있으므로 오히려 능률이 저하될 수도 있다. 특별회계는 예산 통일의 원칙과 예산 단일의 원칙에 예외가 된다.

(1) 일반회계예산

이것은 국가의 모든 기능과 활동을 위해서 사용할 수 있는 수입과 이로부터 지출되는 회계의 예산이다. 일반회계에서는 특정 수입과 특정 지출은 서로 연결되지 않는다. 일반회계는 그 세입을 주로 조세 수입으로 충당하고, 그 세출은 국가의 존립과 유지를 위한 기본적 지출로 구성된다(심정근, 1983: 49).

(2) 특별회계예산

특별회계예산은 특별한 수입으로, 그리고 특별한 목적을 위해서 지출이 이루어지는 회계의 예산을 말한다. 사업적 성격이 농후하거나 일반회계와 분리하는 것이 예산 운영에 능률성이 있을 것으로 확실시되는 것으로, 세입은 주로 자체수입, 일반회계 및 기타 특별회계로부터의 전입금 등으로 구성된다. 특별회계는 말 그대로 특별한 사유에서 설치되는 것으로 일반회계예산과 비교하면 임시적인 성격이 강하다.

① 설치 요건

국가재정법 제4조에서는 특별회계 설치 요건으로 ① 국가에서 특정한 사업을 운영할 때, ② 특정한 자금을 보유·운영할 때, ③ 기타 특정한 세입으로서 특정한 세출에 충당함으로써 일반의 세입세출과 구분하여 경리할 필요가 있을 때에 법률로써 설치한다고 규정하고 있다.

② 종 류

국가재정법의 분류에 따라 각종 특별회계의 종류를 구분하면 다음과 같다. ① 국가에서 특정한 목적의 사업을 운영하기 위하여 정부기업특별회계로서 우편사업, 우체국예금사업, 양곡관리, 조달사업 등이 있다. ② 국가가 특정한 자금을 운영하는 특별회계로서 과거의 재정융자(財政融資)특별회계, ③ 특정한 세입으로서 특정한 세출에 충당함으로써 일반회계와 구분한, 교통시설, 농어촌구조개선 등의 특별회계가 있다. ④ 그리고 국립자연휴양관리소, 국립의료원, 국립재활원 등 일정한 조건을 충족시키는 책임운영기관의 운영을 위하여 책임운영기관특별회계를 둔다(책임운영기관의 설치·운영에 관한 법률 제27조). 책임운영기관의 예산과 회계에 관해서는 정부기업예산법의 적용을 받는다.

③ 현 황

1948년 임시외자총국특별회계와 임시관재총국특별회계 2개 특별회계에 지나지 않았던 것이 점점 증가하여 1970년에는 29개가 되었다. 그러나 1970년대 중반 경제기획원의 예산 제도 개선 작업에 의하여, 1977년에는 1963년부터 이용되어 왔던 경제개발특별회계와, 도로 정비, 서울대학교 관리, 국립종축장 관리 등의 특별회계가 폐지되어 그 수는 18개로 감소하였다. 이러한 추세는 계속되어 1988년에는 15개로 축소되었다가 다시 증가되어 1990년 18개, 1995년에는 23개가 되었다. 2000년에는 23개의 특별회계가 운영되었고(기획예산처, 2000: 300－301), 2006년 12월에 재정융자특별회계가 폐지되었다(공공자금관리기금법 일부 개정 2008.2.29. 법률 제8852호). 2010년에는 농어촌구조개선특별회계 등 18개가 운영되었다. 2018년 특별회계 현황은 총 19개이며, <표 4－1>과 같다.

표 4–1 특별회계의 현황(2018년)

(단위: 억 원)

명 칭	소관 부처	근거 법률	세출예산
교도작업	법무부	교도작업의 운영 및 특별회계에 관한 법률	1,299
지역발전	기획재정부, 각 소관부처	국가균형발전특별법	98,899
우편사업*	과학기술정보통신부	정부기업예산법	46,769

우체국예금*	과학기술정보통신부	정부기업예산법	32,783
양곡관리*	농림축산식품부	정부기업예산법	17,583
조달*	조달청	정부기업예산법	3,420
농어촌구조개선	농림축산식품부	농어촌구조개선특별회계법	105,805
등기	대법원	등기특별회계법	3,643
행정중심복합도시 건설	행정중심복합도시건설청	신행정수도후속대책을위한 연기·공주지역 행정중심복합도시건설을 위한 특별법	2,909
아시아문화중심 도시건설	문화체육관광부	아시아문화중심도시조성에 관한 특별법	718
에너지 및 자원사업	산업통상자원부	에너지 및 자원사업특별회계법	54,372
우체국보험	과학기술정보통신부	우체국보험특별회계법	9,922
주한미군기지이전	국방부	주한미군기지이전에 따른 혁신도시 건설 및 지원에 관한 법률	5,641
책임운영기관*	기획재정부, 각 소관부처	책임운영기관의 설치·운영에 관한 법률	11,041
환경개선	환경부	환경정책기본법	47,863
국방·군사시설이전	국방부	국방·군사시설이전특별회계법	5,674
혁신도시건설	국토교통부	공공기관 지방이전에 따른 혁신도시 건설 및 지원에 관한 특별법	2,553
교통시설	국토교통부, 해양수산부	교통시설특별회계법	182,470
유아교육지원	교육부	유아교육지원특별회계법	38,927
합계			672,291

출처: 국회예산정책처(2018.3.8). 『대한민국재정2018』, p.18.
* 기업정부기업특별회계, 나머지는 기타 특별회계.

2) 예산 절차상의 특징에 따른 종류

행정부의 예산 편성, 입법부의 예산 심의 등에서 예산환경의 변화나 결정의 지체 및 생략으로 인하여 절차상 다양한 종류의 예산이 필요하다.

(1) 예산 편성 절차에 따른 종류: 수정예산·추가경정예산·본예산

행정부는 새 회계연도의 예산을 편성해서 입법부에 제출하여 입법부의 승인을 받아야 한다. 이때 행정부가 제출하는 예산을 예산안이라고 한다. 국가재정법 제34조에 따르면, 행정부는 세입세출예산 총계표 및 순계표, 세입세출예산 사업별 설명서, 계속비 명세서, 국고채무부담행위 설명서, 성인지(性認知)예산서, 조세지출예산서 등의 복잡한 각종 서류를 첨부하여야 한다.[1] 이에 대해서 행정부가 잠정예산안과 추가경정예산안을 국회에 제출할 때에는 복잡한 서류를 일부 생략할 수 있는 것이 특징이다.

① 수정예산(修正豫算)

행정부가 국회에서 예산안을 심의하고 있는 중에 행정부가 예산안의 일부를 수정하고자 할 때 이용되는 것이다. 국가재정법 제35조에 따르면, 예산안을 국회에 제출한 후 부득이한 사유로 인하여 수정예산안을 국회에 제출하고자할 때에는 국무회의의 심의를 거쳐 대통령의 승인을 얻도록 하고 있다.

② 추가경정예산(追加更正豫算)

행정부가 이미 국회에 의해서 확정된 예산에 변경을 가할 필요가 있을 때 이용되는 제도이다. 추가경정예산은 예산이 집행되는 기간에, 즉 회계연도 중에 이용되는 것이 특징이다. 국가재정법 제89조에 따르면, 행정부의 추가경정예산 편성을 제한하고 있다. 추가경정예산안의 편성은 대규모 자연재해, 대량 실업, 법령에 따라 국가가 지급하여야 할 지출의 발생 등 중대한 사유에 한해서 가능하도록 규정하고 있다. 추가경정예산은 국회에 의해서 확정된다.

③ 본예산(本豫算)

행정부가 회계연도 개시 전 입법부의 승인을 받은 예산을 본예산이라고 한다. 한 회계연도의 예산 규모를 알려면 본예산 외에 추가경정예산을 보아야 한다.

표 4-2 추가경정예산 편성 추이

(단위: 횟수, 조 원)

회계연도	2003	2003	2004	2005	2006	2008	2009	2016	2015	2016	2017	2018
횟수	1	2	1	1	1	1	1	1	1	1	1	1
규모	4.5	3.0	2.5	4.9	2.2	4.6	17.9	17.4	11.6	11.0	11.0	3.8

출처: www.index.go.kr(e-나라지표)(2018.9.18).

1) 성인지예산서와 결산서 제출은 2010회계연도부터, 그리고 조세지출예산서의 제출은 2011회계연도부터 적용되고 있다.

(2) 예산 심의 절차에 따른 종류: 기금 · 공공기관 예산 · 신임예산

국가의 예산은 원칙적으로 입법부의 사전 의결을 받아야 한다. 그러나 때때로 예산 운영에 능률을 기하기 위하여 예외를 인정하고 있다. 기금, 공공기관 예산 등이 대표적인 것인데, 이것은 일반회계와 특별회계와는 달리 세입세출예산에 의하지 않고 예산 외(豫算 外)로 운영되기 때문에 입법부의 예산 심의를 받지 아니한다. 기금의 경우, 2006년 12월 국가재정법이 제정됨으로써 기금운용계획안이 국회에 제출되도록 되었다. 이에 따라 기금은 국회의 통제를 받는다. 공공기관의 경우, 기관장이 예산을 편성하고 이사회가 예산을 확정한다.

① 기 금

(가) 기금의 뜻과 특징

국가재정법 제5조에 따르면, 국가는 "특정한 목적을 위하여 특정한 자금을 운영할 필요가 있을 때에 한하여 법률로써" 기금을 설치할 수 있고, 이것은 세입세출예산 외로 운영할 수 있다고 규정하고 있다. 기금은 ① 세입세출예산 외로 운영되며, ② 국무회의의 심의를 거쳐, 대통령의 승인을 얻은 기금운용계획에 따라서 기금관리 주체의 책임 하에 운용되며, ③ 기금운용계획안과 기금 결산은 매 회계연도마다 국회에 제출된다(국가재정법 제66조, 제68조). 과거에 비해서 기금에 대한 중앙예산기관과 국회의 통제가 강화되어 일반회계나 특별회계와 예산 과정이 거의 유사하다. 기금운영의 계획 단계에서는 기금운영기관, 기획재정부, 대통령 등이 관여하고, 결산 과정에서는 감사원, 기획재정부, 국회 등이 관여할 수 있다. 국회는 기금운용계획서를 심사할 수 있고 기금에 대한 국정감사를 할 수도 있다(국가재정법 제83조). 그러나 기금은 예산과 다른 점이 있다. 기금은 특정 목적을 위해서 설치되며 수입에는 정부출연금, 장기차입금, 자체수입 등 다양하다. 기금은 특정한 수입으로 특정한 사업을 해야 하므로 예산 통일의 원칙에 어긋난다는 특징이 있다.

(나) 예산과 기금의 비교

기금과 예산과 다른 점을 설명하면 다음과 같다. 일반회계 및 특별회계 예산과 기금이 다른 점 중에서 가장 큰 차이점은 기금 집행절차에 상대적으로 자율성과 탄력성이 보장된다는 점이다. 자세한 것은 <표 4-3>과 같다.

표 4-3 예산과 기금의 비교

구 분	예 산		기 금
	일반회계	특별회계	
설치 사유	– 국가 고유의 일반 재정 활동	– 특정 사업 운용 – 특정 자금 운용 – 특정 세입을 특정 세출에 충당	– 특정 목적을 위해 특정 자금을 운용
운용 형태	– 권력에 의한 조세 – 수입과 무상급부 원칙	– 일반회계와 기금의 운용 형태 혼재	– 출연금, 부담금 등 다양한 재원으로 다양한 목적 사업 수행
수입·지출 연계	– 특정 수입과 지출 연계 배제	– 특정 수입과 지출의 연계	– 특정 수입과 지출의 연계
확정절차	– 부처의 요구, 기획재정부의 정부예산안 편성, 국회의 심의·의결로 확정		– 기금관리 주체의 기금운용계획안 수립, 기획재정부 장관과 운용 주체 간의 협의·조정, 국회의 심의·조정, 의결로 확정
집행절차	– 합법성에 입각하여 엄격히 통제 – 목적 외 사용금지		– 합목적성 차원에서 상대적으로 자율성과 탄력성 보장
계획변경	– 추경예산 편성 – 이용, 전용, 이체		– 주요 항목 지출금액의 20% 초과변경 시 국회 의결 필요 (금융성기금의 경우 30%)
결산	– 국회의 심의·의결		

출처: 국회예산정책처(2018). 『대한민국재정2018』, p.19.

(다) 기금의 종류와 현황

기금은 1963년 공무원연금기금과 군인연금기금이 처음 설치된 이후로 계속 증대되어 2000년에는 국민투자기금, 국채관리기금, 국민주택기금 등 정부관리기금은 33개였으며, 기금 운용 총규모는 116조 원 정도로 일반회계 규모 86조 원보다 많았다. 또한 2018년 현재 기금의 종류는 67개이며, 운용 규모는 593.9조 원으로 일반회계 총계 301.4조 원의 약 두 배이다(국회예산정책처, 2018: 19).

기금은 사업성, 보험성, 금융성, 계정성 등 네 종류로 구분되기도 한다. 소관 부처별 기금 현황은 제4장 [부록]에서 볼 수 있다.

② 공공기관 예산

(가) 공공기관의 뜻

공공기관이란 과거 정부투자기관(政府投資機關)이나 공사(公社)라고 불렀던 공기업과 정부로부터 출연금이나 보조금을 받는 산하 기관, 그리고 정부로부터 업무를 위탁받았거나 독점적 사업권을 부여받은 기관 등을 포함하는 말이다. 여기서 공공기관은 모두 기획재정부 장관의 지정을 받은 기관을 말한다.

정부가 국민 생활에 필수적인 공공 서비스를 제공하기 위하여 국방부, 외교부, 교육부 등의 중앙부처와 지방행정기관을 운영한다. 그러나 정부는 역사적 이유에서 혹은 경제 개발상의 이유에서 기업적 성격이 있는 한국가스공사, 한국전력공사 등 공기업을 통해서 공공 서비스를 국민에게 제공하기도 한다. 최근에는 공공 서비스의 종류가 복지, 환경 등으로 확대되면서 정부에서는 다양한 조직을 통해서 그러한 공공 서비스를 제공하고 있다. 한국청소년수련원, 국립공원관리공단 등이 그런 것이다. 이런 조직들은 국방부나 교육부처럼 국민들 눈에 잘 띄지 않지만 국민 경제에 큰 영향을 주고 공공 서비스의 품질에 큰 영향을 준다. 과거에는 이런 기관에 대해서 「정부투자기기관관리기본법」과 「정부산하기관관리기본법」에서 규정을 하였는데, 2007년부터는 관련기관을 「공공기관의 운영에 관한 법률」로 규정하였다.[2)]

(나) 공공기관의 유형과 현황

공공기관에는 ① 시장형 공기업, ② 준시장형 공기업, ③ 기금관리형 준정부기관, ④ 위탁집행형 준정부기관, ⑤ 기타 공공기관 등 다섯 가지 유형이 있다(공공기관의 운영에 관한 법률 제5조). 공공기관의 경영에 대해 정보를 제공하는 공공기관 경영정보 공개시스템 홈페이지(www.alio.go.kr)를 검색해 보면 공공기관의 현황에 대해서 자세한 것을 알 수 있다. 2018년 현재 공공기관은 338개가 설치 운영되고 있다.

---

2) 과거 산하기관들은 독립적인 지위를 이용하여 자기 배를 불리는 데 이익이나 정부지원금을 낭비하였다는 지적을 많이 받았다(장영희, 1997).

표 4-4 유형별 공공기관 현황 예시(2018년)

공공기관 유형(개수)	성 질	기관명
시장형 공기업 (15개)	직원이 50명 이상, 자체 수입이 총수입의 85% 이상인 공공기관, 자산 규모가 2조 원 이상	한국전력공사, 한국가스공사, 한국석유공사, 인천국제공항공사, 한국공항공사 등
준시장형 공기업 (20개)	직원이 50명 이상, 자체 수입이 총수입의 1/2 이상으로 시장형 공기업이 아닌 공기업	한국조폐공사, 한국마사회, 한국감정원, 한국도로공사, 한국토지주택공사, 한국방송광고진흥공사 등
기금관리형 준정부기관 (16개)	직원이 50명 이상, 공기업이 아닌 공공기관, 국가재정법에 따라 기금을 관리하거나 기금관리를 위탁받은 기관	국민체육진흥공단, 한국문화예술위원회, 한국무역보험공사, 국민연금공단, 공무원연금공단 등
위탁집행형 준정부기관 (77개)	직원이 50명 이상, 공기업이 아닌 공공기관, 기금관리형 준정부기관이 아닌 준정부기관	한국재정정보원, 한국국제협력단, 한국장학재단, 한국관광공사, 한국농수산식품유통공사 등
기타 공공기관(210개)	공기업, 준정부기관이 아닌 공공기관	국립암센터, 대한적십자사, 학교법인 한국폴리텍, 국방과학연구소 등

출처: www.alio.go.kr(2018.9.20).

③ 신임예산

신임예산(Votes of Credit)이란 영국과 캐나다에서 사용하고 있는 제도로서, 지출 내용과 액수를 미리 추측하기 어려운 전시나 국가의 안전 보장상 그 내용을 밝히기 곤란한 때에, 입법부는 총액만 결정하고 예산 각 항(vote)의 실질적인 부분은 행정부가 결정, 지출하는 제도이다. 즉, 입법부가 예산 총액만 결정하고 세부적인 내용은 행정부에 위임한다. 이와 유사한 제도가 영국에 또한 있는데 예산 초과 지출의 추인(Excess Votes)이 그것이다. 이것은 행정부가 입법부에 의해서 승인된 예산한도액을 초과하여 지출한 후 사후적으로 입법부의 추인을 받는 제도이다(유훈, 2003: 128–129). 신임예산과 예산 초과 지출의 추인은 예산 사전 승인의 원칙과 예산 한정성의 원칙에 예외가 된다.

(3) 예산 집행 절차에 따른 종류: 잠정예산 · 가예산 · 준예산

예산은 입법부의 승인을 받아야 집행될 수 있다. 그러나 예산안이 회계연도 개시까지 입법부를 통과하지 못한 경우가 때때로 있다. 이렇게 되면 사실상 국가의 유지 및 운영에 사용할 예산이 없는 상태가 되고 만다. 따라서 여러 나라에서는 예산이 불성립될 때를 대비하여 필요한 경비 지출을 위한 예산 제도를 마련해 놓고 있다. 영국, 캐나다, 일본은 잠정예산을 이용하고 있다. 우리는 과거 1948년부터 1960년까지는 가예산(假豫算)을 이용하였으나 현재는 준예산(準豫算)을 이용하도록 하였다[유훈, 2003: 122－125, 헌법(1987.10.29) 제54조].

① 잠정예산

잠정예산은 영국에서 실제로 자주 이용된다. 그 까닭은 예산 심의 기간이 길고 복잡하거나 예산 편성의 내용이 예산 심의 과정에서 크게 변경되지 않기 때문이다. 잠정예산의 사용이 요구되는 때에는 입법부의 승인이 필요하고, 보통 그 사용 기간은 정해지지 않는다.

② 가예산

잠정예산과 유사하나 사용 기간이 1개월인 점이 다르다. 제1공화국 때 우리나라에서 사용한 경험이 있다.

③ 준예산

독일의 제도를 모방하여 현재 우리나라에서 예산 불성립 시 이용하도록 규정된 예산 제도이다. 입법부의 의결이 필요 없이 당해 연도의 예산이 성립할 때까지 제한 없이 사용할 수 있으나, 실제 이용한 적은 아직 없다. 헌법 제54조 제3항에 따르면, 지출할 수 있는 경비에 제한이 있다. 즉, ① 헌법이나 법률에 의하여 설치된 기관 또는 시설의 유지 운영, ② 법률상 지출 의무의 이행, ③ 이미 예산으로 승인된 사업의 계속을 위한 경비에 한하여 전년도 예산에 준하여 지출할 수 있다는 것이다.

3) 예산 운영 기술상의 특징에 따른 종류: 품목별 예산 · 성과주의 예산 · 계획예산 · 영기준 예산 등

예산 운영에 대한 관점은 통제, 관리, 기획 등의 행정적 관점, 세입과 세출의 균형 여부에 초점을 두는 재정적 관점 등 다양할 것이다. 예산은 이러한 관점을 구체적으로 실현하는 도구, 기술(techniques)이다. 행정적 관점에 충실한 것이 품목별 예산,

성과주의 예산, 계획예산, 영기준 예산이며, 재정적 관점에 충실한 것은 균형예산, 적자예산 등이다.

위의 예산 제도에 관해서는 뒤에서 자세히 살펴보기로 한다.

3. 예산의 종류와 예산 운영

예산의 종류가 예산 운영에서 시사하는 바는 무엇일까? 중앙부처와 중앙예산기관, 시민과 입법부를 중심으로 생각해 보자.

첫째, 정부가 한 종류의 예산만 운영한다면 예산에 대한 통제가 용이할 것이다. 중앙예산기관, 입법부, 시민 등은 하나의 예산만 살펴보면 예산 규모, 사업의 종류 등 예산에 대한 정보를 모두 얻을 수 있다는 점에서 계획 작성과 통제가 용이할 것이다. 반면에 예산이 특별회계, 기금 등으로 나뉘어져 있다면, 그만큼 예산 운영은 복잡하고 예산에 대한 계획과 통제가 쉽지 않을 것이다. 이러한 이유에서 다른 조건이 동일하다면, 정부가 한 종류의 예산만 운영할 때보다 여러 종류의 예산을 운영할 때 예산의 증가 폭이 클 것이다. 즉, 정부가 여러 종류의 예산을 운영한다면 그렇지 않을 때보다 예산이 방만하게 운영될 가능성이 클 것이다. 따라서 정부의 예산 운영을 책임지는 중앙예산기관은 가능한 예산의 종류를 축소하려고 할 것이다.

둘째, 특별회계, 기금, 공공기관 등을 설치함으로써 행정 기관들은 예산 운영에서 자율성을 높일 수 있다.

정부는 여러 기관으로 구성되어 있다. 행정부도 여러 부처로 구성되어 있다. 이들 부처는 매년 예산을 확보하기 위해서 중앙예산기관과 입법부를 설득해야 한다. 왜냐하면, 부처들은 한정된 재원을 둘러싼 경쟁을 해야 하기 때문이다. 이런 환경 속에서 부처들은 자신의 예산을 안정적으로 확보하고 싶어한다. 그 방법이 특별회계 및 기금의 설치이다. 특정 목적으로 특별회계가 설치되고, 기금이 설치되면 관련 부처는 돈주머니를 하나 마련한 셈이다. 돈주머니를 차고 있는 부처는 중앙예산기관이나 입법부로부터 어느 정도 자율성을 얻게 된다. 물론 매년 어느 정도 예산이 배정될지는 알 수 없으나, 법률에 의해서 특별회계나 기금이 설치되어 있으면 중앙예산기관도 입법부도 특별회계나 기금에 어느 정도 자금을 배정해야 되는 것이 아닌가 압박을 받을 것이다.

부처들이 어떤 사업을 안정적으로 수행하기 위해서 특별회계, 기금, 공기업, 준정부기관 등을 설치하는 방법을 택할 수 있다. 마찬가지로, 입법부나 시민들도 어떤 사업을 안정적으로 수행하고 싶거나 특정 사업을 강조하고 싶을 때 특별회계, 기금, 공기업, 준정부기관 등을 설치 운영할 수 있을 것이다. 따라서 행정기관들은 특별회계, 기금, 공기업 등을 설치함으로써 예산 운영에서 자율성을 높일 수 있다.

셋째, 예산은 변한다. 예산의 규모, 예산 내용이 변한다. 이 변하는 모습을 알고 싶으면, 본예산, 수정예산, 추가경정예산의 규모와 내용을 보아야 한다. 정기국회에서 국회가 확정시킨 예산의 내용은 추가경정예산에 의해서 당해 연도에 변경될 수 있다. 시민의 입장에서 예산을 통제한다고 한다면, 국회가 정기국회에서 승인해준 본예산만이 아니라 추가경정예산이 있다면 그것도 같이 검토해야 한다. 더 나아가 시민은 예산과 결산을 비교해 보아야 예산 규모나 내용의 변화를 알게 될 것이다.

정부조직이 복잡한 만큼, 정부 예산도 복잡하다. 다양한 예산의 종류는 정부조직이나 사업의 복잡성을 반영한 것이다. 여러 다양한 예산의 종류가 존재하고, 이들 예산과 예산 간에 — 일반회계, 특별회계, 기금 간에 — 거래가 있기 때문에 예산 운영에 신축성을 높일 수 있기도 하지만, 다른 한편으로는 예산 규모의 파악, 예산통제 등에 어려움에 직면할 수도 있다.

끝으로 회계연도 일반회계, 특별회계, 기금 등을 포함한 예산 규모를 보면 <표 4-5>와 같다. 예산 규모가 각각 다르다는 점에 유념해야 한다. 현재 정부는 『예산개요』에 일반회계, 특별회계, 기금 등에 대해서 기술하고 있다. 이에 따라서 시민도 우리나라 예산 규모를 일반회계와 특별회계를 합한 368조 원이라고 파악할 수 있다. 그리고 관심이 있다면 시민은 기금 운용 규모까지 합하여 정부가 963조 원을 운영하고 있음을 알 수 있다. 앞에서 설명하였듯이 국회에서도 일반회계, 특별회계, 그리고 기금운영계획까지 심의, 의결한다. 그러나 2018년 현재 300여 개인 공공기관 예산에 대해서는 국회가 심의 의결하지 않는다. 기금과 공공기관의 예산은 예산 외로 운영되기 때문이다. 예산의 종류를 어떻게 보느냐에 따라서 예산의 규모가 달라지고 정부의 책임도 달라진다.

표 4-5 **2018회계연도 예산의 종류에 따른 예산 규모(재정 규모)**

(단위: 조 원)

종 류	예산 규모	예산 누적 규모	기 준	자료 출처
일반회계	301	301	예산총계	『2018년도 예산개요』, 253쪽
특별회계	67	368	예산총계	『2018년도 예산개요』, 273쪽
기금	595	963	운영 규모	『2018년도 예산개요』, 285쪽
공공기관 예산(2017년)	639	1,602	총지출	국회예산정책처(2017.10). 『2018년도 공공기관 예산안 분석1』, 31쪽

제 2 절 예산의 분류

1. 의 의

예산은 정보이다. 예산은 편성, 심의, 집행, 회계검사 및 결산 등의 과정을 통하여 운영되고, 이 과정에 대통령, 장관, 의원 등 수많은 참여자가 결정에 관여한다. 그리고 이들 참여자는 각자의 관심에 따라서 서로 다른 유형의 정보를 필요로 한다(Lyden, 1982: 147−155).

대통령과 장관들은 사회 발전을 촉진시키고 이를 원만히 수행하기 위한 자원을 어떻게 배분하여야 할 것인가에 관심이 있을 것이다. 이들은 사회의 요구를 잘 조정하여 국방, 경제, 사회복지, 교육 등에 제한된 자원을 어떻게 배분하여야 할 것인가 하는 전략적 관점에서 예산을 다룰 것이다. 또한 부처의 국·과장은 소관 사업이나 사업의 수혜자의 요구를 조정하여 제한된 부처의 재원을 배분하는 관리적 관점을 가지고, 좀 더 예산을 능률적으로 운영하려 할 것이다.

의원은 정치적 경력을 쌓기 위해서 가장 관심을 두는 것이 아마도 재선일 것이다. 따라서 이들은 예산 심의에서 선거구민의 요구를 많이 반영하기 위하여 지역사업에 관심을 갖는 등, 전술적 관점에서 예산을 보려고 할 것이다.

예산의 집행에서 공무원은 예산사업이 어떻게 수행되고 있으며, 그 결과가 입법

표 4-6 예산 참여자의 관점과 예산정보

참여자의 관점	예산정보(예시)	예산의 분류 기준
전략적(strategic)	사회 변화 상황: GNP, 범죄율, 도시화율	목적, 기능, 경제적 성질
전술적(tactic)	선거구민의 요구: 지역사업, 법령	조직, 지출 대상
관리적(managerial)	사업의 수혜자 요구: 단위 비용, 규모	사업, 활동
책임(accountability)	회계 책임: 예산한도액	지출 대상

부, 대통령, 장관 등의 의도와 합치하는지에 관심이 있을 것이다. 즉, 집행 시에 공무원의 관심은 회계 책임에 있을 것이다. 왜냐하면 예산 집행의 책임이 이들에게 있고 회계검사원이 명백한 기준에 따라서 감사를 하기 때문이다.

이와 같은 참여자의 관점에 따라 다양한 예산정보가 필요하리라는 것을 쉽게 예상할 수 있다. 이것을 간단히 나타내면 <표 4-6>과 같다.

참여자의 관점에 따라서 요구되는 예산정보가 다르고, 그렇기 때문에 예산의 분류 기준도 각각 다르다. 그러나 어떤 한 기준에 따라 예산을 분류하는 경우, 그 예산 분류가 특정한 예산 결정 참여자에 한하여 이용되는 것만은 아니다. 예를 들어, 기능별 분류는 대통령, 장관 등 고위 결정자에게만 유용한 것이 아니라 일반 국민이나 의원들에게도 유용한 정보를 제공해 준다. 따라서 예산 운영 시에 여러 종류의 예산 분류가 이용되는 것은 자연스러운 일이다. 현재 기획재정부의 『예산 개요 참고자료』에서는 조직별(소관별), 기능별, 품목(지출 대상, 성질)별 분류, 통합예산 등을 이용하고 있다.

2. 예산의 분류

여기서는 기능별 분류, 조직별 분류, 품목별 분류, 경제 성질별 분류, 통합예산 등을 중심으로 살펴보고자 한다.

1) 기능별 분류

(1) 의 의

예산을 정부의 주요 기능에 따라 분류한 것으로서, 대통령 등 고위 정책결정자의 예산 결정에 도움이 될 뿐만 아니라, 그 분류 내용을 이해하기 쉬워서 '시민을 위한 분류'라고도 불리며, 입법부의 예산 심의에도 편리하다.

(2) 분류 체제

우리나라 기능별 분류는 여러 차례 변화가 있었다. 회계연도 2001년에는 분류가 ① 방위비, ② 교육비, ③ 사회 개발비, ④ 경제 개발, ⑤ 일반행정, ⑥ 지방재정 지원, ⑦ 제지출금 및 기타, ⑧ 재특회계 지원 등으로 되어 있었고, 회계연도 2006년에도 동일한 방법으로 분류되었다. 다만, 2006년에는 "⑧ 재특회계 지원"이 "⑧ 예비비"로 변경되었다. 그러나 회계연도 2012년 기능별 세출예산을 보면 기능은 일반 공공 행정, 공공 질서 및 안전, 통일·외교, 국방, 교육, 문화 및 관광, 환경 보호, 사회복지, 보건, 농림해양수산, 산업·중소기업, 수송 및 교통, 통신, 국토 및 지역 개발, 과학기술, 예비비 등 16개 분야로 분류되어 있다. 회계연도 2018년도 일반·지방행정, 공공 질서 및 안전, 통일·외교, 국방 등 16개 분야로 분류되어 있다(기획재정부, 2018a: 257-263).

우리나라에서는 기능별 분류를 다시 좀 더 구체적인 기능과 사업으로 분류하고 있으며, 아울러 성질(품목)별 분류를 이용하여 기능별 세출의 지출 내역을 좀 더 자세히 밝혀 놓고 있다. 예를 들어, 2018년 기능별 세출예산의 교육은 ① 유아·초중등교육, ② 고등교육, ③ 평생·직업교육, ④ 교육 일반 등올 세분화되어 있다(기획재정부, 2018a: 783-754).

위의 분류의 예에서 몇 가지 사실을 알 수 있다. 첫째, 기능별 분류는 그것을 세분하여 표시하면 사업 및 활동별로 분류될 수 있다는 것이다. 둘째, 기능의 분류 체계가 변하며 자의적이기도 하고, 셋째, 기능의 종류가 적으면 간편해서 이해하기는 쉬우나 1개의 기능을 꼭 1개 부처가 수행하는 것이 아니라는 것이다.

(3) 특 징

기능별 분류는 다음과 같은 특징이 있으므로 그 운영에 주의해야 할 것이다. ① 어떤 사업을 분류할 때, 그 기능을 여러 가지로 정의할 수 있다는 것이다. 예를 들어, 보건과 체육에 관한 사업비를 교육비에 배분할 수도 있고 사회개발비에 배분할 수 있다. ② 방위비, 교육비, 사회개발비 등의 각각의 기능에 지출되는 경비에는 이미 급여, 상여금 등의 인건비, 여비, 판공비, 차량유지비, 수용비 등의 물건비 등이 포함되어 있으므로 가능한 일반행정비는 적어야 한다는 것이다. 정부 예산은 공공사업에 사용되어야 한다는 의미에서 더욱 그러하다. ③ 기능별 분류를 이용할 때에는 공공사업을 기능에 따라서 분류한 것이므로, 공공사업을 별개의 범주로 둘 수 없다. ④ 각각 기능에 따른 지출의 경제적 효과가 상이하므로 자원 배분 시에 이에 유의하여야 한다. ⑤ 기능별 분류는 사후적 성격이 강하다. 어떤 사업을 어떤 기능으로 분류하여야 되는지는 대략 알 수 있으나, 사업의 성격을 규정하다 보면, 분류가 모호한 것이 있다. 따라서 분류에 자의성이 개재할 가능성이 많다.

2) 사업별 분류와 활동별 분류

(1) 의 의

예산을 편성할 때, 먼저 생각하는 것은 무슨 사업을 할 것인가에 관한 것이다. 목적이나 기능을 생각하기는 하지만 실무자는 부처가 수행하는 사업을 수행한다는 뜻에서 사업을 생각하기 마련이다. 물론 사업을 계획할 때에는 사업의 목적, 대안, 구체적인 활동 등을 고려하여 한다. 그런 후에 사업과 활동에 따라서 예산을 배분하게 될 것이다. 사업별 분류는 계획예산 제도(PPBS) 및 성과관리 예산 제도(Performance based budgeting)와, 활동별 분류는 1950년대의 성과주의 예산(Performance budgeting)과 깊은 관계가 있다.[3)]

3) 성과관리 예산 제도는 performance based budgeting을 번역한 용어이다. 일반적으로 성과주의 예산 제도라 번역하고 있는데, 1950년대 performance budgeting과 구분하기 위해서 그렇게 번역하였다.

(2) 분류 체제

현재 우리 정부는 프로그램예산서를 작성하는데 여기에 "프로그램", "단위사업", "세부사업" 등의 분류 체제를 사용하고 있다. 프로그램예산서는 기능별 분류에서 16개 분야 60여 개 부문으로 분류된 것에 기초해서, 부문의 하위 단위로 "프로그램", "단위사업", "세부사업"을 제시하여 각각에 대해서 사업 설명과 예산 배분을 한 것이다. 여기서 프로그램, 단위사업, 세부사업은 계층이 있다고 볼 수 있다. 프로그램이 상위사업이고, 그 다음이 단위사업이며, 그 다음이 세부사업이다. 세부사업이 제일 하위사업이라고 볼 수 있다. 사업이란 기관의 목적을 달성하기 위한 활동들의 묶음이라고 정의할 수 있다.

예를 들어, <표 4-7>을 보자. 프로그램 "대학교육 역량강화"는 대학자율 역량강화사업, BK21 플러스사업 등의 단위사업들로 구성되고, 단위사업 "대학자율 역량강화"는 대입전형자율화 지원, 고등교육 및 대학재정정보분석시스템 운영, 고교교육정상화기여대학 지원, 글로벌현장학습프로그램 운영, 고등교육의 국제화 지원 등의

표 4-7 프로그램, 단위사업, 세부사업(교육부)

분야	부문	프로그램	단위사업	세부사업	(활동)*
교육					
	고등교육				
		대학교육 역량강화			
			대학자율 역량강화		
				대입전형자율화 지원	
				고등교육 및 대학재정정보분석시스템 운영	
				고교교육정상화기여대학 지원	
				글로벌현장학습프로그램 운영	
				고등교육의 국제화 지원	(외국인유학생 지원) (해외석학초빙 지원)
			BK21 플러스사업		

출처: 교육부, 『2018년도 세입 · 세출예산 각목명세서』, p.109.
* (활동)은 필자가 넣은 것으로 실제와 관계없음.

세부사업(사업명)으로 구성되어 있다는 것을 알 수 있다. 세부사업(사업명) "고등교육의 국제화 지원"은 외국인유학생 지원, 해외석학초빙 지원 등의 활동으로 구성된다고 볼 수 있다.

현행 국가재정법 시행령에 따르면, 예산요구 시 세입세출예산 사업별 설명서와 각목명세서를 제출하도록 되어 있다. 이때 세출예산의 설명서와 각목명세서에는 예산이 프로그램, 단위사업, 세부사업 등으로 분류된다.

(3) 특 징

① 사업별 분류는 기능별 분류와 활동별 분류와의 다리 구실을 하며, 사업별 분류와 활동별 분류는 사업계획과 사업의 진행 정도를 파악하는 데 도움이 된다. ② 사업별 분류는 투입과 산출과의 관계, 측정 가능한 최종 산물을 포함하여야 한다. ③ 한 사업을 여러 부처가 수행할 수도 있고, 또 여러 사업을 한 부처가 수행할 수도 있다.

3) 조직별 분류

(1) 의 의

예산 운용의 주체는 국회, 대법원, 헌법재판소, 중앙선거관리위원회, 감사원, 중앙행정기관 등이다(국가재정법 제6조). 따라서 이들 조직 단위들은 예산 편성에서부터 결산까지 예산 운용에 책임을 진다. 이런 이유로 해서 예산을 조직별로 분류하는 것은 예산 편성, 심의, 집행, 회계검사 및 결산에 용이하다.

(2) 분류 체제

2018년 현재, 대통령비서실 및 국가안보실, 국회, 대법원, 헌법재판소, 중앙선거관리위원회, 감사원, 기획재정부, 교육부 등 54개 독립기관 및 중앙부처별로 세입・세출예산이 분류되어 있다(기획재정부, 2018: 244-257). 정부조직은 법 개정에 따라 변경되기 때문에 분류 체제 또한 시대에 따라 변한다.

(3) 특 징

① 기능별·사업별 분류 등과 비교할 때, 예산 운용 주체가 명백하다. ② 세입과 세출이 동시에 조직별로 분류된다. ③ 정부기구 개편에 따라 조직별 분류도 바뀐다.

4) 품목별 분류와 성질별 분류

(1) 의 의

품목별 분류는 인건비, 운영비, 여비, 특수활동비, 업무추진비 등 지출 대상에 따라 예산을 분류한 것이다. 우리나라에서는 지출 대상을 유사한 성질들로 묶어 재분류한 성질별 분류도 사용하고 있다. 품목별 분류는 예산 편성, 회계검사, 결산, 사업계획 수립 등에 편리하며, 다른 예산 분류와 병행하여 사용되는 것이 상례이다.

(2) 분류 체제

우리나라에서는 예산을 소관(조직: 독립기관과 중앙관서), 장, 관, 항, 세항, 목으로 분류하고, 소관부터 항까지를 입법 과목(立法科目), 그리고 세항과 목을 행정 과목(行政科目)이라 한다. 입법 과목은 입법부의 의결 사항이고 행정 과목은 행정부의 재량 하에 있다. 이때 목이 바로 품목별 분류에 해당된다.[4)]

품목별(品目別) 분류 체제는 인건비(110), 운영비(210), 여비(220), 특수활동비(230), 업무추진비(240) 등으로 분류되어 있다. 그리고 이들 목들을 성질이 유사한 것으로 묶은 성질별(性質別) 분류는 인건비(100), 물건비(200), 경상이전(300), 자본지출(400), 융자금 및 출자금(500), 보전지출(600), 정부 내 거래(700), 예비비 및 기타(800) 등으로 분류되어 있다.

2018년도 성질별 분류는 <표 4-8>과 같다.

4) 국가재정법 제21조에 의하면, 세입예산은 관, 항으로, 세출예산은 장, 관, 항 등으로 구분하도록 되어 있다. 세입과 세출예산의 구분이 다르다.

표 4-8 성질별 분류

(일반회계, 단위: 백만 원)

구 분	2018년도	예 산
100	인건비(personnel expenses)	34,549,431
	110 인건비(personnel expenses)	34,549,431
200	물건비(good services)	19,257,052
	210 운영비(office operation)	15,300,987
	220 여비(travel expenses)	592,552
	230 특수활동비(special operation expenses)	316,293
	240 업무추진비(management expenses)	165,168
	250 직무수행경비(work operation expenses)	935,087
	260 연구용역비(research and service expenses)	1,483,911
	270 안보비(national security expenses)	463,054
300	이전지출(current transfers)	177,619,139
	310 보전금(compensation)	12,997,175
	320 민간이전(transfers to privates)	9,369,296
	330 자치단체이전(transfers to local gov'ts)	131,636,903
	340 해외이전(transfters to abroad)	1,307,161
	350 일반출연금(general funding)	8,814,866
	360 연구개발출연금(reseach and development funding)	13,493,738
400	자산취득비(asset acquisition)	18,202,562
	410 건설보상비(compensation cost for construction & facilities)	190,794
	420 건설비(construction & facilities assets)	5,074,607
	430 유형자산(tanagible assets)	11,977,557
	440 무형자산(intangible assets)	26,399
	450 융자금(lending)	0
	460 출자금(investment)	905,223
	470 예치금 및 유가증권매입(purchase of marketable securities & deposits)	0
	480 지분취득비(share of assets)	27,982
500	상환지출(repayment of loans)	8,132,763
	510 상환지출(repayment of loans)	8,132,763
600	전출금 등(transfers)	40,653,758
	610 전출금 등(transfers)	40,653,758
700	예비비 및 기타(contingency & others)	3,002,498
	710 예비비 및 기타(contingency & others)	3,002,498
합계		301,417,203

출처: 기획재정부(2018.2). 『2018년도 나라살림 예산개요』, pp.264-265.

표 4-9　2018회계연도 세입세출 예산 과목 구분

세입		관	항	목	
		내국세	소득세	신고분	
				원천분	
			법인세	법인세	
			–		
			–		
세출	**장(章)**	**관(款)**	**항(項)**	**목(目)**	**세목(細目)**
				(110) 인건비	(110-01) 보수
					(110-02) 기타직보수
					(110-03) 상용임금
				–	
				(210) 운영비	(210-01) 일반수용비
					(210-02) 공공요금 및 제세
					(210-03) 피복비
				(220) 여비	–
				(230) 특수활동비	
				(240) 업무추진비	
				(250) 직무수행경비	
				–	

출처: 기획재정부(2017.4). 『2018년도 예산안 편성 및 기금운용계획안 작성 세부지침』, pp.303-327.

품목별 분류는 매우 자세히 분류되어 있으며, 일반회계와 특별회계에도 적용된다.

한편, 프로그램예산서에는 사업들이 프로그램, 단위사업, 세부사업 등으로 분류되는데 세부사업 다음에 목과 세목을 사용함으로써 품목별 분류와 사업별 분류를 연계하였다.

그 관계는 <표 4-10>과 같다.

표 4-10 프로그램예산과 세출예산 과목 구분

분야 (장)	부문 (관)	프로그램 (항)	단위사업 (세항)	세부사업 (세세항)	(지출 대상) (목) (세목)
교육					
	고등교육				
		대학교육 역량강화			
			대학자율 역량강화		
				대입전형자율화 지원 고등교육 및 대학 재정정보분석 시스템 운영	운영비 (일반수용비, 피복비…)

(3) 특 징

회계 책임에 대한 명백한 기준을 제공함으로써 가장 기초적으로 이용되고 있는 예산 분류이다. 바꾸어 말하면, 품목별 분류에 따른 예산 지출을 하면, 담당 공무원의 책임은 면제된다는 것이다. 그리고 예산의 전용(轉用)을 이용하면, 또한 내부적으로는 예산 융통을 하고 그 결과만 정해진 목에 따라 정리해 두면, 신축성이 전혀 없는 것도 아니다. 그러나 ① 예산을 어떠한 목적, 사업에 사용하였는지, 그 전모를 알 수 없고, ② 승인된 예산 내용이 지출 대상이고 그것을 준수해야 하므로 예산환경의 변화에 대응하고자 할 때 예산 운용에 신축성이 결여될 가능성이 크다. ③ 목(目)의 수효를 몇 개로 할 것인가는 예산 운용에 이어서 통제와 신축성과의 조화의 문제이다.

5) 경제 성질별 분류

(1) 의 의

정부 예산이 국민 경제에 미치는 영향이 막대하므로 정부 예산을 경제적 성격에 따라 분류한 것이다. 가장 전형적인 방법이 예산을 경상 계정과 자본 계정으로 분류하는 것이다. 이것은 예산의 국민소득에 미치는 영향을 파악하는 데 도움을 준다. 즉, 경제 활동의 내용과 수준에 영향을 미칠 정부의 정책 결정에 필요한 자료를 제공해 준다(Burkhead, 1956: 212).

표 4-11 경제 성질별 분류(1997년도 예산)

세 입	예 산	세 출	예 산
Ⅰ. 경상수입(Ⅱ + Ⅲ)	94,153.1	Ⅰ. 경상지출	65,660.0
Ⅱ. 조세	82,361.3		
소득 및 이익세	27,192.4	1. 재화 및 용역	22,567.4
회사법인 기업	9,970.7	급여 및 임금	10,166.1
개인	17,221.7	퇴직보험금기여금	0.0
기타	0.0	기타 재화 및 용역	12,401.3
사회보장기여금	8,361.0	2. 이자 지급	2,189.3
고용주 부담금	5,274.2	국내	1,939.7
재산세	1,713.4	해외	249.6
상속 및 증여세	1,175.3	3. 보조금 및 경상이전	40,903.4
재화 및 용역세	30,927.1	보조금	1,124.1
일반매상세	18,619.2	금융기관	649.4
선별 물품세	11,558.1	기타 비금융 공기업 이전	0.0
전매익금	0.0	지방정부	23,432.1
선별 용역세	749.8	비영리기구	7,545.4
국제무역 거래세	5,972.3	가계	8,502.6
관세	5,972.3	해외	299.2
기타 부담금	0.0		
기타 조세	8,195.0	Ⅱ. 자본 지출	20,386.0
인지세	403.3		
		4. 고정자산 취득	6,501.9
Ⅲ. 세외 수입	11,791.8	5. 재고 증가	515.6
재산 수입	5,682.1	6. 토지 및 무형자산 매입	2,132.4
공기업	183.1	7. 자본 이전	11,236.1
판매 수입	1,386.5	국내	11,219.9
벌금 및 몰수금	3,905.9	타 정부	7,491.2
기타	817.3	비금융공기업	869.0
		금융기관	0.0
Ⅳ. 자본 수입	1,474.5	기타 기업	663.4
고정자산 매각	19.1	기타	2,196.2
토지 및 무형 자산 매각	773.2	해외	16.2
총세입(Ⅰ + Ⅱ)	96,069.1	Ⅲ. 총세출	86,046.0
		Ⅳ. 순대출	9,826.9
		Ⅴ. 세출 및 순대출	95,872.9

출처: 『1999 한국통계연보』, pp.430–431.
* 수치는 억 원에서 반올림함.

(2) 분류 체제

『2018 나라살림(2018년 예산개요 참고자료)』 '통합예산, 통합예산 총괄표'에 따르면, 경상수지, 자본수지, 순융자, 수지차 등으로 분류되어 있고, 이것은 다시 경상수입과 경상지출, 자본수입과 자본지출 등으로 분류된다. 과거에는 정부에서 경제 성질별 · 기능별 분류도 동시에 사용한 바 있다. 참고로 분류 체제를 보면 <표 4-11>과 같다.

(3) 특 징

정부의 경제 활동은 세입과 세출을 통해서 이루어지므로 ① 이 분류는 조직별 · 기능별 분류와 같은 다른 예산 분류 제도와 같이 사용되는 것이 바람직하다. ② 예산의 경제적 효과는 일선 사업 담당 직원보다 대통령, 경제 장관 등 고위 정책결정자에게 유용한 제도이다. ③ 경제 성질별 분류를 이용하는 경우, 국민소득, 자본 형성 등에 관한 정부 활동의 효과를 대체적 · 한정적으로 알 수 있다(Burkhead, 1956: 213-215).

6) 통합예산

(1) 의 의

정부는 국민의 복지 증진을 위하여 국방부, 교육부 등을 설치하고 이들 기관은 일반회계, 특별회계, 기금 등을 운영하여 소기의 목적을 달성하고자 한다. 중앙정부뿐만 아니라 지방정부도 일반회계, 특별회계, 기금 등을 운영한다. 수십, 수백 개의 부처와 지방정부가 각각 돈주머니를 차고 그 주머니에서 각각 돈을 쓴다. 이렇게 돈을 쓴다면 정부는 예산이 어떻게 운영되는지 그 전모를 파악하기 힘들다. 정부가 예산 운영의 전모를 파악할 수 없다면, 정부는 예산이 정책 목적에 합당하게 사용되고 있는지, 예산이 소기의 경제적 효과를 달성하고 있는지 알 수 없게 된다. 따라서 예산 통제와 재정정책을 효과적으로 하기 위하여 통합예산(unified budget, consolidated budget)이 도입된다.

통합예산은 공산권 국가에서 발달하였는데, 미연방정부는 1969회계연도에서부터 사용하기 시작하였고(Lee & Johnson, 1980: 141), 우리나라는 IMF의 권고에 따라 1979년부터 사용하였다.

(2) 통합예산의 규모와 포괄 범위

통합예산의 규모와 포괄 범위는 일반회계와 여러 특별회계들을 합한 것보다 크고 넓다. 그런데 예산을 운영하는 주체를 행정기관에 한정할 것인지 아니면 앞에서 살펴본 공공기관까지 포함시킬 것인지, 또 현금지출입(支出入)이 수반되지 않는 비세입세출 거래를 예산에 포함시킬 것인지에 따라서 통합예산의 규모와 포괄 범위가 달라진다. 우리나라 통합예산은 ① 일반회계, ② 특별회계, ③ 기금, ④ 세입세출 외(전대차관 도입분과 세계잉여금) 등을 포함하고 있다.

기획재정부에서 발간하는『2018년도 예산개요 참고자료』를 보면 통합예산은 중앙정부의 일반회계, 기타 특별회계, 세입세출 외, 비금융기금, 기업특별회계를 포함하고 있다. 여기서 기타 특별회계(其他特別會計)는 농어촌구조개선특별회계, 등기특별회계, 교통시설특별회계 등을 말한다. 세입세출 외는 전대차관 도입분과 세계잉여금이다. 전대차관(轉貸借款)이란 국내 거주자에게 전대할 것을 조건으로 하여 기획재정부 장관을 차주로 하여 외국의 금융기관으로부터 외화자금을 차입하는 것을 말한다. 일반적으로 전대차관은 상품을 수입하는 수입자에게 대출할 것을 조건으로 수입국의 금융기관에 빌려주는 차관을 말한다. 자기 나라 상품을 수입하는 수입자에게 자금을 빌려준다는 조건이 붙어있어 전대(轉貸, tied loan)라 한다. 세계잉여금(歲計剩餘金)은 한 회계연도에 수납된 세입액에서 지출된 세출액을 뺀 잔액을 말한다. 비금융기금(非金融性基金)은 석면피해기금, 국유재산관리기금, 군인연금기금 등을 포함한다. 이 기금에는 금융 활동을 수행하는 외국환평형기금 및 금융성 기금이 제외된다. 기업특별회계(企業特別會計)는 양곡관리특별회계, 조달특별회계, 우편사업특별회계, 우체국예금특별회계, 책임운영기관특별회계 등을 포함한다. 정부는 2005회계연도부터 지방과 지방교육을 포괄하는 통합재정 통계를 작성하고 있다. 이것을 그림으로 보면 [그림 4-1]과 같다. 통합예산은 일반회계, 특별회계, 기금을 포괄하며 회계, 기금 간 내부거래와 국채 발행, 차입, 채무 상환 등 수지차 보전을 위한 보전거래를 세입과 세출에서 각각 제외하여 작성한다. 통합예산(재정) 수지는 이러한 순계

그림 4-1 **통합예산 범위**

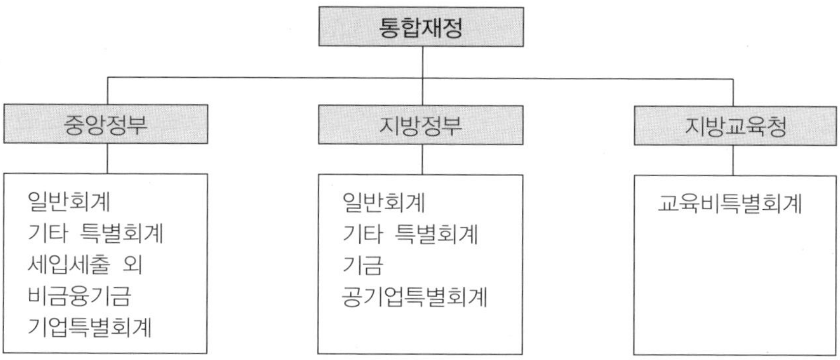

개념의 세입과 세출의 차이를 의미한다.

(3) 분류 체제

기획재정부에서 발간하는 『2018년도 예산개요』와 『2018년도 예산개요 참고자료』에서 보면, 통합예산의 분류 체제는 경제 성질별과 회계별, 기금별로 되어 있다. 그리고 국회예산정책처에서 발간하는 『대한민국재정 2018』에서는 기능별 분류(분야별 재원추이)를 볼 수 있다.

회계별, 기금별은 앞에서 본 바와 같이, 일반회계, 기타 특별회계, 기업특별회계, 석면피해구제기금, 국유재산관리기금 등의 기금으로 되어 있다. 그리고 통합예산(재정)의 세출 및 순융자는 경제 성질별 분류가 되어 있다(2018년도 예산개요 참고자료, 2018: 58-85).

통합예산의 정부 거래는 세입과 세출, 그리고 보전재원 세 부분으로 파악되고 있다. 통합예산의 세입 · 세출은 정부의 예산서와 결산서의 세입 · 세출과 다르다. 정부회계(정부의 예산서, 결산서)에서는 회계연도 내의 모든 수입과 지출을 세입과 세출로 파악하지만 통합예산에서는 정부의 수입을 세입, 보전수입, 융자회수로, 지출은 세출, 보전지출, 융자지출로 구분한다. 또한 세입은 경상수입과 자본수입으로, 세출은 경상지출과 자본지출로 구분된다.

회계연도 2018년도 중앙정부 통합재정 수지는 <표 4-12>와 같다. 합계로 보았

표 4-12 회계연도 2018년도 중앙정부 통합재정 수지

(단위: 10억 원)

구 분	중앙정부 부문	기업특별회계	합 계
1. 수입	413,110	2,975	416,085
경상수입	410,357	2,947	413,304
자본수입	2,753	28	2,781
2. 지출 및 순융자	393,786	3,952	397,739
지출	384,181	3,952	388,134
경상지출	355,245	3,666	358,912
자본지출	28,936	286	29,222
순융자	9,605	–	9,605
3. 수지차(1–2)	19,324	–978	18,346
4. 보전재원	–19,324	978	–18,346
국내	–18,484	150	–18,334
해외	–12	–	–12
내부거래	–828	828	0

출처: 기획재정부(2018.6). 『2018년도 예산개요 참고자료』, pp.58–59.
* 십억 원으로 표기함. 중앙부문 = 일반회계 + 기타특별회계 + 세입세출외 + 비금융성기금.

을 때, 수입이 416조 원 정도이고, 지출 및 순융자가 398조 원 정도로 수지차는 19조 원 정도이다. 즉, 흑자가 19조 원이다. 이 흑자로 국내와 해외 빚을 갚는 데 쓴다고 볼 수 있다.

(4) 특 징

통합예산은 정부 예산 규모를 정확히 파악함으로써 이것이 국민 경제에 미치는 영향을 파악할 수 있도록 예산을 분류한 것이다. 이 분류는 다음과 같은 특징이 있다. ① 정부 예산 규모를 일반 국민이 이해하는 데 도움이 된다. ② 아직도 외국환 평형기금, 신용보증기금 등 일부 기금이 제외되어 있지만 예산의 포괄 범위가 넓다. ③ 순계로 표시되어 있다. ④ 정부 예산 전체로서 흑자 또는 적자 여부를 포함, 그 보전내용(補塡內容, financing)을 알 수 있다. 즉, 재정 활동의 통화 효과, 국가채무의 분포 상황, 재정의 차입 의존도 등을 알 수 있다. ⑤ 통합예산을 통하여 정부 소비, 저축, 총고정자본 형성 등의 추정이 가능하고, 거시계량모형을 이용한 정부재정 활동의 국민 경제적 효과에 대한 분석이 가능하다.

7) 조세지출예산

(1) 의 의

이자소득 비과세, 양도소득 감면, 특별감가상각 등 조세 감면은 조세정책과 깊은 관계가 있다. 그러나 이것은 정부가 징수할 수 있는 조세를 포기함으로써 사실상 국가 수입의 상실에 해당한다. 조세 감면 조치는 경제개발계획을 추진하는 과정에서 특정 산업을 육성하기 위한 유효한 정책 수단이 되지만, 또 한편 이것이 지나치게 이용되면, 국고 수입의 상실은 물론 과세상의 불공평을 초래한다. 따라서 조세 감면은 조세특혜(tax preference), 합법적 탈세(tax loophole), 숨은 보조금이라고 지칭되기도 한다. 숨은 보조금이란 조세 감면으로 정부가 받아야 할 조세를 받지 않고 그만큼을 보조금으로 지불한 것과 같다는 의미에서이다. 이러한 조세 감면은 특정 산업에 대한 배려와 과세의 불공평을 초래할 수 있고, 조세 감면은 증가하는 경향이 있는 까닭에 이에 대한 정치·경제적 효과를 검토하기 위해서 조세지출예산(tax expenditure budget) 제도를 도입할 필요성이 있다(최광, 1992: 113－162).

국가재정법이 2007년 시행되면서 2010년부터 행정부가 국회에 예산안을 제출할 때 조세지출예산서도 첨부하도록 규정되었다(국자재정법 제34조). 그전에도 한동안 정부는 조세지출보고서를 공표하기도 했다.

조세특례제한법 제142조의2에 따르면, 조세지출(租稅支出)은 조세 감면, 비과세, 소득공제, 세액 공제, 우대세율 적용 또는 과세이연(세금 납부 시점을 미루어주는 것) 등 조세특례에 따른 재정 지원이다.

사실 세금으로 충당되는 예산 지출(직접 지출)과 조세 지출(간접 지출)은 정부의 지출이라는 점에서 하등 차이가 없는 것이다. 그러나 조세 지출은 일반적인 예산 지출보다 잘 눈에 띄지 않는 까닭에, 그리고 한번 법률로 정해지면 예산 지출보다 지속성과 경직성이 강한 까닭에 정치적으로 이용될 가능성이 크다. 조세 지출을 수입 지출(revenue expenditure)이라고도 한다.[5]

---

5) 김상헌(2006)은 조세 지출과 예산 지출의 관계를 연구한 바 있다. 그 연구에서 그는 한국의 통합

(2) 분류 체제

과거 우리 나라『예산 개요』에는 조세 지출이 소개되어 있지 않았다. 그러나 정부는 1999년~2009년 매년『조세지출보고서』를 작성하였다.『조세지출보고서』에는 연도별·세목별 조세 지출 현황, 연도별 감면 방법별 조세 지출 현황, 연도별·기능별 조세 지출 현황 등이 소개되어 있다. 세목으로는 소득세, 법인세, 상속·증여세 등이, 그리고 감면 방법별로는 비과세, 세액 감면, 세액 공제 등으로 구분되어 있었다(국세청, 2005: 439-441).

행정부는 2010년부터 조세지출예산서를 작성 국회에 제출하고 있다.『2018년도 조세지출예산서』에 의하면, 세목별·기능별, 감면 방법별, 수혜자별 등으로 조세지출예산서를 보고한 것을 볼 수 있다. 이에 따라 우리나라 조세 지출 현황은 <표 4-13>과 같다. 조세 지출이 차지하는 비율(국세감면율)은 13~14% 정도이다. 징수해야 할 세금 가운데 13~14% 정도를 징수하지 않고, 비과세, 소득공제, 세액공제, 준비금, 과세이연 등을 통해서 납세자에게 돌려 준 것이다.[6)]

기능별 조세 지출 현황은 <표 4-14>와 같다. 2010년, 2015년, 2018년 계속해서 산업·중소 기업 및 에너지 분야에 가장 많이 조세 지출이 이루어졌다. 조세 지출 가운데 28~29% 정도가 산업·중소 기업 및 에너지 분야에 주어졌다. 그 다음이 사회복지 분야이다. 조세 지출 가운데 21~27%가 사회복지 분야에 주어졌다. 사회복지, 보건, 농림수산, 산업·중소 기업 및 에너지에 전체 조세 지출 중 80% 정도가 집

표 4-13 조세 지출(국세 감면) 규모

(단위: 10억 원, %)

구 분	2000	2010	2015	2016	2017(전망)	2018(전망)
국세감면액(A)	13,282	29,999	35,902	37,445	38,657	39,805
국세수이총액(B)	83,221	177,718	217,885	24,256	251,077	268,195
국세감면율[A/(A+B)]	13.8	14.4	14.1	13.4	13.3	12.9

출처: 대한민국정부.『2017년도 조세지출예산서』, p.6와『2018년도 조세지출예산서』, p.6.

재정 증가율이 조세 지출 증가율보다 높고 예산 지출이 조세 지출보다 더 안정적이라고 하였다.

6) 비과세, 세액 감면, 세액 공제, 소득 공제, 저율 감세 등을 직접 감면이라고 하고, 준비금, 과세이연 등을 간접 감면이라고도 한다.

표 4-14 **기능별 조세 지출 현황**

(단위: 10억 원, ( ): %)

기능/연도	2010(실적)	2015(잠정)	2018(전망)
일반공공행정	1,973(6.6)	2,298(6.4)	2,476(6.2)
공공 질서 및 안전	–(0.0)	–(0.0)	–(0.0)
외교 통일	0(0.0)	1(0.0)	0(0.0)
국방	265(0.9)	241(1.9)	585(1.5)
교육	1,333(4.4)	1,302(3.6)	1,501(3.8)
문화 및 관광	4(0.0)	7(0.0)	14(0.0)
환경	717(2.4)	413(2.0)	711(1.8)
사회복지	6,574(21.9)	9,405(26.2)	10,772(27.1)
보건	3,332(11.1)	4,130(11.5)	5,424(13.6)
농림수산	5,257(17.5)	5,422(15.2)	4,832(12.0)
산업중소기업 및 에너지	8,448(28.2)	10,667(29.7)	11,433(28.7)
교통 및 물류	969(3.2)	588(1.6)	488(1.2)
통신	–(0.0)	–(0.0)	–(0.0)
국토 및 지역 개발	1,105(3.7)	696(1.9)	1,565(3.9)
과학기술	22(0.1)	4(0.0)	4(0.0)
예비비	–(0.0)	–(0.0)	–(0.0)
합계	29,999(100.0)	35,902(100.0)	39,805(100.0)

출처: 대한민국정부. 『2017년도 조세지출예산서』, p.11와 『2018년도 조세지출예산서』, p.11.
* 공공질서 및 안전, 통신, 예비비 경우 조세 지출이 없다.

중적으로 주어졌다.

끝으로, 수혜자별 조세 지출을 보면 <표 4-15>와 같다. 조세 지출의 혜택이 개인 중에는 중·저소득자에, 그리고 기업 중에는 중소기업에 주어지고 있음을 알 수 있다. 여기서 중·저소득자는 근로소득액이 6천 백만 원에서 6천 3백만 원 이하인 근로자, 농어민, 고령자, 장애인 등 취약계층을 말한다. 또 중소기업은 개인사업자 및 「조세특례제한법」상 중소기업을 말한다.

표 4-15 조세 지출의 수혜자별 귀착

(단위: 억 원, %)

구 분		2015		2016		2017		2018	
		실적	(비중)	실적	(비중)	전망	(비중)	전망	(비중)
개인	중・저소득자	15,812	(64.7)	16,970	(65.4)	17,651	(65.8)	18,381	(66.0)
	고소득자	8,621	(35.3)	8,971	(34.6)	9,178	(34.2)	9,460	(34.0)
	소계	24,433	(100.0)	25,940	(100.0)	26,829	(100.0)	27,841	(100.0)
기업	중소기업	6,112	(56.4)	6,305	(56.3)	6,627	(57.7)	6,963	(60.0)
	중견기업	468	(4.3)	554	(4.9)	529	(4.6)	517	(4.5)
	상호출자 제한기업	2,836	(26.2)	2,767	(24.7)	2,266	(19.7)	2,055	(17.7)
	기타기업	1,420	(13.1)	1,578	(14.1)	2,071	(18.0)	2,072	(17.8)
	소계	10,842	(100.0)	11,204	(100.0)	11,493	(100.0)	11,608	(100.0)
구분곤란		627		299		335		356	
합계		35,902		37,444		38,657		39,805	

출처: 대한민국정부. 『2017년도 조세지출예산서』, p.20와 『2018년도 조세지출예산』, p.19.
* 고소득자란 중・저소득자를 제외한 개인. 중견기업은 「조세특례 제한법」상 중견기업. 상호출자제한기업은 「독점규제 및 공정거래에 관한 법률」상 상호출자제한기업.

(3) 특 징

조세지출예산은 각종 조세 감면 실태를 파악할 수 있는 제도로서 다음과 같은 특징이 있다. ① 조세 지출은 법률에 따라서 이루어지는 것이므로 경직성이 크다. ② 조세지출예산이 운영되면, 조세 감면이 국가 수입에서 차지하는 비율을 쉽게 알 수 있고, 과세의 수직적・수평적 형평을 파악할 수 있다(Musgrave & Musgrave, 1980: 368－372). ③ 예산이 편성되고 심의되는 예산 과정을 통하여 예산통제가 가능하다(Shuman, 1988: 99－104). ④ 조세를 감면받는다는 것은 특혜의 성질이 있는 까닭에, 특정 집단의 이해와 깊은 관계가 있는 관계로 정치적으로 큰 관심의 대상이 된다.

전체적으로 조세지출예산이 운영되면, 비과세 제도 및 조세 감면에 따르는 일반 국민의 의혹을 해소하고, 국고 수입을 증대시키고, 재원 배분의 효율성과 과세의 형평을 증진시키는 데 기여하게 될 것이다.

8) 성인지 예산

(1) 의 의

우리가 예산에 대해서 관심을 가진다고 한다면 대개 이런 것이다. 즉, 올해 예산은 작년 예산보다 얼마나 많은가 혹은 적은가? 예산이 사회복지, 경제 발전, 국방 등에 어떻게 배분되는가? 국방부, 법무부, 보건복지부, 국토교통부 등에 얼마나 예산이 배분되는가? 우리는 예산의 증가 혹은 감소, 예산의 기능별 배분, 부처별 배분에 대해서 관심이 있다. 그러나 최근 여성과 남성의 특성을 고려해서 예산을 배분해야 한다는 생각이 주목을 받으면서 성인지(性認知) 예산이 등장하였다.

예를 들면, 이런 것이다. 고속도로 휴게소 화장실에 가면에 대개 남자 화장실과 달리 여자 화장실에는 화장실을 이용하려는 이용자의 긴 줄을 볼 수 있다. 여자 이용자가 남자 이용자보다 많은 것은 아님에도 불구하고 여자 화장실의 줄이 길고 여자들은 화장실을 이용하는 데 오랫동안 줄을 서야 하는 불편이 있다는 것을 알 수 있다. 이러한 현상을 안다면 고속도로 휴게실에 화장실을 만들 때 남녀의 특성을 고려하여 여자 화장실을 남자 화장실보다 더 많이 만들어야 하는 것이다. 이렇게 하는 것이 남녀 간 형평을 고려한 사업이고 예산 배분이 될 것이다.

또 다른 예를 들면, 정부가 직업훈련사업에 예산을 투자할 때, 우리는 이 사업이 보다 많은 사람들에게 혜택을 주어 많은 사람들이 취업이 되기를 기대한다. 그런데 만약, 이 직업훈련사업이 100명의 남자 훈련생을 선발해서 훈련을 했고, 그 결과 남자 95명이 취업을 했다면 이 취업훈련사업은 성공한 것이라고 볼 수 있다. 그러나 자세히 보면 이 직업훈련사업은 남자에게는 도움이 되었지만 여자에게 전혀 도움이 안 된 것이다. 이런 점을 개선하려면 사업을 구상하고 예산을 배분하기 전에 이 사업의 결과로 남자와 여자가 어느 정도 취업이 될 것인지를 분석하여 사업을 구상하고 예산을 배분하기 전에 직업훈련사업이 남자와 여자에 미치는 영향을 파악할 필요성이 있다고 할 것이다. 이런 점을 고려한 예산이 바로 성인지 예산(gender responsive government budget, gender budget)이다. 예산이 여성과 남성에게 미칠 영향을 미리 분석한 보고서가 성인지 예산이다.

성인지 예산은 호주, 남아프리카공화국 등 소수 국가에서 발전하다가 1995년 제4

차 UN 세계여성대회(중국 베이징 개최)에서 성인지 예산에 관한 행동강령이 채택되면서 급속히 전 세계로 확산되기 시작하였다. 현재는 선・후진국을 망라하여 인도, 필리핀, 영국, 프랑스 등 많은 국가에서 이 제도를 운영하고 있다.

우리나라 성인지 예산은 2007년 시행된 국가재정법에 규정이 있었으나 실제 시행은 2010회계연도 예산부터이다.

(2) 분류 체제

국가재정법에 의해서 정부는 성인지예산서를 작성하여야 한다. 그리고 행정부는 국회에 제출하는 예산안의 첨부서류로 성인지예산서를 제출하여야 한다(국가재정법 제26조, 제34조).

대한민국정부의 『2018년도 성인지예산서』를 보면, 성인지 예산 대상 사업 개수와 총금액 외에, 중앙관서별로 대상 사업과 금액이 제시되어 있다. 각각의 중앙관서는 성평등 목표, 성인지 예산 사업 총괄표, 사업 설명자료가 제시되어 있다.

산업통상자원부를 예를 들어 보면 <표 4-16>과 같다(대한민국정부, 2018: 367-371).

(3) 특 징

성인지 예산은 다음과 같은 특징이 있다. ① 정부의 모든 사업과 정책이 성인지 예산에 포함되는 것이 이상이다. 2017회계연도에는 42개 부처가 350개 사업이 선정되었고, 2018회계연도에는 41개 부처가 345개 사업이 선정되어 성인지예산서에 포함되었다. 그리고 성인지 예산 사업이 일반회계, 특별회계, 기금을 합한 전체 총지출에서 차지하는 비율은 2017회계연도에 7.4%, 2018회계연도에 8.0%이었다.[7] ② 성인지 예산은 예산의 성별 영향을 분석하는 데 도움을 준다. ③ 여성과 남성을 배려하여 세입과 세출을 배분하고 통제하는 데 도움이 된다. ④ 여성을 위한 사업이나 예산 안배에 도움을 주는 것은 물론 정부의 사업 및 정책을 양성평등이라는 시각에서 분석하는 데 도움을 준다. ⑤ 기존에 사용되고 있는 예산 분류와 성인지 예산과의

---

7) 대한민국정부, 『2018년도 성인지예산서』, p.4와 기획재정부, 『2018 예산개요』, p.45를 참고해서 계산함.

표 4-16 성인지 예산의 예(산업통상자원부)

1. 성평등 목표: 여성인력 활용기반 내실화/에너지복지 확대/여성인력의 지역사업참여 확대
2. 사업 총괄표

(단위: 백만 원, %)

회 계	세부사업명	'17년(A)	'18년안(B)	증감(B–A)	증감률(%)
일반회계	① 지역전문가 양성 및 공급	2,696	2,633	△63	△2.3
	② 산업전문인력 역량강화(R&D) – 창조혁신형디자인 고급인력 양성 …	3,900	7,000	3,100	79.5
에너지 및 자원 사업특별회계	⑤ 에너지바우처	74,027	83,170	9,143	12.4
	⑥ 에너지인력 양성(에특)(R&D) – 연구개발 고급인력 지원	13,825	12,941	△884	△6.4
합계		100,278	110,559	10,281	10.3

3. 사업설명 자료
① 지역전문가 양성 및 공급
– 사업명(일반회계): 지역전문가 양성 및 공급
– 2018년 예산안: 2,633백만 원
– 사업 목적:
– 정책 대상:
– 사업 내용: 사업기간, 지원형태, 사업시행 주체
– 성평등 목표:
– 성평등 기대효과:
– 성별 수혜 분석

• 사업 대상자

		2015	2016	2017
지역전문가 양성 및 공급	전체(명)	2,113,293	2,084,807	2,129,807
	여성(비율)	40.1%	40.6%	39.7%
	남성(비율)	59.9%	59.4%	60.3%

• 사업 수혜자
(세부 사업별 · 연도별 여성과 남성 수혜자 수와 비율이 제시되어 있음)
• 예산현황
(세부 사업별 · 연도별 여성과 남성에게 배분되는 예산 금액과 비율이 제시되어 있음)
– 2018년 성과 목표

성과 목표(지표)	'16년 실적	'17년 추정치	'18년 목표치
여성지원자 수혜 비율(%)	52.7	50.7	50.8

• 산출 근거

연계가 잘 이루어져야 성인지 예산의 효과가 나타날 것이다. 무엇보다 정부를 운영하는 행정공무원, 의원 등의 양성평등 의식이 성인지 예산 운영에 기초가 된다.

끝으로 우리나라 성인지 예산을 다른 나라 제도와 비교하면 다음과 같은 특징이 있다. 우리나라 성인지 예산은 예산서로 정식 작성되며, 중앙부처가 작성하여 국회에 제출한다. 또 우리나라 성인지 예산은 전 사업을 대상으로 하고, 사업별 예산과 성별수혜 분석을 하며, 통계 위주의 분석을 하는 특징이 있다(이형우 · 김규옥, 2011: 201).

3. 예산 분류와 예산 운영

예산을 여러 가지로 분류하는 이유는 예산 과정에 참여하는 참여자에게 각각 적합한 정보를 제공하는 데 있다. 일반 직원은 회계 책임을 다하기 위해서 품목별 예산을 좋아할 것이다. 중간관리층은 사업의 능률적인 관리를 위해서 사업별 분류가 필요할 것이다. 국회의원은 자신이 속한 위원회 소관 예산을 검토해야 하기 때문에 조직별 분류가 필수적이다. 아울러 국회의원이 소관 부처의 사업이나 활동에 대해서 관심이 있다면 사업별, 활동별 분류가 도움이 될 것이다. 시민의 입장에서 중앙부처의 예산이 얼마이고, 전체 예산이 얼마이며, 그리고 국방비, 경제개발비 등에 정부가 어느 정도 자금을 사용하는지 알고 싶다면, 각각 조직별 분류, 통합예산, 기능별 예산 등이 도움이 될 것이다. 그러므로 어떤 관심을 가지고 예산을 보고자 하는지가 중요한데, 납부해야 할 세금을 감해주는 금액이 얼마가 되는지, 예산이 여성과 남성에게 어떤 영향을 주는지에 관심이 있다면 조세지출예산과 성인지 예산을 보아야 할 것이다.

예산에 대한 관심을 투입, 전환, 산출 등으로 나눌 수 있을 것이다. 투입(投入)에 충실한 것이 품목별 분류이다. 전환(轉換)을 나타내는 것이 활동별 분류가 될 것이다. 산출(產出)에 해당하는 분류는 성과계획서가 될 것이다. 성과계획서는 성과관리 예산(performance based budgeting)에서 강조하는 성과 목표와 성과지표가 제시되어 있다.

예산 분류의 핵심은 예산의 분류가 예산을 보는 견해를 지배하고 예산을 보는 견해가 예산 운영을 지배한다는 것이다. 예산 분류에 따라 제시되는 정보가 다르고 이 제시된 정보에 따라 예산 운영자들의 정향이 조성되며, 이 조성된 정향에 따라 예산을 다루는 방법이 달라질 수 있다는 것이다(신무섭, 2009a; Grizzle, 1986). 예를 들어, 조세지출예산이 제시되면 예산 관련자들은 징수해야 할 세금 중 어느 만큼 공제 혹은 면제로 징수하지 못하는지에 대해서 알게 될 것이고, 예산 관련자들은 예산 편성 및 예산 심의 과정에서 공제나 면제에 대해서 논의할 것이다. 예산 관련자들은 조세 감면이 정치적 경제적 효과에 대해서 논의를 할 것이다. 이와 같이 예산 분류는 정보를 제공하는 형식의 문제이지만 그것이 예산 운영을 지배한다는 점에서 중요하다.

[부록 1] 정부관리기금 현황

표 4-17 정부관리기금 현황의 일부(2018년)

(단위: 억 원)

소관 부처(기금 수)	기금명	유 형	관리운용 주체	2018 지출계획
법무부(1개)	범죄피해자보호기금	사업성	법무부	1,011
대법원(1개)	사법서비스진흥기금	사업성	대법원	583
국가보훈처(2개)	보훈기금	사업성	국가보훈처	6,009
	순국선열애국지사사업기금	사업성	국가보훈처	1,246
금융위원회(6개)	공적자금상환기금	계정성	금융위원회	22,346
	농림수산업자신용보증기금	금융성	농협중앙회	9,846
	농어가목돈마련저축장려기금	금융성	금융위원회	847
	신용보증기금	금융성	신용보증기금	77,161
	예금보험기금채권상환기금	금융성	예금보험공사	74,109
	주택금융신용보증기금	금융성	한국주택금융공사	44,556
기획재정부(6개)	공공자금관리기금,	계정성	기획재정부	1,657,268
	대외경제협력기금	사업성	기획재정부	11,229
	복권기금	계정성	복권위원회	53,976
	산업기반신용보증기금	금융성	신용보증기금	4,019
	외국환평형기금	계정성	기획재정부	823,433
	국유재산관리기금	사업성	기획재정부	11,118
과학기술정보통신부(2개)	과학기술진흥기금	사업성	과학기술정보통신부	2,030
	정보통신진흥기금	사업성	과학기술정보통신부	7,272
과기부방송통신위원회(1개)	방송통신발전기금	사업성	과기부방송통신위원회	8,030
과기부원자력위원회(1개)	원자력기금	사업성	과기부원자력위원회	3,799
교육부(2개)	사립학교교직원연금기금	보험성	사립학교교직원연금공단	116,775
	사학진흥기금	사업성	한국사학진흥재단	5,567
문화체육관광부(6개)	관광진흥개발기금	사업성	문화체육관광부	12,113
	국민체육진흥기금	사업성	국민체육진흥공단	15,764
	문화예술진흥기금	사업성	한국문화예술위원회	3,481
	언론진흥기금	사업성	한국언론진흥재단	331
	영화발전기금	사업성	영화진흥위원회	3,262
	지역신문발전기금	사업성	문화체육관광부	86
문화재청(1개)	문화재보호기금	사업성	문화재청	1,270

외교부(2개)	국제교류기금 국제질병퇴치기금	사업성 사업성	한국국제교류재단 한국국제협력단	1,493 852
통일부(1개)	남북협력기금	사업성	통일부	16,182
국방부(2개)	군인연금기금 국인복지기금	보험성 사업성	국방부 국방부	32,776 13,724
인사혁신처(1개)	공무원연기금	보험성	공무원연금공단	231,477
농림축산식품부(7개)	양곡증권정리기금 농산물가격안정기금 농어업재해재보험기금 농지관리기금 농업소득보전직접지불기금 자유무역협정이행지원기금 축산발전기금	계정성 사업성 사업성 사업성 사업성 사업성 사업성	농림축산식품부 농림축산식품부 농림축산식품부 농림축산식품부 농림축산식품부 농림축산식품부 농림축산식품부	5,108 23,739 3,305 25,798 11,020 7,060 10,529
여성가족부(2개)	여성발전기금	사업성	여성가족부	2,378

출처: 국회예산정책처(2018). 『대한민국재정 2018』, pp.21-22.
* 알리오(www.alio.go.kr)를 검색하여 공기업 현황을 알아보자.

[부록 2] 여러 가지 세출 규모(도대체 정부는 1년에 얼마를 쓰나?)

1. 예산 총계(재정 총계) 규모

11. 회계연도 2018 일반회계 예산총계 = **301.47조 원**

12. 회계연도 2018 일반회계와 특별회계 합, 예산총계
= 일반회계 예산총계: 301.47조 원
+ 특별회계 예산총계: 67.2조 원 = **368.6조 원**

13. 회계연도 2018 예산총계
= 일반회계 예산총계: 301.47조 원
+ 특별회계 총계: 67.2조 원
+ 기금 운영 총규모: 594.39조 원 = **963.5조 원**

(이상 출처: 기획재정부, 『2018 예산개요』, p.253, p.273, p.285)

2. 예산 순계 규모 = (예산 총계) – (계정 간 회계 간 내부거래)

21. 회계연도 2018 일반회계 예산 순계 = 269.8**조 원**

22. 회계연도 2018 예산 순계 규모 = 일반회계 예산 순계: 269.8조 원
+ 특별회계 예산 순계: 61.0조 원 = **330.8조 원**

(이상 출처: 기획재정부, 『2018 예산개요 참고자료』, p.47)

3. 총지출 규모 = 총계(일반회계 + 특별회계 + 기금) – 내부거래 – 보전지출

31. 회계연도 2018 총지출 규모 = 일반회계 총지출: 248.8조 원
+ 특별회계 총지출: 47.5조 원
+ 기금 총지출: 132.6조 원 = 428.85조 원

(이상 출처: 기획재정부, 『2018 예산개요』, p.45)

총지출 = (일반회계 총지출 + 특별회계 총지출 + 기금 총지출)
– 내부거래 – 보전지출 = 경상지출 + 자본지출 + 융자지출

- 내부거래는 회계 간, 기금 간, 회계와 기금 간 내부거래 지출
- 보전지출이란 차입금, 이자 등을 갚는 지출

4. 통합예산 규모(통합재정 규모)

=[경상지출+자본지출+순융자(융자지출-융자회수)][일반회계+기타 특별회계 +세입세출 외+비금융성 기금+기업특별회계]

41. 회계연도 2018 통합예산 규모

=경상지출: 358.9조 원+자본지출: 29.2조 원+순융자: 9.6조 원=397.7조 원

(이상 출처: 기획재정부, 『2018 예산개요 참고자료』, p.59).

5. 중앙정부 및 지방정부 통합예산 규모(통합재정 규모)

=중앙재정+지방재정+지방교육청 재정

51. 회계연도 2016결산 중앙정부 및 지방정부 결산 통합재정

=회계연도 2016결산 중앙정부 지출: 224.7조 원

+회계연도 2016결산 지방정부 지출: 160.9조 원

+회계연도 2016결산 지방교육청 지출: 53.8조 원

=439.5조 원

(이상 출처: 기획재정부(2018). 『2016회계연도 한국통합재정수지』, p.184)

6. 일반정부 지출 규모(비용+비금융자산 순 취득)

=중앙정부+지방정부+지방교육청(비용+비금융자산 순 취득)[내부거래 제외]

61. 일반정부 지출 규모(2016회계연도 결산)

=중앙정부 지출: 420.7조 원-내부거래: 136.1조 원

+(지방재정: 193.8조원+지방교육재정: 61.1조 원-내부거래: 14.3조 원)

=중앙정부 지출: 420.7조 원+지방정부 지출: 240.6조 원

-내부거래: 136.1조 원 = 525.2조 원

(이상 출처: 기획재정부(2018). 『2016회계연도 한국통합재정수지』, p.209)

표 4-18 중앙정부 및 지방정부 통합재정 포함 범위(2016년 기준)

중앙재정	지방재정	지방교육재정
일반회계(1개)	일반회계(243개)	교육비특별회계(17개)
기업특별회계(5개)	공기업특별회계(266)	
기타 특별회계(13개)	기타 특별회계(1,891개)	
기금(56개)	기금(2,384개)	

출처: 기획재정부, 「2016회계연도 한국통합재정수지 참고자료」, p.184.

표 4-19 2016년 일반정부 포괄 범위(2001Government Finance Statistics Manual 적용)

중앙정부	회계: 일반회계 1개, 기업특별회계 5개, 기타 특별회계 13개 기금: 사업성 기금 56개, 금융성 8개, 외평기금 등 9개 총 73개 비영리공공기관: 214개
지방정부	일반회계: 243개, 직영공기업특별회계: 266개, 기타 특별회계: 1,891개, 지방교육특별회계: 17개. 기금: 지방재정법 대상 기금 2,384개 비영리공공기관: 93개 공사 및 공단

출처: 기획재정부(2018). 『2016회계연도 한국통합재정수지』, p.207.

표 4-20 2016년 OECD 국가의 일반정부 지출이 명목 GDP에서 차지하는 비율(%)

국가	호주	캐나다	덴마크	핀란드	프랑스	독일	그리스	이스라엘	이탈리아	일본	한국	영국	미국	OECD 평균
%	36.8	40.7	53.6	56.0	56.6	44.0	49.6	39.5	49.3	38.7	32.3	41.5	37.9	40.6

출처: www.oecd.org/statistics(2018.9.15) OECD Economic Outlook.. Vol. 2018, Issue 1.의 부록 표29.
* 일반정부는 중앙정부와 지방정부, 그리고 사회보장의 합계이다. 공기업의 영업 흑자 순액이 포함되어 있다.

표 4-21 정부 지출의 종류 요약(2018회계연도)

명 칭	규모(조 원)	포괄 범위(총계 여부)
예산 순계	330.8	중앙정부의 "일반회계 + 특별회계", 순계
일반회계 총계	301.4	중앙정부의 일반회계 총계
일반회계와 특별회계 총계	348.6	중앙정부의 "일반 + 특별회계" 총계
예산 총계(재정 총계)	963.5	중앙정부의 "일반 + 특별 + 기금운영", 총계
총지출	428.8	중앙정부의 "일반+특별 + 기금", 순계(경상지출 + 자본지출 + 융자지출)
통합예산(통합재정)	397.7	중앙정부의 "일반 + 특별 + 기금", 순계(경상지출 + 자본지출 + 순융자), 순융자 = 융자지출 − 융자금회수
중앙정부와 지방정부 통합예산(재정)	439.5 (2016년 결산)	"중앙정부 + 지방정부 + 지방교육청"의 "일반 + 특별회계 + 기금(일부 제외)", 순계
일반정부	525.2 (2016년 결산)	"중앙정부 + 지방정부 + 지방교육청"의 "일반 + 특별회계 + 기금 + 공공기관", 순계

[부록 3] 2018년 국가공무원 9급 공개경쟁채용 필기시험(행정학 ㉮책형 문14번)

문14. 우리나라의 성인지 예산제도에 대한 설명으로 옳지 않은 것은?

① 정부는 예산이 여성과 남성에 미치는 효과를 평가하고, 그 결과를 정부의 예산 편성에 반영하기 위하여 노력하여야 한다.

② 성인지예산서는 기획재정부 장관이 각 중앙관서의 장과 협의하여 제시한 작성 기준 및 방식 등에 따라 여성가족부 장관이 작성한다.

③ 성인지예산서에는 성인지 예산의 개용, 규모, 성평등 기대효과, 성과 목표 및 성별 수혜 분석 등의 내용이 포함되어야 한다.

④ 성인지결산서에는 집행실적, 성평등 효과 분석 및 평가 등이 포함되어야 한다.

[부록 4] 2018년 지방공무원 7급 공개경쟁채용 필기시험(행정학 Ⓐ책형 문14번)

문14. 2000년대 초반 도입된 한국의 프로그램 예산제도에 대한 설명으로 옳지 않은 것은?

① 프로그램 예산제도는 현재 운영되지 않는 제도이다.

② 프로그램 예산분류(과목) 체제는 분야－부문－프로그램－단위사업-세부사업 등으로 구성된다.

③ 프로그램 예산제도 도입 시 비목(품목)의 개수를 대폭 축소함으로써 비목 간 칸막이를 최대한 줄였다.

④ 프로그램 예산제도는 정책과 성과중심의 예산 운영을 위해 설계·도입된 제도이다.

출처: https://www.gosi.kr(인사혁신처 사이버국가고시센터)>시험문제/정답(2019.3.4).

정답

[부록 3] 문14. ② [부록 4] 문14. ①

Chapter

5

재무행정의 조직과 법적 기초

학습 목표

우리 정부는 예산 및 기금, 혹은 재정을 운영하기 위해서 여러가지 제도를 구비해놓고 있다. 입법부, 사법부, 행정부가 재정 운용에 관련되지만 독자는 먼저 행정부를 중심으로 중앙예산기관인 기획재정부 예산실을 이해하여야 한다. 그리고 국가재정법을 이해하여야 한다.

제5장의 학습 목표는 다음과 같다.

- 중앙예산기관의 뜻과 유형, 그리고 기능을 알아본다.
- 우리나라 예산실(국)의 위치와 기능의 변화를 알아본다.
- 우리나라 예산 운용 혹은 재정 운용과 관련된 헌법 체계를 정리해본다.
- 우리나라 예산 운용 혹은 재정 운용과 관련된 법률 체계를 파악한다.
- 국가재정법의 연혁, 적용 범위, 과거 예산회계법과 비교한 특징을 알아본다.
- 정부기업예산법과 공공기관의 운영에 관한 법률의 적용 범위와 특징을 알아본다.
- 국가회계법의 적용 범위를 알아본다.

행정수반의 예산 운영을 보좌하는 기관을 중앙예산기관이라고 하는데 우리나라의 경우에는 기획재정부가 그것이다. 국가재정법은 우리나라 예산 운영 혹은 재정 운영의 기본이 되는 법률이다. 재무행정을 이해하기 위해서 독자는 기획재정부의 조직과 기능을 파악해야 한다. 이 장에서는 기획재정부 예산실을 중심으로 소개한다. 재무행정을 처음 공부하는 학도는 기획재정부와 예산실에 대해서 먼저 이해해야 할 것이다. 독자는 국가재정법의 발자취와 내용만 이해해도 이 책의 상당 부분을 이해할 수 있다. 독자에게 국가재정법의 일독을 권한다.

제 1 절 재무행정의 조직

1. 의 의

정부 예산은 예산의 편성, 심의, 집행, 회계검사 및 결산 등을 통하여 운영된다. 일반적으로 행정부 제출 예산 제도 하에서 행정부는 예산 편성과 집행을, 그리고 입법부는 예산 심의, 회계검사 및 결산을 담당한다. 예산의 편성과 집행을 담당하는 행정부의 예산 기능은 여러 기관에 분산되어 있다. 기금의 운용도 예산과 유사하다.

예산 편성과 집행에는 ① 예산기획, ② 회계, ③ 징세, ④ 조달, ⑤ 평가 등의 기능이 포함되는데(Prethus, 1975: 291), 이 기능들은 각 부처, 기획재정부, 국세청, 감사원, 조달청 등에 분산되어 있다.[1] 이러한 기능을 여러 기관에 분산시키고 통합하는 것이 예산과 기금 운용에 중요하다.

뒤에서 예산 심의, 회계검사, 그리고 예산 결산을 담당하는 회계검사기관, 입법부 등을 살펴보기로 하고, 여기에서는 예산 편성과 집행을 담당하는 행정부의 각 기관을 살펴보고자 한다.

---

1) 재무행정 조직의 기본 체제를 통합적으로 검토한 강신택(2005: 178−190)을 참고할 것. 그는 재무행정 조직을 입법부형, 재무행정 통합형, 예산 기능 분리형으로 분류하였다. 그리고 통합적 재무행정 조직에는 회계통제, 예산 운영, 수입과 자금관리, 구매, 감사 등의 기능이 부여되었다.

2. 기본 체제

어느 나라를 막론하고 예산을 운영하는 데에는 ① 중앙예산기관, ② 수입 · 지출 총괄기관, ③ 중앙은행이 있어서 그 역할을 분담하고 있다.

1) 중앙예산기관

국가의 예산을 편성하고 관리하는 총괄기관이다. 즉, 중앙예산기관은 국가 경제 여건을 전망하고, 국민의 요구를 수렴하여, 예산정책을 입안할 뿐만 아니라 예산안을 편성하여 입법부에 제출하는 실무 책임을 지며, 예산이 성립하면 그것을 정부 차원에서 관리한다.

최근에는 중앙예산기관이 예산관리 외에 전자정보관리, 성과관리, 규제 정책, 정부 혁신 등을 관리하는 업무도 담당하고 있다.

2) 수입 · 지출 총괄기관

수입 · 지출 총괄기관은 국가의 수입과 지출을 총괄하는 기관으로서 중앙예산기관과 함께 정부 예산 운영에 중추적인 역할을 수행한다. 대개 대통령 중심제의 국가에서는 중앙예산기관과 수입 · 지출 총괄기관이 분리되어 있으나, 내각책임제 국가에서는 두 기능이 한 기관에 통합되어 있다. 즉, 일본, 독일, 영국 등 내각책임제 국가들에는 재무성에 두 예산 기능이 통합되어 있다.

3) 중앙은행

중앙은행은 국고금(國庫金)의 예수기관(預受機關)으로서 국가의 출납 업무를 대행한다. 우리의 경우, 한국은행이 이 기능을 담당하고 있다(한국은행법 제71조). 정부의 수입은 한국은행 본점의 정부 예금 계정으로 매일 입금되고, 여기서 정부의 지출이 인출, 지급된다.

한국은행은 국고 업무 이외에 한국은행권 발행, 금융기관에 대한 대출, 증권 매매 등의 일을 수행한다. 은행 등 금융기관의 감독은 현재 금융감독원이 담당한다.

제 2 절 중앙예산기관

1. 의 의

앞에서 중앙예산기관, 수입·지출 총괄기관, 중앙은행 세 기관을 간단히 살펴보았다. 이 가운데 실제 정부 예산을 운영하는 데 중요한 위치를 점하는 것은 중앙예산기관과 수입·지출 총괄기관이다. 미국에서는 관리예산처(OMB), 재무성, 대통령 경제담당 보좌관실 세 기관이 큰 역할을 하며, 이들 기관의 장을 '트로이카(troika)'라고 부를 정도이다(Wildavsky, 1979: 12).

대통령 중심제냐 또는 내각책임제냐에 따라서 중앙예산기관의 위치는 상이하지만 대통령 또는 수상과의 관계와 기능은 유사하다. 그 까닭은 행정부 제출 예산 제도에서 행정수반이 수행하지 않으면 안 될 예산 기능을 중앙예산기관이 보좌하기 때문이다.

행정수반은 국가의 우선순위, 재정 운용 상태 등을 고려하여 각 부처의 예산을 조정, 확정하여야 한다. 정부 수준에서 정책의 우선순위, 세출, 세입, 적자 등의 규모를 정하는 거시적 예산 운영(macrobudgeting)과 부처 수준에서 사업을 조정하고, 사업예산을 확정하는 미시적 예산 운영(microbudgeting)이 중앙예산기관을 통하여 조정된다. 이를 위해서 중앙예산기관은 행정수반을 보좌하되 먼저 행정수반이 그의 정책을 원만히 수행할 수 있도록 행정수반의 눈과 귀가 되어야 한다. 동시에 중앙예산기관은 부처의 입장을 이해하고 의견을 경청해야 한다. 중앙예산기관은 중앙행정기관이 제출한 사업의 능률성과 효과성을 검토하여야 한다. 중앙예산기관은 정부부처 가운데 유일하게 예산을 정부 수준에서 바라보고 각 부처에 대한 자료도 많이 가지고 있다. 이러한 까닭에 중앙예산기관은 부처가 제출한 관계 서류에 대해서 불만을 나타낼 때가 많다.

그러나 한편, 중앙예산기관의 고위 관리들은 다음과 같은 의문을 가지고 있기도 하다. 어느 한쪽에 치우치지 않고 중앙부처들에 정치적으로 대응한다는 것이 가능할까? 어떻게 객관성과 정치적 대응성을 서로 조화시킬 수 있을까?

2. 유 형

중앙예산기관의 유형은 나라마다 상이하다. 중앙예산기관의 유형에 대해서 입법부형, 재무행정 통합형, 예산 기능 분리형으로 나누기도 한다. 여기서 입법부형은 입법부가 행정기관의 업무 분장뿐만 아니라 예산 배분에 관한 권한까지 직접 행사하는 경우이다. 재무행정 통합형은 행정부 제출 예산 제도를 채택하는 경우에 예산 운영과 수입·지출 총괄 사무가 재무부에 통합되어 있는 경우이다. 그리고 예산 기능 분리형은 행정부 제출 예산 제도를 채택하는 경우에 수입·지출 총괄 업무와 예산 운영을 분리한 경우이다(강신택, 2005: 178－190). 한편, 중앙예산기관의 유형을 삼원적 체제와 이원적 체제로 나누기도 하는데, 삼원체제는 중앙예산기관과 수입·지출 총괄기관, 그리고 중앙은행이 각각 분리되어 있는 경우이고, 이원체제는 중앙예산기관과 수입·지출 총괄기관이 통합되어 있고 중앙은행만 분리되어 있는 경우이다(황윤원, 1996: 70－72). 여기서는 중앙예산기관의 소속 또는 위치에 초점을 두어서 행정수반 직속, 재무부 소속, 중앙기획기관 소속, 예산기관 분리형 등으로 그 유형을 살펴본다.

1) 행정수반 직속형

중앙예산기관을 행정수반의 직속에 두는 유형이다. 미국의 관리예산처가 대표적인 경우이다.

미국의 관리예산처(Office of Management and Budget: OMB)는 본래 재무성에 소속되어 있었으나, 1939년 루스벨트(Franklin Roosevelt) 대통령에 의해서 대통령부(Executive Office of the President)로 이관되었다. 그 당시의 이름은 예산국(Bureau of Budget)이었는데, 그 후 1970년 닉슨(Richard Nixon) 대통령 때 지금의 관리예산처로 이름을 바꾸었다.

그러나 관리예산처의 조직과 기능이 확대되면서 그것이 정치적 쟁점이 되었다. 포드(Gerald R. Ford Jr.) 대통령은 1974년 정권을 인수하면서 관리예산처장의 임명을 의회의 동의를 얻도록 하였지만 예산관리처가 정책 결정에 관여하는 것을 완전히 제거할 수는 없었다. 관리예산처가 대통령의 예산 편성과 집행을 보좌하는 일 외에 정부 차원의 다른 중요한 일을 많이 하기 때문이다.

미국의 관리예산처는 대통령의 직속기관으로서 대통령을 보좌하는 기능을 수행하는데, 이 과정에서 필연적으로 타 부처의 업무에 관여하게 되어 대통령과 타 부처 사이에서 갈등을 유발시키곤 하였다(Berman, 1979: 126-130).

관리예산처는 행정수반인 대통령을 보좌하며 다음의 기능을 한다[www.whitehouse.gov/omb(2018.10.2)]. 관리예산처는 ① 예산 편성 및 집행의 관리, ② 성과관리, 인력관리, 연방 조달, 재무관리, IT 등의 관리, ③ 규제 정책, ④ 입법부와의 협의, ⑤ 대통령의 행정명령과 지시사항 이행 등의 업무를 수행한다.

2018년 현재 미국 관리예산처의 조직은 [그림 5-1]과 같다. OMB의 처장, 성과관리부처장, 지원부처장, 정보규제실장, 구매정책실장, 연방재정관리실장 등 6개 직책은 대통령의 임명과 상원의 인준을 통하여 임명된다. 몇 개 기관에 대해 알아보면 다

그림 5-1 미국 관리예산처(Office of Management and Budget) 조직

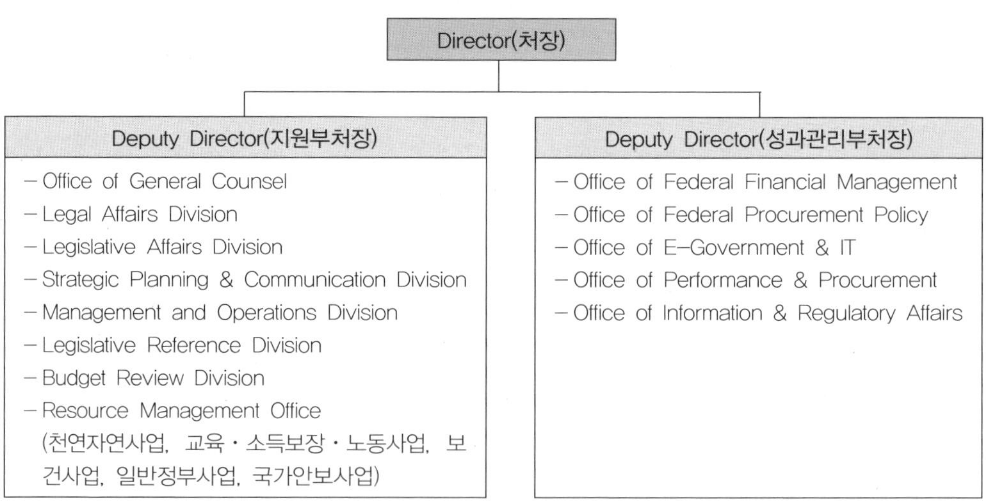

음과 같다. 입법지원국(Legislative Reference Division)은 행정부의 입법과 증언 취지를 입법부에 설명하는 활동을 주로 한다. 예산총괄국(Budget Review Division)은 의회의 의회예산처, 재무성 등과 협의하여 세입과 세출을 추계하며 정부 수준에서 예산 조정을 하는 업무를 한다. 자원관리국(Resource Management Offiec)에는 행정부의 각 부처에 대응해서 담당 부서가 있다. 이 기관은 관련 사업, 정책, 조달의 효과성 평가, 예산 배정 및 집행, 집행 관리, 정부 수준의 관리를 지원한다[https://en.wikipeadia.org/wiki/office-of-management-and-budget(2018.10.2)].

2) 재무부 소속형

중앙예산기관을 세입 및 국고를 관리하는 재무부에 두는 유형으로 영국의 재무성(HM-Treasury), 일본의 재무성, 1994년 말부터 1998년 초까지의 우리나라 재정경제원 등이 이에 속한다(법제처, 1980: 264; 이종익, 1992: 90-100). 그리고 현재의 우리나라 기획재정부도 이에 속한다.

영국 재무성은 부처에 예산을 배분하는 공공지출정책, 금융정책, 조세정책, 경제정책, 재무 및 회계 보고 제도 개발, 통합계정의 작성 등의 업무를 담당하고 있다(NAO, 2017: 5)

영국의 재무성은 재정 운용에 관한 막강한 권한을 가지고 있으며, 2018년 재무성 홈페이지에서 그 조직을 보면 대개 [그림 5-2]와 같다.

영국은 의회에서 의석을 많이 차지한 다수당의 대표가 수상이 된다. 당연히 그(그녀)는 의원이다. 수상은 의원들로 장관을 임명한다. 그런데 수상은 재무성 장관(the first Lord of the Treasury)을 겸임한다. 그리고 실질적인 장관을 임명한다. 재무성 장관은 Chancellor of the Exchequer(the second Lord of the Treasury)라 하고, 연차 예산 발표를 포함한 재정 및 금융 정책을 총괄한다. 이외의 주요 재무성 차관도 의원으로 임명하는 것이 영국의 특징이다. 그러나 실질적인 부처로서 재무성의 관리는 행정차관(Permanent Secretary)이 책임을 지며 행정차관을 보좌하는 행정국장(Secondary Secretary)이 있다. 그 외에 공공지출국장(Director General, Public Spending), 재정정책국장(Director General, Chief Economic Adviser) 등이 있다.

그림 5-2 **영국 재무성 조직도(개요)**

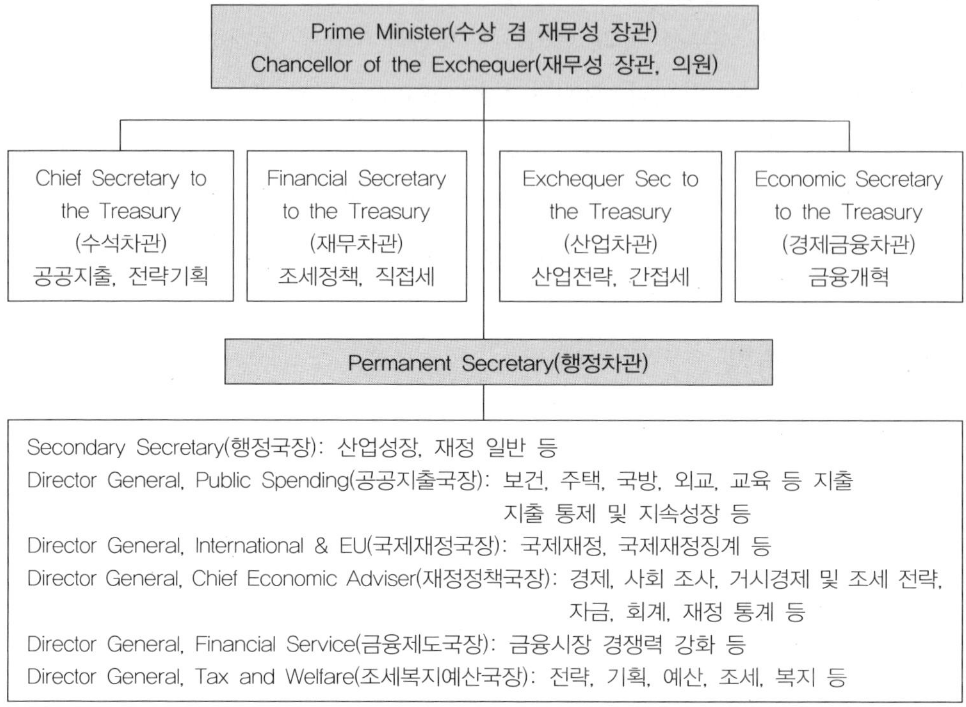

출처: www.gov.uk/government/organizations/hm-treasury; https://data.gov.uk/organogram/hm-treasury (2018.10.5), 재무관(CFO) 및 법무담당관, 장관 비서실 등 일부 생략.

영국 재무성의 한 특징은 집권당의 의원들이 공공지출정책, 조세정책, 금융정책, 경제정책, 산업기반시설(Infrastructure) 투자 확대 등의 업무에 참여한다는 것이다[www.gov.uk/government/organizations/hm-treasury/about(2018.10.4)].

한편, 일본 재무성은 주계국, 주세국, 관세국, 이재국, 국제국 등으로 구성되어 있어 재정, 세제, 국고, 통화, 외환 등과 관련된 정책과 관리를 담당하고 있다. 그리고 재무성 주계국(主計局, Budget Bureau)은 예산 편성, 세입 확보, 국가재정의 투명성 확보 등의 업무를 수행한다. 일본 재무성은 지방지국이 있다는 점이 하나의 특징이다[www.mof.go.jp/(2018.10.5)].

2018년 일본 재무성의 조직을 보면 [그림 5-3]과 같다.

그림 5-3 **일본 재무성(Ministry of Fiance) 조직**

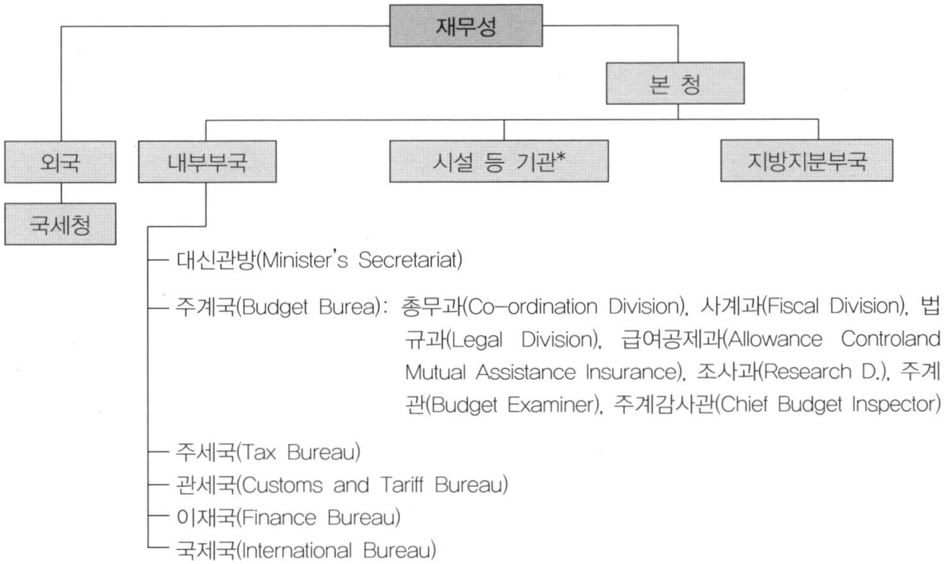

출처: www.mof.go.jp(201810.4).
* 시설 등 기관국에는 회계센터, 관세연구소 등이, 그리고 지방지분부국에는 재무지국, 관세지국 등이 속해 있다.

3) 중앙기획기관 소속형

기획과 예산을 일치시킬 목적으로 중앙예산기관을 중앙기획기관에 소속시킨 유형으로, 1994년 이전까지의 우리나라 경제기획원 예산실(예산국)이 대표적이다.

대체로 대통령 중심제를 채택하고 있는 나라는 중앙예산기관을 대통령 직속에 두고 있으며, 그 기능은 세출에 집중되어 있고, 예산 편성과 집행의 관리와 정부정책과 관련된 사항을 다루고 있다. 반면에 내각책임제를 채택하고 있는 나라는 중앙예산기관을 재무성에 두고 있으며, 그 기능은 대통령 중심제의 그것과 동일하나, 세입을 포함한 재정 운용 전반에 관하여 다른 부서와 협력하고 있는 것이 특징이다.

4) 예산기관 분리형

중앙예산기관이 하나의 독립된 중앙부처 형태로 존재하는 경우이다. 중앙예산기관이 수입·지출 총괄기관과는 별도로 설치된다는 점에서 분리형이라고 한 것이다. 1999년부터 2008년 초까지 우리나라 기획예산처가 이에 속한다.

3. 기 능

예산 운영은 단순히 '돈'에 관한 사항만이 아니다. 그것은 '돈'에 관한 결정은 근본적으로 '돈'이 필요하게 되는 법률, 조직, 사업, 정책 등에 관한 결정을 포함한다. 또한 예산 운영의 책임을 맡고 있는 중앙예산기관은 거시적 예산 결정(macro-budgeting)과 미시적 예산 결정(micro-budgeting)을 통합한다.

정부는 변화하는 환경에서 비전과 목적을 정하고, 그것을 달성하기 위해서 국가 우선순위와 중장기 계획을 세우고 세입과 세출의 규모를 정하는 일을 한다. 이것이 거시적 예산결정이다. 그리고 각 부처와 하위 단위들이 부처의 목적을 달성하기 위해 여러 정책과 사업을 구상하고 예산을 요구한다. 이것은 미시적 예산 결정이다. 중앙예산기관은 '위에서 아래로', 그리고 '아래서 위로', 거시적 예산 결정과 미시적 예산 결정을 조정하고 통합한다.

여기서는 중앙예산기관의 기능을 예산 편성 및 집행 관리, 재정계획 및 사업의 검토, 행정관리의 개선, 국민과 입법부의 의사 반영 등으로 나누어 살펴본다.[2]

1) 예산 편성 및 집행의 관리

예산 편성에서 핵심적인 업무는 각 부처가 요구한 예산안을 정부적 차원에서 검토, 조정하는 것이다. 일반적으로 각 부처는 많은 예산을 요구하는 경향이 있으므로, 중앙예산기관은 축소 조정에 관심을 가지며, 부처에서는 예산 삭감의 기준이 불명확하다는 불평을 하기 쉽다. 한편, 예산이 입법부를 통과하여 성립하게 되면, 중앙예산기관은 예산 배정, 이월, 예비비의 관리 등 예산 집행의 관리를 담당한다.

---

2) 2019년 현재 국회예산정책처장인 김춘순(2018: 289-290)은 우리나라 중앙예산기관의 기능을 다음과 같이 보았다. ① 재정운용계획의 수립 및 예산 배분의 우선순위 결정, ② 예산안의 편성과 조정, ③ 예산안 심의 과정에의 대응, ④ 예산 집행의 관리, ⑤ 결산보고서의 작성.

2) 재정계획 및 사업의 검토 · 조정

예산 편성에서 가장 중요한 작업은 세입세출의 규모를 확정하는 것이다. 이를 위하여 중앙예산기관은 중장기계획을 수립 · 발전시킨다. 중앙예산기관은 매년 경기 전망과 예상되는 예산 수요를 추계하고, 다른 부처와 협의하여 재정계획을 세운다. 이 계획은 각 부처의 수요를 사전에 파악하는 데, 그리고 부처의 예산 요구를 조정하는 데 이용된다. 그것이 가능한 까닭은 이미 이 재정계획에 정부의 목표와 자원 배분의 우선순위가 나타나 있기 때문이다.

중앙예산기관은 예산 편성 시 부처의 주요 사업계획을 검토한다. 정부의 재정계획 등 중장기 계획에 그 사업이 포함되었나, 또는 포함된 사업일지라도, 사업의 규모와 수준이 합당한가 등을 검토한다. 이를 위하여 중앙예산기관에는 사업분석과 평가를 위한 전문가가 있어야 한다.

3) 행정관리의 개선

행정관리 방법의 개선은 중앙예산기관의 업무가 아닐 수 있으나, 효과적이고 능률적인 사업의 수행은 예산의 절감을 위해서 필요불가결하다. 따라서 중앙예산기관은 예산 제도, 정보 체계, 관리 방법 등의 개선은 물론, 예산이 소요되는 정부기관의 신설, 정원의 변경, 그리고 법률의 제정 등의 업무를 수행하여야 한다. 이러한 기능은 정부 혁신과도 관계가 있다.

4) 국민과 입법부의 의사 반영

재정계획과 예산 편성을 정부 수준에서 담당하는 중앙예산기관은 그 과정에서 행정수반의 의사를 예산에 반영하는 것은 물론, 국민과 입법부의 의사를 반영한다. 즉, 중앙예산기관은 예산에 관하여 행정부와 입법부의 연결핀이 된다. 중앙예산기관은 정부를 대표하여 정부예산안을 설명하고 정부안이 본래대로 입법부에 의해서 채택되도록 노력하는 등 정부의 대표로서 중요한 역할을 한다. 한편, 중앙예산기관은 예산 자료의 발간, 기자 회견 등을 통하여 정부의 예산에 관한 상태를 일반 국민들에게 알려 국민의 자유로운 비판을 수용한다. 최근 중앙예산기관은 인터넷 등 정보통신을 이용해서 대(對)국민, 대입법부 관계를 개선하려는 노력이 선진국에서 큰 흐름으로 나타나고 있다.

앞에서 살펴본 기능 외에, 중앙예산기관은 대통령에서부터 부처로 정보를 위에서 아래로, 그리고 부처에서부터 대통령에게로 정보를 아래에서 위로 전달하는 의사소통의 역할을 담당하기도 한다. 만약 중앙예산기관이 영국이나 일본처럼 재무성 소속으로 설치된다면 조세정책 수립 및 관리, 회계, 결산 등의 기능과도 긴밀한 관계를 가지게 될 것이다.

4. 우리나라 중앙예산기관의 변천과 기획재정부 예산실

우리나라 중앙예산기관은 수차례 개편되었다. 중앙예산기관을 포함한 정부조직의 개편은 권력구조의 변화와 재정 · 경제적 여건을 반영한 것으로 생각된다(정용덕 · 김근세, 1998; 김근세 · 오수길 · 정용일, 1998; 홍성만 외, 2007)). 여기서는 과거 기획예산처의 자료[www.mpb.go.kr>기획예산처 소개>설립 목적과 연혁(2006.5.3)]와 현재의 기획재정부 홈페이지 자료, 그리고 법령을 참고하여 우리나라 중앙예산기관의 변천을 간단히 살펴본다.

1) 중앙예산기관의 변천

우리나라 중앙예산기관은 1948년부터 2018년 현재까지 <표 5-1>에서 보는 것처럼 여러 차례 변화하였다.

(1) 변천의 특징

중앙예산기관 변천의 대체적인 특징은 다음과 같다.

① 중앙예산기관은 그 소속기관이 여러 차례 변하였다. 즉, 중앙예산기관의 유형이 몇 차례 변하였다. 중앙예산기관이 중앙기획기구에 속하였다가 수입 · 지출총괄 기능을 담당하는 재무부에 속하기도 하였고 다시 독립적인 예산기구로 개편되기도

표 5-1	중앙예산기관의 변천		
기 간	중앙예산기관의 명칭(과의 개수*)	재무부 (수입지출기관) 명칭	배경(대통령 등)
1948~1955	기획처 예산국(4과)	재무부	정부 수립, 이승만 정부
1955~1961	재무부 예산국(4과)	재무부	제2차 개헌, 총리제 폐지, 이승만 정부, 4·19
1961~1979 1979~1994	경제기획원 예산국/예산실 (2과14담당관)	재무부	1979년까지 박정희 정부, 그 이후 전두환, 노태우 정부, 경제 개발에 주력
1994~1998	재정경제원 예산실 (4심의관 5과 9담당관)	재정경제원	김영삼 정부, 재무부와 경제기획원을 통합, 재정정책과 예산 기능의 연계 강화
1998~1999	기획예산위원회(1실 1국 5과 9팀)와 예산청(1관 4국 14과 4담당관)	재정경제부	IMF 위기, 김대중 정부, 예산정책기획과 집행 이원화
1999~2008	국무총리실 기획예산처 예산실(2005년부터 예산실 명칭 없어짐) (3심의관 11과)	재정경제부	김대중, 노무현 정부, 재정개혁, 정부 혁신 추진
2008~현재	기획재정부 예산실(4심의관 18과)	기획재정부	이명박 정부, 정부기구 축소 등

* 기준연도는 매 기간 시작 연도.

하였다.

② 중앙예산기관의 기능이 확대되었다. 예산 편성과 집행 관리를 주로 담당하는 기관에서 중기재정계획작성, 재정 혁신, 정부 혁신 등의 여러 기능도 함께 담당하는 기관으로 그 기능이 확대되기도 하였다. 1999년 기획예산처 시절에 기능이 극대화되었다. 2018년 현재 예산실이 예산제도의 개선과 성과관리를 담당하고 있다.

③ 중앙예산기관으로서 예산실 조직은 수직적 수평적 분화가 이루어졌다. 1948년 예산국 시절에는 4개 과였던 것이 박 대통령 서거 직전 1979년 6월 26일 개편에서 예산국은 예산실로 개편되었다(총무처, 1980). 이때 예산실은 2과 14담당관으로 구성되었으나 1998년에는 기획예산위원회와 예산청으로 확대되었고, 예산청은 4국 14과 4담당관으로 구성되었다. 이때가 최절정이었다. 그 후 예산실은 축소되었다. 수직적으로도 1950, 1960년대에는 예산실장 아래 과장이 있었지만 1990년대 후반에는 실장, 국장, 과장이 있었다가 2000년 후반부터는 실장, 심의관, 과장이 있는 상태이

다(권오성, 2008: 376). 예산실 정원도 과거에는 100명 안팎이던 것이 1999년 기획예산처 시절에는 300명이 넘었고, 2018년 현재는 200명 대이다[기획예산처직제(1999.6.5) 248명; 연합뉴스, 2018.6.29].

현재 중앙예산기관으로서 예산실은 예산 편성과 집행 관리, 그리고 예산제도 개선을 전통적으로 꾸준히 담당하고 있다. 예산실이 1980년대 초부터 중기재정계획을 작성하고, 1990년대 후반부터 성과관리, 재정개혁, 정부 혁신을 수행하기도 하였다. 그러나 2018년 현재 그런 기능의 상당 부분이 기획재정부의 다른 하위부서로 이관되었다. 예산실이 국가목표에 따른 재정배정과 성과관리에 중요한 역할을 하지만 재정혁신국이 국가중기재정계획의 작성을 담당한다. 또 재정관리국은 재정성과 평과, 재정낭비 방지 등의 업무를 담당한다.

(2) 기간별 특징

크게 예산 편성 및 집행 관리에 집중하던 시기와 그것에 재정혁신 등을 추가하였던 시기로 나누어 볼 수 있다. 이것을 간단히 살펴보면 다음과 같다.

① 예산 편성과 집행 관리에 집중한 시기(1948~1994)

정부 수립과 함께 재정, 경제, 금융, 산업 등에 관한 종합계획과 예산 편성의 사무를 담당하도록 1948년 국무총리 산하 기획처가 설치되었다. 이 기획처 안에 예산국이 설치되었다. 그러나 1954년 제2차 개헌으로 국무총리제가 폐지되었다. 이에 따라 예산국은 재무부로 이관되었다. 박정희 장군이 1961년 5월 16일 군사정변을 일으켜 집권한 후 경제기획원을 설치하였고, 그 안에 기획국과 예산국을 설치하여 경제 개발을 뒷받침하는 예산 운영을 하도록 계획하였다. 한국은 경제 개발의 시대였다. 1979년 경제기획원 예산국은 예산실로 개편되었다.

그런데 1979년 10월 26일 박정희 대통령이 서거하였다. 박 대통령은 1961년 5월 16일 군사정변을 일으키고 1963년 10월부터 1979년 10월까지 대통령으로 재임함으로써 총 18년 동안 장기 집권을 하였다. 이 기간 동안 한국의 정치는 권위주의 속성이 강화되었지만 국민총생산은 증대하고 산업구조도 농업에서 제조업으로 변하였다. 1979년 박 대통령이 중앙정보부장의 총에 의해 서거하자 전두환 장군으로 대표되는 군부가 다시 정권을 잡았다. 1980년 정치적 혼란기에 한국 경제는 마이너스 성장을 하였다. 1981년 전두환 정부가 들어섰고 경제 안정에 힘썼다. 정부는 예산 증대를 억제하였다. 서울올림픽이 개최되는 1988년에 민정당 노태우 후보가 대통령에 취임하였다. 그는 전두환 대통령의 오랜 친구였다. 전 대통령은 간접선거를 통해서 대통령에 선출되었지만 1980년대 민주화 과정이 어느 정도 진척된 후여서 노 대통령은 직접 선거를 통하여 선출되었다. 이때까지 경제기획원 중심으로 정부는 경제 개발에 역점을 두고 있었고, 경제기획원의 한 부서로 예산실이 자리잡고 있었다. 예산실의 주요 기능은 예산 편성과 집행 관리, 그리고 예산제도 개선이었다.

② 기존 기능에 예산기획, 재정 혁신, 정부 혁신 등이 추가된 시기(1994~2018 현재)

이 시기의 가장 큰 특징은 중앙예산기관과 수입·지출총괄기관의 통합과 예산 편성과 재정정책의 연계를 지향한 것이다. 그리고 이것에 의해서 중앙예산기관의 명칭을 예산국(실)로 하는데 한계에 이르렀다는 것이다. 즉, 1999년 김대중 정부에서 기획예산처를 설치하고 그 안에 예산실을 두었으나 2005년 노무현 정부에서는 기획예산처에 예산실이라는 명칭은 사라지고 그 대신 재정운용실, 재정전략실 등이 설치되었다(국민일보, 2005.4.26). 그리고 그 이후에는 예산실이 존재하기는 했으나 재정경제부 혹은 기획재정부의 하위 부서로 자리했고, 우리나라 중앙예산기관도 영국이나 일본처럼 예산기관과 수입·지출총괄기관이 통합된 형태가 되었다는 특징을 보였다.

1994년 김영삼 정부는 재무부와 경제기획원을 통합하는 정부조직 개편을 단행하였다. 재정정책과 예산 기능을 연계하고자 하였다. 그런데 1997년 이른바 IMF 외환위기가 발생하였다. 김대중 대통령 후보는 취임하기 전부터 국제통화기금(IMF)과 협상을 하였다. 김대중 정부는 예산기획과 예산 편성 및 집행 관리를 이원화하고자 하였다. 그 결과가 기획예산위원회와 예산청의 신설이었다. 정부는 재정혁신 및 정부혁신을 추구하였다. 그 사업을 국무총리 산하 기획예산처를 통해서 하고자 하였다. 1999년부터 2008년, 즉 김대중 정부와 노무현 정부는 기획예산처 내에 예산실, 정부개혁실, 재정기획국 등을 설치하였다. 기획예산처는 중앙예산기관이었다. 이때는 수입·지출 총괄, 국고관리를 담당하는 재정경제부가 중앙정부 부처로 설치되어 있었다. 그러나 2008년 이명박 정부가 들어서면서 정부기구 축소를 위하여 다시 중앙예산기관과 수입·지출 총괄기관이 통합되었다.

2) 기획재정부와 예산실

현재 예산실은 기획재정부에 속해있다. 기획재정부 장관이 대통령을 보좌하며, 정부의 예산안을 국회 예산결산위원회에서 제안 설명을 한다. 또 기획재정부가 조세정책, 국고, 결산 업무 등을 관리하고 있다. 이런 의미에서 현재 우리나라 기획재정부는 영국과 일본의 재무성과 유사하다. 한편, 예산실은 예산 편성, 기금운용계획, 예산집행 관리, 성과관리 등의 업무를 담당하며 예산실장은 예산 업무를 총괄하며 국회에서 행정부를 위해서 활동한다.

2018년 현재 기획재정부의 정원은 1,023명이고, [그림 5-4]에서 볼 수 있듯이 17개 실·국·단으로 구성되어 있다. 기획재정부는 경제정책은 물론, 공공기관 운영도

그림 5-4 기획재정부와 예산실의 조직(2018년)

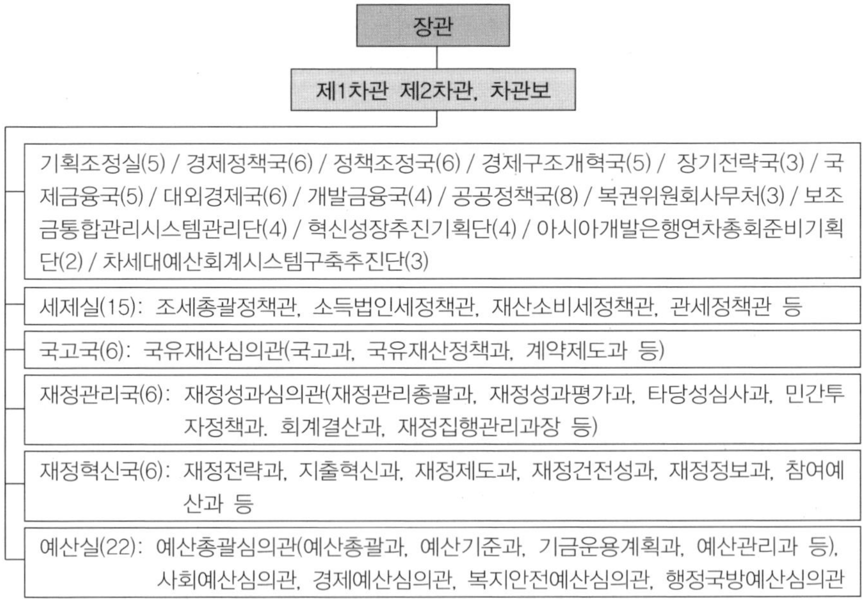

출처: 기획재정부 홈페이지(www.mosf.go.kr) > 조직도(2019.8.1).
* ( ): 과(課)의 개수.

관리하며, 재정관리, 재정혁신, 조세정책, 국고관리, 예산 편성, 기금운용, 결산 등을 담당하고 있다. 기획재정부의 업무는 「기획재정부와 그 소속기관 직제」에 의하면 다음과 같다.

그림 5-5 예산실 조직

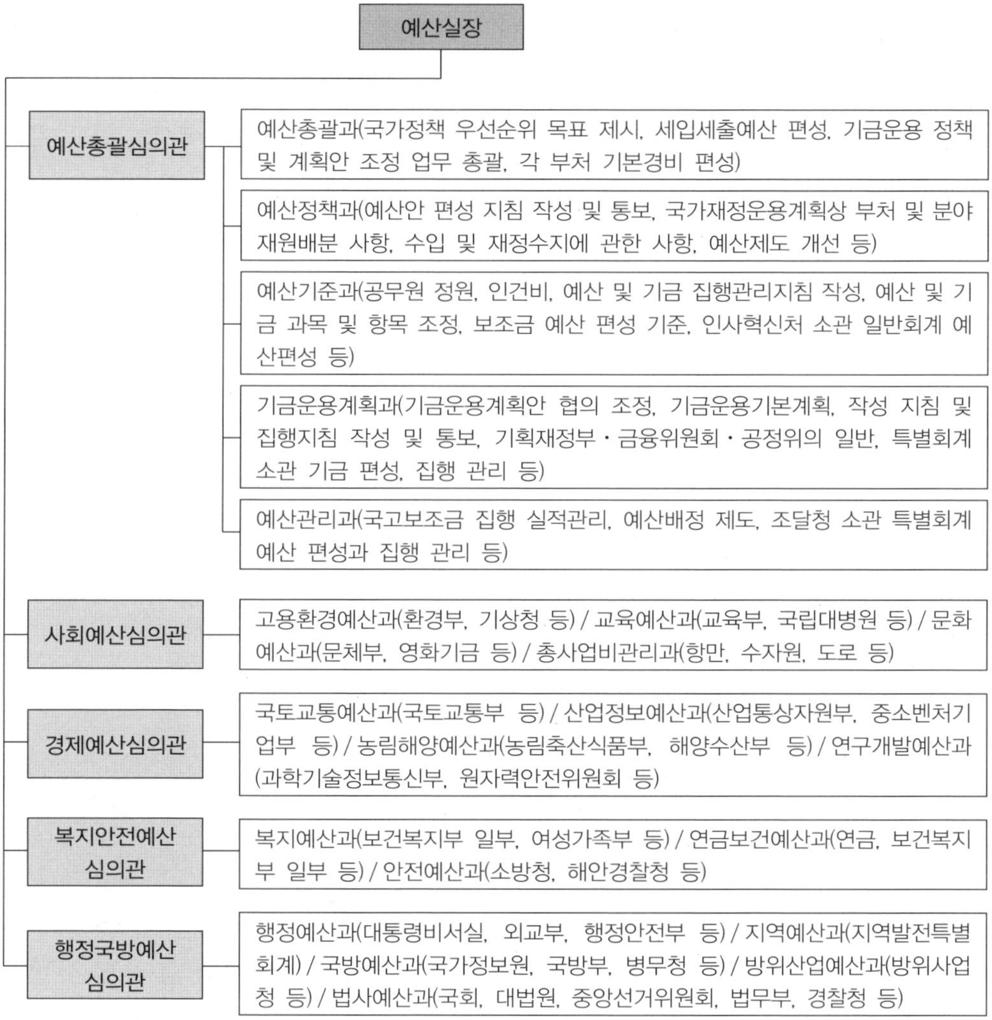

출처: 기획재정부 홈페이지(www.mosf.go.kr)>조직도(2019.7.6).
기획재정부와 그 소속기관 직제 시행규칙(2019).

"기획재정부는 중장기 국가발전전략수립, 경제 · 재정정책의 수립 · 총괄 · 조정, 예산 · 기금의 편성 · 집행 · 성과관리, 화폐 · 외환 · 국고 · 정부회계 · 내국세제 · 관세 · 국제금융, 공공기관 관리, 경제협력 · 국유재산 · 민간투자 및 국가채무에 관한 사무를 관장한다."

예산실은 예산총괄과를 비롯해서 20개 과가 있다. [그림 5-5]를 보면 예산실의 조직을 알 수 있다.

2019년 현재 예산실은 실장 아래 5명의 예산심의관이 있다. ① 심의관은 담당 분야의 중장기 추진방향, 예산 편성 및 집행, 기금운용계획의 협의 및 조정, 성과관리 등에 대하여 실장을 보좌한다. 그리고 ② 예산총괄과, 예산정책과, 예산기준과, 기금운용계획과, 예산관리과 등은 국가정책의 우선순위에 대한 목표 제시, 세입세출 예산의 편성, 기금운용계획안 관련 업무, 예산편성지침, 집행지침, 국고보조금 관리 등 예산과 기금 운용에 관한 전반적인 업무를 담당하다. 이에 대해서 ③ 고용환경예산과, 교육예산과, 복지예산과 등은 해당 관련 부처의 예산 편성과 집행 관리, 기금운용계획의 조정 및 집행 관리, 예산과 기금을 수반하는 사업의 성과관리 등을 담당한다.

제 3 절 재무행정의 법적 기초

1. 의 의

앞에서는 재무행정과 관련된 조직을 살펴보았다. 이러한 조직은 모두 법률의 뒷받침을 받고 있다. 가장 기초가 되는 것으로 헌법이 있으며, 그것에 의해서 정부조직법, 국가재정법, 국가회계법, 감사원법, 국회법, 국세기본법, 국세징수법 등 수많은 법률이 있다. 이런 법률들에 의해서 재정민주주의 및 조세법률주의가 제도화된 것이다.

여기서는 헌법, 국가재정법, 국가회계법, 지방재정법 등을 중심으로 살펴본다.

2. 헌법과 법률 체계

1987년 10월 전문 개정된 헌법에 따르면, 재정에 관한 별도의 규정은 없으나 조세법률주의, 국회, 예산, 감사원, 지방자치 등에 관한 규정들이 있다. 이를 조세법률주의, 국회의 재정권, 행정부 제출 예산 제도와 재정 활동, 감사원의 회계검사와 직무감찰, 지방재정의 확립 등으로 나누어 살펴보면 다음과 같다.

1) 조세법률주의

헌법 제38조와 제59조에 납세의 의무와 조세법률주의가 규정되어 있다. 제59조에서 "조세의 종류와 세율은 법률로 정한다"라고 조세법률주의를 선언함으로써, ① 납세 의무자, 과세 물건, 과세 표준, 세율 등의 과세 요건과, ② 조세행정청의 조세 부과와 징수 등의 조세행정 절차를 법률로 엄격하게 규정하도록 하고 있다. 헌법 제38조와 제59조에 따라서 국세기본법, 국세징수법, 소득세법, 법인세법 등 수많은 세법이 제정되어 있다.

2) 국회의 재정권

헌법에서는 조세법률주의는 물론, 예산 심의 및 확정권(제54조, 제55조, 제56조), 결산심의권(제99조), 예비비 지출 승인권(제55조 2항), 기채동의권(제58조), 예산 외의 국가 부담이 될 계약 체결에 관한 동의권(제58조), 재정 부담이 있는 조약 체결에 대한 동의권(제60조 제1항), 긴급재정 및 경제처분에 대한 승인권(제76조 제3항, 제4항) 등이 규정되어 있다.

3) 행정부 제출 예산 제도와 재정 활동

헌법 제54조 제2항에 따르면, "정부는 회계연도마다 예산안을 편성하여 회계연도 개시 90일 전까지 국회에 제출하고, 국회는 회계연도 개시 30일 전까지 이를 의결하여야 한다"고 규정하고 있다. 따라서 행정부가 예산을 국회에 제출하면, 국회가 이것을 의결하도록 하는 행정부 제출 예산 제도(Executive Budgeting System)가 확립되어 있다. 그리고 국무회의는 예산안, 결산, 국유재산 처분의 기본 계획, 국가의 부담이 될 계약, 기타 재정에 관한 중요 사항(제89조 제4항)과 대통령의 긴급명령, 긴급재정경제처분 및 명령 또는 계엄과 그 해제(제89조 제5항)를 심의하도록 되어 있어, 국무회의의 재정 및 경제 활동에 대한 심의권이 제도화되어 있다. 행정부의 재정 활동과 관련, 국가재정법, 공공기관의 운영에 관한 법률, 정부기업예산법, 각종 특별회계법, 보조금 관리에 관한 법률 등이 있다.

4) 감사원의 회계검사와 직무감찰

"국가의 세입 및 세출의 결산, 국가 및 법률이 정한 단체의 회계검사와 행정기관 및 공무원의 직무에 관한 감찰을 하기 위하여 대통령 소속 하에 감사원을 둔다"는 헌법 제97조의 규정에 따라서 감사원을 두고 있으며, 제98조, 제99조에서 감사원의 구성 및 원장, 감사위원의 임명, 임기, 결산보고 등을 규정하고 있다. 그리고 제100조에서는 감사원의 조직 등을 법률로 정하도록 하고 있다. 이에 따라서 감사원법이 제정되어 있다.

5) 지방재정의 확립

헌법 제117조, 제118조에서 지방자치단체의 자치권과 그 종류, 그리고 지방의회의 조직과 종류를 각각 규정하고 있다. 이에 따라서 지방자치법이 제정되어 있고, 지방자치단체가 그 사무를 원활히 할 수 있도록 지방재정법, 지방세법, 지방교부세법, 지방공기업법 등이 있다.

6) 법률 체계

위의 내용을 서로 관련이 있는 것끼리 재정리하면 [그림 5-6]과 같다.

그림 5-6 재무행정 관계 법률 체계

- 헌법
  - 예산 · 회계 운영 – (일반법): 국가재정법, 국가회계법
    - (특별회계): 정부기업예산법, 농어촌구조개선특별회계법 등
    - (정부투자기관 등): 공공기관의 운영에 관한 법률
    - (기금): 공공자금관리기금법, 국민연금법 등
  - 국세 – 국세기본법, 국세징수법, 소득세법, 법인세법 등
  - 국회(예산 심의) – 국회법, 국회예산정책처법
  - 감사원(회계검사) – 감사원법
  - 물품, 재산, 채무관리 – 공유재산 및 물품 관리법, 국유재산법, 국채법 등
  - 조달 및 계약 – 조달사업에 관한 법, 국가를 당사자로 하는 계약에 관한 법률
  - 국고관리 – 국고금관리법
  - 공적자금 – 공적자금관리 특별법, 공적자금상환기금법
  - 지방재정 – 지방재정법, 지방세법, 지방공기업법
  - 지역개발 – 국가균형발전 특별법

3. 국세기본법 · 국세징수법 · 기타 세법

국세기본법은 "국세에 관한 기본적이고 공통적인 사항과 위법 또는 부당한 국세 처분에 대한 불복 절차를 규정함으로써 국세에 관한 법률 관계를 명확하게 하고, 과세를 공정하게 하며, 국민의 납세 의무의 원활한 이행에 이바지하도록"(국세기본법 개정 2017.12.19. 제1조) 1974년 12월에 제정한 것이다. 이 법률에서는 ① 조세법률주의, ② 세법 해석의 기본 원칙, ③ 기업 회계의 존중, ④ 납세 의무, ⑤ 납세 의무의 소멸, ⑥ 과세, ⑦ 조세 구제, ⑧ 납세자의 권리 등을 규정하고 있다. 물론 국세의 종류도 나열되어 있다.

국세기본법과 국세징수법은 조세행정의 기초가 되는 법률이다. 국세징수법(2017. 7.26)은 "국세의 징수에 관하여 필요한 사항을 규정하여 국세수입을 확보함을 목적으로"(제1조), 국세의 징수 절차, 징수 유예, 독촉 등에 관한 사항을 규정하고 있다.

위의 것 외에 관세법, 소득세법, 법인세법, 상속세법, 부가가치세법, 개별소비세법 등과 지방세법이 있다.

4. 국가재정법 · 정부기업예산법 · 공공기관의 운영에 관한 법률

1) 국가재정법

(1) 의 의

국가재정법은 우리나라 재정 운용의 기초가 되는 법률이다. 과거에는 한때 재정법에 따라서, 그리고 상당 기간 예산회계법에 따라서 우리나라의 예산과 회계를 운영하였다. 그러나 예산회계법으로 한계에 이르렀다고 판단한 정부는 2003년에 정부회계 및 예산 운영 제도를 개선하기 위하여 각각 별도의 법률을 만들기로 하였다. 이에 따라서 정부는 2003년 국가재정법안을 입법 예고하였고, 2006년 10월 국회에서 법률이 통과되어 2007년부터 시행하게 되었다.

국가재정법은 국가의 예산, 기금, 결산, 성과관리, 국가채무 등 재정의 운영에 관하여 규정하였다. 과거의 「예산회계법」과 「기금관리기본법」은 폐지되었다. 과거 「예산회계법」이 예산과 회계를 중심으로 한 법률인 데 반해, 국가재정법은 예산, 기금, 결산, 국가채무 등 그 범위를 넓혔다. 또한 효율성, 성과 지향, 투명성, 건전성 등을 재정 운용의 중요한 요소로 규정하였다. 국가재정법은 재정의 효율성과 건전성을 높이기 위하여 국가재정운용계획을 통하여 "위에서 아래로" 재원을 배분하려는 거시적 예산 운영 틀을 마련하였다는 점에서 이전과 획을 달리하는 큰 변화라 할 수 있다.

(2) 재정법과 예산회계법

우리나라는 정부 수립 이후 국가의 예산과 회계에 관한 법률이 없었다. 정부는 1951년 6 · 25 동란 중 임시 수도 부산에서 재무부를 중심으로 재정법을 작성, 9월에 제정, 10월부터 시행하였다. 이 법은 모두 10장으로 예산단일주의, 예비비, 예산이월, 국고채무부담행위, 추가경정예산, 가예산, 예산 영달(令達) 등에 관한 규정을 두었었다(이창세, 1965: 226－229).

그러나 예산회계법이 1961년 12월 제정됨으로써 재정법은 폐기되었다. 예산회계법은 1962년부터 시행되었는데 이것은 재정법과 많은 점에서 달랐다. 중요한 다른 점들은 ① 계속비 제도의 신설(제19조), ② 예비비의 충분한 계상(제26조, 제38조,

제39조), ③ 예산 배정과 자금 공급의 일원화(제33조), ④ 예산 이체의 명문화(제34조 제2항, 제3항), ⑤ 공공요금심사위원회의 설치(제3조), ⑥ 기업회계와 정부투자기관의 관리 개선(제13조, 제14조), ⑦ 예산과 회계에 관한 사무분장(제15조), ⑧ 예산회계제도심의회의 설치(제16조) 등이다(이창세, 1965: 229－232).

그 후 예산회계법은 여러 차례 개정되었다. 특히 국가를 당사자로 하는 계약에 관한 법률(약칭: 국가계약법, 제정 1995년)과 국고금관리법(2002년 제정)이 시행됨으로써 예산회계법의 지급, 수입 및 지출, 계약 조문이 삭제되었다.

(3) 예산회계법과 기금관리기본법, 그리고 국가재정법

국가재정법이 제정됨으로써 예산회계법과 기금관리기본법은 폐지되었다. 국가재정법이 양 법률의 내용을 대체한 것이다. 그러나 국가재정법이 새로 도입한 제도도 많다.[3] 간단히 살펴보면 다음과 같다.[4]

① **법률의 목적 확대**: 예산회계법은 예산과 회계에 적용하고 기금관리기본법은 기금에 관한 사항을 정한 것이었으나 국가재정법은 예산, 기금, 결산, 성과관리, 국가채무 등 재정 운용 전반에 대해서 적용하도록 규정하였다. 그리고 재정 운용에서 효율성, 성과지향성, 투명성, 건전성을 규정하였다(제1조).

② **기획예산처 장관의 국가재정운용계획서 작성**: 기획예산처(현재는 기획재정부) 장관이 국가재정운용계획서를 작성하고 이것을 회계연도 개시 90일 전까지 국회에 제출하도록 하였다(제7조). 행정부가 중기재정계획을 통하여 정부 차원에서 재정 배분의 우선순위와 투자 계획을 작성하고 이것을 국회에 제출하여 계획에 대한 입법부의 이해와 통제를 기하도록 하였다. 재정 운용의 효율성과 건전성을 향상시키는 데 행정부뿐만 아니라 입법부도 책임을 질 수 있도록 한 것이다.

③ **예산 편성과 집행의 원칙 명료화**: 예산 총칙에서 예산총계주의, 회계연도의 독

---

3) 국가재정법의 특징을 예산과 기금의 통합 규정, 재정건전화 노력 강화, 성과 중심의 재정 운영, 예산 편성에 관한 국회 보고 확대, 총액계상제 도입, 예비타당성 조사, 재정정보공개 확대, 국민감시제도 도입(유훈, 2007: 86－89), 국가재정운용계획 수립, 성인지 예산제도 도입, 조세지출 예산제도 도입 등을 제시할 수 있다.

4) 여기서 국가재정법 설명은 2006년 제정된 법률에 관해서이다. 이 법률은 2008년 2월 29일 법률 제8852호로 일부 개정되었다. 2008년 기획예산처와 재정경제부는 기획재정부로 통합되었다. 국가재정법은 그 후로도 여러 차례 개정되었다.

립 등과는 별개로, 다음의 예산 원칙을 명백히 하였다. 정부는 ⓐ 재정 건전성 확보, ⓑ 국민 부담의 최소화, ⓒ 재정지출의 성과 제고, ⓓ 예산의 투명성과 국민 참여 제고, ⓔ 성인지적(性認知的) 예산 운영 등을 위하여 노력하여야 한다고 규정하였다(제16조).

④ **예비비 계상 제한**: 정부는 예측할 수 없는 예산 외의 지출 또는 예산 초과 지출에 충당하기 위하여 일반회계 총액의 1/100 이내의 금액을 예비비로 계상할 수 있도록 하였다(제22조). 이전 예산회계법에는 예비비로서 상당하다고 인정되는 금액을 계상할 수 있다고 되어 있었다. 즉, 국가재정법에서는 1/100 이내라고 제한하였다.

⑤ **성인지 예산과 조세지출예산 제도 도입**: 정부는 성인지예산서(제26조)와 조세지출예산서를 작성하여야 한다(제27조). 예산 사업이 남녀에 미치는 영향을 분석한 보고서인 성인지예산서와 조세 감면 등을 보여주는 조세지출예산서를 작성하여 국회에 제출하도록 한 것이다.

⑥ **기획예산처 장관의 지출한도 통보**: 기획예산처 장관은 중앙 관서별 지출 한도 통보할 수 있고(제29조), 또 기금별 지출 한도를 통보할 수 있다(제66조 제4항). 중앙예산기관이 국가재정운용계획서를 작성하고 지출한도액을 부처에 통보할 수 있게 함으로써 정부 차원에서 재원배분의 우선순위를 정할 수 있도록 거시적 예산 운용의 틀을 마련한 것이다.

⑦ **국회에 예산편성지침서 보고**: 기획예산처 장관은 예산편성지침서를 국회 예산결산특별위원회에 보고하도록 하였다(제30조).

⑧ **예산안 첨부 계획서 확대**: 예산안에 성과계획서, 조세지출예산서, 성인지예산서, 국가채무관리계획 등 첨부하도록 하였다(제34조). 국회에 성과계획서, 국가채무관리계획서 등을 제출함으로써 예산 제도를 확립하고 성과관리. 국가채무관리, 조세지출 등에 대한 통제를 강화한 것이다.

⑨ **추경 편성의 제한**: 예산이 확정된 이후 변경을 가할 필요가 있는 경우에 추가경정예산을 편성할 수 있는데, 그 조건을 전쟁이나 대규모 자연재해 발생, 경기 침체, 대량 실업, 남북 관계의 변화 등 중대한 변화가 발생했을 때 혹은 발생할 우려가 있을 때로 한정하였다(제89조).

⑩ **예산에 준하는 기금 운영**: 2006년 기금관리기본법에 의하면, 이미 기금도 예

산을 운용하듯이 하였다. 중앙예산기관이 기금운용을 통제하였고 기금운용계획서는 국회에 제출되었다. 2007년 1월 시행된 국가재정법에서는 기금운용계획서에 성과계획서를 첨부하며(제71조), 기금 운용 주체가 기금운영계획서를 기획예산처 장관(현재 기획재정부 장관)에게 제출하고 정부는 이 계획서를 국회에 제출하도록 되어 있다. 그리고 이 과정에서 기획예산처 장관은 그 계획서의 보완을 요구할 수 있다. 아울러 수정예산, 예비타당성 조사, 목적 외 사용 금지, 예산 성과금 지급, 총사업비관리, 준예산 등을 기금 운영에 준용하기로 하였다(제85조).

⑪ **재정건전화 강화:** 국세 감면의 제한(제88조), 공적 자금 상환에 세계잉여금 우선 사용 등 세계잉여금 처리 절차(제90조), 정부의 국가채무관리계획 수립(제91조) 등을 규정하였다.

⑫ **재정집행의 관리:** 중앙관서의 장과 기금관리주체는 대통령령이 정하는 바에 따라 사업집행보고서와 예산 및 기금운용계획에 관한 집행보고서를 기획예산처 장관에게 제출해야 한다. 그리고 기획예산처 장관은 집행의 애로 요인의 해소와 낭비 방지를 위하여 필요한 조치를 중앙관서의 장과 기금관리 주체에게 요구할 수 있다(제97조).

⑬ **예산과 기금의 불법 지출에 대한 국민감시:** 국가의 예산 또는 기금을 집행하는 자, 재정 지원을 받는 자, 각 중앙관서의 장 또는 기금관리주체와 계약, 그 밖의 거래를 하는 자가 법령을 위반함으로써 국가에 손해를 가하였음이 명백한 때에는 누구든지 집행에 책임 있는 중앙관서의 장 또는 기금관리 주체에게 불법 지출에 대한 증거를 제출하고 시정을 요구할 수 있다. 그리고 이에 따라서 시정을 요구한 자에게 예산 성과금을 지급할 수 있다(제100조).

요약하면, 국가재정법은 예산, 결산, 기금, 성과관리, 국가채무관리에 적용되며, 기획예산처 장관(현재 기획재정부 장관)을 중심으로 재정을 집권적으로 운영하는 동시에 재정 규율을 엄격히 확립하여 재정의 효율성과 건전성을 높이려는 목적을 가지고 있다. 그 방법은 중장기계획 수립, 성과관리, 채무관리, 예산의 투명성과 국민 참여 유도 등이다.

2) 정부기업예산법과 공공기관의 운영에 관한 법률

(1) 정부기업예산법

정부기업예산법은 "정부기업별로 특별회계를 설치하고 그 운용에 대해서 규정함으로써 정부기업의 합리적이고 투명한 경영을 위하여" 기업예산회계법을 2008년 전면 개정한 것이다. 정부기업을 기업 형태로 운영되는 우편, 우편예금, 양곡관리, 조달사업 등 4개 사업으로 규정하고, 그에 대한 특별회계를 설치한 것과 수입금 마련 지출 제도를 규정한 것은 이전과 동일하다. 다만, 국가회계법의 제정으로 복식부기와 발생주의회계 기준이 적용될 수 있어서 법률이 전면 개정되었다. 책임운영기관에 정부기업예산법이 적용되는 것도 과거와 동일하다(책임운영기관의 설치 · 운영에 관한 법률 2008.12.31 제정, 제30조).

정부기업예산법의 전신인 기업예산회계법은 과거 예산회계법 제13조에 의거 1961년 12월 제정 · 공포되었다.

또 수입금 마련 지출제도란 수요의 증가로 인하여 예산 초과 수입이 발생하였거나 또는 발생할 것이 예측되는 경우 그 초과 수입에 직접적으로 관련되는 비용에 정부기업은 예산을 사용할 수 있도록 한 것이다.

(2) 공공기관의 운영에 관한 법률

이 법은 「정부투자기관 관리기본법」과 「정부산하기관 관리기본법」을 폐지하고 2007년 1월 19일 제정되었다.

본래 정부투자기관 관리기본법은 예산회계법 제14조에 의거하여 1962년 8월에 제정된 정부투자기관 예산회계법의 후신이었다. 정부투자기관 예산회계법은 1973년 정부투자기관 관리법으로 변경되었으나 법률의 취지를 살리지 못하자 다시 1983년 12월 정부투자기관 관리기본법이 제정되었다. 한편, 정부산하기관 관리기본법은 "정부산하기관의 운영과 관리에 관한 기본 사항과 자율 및 책임경영 체제에 관한 사항"을 규정하기 위해 2003년 12월 31일 법률 제7057호로 제정되었다.

공공기관의 운영에 관한 법률은 공공기관 운영의 자율성, 책임성, 합리성, 투명성 등을 강조한 면에서 위의 2개 법률을 대부분 그대로 승계한 것이다. 이 법률에 의하면, 공공기관은 ① 시장형 공기업(한국전력공사, 인천국제공항공사 등), ② 준시장형 공기업(한국토지공사, 한국관광공사 등), ③ 기금관리형 준정부기관(신용보증기금, 근로복지공단 등), ④ 위탁집행형 준정부기관(한국가스안전공사, 한국소비자원 등), ⑤ 기타 공공기관(예술의 전당, 88관광개발 등) 등으로 분류된다(공공기관의 운영에 관한 법률 2018.3.27. 제5조). 기획재정부 장관이 이들 공공기관을 지정하도록 규정되어 있다. 이 법률의 특징은 ① 공공기관의 자율 경영과 투명성 확립, ② 공기업과 준정부기관의 이사회 중심의 책임 경영, ③ 공공기관운영위원회를 통한 기획예산처(현재의 기획재정부)의 공공기관 경영에 대한 평가와 감독 제도화 등이다.

5. 국가회계법

국가회계법은 2007년 10월 17일 제정되었고 2009년 1월 1일부터 시행하였다. 이전에는 예산회계법에 따라 정부의 예산과 회계를 운영하였으나 예산, 기금, 결산에 대해서는 국가재정법으로 규정하고 회계는 따로 떼어 국가회계법으로 규정하였다.

이 법은 ① 국가회계의 투명성과 신뢰성을 높이고, ② 복식부기 및 발생주의회계의 도입을 목적으로, 그리고 ③ 국가회계의 처리기준과, ④ 재무보고서 작성에 관한 사항을 규정하기 위하여 제정되었다[www.klaw.go.kr>국가회계법 제정 이유(2008.12.25)].

이 법은 일반회계, 특별회계, 그리고 기금법에 의해 설치된 기금에 적용되며, 기획재정부 장관(과거의 기획예산처 장관)이 국가회계에 관한 사무를 총괄하고 중앙관서의 장과 기금관리주체가 소속기관의 회계에 관한 사무를 관리하도록 하였다. 또 중앙관서의 장은 회계처리의 적정 여부와 재무보고서의 신뢰성을 평가하기 위하여 회계책임관을 임명하여 관련 사항을 관리 감독하는 등 내부통제를 하도록 하였다. 회계책임관은 회계 업무, 회계·결산·분석에 관한 사항, 이에 관한 관련 공무원의 지도·감독 등의 업무를 수행하도록 되어 있다(국가회계법 2017.12.26. 제7조). 국가회계업무 수행과 관련하여 기획재정부 장관의 자문에 응하기 위하기 위하여 국가회계제도심의위원회를 설치하도록, 그리고 회계의 처리 및 결산에 관한 내부통제 등에 대한 중앙관서의 장의 자문에 응하기 위하여 회계결산심의회를 설치하도록 되어 있다.

이 법의 제3장에 결산보고서 작성자와 구성 서류가 규정되어 있다(국가회계법 2017.12.26. 제11조, 제12조).

예산 · 기금 · 결산 · 성과관리 · 국가채무 등 재정운용에 관한 「국가재정법」(2006년 제정), 국가회계의 기준과 원칙에 관한 「국가회계법」(2007년 제정), 그리고 예산집행 및 기금운용계획의 집행과 관련되는 「국고금관리법」(2002년 제정)은 모두 과거의 「예산회계법」의 체제를 보다 발전시킨 것이다. 예산회계법이 1960년대에 제정되어 수십 차례 개정되어 왔는데, 「국가재정법」 등 3개 법률이 2000년대에 제정됨으로써 효율적이고 투명한 예산 운영 체제의 기반을 조성하였다고 볼 수 있다. 예산 관계 법률의 변천을 요약하면 [그림 5－7]과 같다.

그림 5-7 예산 관계 법률의 변천

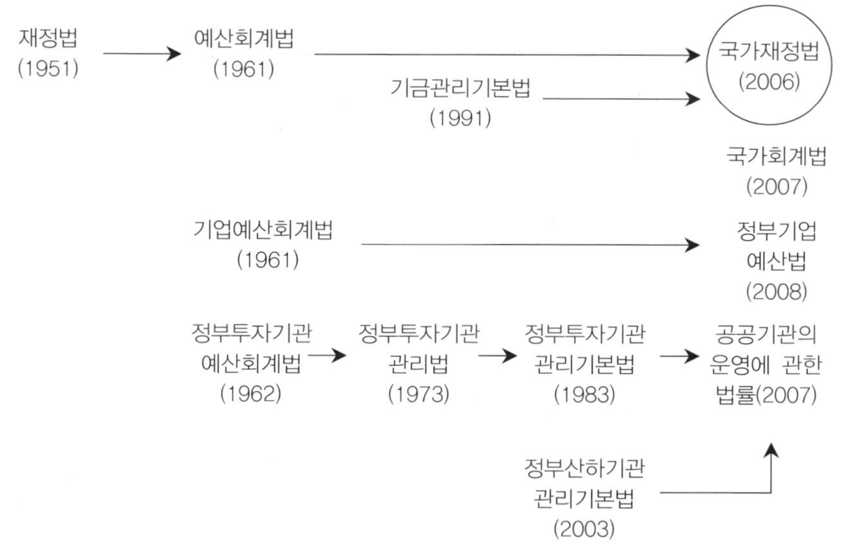

* 법제처 홈페이지 법령검색 연혁 참고(2019.1.25). 국가회계법은 2009년 시행됨.

6. 국고금관리법

정부는 국고금의 효율적이고 투명한 관리를 위하여 국고금관리법을 2002년 12월

30일 제정하여 2003년 1월 1일부터 시행하고 있다. 국고금(國庫金)이란 "법령 또는 계약 등에 따라 국가의 세입으로 납입되거나 기금에 납입된 현금 및 현금과 같은 가치를 가지는 것"을 말한다(국고금관리법 2016.12.27. 일부 개정, 제2조).

정부는 세법에 따라 세금을 거두어 국고에 편입하고 각종 사업을 하기 위해서 국고로부터 돈을 인출하여 사용한다. 이런 정부 활동의 계획이 예산에 나타나는데 그것이 바로 세입과 세출이다. 그리고 예산을 집행하면, 예를 들어 국고금이 세입으로 납입되면 이것이 수입이고 세출 예산의 집행에 따라 국고에서 현금이 지급되면 이것은 지출이다.

과거에는 「예산회계법」에서 수입과 지출에 대해 규정을 하였던 것을 「국고금관리법」을 따로 제정하여 보다 체계적으로 다루게 되었다.

국고금관리법은 국가재정법에서 규정한 중앙정부의 일반회계와 특별회계, 그리고 중앙관서의 장이 관리·운용하는 기금에 적용한다(국고금관리법 2016.12.27. 일부 개정, 제3조).

국고금관리법은 ① 계획에 따른 효율적이고 투명한 관리, ② 적절한 지출, ③ 안전한 범위에서 운용, ④ 신속하고 정확한 기록·관리 등의 국고금 관리의 원칙을 규정하고 있다(동법 제4조).

7. 지방재정법·지방세법·지방공기업법

지방자치법은 1988년 4월 전문 개정되었는데, 현재의 법(2017.7.26) 제7장 재무에는 재정 운영의 기본 원칙, 예산과 결산, 수입과 지출, 재산과 공공시설 등에 관한 규정이 있다. 그리고 동법 제135조에서 지방세 부과 및 징수에 관한 규정이 있다.

지방재정법(地方財政法) 역시 1988년과 2005년 전면 개정되었다. 이 법의 목적은 지방자치단체의 재정 및 회계에 관한 기본 원칙을 정하여 지방재정의 건전한 운영과 엄정한 관리를 도모하기 위한 것이었다(지방재정법 2005.8.4. 개정, 제1조). 그 후 지방회계법이 2016년 제정·시행되자 지방재정법에서 회계에 관한 부분이 삭제되었다. 현재 지방재정법은 '재정'을 대상으로, 건전 재정의 원칙, 회계연도 독립의 원칙, 중·장기 재정계획 수립의 원칙, 예산총계주의 원칙 등을 규정하고 있다(2018.10.

16. 일부 개정).

지방재정법은 국가재정법과 유사하게 계속비, 예비비, 채무부담행위, 추가경정예산, 예산 불성립 시의 예산 집행으로서 준예산 제도, 예산 이체, 예산 전용, 예산의 이월 등의 제도를 규정하고 있다.

지방자치의 실시와 함께 지방재정법은 재정 운영 상황의 측정 기법의 개발, 재정 진단 제도, 성과금의 지급 등 재정 운영의 합리화를 위한 조치를 강구하고 있다. 최근에는 성과 중심의 지방재정 운용과 발생주의와 복식부기 회계 원리 적용을 규정하고 있다.

지방세법(地方稅法)은 특별시, 광역시, 도, 시, 군, 구 등, 지방자치단체의 지방세 부과 및 징수 절차, 지방세의 종류, 과세 물건, 과표, 세율 등을 규정한 법으로, 지방자치단체의 조세행정의 기초가 된다. 이에 따르면, 서울시, 직할시, 도, 시, 군, 구의 지방세의 종류를 자세히 알 수 있다.

지방공기업법(地方公企業法)은 1969년 제정되었으나 1980년에 전면 개정되었다. 이 법은 지방자치단체가 직접 설치 운영하거나, 법인을 설립하여 경영하는 기업의 운영에 관하여 필요한 사항을 정한 것이다(2017.10.24. 일부 개정, 제1조). 이 법은 수도사업, 공업용수사업, 하수도사업, 자동차운송사업, 궤도사업, 주택사업, 토지개발사업, 의료사업 등의 사업과 지방직영기업, 지방공사 및 지방공단에 적용되며, 과거의 기업예산회계법과 유사하게 독립채산제의 원칙, 발생주의 원칙 등과 원가 계산, 수입금 마련 지출 등의 제도를 규정하고 있다.

이상의 지방재정법, 지방세법, 지방공기업법 등은 지방자치단체의 재무행정에 기초가 되는 법이며, 이 밖에 지방교부세법 등이 있다.

앞에서 설명한 국세기본법, 국세징수법, 국가재정법, 지방재정법 등 이외에도 국회법, 감사원법 등을 살펴보아야 할 것이다.

제 4 절 요 약

1. 재무행정의 조직

1) 의 의

예산 및 기금을 운용에는 예산기획, 회계, 징세, 조달, 평가 등의 수많은 기능이 포함되는데 이런 기능을 담당하는 기관이 기획재정부, 국세청, 감사원 등에 분산되어 있다. 이런 기능을 분산시키고 통합하는 것이 예산 및 기금 운용에 중요하다.

2) 기본 체제

모든 나라는 예산을 운용하기 위해서 중앙예산기관, 수입·지출총괄기관, 중앙은행이 있다.

2. 중앙예산기관

1) 의 의

행정수반은 국가의 우선순위 결정, 재정 운용, 부처에 대한 예산 조정과 확정 등의 어려고 복잡한 일을 한다. 이러한 업무에 대해서 중앙예산기관은 행정수반을 보좌한다.

2) 유 형

① 행정수반 직속형(미국)

② 재무부 소속형(영국, 일본, 현재 우리나라)

③ 중앙기획기관 소속형[과거 우리나라 경제기획원 예산국(실)]

④ 예산 기능 분리형(과거 우리나라 기획예산처)

3) 기 능

① 예산 편성 및 집행 관리
② 재정계획 및 사업의 검토 · 조정
③ 행정관리 개선
④ 국민과 입법부의 의사 반영

4) 우리나라 중앙예산기관의 변천

① 기획처 예산국(1948~1955년)
② 재무부 예산국(1955~1961년)
③ 경제기획원 예산국(1961~1979년)/예산실(1979~1994년)
④ 재정경제원 예산실(1994~1998년)
⑤ 기획예산위원회와 예산청(1998~1999년)
⑥ 기획예산처(1999~2008년)
⑦ 기획재정부(2008년~현재)

• 중앙예산기관 변천의 특징
① 중앙예산기관은 그 소속기관이 여러 차례 변하였다.
② 중앙예산기관의 기능이 확대되었다.
③ 중앙예산기관으로서 예산실 조직은 수직적 수평적 분화가 이루어졌다.

3. 재무행정의 법적 기초

1) 의 의

정부 재정 활동의 기초가 되는 재정민주주의를 제도화하기 위해서, 그리고 정부의 재정 활동을 규제하기 위해서 각종 법률이 필요하다.

2) 헌법과 법률 체계

① 조세법률주의, ② 국회의 재정권, ③ 행정부 제출 예산 제도와 재정 활동, ④ 감사원의 회계검사와 직무감찰, ⑤ 지방재정의 확립

3) 국세기본법 · 국세징수법 · 기타 세법

4) 국가재정법 · 정부기업예산법 · 공공기관의 운영에 관한 법률

5) 국가회계법

6) 국고금관리법

7) 지방재정법 · 지방세법 · 지방공기업법

([그림 5-7] 예산 관계 법률의 변천 참고)

Chapter

6

예산 과정

학습 목표

제6장의 학습 목표는 우리나라 중앙정부와 지방정부 예산 과정을 숙지하는 것이다.

예산 과정에 대한 이해의 시각이 다양할 것이나 여기서는 국가재정법, 지방재정법 등을 참고하여 공식적 절차에 주안점을 두어 이해하기로 한다. 조금 구체적으로 나열하면 다음과 같다.

- 예산 과정의 단계 혹은 절차는 어떻게 되어 있나?
- 중앙정부 예산 과정에 참여하는 중요한 기관은 어떤 것이 있나?
- 지방자치단체 예산 과정에 참여하는 중요한 기관은 어떤 것이 있나?

정부는 재원을 조달하고 배분하고 사용하기 위해서 계획을 세운다. 그리고 정부는 그 계획을 수행하고, 수행 결과를 다시 검토한다. 이때 재원을 조달하고 배분하고 사용하기 위해서 세운 계획이 예산이다. 그리고 계획을 세우고 수행하고 다시 검토하는 과정을 예산 과정이라고 한다. 예산이 효력이 있는 기간을 회계연도라고 한다.

이 장에서는 중앙정부와 지방정부로 나누어 한국의 예산 과정을 소개한다. 제1절에서는 예산, 회계연도, 예산 과정의 중복 등을 설명한다. 제2절에서는 중앙정부 예산 과정을, 제3절에서는 지방정부(지방자치단체)의 예산 과정을 예산 편성, 예산 심의, 예산 집행, 결산 및 회계검사로 나누어 설명한다.

이 장에서 설명하는 예산 과정은 재무행정에서 아주 중요한 부분이다. 왜냐하면, 정부의 세입과 세출이 예산 과정을 통해서 정해지고 관리되기 때문이다. 또한 정부의 정책과 사업이 예산 과정을 통해서 계획되고 수행되기 때문에 중요하다.

제 1 절 예산과 회계연도 및 예산 과정의 중복

1. 예 산

정부의 예산은 정부가 일정 기간 동안 어느 활동에 얼마를 쓰고 그것을 위해서 재원(財源)을 어떻게 마련할 것인가를 금액으로 표시한 계획이다. 정부의 예산안은 행정부가 마련하고 그 안이 입법부를 통과하면 예산이 된다. 우리나라에서 예산은 1월 1일부터 12월 31일까지 효력이 있다.

「국가재정법」 제19조는 예산의 구성을 규정하고 있다. 그것에 의하면, "예산은 예산총칙, 세입세출예산, 계속비, 명시이월비 및 국고채무부담행위를 총칭한다"고 되어 있다. 이것은 예산을 구성하고 있는 서류의 명칭을 나열한 것이다.

정부가 일정 기간 돈을 얼마나 마련할 것인가에 대해서 계획을 세운 것이 세입예산인데, 세입의 대부분이 세금이고 세금이 많고 적음은 세법(稅法)과 경기(景氣)에 좌우된다. 예산 과정의 참여자들은 세입예산보다 세출예산을 중심으로 논의하는 경향이 있다.

「국가재정법」 제21조에 의하면, 세입예산의 내용은 성질별로 관(款)·항(項)으로 구분하고, 세출예산의 내용은 기능별, 성질별 또는 기관별로 장(章)·관(款)·항(項)으로 구분하며 더 자세한 것은 기획재정부 장관이 정하도록 되어 있다.

기획재정부에서 발간하는 『2018년도 나라살림(예산)』에서 대통령비서실 및 국가안보실 소관 일반회계 세입예산과 세출예산을 보면 <표 6-1>과 같다. 그것에서 볼 수 있듯이, 세입은 관·항·목으로 분류되어 있고, 2017년에는 7천 6백만 원, 2018년에는 7천 9백만 원이었다. 세출은 장·관·항 세항·목으로 구분되어 있고,[1] 2018년에는 899억 원 정도였다. 수입보다 세출이 훨신 많다. <표 6-2>에서 볼 수 있듯이 세출은 장-관-항-목의 분류와 함께 분야-부문-프로그램-단위사업의 분류도 함께 사용하고 있다.

표 6-1 대통령비서실 및 국가안보실 소관 일반회계 세입예산(2018년도)

(단위: 천 원)

관	항	목	2018년도 예산액	2017년도 예산액	증△감
11	재산수입		48,000	45,000	3,000
	51 관유물대여료		48,000	45,000	3,000
		512	48,000	45,000	3,000
12	경상이전수입		21,000	21,000	0
	59 기타 경상이전수입		21,000	21,000	0
		596	21,000	21,000	0
13	재화 및 용역판매수입		10,000	10,000	0
	69 잡수입		10,000	10,000	0
		691	10,000	10,000	0
	합계		79,000	76,000	3,000

1) 장, 관, 항 등을 입법 과목, 세항과 목을 행정 과목이라고 한다.

표 6-2 대통령비서실 및 국가안보실 소관 일반회계 세출예산(2018년도)

(단위: 천 원)

장(분야)			목	2018년도 예산액	2017년도 예산액	증△감
관 (부문)	항 (프로그램)	세항 (단위사업)				
장(분야) 010 일반 · 지방행정				89,868,155	88,063,301	1,804,854
016 일반행정				89,868,155	88,063,301	1,804,854
	1000 기관 운영			56,124,155	54,223,301	1,900,854
		1001 인건비		37,606,155	34,691,301	2,914,854
			110	37,606,155	34,691,301	2,914,854
		1011 기본경비		18,518,000	19,532,000	△1,014,000
			110	3,397,572	3,199,483	198,089
			210	7,540,458	7,292,143	248,315
			220	820,000	798,000	22,000
			240	840,000	840,000	0
			250	2,901,550	4,321,100	△1,419,550
			310	26,000	26,000	0
			320	1,957,967	1,960,501	△2,534
			430	879,453	1,064,773	△185,320
			440	155,000	30,000	125,000
	1100 국정 지원			33,744,000	33,840,000	△96,000
		1131 국정운영 지원		27,588,000	28,762,000	△1,174,000
			110	0	104,383	△104,383
			210	4,296,500	3,841,141	455,359
			230	9,650,000	12,488,000	△2,838,000
			240	6,188,000	6,188,000	0
			250	1,085,000	1,711,000	△626,000
			260	2,787,500	2,317,000	470,500
			320	0	10,476	△10,476
			420	2,092,000	2,102,000	△10,000
			430	1,489,000	0	1,489,000
		1132 정보화		5,680,000	4,625,000	1,055,000
			210	3,042,930	2,970,000	72,930
합계				89,868,155	88,063,301	1,804,854

2. 회계연도와 예산 과정의 중복

예산은 일정한 주기를 가지고 있다. 예산은 행정부에 의해서 편성되며, 입법부에 의해서 심의·의결되고, 다시 행정부에 의해서 집행되며, 끝으로 입법부와 회계검사기관에 의해서 결산 및 회계검사가 이루어진다. 이러한 과정을 예산의 주기라 한다. 또한 예산이 성립되어 효력을 가지는 기간이 있는데, 이 기간을 회계연도(會計年度, Fiscal Year)라 한다. 회계연도를 중요시하는 까닭은 성립된 예산에 의해서 국가의 수입과 지출을 명백히 정리하는 데 기준이 되는 기간이 필요한 까닭이다. 통상 회계연도의 기간은 1년이나 우리나라처럼 개시일이 1월 1일인 나라도 있으나 그렇지 않은 나라도 많다. 미국 연방정부의 회계연도 개시일은 10월 1일이고, 일본은 4월 1일이다. 또 미국의 주정부는 회계연도 기간이 대개 1년이나 20개 정도의 주는 2년이다.[2)]

일정 연도를 기준으로 할 때, 각 회계연도의 예산 과정은 중복되는 것이 특징이다. 예를 들어, 역년 2019년에는 2018회계연도 예산의 결산 및 회계검사, 2019회계연도 예산의 집행, 그리고 2020회계연도 예산의 편성 및 심의가 이루어진다. 그 내용을 보면 <표 6-3>과 같다.

표 6-3 예산 과정의 중복

회계연도 \ 역년	2018	2019	2020	2021
2018년도 예산	집행	결산·회계검사	–	–
2019년도 예산	편성·심의	집행	결산·회계검사	–
2020년도 예산	–	편성·심의	집행	결산·회계검사
2021년도 예산	–	–	편성·심의	집행

2) Axelrod(1988: 24). 호주: 7월 1일, 영국: 4월 1일, 프랑스: 1월 1일.

제 2 절 중앙정부 예산 과정

중앙정부 예산 과정은 예산의 편성, 심의, 집행, 결산 및 회계검사 등의 4단계로 이루어진다.[3] 현행 「국가재정법」(2018.1.16)과 「국회법」(2018.7.17), 그리고 「국고금관리법」(2016.12.27) 등의 규정과, "재정혁신타운의 예산길라잡이(http://budget.go.kr)"를 참고하여 설명하면 다음과 같다.

1. 예산 편성

예산 편성은 정부가 추구하는 목표와 정책, 그리고 사업을 구체화하고 계획하는 과정이다. 정부는 이 과정을 통해서 재정정책을 수립하고 사업을 조정・확정하며 기관과 기관 사이 정보를 교환한다. 정부는 세입과 세출 규모를 정하고 정책을 정하고 사업을 정한다.

예산 편성은 대개 4단계로 이루어진다. ① 기획재정부 장관이 중앙부처에 예산안 편성지침과 예산한도액을 시달하는 단계, ② 중앙부처가 그들의 사업을 확정하고 예산을 요구하는 단계, ③ 기획재정부가 부처의 예산 요구를 사정하고 정부예산안을 작성하는 단계, ④ 행정부가 정부예산안의 확정과 국회에 제출하는 단계가 그것이다.

현재의 예산 편성 과정이 과거 2004년 전에 비해서 크게 달라진 것은 기획재정부가 부처에 예산한도액을 예산 요구 전에 통보한다는 것이다.[4] 즉, 현재 정부는 총액배분・자율예산 편성(top－down) 제도를 적용하고 있다. 과거에는 기획재정부 예산실 중심, 부처 중심, 비목 중심 등으로 예산 편성이 편성되었는데, 현재는 기획재

---

3) 예산 과정을 편성, 심의, 집행, 그리고 회계검사 4단계로 정리한 것도 있으나, 이것은 회계검사기관이 입법부에 소속되어 있는 경우를 전제한 것이라 생각된다. 그러나 우리나라의 경우에는 회계검사기관이 행정부에 있고, 최종적 결산의 심사는 입법부에 속한 까닭에 이 책에서는 예산 과정을 편성, 심의, 집행, 결산 및 회계검사 4단계로 정리하였다.

4) 국가재정법은 2006년 제정되었다. 법의 시행은 2007년 1월 1일부터였다. 이 법에 따라 예산 편성을 비롯한 예산 과정이 변경되었지만 그전, 즉 2004년도부터 예산 편성 과정이 변경되어 실시되기도 하였다.

정부 중심, 국가재정운용계획 중심, 정책 중심으로 예산 편성이 이루어진다고 볼 수 있다.

1) 예산안편성지침과 기금운용계획안 작성지침 통보

기획재정부 장관은 3월 31일까지 예산안편성지침서과 기금운용계획안을 국무회의의 심의를 거쳐 대통령의 승인을 받아 각 중앙관서 장에게 통보하도록 되어 있다. 그리고 중앙 관서와 기금별 지출한도를 통보할 수도 있다.[5)]

(1) 중앙부처와 기금관리 주체의 중기사업계획서 제출

각 부처와 기금관리 주체는 1월 31일까지 신규 사업과 중기사업계획서를 기획재정부 장관에게 제출해야 한다(국가재정법 제28조, 제66조). 이 중기사업계획서는 국가재정운용계획의 자료가 되며 기획과 예산을 연계시키는 역할을 한다.

(2) 국가재정운용계획 수립

기획재정부 장관은 국가재정운용계획 수립을 위해서 지침을 전년도 12월 31일까지 부처에 통보하고, 부처는 1월 31일까지 계획서를 기획재정부에 제출한다. 기획재정부는 이것을 1월부터 3월까지 수정·보완한다. 해당 연도 경제 여건, 신규 및 계속사업 등을 반영하여 시안을 마련한다. 국가재정운용계획에는 국가적 정책 우선순위와 정책 방향, 국방, 외교·통일, 농수산식품 등 12개 분야에 대한 향후 5년 간 정책 방향 및 재원 투자 규모 등이 제시되어 있다. 국가재정운용계획 시안이 작성될 즈음에는 부처별 한도액이 결정되는데, 이때부터 대개 4월 중순부터 부처 협의, 당정 협의, 국무위원 재원배분회의 등을 통해서 한도액을 정한다.

(3) 국가재정전략회의

국가재정운용계획이 수정되고 수립되는 과정에서 해당 연도 부처 및 기금관리 주체별 한도액이 협의가 되고, 대통령이 참가하는 국가재정전략회의(國家財政戰略會

5) 이 책에서 예산이라고 하면 일반회계, 특별회계, 기금 등을 말한다. 일반회계, 특별회계, 기금 모두를 재정이라고도 한다. 국가재정법에서 규정한 기금도 이 책에서 설명하는 예산 과정을 따른다.

議)가 개최된다. 국가재정전략회의는 재정 운용의 틀을 마련하고, 분야별·부처별 한도액에 대한 합의를 도출하며, 그리고 국가재정운용계획 수립을 위한 정부 내 공감대를 형성하는 역할을 한다. 이전에는 그 명칭이 국무위원 재정배분회의 혹은 국무위원 재정전략회의였다. 2016년에는 4월 22일, 2017년에는 7월 20일~21일, 그리고 2018년에는 5월 31일 국가재정전략회의가 개최되었다.

(4) 예산안편성지침과 기금운용계획안 작성지침 및 지출한도 통보

기획재정부는 당해 연도 예산안편성지침과 기금운용계획안 작성지침을 작성한다. 기획재정부 장관은 예산안편성지침을 국무회의 의결과 대통령의 승인을 받아 각 부처에 3월 31일까지 통보해야 한다. 동시에 기획재정부 장관은 예산안편성지침에 부처별 지출한도를 포함시켜 통보할 수 있다(국가재정법 제29조). 기획재정부 장관은 예산안편성지침을 국회 예산결산특별위원회에 보고해야 한다. 한편, 기금운용계획안 작성지침은 국무회의의 심의를 거쳐 대통령의 승인을 얻어 기금관리 주체에게 3월 31일까지 통보하여야 한다. 이때 역시 기획재정부 장관은 기금운용계획안 작성지침에 기금별 지출한도를 포함시켜 통보할 수 있다(국가재정법 제66조). 기금운용계획안 작성지침 또한 국회 예산결산위원회에 보고되어야 한다.

2) 부처의 예산 요구와 기금관리 주체의 기금운용계획안 제출

각 부처는 예산안편성지침서를 접수하면, 매 회계연도 소관에 속하는 세입세출예산, 계속비, 예비비, 명시이월비 및 국고채무부담행위 요구서를 작성하여 5월 31일까지 기획재정부 장관에게 제출하도록 되어 있다. 기금관리 주체는 운용총칙, 자금운용계획 등을 포함시킨 기금운용계획안을 기획재정부 장관에게 5월 31일까지 제출해야 한다.

부처의 예산 요구는 사업 담당 단위, 국·과, 지방자치단체 등 사업을 수행하는 조직 중심으로 이루어진다. 장관의 지시 사항의 준수 여부 검토, 기획재정부의 분위기 반영 정도, 부처 내 예산의 조정 등 예산요구서 작성에 관한 실무는 부처의 예산담당관(또는 재정담당관)을 중심으로 이루어지며, 그 절차는 다음과 같다.

(1) 간부회의 및 장관의 지시시달

예산안편성지침이 부처에 접수되면 간부회의가 개최되거나 장차관과 기획조정실장이 협의하여 장관의 예산편성지침과 동시에 부처의 예산전략이 전달된다.

(2) 사업부서의 예산 추계

부처의 사업 수행 부서는 소관 사업에 대한 필요성과 목적, 사업계획, 소요 예산 등을 확정하여 기획조정실로 송부한다. 이 과정에서 관련 단위 조직의 책임자와 기획조정실장과 장관과의 협의가 활발히 이루어진다.

(3) 부처 내 조정

부처의 예산요구서는 한번에 완성되는 것이 아니라 수차례 조정되는 것이 상례이며, 주로 관계 국장급과 장관, 그리고 기획조정실장이 중요한 역할을 한다. 5월 말이 다되어 예산요구서를 예산담당관이 정리해야 할 때도 예산 요구 내용이 변화하여 예산담당관은 애를 태운다고 한다.

재정사업 자율평가 제도의 시행에 따라 평가 결과, 부처 방침에 따른 사업의 우선순위 등이 예산 조정에 반영된다.

(4) 예산요구서의 작성 및 제출

위와 같은 부처의 예산 편성 작업은 기획조정실 예산담당관(재정담당관) 중심으로 이루어지며 부처의 예산 예산요구서는 장관의 결재를 받아 기획재정부에 제출한다.

국가재정법이 제정된 이후, 부처의 예산 요구가 과거와 몇 가지 점에서 달라졌다.

첫째, 국가재정운용계획과 부처의 예산 편성이 연계되어 이루어진다는 점이다. 기획재정부에서 예산 및 기금 한도액을 통보하도록 되어 있는데, 이는 기획재정부와 부처가 협의한 결과이므로 부처가 예산 요구 시 감안해야 할 사항이다. 이에 따라서 과거와 달리 부처의 예산 요구액이 크게 증가하지 않는 경향이 나타났다고 할 수 있다.

둘째, 프로그램 예산 도입과 관련, 부처는 프로그램 및 단위사업별 중기예산액, 프로그램 및 단위사업별 성과자료, 기대 효과, 주요 사업지표 등을 제출해야 한다. 프로그램예산은 분야(장) – 부문(관) – 프로그램(항) – 단위사업(세항) – 세부사업(세세항) 순으로 구분되며, 이에 따라서 요구액을 명시하게 되어있다. 그뿐만 아니라 일반회계, 특별회계, 기금의 과목 구분이 동일하다는 점이다.

셋째, 성과를 강조한다. 부처의 사업들이 재정사업 자율평가 제도에 의해서 평가되었다. 부처와 기금관리 주체는 전년도 성과보고서와 다음 연도 성과계획서를 기획재정부에 제출해야 한다(국가재정법 제8조 제2항).

넷째, 예산과 기금이 편성 단계가 유사하다. 기획재정부가 편성 기준, 한도액, 요구 양식을 통보하며 이에 따라 각각 중앙관서의 장과 기금관리 주체가 관련 서류를 기획재정부 장관에게 제출해야 한다.

다섯째, 예산 요구를 할 때 디지털예산회계시스템을 이용하여 정해진 예산안 제출 양식과 프로그램 예산구조를 사용해야 한다.

3) 기획재정부의 예산사정

부처의 예산요구서가 기획재정부에 송부되면 이때부터 예산사정과 조정 작업이 시작된다. 그러나 기획재정부 담당부서들은 그 이전부터 행정안전부 등 관계 부처와 협의하여, 공무원의 정원 및 봉급, 경상비 등을 검토한다. 특히 인건비와 기준경비는 기획재정부가 예산편성지침으로 시달한 기준에 비추어 사정하며 대개는 기계적으로 예산안이 작성된다. 예산사정의 실무적인 작업은 6월부터 7월까지, 그리고 보다 포괄적인 조정은 장차관들 수준에서 8월까지 계속된다.

예산사정 절차는 매우 동적이고 복잡하나 대략 다음과 같이 정리해 볼 수 있다.

(1) 예산사정 준비

기획재정부에서는 연초에 부처에서 보내온 주요 계속사업 및 신규사업을 검토하고, 중요 관리사업을 선정하여 좀 더 정교한 사업분석을 한다. 또 한편으로는 예산항목별로 편성 기준을 개발하기도 한다. 국가재정운용계획 수립과 연차 예산안 편성 기준 작성을 연계하는 과정이 바로 예산사정 준비 단계에 해당한다고 보면 된다.

(2) 부처 예산 요구의 사정

기획재정부 예산실 국방예산과 등 예산담당과들에서는 소관 부처의 과별로 예산 사정의 일정을 부처에 통보하여 부처의 의견을 청취하면서 예산을 사정한다. 기획재정부 예산실에서는 이미 시달한 부처별 한도와 국가재정운용계획의 준수 여부, 예산안편성지침 및 기준 준수 여부, 사업추진 현황 등을 확인한다. 예산사정은 일반회계 및 특별회계, 기금운용계획, 그리고 부문별·사업별 등으로 나누어 검토되며, 한 부처의 예산은 해당 예산담당과에 의해서 검토된 후 국·과장으로 구성된 회의체에서 종합적으로 검토된다.

이 단계에서 통합 재정사업평가 및 심층평가 결과가 예산에 반영되기도 한다. 평가 결과가 미흡인 사업은 축소되거나 예산이 감액될 수 있다.

(3) 정당 설명회 개최

기획재정부는 예산안을 편성하는 과정에서 각 정당을 상대로 설명하는 기회를 가진다. 연찬회 형식으로 주로 국회에서 예산안을 설명하고 이해를 구한다. 물론 여당과도 당정 협의를 하고 광역지방자치단체장과도 협의를 한다.

(4) 예산안과 기금운용계획안의 확정과 국회 제출

기획재정부의 예산 조정이 종결되면 대통령에게 보고하고 이어서 재정정책자문회의를 거쳐 국무회의의 심의를 받고 대통령의 결재를 받아 국회에 제출한다.

정부예산안과 기금운용계획안은 회계연도 개시 120일 전까지 국회에 제출된다. 국가재정운용계획도 120일 전까지 국회에 제출된다(국가재정법 제7조, 제33조, 제68조).

정부가 국회에 제출하는 예산안에는 ① 예산총칙, ② 세입세출예산, ③ 계속비, ④ 명시이월비, ⑤ 국고채무부담행위를 포함되고, 예산안 이외에 세입세출예산사업별 설명서, 예산정원표와 예산안 편성 기준단가, 성과계획서, 성인지예산서, 조세지출예산서, 국가채무관리계획 등이 첨부된다(국가재정법 제34조). 기금운용계획안은 운용총칙과 자금운용계획으로 구성되고(국가재정법 제67조), 국회 제출 시에는 기금조성계획, 성과계획서, 기금과 회계 간 또는 기금 상호 간 여유재원의 전입전출 명세서 등이 첨부된다(국가재정법 제71조).

2. 예산 심의

예산 심의는 국회가 한다. 예산 심의는 행정부가 작성한 예산안을 국민을 대표하는 국회가 심사하는 입법 과정이며 정치 과정이다. 이 과정은 의원, 국회, 행정부에 의해서 영향을 받는다(Burkhead, 1956: 306).

예산 심의(豫算審議)는 사업 수준의 확정, 예산 총액의 결정, 그리고 행정에 대한 통제 등의 기능을 수행한다(Burkhead, 1956: 308－316). 이러한 기능들이 예산 심의 과정을 통해서 이루어진다. 따라서 이러한 기능이 원만히 이루어지기 위해서는 국회가 정책분석의 능력을 갖추어야 한다.

현재 국회는 행정부가 제출한 일반회계예산안, 특별회계예산안, 추가경정예산안, 기금운용계획안 등을 심의하지만 각종 공공기관의 예산은 심의하지 않는다. 후자와 같이 정부가 소유하거나 정부가 통제하는 기관의 예산이 입법부의 예산 심의·확정의 범위에서 제외되어 있는 경우 이를 예산 외 지출(豫算外支出, off－budget outlays)이라고 한다.

한편, 예산 심의 과정은 제1공화국부터 제6공화국까지 여러 차례 변화하였다. 중요한 내용만 살펴보면, ① 국회의 국정감사가 제1공화국에서부터 제3공화국(1948~1972)까지는 운영되었다. 그 후 제4, 5공화국(1973~1987)에서는 폐지되었다가 지금의 제6공화국에서는 다시 부활되었다. ② 예산 심의 기간은 제1공화국에서부터 제3공화국까지는 3개월이었으며, 제4공화국부터 지금까지는 2개월로 되었다. ③ 예산 심의 절차는 제2공화국(1960~1961) 때는 민의원, 중의원 양원제를 채택한 관계로, 그리고 제5공화국 초기에는 상임위원회의 예비심사를 폐지한 관계로 심의 절차가 지금과 큰 차이가 있었다 할 수 있다. 현재 제6공화국 국회의 예산 심의 과정은 다음과 같다.

정기국회가 시작되면, 그 다음날부터 20일 동안 국정 전반에 대한 국정감사(國政監査)가 실시된다. 해당 상임 위원회별로 실시되며, 필요한 경우에는 그 기간을 연장할 수도 있다. 국정감사는 1972년 10월 유신으로 국회가 해산된 이후 폐지되었다가 16년 만에 부활된 것이다. 국정감사는 입법부에 의한 행정통제로서 예산·결산 심의를 위한 자료수집 등 예산 심의와 관계가 있지만, 여기서는 시정연설, 예비심사, 종합심사, 본회의 의결 순으로 정리한다.

국회위원회가 예산안을 통과시키지 않는 경우가 종종 있기 때문에 이것을 방지하고자 본회의 자동부의제도(自動附議制度)가 2014년 5월 30일부터 시행되었다(국회법 제85조의3). 상임위원회와 예산결산위원회가 예산안, 기금운용계획안, 세입예산안과 관련이 있는 법률안 등에 대한 심사를 11월 30일까지 마치지 못한 경우에 12월 1일에 자동적으로 본회의에 부의된 것으로 본다는 것이다.[6)]

1) 시정연설

예산안이 행정부에 의해서 국회에 제출되면, 본회의에 상정되며 먼저 대통령의 시정연설이 있게 된다. 시정연설은 국정 전반에 관한 대통령의 시각과 예산 편성과 관련된 경제 및 재정에 관한 정책적 사항을 담고 있다. 공식명칭은 "20××년도 예산안 및 기금운용계획안 제출에 즈음한 대통령 시정연설"이다.

2) 예비심사

모든 국회의원은 상임위원에 소속이 되며 임기는 2년이다. 상임위원은 각 원내교섭단체의 대표위원의 요청으로 의장이 선임하도록 되어 있다(국회법 제40조). 현재 국회에는 국회 운영, 법제사법, 정무, 기획재정 등 17개 상임위원회가 있다. 이 상임위원회에서 예산안과 기금운용계획안에 대한 예비심사가 이루어진다(국회법 제84조의2, 제84조). 그러나 예비심사를 하기 전에, 즉 본회의 다음날부터 국회는 상임위원회별로 국정 전반에 관한 감사를 먼저 한다. 그 이후 역시 상임위원회별로 소관부처에 대한 예비심사가 진행된다. 상임위원회별 소관 부처는 다음과 같다.

---

6) 예산안, 세입예산안 부수법률안 등은 국회에서 무제한 토론 대상이 된다. 그러나 이들에 대한 무제한 토론 관련 절차는 12월 1일 자정에 종료되는 것으로 규정되어 있다(국회법 제106조의2 제10항).

표 6-4 상임위원회와 소관 예산(2019년)

위원회별	소관 예산
국회운영위원회	국회사무처, 국회도서관, 국회예산정책처, 국회입법조사처, 대통령비서실, 국가안보실, 대통령경호처, 국가인권위원회
법제사법위원회	법원·군사법원, 헌법재판소, 감사원, 법무부, 법제처
정무위원회	국무조정실, 국무총리비서실, 국가보훈처, 공정거래위원회, 금융위원회, 국민권익위원회
기획재정위원회	기획재정부, 한국은행
교육위원회	교육부
과학기술정보통신위원회	과학기술정보통신부, 방송통신위원회, 원자력안전위원회
외교통일위원회	외무부, 통일부, 민주평화통일자문회의
국방위원회	국방부
행정안전위원회	행정안전부, 중앙선거관리위원회, 인사혁신위원회, 지방자치단체
문화체육관광위원회	문화체육관광부
농림축산식품해양수산위원회	농림축산식품부, 해양수산부
산업통상자원중소벤처기업위원회	산업통상자원부, 중소벤처기업부
보건복지위원회	보건복지부, 식품의약품안전처
환경노동위원회	환경부, 고용노동부
국토교통위원회	국토교통부
정보위원회	국가정보원
여성가족위원회	여성가족부

출처: 국회법 제37조.

예비심사에서는 예산안이 상정되면 ① 먼저 소관 장관의 예산안 제안 설명이 있고, ② 이어서 전문위원의 예산안 검토보고가 있다. 검토보고는 해당 부처 예산안에 대한 개요, 주요 문제점, 사업별 또는 예산 성질별 삭감 의견 등이 포함되며, 의원들에게 정보와 관점을 제공하여 준다. ③ 이어서 장관을 상대로 예산안의 전반적인 문제와 쟁점에 관하여 질의하고 답변을 듣는다. 이를 대체토론이라 한다. ④ 그 다음 예산안에 대한 심사에 들어간다. 대개 예산심사는 소위원회를 구성하여 이루어지며 그 결과는 전체회의에 보고된다. 전체회의에서 찬반토론을 한 후 의결한다. 보통 상임위원회에서는 소위원회안이 이의 없이 채택된다. 전체회의에서 이의가 있는 경우에는 소수의견을 첨부하여 예산결산특별위원회에 회부한다. 이른바 조건부 통과가 되는 셈이다.

3) 예산결산특별위원회의 종합심사

예산결산특별위원회는 예산안과 결산을 심사하기 위한 상설 특별위원회이다. 예결위는 국회 교섭단체 소속 의원 수의 비율과 상임위원회의 위원 수의 비율에 의하여 선임하며 50인으로 구성된다. 예결위 위원은 교섭단체 대표의원의 요구에 의해서 의장이 선임하며 위원장은 위원회에서 호선한다(국회법 제45조). 종합심사의 절차는 다음과 같다.

먼저 ① 기획재정부 장관의 예산안 및 기금운용계획안에 대한 제안 설명이 진행된다. 이 제안 설명은 대통령의 시정연설보다 예산 내용에 관한 설명이 더 구체적이다. 기획재정부 장관의 제안 설명이 있고 난 후, ② 상임위의 예비심사와 마찬가지로 전문위원의 예산안 검토보고가 있다. ③ 그 후 모든 각료가 참석한 가운데 종합 정책질의가 진행되며, ④ 이어서 의원은 부별(또는 분과위원별) 예산심사에 착수한다. 부별심사는 상임위의 예비심사와 중복되는 경향이 있다. ⑤ 부별 예산안 심사 결과는 예산안조정소위원회(계수조정소위원회)에 회부된다. 이 소위원회는 보통 11~15인으로 구성된다. 소위원에서 예산안이 조정되면 그 결과는 다시 전체회의에서 논의 의결된다. 통상 수정없이 채택되는 것이 관례이다. 예산결산특별위원회는 예산안과 기금운용계획안에 대해서 공청회를 개최해야 한다(국회법 제84조의3).

4) 본회의 의결

예결위에서 종합심사가 종결되면 예산안은 본회의에 상정된다. 먼저 예산결산특별위원장의 심사보고가 있다. 그 다음 의원들의 질의와 찬반 토론을 거쳐 표결 처리된다. 표결 전에 예산안 증액과 새 비목 설치에 대해서 행정부의 동의를 받는다. 의결은 재적의원 과반수 출석에 과반의 찬성으로 이루어진다. 지금까지의 관례로 보면 본회의에서의 큰 수정은 없었다. 국회는 예산안을 회계연도 개시 30일 전(12월 2일)까지 의결해야 하며, 만일 새로운 회계연도 개시 전까지 예산안을 의결하지 못하는 경우에 정부는 전연도 예산에 준하여 준예산을 집행하도록 되어 있다(헌법 제54조).

최근 "국회 예산안 자동부의제도"가 운영된 이후, 2015년도 예산안 심사는 법정 시한을 지켜 국회가 예산안을 2014년 12월 2일 통과시켰다. 그 이전에는 회계연도가

표 6-5　국회의 예산안 의결일과 수정 비율

대 별	안 건	의결기간	국회의결일	일반회계			특별회계 수정비율
				정부안 (억 원)	국회의결 (억 원)	수정 비율	
제19대	2013년도 예산안	2012.12.2	2013.1.1	2,355,587	2,362,253	0.3	0.4
	2014년도 예산안	2012.12.2	2014.1.1	2,487,629	2,472,032	−0.6	0.3
	2015년도 예산안	2012.12.2	2014.12.2	2,578,521	2,585,856	0.3	0.8
	2016년도 예산안	2012.12.2	2015.12.3	2,680,236	2,683,872	0.1	0.6
제20대	2017년도 예산안	2012.12.2	2016.12.3	2,694,267	2,750,104	2.1	−1.1
	2018년도 예산안	2012.12.2	2017.12.6	3,013,570	3,014,172	0.0	1.0
	2019년도 예산안	2012.12.2	2012.12.8	4,705,000	4,696,000	−0.2	−

출처: 기획재정부, 『2018나라살림: 예산개요 참고자료』, pp.588−589.
예산 총액기준, 전진영(2018). 국회 예산안 자동부의제도의 운영현황. 『이슈와 논점』 제1525호(국회입법조사처, 2018.11.30).

시작되는 1월 1일에 통과시킨 적이 있다. 그렇다고 국회가 법정기한에 예산안을 통과시킨 것만은 아니다. 2018년도 예산안은 <표 6−5>에서 보듯이 2017년 12월 6일에 통과시켰다.

또 국회는 정부가 제출한 예산안을 총액으로 볼 때 삭감하기보다는 증액을 하는 것으로 보인다. 물론 정부가 제출한 예산안의 세부적인 내용에 대해서는 국회가 삭감을 한 것도 있고 증액을 한 것도 있는데, 총액으로 보면 삭감을 한 경우보다 증액을 한 경우가 더 많다.

국회가 행정부안을 증액하는 경우가 많은 것으로 보인다. 그러나 국회는 정부 예산안 내용의 일부를 삭감하고 또 일부를 증액도 한다. 따라서 국회가 예산안 총액을 증액하였다고 해도 예산안 중 일부는 삭감된 것도 있다.

3. 예산의 집행

예산의 집행이란 국가가 세금을 거두어들이고 각종 사업에 돈을 쓰는, 국가의 수입·지출을 실행하는 모든 행위를 말한다. 예산 집행은 국회에서 의결한 세입세출 예산을 그대로 실행하는 것이지만 예산 편성과 심의 때 미처 예견하지 못하였던 사태에 대응하기 위한 제반 행위도 포함된다.

예산 집행의 목표는 첫째, 입법부의 의도와 재정 한계를 엄수하는 것이며, 둘째, 예산 성립 이후의 여건 변화에 적응하기 위하여 신축성을 유지하는 것이다(유훈, 2003: 245; Burkhead, 1956: 342－348). 이 두 개의 목적은 상호 모순되는 것으로 예산 과정의 어느 단계보다 공무원의 책임성이 강조되어야 할 부분이다.

예산이 국회를 통과하였다 하더라도 기획재정부에 의해서 예산이 배정되지 않은 상태이거나 자금이 공급되지 않은 상태에서는 부처가 예산을 집행할 수 없다. 예산 배정 계획은 회계연도 개시 전에 이루어지며 예산 편성을 위하여 기획재정부 예산실에서 예산편성지침을 제공하듯이 예산 집행을 위해서 예산실에서 예산집행지침을 제공한다. 예산집행지침에는 일반지침은 물론 경비별・비목별 적용 범위와 세부지침이 제시되어 있다.

예산 배정에는 정기배정, 긴급배정, 조기배정, 수시배정 등 여러 종류가 있으나 여기서는 정기배정을 기초로 하여 그 절차를 살펴보고자 한다(강신택, 2006: 306－309; 국가재정법, 제3절; 국고금관리법, 2016.12.27. 제4장).

1) 예산의 배정과 자금계획

(1) 기획재정부 장관의 예산의 배정

국회에서 예산이 통과되면, 첫째, 중앙관서의 장은 사업운영계획서, 이에 의한 세입세출 예산, 계속비, 국고부담행위를 포함한 예산배정요구서를 기획재정부 장관에게 제출한다. 이때 사업운영계획서와 예산배정요구서는 분기별로 작성되어야 한다.

둘째, 기획재정부 장관은 중앙관서장이 제출한 예산배정계획서에 따라 분기별 예산배정계획을 작성하여 국무회의 심의를 거친 후 대통령의 승인을 받는다. 이에 따라 기획재정부 장관은 각 중앙관서의 장에게 예산을 배정(apportionment)하고 감사원에 통지를 한다. 기획재정부 장관은 필요한 경우 회계연도 개시 전에 예산을 배정할 수 있도록 되어 있다.

(2) 기획재정부 장관의 자금계획

첫째, 중앙관서의 장은 수입과 지출의 전망과 그 밖에 자금의 출납에 관한 사항을 종합적으로 고려한 월별 자금계획서를 기획재정부 장관에게 제출하고 기획재정부 장관은 이 계획서를 종합하여 월별 자금계획을 작성한다. 둘째, 중앙관서의 장은 이 월별 자금계획에 따라 월별 세부자금계획서를 작성하여 매월 기획재정부 장관에게 제출하고, 기획재정부 장관은 이를 종합하여 월별 세부자금계획을 작성하고 이를 중앙관서의 장 및 한국은행에 통지한다. 물론 기획재정부 장관은 자금의 수급상 필요하다고 인정되는 경우에는 중앙관서의 장이 제출한 월별 세부자금계획을 조정할 수 있다.

이와 같은 절차를 따라서 기획재정부 장관은 배정계획에 따라 회계연도 초에 매분기별 배정액을 명시하여 연간 예산을 일괄 배정한다. 그리고 기획재정부 장관은 월별 지출한도액을 중앙관서의 장에게 통지한다. 기획재정부 장관은 한국은행에 있는 중앙관서의 장의 계정에 월별로 자금을 입금시켜 주며, 중앙관서의 장은 그 범위 내에서 지출을 할 수 있다.

위와 같은 과정을 거쳐 배정이 끝나야 비로소 중앙관서의 장은 실제 지출할 수 있게 된다.

2) 예산의 재배정과 자금계획의 통지

중앙관서에 대한 예산 배정과 자금계획이 끝나면 이어서 중앙관서의 장은 예산 배정의 범위 내에서 예산 지출 권한을 하급기관에 위임하는 절차를 이행한다. 이것을 예산의 재배정(allotment)이라고 한다. 또한 중앙관서의 장은 기획재정부 장관으로부터 월별 세부자금계획을 통지받은 때에는 그 소속 지출관별로 월별 세부자금계획을 통지하게 되어 있다. 이러한 절차를 통하여 하급기관장은 재배정받은 예산의 범위 내에서 지출을 할 수 있다.

이와 같이 어떤 부처의 예산이 국회를 통과하면, 그 부처가 곧 예산을 집행할 수 있는 것이 아니라 예산 배정을 받아야 그것이 가능하며, 그 부처의 장관은 예산배정계획과 월별 세부자금계획에 의한 월별 한도액을 참고하여 다시 하급기관에 재배정한다.

3) 수 입

수입이란 현금이나 현금과 같은 가치가 있는 것이 법령이나 계약에 의하여 국가의 세입으로 납입되거나 기금으로 납입되는 것을 말한다(국고금관리법, 법률 제14464호, 2016.12.27. 일부 개정 제2조). 기획재정부 장관은 세입의 징수와 수납을 총괄하고 각 중앙관서의 장은 소관 세입의 징수와 수납을 관리한다. 그리고 각 중앙관서의 장은 소관 공무원에게 소관 세입의 징수에 관한 사무를 위임할 수 있다(국고금관리법 제5조, 제6조, 제9조). 기획재정부 장관과 각 중앙관서의 장을 수입사무기관이라 하며, 세입을 징수할 자격을 가진 공무원을 수입징수관(징수기관), 현금 또는 물품을 출납 보관하는 공무원을 수입금출납공무원(수납기관)이라고 한다.

수입의 징수는 ① 수입의 조사・결정, ② 납세 의무자에게 납입 고지, ③ 수납 등의 절차를 따르며, 징수기관과 수납기관은 분립되도록 되어 있다(국고금관리법 제10조, 제13조).

끝으로 출납이 완결된 연도에 속하는 수입과 기타 예산 외의 수입은 모두 현 연도의 수입에 편입되며, 지출된 금액의 반납은 각각 지출한 과목에 반납하여야 한다(국고금관리법 제14조, 제29조).

4) 지 출

국가의 지출을 총괄하는 기관은 기획재정부이고 각 소관 부서의 지출을 관리하는 기관은 각 중앙관서의 장이다. 이들 기관을 지출관리기관이라고 한다. 지출은 예산 지출의 원인이 되는 지출원인행위와 수표 발행을 뜻하는 좁은 의미의 지출로 구성된다.[7] 기관장이 지출관리를 혼자서 하는 것은 사실상 불가능한 까닭에 기관장은 소속 공무원을 재무관과 지출관으로 임명, 위임 처리한다. 재무관은 지출원인행위를, 그리

7) 국고금관리법(2011.4.4) 제2조 정의에 따르면, "지출은 세출예산 및 기금운용계획의 집행에 따라 국고에서 현금 등이 지급되는 것을 말한다"고 되어 있다. 집행과 결산 절차가 일반회계, 특별회계, 기금 등 모두 유사하다는 것이다. 국고관리법 제3조 적용 범위에서도 그렇게 규정하고 있다.

고 지출관은 채권자의 금융기관 계좌로 입금되도록 조치를 취한다. 지출관은 원칙적으로 디지털예산회계 시스템을 이용하여 한국은행을 통하여 채권자에게 지급한다. 전자 이체를 한다.[8)]

(1) 지출원인행위

지출원인행위는 예산 지출의 원인이 되는 계약 또는 기타 행위로써 배정된 예산 또는 기금운용계획의 금액 범위 안에서 하도록 되어 있다(국고금관리법 제20조). 그러므로 행정기관에서 항상 지출원인행위가 있어야 사업 집행을 위한 소관 예산을 집행할 수 있는 것이다.

(2) 지 출

재무관이 지출원인행위를 하면, 지출관은 국고금입금요구서를 한국은행에 송부하고, 한국은행은 채권자의 금융기관 계좌에 전자 송금한다.

5) 기록과 보고

기획재정부 장관, 중앙관서의 장, 한국은행 등은 장부를 비치하고 필요한 사항을 기록하여야 한다(국가재정법 제94조). 각 중앙관서의 장은 수입과 지출에 관한 내용을 장부에 기록 보관함과 동시에 월별로 기획재정부 장관에게 재정보고서를 제출하여야 한다. 또한 중앙관서의 장은 매분기마다 사업집행보고서와 예산에 관한 보고서를 기획재정부 장관에게 제출하여야 한다.

기금의 집행도 예산의 집행과 비슷하다. 기획재정부 장관이 각 중앙관서에 예산집행지침을 통보해야 하듯이 기획재정부 장관은 기금정책심의회를 거쳐서 기금운용계획의 집행지침을 기금관리기관에 통보할 수 있다(국가재정법 제44조, 제80조). 준용규정(국가재정법 제85조)이 있어서 기금운용계획서 집행에 목적외 사용 금지, 성과금 지급, 준예산 제도 등이 준용되도록 규정되어 있다.

---

8) 국가재정정보시스템(NAFIS)는 디지털예산회계시스템(dBrain)에 통합되었다. 국고금관리법시행령 제29조를 보면 국가재정정보시스템이 디지털예산회계시스템인 것을 알 수 있다. 이 시스템은 예산, 회계, 사업 시스템을 포함한다(윤영진, 2018: 296-301).

수입징수관, 재무관, 지출관 등은 국고금 관리에 관한 보고서와 계산서를 중앙관서의 장, 기획재정부 장관, 감사원에 제출하도록 되어 있다(국고금관리법 제38조).

기록과 보고는 모두 디지털예산회계시스템을 이용해야 한다(국고금관리법 시행령 일부 개정 2017.12.29. 제98조).

4. 결산과 회계검사

결산 및 회계검사는 예산 과정의 마지막 단계로서 예산 집행이 합법적으로, 그리고 합리적으로 이루어졌는지의 여부를 비판적으로 검토하는 활동을 말한다. 즉, 업무 수행의 적법성, 내부통제의 적격성, 불합리한 관리의 존재 여부, 사업의 효과성 등을 확인하는 행위이다(Lynch, 1979: 181). 이것을 두 가지로 요약하면, 하나는 예산 운영과 관련하여 공무원의 책임을 명확히 하는 것이며, 또 다른 하나는 정부의 정책 및 사업의 운영 시에 능률성과 효과성을 확보하기 위한 관리의 효율화이다(Burkhead, 1956: 357－359).

결산과 회계검사가 이루어지려면 관련 장부와 관련 거래 내용에 대한 기록이 있어야 한다. 그리고 일단 거래와 기록이 정지되어야 그것을 대상으로 결산이 시작될 수 있다. 아래에서 결산 및 회계검사의 과정을 살펴본다.

1) 부처의 결산 보고와 기획재정부 장관의 총세입부와 총세출부 마감

한 회계연도의 예산은 1월 1일부터 12월 31일까지 효력을 가진다. 따라서 이 기간 동안에 수입 지출이 완결되어야 그 결과를 토대로 결산을 할 수 있을 것이다. 그러나 현실적으로 수입 지출이 회계연도 내에 완결되지 못하므로 우리나라에서는 다음 연도 2월 10일까지 세입세출의 출납에 관한 사무를 완결하도록 규정하고 있다. 이 기간을 출납기한(出納期限)이라고 한다(국고금관리법 제4조의2).

출납기한이란 장부의 정리 등 기타 사무적인 업무가 완결되는 기간을 뜻한다. 실제로 세입금의 수납 기한 및 세출금의 지급 기한은 회계연도의 연말까지이다. 다만, 지출된 세출금의 반납 등은 예외적으로 다음 연도 1월 20일까지이다(국고금관리법 시행령 제5조~제7조). 따라서 실질적인 예산 집행의 행위는 대개 다음 연도 1월 20일까지 완수되어야 한다는 것이다. 시행령에서는 이 기간을 출납정리기한(出納整理期限)이라 하였다. 중앙부처는 이러한 거래 내용을 정리하여 세입세출결산보고서, 계속비결산보고서, 국고채무부담행위 명세서 등의 결산보고서 등을 작성해서 2월 말까지 기획재정부 장관에게 제출하여야 한다(국가재정법 제58조). 그러나 각 중앙관서의 수입과 지출 상황은 디지털예산회계시스템에 의해서 기록되고 비치되고 있기 때문에 재정 운용에 관한 정보통신매체 및 프로그램을 이용하여 관련 보고서를 주고받을 수 있다. 이에 따라서 기획재정부 장관은 2월 10일 감사원장이 지정하는 감사위원이 참석한 가운데 총세입부와 총세출부를 마감하여야 한다(국고금관리법 시행령 제94조 제3항). 정부 수준에서 출납사무가 완결된 것이다. 비로소 정부의 세입, 세출, 세계잉여금 등이 확정된다.

2) 기획재정부 장관의 결산 작성과 국무회의 심의 및 대통령의 승인

각 중앙부처(중앙관서)의 장은 해당 회계연도의 일반회계, 특별회계, 기금을 통합한 결산보고서를 다음 연도 2월 말까지 기획재정부 장관에게 제출하도록 규정되어 있다(국가재정법 제58조). 기획재정부 장관은 중앙관서 결산보고서를 통합하여 국가결산보고서를 작성한다. 이 국가결산보고서는 국무회의의 심의를 거쳐 대통령의 승인을 받아야 한다. 그리고 기획재정부 장관은 그것을 다음 연도 4월 10일까지 감사원에 제출하도록 규정되어 있다(국가재정법 제59조). 이때 제출되는 서류는 국가결산보고서에는 결산 개요, 세입세출결산, 재무제표, 성과보고서, 그리고 결산보고서의 부속서류가 포함된다. 국가결산보고서와 중앙관서 결산보고서는 약간 다르다. 국가결산보고서의 세입세출결산서에는 통합재정수지표와 통합계정자금 운용 및 수익금 사용명세서가 첨부된다(국가회계법 2017.12.26. 제13조~제15조).

3) 감사원의 결산검사

감사원이 기획재정부로부터 국가결산보고서를 제출받으면 결산검사가 실시된다. 그리고 그 결과는 다음 연도 5월 20일까지 기획재정부 장관에게 송부된다. 감사원은 매년 『결산검사보고서』를 발간하고 있는데, 그 보고서에는 결산과 회계에 대한 감사 결과와 그 처리 내용이 자세히 수록되어 있다.[9]

4) 국가결산보고서의 국회 제출

정부는 감사원의 검사를 걸친 결산과 첨부서류를 다음 연도 5월 31일까지 국회에 제출한다(국가재정법 제61조). 기금의 결산 일정도 동일하다(국가재정법 제73조).

중앙관서결산보고서와 국가결산보고서는 일반회계, 특별회계, 그리고 기금을 통합한 결산서류이다. 결산보고서는 앞에서 기술한대로 결산 개요, 세입세출결산, 재무제표, 성과보고서 등의 서류로 구성되는데, 여기에 기금의 수입지출결산이 포함된다. 이외에도 결산보고서에는 많은 서류가 첨부된다.

5) 국회의 결산 심의 · 의결

국회는 예산 심의와 동일한 절차를 밟아 결산을 심의 의결한다. 결산도 예산과 마찬가지로 상임위원회, 예산결산특별위원회, 본회의 등의 심의와 의결을 거쳐 행정부의 예산 집행에 대한 책임을 검토한다. 그러나 현실적으로는 국회의원들이 예산에 더 많은 관심을 가지고 있는 관계로 결산에 관하여 큰 논란이 제기된 적은 드물다.

위와 같은 예산의 편성, 심의, 집행, 결산 및 회계검사 등의 과정을 거쳐서 한 회계연도의 예산(일반회계, 특별회계, 기금)은 운영되며, 국회의 결산 심의로 예산에 대한 정치적 · 행정적 평가가 종결되어 역사적 기록으로 남게 된다. 이상의 설명을 요약하면, <표 6-6>과 같다.

---

9) '결산검사'라는 용어는 국가재정법 제60조에서 사용하고 있고 '결산의 확인'은 감사원법 제21조에서 사용하고 있다. 같은 뜻이라고 생각한다. 다만, 국회의 결산심의 전에 서류의 신빙성을 감사원이 부여하였다는 의미에서 확인이라는 용어를 사용한 것으로 본다. 국회는 신빙성있는 서류를 가지고 결산을 해야 하기 때문에 감사원의 확인이 필요하다고 볼 수 있다.

표 6-6 중앙정부 예산 과정의 주요 단계

예산 편성	예산 심의	예산 집행	결산 및 회계검사
편성지침 및 지출 한도 통보(기획재정부: 3월 31일)	시정연설 (대통령)	예산 배정 (기획재정부)	총세입부 · 총세출부 마감 (기획재정부: 다음 연도 2월 10일) 중앙관서 결산보고서 작성 · 제출 (다음 연도 2월 말)
부처의 예산 요구 (5월 31일)	예비심사 (상임위원회)	재배정 (부처)	국가결산보고서 작성 · 제출 (기획재정부: 다음 연도 4월 10일)
예산사정 (기획재정부: 6~8월)	종합심사 (예산결산특별 위원회)	수입(세입조사, 납입고지, 수납) 지출(지출원인 행위, 지급)	결산검사 (감사원: 다음 연도 5월 20일) 국가결산보고서의 국회 제출 (정부: 다음 연도 5월 31일)
예산안의 국회 제출 (정부: 회계연도 개시 120일 전)	예산의결 (본회의: 회계연도 개시 30일 전)	기록 보고 (부처)	결산 심의 · 의결 (정기국회)

* 모든 기한은 '까지'이다. 다만, 총세입부 · 총세출부 마감은 2월 10일이다.

제 3 절 지방자치단체 예산 과정

우리나라에서 지방자치가 한동안 정지된 적이 있다. 그때에는 지방자치단체의 장이 대통령에 의해서 임명되었고 예산도 '내무부'가 확정시켜 주었다. 1992년부터 다시 지방자치가 실시되었다. 이에 따라 지방의회도 설치되고 단체장도 주민의 직접 선거로 선출되었다.

「지방자치법」에 의하면, 집행부는 예산안을 입법부에 제출하여야 한다. 시 · 도는 회계연도 개시 50일 전까지, 시 · 군은 회계연도 개시 40일 전까지 예산안을 제출하여야 한다. 그리고 시 · 도 광역 입법부는 회계연도 개시 15일 전까지, 시 · 군 기초 입법부는 회계연도 개시 10일 전까지 예산안을 통과시켜야 한다(지방자치법 2017. 7.26. 제127조). 예산은 회계연도 1년 간 집행되며, 지방자치단체의 장은 다음 회계연도에 입법부의 결산 승인을 얻어야 한다(지방자치법 제134조).

「지방자치법」, 「지방재정법」(2018.3.27), 「지방회계법」(2017.7.26) 지방자치단체의 재무회계규칙 등을 중심으로 지방자치단체의 예산 과정을 살펴보면 다음과 같다.

1. 예산 편성

1) 행정안전부의 예산 편성 기준의 시달

행정안전부는 「지방재정법」 제38조와 「지방재정법 시행령」(2017.12.29. 제42조) 그리고 「지방자치단체 예산운용에 관한 규칙」(2017.7.26)에 의해서 지방자치단체 재정 운용 업무편람, 예산 편성 기준, 그리고 예산 과목 구분을 7월 31일까지 시달한다. 과거에는 지방자치단체 예산편성지침을 시달하였는데, 지나치게 경직적이라는 비판이 있어서 수정되었다. 이에 따라 지방재정법이 2005년 8월 전면 개정되어 '행정안전부령'으로 지방자치단체 예산 편성 기준을 정하여 7월 31일까지 자치단체에 시달한다.

지방자치단체 예산 편성 기준은 지방재정을 합리적으로 운영하기 위한 원칙과 주요 세입과 세출에 대한 원칙이 제시되어 있다. 그리고 행정안전부가 제시하는 기준경비에 대해서 그 종류를 제시하고 기준을 준수할 것을 규정하고 있다. 법률에 의해서 지출하여야 하는 법정 경비와 행정안전부가 정한 기준 경비를 제외한 경비에 대해서는 지방자치단체가 합리적으로 운영할 것과 또 투자사업비에 대해서는 중기지방재정계획을 반영하여야 하고 재정투·융자심사를 받도록 요구하고 있다.

「지방재정법」 제38조에 의하면, 행정안전부는 『지방자치단체 재정운용 업무편람』을 지방자치단체에 배포할 수 있게 되어 있는데, 여기에 지방재정 현황, 운용 원칙, 예산 편성 기준 등이 포함되어 있다. 그리고 지방자치단체에서는 그것을 과거에 그랬듯이 '예산편성지침'으로 이해하고 있다.

2) 지방자치단체의 예산편성지침 시달

지방자치단체는 행정안전부의 『지방자치단체 재정운용 업무편람』에 의거해서 큰 틀은 행정안전부의 지침을 준수하며 자치단체의 여건을 반영하는 사업 방침이나 기준을 추가하여 자체적으로 예산편성지침을 만들어 대개 8월 20일에서 말까지 산하기관에 시달한다. 지방자치단체는 재정회계규칙을 가지고 있는데 여기에 기한이 정해져 있다. 서울특별시의 경우 시재정 운영조례(서울특별시 재정운영조례 2018.3.22. 제5조)로 예산 편성의 원칙과 기한을 정해 놓고 있는데, 8월 10일까지 편성지침을 시달하도록 정해 놓고 있다. 지방자치단체 예산편성지침에는 재정 운영 여건과 방향, 지방재정 제도, 관련 법령에 규정된 경비, 국가예산 편성 기준참고표 등이 수록되어 있다. 기초자치단체의 경우도 8월 말까지는 예산편성지침을 각 기관에 시달한다.

3) 실·국의 예산 요구

각 사업부서는 부서장의 결재를 맡아 예산 담당자에게 예산요구서를 9월 말까지 제출하도록 되어 있다. 특별한 규정이 있는 것은 아니고 예산 담당부서의 예산 편성 일정이 대개 그렇다. 광역은 9월 20일까지, 기초는 9월 말까지 예산요구서를 제출해 줄 것을 요구하고 있다. 세입예산에 대해서는 세정 업무 담당 등과 합의를 하도록 규정되어 있다.

실제 예산 요구는 복잡한 과정이다. 신규 사업 및 투자사업은 행정안전부와 기획재정부에도 설명하여야 하기 때문에 1월부터 시작된다고 볼 수 있다. 기준 경비는 편성 기준이 명백하기 때문에 규정과 기준을 따라야 하고, 그렇기 때문에 그런 지출은 의무적이다. 지출을 아니 할 수 없는 것이다. 기준 경비 및 법적, 의무적 경비를 요구하고 나머지 사업비를 어느 정도 요구할 것인가는 실·국이 정하여야 한다.

4) 기획관리실장 및 단체장의 예산 조정

예산 담당 부서는 실·국의 예산 요구를 받아 10월부터 11월까지 종합 조정을 한다. 기획관리실장과 예산 담당이 단체장의 의견을 반영하여 예산 요구를 조정한다. 이 과정에서 실·국장, 과장, 의회 사무국장(처장) 등과 협의하여야 하며, 세입예산의 증액이 필요한 경우에는 세정 업무 담당 등과 협의하여야 한다. 최근에는 예산 편성에 주민이 참여할 수 있도록 주민참여 예산제도가 활성화되어 있다. 자방자치단체는 여론조사, 공청회 등을 통하여 주민의 참여를 촉진하기도 한다(지방재정법 제39조).[10)]

단체장의 예산 사정은 종횡으로 다음과 같이 생각해 볼 수 있다. 종적으로는 과장의 사정, 기획관리실장의 사정, 단체장의 사정 과정을 생각해 볼 수 있다. 횡적으로는 세입 추정, 법적·의무적 경비의 조정, 자체사업비의 조정이다. 세입의 추정은 자체 수입, 중앙부처에서 잠정적으로 알려 주는 국고보조금 금액, 지방교부세 등을 고려하여 정하며 대개 10월 20일 정도에 추계가 이루어지면 그것에 맞추어 세출도 조정하게 된다. 과장 등 실무자가 예산을 조정할 때에는 법률 및 기준의 적용, 계산의 엄격성 등을 검토하지만 기획관리실장의 조정에서는 실·국의 불평, 정책적 사항 등 실무자가 등한시하기 쉬운 부분들을 검토하며, 자치단체에 따라서는 부자치단체장을 위원장으로 하는 예산조정위원회를 운영하는 단체도 있다. 그리고 단체장은 가용재원의 규모를 고려하여 자체사업을 주로 조정한다. 그리고 이러한 과정은 아래에서 위로, 그리고 위에서 아래로 반복되는 것이 보통이다.

단체장의 사정이 끝나면 예산 담당 부서에서 예산안을 편성하여 단체장의 결재를 받은 후 실·국 예산 운영 단위들에 소관 예산안의 결정 내용을 알려 주어야 하는 것이 규정이다.

5) 집행부 예산안 제출

단체장의 사정이 끝나면 예산 담당 부서에서 예산안을 작성하여 의회에 제출한다. 그러나 이 단계에 이르기까지 계속 수정이 있기 마련이다. 단체장 자신이 예산 편성 과정에 따라서 요구자이며 혹은 삭감자이고, 각 실·국의 요구와 의원들의 요구들을 최종적으로 조정하여야 하기 때문에 수정이 계속 이루어진다고 볼 수 있다. 이런 변화를 취합하여 예산 담당 부서가 단체장의 결재를 받으면 공식적으로 의회에 제출하게 되는 것이다. 그러나 의회의 예산 심의 중에도 예산을 수정할 수도 있고 추가경정예산을 편성할 수도 있다. 집행부의 예산안이 의회에 제출되면 곧 단체장이나 기획관리실장이 지방의회 의장단, 예산결산위원회 등을 방문하여 예산 편성 결과를 설명하기도 한다.

---

10) 브라질 포르투알레그레 시 주민참여 예산제도 사례에 관해서는 안성민(2005)을 참고할 것. 우리나라는 2011년부터 모든 지방자치단체에 주민참여 예산제도가 의무화되었다(장노순·정성호·유호선, 2012: 104).

2. 지방의회의 예산 심의 의결

시·도는 회계연도 개시 50일(11월 11일) 전까지, 시·군은 회계연도 개시 40일(11월 21일) 전까지 예산안을 국회에 제출하여야 한다. 시·도 의회는 그것을 회계연도 개시 15일(12월 16일) 전까지, 그리고 시·군 의회는 10일(12월 21일) 전까지 의결하여야 한다(지방자치법 127조). 지방의회의 예산 심의 과정은 국회의 그것과 비슷하다.

1) 단체장의 예산안 제안 설명

본회의에서 단체장이 일반회계와 특별회계 세입세출예산안 제안 설명을 한다. 집행부의 국장, 교육청의 교육감, 의원이 모두 참여한 가운데 단체장은 시정 방침과 중점 투자 방향, 세입세출 예산 규모, 회계별 세출예산 및 사업을 대략 설명한다.

의원들은 단체장의 예산안 제안 설명이 있기 전부터 집행부 간부들과의 간담회, 출신 지역의 공무원으로부터 의견 청취 등 사전에 예산 심의 준비를 하기도 한다.

2) 상임위원회의 예비심사

지방자치가 다시 실시된 1992년부터 한동안 2006년까지 의원이 13인 이상이어야 위원회를 설치할 수 있다는 규정이 있었다. 현재는 그런 규정은 없지만 규모가 작은 지방의회는 본회의 중심으로 회의가 운영된다. 그러나 상임위원회가 있는 경우 다음과 같은 절차를 밟아 예산안을 심의한다. 위원장이 개회를 선언하고 의사일정을 상정하면 곧 이어서 실·국별 소관 예산안 제안 설명, 전문위원의 검토 보고, 상임위원의 질의 답변, 계수 조정, 표결 및 의결, 의장에게 보고, 의장의 예산결산특별위원회 회부 순으로 이루어진다.

실·국별 소관 예산안 설명은 실장이나 국장이 개략적인 설명을 하고 과장들이 좀더 자세히 설명한다. 상임위원회 심의가 3~4일 이내 이루어져야 하기 때문에 소관 실·국별로 하루씩 돌아가며 제안 설명과 질의가 이루어지고 계수 조정에 들어간다. 계수 조정은 비공개로 이루어진다. 계수 조정이 이루어지면 상임위원회에서 표결 처리한다.

3) 예산결산특별위원회의 종합 심사

예산결산특별위원회의 예산안 심사도 국회의 그것과 유사하다. 심사 절차는 부단체장의 제안 설명, 전문위원의 검토 보고, 위원의 종합 질의, 실·국장의 소관 예산에 대한 제안 설명과 위원의 질의, 계수조정소위원회의 조정, 예산결산특별위원회 의결, 본회의에 보고 순이다. 대개 6~7일 간 심사가 이루어진다.

부단체장의 예산안 설명에 이어 이루어지는 예산결산특별위원회 전문위원의 검토 보고는 위원들이 예산 심의를 하는 데 필요한 정보를 제공한다고 볼 수 있다. 위원들은 예산을 심사할 때 전문위원이 지적한 사항을 자세히 검토하고 질의도 한다. 그러나 위원들의 종합 질의는 예산만이 아니라 자치단체 현황에 대해서 전반적으로 질의를 한다. 예산결산특별위원회 종합 심사에서 중요한 것이 계수조정 소위의 활동이다. 위원장과 간사 등이 참여하는데 회의가 비공개이고 사실상 예산안이 이 소위에서 조정되기 때문이다. 계수조정 소위안은 대개 예산결산특별위원회안이 된다. 예산결산특별위원회 위원장이 심사 결과를 의장에게 통보하면 의장은 본회의에 그것을 상정한다.

4) 본회의 의결

본회의에서 예산결산특별위원회 위원장이나 위원장이 지명한 위원이 종합 심사 결과를 보고한다. 이어서 의원들이 질의 후 찬반 토론을 거쳐서 의결한다. 본회의에서 예산안이 의결되면 3일 이내에 자치단체장에게 이송한다. 광역자치단체장은 행정안전부 장관에게, 기초자치단체장은 상급 자치단체장에게 의결된 예산을 지체없이 보고하고, 그 내용을 자치단체의 공보, 게시판, 신문 등을 통하여 고시한다(지방자치법 제133조).

새로운 회계연도가 개시될 때까지 의회가 예산안을 의결하지 못하면 집행부는 준예산을 집행하도록 규정되어 있다.

3. 예산의 집행

지방자치단체의 예산 집행은 매우 복잡하고 많은 예외가 있는데, 여기서는 간단히 배정과 지출, 수입 등으로 나누어 살펴보고자 한다. 예산 집행의 모든 책임은 자치단체장에게 있는데, 단체장은 그 업무를 여러 보좌기관을 통해서 처리한다.

1) 예산 배정과 지출

(1) 예산의 배정과 재배정

예산이 성립하면 단체장이 예산 배정을 한다. 예산이 배정되어야 그 범위에서 지출이 가능하다. 단체장의 지시를 받아 예산 부서가 세입, 세출, 채무부담행위, 명시이월비를 포함한 예산배정계획서를 작성하고, 이에 의거하여 각 기관에 월별 또는 분기별 배정을 한다. 그리고 단체장은 각 기관에 지출한도액을 통보한다. 배정계획서는 세정 부서가 마련한 세입예산 월별 징수계획서와 예산 부서에서 취합·조정한 세출예산 월별 지출계획서를 바탕으로 작성한다(지방재정법시행령 2017.12.29. 제56조). 이러한 절차를 하부기관의 장이 다시 하는데, 이것을 재배정이라고 한다.

지방자치단체장이 지방의회의 사무기구, 보조기관, 소속행정기관 및 하부기관에 대해서 배정하고, 또 각 하부기관의 장이 재배정을 한다. 그러나 실무적으로는 예산 부서와 세정 부서, 그리고 사업을 수행하는 부서가 협력해서 배정과 재배정을 한다.

(2) 재무관의 지출원인행위

지출의 원인이 되는 계약, 그 밖의 행위를 지출원인행위라고 한다. 단체장이 지출원인행위를 하도록 되어 있는데, 이 업무를 위임받은 공무원을 재무관이라고 부른다. 지출원인행위는 법률·조례·규칙을 따라야 하고 배정된 예산의 범위에서 해야 한다.

(3) 지출원의 지출

지출원인행위가 이루어지면 그 관계 서류가 지출원에게 송부되며 지출원은 지방자치단체의 금고(金庫)에 대해서 지급명령을 한다. 지출원은 지급명령을 내리기 전에 그 경비의 지출이 배정된 예산 금액과 지출한도액의 금액과 일치하는지 여부와 소속 연도의 세출 과목인지 그 여부를 확인하여야 한다(지방회계법시행령 2018.9. 18. 제33조).

재무관과 지출원, 그리고 현금 출납의 직무는 서로 겸할 수 없는 것이 원칙이다(지방회계법 제20조).

2) 수 입

지방자치단체의 장은 지방세와 그 밖의 세입을 법령과 조례 또는 규칙에 따라서 징수하여야 한다(지방재정법 제61조). 자치단체장은 징수 등의 업무를 위임하여 처리한다.

(1) 징수기관(징수관)의 징수

징수기관(징수관)은 세입의 징수 원인, 금액에 대해서 조사・결정한 후 납부 의무자에게 납입의 고지를 한다.

(2) 수납기관

세입의 수납은 출납공무원만이 할 수 있다. 수입금출납원이라고도 한다. 수입금출납원이 직접 수입을 수납한 경우에는 그 수납금을 당해 지방자치단체 금고에 지체 없이 납입하여야 한다. 보통의 경우에는, 납세자가 금융기관에 납부하면 그것이 자치단체의 금고에 납부되거나 납세자가 직접 금고에 납부하게 되어 있다.

징수기관과 수납기관은 분리되어 있는 것이 원칙이다(지방회계법 제23조).

3) 기록과 보고

징수관, 경리관, 지출원 등은 장부를 비치하고 필요한 사항을 기재하여야 한다. 그리고 이들은 자치단체장에게 소관 사무에 대해서 보고서를 제출하여야 한다(지방회계법 제52조).

징수관은 징수부, 경리관은 지출원인행위부, 지출원은 지출부를 각각 비치하고 기록하여야 한다. 이들 기관은 지출에 관한 계산서를 단체장에게 보고하여야 한다. 또 지방자치단체의 금고도 세입세출 및 세입세출 외 현금의 출납에 관한 장부를 비치하고 일계표(日計表)를 자치단체장에게 보고하여야 한다. 이러한 절차에 의해서 단체장은 매일매일 이용 가능한 현금이 어느 정도인지 알 수 있다.

4. 결산과 회계검사

지방자치단체의 예산은 회계연도 1년 간 효력이 있다. 지방자치단체는 당해 회계연도의 수입으로 경비를 충당할 수 있다. 이러한 수입과 지출의 거래를 명백히 하고 이것을 비판적으로 검토하는 것이 결산이고 회계검사이다. 그 절차는 다음과 같다.

1) 지방자치단체의 출납폐쇄와 출납사무의 완결

지방자치단체는 수입금의 수납과 지출금의 지급을 회계연도 종료 후 1월 20일까지 하여야 한다. 이 기간을 출납폐쇄기한이라고 한다. 그리고 지방자치단체는 출납에 관한 사무를 다음 회계연도 2월 10일까지 하여야 한다(지방회계법 제7조). 출납은 회계연도 종료 후 1월 20일까지, 그리고 그것과 관련된 장부 정리는 회계연도 종료 후 2월 10일까지 완료하는 것이 원칙이다.

2) 단체장의 결산서 작성과 검사위원회의 결산검사

지방자치단체의 장은 출납폐쇄 후 80일 이내에 결산서와 증빙서류를 작성하여야 한다. 그리고 지방자치단체장은 결산서를 의회에 송부할 때 검사위원회의 검사의견서를 첨부하게 되어 있다. 단체장이 검사위원회의 결산검사에 필요한 서류를 제출하여야 하는데, 이때 제출되는 재무보고서는 발생주의와 복식부기 회계 원리에 따라 작성되어야 하며, 공인회계사의 검토 의견이 첨부되어야 한다(지방자치법 제134조, 지방회계법 시행령 2017.7.26. 제16조).

검사위원회는 의회가 구성한다. 보통 의원, 전직 공무원, 회계사, 세무사 등으로 구성된다. 서울특별시, 경기도 등 시·도는 5인에서 10인 이하, 수원시, 서초구 등과 같은 시·군·구는 3인 이상 5인 이하로 구성된다. 의원이 검사위원회의 1/3 이상을 점할 수 없다(지방자치법 시행령 2018.1.9. 제83조).

검사위원회는 세입·세출, 계속비, 명시이월비, 사고이월비, 채권·채무, 재산·기금, 금고 등의 결산을 검토하여 검사의견서를 단체장에게 제출한다(지방자치법 시행령 제84조).

3) 단체장의 결산서 제출

자치단체의 장은 다음 회계연도 5월 31일까지 지방의회에 결산서를 제출해야 한다. 이때 결산위원회의 결산검사 의견을 첨부해야 한다(지방회계법 시행령 제10조).

이때 결산서는 결산개요, 세입·세출 결산, 재무제표(재정상태표, 재정운영표, 순자산변동표), 성과보고서로 구성되며 계속비 결산 명세서, 성인지결산서 등이 첨부된다(지방회계법시행령 제15조, 제16조).

4) 지방의회의 결산 승인

결산의 승인은 지방의회의 권한이다. 의회는 제1차 정례회에서 결산을 처리하는데 그 절차는 예산 의결과 동일하다.

지방자치단체는 의회의 승인을 받은 경우, 그 내용을 5일 이내에 행정안전부 장관 등 상급 기관에 보고하고, 주민에게 널리 알려야 한다.

표 6-7 지방정부 예산 과정의 주요 단계

<table>
<tr><th>예산 편성</th><th>예산 심의</th><th>예산 집행</th><th>결산 및 회계검사</th></tr>
<tr><td>지방자치단체 재정운용업무편람 시달(행정안전부, 7월 31일까지)</td><td>제안 설명(단체장)</td><td>예산 배정
(단체장)</td><td rowspan="2">출납폐쇄(1월20일까지)
출납사무 완결
(2월 10일까지)</td></tr>
<tr><td>예산편성지침 시달
(지방자치단체, 8월 31일까지)</td><td>예비심사
(상임위원회)</td><td>재배정
(하부기관장)</td></tr>
<tr><td>예산 요구(각 기관)</td><td rowspan="2">종합심사
(예산결산특별위원회)</td><td>수입(세입조사, 납입고지, 수납)</td><td>결산서 작성(출납폐쇄 후 80일 이내)
결산검사위원회의 검사</td></tr>
<tr><td>예산 조정(예산 담당부서)</td><td>지출(지출원인 행위, 지급)</td><td>단체장의 결산서 의회에 제출(다음 회계연도 5월 31일까지)</td></tr>
<tr><td>예산안 제출(집행부)[a]
(광역 회계연도 개시 50일 전)
(기초 회계연도 개시 40일 전)</td><td>본회의 의결(정례회)
(광역, 회계연도 개시 15일 전[b])
(기초, 회계연도 개시 10일 전)</td><td>기록 보고
(각 기관)</td><td>결산 심의・의결
(제1 정례회 회기 내)</td></tr>
</table>

* a: 11월 11일까지/11월 21일까지.
b: 회계연도 개시 15일 전(12월 16일까지), 10일 전(12월 21일까지).

[부 록] 2017년 7급 공개경쟁채용 필기시험(행정학 ㉮책형 문8번)

문8. 「국가재정법」상 특별회계를 설치할 수 있는 근거법률이 아닌 것은?

① 「국가균형발전법」

② 「정부기업예산법」

③ 「군인연금특별회계법」

④ 「책임운영기관의 설치 · 운영에 관한 법률」

출처: http://www.gosi.go.kr>시험문제/정답(2019.3.8).

정답

문8. ③

설명: 「군인연금특별회계법」은 2008년 폐지되었다. 2017년에는 존재하지 않는 법률이다.

Chapter

7

예산 이론

학습 목표

제7장의 학습 목표는 예산의 결정이 어떻게 이루어지는가? 또는 이루어져야 하는가에 대한 여러 견해를 이해하는 것이다. 이 장에서는 정부 활동의 성질을 이해하는 데 도움이 되는 시장실패론과 비시장실패론을 포함시켜 소개한다. 제7장의 학습 목표는 다음의 질문에 답을 찾는 것이다.

- 예산 이론이 어떻게 변천하였나?
- 시장실패론과 비시장실패론은 무엇인가?
- 예산이 팽창하는 현상을 어떻게 설명할 수 있나?
- 예산에 영향을 미치는 요인은 무엇인가? 정치적 요인인가? 아니면 사회적·경제적 요인인가?
- 공공선택론이란 무엇인가?
- 총체주의(합리모형)와 점증주의(점증모형)는 무엇인가?
- 모호성모형은 무엇인가?
- 다중합리성모형은 무엇인가?

예산 이론이란 재원이 동원되고 배분되는 현상을 설명하고자 하는 체계적인 견해를 말한다. 우리가 관심을 가지고 있는 것은 정부의 예산 운영이므로 정부가 사회로부터 재원을 동원하고, 그 재원을 행정기관을 통하여, 또는 정책과 사업을 수행하기 위하여 배분하는 데 적용되는 기준과 절차가 어떠하며 또는 어떠해야 하는가에 관한 의문이 제기된다. 이때 우리는 예산 이론의 필요성을 느끼게 된다.

예산 이론은 지난 70여 년 동안 발전되어 왔다.[1] 한국 행정학에서는 1970년대부터 조직론과 정책학의 발전과 함께, 윌다브스키(Aaron Wildavsky)의 점증주의 이론이 소개되면서 예산 이론에 관한 관심이 커졌다.

이 장은 제1절에서는 예산 이론의 큰 흐름과 이론의 유형을 간단히 소개한다. 그리고 다음 절에서는 예산 이론을 간단히 설명할 것이다. 여러 예산 이론을 이해하면 그것들을 현상 연구에 적용할 수 있을 것이다. 초보자는 시장실패론, 비시장실패론, 예산팽창론(국가 활동 증대의 법칙, 전위 효과, 지대 추구 등), 예산결정요인론, 공공선택론, 총체주의, 점증주의, 모호성모형, 단절균형이론, 다중합리성모형 등의 용어를 잘 기억한다면 다음에 학습할 때 도움이 될 것이다. 마지막 제11절에서는 위 내용을 간단하게 요약한다.

제 1 절 예산 이론의 발전과 이론의 유형

1. 예산 이론의 발전

여기서는 예산 이론의 흐름을 재무행정 분야에서 자주 인용되는 문헌을 중심으로 ① 경제학과 효용의 극대화, ② 정치학과 갈등의 해결, ③ 예산 결정 과정과 결과, ④ 정치 과정과 분석 과정의 통합, ⑤ 성과의 강조와 거시예산 운영 등으로 나누어 정리하고자 한다.

---

1) 여기서 70여 년이라고 한 것은 키(V. O. Key, Jr)의 『예산이론의 결여』(1940)를 기준으로 한 것이다.

1) 경제학과 효용의 극대화

정부의 예산 규모와 특정 부처에 예산을 배분하는 문제에 대하여 경제학이나 재정학에서는 기본적으로 한계효용이론을 응용하고 있다.

피구(Arthur C. Pigou)는 사회의 후생을 극대화하기 위하여 민간 부문과 정부 부문의 균형을 중요시하고, 그 접근 방법으로 민간 부문에서 소비자와 시장의 행태를 설명하는 한계효용이론을 사용하였다(김남주 외, 1966: 52–56).

한편, 바그너를 비롯한 여러 학자들이 예산 규모의 증대 원인을 국가 활동의 확대, 전쟁, 개발의 확대 등으로 설명하였다(Musgrave & Musgrave, 1980: 151–160; Buchanan & Flowers, 1975: 54–64).

일반적으로 경제학이나 재정학에서는 세입·세출의 규모, 그리고 정부 부문과 민간 부문의 균형을 연구할 때 한계효용이론을 원용하고 있다. 그러나 키(Valdimer O. Key, Jr.)와 버크헤드(Jesse Burkhead)는 정부 부문에서는 효용을 비교할 수 없다고 하였다(Key, 1980: 235–236).

이들은 피구의 이론을 다음과 같이 비판한다. 정부가 단일체이고 오로지 하나의 목적만 가졌다면 한계효용으로 예산 규모를 결정할 수 있다. 그러나 정부는 입법부, 사법부, 행정부 등 여러 기관으로 구성되어 있으므로 단일체가 아니며, 상이한 목적을 가진 여러 사업을 수행하므로, 민간 부문과 정부 부문, 그리고 사업 간의 자원 배분에서 그 효용을 비교할 수 있는 공통분모가 존재하지 않는다. 따라서 예산 배분은 경제의 문제라기보다 오히려 정치의 문제로 보는 것이 타당하다는 것이다(Wildavsky, 1980: 239).

2) 정치학과 갈등의 해결

예산 배분을 한계효용이론에 입각하여 할 수 없다면 어떤 방법으로 할 수 있을까? 그 해결 방법의 하나는 사회주의 국가에서 사용하는 방법이다. 그러나 이때에도 동일한 문제가 여전히 남는다. 고도로 발전된 기법이나 합리적인 통제를 가한다 하더라도 서로 다른 목적을 가진 사업들에 예산을 배분할 때 그 효용을 비교하기가 어렵다는 것이다. 키(Valdimer O. Key, Jr.)는 1940년에 발표한 『예산이론의 결여』에서 시정부(市政府)의 예산 지출, 공공사업 계획, 수자원 개발 등 분야에서도 아직 명확한 방법을 제시하지 못하고 있다고 보고, 결국 정치 과정을 통해서 상대적 가치를 비교할 수 있다고 하였다. 그는 경제 이론이 무용(無用)한 것은 아니지만 자원 배분의 문제를 정치철학의 문제로 보는 것이 더 타당하다고 생각하였다(Key, 1940: 1143).

루이스(Lewis, 1978: 221－235)는 예산 배분의 문제가 정치의 문제이기는 하지만 예산의 효과적인 사용을 위해서는 경제학의 이론을 원용할 수 있다고 주장하였다. 즉, ① 자원 사용의 상대적 가치 비교, ② 한계효용 체감을 알아보기 위한 증분분석(增分分析), ③ 목적 달성 정도를 판단하기 위한 상대적 효과성 비교 등을 이용하여 예산 편성의 정당성, 예산 운영의 능률, 권위주의의 완화 등을 기할 수 있다고 하였다. 그러나 루이스는 예산 결정에 비경제적·비합리적 요인이 개재함을 인정하였다.[2)]

윌다브스키는 예산에 관한 경제학적 연구를 규범론이라 지칭하고, 이런 방법은 자원 배분에 유용한 지식을 제공해 주지 못한다고 하였다. 그는 예산이 어떻게 배분되어야 한다는 주장은 '정부가 무엇을 해야 한다'는 규범 이론(規範理論)이라는 것이다. 이러한 규범 이론은 갈등이 없는 이상사회에서나 가능한 것이며, 가치와 선호에 관한 갈등이 존재하는 현실 세계에서는 불가능하다는 것이 그의 주장이다.

예산 배분에서 제기되는 문제는 자원 배분으로부터 효용을 극대화하는 것뿐만 아니라, 그로써 "누가 얼마나 이익을 얻느냐" 하는 것이다. 이러한 의미에서 예산 개혁은 회계 제도나 예산 절차를 개편하는 것이 아니라 정치구조, 정치 과정, 가치 배분 등에 변화를 기하려는 것이다. 따라서 예산 배분을 통해서 이익을 보는 자와 손해를 보는 자들이 서로 어떻게 행동하는지에 관한 기술적 이론(記述的理論)의 도움 없이는 자원 배분의 실제를 이해할 수 없다는 것이다. 이러한 이유 때문에 윌다브스키는 키와 마찬가지로 의원, 행정부처, 이익집단 등의 역할, 태도, 전략 등을 연구해야 된다고 하였다. 그는 사회에 갈등이 존재하는 한, 그리고 사회가 단일한 유기체가 아닌 한, 예산에 관한 연구는 정치에 관한 연구의 또 다른 표현에 지나지 않는다고 하였다.

2) 루이스(Verne B. Lewis)의 Toward a Budgetary Theory는 1952년에 발표된 논문이다.

3) 예산 결정 과정과 결과

한편, 제2차 세계대전 이후 꾸준히 발전한 체제분석, 관리과학 등을 원용하여 예산 배분 시에 결정 기준을 명백히 하려는 연구 경향이 크게 대두되었다. 이와 같은 연구 경향을 대표하는 학자 중에 한 사람인 쉬크는 윌다브스키 등이 주장하는 과정 중심적(過程中心的) 접근 방법을 비판하였다. 그는 과정 중심적 접근 방법은 다원주의(多元主義)를 기초로 하고 있는 동시에 완전 경쟁 시장으로부터 유추한 것으로 보고 이러한 관점을 비판하였다(Schick, 1978: 65-88).

다원주의는 ① 가치 문제의 회피, ② 기득 이익의 옹호, ③ 이익집단에 대한 지나친 믿음, ④ 갈등의 조장, ⑤ 미국의 풍요, 성장, 안정, 합의에 대한 미국인의 만족감 등에 기초하고 있다. 다원주의는 과정이 훌륭하면 그 결과도 훌륭하다는 규범론에 지나지 않는다. 따라서 과정 중심적 접근 방법은 예산 결정 과정의 결과를 연구하려 하지 않는다는 것이다. 또한 시장은 ① 공공재, ② 외부 효과, ③ 불완전 경쟁, ④ 대표성 등의 측면을 살펴볼 때, 그 기능을 충분히 할 수 없다는 것이다(오석홍 외, 2000: 432-438).

따라서 쉬크는 실증적 투입-산출모형과 규범적 후생경제학의 개념을 사용하여 예산 배분의 효과성과 사회적 적합성을 제고하여야 된다고 보았다. 즉, 쉬크는 예산 배분의 결과에 연구 초점을 두어야 한다고 주장하였다.

4) 정치 과정과 분석 과정의 통합

윌다브스키, 쉬크(Schick, 1973: 46-156), 슐츠(Schultze, 1968), 헤이브만(Haveman, 1977: 77-591), 화이트(White, 1978: 403-431) 등의 연구를 개관하여 볼 때, 현재 예산 배분에 관한 연구는 경제적 합리성을 강조하는 경향과 정치적 합리성을 강조하는 경향이 교차하고 있음을 알 수 있다. 그뿐만 아니라 계획예산 제도, 목표에 의한 관리, 영기준 예산 제도 등에 대한 논의를 종합하여 볼 때, 예산 배분에서 효용의 극대화 및 결정 내용의 적합성을 제고하려는 경향과, 예산 배분에는 갈등이 존재하기 마련이므로 예산 결정은 정치라고 보는 입장이 서로 대립하고 있지만, 양자의 공통점을 발견할 수 있다. 그것은 정치 과정과 분석 과정을 통합하려는 경향이다. 즉, 한정된 자원을 특정한 목적에 배분하고자 할 때, 제기되는 갈등을 해소하기 위해서 행위자 간의 관계가 정형화되어 있는 정치구조 또는 정치 과정에 의존할 수밖에 없지만, 예산 배분을 정치 과정에만 의존할 경우에는, 자원의 배분이 소기의 성과를 거둘 수 없다. 따라서 자원의 배분에는 객관적인 분석이 중요해진다는 것이다.

5) 성과의 강조와 거시예산 운영

쉬크는 목표와 결과를 중시하는 반면에 윌다브스키는 과정을 중시하였다. 그러나 이러한 논의는 미국의 1950년대와 1960년대를 토대로 한 것이었다. 즉, 미국의 경제가 호황일 때 전개된 것이었다. 1970년대와 1980년대에 미국은 엄청난 재정적자에 허덕이게 된다. 영국 또한 마찬가지였다. 정부는 재정적자에서 벗어나기 위해서 정부의 활동을 축소하는 방향을 택하였다. 즉, 신자유주의에 의존해서 공공 부문을 축소하고 기업을 운영하는 방식으로 행정을 혁신하고자 하였다. 영국 대처(Margaret Thatcher) 수상의 재무관리개혁(Financial Management Initiate, 1982), 책임집행기관 운영(Executive Agency, 1988), 시민헌장 제도(Citizen Charter, 1991) 등의 제도가 그것이다. 미국에서는 최고재무관(Chief Financial Officer Act, 1990), 오스본(David Osborne)과 게블러(Ted Gaebler)에 의한 『정부재창조(*Reinventing Government*)』(1992)와 고어(Al Gore) 부통령에 의한 『정부성과검토보고서』(NPR, 1993), 정부성과관리법(Government Performance and Results Act, 1993) 등으로 구체화되었다. 이러한 경향은 세계화 · 정보화의 흐름에 의해서 세계로 전파되었다. 재정적자에 대응하여 국가의 우선순위를 중시하는 거시적 예산 운영, 관리 방식의 혁신, 민영화, 성과에 기초하는 예산 운영이 여러 국가와 지방정부에 전파되었다. 다시 투입이나 과정보다 고객 위주의 관리와 성과 및 결과를 중요시하는 관점이 지배하게 되었다 (Schick, 1986: 124– 134; 1988: 523–533; Poister & Streib, 1999: 325–335).

이상에서 예산 이론의 흐름을 살펴보았다. 그 흐름은 처음에는 자원 배분에서의 효용을 극대화하려는 경향이 지배적이었다가, 1960년대에 접어들면서 그것을 정치적 입장에서 설명하려는 기술적 이론이 발전하는 경향을 보였으며, 1970년대와 1980년대에는 정치 과정으로서의 예산 과정과 분석 과정을 통합하려는 노력이 계속되고 있기는 하지만 과정보다는 성과를 중시하는 경향이 지배적이다. 최근에는 민간 부문에서 활용된 기법과 생각을 정부 부문에도 적용하고, 더 나아가 시장과 정부를 구분하지 않고 통합적인 시각을 탐색하는 노력이 나타나고 있다. 이른바 거버넌스(governance)가 그것이다(김석준 외, 2000).

한편, 조직론에서는 의사 결정을 합리성에 기초하여 개발하여 왔으나 최근에는 불확실에서 한 발 더 나아가 모호성에 초점을 두어 쓰레기통모형, 모호성모형을 개발하고 있다. 모호성모형을 예산 운영에 적용·연구하고 있는 밀러(Gerald J. Miller)가 대표적이다.

2. 예산 이론의 유형

재정학, 공공경제학, 행정학 등에서 소개되고 있는 예산 이론은 매우 다양하다. 따라서 예산 이론의 특징을 좀 더 잘 이해하기 위해서는 몇 가지 기준에 따라서 이론들을 분류해 보는 것이 도움이 될 것이다.

정정길(1988: 598-606)은 정책과 의사 결정을 논하면서 의사 결정의 모형을 ① 지적인 측면에서 의사 결정자가 합리적으로 결정하는지 여부에 따라서 합리모형(rational model)과 인지모형(cognitive model), ② 의사결정론을 연구하는 목적에 따라서 규범론(normative theory)과 실증론(empirical theory), ③ 의사 결정의 주체에 의한 구분으로서 개인적 의사결정론과 집단적 의사결정론 등으로 구분하였다.

프렘찬드(Premchand, 1983: 40-61)는 서로 중복되기는 하지만, 예산 이론을 ① 규범적 이론과 실증 이론, ② 경제적 접근법과 조직적 접근법 등으로 분류하였고, 강신택와 유훈(1987: 75-84)은 합리성의 유형을 기준으로, ① 경제적 합리성을 강조하는 것으로 총체적·종합적 결정모형(synoptic-comprehensive model)과, ② 정치적 합리성을 강조하는 점증모형(incre-mental model)으로 구분하였다.

밀러(Miller, 1991: 34-36)는 기존의 예산 이론을 비판하면서 ① 합리모형(synopticism), ② 점증모형(incrementalism), ③ 모호성을 강조하는 모호성모형(ambiguity model)으로 구분하였다. 모호성모형은 쓰레기통모형(garbage can model)이라고도 한다.

그러나 위의 모형들은 예산의 규모와 배분에 대한 결정을 의사결정론을 중심으로 설명한 것이다. 이 밖에 예산의 증가를 관료제, 정치기구 등의 행위자들의 특성에서 찾는 공공선택론 또는 정치경제론, 주로 환경적 요인에서 찾는 예산팽창론과 예산결정요인론 등이 있다. 그리고 마르크스주의 경제학을 예산분석에 적용한 자본주의 재정위기론이 있다(우명동 옮김, 1990).

다음에서는 만족모형을 점증주의에 포함시켜 점증주의(점증모형), 총체주의(합리모형) 시장실패론, 비시장실패론, 예산팽창론, 예산(정책)결정요인론, 공공선택론, 모호성모형, 단절균형이론, 다중합리성모형 등을 소개하고자 한다.[3)]

제 2 절 시장실패론과 비시장실패론

시장실패론을 여기서 소개하는 까닭은, 이것이 정부 활동의 범위와 기준을 제시하여 줄 뿐만 아니라 예산 운영의 중요한 성질을 설명해 주기 때문이다.

조직화·산업화된 현대 사회에서는 남의 도움을 받지 않고 세상을 살 수 없다. 어떤 때는 도움을 받기 위해서 반대급부를 제공한다. 이를테면 우리는 필요한 물건을 얻고 반대급부로 돈을 낸다. 또 어느 때는 필요한 것을 얻기 위하여 돈을 낸다고 해도 그것을 얻을 수 없는 것이 있다. 다시 말해서, 시장에서 살 수 없는 물건이 있으며, 이러한 물건이나 상품은 자발적으로 공급되지 않고 억지로 강제로 생산된다. 이러한 상품을 제공하는 대표적인 기관이 정부이다. 그뿐만 아니라 시장에서 돈을 주고 살 수 있다고 하더라도, 너무 비싼 값을 주어야 살 수 있는 것도 있다. 이 경우에도 정부가 적절한 가격을 정하여 상품이 필요한 사람이 마음놓고 상품을 살 수 있도록 해줄 필요가 있다. 또 어느 때는 소비자가 일정한 가격에 상품을 구입해서 그것을

3) 예산 이론의 유형은 다양하게 소개되고 있다. 강신택·유훈(1987: 76−84)에서는 순수 합리모형(총체주의), 점증주의, 혼합주사모형(mixed scanning model) 등이 소개되어 있고, 백완기(1988: 532−546)에서는 소비자 선호의 접근 방법, 정치적 접근 방법, 경제적 접근 방법 등이 소개되어 있다. 프렘찬드(Premchand, 1983: 42−61)에서는 한계효용론, 공공재론, 공공선택론, 실증적 접근법(예산팽창론 등), 시장실패론, 공공경비귀착론 등이 소개되어 있다.

사용할 수 있지만 그것을 사용하는 과정에서 남에게 피해를 주는 경우도 있다. 예를 들면, 낚시를 즐기는 사람은 일정액의 요금을 내고 유료 낚시터에서 낚시를 즐길 수 있지만 낚시를 즐기는 동안 상수원을 오염시킬 수도 있다. 이 경우에 정부는 상수원을 보호하기 위해서 낚시터의 요금을 올리는 등의 조치를 취해야 한다.

그러면 왜 그러한 현상이 야기되는 것일까? 일부 경제학자들은 모든 상품을 시장이 효율적으로 제공할 수 있다고 보며, 또 일부 경제학자는 시장은 불완전하므로 비시장기구가 일부 상품을 제공하여야 한다고 주장한다. 후자가 시장실패론(market failure)을 전개하는 부류이다. 시장실패론은 시장실패를 정부 활동의 근거로 본다. 이 시장실패론에 비판적 입장을 보이는 견해를 비시장실패론(non-market failure)이라고 한다.

1. 시장실패론

시장이 자원 배분을 효율적으로 하지 못하여 사람들이 필요한 상품을 구입할 수 없거나, 또는 너무 비싼 가격을 주고 구입하게 되는 까닭은 무엇인가? 시장(기능)실패론자들이 제시하는 이유는 대개 공공재(公共財, public goods), 외부경제성(externalities), 시장의 불완전성(market imperfections), 분배적 불평등(distributional inequality) 등이다.

여기서는 공공재, 외부경제성, 소득재배분, 규모의 경제, 불확실성 등으로 나누어 살펴보기로 한다.

첫째, 공공재의 존재이다. 국방, 치안, 방송 등은 공공재의 대표적인 예이다. 이러한 상품은 한 개인이 소비한다고 해서 다른 사람이 소비하는 데 전혀 영향을 주지 않는 특징이 있다. 즉, 집단적으로 소비되어 공공재는 비경합적 소비(非競合的 消費, non-rival consumption)의 성질을 가지고 있다. 예를 들어, 텔레비전 시청자들이 시청료 납부를 거부하는 운동을 하는 경우, 시청료를 납부하지 않는 개인을 방송의 혜택으로부터 제외시키기가 어렵다. 제외시키려 하는 경우, 그 비용이 너무 많이 들기 때문이다. 이와 같이 공공재의 소비로부터 특정 개인을 배제시키기가 어렵다. 이것을 비배제성(非排除性, non-excludabiity)이라고 한다. 이 비배제성으로부터 무임승차자(無賃乘車者, free rider)의 문제가 야기된다. 이와 같은 공공재의 성질로 인하여, 정부의 시장 개입을 정당화할 수 있다. 왜냐하면, 시장에 의해서 공공재의 수요와 공급이 효과적으로 이루어질 수 없기 때문이다. 그러나 정부가 시장에 간여한다고 해도 이 문제가 해결되는 것은 아니다.

둘째, 외부경제(外部經濟, external economy)의 존재이다. 공공재의 비경합적 소비의 특성에서 외부경제 현상이 일어난다. 외부경제에는 긍정적인 것과 부정적인 것이 있다.

한 학자가 돈을 들여서 공부하고 또 연구를 하여 새로운 사상이나 기술을 개발하였을 때, 다른 학자는 물론 기업들은 그 사상과 기술을 이용하여 또 새로운 사상과 기술을 개발할 수 있으며, 기업은 공장을 세워 많은 돈을 벌 수도 있다. 이때 학자의 행동은 결과적으로 사회에 큰 도움을 준다. 이런 현상을 가리켜 외부경제(효과)라 한다. 반면에 공장에서 상품을 생산하면서 공기 오염을 초래하였다고 한다면, 이런 경우 외부비경제(효과)가 있다고 한다.

위의 예에서 학자가 사회로부터 적정한 수혜를 받지 못하면, 연구를 게을리할 여지가 있다. 학자가 연구를 게을리하면, 단기적으로는 학자 개인의 피해가 있겠지만, 그 폐해는 곧 사회 전체의 피해로 나타난다. 다시 말해서, 기업들은 외국에서 새로운 기술을 비싼 값에 도입해 와야 한다. 이러한 까닭에 정부는 학자의 연구를 촉진하기 위해서 연구보조금을 지급하기도 하고, 학자가 연구에 필요한 기구를 도입하고자 할 때에는 관세나 세금의 일부를 면제해 주기도 한다. 한편, 대기오염을 야기시키는 기업에 대해서, 정부는 정화시설을 설비할 것을 명령하기도 하고, 벌칙금을 징수하기도 하며, 세금을 징수할 수도 있을 것이다.

셋째, 소득재분배의 필요성이다. 공공재는 소비에서 비경쟁성과 비배제성이 있다고 하였다. 또 공공재는 외부경제성이 있다고 하였다. 이러한 성질은 소득재분배에서도 찾아볼 수 있다.

하나의 이념으로서, 사회의 개인은 누구나 일정한 소득을 가지고 인간다운 삶을 영위할 수 있어야 할 것이다. 따라서 논자마다 다른 기준을 가지고 있겠지만, 소득이 일정 수준 이하인 사람에 대한 소득재분배의 필요성이 있다고 하겠다. 그뿐만 아니라 실업으로 소득이 없어진 사람이나, 그러할 가능성이 있는 사람, 늙어서 일할 수 없는 노인 등에 대한 복지정책이 필요하다. 즉, 사회의 모든 개인은 소득재분배의 대상이 되고, 누구도 그 혜택으로부터 제외될 수 없다는 것이다. 소득재배분도 비경쟁성과 비배제성이 있다는 것이다.

소득이 서로 다른 집단의 활동은 서로 의존적이다. 예를 들어, 가난한 사람이 점점 많아지면 빈민굴이 많아지고 범죄율이 높아질 수도 있으며, 정치적 불안이 고조될 수도 있다. 이 경우 부자들의 활동이 위축될 수 있다. 또 부자들은 그들의 소득이 허용하는 범위 내에서 빈곤퇴치운동에 헌금을 낼 수도 있고, 방범위원으로서 비용의 일부를 부담할 수도 있을 것이다. 이와 같이 소득재배분은 외부경제성이 있다.

넷째, 규모의 경제를 통한 독과점(獨寡占)의 출현이다. 경쟁시장에서는 각 기업들이 경제적 초과 이윤도 손실도 없는 균형 상태에서 생산 활동을 한다. 만일 기업이 생산시설을 확대하여 평균 생산비를 감소시킬 수 있다면, 기업은 생산시설을 확대하여 생산비를 감소시킬 것이다. 이렇게 되면, 기업은 더 많은 이윤을 남길 수 있고, 이윤이 있는 한 그 이윤을 생산 규모 확대에 투자할 수 있을 것이다. 이러한 현상을, 즉 생산의 평균비용이 규모의 확대에 따라 장기적으로 계속 감소하는 것을 규모의 경제라 한다.

이를테면, 여러 병유리 제조업체들이 서로 경쟁하고 있는 시장에서, 한 병유리 제조업체가 시설투자를 확대하여 생산 공정을 자동화·전산화하여 각종 병유리를 대량으로 생산한다고 하자. 이 제조업체는 공정의 자동화·전산화를 통해서 노동을 대체함으로써 생산비가 대폭 절감될 수 있고, 따라서 출고가를 낮출 수 있게 된다. 이렇게 되면 다른 제조업체들도 출고가를 하향 조정하여야 되지만, 투자 여력이 없는 중소기업인 경우에는 시설 확충을 할 수 없어 가격 경쟁에서 시설을 확충한 대기업에게 패배할 수밖에 없게 된다. 결국 여타의 중소 병유리 제조업체는 시장에서 살아남지 못하고, 마침내 대기업은 독점자로 군림하게 된다. 그리고 독점가격은 한계비용과 같은 가격을 설정하지 않기 때문에 자원 배분의 효율성을 저해한다.

또 위의 예에서 여러 개의 대규모 병유리 제조업체가 자동화·전산화된 생산 공정을 통하여 대량 생산을 하면서 서로 격심하게 경쟁한다고 생각해 보자. 이 경우 서로 가격 경쟁을 하면, 병유리 제조업체들은 가격이 너무 낮아 투자한 비용을 다 회수하지 못하고 손해를 보게 된다. 역시 이때에도 자원 배분의 효율성이 저해된다.

다섯째, 불확실성의 존재이다. 기술, 소비자 선호, 경기 침체 등 미래에 대한 정보 부족으로 불확실성이 야기되고, 이것은 시장의 불안정성을 초래한다.

토마토, 딸기, 수박, 배추 등은 출하 기간이 매우 짧다. 즉 거래 기간이 짧다. 거래 기간이 짧으면, 소비자와 생산자는 어느 수준에서 가격이 형성되는지를 알기 어렵다. 소비자는 조금 기다리면 가격이 하락할 것이라고 생각할 수 있고, 또 생산자는 조금만 기다리면 가격이 상승할 것이라고 생각할 수 있다. 또 그 반대로도 생각할 수 있다.

또 어떤 사람은 실업을 염려하여 지금 당장 지불할 수 있는 대금을 지불하지 않거나 지불하려 하지 않는다. 그뿐만 아니라 소비자는 급격한 기술 개발이 이루어지고 있는 전자제품을 구입하는 데 망설이곤 한다. 이러한 경향이 강화되면 거래가 위축되고 새로운 모델 상품을 개발한 공장은 도산하게 될 것이다.

인플레이션으로 상품을 소비자가 사재기 시작하거나, 대량 실업으로 수요가 없으면 소비자와 생산자는 어려움에 직면하게 된다.

위와 같은 여러 가지 이유에서 시장은 제 기능을 할 수 없게 된다.[4] 따라서 시장경제에 정부가 개입하여 공공재를 생산하고 제공하여야 한다는 것이 시장실패론의 주장이다. 그러나 시장실패론에 대한 비판이 있다.

2. 비시장실패론

시장실패론에서는 정부가 다음과 같은 기능을 수행하여야 된다고 본다. 첫째로 환경 규제, 라디오 · 텔레비전 허가, 식품과 의약품의 규제 등의 규제(規制) 기능, 둘째로 국방, 치안 등 순수 공공재와 교육, 우편, 보건연구 등의 준공공재의 생산(生産) 기능, 셋째로 사회보장, 의료보호 등의 이전지출(移轉支出) 등이다. 그러나 이와 같은 비시장 기능은 비시장(non－market)이 시장(market)과 그 성질이 상이하여 독특

4) 린드블롬(Lindblom, 1977: 76－88)은 시장의 실패를 ① 파레토 최적(Pareto optimality)의 실패, ② 시장의 유인(incentives)의 부족, ③ 시장의 불안정성, ④ 기업의 독점, 개인 선호의 불명, 시장에 대한 도덕적 반대, ⑤ 인간성과 문화의 파괴, 미래의 경시, 범죄, 인종 차별, 성의 상품화, 방위산업체의 확대 등을 들고 있다. 린드블롬의 이와 같은 견해는 시장의 개념을 자본주의로까지 확대 해석한 것으로, 폴라니(Karl Polanyi), 프롬(Erich Fromm), 마르크스(Karl Marx) 등의 비판을 포함시킨 것이다.

한 수요와 공급의 특성을 가지는 까닭에 또 실패한다는 것이다(정용덕, 1984: 612–618); 백완기, 1988: 490–494; Wolf, Jr., 1982: 100–113; 전상경, 1991).

비시장 활동, 즉 정부 활동의 공급 측면을 살펴보면 다음과 같은 특징이 있다.

첫째, 활동의 최종 산출을 원칙적으로 정의하기 힘들고, 실제로도 정의가 잘못되고 있으며, 활동의 최종 산출을 측정하는 데 어려움이 있다. 산출의 측정은 기껏해야 투입과 비교하여 측정할 수 있을 뿐이다. 예를 들어, 정부에서 국민 교육을 위하여 의무 교육을 실시하는 데 그 목적을 정의하기 힘들고, 정의한다고 해도 왜곡되기 쉽다. 또 의무 교육의 결과를 측정하는 방법도 초등학교 교실이 몇 개이며, 한 학급당 학생 수가 몇 명이라는 식이다. 즉, 초등학교 교실이 많고, 한 학급당 학생 수가 적으면 초등학교 교육이 잘되고 있다고 측정한다.

둘째, 산출의 질(output quality)을 평가하기 어렵다. 왜냐하면 시장에서는 소비자 행태로 나타나는 정보가 비시장에서는 존재하지 않기 때문이다. 위의 예에서 교실의 수가 증가하고 학급당 학생 수가 감소하였다고 해서 곧 초등학교 교육의 질이 향상되었다고 보기는 힘들 것이다. 시장에서는 상품의 질이 좋으면 소비자들이 그것을 비싼 값에도 불구하고 구입하려 하기 때문에 상품의 질이 향상된 것을 알 수 있으나, 정부의 활동은 정부에서 제공해 주기 때문에 가격과 관계가 없고, 즉 상품의 질과 관계 없이 생산되고 소비된다. 물론 여론, 의회 등에서 교육, 보건 등의 상품에 관하여 평가하지만 정확하지 않다.

셋째, 경쟁의 부재(不在)이다. 비시장 활동, 정부의 활동은 일반적으로 정부의 단일 부처에서 생산된다. 따라서 독점 생산으로 경쟁자가 없기 때문에, 비시장 활동의 질을 평가하고 향상시키기가 어렵다는 것이다. 국방, 경찰 활동 등이 좋은 예이다.

넷째, 비시장 활동의 특성 중 하나는, 그 성과를 평가할 수 있는 기준, 예를 들면 시장 활동을 평가하는 데 사용되는 손익계산서상의 이익(利益)과 같은 기준이 없다는 것이다. 그뿐만 아니라 비시장 활동이 잘못되었을 때, 그것을 종결시키기 위한 신뢰성 있는 방법(mechanism)이 없다는 것이다.

한편, 비시장 활동, 정부의 활동은 수요 측면에서 다음과 특징이 있다. 즉, 비시장 활동의 수요와 그 수요의 효과성에 영향을 주는 것은 결과적으로 정치가이고, 이 정치가들은 장기적 관점에서보다는 단기적 관점에서, 그리고 활동에 대한 책임보다는 문제를 제기하는 데 초점을 두고 있다는 것이다. 따라서 비시장 활동, 정부 활동은 중복되고 비용도 많이 든다는 것이다.

위와 같은 이유로 인하여 비시장 활동, 즉 정부의 활동은 수요와 공급에 다음과 같은 문제를 야기시킨다고 비시장실패론자들은 주장한다.

첫째, 내부 효과의 유발과 사목표(私目標, private goals)의 설정으로 비용 과다와 공공 목표가 경시될 우려가 있다.

모든 조직은 업무 수행의 결과를 평가하기 위한 기준을 필요로 한다. 그러나 공공조직의 경우에는 그러한 기준을 세우기 어려운 까닭에 조직 내부에서 특정한 기준을 개발하기 마련이다. 그런데 이 기준은 공공조직의 본래의 목표 달성과는 간접적인 관계가 있는 것으로 때때로 본래의 목적과 괴리를 자아낼 우려가 있다. 이때 조직 내부의 기준을 사목표라고 한다. 예를 들어, 국세청 본래의 목적을 공정 과세라고 할 때, 국세청은 자체의 활동을 평가하기 위하여 내부적으로 공정 과세보다 징세 목표의 달성에 초점을 둘 수 있다. 이때 국세청 내부에서 개발된 징세 목표의 달성을 사목표라 할 수 있고, 징세 목표의 달성은 공정 과세와는 괴리가 있으며, 자칫하면 징세 목표를 지나치게 강조하다가 오히려 공정 과세를 훼손할 수도 있다. 이를테면, 세무서 직원이 주어진 징세 목표를 달성하지 못하면 근무평정을 잘 받을 수 없을 것이므로 그 직원은 가능한 한 징세 목표를 달성하려 할 것이다. 그 결과 부작용이 있을 수 있을 것이다. 이 경우 세무서 직원들은 부작용을 부득이한 것으로 이해하고, 그 부작용이 국세청 또는 세무서의 본래 목적을 위배한 것이나 어쩔 수 없는 현상이라는 식으로 자신들의 활동을 정당화할 수 있다. 이것을 내부 효과(internalities)라 한다. 내부 효과는 공공조직이 사목표를 추구하는 과정에서 야기시키는 문제로서 비용과 편익을 과다하게 책정하는 등의 부정적 효과를 초래한다. 정부부처가 부처의 예산을 가능하면 극대화하려고 한다든지, 실제로는 필요하지 않지만 최신식, 고품질, 고가의 시설을 설비하려 한다든지, 군대에서 정교하고 복잡한 최신식 무기 체제를 도입하려고 하는 현상이 바로 내부 효과에 해당한다.

둘째, 비용의 중복과 증가를 초래하기 쉽다. 비시장 활동은 그 성과를 측정하기 힘든 까닭에 내부 효과가 발생하고, 그 결과 비용이 증가하는 경향이 있다. 또 한편, 비시장 활동은 시장 기능 실패를 근거로 해서 수행되는 것이지만, 실패의 원인을 정확히 파악하지 못한 채 각종 정책이 수행되는 수가 많고, 그것도 전문가보다는 정치가들에 의해서 주장되는 까닭에 일관성이 없을 뿐만 아니라 전혀 실현 불가능한 것이 입법화되는 경우도 있다. 따라서 사업의 효율성이 저하될 가능성이 많다.

셋째, 파생된 외부 효과의 문제이다. 시장실패를 교정하기 위한 정부의 개입은 공공정책이 의도한 바와는 거리가 먼 예기치 못하였던 부작용을 파생시킨다. 이러한 부작용은 정부가 거대한 조직을 통해서 사업을 수행하고, 이때 사업들이 미치는 영향의 범위가 아주 넓고 다양해서 그 결과를 측정하기 곤란하기 때문에 발생할 수 있다.

위와 같은 정부 활동의 부작용을, 즉 파생된 외부 효과를 잘 인식할 수 없는 까닭에 정부의 개입이 권장되지만 종종 전혀 예기하지 못했던 부작용을 초래하곤 한다. 비용편익분석을 통해서 관개, 댐 공사 등을 분석할 때에도 유사한 문제가 제기될 수 있다. 일반적으로 정책을 결정할 때, 파생된 외부 효과를 고려하여야만 정책 결정이 개선될 수 있으나, 문제는 파생된 외부 효과를 쉽게 파악할 수 없다는 것이다.

넷째, 비시장 활동, 정부의 개입은 오히려 분배적 불균형(distributional inequality)을 초래할 수 있다는 것이다. 시장 결과의 분배적 불균형을 개선하려는 것이든, 또는 시장 기능의 불충분성을 개선하려는 것이든, 비시장 활동은 그 자체가 분배적 불균형을 초래할 수 있다는 것이다. 이때 불균형은 소득과 재산에 따라 다르게 나타나지만, 그것보다 권력에 따라 양상이 다르게 나타난다는 점이 특이하다. 왜냐하면, 시장에 의한 소득 배분은 비인격적이고 자동적으로 이루어지는 데 반해, 비시장 활동은 그것을 담당하는 기관이 재량권을 가지고 그 권한을 행사하도록 되어 있다. 이를테면 사회복지기관, 공정거래위원회, 노사정위원회 등과 같은 기관이 권한을 행사하는데, 이들 기관의 구성원들 사이에 분포되어 있는 권한이 다르다는 것이다. 따라서 비시장 활동의 결과도 불균형을 나타내기 쉽다는 것이다. 물론 많은 정부기관은 입법부, 사법부, 여론 등의 감시와 비판을 받고 있지만, 정부기관의 능력, 열정, 책임감 등 차이가 있고, 이에 따라서 정부기관의 권력도 차이가 있다 할 것이다. 이러한 권력의 차이는 곧 권력의 불균형과 권력의 남용을 초래할 가능성이 크다. 다시 말해서, 정부의 활동은 잘 조직화된 특정 집단에, 또는 특정 수혜자를 대상으로 공공정책을 수행함으로써 오히려 소득 불균형을 더 악화시킬 수 있다는 것이다. 위와 같은 이유에서 비시장 활동도 실패할 가능성이 크다는 것이 비시장실패론자들의 주장이다.

이상에서 시장실패론을 통하여 정부 활동의 범위와 그 중요성을 대략적으로 유추해 볼 수 있었으며, 비시장실패론을 통해서는 정부 활동의 한계를 이해할 수 있었다.[5)]

제 3 절 예산팽창론

예산팽창론(豫算膨脹論)은 정부 예산이 증가하는 이유를 실증적으로 검토하여 가설이나 법칙을 제시하려는 시각 혹은 입장이다. 예산 팽창을 경제적 · 정치적 · 문화적 측면에서 다양하게 설명할 수 있으나 여기서는 자주 거론되는 몇 가지 시각을 간단히 살펴보고자 한다.[6)]

1. 국가 활동 증대의 법칙

독일의 경제학자 바그너(Adolph Wagner)는 정부 예산(공공 부문)이 장기적으로 계속 증대하는 현상을 최초로 연구하였다. 그는 정부 예산이 계속 증대하는 이유를 다음과 같이 설명한다. ① 경제가 발전하면 국민들의 다양한 욕구가 표출된다. ② 그러한 욕구를 충족시키기 위해서 정부는 법과 질서의 유지와 공공재 생산에 참여하게 된다. ③ 정부의 이러한 활동은 행정 기능의 확대를 초래하며, 따라서 정부 예산은 증대한다. 바그너는 소득과 생산의 증대로 인한 정부 예산의 증대를 국가 활동 증대의 법칙(law of increasing state activities)이라고 하였다.

국가 활동 증대의 법칙에 관해서 여러 학자들이 경험적으로 연구하였는데, 이들은 바그너의 법칙을 상이하게 해석하였다. 그 가운데 대표적인 것 네 가지만 살펴보면

5) 시장과 비시장(정부)에 대해서는 전상경(2005: 15−85)을 참고하면 더 자세한 것을 알 수 있다.
6) 홀시와 보처딩(Holsey & Borcherding, 1997: 563−589)은 비정치적 맥락과 정치적 맥락으로 나누어, 전자에는 상대적 가격 효과, 소득, 선호, 인구, 지역사회 환경적 투입 요소, 거래비용 등을, 그리고 후자(정치적 맥락)에는 중위수 유권자의 지대 추구, 부유한 소득층의 지대 추구, 잘 조직된 소수집단의 연합 형성, 리바이어던이론, 재정 환상 등을 제시하고 있다.

다음과 같다(Premchand, 1983: 53-54).

첫째, 정부 지출의 증가율은 경제성장률보다 높다. 둘째, 경제가 성장함에 따라 국민소득 가운데 공공소비 지출이 차지하는 비율이 증대한다. 셋째, 공공 지출의 증가율이 1인당 GNP의 증가율을 초과한다. 넷째, 1인당 GNP가 낮은 국가에서 높은 국가로 발전하면, GNP에 대한 공공 부문 또는 공공 지출의 비율이 높아진다.

학자들이 이와 같은 가설을 검증하면서 얻은 결론은 정부 예산의 증가라는 현상이 생각하였던 것보다 복잡하다는 것이었다. 머스그레이브는 정부 예산 전체를 분석 단위로 하지 말고 특정 기능에 대한 예산을 분석 단위로 할 것을 권하기도 하였다.

2. 전위 효과

피코크(Alan T. Peacock)와 와이스맨(Jack Wiseman)은 1890년부터 1955년까지의 영국의 재정을 분석하였다. 그들은 정부 부문의 지속적 팽창보다 팽창의 형태에 초점을 두어 분석하였다. 그 결과 자본주의 사회의 안정기에는 예산과 GNP의 증가가 비교적 유사하지만, 전쟁이나 경제적 공황과 같은 대규모의 사회적 혼란을 겪고 난 후에는 정부 예산의 증가가 GNP의 증가를 초과한다고 주장하였다. 그 까닭은 전쟁 등으로 한번 증가된 세수(稅收)는 전쟁이 종식된 후에도 신규 사업에 대체적으로 이용됨으로써 전쟁 전으로 다시 내려가지 않는다는 것이다. 따라서 예산은 증가하게 되는데 이를 전위 효과(轉位效果, displacement effect)라 한다. 그들의 분석에 따르면, 제1차 세계대전 이후 예산 증가의 원인은 교육, 보건, 주택, 국가 부조 등 사회비의 증대였고, 제2차 세계대전 이후의 예산의 증가는 사회비와 국방비의 증대가 주요 원인이었다.

머스그레이브와 머스그레이브(Musgrave & Musgrave, 1980: 151-159)는 예산 증대의 원인을 1인당 소득의 증가, 소비재와 사회간접자원의 증대, 기술의 변화, 인구의 증가, 공공 구매품의 가격 상승, 이전 지출의 증대, 징세의 용이성, 전위 효과 등에서 찾고 있다.

3. 정부 서비스 가격의 상대적 효과

보몰(Willaim J. Baumol)이 주장하였는데, 정부 부문은 저자본 노동집약적인 서비스 산업이어서 자본집약적인 제조업이나 민간 부문에 비해서 생산성이 낮고, 정부 부문은 서비스 원가에서 임금이 차지하는 비율이 크다는 것이다. 따라서 임금이 인상되면 이것이 정부 서비스 비용을 증대시키게 되고, 이것은 정부 지출을 증대시키는 원인이 된다. 정부의 서비스는 그 가격이 비싸든 싸든 수요가 있기 마련이기 때문에 일정 수준의 서비스를 제공하려면 정부 지출이 증가하게 된다. 이에 대한 몇 차례의 경험적 연구가 있었는데 대개 보몰의 가설을 지지하는 결론에 도달하였다.

4. 지대 추구와 연합 형성

지대 추구(rent seeking)와 관련해서는 여러 가설이 있다.[7] 중위수 유권자모형은 멜저(Allan H. Melzer)와 리처드(Scott F. Richard)가 주장하였다. 이들은 정부 서비스는 개인의 재분배 목적에 기여하는 순수 민간재이며, 한 사회의 평균 소득이 중위수 소득을 초과하는 것으로 나타나기 때문에 예산이 증가한다는 것이다. 펠츠만(Sam Peltzman)은 이들의 생각을 발전시켜 중산층의 성장이 정부 예산의 증대를 가져왔다고 주장하였다. 즉, 집단 내 소득의 차이를 축소하려는 경향 때문에 정부 예산이 증대하였다는 것이다. 거래비용이 적기 때문이다. 노스(Douglass C. North)와 올슨(Mancur Olson, Jr.)은 잘 조직된 소수 집단의 압력과 로비에 의해서 공공 부문이 증대된다고 보았다.

5. 리바이어던이론과 재정환상론

정부 팽창의 리바이어던이론(Leviathan theory)은 브레난(Geoffrey Brennan)과

---

7) 지대 추구는 털럭(Gorden Tullock)이 발전시킨 개념이다. 지대추구란 새로운 부를 창출하지 않으면서 기존의 부 중 자신의 몫을 증대시키는 행위를 말한다. 대표적인 예는 정부의 보조금을 받으려고 돈을 들려서 로비를 하는 경우이다.

뷰캐넌(James M. Buchanan)이 미국 정부의 예산이 갑자기 증대된 것을 설명한 것이다. 정부 예산의 증대와 집권화 정도와는 정(正)의 관계가 있어 정부가 독점력을 증대시켜서 세금과 세출을 증대시킬 수 있다는 것이다. 집권화와 분권화가 주요 주제이다.

재정환상론(fiscal illusion)은 오츠(Wallace E. Oates)가 주장한 것으로, 시민들은 자신이 부담하는 세금, 즉 공공 서비스의 가격을 과소 평가하는 경향이 있다는 것이다. 납세자가 재정적 매개 변수를 잘못 인식하기 때문이다. 조세구조의 복잡성, 차입환상, 끈끈이 효과(flypaper effect)[8] 등이 오인을 유발시키는 요인들이다.

6. 문화이론

베버와 윌다브스키(Weber & Wildavsky, 1986: 560－675)가 미국을 포함한 서구 선진국들의 예산 불균형과 팽창을 설명하기 위해서 위의 이론들을 검토하여 문화라는 측면으로 정리한 시각이다.

이들은 오늘의 정부 예산 규모는 어제의 정치문화의 함수라고 보았다. 이들은 앞의 이론들을 검토하면서 소득의 차이, 또는 불균형에 주목하였다. 이들은 정치문화를 삶을 정당화시키는 공유된 가치로 보고, 그것을 평등주의, 시장주의, 계서주의 등으로 구분하였다. 서구의 발전된 국가는 다원적 민주주의인데 미국은 경쟁을 중시하는 시장주의가 강하고 집권성을 중시하는 계서주의는 약하며 평등주의가 강하다는 것이다. 이에 따라서 교육, 보건, 복지 등의 분야에 보장적 지출이 많고 세금은 인상되지 않아 예산은 팽창하고 적자가 누적된다고 주장하였다.[9]

---

8) 끈끈이 효과란 중앙정부의 정액교부금이 지방정부의 지출에 미치는 효과가, 중앙정부의 지방정부 주민에 대한 조세 감면에 따른 주민의 소득 증가가 지방정부 지출에 미치는 효과보다 크다는 것을 말한다(유금록, 1999: 146).

9) 최병선(2006: 209－213)은 윌다브스키(Aaron Wildavsky)의 『문화와 사회(*Culture and Society*)』(1998)를 참고하여 사람들의 정치문화 유형에 따라 사회 현상, 예를 들면 공공재 혹은 민간재에 대한 정의가 달라지는 것을 설명하였다.

7. 자본주의 국가 재정위기론

오코너(James O'Connor)가 주장한 것이다. 자본주의 국가는 자본 축적과 정당화 기능을 수행하여야 하는데 이것은 서로 모순된다는 것이다. 국가는 자본 축적이 가능한 조건을 창출하여야 하면서 동시에 사회적 조화를 유지하여야 한다는 것이다. 이 이론에 의하면, 국가가 한 계급의 희생 하에 다른 계급이 자본을 축적하도록 권력을 사용하면 그것은 국가에 대한 국민의 충성심과 지지를 저하시키게 된다는 것이다. 그렇다고 국가가 자본 축적을 등한시하면 국가 권력의 원천인 조세 수입이 적어진다는 것이다. 국가 지출은 자본 축적을 위한 사회적 자본과 정당화를 위한 사회적 손비로 나뉜다. 사회적 자본은 사회적 투자와 사회적 소비로 분류되는데, 고속도로나 항만을 건설하는 데 소요되는 경비는 사회적 투자이고, 근로자를 위한 각종 사회보험은 사회적 소비이다. 이 경비는 자본 축적에 도움이 되는 것들이다. 정당화 기능에 도움이 되는 사회적 손비에는 복지비, 교육비, 질서유지비 등이 포함된다. 이런 지출은 그 사회적 성격에 의해서 사회적 소비도 되고 사회적 손비도 된다. 교육비는 자본 축적에 도움이 된다는 점에서 사회적 자본이기도 하지만 사회의 조화를 돕고 국가의 정당화 기능을 충족시킨다는 점에서는 사회적 손비이기도 하다.

오코너는 자본주의 국가는 독점자본의 이윤 획득을 위한 자본 축적에 기여하기 때문에 사회적 투자와 사회적 손비를 증대시켜야 하는데, 사회적 투자와 사회적 손비의 축적 과정에서 국가는 자본비용을 점점 사회화하지만 사회적 잉여는 계속 사적으로 전유되기 때문에 국가 지출은 세입보다 더 빠른 속도로 증가하는 재정 위기를 보인다는 것이다. 그리고 국가가 기업, 산업, 지역, 노조 등 특수 이익에 부응하기 때문에 재정 위기는 더욱 악화된다(우명동 옮김, 1990).

예산팽창론은 예산 증가에 영향을 미치는 요인이 정치 · 경제 · 사회적, 문화적 요인 등 다양하다는 것을 확인하는 데 기여하였으나, 본래 의도하였던 법칙을 찾아내지 못하였다. 그러나 예산 연구에 관한 규범적 시각 이외에 경험적 시각을 개척하였다는 데 큰 의미가 있다.

제 4 절 예산결정요인론

예산을 정책 산출이라는 측면에서 연구하는 경향이 많기 때문에 예산결정요인론은 정책결정요인론이라고도 한다. 예산결정요인론의 핵심은 정부 예산에 영향을 미치는 요인이 정치적 요인인가 아니면 사회경제적 요인인가 그 여부를 규명하는 것이다. 이에 관한 연구는 1952년 파브리캔트(Solomon Fabricant)가 『1900년 이후 미국 정부 활동의 경향(*The Trend of Government Activity in the United States Since 1900*)』을 출간하면서 시작되었다. 그는 1인당 예산을 종속 변수로 하여 1인당 소득, 도시화, 인구밀도 등의 독립 변수들의 영향을 파악하였는데, 1인당 소득이 가장 큰 영향을 준다고 하였다.

그 후 키(Valdimer O. Key, Jr.)와 로카드(Duan Lockard), 도슨(Richard E. Dawson)과 로빈슨(James A. Robinson), 호퍼버트(Richard I. Hofferbert), 다이(Thomas R. Dye) 등이 예산과 경제적 변수와 정치적 변수와의 관계를 경험적으로 연구하여, '정치-참여모형(Key-Lockard model)'보다 '허위모형(Dawson-Robinson model)'이 좀 더 적합성이 있는 것으로 밝혀졌다. 즉, 경제적 변수가 정당 간의 경쟁, 투표율 등의 정치적 변수에 영향을 주고, 다시 정치적 변수가 예산 수준에 영향을 준다는 정치-참여모형은 경험적 자료와 일치하지 않았다. 반면에, 경제적 변수는 정치적 변수와 예산 수준에 영향을 주나, 정치적 변수는 예산 수준에 직접적인 영향을 미치지 않는다는 허위모형은 경험적 자료와 대개 일치하였다. 이러한 결과는 정치학자들에게 큰 충격을 주었다. 왜냐하면, 예산 결정 또는 정책 결정에 사회경제적 요인이 결정적 역할을 하고 정치적 요인은 간접적인 역할밖에 못한다면, 정치의 존재가 부정되기 때문이다.

그러나 샤칸스키(Ira Sharkansky)와 호퍼버트(Richard I. Hoffebert), 프라이(Brian R. Fry)와 윈터스(Richard F. Winters) 등은 복지 예산에 대해서 경제적 변수와 정치적 변수와의 관계를 검토하여, 복지 예산의 결정에 경제적 변수는 물론 정치적 변수도 영향을 주며, 경제적 변수는 정치적 변수에 영향을 준다는 사실을 알게 되었다.

이것을 '제3의 모형' 또는 '혼성모형'이라고 한다. 그 후 톰킨스(Gary L. Tompkins) 등은 경로분석(path analysis)을 통하여 더욱 정교한 연구를 하기도 하였다.

김성태(1982)는 호퍼버트모형을 발전시켜 미 시정부를 대상으로 연구하여 1인당 총지출에 대중정치적 요인(정당 간 경쟁, 정치 참여도, 공무원 노조) 및 사회경제적 요인(인구 규모, 중산층 규모, 지역 경기 수준 등)보다 정부 재무구조적 요인(세입의 탄력성, 1인당 세금, 세입 부채, 재정 압박도 등)이 더 큰 영향을 미친다는 것을 보여 주었다. 이것은 행정학도에게 시사하는 바가 크다. 왜냐하면 예산 결정에 정치적 또는 경제적 요인이 영향을 미친다는 것도 중요하지만 행정관리가 담당하고 있는 재무구조의 중요성을 상기시켜 주기 때문이다.

예산결정요인론은 1950년대부터 지금까지 예산의 증가 원인을 밝히기 위하여, 또 교육·사회복지 등 특정 예산의 결정 요인을 밝히기 위하여 노력하였으나 연구 대상, 예산의 이질성, 독립 변수 조작화의 상이, 분석 방법의 다양성 등으로 연구 결과가 다양하였으며, 이것들이 바로 연구의 한계로 지적되고 있다(강인재, 1987: 35-41; 정정길, 1984: 77-93; 남궁근, 1994: 991-1012).

제 5 절 공공선택론

정부 부문은 왜 점점 확대되는 것일까? 왜 정부 예산은 점점 증가하는 것일까? 왜 특정 부문의 예산은 다른 부문에 비해서 상대적으로 더 많이 배분되는 것일까? 왜 선거철이 되면 팽창 예산이 운용되는 것일까? 왜 정당의 공약은 서로 비슷해지는 것일까? 이러한 물음에 공공선택론은 답을 제시하려고 한다.

공공선택론은 경제학적 방법을 응용하여 정치 현상을 연구하는 접근 방법이다. 1950년대부터 일단의 경제학자와 정치학자들이 정치 현상의 이론적 설명을 위하여 공공선택론 또는 정치경제론을 발전시켜 왔다. 애로(Kenneth Arrorw), 블랙(Duncan Black), 노이만(John von Neumann), 다운스(Anthony Downs), 올슨(Mancur Olson, Jr.), 뷰캐넌(James M. Buchanan), 털럭(Gordon Tullock), 니스카넨(William Niskanen) 등이 그들인데, 이들은 조직, 리더십, 연합 형성(coalition formation), 투표 행태, 관료 행태, 단합(logrolling), 민주정치 등에 관한 흥미있는 이론을 제시하였다. 이들 학자들은 집단의 행동을 설명하기 위하여 개인 행동에 대한 심리학적 전제를 이용하거나 개인의 행동과 선호와의 관계를 규명하는 방법을 이용하였다(Frohlich & Oppenheimer, 1978: preface 10).

이미 살펴본 시장실패론에서 공공재의 특성으로 인하여 공공재의 배분에 시장기구를 적용하기 어렵다고 하였다. 이에 대해서 공공선택론에서는 시장기구와 가격기구를 대체할 수 있는 정치기구를 중요시한다. 즉, 정부 예산의 결정은 경제적 합리성보다 정치적 의사 결정에 의해서 좌우된다는 것이다. 이러한 이유로 해서 이들은 투표 행태, 정당, 관료 및 이익집단의 행태 등을 연구하여 예산 결정을 설명하려 한다.[10]

1986년에 노벨경제학상을 수상한 뷰캐넌은 민주적인 정부를 개인이 집단적 결정을 내리는 하나의 수단으로 규정한다. 여기서 민주주의는 정부의 의사 결정 과정에 각각의 개인이 참여한다는 것을 뜻한다. 이러한 민주정부의 개념은 경제학이나 총체주의에서 정부를 유기체 혹은 단일체로 보는 것과 구분된다. 왜냐하면 유기체 또는 단일체로서의 정부의 개념은 시민과의 관계를 등한시한 정부의 개념이기 때문이다(Buchanan, 1970: 21-22). 뷰캐넌은 예산이 소요되는 각종 정부사업은 시민의 투표로 나타난 집단적 결정에 의해서 확정되며, 이때 결정 비용이 가장 적게 드는, 즉 정치적 비용이 가장 적게 드는 선택이 최적이라는 것이다.

우리에게 『관료제론(*Inside Bureaucracy*)』의 저자로 잘 알려진 다운스는 뷰캐넌 및 털럭과 마찬가지로 개인은 이기적이고 자기 이익을 극대화하려는 등 합리적이라고 전제하지만, 그들과 달리 정부의 개개 정책에 대한 결정을 하기보다는 정당의 정강(政綱)에 대한 선호를 투표로 나타낸다고 보았다. 정당은 정기적으로 실시되는 선거에서 더 많은 유권자의 지지를 얻기 위해서 유권자의 지지를 많이 받을 수 있는 정강을 마련하고 유권자는 정당의 정강을 선택한다는 것이다. 그리고 이와 같은 정치적 결정 과정을 통해서 예산이 결정된다는 것이다. 그러나 유권자는 정당의 정강

10) 공공선택론의 입문서로 경성대 행정학과 황수연 교수가 번역한 Butler(2013)가 대표적이다.

이 그들에게 미치는 효과를 정확히 알 수 없고, 정당은 정강에 대한 유권자의 선호를 정확히 알 수 없는 까닭에 다운스는 정치적 의사 결정이 예산(공공재)의 과대·과소 공급을 초래한다고 주장하였다.11)

니스카넨은 관료제의 예산극대화 모형(the budget-maximizing model of bureaucracy)을 주장하였다. 일반적으로 기업가의 목적은 기업의 이익을 극대화함으로써 그들의 효용을 극대화하는 것이다. 이에 대해 관료는 관료제의 효용을 극대화하여 국가와 사회에 봉사하는 것이다. 그러나 극대화하는 목적은 동일하나 이들이 처한 환경이 상이하다. 관료는 기업처럼 이윤을 추구하지 않으며, 관료는 사업을 값싸게 수행하였다고 해서 그 이익이 관료에게 돌아오는 것이 아니므로 사업을 능률적으로 하려는 의욕이 적으며, 관료는 기업처럼 경쟁하지 않으며, 관료의 업무는 명확히 정의되지 않는 특성이 있다. 이러한 특성이 관료의 행태를 좌우하는데 니스카넨은 관료가 자신의 권력을 극대화하기 위하여 예산을 극대화하는 경향이 있다고 지적하였다(Gilford Jr., 1979: 124-129). 니스카넨의 모형을 발전시켜, 로머(Thomas Romer)와 로젠탈(Howard Rosenthal)은 부처가 예산안을 작성한 뒤 그것을 국민투표에 부쳐 예산 수준이 최종적으로 결정되는 과정을 유권자와 관료와의 상호작용에 초점을 두어 분석하였다.

한편, 정치가들이 정치적 목적으로 재정금융정책을 이용함으로써 인위적으로 경기 순환을 야기시키는 현상에 대한 연구도 많이 있다. 최근 우리나라에서도 국회의원 선거, 지방의원 선거 등 각종 선거가 많이 시행되었는데, 선거가 실시되면 정부는 각종 사업을 조기에 집행하고 선심사업을 시행하여 결과적으로 재정지출을 확대하게 되거나 통화를 팽창시키게 된다. 그 결과 정치적 경기순환(political business cycle)이 발견될 수 있다. 터프트(Edward R. Tufte)는 민주주의 국가의 70%가 정치적 경기순환의 징후를 보인다고 주장하였다(김도훈, 1987; Tufte, 1978). 즉, 선거 경제주기가 있다는 것이다. 정치적 경기순환이 존재하는 이유를 뷰캐넌과 바그너는 민주주의 제도의 정치적 편향성에서 찾았다. 반면에 프레이(Bruno S. Frey), 노드하우

11) 배득종(1990: 1057-1072)은 주민들이 조세 환상에 빠져 그들이 부담하는 실제의 지불액보다 더 과중한 조세를 부담하는 것으로 느끼고 있다고 하였다. 따라서 이들에게 정보를 제공하면 때때로 부결되는 예산안을 통과시킬 수 있다고 보았다.

스(William D. Nordhaus) 등은 정부가 의도적으로 경기를 촉진시킴으로써 정치적 경기순환을 야기시킨다고 보았다. 어쨌든 정치적 경기순환을 연구하는 학자들은 정부가 득표 또는 인기를 더 많이 획득하기 위하여 선거 기간 동안에 경기를 조작하는지 여부에 연구의 초점을 둔다(최광 · 노봉래, 1988: 163-210; 신해룡, 1989; 유금록, 1991).

위와 같은 공공선택론은 예산 결정에 많은 것을 시사해 주지만, 다음과 같은 단점이 있다. 첫째, 현실을 너무나 단순화하고 있다. 국가와 예산의 역할을 너무나 기계적인 것으로 파악하고 있다. 둘째, 유권자를 이기적 · 합리적 존재로 전제하고 있으나 유권자는 상황에 따라 다양한 모습을 보이기도 한다. 셋째, 정당, 관료제에 대한 접근이 비현실적이다. 관료가 자신의 이익을 극대화한다고 하지만 현실적으로 여러 종류의 관료제가 존재하며, 관료에 대한 통제도 발달해 있다. 그러나 공공선택론은 정치와 경제의 상호작용을 확인하는 틀을 제공하여 줌으로써 예산 결정에 대한 이해의 폭을 확대하고, 예산 운영에 대한 외부통제의 강화, 분권화의 촉진, 유권자의 합리적 기대 촉구 등을 시사한다.[12)]

제 6 절 총체주의

총체주의는 다음과 같은 물음에 답하려는 입장이다. 예산을 어디에 사용하는 것이 능률적인가? 또는 효율적인가? 자원이 한정되어 있는 경우에 어느 사업에 얼마나 예산을 투여하는 것이 능률적인가? 자원을 얼마 투여하면 소기의 목표를 달성할 수 있는가? 왜 그 사업을 하며, 그만큼 예산을 배정하는가? 예산을 배정하는 데 어떤 기준을 사용하는 것이 좋은가?

총체주의라는 용어는 브레이브루크(David Braybrooke)와 린드블롬(Charles E. Lindblom)이 점증주의와 대비시키기 위해서 처음 사용하였다. 이것은 합리모형, 분

12) 유금록(1991: 181-182)은 정치적 경기순환과 관련하여 경제 논리의 강조, 유도계획 실시, 경제 일정표 작성 등을 제시하였다.

석적 모형, 순수합리성 모형 등으로 지칭되기도 하며 경제분석, 실질정책분석, 그리고 형식적 합리체계분석 등에서 사용되어 왔다. 이 모형의 의의는 새로운 모형 개발을 위한 모형 역할을 하고 있다는 점이다.[13)]

예산 결정과 관련해서 총체주의가 논의되기 시작한 것은 계획예산 제도(PPBS)가 논의되기 시작한 1940년대부터라고 생각되며, 총체주의의 입장을 보이는 학자로는 『핵시대의 국방경제』의 저자인 히치(Charles J. Hitch)와 매킨(Roland N. McKean), 계획예산 제도의 옹호자인 노빅(David Novick), 피셔(Gene H. Fisher), 쉬크(Allen Schick) 등이 있다.

총체주의란 목표 달성을 극대화하도록 예산을 배분하여야 한다는 견해이다. 목표 달성을 극대화한다는 뜻은 일정한 목표를 정한 다음 그것을 달성하는 여러 방안들 중에서 획득할 수 있는 정치적·경제적·사회적 효용이 가장 큰 방안을 선택한다는 것이다. 따라서 총체주의에서는 다음과 같은 전제를 가지고 있다. 첫째, 결정자는 사회의 가치 또는 우선순위를 알고 있다. 둘째, 결정자는 문제 해결과 관련된 모든 요소를 검토할 수 있는 완전한 지식과 정보를 가지고 있다. 셋째, 결정자는 합리적으로 행동한다. 이러한 전제 하에서 총체주의에서는 일반적으로 다음과 같은 과정을 통하여 예산을 결정한다. 즉, ① 결정자는 정책의 목표를 정의한다. ② 목표 달성을 위한 가능한 대안을 탐색한다. ③ 각 대안이 초래할 모든 결과들을 검토한다. ④ 각 대안들에 투입될 비용과 산출되는 편익을 계량화하여 비교한다. ⑤ 비용편익 비율(cost-benefit ratio)과 같은 명백한 기준에 의하여 대안을 의식적으로 선택한다. ⑥ 선정된 정책에 예산을 배분한다. 이러한 이유에서 총체주의에서는 예산 결정에 비용편익분석(cost-benefit analysis), 오퍼레이션 리서치(operations research), 관리과학(management science) 등의 분석적 방법을 적용하고 있다.

13) 총체주의에 관해서는 다음을 참고하였다. 권태준(1976: 117-125); 정정길(1988: 606-627); Braybrooke & Lindblom(1970); Steinbruner(1974: 25).

1. 총체주의의 특징

1) 목표의 명시적 정의

총체주의에서는 목표를 정확히 정의할 수 있고, 따라서 목표 달성을 극대화할 수 있는 수단을 강구할 수 있다고 본다. 목표란 바람직한 상태로서 가치 및 선호와 관련된다. 총체주의에서는 ① 사회를 한 개인처럼 단일체로 간주하며, ② 개인의 후생함수로부터 사회후생함수를 도출해 낼 수 있다고 본다. 이러한 전제 하에 총체주의에서는 사회 목표를 명확히 정의하려 한다. 그 의의는 첫째로 목표 달성을 위한 수단을 목표와 관련지어 체계적으로 강구할 수 있고, 둘째로 목표가 규정되면 목표－수단 관계를 사실의 문제로 검토할 수 있으며, 셋째로 그 결과 수단의 선택을 정당화하는 데 용이하다는 데 있다.

2) 목표-수단분석과 이론모형의 중시

목표－수단분석을 사용함으로써 총체주의에서는 목표를 계층화하여 그것을 좀 더 구체화하며, 동시에 목표를 달성할 수 있는 수단을 목표와 관련지어 관찰한다. 만일 일정한 조건 하에서 목표를 정의할 수 있다면, 목표－수단 관계 사실의 문제로서 경험적 분석의 대상이 될 수 있다. 예를 들어, 경제 발전을 위해서 사회간접자본에 대한 투자가 요구되고, 사회간접자본에 대한 투자를 위해서 공기업의 설립이 요청된다면, 공기업의 증대가 사회간접자본에 대한 투자를 촉진한다는 언명의 진위는 공기업의 증대와 사회간접자본에 대한 투자 사이의 관계를 경험적으로 분석하여 보면 알 수 있을 것이다. 이러한 까닭에 총체주의에서는 목표－수단 관계를 경험적 맥락에서 파악하고, 그 형식적 구조인 인과관계를 중요시하며, 이론과 모형을 강조한다.

3) 분석적 결정 기준의 적용

총체주의에서는 정해진 목표를 달성하기 위해서 수많은 대안을 고려하고, 그 가운데 하나를 일정한 기준에 따라 선택한다. 대안을 비교할 때에는 소요되는 비용과 편익을 화폐 단위로 환산하여 계산한다. 대안의 선정 기준으로는 순현재가치, 내부수익률, 비용편익 비율 등과 같은 분석적 기준이 많이 사용된다.

한편, 사이먼, 린드블롬, 윌다브스키 등은 총체주의를 비판하였다. 체제분석, 계획예산 제도(PPBS) 등을 평가한 화이트(White, 1978: 381－401)는 총체주의에 대한 비판을 총체주의가 현실적으로 불가능하며 효과도 없다는 식의 비판을 비관적 비판으로, 그리고 총체주의가 결정에 영향도 크게 미쳤으나 개선할 점이 있다는 식의 비판을 낙관적 비판으로 나누어 설명하였다. 여기서는 그의 비관적 비판을 중심으로 소개하고자 한다. 그 까닭은 총체주의의 성격을 좀 더 명확히 하고자 하는 데 있다.

2. 총체주의의 한계

1) 정치적 · 사회적 현실성의 부족

총체주의에서는 복잡한 문제를 너무 단순화하여 분석한다, 총체주의자가 설계한 결정 체계 또는 결정 과정에 사람들이 어떻게 반응하는지 총체주의자는 모르고 있다(James D. Thompson), 총체주의자는 너무나 시장분석적 방법에 의존한다(Frederick C. Mosher), 총체주의자는 경제적 합리성이 정치적 합리성을 압도한다고 오해하고 있다(Aaron Wildavsky) 등의 비판에서 알 수 있듯이 총체주의는 정치적 · 사회적 현실을 등한시하지는 않지만 지나치게 기술적 · 경제적 합리성을 강조한다고 볼 수 있다. 이러한 이유에서 결정 내용과 방법을 정치가에게 이해시키는 데, 그리고 정치가들의 협력을 얻는 데 어려움이 야기되기도 한다. 즉, 분석전문가와 정치가 사이에 갈등이 빚어질 수 있다.

2) 결정 비용의 과다

총체주의에 따를 때 대안 탐색과 분석을 위한 활동이 강조되어야 한다. 그러나 이러한 활동을 수행하는 데는 많은 비용이 든다. 체제분석, 비용편익분석 등 분석 기법에 익숙한 전문가의 도움이 필요하고, 부처 내에 이러한 기법을 이해하고 응용할 수 있는 직원이 많아야 하며, 이러한 분석을 담당하는 부서들을 개발하여야 하며, 조직의 장은 이러한 분석의 필요성을 인정하여 정신적 · 물질적 지원을 하여야 한다. 그뿐만이 아니다. 대안을 마련하는 부서는 여러 가지 대안을 문서로 작성보고 하는 등의 서류 작업을 많이 하여야 된다. 이렇듯 총체주의에 따를 때 결정하는 데 돈과 시간과 기술이 많이 요구된다는 것이 단점이다.

3) 이론모형 적용의 한계

총체주의에서는 대안 탐색과 분석을 할 때 이론 또는 모형에 크게 의존한다. 그러나 결정에 유용한 이론이 개발되어 있지 않은 경우도 있으며, 이미 개발된 이론이 있다고 해도, 어떤 이론을 적용할 것인가는 분석자의 의중에 달려 있다. 또 어떤 이론을 적용하는 경우, 중요한 변수를 측정이 불가능하기 때문에 생략할 수도 있다. 극단적인 경우, 옳지 못한 결정을 복잡한 이론이나 분석을 통하여 정당화할 수도 있을 것이다.

이 밖에도 총체주의에 대한 비판은 많이 있으나, 다음의 점증주의에 관한 설명에서 그것들을 살펴보기로 한다.

제 7 절 점증주의

예산 배분에 일정한 기준이 있는 것일까? 조직은 예산을 결정할 때마다 과학적인 방법으로 분석하여야 하는 것일까? 행정부는 여러 기관들로 구성되어 있는데 이들이 예산 배분을 둘러싸고 서로 경쟁할 때 필경 갈등이 있을 텐데 이런 상황에서 예산을 어떻게 배분되는 것일까? 왜 예산 규모와 내용은 조금씩 조금씩 변하는 것일까? 점증주의는 이러한 의문에 해답을 제시하려고 한다.

점증주의는 포퍼(Karl Popper), 사이먼, 린드블롬, 윌다브스키 등에 의해서 주창되어 왔다. 이들의 견해는 다소 차이가 있지만 여기서는 점증주의로 요약하고자 한다.

점증주의란 인간의 인식 능력의 한계와 결정 체계의 안정성을 전제로 하여, 기존의 결정과 조금 다른 소폭적 변화가 있는 결정을 결정자 간의 상호 조절(mutual adjustment) 및 이미 정해진 결정 절차에 따라서 선택한다는 견해이다. 인간의 인식 능력이 제한되어 있다는 전제는, 결정과 관련 있는 목표의 정의, 목표－수단 관계 등이 복잡하여 결정자가 그것을 해결할 만한 충분한 지식과 정보를 가지고 있지 못하며, 개인 및 조직의 영향으로 결정자의 합리성이 제한된다는 것이다.[14] 결정 체계의 안정성이란 결정 체계가 수직적 · 수평적으로 분화되어 있으면서도 균형을 유지하고 있으며, 결정의 대상도 동질적이고 분해 가능하다는 것을 뜻한다.

결정 과정을 총체주의와 비교하여 설명하면 다음과 같다. ① 결정자는 목표를 정의한 후 대안을 강구하는 것이 아니다. 주어진 조건 하에서 대안을 선정하고 그 대안이 어떤 목표에 기여할 수 있는가를 결정한다. ② 결정자는 제한된 몇 개의 대안만 고려한다. ③ 결정자는 고려된 대안의 차이, 즉 한계가치만 비교 검토한다. ④ 대안 선정 과정은 연속적 비교 과정이며, 결정이란 연속적 선택 중의 하나이다. ⑤ 결정은 합의에 의하여 이루어진다.[15]

점증주의의 특징을 살펴보기 전에 점증주의에 관한 윌다브스키의 설명을 먼저 살펴보기로 한다. 윌다브스키(Wildavsky, 1979: 15)는 "예산 결정은 총체적 · 종합적이 아니라 점증적이다. 부처는 예산을 결정할 때, 모든 기존 사업들의 가치를 재검토한다는 뜻에서, 모든 가능한 대안에 비견되는 전체 예산 항목을 매년 검토하지 않는다. 오히려 부처는 전년도 예산을 기초로 하고, 그리고 그것보다 조금 감소 또는 조금 증

---

14) 여기서 결정자의 합리성이란 결정자가 개인이든 조직이든, 결정자의 결정이 결정자의 목표에 기여하는 정도를 말한다(Simon, 1976: 75－77).

15) 여기에 기술한 점증주의의 결정 과정은 사이먼의 만족모형과 린드블롬의 점증모형의 결정 과정을 종합한 것이다. 사이먼은 마치와 공저한 『조직론』에서 "개인과 조직은 그들이 직면한 문제의 복잡성에 비교해 볼 때 인간의 지적 능력이 너무나 제한되어 있기 때문에" 결정은 합리모형에 따르기보다 단순화된 만족모형에 따른다고 하였다. 그리고 그들은 그 모형의 특징을 다음과 같이 설명하였다. ① 결정은 최적화를 추구하지 않는다. 즉, 최적의 기준은 만족할 만한 수준의 기준으로 바뀐다. ② 대안과 대안의 결과는 탐색 과정을 통하여 순차적으로 발견된다. ③ 주어진 조건에서 개인과 조직이 개발한 대안이 선택의 대상이 된다. ④ 각 대안은 한정된 상황과 한정된 결과만을 고려한 것이다. ⑤ 각 대안은 서로 어느 정도 상호 관계 없이 독자적으로 마련된다(March & Simon, 1958: 169). 한편, 린드블롬은 점증주의를 총체주의와 비교하여 그 특징을 다음과 같이 설명하였다. ① 목표와 대안은 상호 연결되어 있다. ② 목표－수단분석은 제한적으로 이용된다. ③ 좋은 정책인지 여부는 정책에 대한 동의에 달려 있다. ④ 분석은 대폭 제한된다. ⑤ 대안은 계속 비교되며, 이론에 거의 의존할 필요가 없다(Lindblom, 1959: 79－88).

가한 부분에 특별한 관심을 두어 결정한다. 따라서 예산결정자는 기존의 예산에 대한 소폭적 증분에 관심을 가지고 있다.” 여기서 윌다브스키는 점증주의의 속성을 분명하게 드러내는데 그것은 예산이 기존 또는 전년도 예산을 토대로 해서 조금 증가 또는 조금 감소한 상태에서 결정된다는 것이다. 그리고 예산결정자는 전체 예산(항목)을 매년 재검토하지 않는다는 것이다.

린드블롬과 윌다브스키의 설명을 참고로 하여 점증주의의 특징을 정리하면 다음과 같다.

1. 점증주의의 특징

1) 소폭적 변화

점증주의에서는 총체주의와는 달리 결정과 관련된 모든 요소를 검토할 수 없다고 본다. 그 까닭은 결정자가 결정과 관련된 상황의 인식, 목표와 수단 간의 관계, 대안의 결과 예측 등을 인간의 인식 능력 부족, 시간의 부족, 재력의 부족, 결정 상황의 복잡성과 역동성 등으로 완전하게 검토할 수 없다는 데 있다. 이러한 까닭에 결정자는 기존의 정책 또는 예산과 조금 다른 대안들을 검토하여 이 가운데 하나를 선택한다는 것이다. 그렇다면 이전의 정책과 약간 다른 정책, 이전의 예산과 조금 다른 예산이 옳거나 또는 좋다는 것을 어떻게 정당화할 수 있는가?

2) 계속적 · 분할적 결정

점증주의에서는 개인이든 조직이든 그들은 시행착오, 과거의 경험, 교육 등에 의해서 경험을 축적하고 있으며, 이러한 경험에 의존 결정을 한다고 본다. 조직의 프로그램(Herbert A. Simon), 표준운영 절차(Richard M. Cyert), 역사와 사상(Charles E. Lindblom) 등이 바로 경험의 축적이며, 개인과 조직이 바로 경험의 축적이라는 것이다. 따라서 경험에 의존한 결정은 옳을 수 있다는 것이다. 물론 이 결정이 틀릴 수도 있는데, 이것을 보완해 주는 것이 계속적, 그리고 분할적 결정이다. 정부가 입법부 · 행정부 · 사법부로 구성되어 있고, 또 행정부는 여러 부서로 나뉘어 있으며, 각 부서는 각각의 업무를 독립적으로 수행하고 있다. 예를 들어, 교육부가 예산을 편성할 때, 과 수준에서 예산안을 작성하고, 그 후에 국장이 예산안을 검토하고 다시 장차관이 예산안을 검토하는 것이 보통의 관례라 할 수 있는데 이것을 계속적 결정이라고 한다. 또 행정부가 예산안을 편성하고 입법부가 예산을 의결하는 것을 분할적 결정이라고 한다.

예산이 이와 같이 계속적 · 분할적으로 결정된다면, 결정 과정에서 상호 조절, 즉 협상과 타협이 필요하게 되며, 결정은 좀 더 완전하게 되어 오류의 가능성이 감소한다고 볼 수 있다.

3) 제한적 분석과 합의

점증주의에서는 결정의 복잡한 문제를 단순화하는 특징을 지니는데, 그 이유 또한 인간의 인식 능력 부족에 있다. 그러한 까닭에 과거의 결정, 계속적 · 분할적 결정을 중시하고, 현실적으로도 결정이 점증적으로 이루어지고 있다고 주장한다. 그러나 과거의 결정을 따라서 결정하는 경우, 그 결정이 결정 목표에 기여하는지 여부는, 즉 결정이 문제 해결에 도움이 되는지 여부는 알 수 없는 것이 아닐까? 점증주의자는 계속적, 그리고 분할적 결정으로 위의 물음에 긍정적 대답을 하고 있다. 그러나 그것으로 족한가? 이에 대해서 점증주의자는 두 가지 대답을 하고 있다.

하나는 한정된 범위에서 분석을 한다는 것이다. 과거의 정책과 다른 부분, 제한된 대안, 한정된 대안의 결과들을 검토한다는 것이다(Braybrook & Lindblom, 1970: 83-93). 그리고 결정자 간에 대안에 대한 갈등이 있는 경우, 결정자는 어느 정도 독립적이므로, 결정자는 서로 분할되어 있으므로, 상호 조절에 의해서, 타협과 협상에 의해서 합의에 도달함으로써 문제를 해결하고, 그 결정이 훌륭하다는 것이다. 또 현실적으로 많은 정책이 이런 방법으로 결정된다는 것이다.

위의 방법은 결정 상황이 매우 복잡하여, 목표-수단 관계를 전혀 파악할 수 없을 때, 그것을 알 수는 있지만 결정 그 당시에 시간과 재력이 부족할 때, 목표-수단 관계를 대략 알고 있으나 결정자 간에 서로 이해의 충돌이 있어서 결정에 도달할 수 없을 때 사용할 수 있는 방법이긴 하나, 우리는 타협과 협상에 의한 결정이, 즉 정치적 방법에 의한 결정이 타당한지 여부는 종국적으로 알 수 없다. 다만, 점증적 결정은 과거의 결정과 조금 다른 것이므로, 설사 결정이 잘못되었다고 하더라도 피해가 적을 것이고, 또 계속적으로 결정을 함으로써, 조만간에 결정의 피해를 수정할 수 있을 뿐이다.

반면에 결정자 간에 대안에 대한 갈등은 있지만, 분석을 계속할 만한 시간이나 재력에 여유가 있는 경우에는 탐색을 계속할 수도 있다.[16] 즉, 만족할 만한 대안이 없을 때, 결정자는 상황을 재정의하고, 대안과 대안의 결과들을 다시 검토하는 등의 탐색 활동을 한다. 그러나 이런 경우는 조직에서는 예외적이라는 것이다(March & Simon, 1958: 137－142). 왜냐하면, 조직은 이미 조직 목적 달성을 위한 장치를 마련해 놓고 있기 때문이다. 조직이 어떤 자극에 대해서 매번 그 반응 양식을 결정하여야 한다면 그것은 이미 조직이 아니며, 적어도 안정된 조직에서는 그런 일이 없을 것이다. 협상에 의해서 린드블롬이 결정의 문제를 해결할 수 있다는 것도 민주적 제도 및 문화가 발전된 미국과 같은 나라에서는 가능할 것이다.

이 밖에 점증주의의 특징으로는 단순화, 만족화, 목표와 수단의 상호작용 등을 들 수 있다.

2. 점증주의의 한계

1) 점증의 의미 모호

점증의 의미를 과거의 결정과 조금 다른 것, 분할적 결정 또는 상호 조절, 전략적 분석 등으로 해석할 수 있다.[17]

---

16) 점증주의에서는 이론에 의존할 필요가 없다고 주장하지만, 그것은 적용할 만한 이론이 없거나 정보가 없을 때에 그러하다는 말이다(Braybrooke & Lindblom, 1970: 117－119).

17) 린드블롬은 점증주의의 뜻을 좀 더 명확하게 하기 위해서 전략적 분석이라는 개념을 사용하였다. 전략적 분석은 복잡한 정책 문제를 단순화하기 위해서 주의 깊게 선정된 일련의 전략에 관한 한정된 분석을 뜻하며, 전략의 예는 시행착오, 결정의 일상화, 애로 사항의 타결, 위기들에 대한 의사 결정의 집중 등이라고 한다. 그런데 린드블롬은 총체주의가 불가능한 범위에, 즉 분석의 완전성이 실제로 가능한 범위 내에서 — 린드블롬은 총체주의자가 말하는 분석은 실제 적용할 수 없고, 그저 분석되는 체한다고 본다 — 전략적 분석을 적용한다고 하였다. 이 점은 매우 모호한 주장인데, 왜냐하면 사실상 분석이 가능한 범주 내에서 분석을 한다면, 실제로는 점증주의와 총체

첫째, 문제가 되는 것이 '조금 다른 것', '소폭적 변화'가 무엇이냐 하는 것이다. 예산으로 말하면, 예산의 내용, 예산의 규모가 조금 변한 것을 말하는데, 문제는 '조금 변한 것', '소폭적 변화'에 대한 명백한 기준이 없다는 것이다. 윌다브스키는 그것을 예산의 10% 내외의 변화라 하였고, 린드블롬은 정도상의 문제로 구조의 변화를 초래하지 않는 변화라고 하였다.

둘째, 분할적 결정, 상호 조절을 점증으로 보는 경우, 민주 국가에 한해서 가능한 것이고, 그것이 가능한 경우에도 상호 조절이란 그 개념이 너무 모호하다는 것이다. 즉, 정치의 세계에서 상호 조절의 양식을, 즉 타협과 협상을 항상 발견할 수 있고, 상호 조절과 소폭적 변화와의 관계가 밝혀져 있지 않다는 것이다(Bailey & O'Connor, 1975: 60-65).

셋째, 전략적 분석을 점증적 분석의 내용으로 한다면, 점증주의는 총체주의와 다소 비슷해진다. 왜냐하면, 전략적 분석은 중요한 것을 집중적으로 분석하는 것으로, 이론의 중요성을 인정하고 있기 때문이다.

2) 설명력 부족

점증주의는 기술적(記述的) 이론의 성질이 강함에도 불구하고 실제 현상을 설명하는 데 설명력이 미약하다는 것이다. 점증주의가 예산 결정 과정에 관한 행태론적 연구를 촉진시킨 점은 큰 기여라고 할 수 있으나, 그것의 설명력이 매우 제한적이다. 이를테면, 점증주의를 통해서 미국의 6·25 동란에의 파병, 루스벨트(Franklin Roosevelt) 대통령의 뉴딜정책, 케네디(John F. Kennedy) 대통령 때의 혁신적 우주 개발 정책, 미국의 점진적인 월남전 파병 등을 설명할 수 없다는 것이다.

윌다브스키는 행정부처, 중앙예산기관, 입법부 등의 역할에 초점을 두어 미국, 영국, 일본 등의 예산 결정 과정을 점증주의라 하였다. 이 경우 다행히 예산의 변화가 10% 정도이기는 하였으나 예산을 총액으로 고찰하는 경우, 점증적이지만 전체 예산을 정책이나 사업별로 살펴보면 그 변화가 점증적이 아닌 경우가 많을 뿐만 아니라

주의의 구분이 없어지기 때문이다. "Strategic analysis: Analysis limited to any calculated or thoughtfully chosen set of strategies to simplify complex policy problems, that is, to short-cut the conventionally comprehensive "scientific" analysis"(Lindblom, 1979: 517-526).

정책 및 사업의 종류에 따라서 예산 변화의 폭이 점증적이기도 하고 점진적이 아니기도 하다는 것이다(Gist, 1977; Kanter, 1972; Skok, 1980; Natchez & Bupp, 1973; 강인재 · 민진 · 윤영진, 1985: 188－213).

3) 쇄신성의 부족

과거의 결정과 조금 다른 결정은 그 결정이 초래할 결과를 어느 정도 짐작할 수 있다는 점에서, 결정 작성에 비용이 적게 든다는 점에서, 복잡한 분석 기법을 모르고도 결정할 수 있다는 장점이 있다. 그러나 이와 같은 장점이 곧 단점이 될 수도 있다. 과거의 경험, 과거의 결정에 의존해서 결정을 한다는 것이 곧 현상 유지적 안일한 결정이 될 수 있기 때문이다.

제한적 분석을 한다는 것도 새로운 대안의 개발을 등한시할 수 있다. 상황의 재규정, 목표－수단 관계 분석, 결과의 예측 등이 없이는 훌륭한 결정을 할 수 없을 것이다.

계속적 · 분할적 결정으로 야기될 수 있는 갈등을 협상과 타협으로 해결하면 갈등을 능률적으로 해결할 수 있는 장점이 있으나, 종종 그것은 공동체의 이익보다 협상과 타협에 참여하는 참여자들의 이익에 지나지 않는다. 또한 분할적 결정이 가능하려면 결정자가 어느 정도 서로 독립적이어야 하는데, 이러한 조건을 만족시키는 경우가 많지 않다는 것이다. 예를 들면, 예산 결정에 이익집단들이 영향을 미친다고 할 때 재력, 기술, 조직 등 권력이 많은 이익집단만 제대로 영향을 줄 뿐 대다수의 이익집단은 사실상 영향을 미칠 수 없다는 것이다.[18] 따라서 점증주의는 기존의 체제와 이익을 옹호한다는 비판을 받고 있다.

미국의 재정 적자가 쌓이고 예산에 대한 정치적 갈등이 커지자 1980년대 후반부터 점증주의에 기반한 연구가 감소하기 시작하였다. 그러나 점진주의는 예산 과정에 관한 기술적 연구를 촉진시켰고 예산결정을 흥미있는 연구 대상으로 제시하여 다양한 시각의 연구를 촉발시키는 등의 기여를 하였다.

---

18) A. Schick, "Systems Politics and Systems Budgeting, "in Lyden & Miller, ed., *Public Budgeting*, 1978, pp. 65－88에서 점증주의를 다원주의와 시장에 유추시켜 흥미있는 비판을 하고 있다.

제 8 절 모호성모형

예산은 왜 일반회계, 특별회계, 기금 등으로 나뉘어 있는 것일까? 왜 자꾸 특별회계와 기금이 설치되는 것일까? 예산 심의는 시간만 축내고 논쟁만 일삼는데 왜 계속 유지되고 있는 것일까? 왜 상임위원회에서 검토한 예산안을 재차 예결위에서 검토하는 것일까? 왜 부처는 예산요구서를 5월 말까지 기획원에 제출하여야 되는 것일까? 왜 우리 학교 총장은 시간차를 두어 찔끔찔끔 기성회비를 배분하는 것일까? 왜 우리 병원장은 우리 과에 새 기구를 사 주지 못하고 계속 다른 과 눈치만 보고 있을까?

이러한 의문들에 대해서 여러 가지 변명이 가능할 것이다. 의원, 장관, 국장, 병원장, 과장 등 예산결정자들이 제기된 문제를 생각할 시간이 없다든지, 해결책을 마련할 수 없다든지, 혹은 더 냉소적으로 결정자들이 문제를 인식하고 있지 못하다든지, 자신의 관할 사항이 아니라고 남에게 떠넘기든지, 문제를 잘 인식하고는 있지만 여러 가지 이유에서 결정하여야 할 참여자들이 함께 모여 토론하고 결정할 기회가 없다든지 여러 가지 변명이 가능할 것이다.

그러면 왜 이런 변명을 하게 되는 것일까? 시장실패론, 공공선택론, 총체주의 등에 의하면, 능률성에 초점을 두어서 변명의 근거를 찾으려 할 것이다. 또 만족모형이나 점증주의에 의하면, 결정 상황이 매우 복잡하여 결정자가 그것에 대응하기가 어렵다고 할 것이다. 결정 상황을 인식하고 목표와 대안 간의 관계를 파악하고 대안의 결과를 예측하는 데 많은 어려움이 있다는 식으로 설명할 것이다. 모호성모형은 변명의 근거를 모호성에서 찾으려고 한다.

조직에서 모호성은 명확성의 결여를 뜻하는 것으로 네 가지 측면이 있다. ① 의향(목표)의 모호성(ambiguity of intention): 많은 조직은 일관된 목표나 잘 정의된 목표를 가지고 있지 않다. 그 때문에 조직은 조직의 목표를 극대화하는 대안을 채택한다든지 혹은 몇 개의 대안을 비교하여 그 가운데서 비교적 훌륭한 대안을 택할 수도 없다. 조직은 자신의 후생함수(preference function)를 작성할 수 없기 때문이다. ② 이해의 모호성(ambiguity of understanding): 대부분의 조직은 매번 상이한 결정 상황에 직면하여 상황을 어떻게 해석하고, 그 상황에 어떻게 대응하여야 하는지 그것을 잘 모르고 있다. 조직들은 조직의 행동이 어떤 결과를 초래하는지도 모르고 있다. ③ 역사의 모호성(ambiguity of history): 조직에서 과거의 경험은 매우 중요하다. 결정에 참고가 되기 때문이다. 그러나 과거와 역사는 해석하는 사람들에 따라서 달리 해석되고 심지어 왜곡되기도 한다. 조직의 역사를 해석하고 구체화하는 일이 쉬운 것이 아니다. ④ 조직의 모호성(ambiguity of organization): 조직 구성원은 그때그때의 결정에 보이는 관심이 다르며, 각각의 결정에 투여하는 관심도 다르다. 결국 결정자들이 결정에 참여하는 양태가 불확실하고 계속 변한다(March & Olsen, 1979: 12).

이러한 모호성이 조직을 지배하기 때문에 모호성모형에서는 조직의 의사 결정이 비합리적이기도 하고, 또는 절차, 의례, 상징 등을 이용하여 결정이 바람직한 목표에 기여하는 것처럼 가장한다고 한다. 대개 병원, 대학, 다당제인 의회 등의 결정 과정과 사법부, 입법부, 행정부 모두가 관련된 결정 과정에서 이러한 현상이 두드러진다고 한다(정정길, 1988: 709). 즉, 서로 고유 업무를 관할하는 독립적인 조직들이나 조직의 하위 단위가 서로 느슨하게 연결되어 독립성을 어느 정도 누릴 수 있는 조직의 결정을 설명하는 데 모호성모형이 적합하다.

모호성모형은 마치(James G. March), 올센(Johan P. Olsen), 코헨(Michael D. Cohen), 킹던(John W. Kingdon), 밀러(Gerald J. Miller) 등에 의해서 개발되어 왔는데, 예산 운영과 관련해서는 밀러가 많은 노력을 하였다. 모호성모형(ambiguity model)은 쓰레기통모형(garbage can model)이라고도 한다.

모호성모형은 위에서 언급한 모호성을 전제로 하여 예산 결정이란 해결하여야 할 문제, 그 문제에 대한 해결책, 결정에 참여하여야 할 참여자, 결정의 기회 등 결정의 요소가 우연히 서로 잘 조화되어 합해질 때 이루어지며 그렇지 않을 때는 예산 결정이 이루어지지 않는다는 견해이다. 대부분의 경우에 예산 결정이란 결정 결과에 의미를 부여한 데에 지나지 않는다고 본다. 따라서 이 모형에 의한 예산 결정 및 과정은 총체주의나 점증주의에서 말하는 합리적인 범주에 들어가지 못한다. 모호성이란 앞에서 살펴본 의향의 모호성, 이해의 모호성, 역사의 모호성, 조직의 모호성이다. 의향의 모호성이란 일관된 목표나 선호가 존재하지 않는다는 것을 뜻한다. 이해의 모호성은 조직이 외부 환경에 어떻게 대응하여야 하는지 투입–산출, 원인–결과에 대한 지식이 없다는 것이다. 즉, 기술의 결여이다. 역사의 모호성은 과거 및 역사에 대한 해석이 각양각색으로 해석되어 조직원이 결정에 참고하기에는 너무 불명확하다는 것이다. 조직의 모호성은 결정자의 참여와 관심에 관한 것이다. 결정에 참여자의 출입이 자유롭거나 참여자가 수시로 교체되거나 결정에 참여하여도 관심을 보이는 정도가 상이하다는 것이다. 이러한 모호성의 측면들이 총체주의나 점증주의에서 말하는 예산 결정을 방해하는 요인이 된다. 그 이유는 결정의 요소와 관계가 있다. 결정의 요소는 ① 해결하여야 할 문제, ② 문제에 대한 해결책, ③ 참여자, ④ 결정 기회로 구성되는데, 이것들이 모호성과 결합하여 총체주의나 점증주의와는 다른 양상을 보이기 때문이다. 예를 들면, 총체주의에서는 해결하여야 할 문제를 잘 정의할 수 있다고 보는 데 반해, 모호성모형에서는 해결하여야 할 문제를 조직이 알지 못한다는 것이다. 결정에 참여하는 참여자들도 마찬가지이다. 의향(목표)의 모호성, 조직의 모호성을 생각해 보면 쉽게 알 수 있다.

그러면 모호성모형에 따를 때 예산 결정은 어떻게 이루어지는 것일까? 총체주의나 점증주의와 비교하여 그 과정을 설명할 수는 없지만 편의상 살펴보면 다음과 같다. ① 조직은 해결하여야 할 목표를 인식하지 못하고 있거나 또는 인식하고 있다고 해도 그것을 해결할 수 있는 수단이 있는 것도 아니다. '저출산노령화'다, '세월호침몰'이다, '비정규직 김용균씨 사망사건'이다 등 조직 외부에서 심각한 사건이나 계기가 주어지면 그때서야 문제를 논의하기 시작한다. 중요한 문제가 있다고 해도 회의에 참여하지 않는 결정자도 있다. ② 문제를 정의하고 해결책을 찾는 것이 아니라 오히려 해결책에 따라 문제를 정의한다. 해결책이 없으면 계속 결정은 지연된다. ③ 해결책을 채택하는 데 분석이 이용되거나 또는 해결책들의 차이가 비교되지 않는다. 조직 및 결정자의 선호나 가치가 분명하지 않기 때문이다. 조직 구성원 간에 공통적인 가치도 존재하지 않는다. ④ 문제, 해결책, 결정 시간, 결정자들의 관심과 노력이 동시적으로 존재할 때 결정이 이루어진다. 그러나 이런 경우는 매우 드물다. 대개는 결정의 마감 시간이 되었으므로 법령이나 서식에 맞추어 또는 다수결이나 발언권이 강한 인사에 의해서 날치기식으로 결정 아닌 결정이 이루어진다. 그리고 여기에 새로운 의미를 부여한다. 또는 유력한 인사가 참여하지 않음으로써 결정이 계속 지연될 수도 있다. 대개 결정이 이루어지지 않고 가끔 예외적으로 결정에 도달한다.

1. 모호성모형의 특징

1) 느슨히 연결된 조직

대학조직이 대표적인 것인데 단과대학들 간의 관계, 단과대학과 본부와의 관계를 보면 서로 정보를 주고 서로 업무 협조를 하지만 본부는 본부대로 단과대학은 단과대학대로 자신의 업무와 일체감을 가지고 있다. 이런 조직을 느슨히 연결된 조직이라고 하고 극단적인 경우 그 상태를 조직적 무정부(organized anarchy)라고 한다. 이런 조직에서는 단위 조직마다 고유의 영역이 있는 관계로 공동의 결정이 사실상 곤란하다. 각각 자신의 이해, 의향, 목표, 가치를 가지고 있다. 이것은 예산 운영에 다음과 같은 의미가 있다. ① 예산 부서는 예산을 절감하려고 노력하지만 사업 부서는 예산을 계속 많이 사용하려고 한다. 예산 절감과 그 보상이 서로 느슨하게 연결되어 있는 까닭이다. ② 어떤 부처의 예산이 삭감되거나 증가되어도 다른 부처가 그것을 문제삼기가 어렵다. 건설부가 복지부나 통일부의 예산에 대해서 언급하기는 쉬운 일이 아니다. ③ 상향적 예산 결정(bottom-up budgeting)과 하향적 예산 결정(top-down budgeting)이 서로 느슨하게 연결되어 있어서 거시적 예산 결정에서는 부처가 제공한 정보가 무시된다. ④ 부처의 재량권이 존중되는 특별회계나 기금이 계속 증대된다. 이러한 자금과 통제와는 서로 느슨히 연결되어 있는 까닭이다.

2) 은유와 해석의 강조

모호성모형에서는 총체주의처럼 예산 체제가 문제 해결을 위한 도구라고 보지 않는다. 또 점증주의처럼 타협과 협상에 의해서 결정에 도달한다고도 보지 않는다. 모호성모형에서는 조직이 목표도 분명히 알지 못하고 목표와 수단과의 관계에 대해서도 모른다고 보기 때문이다. 모호성모형은 결정이라는 것이 결정 요소들, 문제, 해결책, 참여자, 결정 기회 등이 서로 우연히 결합된 것의 결과라고 본다. 그러므로 우연한 기회에 결정이 이루어진다(Miller, 1991: 74).[19)]

19) In an organized anarchy, a decision is an outcomes of several relatively independent "streams" within an organization. Thus, a decision is a product of *contextual rationality* or

그러면 우연한 기회는 어떻게 오는가? 그것은 결정자들이 결정 요소들의 상호작용이나 결정 기회와 결정자들의 상호작용을 임의로 해석함으로써 온다. 결정은 추상적 상태에서 이루어지는 것이 아니라 구체적인 사람들, 사람들의 은유(隱喩)와 해석에 의해서 이루어진다. 즉, 결정자들이 특정 시점의 사건을 해석하고, 문제를 정의하고 해결 구조를 강구하기 위해서 사용한 은유와 정보에 기초해서 결정이 이루어진다. 우리는 흔히 문제가 해결될 기미를 보이지 않으면, "다수결로 결정하자"라는 말을 듣게 되는데 이것은 민주적 은유에 해당된다. 또 반대로 "이 문제는 다수결로 정할 문제가 아니다"라는 말을 사용하는데 이것은 '합의 은유'이다. 이와 같이 그때그때마다 결정자가 문제, 해결책, 기회를 어떻게 해석하느냐에 따라서 관심을 보이는 정도가 상이하고, 그에 따라서 상이한 의미가 부여되고 '올바른 해답'은 아니지만 결정이 이루어진다.

반대로 결정자들이 상황을 해석하고 문제를 규정하기 위한 은유와 상징을 발견하지 못하면 결정은 이루어지지 않는다.

3) 제도와 절차의 강조

대학이나 행정기관에는 우리가 잘 알고 있듯이 수많은 위원회가 있다. 이 위원회는 구체적인 시점에 사건에 대한 해석을 용이하게 하도록 결정자를 도와주는 역할을 한다. 이와 같은 제도와 절차들은 서로 독립적인 단위 조직 및 결정자들에게 중요한 문제를 제기하고 사건들을 해석하도록 도와주며, 더 나아가서 이들에게 동일한 가치와 관심을 가지도록 도와주는 역할을 한다. 결정자들이 위원회에서 같이 일하다 보면 비공식적으로 의사소통을 하기도 하고 동일한 가치를 공유하기도 한다. 결정자들이 일정한 절차에 따라서 일을 하다가 보면 문제와 해결책과 참여자의 흐름이 일치하는 그런 합의에 이를 수도 있다. 이러한 합의가 상징이나 언어로 표현되면 그것이 결정이다. 즉, 결정자들은 회의에서 서로 특정 사건을 어떻게 해석하여야 하는가에 관하여 경쟁적으로 토론하게 되고 그 해석 결과가 결정이라는 것이다. 그 결정이 바

---

the tendency of people, problems, solutions, and choices to be joined by relatively arbitrary accidents of timing rather than by their relevance to each other. The accidents of timing emerge as "interpretations."

로 예산 절차이고 예산사업이고 예산이다. 그러나 문제와 해결책과 참여자의 흐름이 서로 결합된다고 해도 진빼기(flight), 날치기(oversight)와 같은 결정이 이루어질 수 있다(Miller, 1991: 106-107; 정정길, 1988: 715).[20]

2. 모호성모형의 한계

1) 행정조직에 적용 곤란

조직화된 무정부 상태, 느슨하게 연결된 조직, 조직의 자원이 풍부한 상황 등 극단적인 조건에서만 모호성모형은 설명력이 있다고 생각된다. 다시 말해서, 계층제가 잘 발달하고 상하 관계가 잘 규정된 조직에서는 모호성이 발견되기는 하겠지만 그 정도가 극심하다고 보기는 힘들 것이다. 따라서 행정조직에서는 적용하기가 힘들다고 생각된다. 그러나 미국의 세출위원회, 우리나라 국회의 상임위원회와 예결위, 예산실과 중앙관서 등에는 적용될 여지가 없지 않다고 생각된다.

2) 사후적 해석

모호성모형은 예산 운용의 특정 부분에 대한 설명 차원에 머물러 있다. 그것도 설명이라기보다는 결과적으로 이렇게 해석될 수도 있다는 정도이다. 예산 개혁이 실패한 것을 기술할 수는 있으나 왜 그렇게 되었는지는 아직 설명하지 않는다. 총체주의에서는 문제가 제기되면 해결책이 있는 것을 전제하므로 결정에 도달할 수 있다고 보고, 점증주의에서는 목표-수단 간의 연계에 대한 지식이 부족하므로 결정자가 타협과 협상을 통하여 결정에 도달할 수 있다고 본다. 그러나 모호성모형에서는 그런 것들을 부정하면서 결정의 우연성과 결정의 시기(timing of choice)를 강조하는데,

---

20) 마치와 올센은 진빼기, 날치기도 결정이고 정상적인 결정(resolution)도 결정이며, 이 세 유형은 서로 다른 것이지만 한 조직이 세 가지 유형의 결정 중 어느 것이든 이용할 수 있다고 본다. 마치와 올센은 최고결정자가 위의 세 가지 유형 중 어느 것을 택하느냐 하는 전략은 그가 상황을 지배하는 정도에 달려 있다고 본다. 그들은 그 밖의 전략으로 시간 투자하기(spending time), 명분 주기(exchange status for substance), 반대자 참여 촉진(facilitate opposition participation), 회피(provide garbage can), 재해석(interpret history) 등을 제시하였다.

우연성과 시기에 대한 설명이 매우 주관적이고 사후적이라고 생각된다.

3) 보수성

모호성모형에서는 결정에 도달하기 위하여 맥락적·상황적 합리성(contextual rationality)과 과정적 합리성(process rationality)을 중요시한다. 결정 요소들이 상호작용을 할 수 있는 맥락적·상황적 합리성(contextual rationality)을 중요시한다. 그리고 목표－수단 관계를 알 수는 없지만 의미, 신화, 의식(ritual) 등을 통하여 결정자들이 가치와 문화를 공유하여 결정에 도달할 수 있다고 본다. 예를 들어, 국회에서 여당이 예산안을 날치기로 통과시킨 경우, 통치 차원에서 또는 야당에게 끌려다닐 수만은 없어서, 정기국회 회기가 이제 끝나기 때문에, 여당은 부득이 본회의에서 회의 절차에 따라 다수결로 예산을 통과시킬 수밖에 없었다고 할 것이다. 이러한 날치기 예산안 통과는 함께 결정하였으므로 여당 의원들 사이에 결정에 대한 불안감과 의문을 제거해 주고, 민주적 절차와 국가 질서를 지켰다는 믿음을 공고히 해주며, 다음에도 이런 경우에는 날치기 통과를 할 수 있는 습관을 형성시켜 주는 기능을 한다. 이러한 관행을 수정하기 위해서는 의원들이 예산 심의 일정을 지키도록 노력한다든지, 야당의 참여를 촉구한다든지, 상황을 재해석한다든지 등의 전략을 사용할 수 있을 것이다. 그런데 이러한 전략의 기본은 린드블롬이나 윌다브스키의 전략과 유사하다. 즉, 현재의 절차와 관행을 존중하는 것이 문제 해결의 방법이라는 것이다. 이런 의미에서 보수적 경향이 있다고 할 것이다. 더 나아가서 기득권자가 무질서와 모호성을 구실로 해결하여야 할 문제를 진지하게 다루지 않은 채 그들의 의도와 목적을 합리화할 우려가 있다는 의미에서 보수성을 농후하게 띠고 있다고 생각된다(조석준, 1985: 340－341).[21]

이상에서 우리는 예산 이론을 시장실패론, 비시장실패론, 예산팽창론, 예산결정요인론, 공공선택론, 총체주의, 점증주의, 모호성모형 등으로 나누어 간단하게 그 특징을 살펴보았다. 끝으로 총체주의, 점증주의, 모호성모형을 비교하면 <표 7－1>과

21) 조석준은 러츠(Frank W. Lutz)를 인용하여 책임 회피, 규범성 결여, 느슨하게 연결된 조직이 곧 조직적 무정부 상태가 아님 등을 지적하고 있다.

표 7-1	총체주의 · 점증주의 · 모호성모형의 비교				
모 형	기술(전략)	근거 이론	조직의 체제	결정 유형	이 념
총체주의	분석	경제이론	폐쇄 체제	합리적	능률성
점증주의	협상 타협	집단이론	비교적 분권 체제	점증적	형평
모호성모형	과정 · 규칙설계	상징주의	느슨하게 연결된 체제	회고적	질서

출처: Miller(1991: 34)를 필자가 부분적으로 수정함.

같다.

결정에 사용되는 기술, 즉 해결하여야 할 문제와 그 문제에 대한 해결책(대안)과의 관계에 대한 이해 방법은 총체주의의 경우에는 통계적 기법이나 체제분석과 같은 것이다. 이에 대해서 점증주의는 목표와 수단이 동시적으로 규정된다고 보기 때문에 분석적 방법보다는 정치적 방법, 협상과 타협에 의해서 결정에 도달한다고 본다. 모호성모형은 이와 달리 목표도 수단도 명백하지 못하고 오히려 수단(해결책)이 있어야 문제가 정의된다고 보는 까닭에 결정자들이 문제를 인식하도록 하기 위해서 위원회, 일정표, 마감일(deadline), 특별회계 설치 등의 과정과 규칙과 제도를 마련한다.

각 모형이 의존하고 있는 근거 이론은 총체주의가 한계효용, 순편익 등 경제 이론이고, 점증주의는 이익집단, 균형, 다원주의 등 집단이론에 의존하고 있다. 이에 대해서 모호성모형은 행위의 의미, 상징 및 의식의 기능에 초점을 두는 상징주의, 언어학에 의존하고 있다. 조직 체제에 대해서는 총체주의는 잘 질서잡힌 체제, 폐쇄 체체를, 점증주의는 서로 어느 정도 분권화된 체제를, 그리고 모호성모형은 대학이나 병원처럼 느슨하게 연결된 체제를 전제하고 있다. 결정 유형으로는 총체주의가 합리적이고, 점증주의는 점증적, 모호성모형은 사후적 회고적이다. 여기서 합리적이라는 뜻은 결정이 목표를 극대화하는 데 기여한다는 뜻이며, 점증적이라는 것은 이전의 결정과 조금 변화가 있는 결정, 결정자 사이에 타협과 협상에 의해서 결정에 도달한다는 뜻이다. 끝으로 회고적이라는 것은 수단이 목적을 정당화하고 결정에 대해서 사후적으로 의미를 부여한다는 뜻이다.

추구하려는 이념은 총체주의는 한계효용이론, 비용편익분석 등을 통하여 경제적 능률을 추구한다. 점증주의는 목표를 정확히 모르는 경우, 목표 달성 방법이 여러 종류가 있는 경우 등을 상정하여 결정을 단순화하고 결정에 참여하는 참여자들 간에 타협과 협상을 중요시한다. 따라서 점증모형은 각각의 결정자가 자신의 이익과 의도를 주장할 수 있는 권력을 소지하고 있다고 본다. 결정자들 또는 결정기관들 사이에 권력이 균등하게 분포되어 있다고 본다. 이러한 의미에서 점증주의는 형평을 추구한다. 모호성모형은 조직적 무정부 상태, 불확실성이 매우 높은 모호성을 전제로 결정이 이루어지지 않고, 또 합리적인 결정에 도달하지도 못하지만 모호성모형이 추구하려는 바는 규칙이나 과정을 설계하여 질서의 상태로 가자는 것이다.

제 9 절 단절균형이론

단절균형이론(punctuated equilibrium theory)은 복잡한 사회 체제, 조직 체제, 정책 체제 등에서 변화의 형태(pattern)를 설명하는 이론으로 발전된 것이다. 존스(Bryan D. Jones), 바움가트너(Frank R. Baumgartner), 그리고 트루(James L. True)가 미국 연방정부 세출 변동에 대한 연구를 1996년에 발표함으로써 예산의 변화를 설명하는 이론으로 소개되기 시작하였다(Jones, Baumgartner, & True, 1996). 장기간에 걸친 예산의 변화를 살펴보면, 대부분은 점증적으로 변화하지만 때때로 급격한 변화가 보인다. 이런 변화는 예산 결정을 점증적이라고 설명한 점증주의의 한계를 보여주는 것이다. 이와 같이 단절균형이론은 예산이 상당 기간 점증적 변화를 보이기도 하지만 일시적으로 급격한 변화를 보이다가 다시 점증적 변화를 보인다는 주장을 한다.

본래 단절균형이론은 고생물학에서 발전되었다. 바움가트너와 존스는 이 생각을 1993년에 정부 정책 결정에 적용하였다(Baumgartner & Jones, 1993). 정책이 안정적으로 조금씩 변하기도 하지만 급격히 심각하게 변하는 것을 보고 이들은 점증주의에 대해서 의심을 품게 되었다. 정부가 정책을 다룰 때 개인과 마찬가지로 한 번에 한 가지만 다룰 수 있기 때문에 여러 가지 일을 동시에 처리하기 위해서는 각각의 일을 나누어 처리해야 한다. 그러기 위해서는 각각의 정책 하위 체제가 있고, 여기에는 해당 행정관료, 의원 보좌관, 이익집단 등 각종 이해당사자들, 전문가 등이 관여하여 각각의 입장에서 문제를 보기 때문에 이슈 정의와 제도적 편견이 작용해서 정책은 소폭으로 안정적으로 변하는 경우가 많다. 그러나 하위 정책 체제에서 갈등이 심해지거나, 작은 변화가 쌓이고 쌓여 정책에 대한 관심이 상층부로 이전되어 대통령과 의회도 외면할 수 없는 중요한 문제로 제기되면 정책은 큰 폭으로 변한다. 바움가트너와 존스는 미국의 원자력, 살충제, 금연, 도시 정책 등의 이슈에 대한 장기간에 거친 종단적 연구를 하여 정책이 끊임없이 변하는데, 대부분은 소폭적 점증적 변화이고 가끔은 대폭적 급격한 변화, 즉 단절적 균형을 확인하였다. 정책 하위 체제가 안정적이고 균형을 추구하지만 가끔 불안정하고 균형이 깨지는 경우가 있다.

트루, 존스, 그리고 바움가트너는 단절균형이론을 미국 예산 결정에 적용한 본인들이 연구를 소개하면서 의제에 기초한 예산결정모형(Agenda－based budget model)이라고 하였다(True, Jones, & Baumgartner, 2006). 이들은 이 모형이 데이비스, 뎀프스터, 그리고 윌다브스키(Davis, Dempster, & Wildavsky, 1966), 패젯(Padgett, 1980) 등의 이전 연구가 설명하지 못했던 한계를 설명할 수 있다고 주장하였다. 트루, 존스, 그리고 바움가트너는 예산 변화가 세첨분포(leptokurtical distribution)를 따른다고 주장하였다.

조던(Jordan, 2003)과 브루닉과 코스키(Breunig & Koski, 2012)는 미국 주정부 및 지방정부 지출에 대해서, 그리고 로빈슨(Robinson, 2004)은 미국 학군의 교육 지출에 대해서 연구하였다. 우리나라에서는 김철희(2005), 유금록(2007), 김민주(2011), 정창훈(2017) 등이 단절균형이론을 중앙정부의 기능별 세출, 중앙정부의 세출, 일본 중앙정부의 세출, 우리나라 공적 개발원조비 등에 적용하여 연구한 바 있다.

단절균형이론 혹은 의제에 기초한 예산이론은 예산 결정에 참여하는 정책 하위 체제를 중시하고 정부기관들이 서로 독립적이면서도 서로 중첩되어 활동함으로써 정책 결정이나 예산 결정이 점증주의적 성질을 가지지만 점증주의 성질과 정부기관의 제도적 특성에 의해서 예산이 점증적이면서도 동시에 근본적인 변화를 한다고 주장한다. 단절균형이론을 지지하는 학자들은 예산 변화의 분포가 세첨분포에 따른다고 본다. 이것을 조금 자세히 설명하면 다음과 같다.

1. 단절균형이론의 특징

1) 예산 결정 과정과 정책 하위 체제

단절균형이론을 지지하는 학자들은 정책 결정 과정을 정책 하위 체제를 중심으로 살펴본다. 정책 하위 체제를 구성하는 관료, 입법부 보좌관, 이익집단, 전문가들이 서로 어떻게 상호작용하고 이들이 정책에 어떠한 영향을 미치는가를 연구한다. 정책 하위 체제(policy subsystem)에는 이슈 네트워크(issue network), 철의 삼각(iron triangle) 등이 포함되며, 정책 과정에 참여하는 중요한 행위자들인 정책 하위 체제의 구성과 상호작용이 정책에 영향을 주는 것이다.

단절균형이론의 지지자들이 정책 하위 체제에 관심을 두는 이유는 정책 하위 체제가 정책을 지배하기 때문이다. 물론 사회 문제 정의, 정책대안 혹은 문제 해결 방안, 언론 환경 및 정치 흐름 등에 따라 정책 하위 체제가 정책을 지배할 수 없는지 혹은 없는지 각각 다르다. 그러나 정책 하위 체제가 안정적이면 정책은 크게 변하지 않을 것이다.

2) 결정 체제의 분리와 제한적 합리성

정부조직은 여러 부서로 나누어져 있다. 이것은 정부가 동시에 여러 업무를 보기 위한 것이다. 조직도 마찬가지이다. 조직도 여러 하위 체제를 두어 동시에 여러 가지 업무를 동시에 처리하는 병렬적 처리(paralled processing)가 가능하다. 병렬 처리를 하면 관심은 분산되고 의사 결정은 제한된 합리성에 의존하게 된다. 예산 결정은 점증주의로 설명이 된다. 기초(base)는 존중되고 참여자 간에 공평한 몫에 대한 기대가 생기고 합의에 의해서 결정에 도달할 수 있다. 그러나 보수적이고 중첩적인 정치제도(political arrangement)와 제한된 합리적 의사 결정(boundedly rational decision making)에 의해서 소폭적인 점증적 변화도 발생하지만 가끔 급격한 근본적인 변화(radical change)도 발생한다.

3) 소폭적 변화와 근본적 변화

보수적이고 중첩적인 정치 제도(political arrangement)와 제한된 합리적 의사 결정(boundedly rational decision making)에 의해서 대개는 소폭적 점증적 예산 변화가 발생하지만 가끔 간헐적으로 급격한 근본적이고 대폭적 변화가 생긴다. 그 까닭은 다음과 같다. 첫째, 예산 환경이 변화하여 우선순위가 변경되는 경우이다. 관심의 변화이다. 둘째, 결정구조가 변한 경우이다. 예산 과정에 참여하는 관료, 의원 보좌관, 이익집단 등이 서로 상호작용하는데 이 상호작용의 결속력이 저하되어 정책 하위 체제의 독점력이 저하된 경우나 예산에 접근하는 절차와 기회가 변경되는 등 새롭게 구조화되는 경우이다.

정책 하위 체제가 정책을 결정하지 못하면 정책 결정은 고위층에서 이루어진다. 정책 하위 체제에서 예산 결정이 이루어지면 점증적이지만 고위층에서 이루어지면 변동의 폭이 크다. 해당 부처 관료와 의원, 이익집단 대표 등이 서로 안정적인 관계를 유지하면서 예산 결정에 참여하면 예산은 소폭으로 변하고, 해당 예산이 대통령과 의회의 청문회의 대상이 되면 예산은 큰 폭으로 변한다. 사업과 정책, 그리고 예산은 국민적 관심사가 되어 큰 폭으로 변한다. 트루, 존스, 그리고 바움가트너는 대통령과 의회를 둘러싼 정치를 거시적 정치(macropolitics)라고 하였다.

예산 결정에 대한 균형이 깨지고 변화가 생기게 되면, 킹던(John W. Kingdon)이 설명하듯이, 이슈 정의, 해결 방법(정책대안), 정치 등의 흐름이 함께 만나는 기회의 창이 열림으로써(Kingdon, 1984) 다시 결정에 이루어진다.

단절균형이론의 지지자들은 결정에 도달하는 방법을 두 가지로 설명한다. 그것은 반응 투입(feedback, 환류)이다. 반응 투입에는 긍정적 반응 투입과 부정적 반응 투입이 있다. 긍정적 반응 투입(positive feedback)은 작은 변화가 큰 변화를 일으키는 경우이다. 이런 경우는 정책 하위 체제가 예산을 결정하지 못하고 갈등을 확대하여 결국 예산이 대통령과 의회에 의해서, 즉 거시적 정치에 의해서 결정된다. 예산은 거시정치적 의제가 된다. 예산은 대폭 변화한다. 반대로 부정적 반응 투입(negative feedback)은 일정 온도를 유지하기 위한 자동온도 조절장치처럼 체제의 안정을 유치하는 경우이다. 이 경우 예산은 소폭 변화한다.

4) 예산 변화와 세첨분포

점증주의에서는 예산 변화는 소폭적이고 대폭적인 것은 예외적이라고 주장한다. 이렇게 본다면 소폭적 변화를 보이는 경우의 빈도가 대부분이고, 대폭적 변화를 보이는 경우의 빈도는 아주 적다. 예산 변화의 경우를 X축, 빈도를 Y축으로 하면 예산 변화의 분포는 대개, 소방관의 모자처럼 좌우 대칭이고 곡선의 기울기가 완만히 감소하다가 급격히 감소하는, 정규분포에 따른다고 본다. 이에 대해서 단절균형이론 혹은 의제에 기초한 예산이론은 예산변화의 분포가 세첨분포(leptokurtic distribution)에 따른다고 주장한다. 세첨분포는 정규분포보다 가운데 빈도 수가 더 크고 기울기는 급격히 감소하지만 극단값을 가지는 경우의 빈도가 정규분포보다는 많다. 정규분포가 소방관의 모자라면 세첨분포는 실제보다 더 뾰족한 소방관의 모자라고 생각하면 이해가 될 것이다.

단절균형이론 혹은 의제에 기초한 예산 이론은 보수적이고 안정적인 미국 정치 체제에서 예산이 점증적이지만 동시에 급격한 변화를 보이는 것을 설명하였다. 그리고 연구가 중앙정부와 지방정부의 예산과 기능별 예산에 대해서 확장되고 있다. 이론적인 측면에서는 단절균형이론은 점증적 변화와 비점증적 변화를 동시에 설명한다는 점에서 설명의 범위를 확대하였다. 또한 예산이 예산 결정 체제의 외부와 내부 요인에 의해서 영향을 받으며, 단절의 원인과 결과에 대한 관심을 불러 일으켰다. 예산실무가들도 정책 독점, 의제 변경, 우선순위 변화 등에 의해서 예산이 변경될 수 있다는 점을 유념해야 할 것이다.

2. 단절균형이론의 한계

단절균형이론의 한계는 예산 변화가 점증적이고 동시에 급진적이라고 하는데, 언제 그런 단절이 발생하는지 예측하기 어렵다는 것이다. 또 검증 방법이 어렵다는 한계가 있다(이정희, 2010: 119－110). 점증적 변화를 10% 정도의 예산 변화로 보는 것에 대해서 논란이 있듯이 대폭적 변화를 25% 이상의 변화로 보아야 하는지에 대해서도 논란이 있다. 바움가트너와 존스(Baumgartner & Jones, 1993)는 25% 이상의 증가 혹은 감소를 대폭적 변화로 보았고, 그 후 존스, 바움가트너, 그리고 트루(Jones, Baumgartner, & True, 1996)는 15% 미만 감소와 20% 이상을 대폭적 증가로 보았다. 조던(Jordan, 2003)은 변화의 평균치로 측정하기도 하였다(김인자 · 박형준, 2016: 222).

제 10 절 다중합리성모형

다중합리성모형을 이해하기 위해서 먼저 아래의 문장을 보기로 한다.

> "주 예산실은 여러 정책과 예산 결정 흐름이 흘러가는 소용돌이처럼 행동을 한다. 부처가 예산을 요구하면 그와 관련된 문제, 해결책, 그리고 정책 이슈의 정치가 세입, 세출, 예산 균형, 예산 과정, 예산 집행에 관한 결정과 함께 흐른다. 우선순위를 잘 알 수 없는 것이 예산 결정의 본질적 성질이라는 것도 전혀 놀랄 만한 것이 못된다. 왜냐하면, 문제가 모호하고 변덕스럽게 변하고, 해결책도 변하고, 그리고 이슈의 정치라는게 누가 책략을 쓰느냐에 달려 있기 때문이다. 결정 전반에 걸친 유동적 참여라는 개념도 눈여겨볼 만하다. 왜냐하면 예산 운영의 결과가 문제가 될 때 누가 예산 결정을 하는지 우리는 알기 때문이다. 예산 결정의 기술(技術)도 불명확하다. 왜냐하면, 킹던의 정책의제 설정모형(Kingdon's policy agenda setting model), 루빈의 실시간 예산모형(Rubin's real-time budgeting model), 점증주의, 어느 모형도 예산 결정의 선형적 측면과 비선형적 측면이 결합된 성질을 잘 다루지 못하기 때문이다"(Thurmaier & Willoughby, 2001: 170).

위의 인용문에서 알 수 있듯이, 다중합리성모형은 미국 주정부 예산실 사정관(examiner)에 초점을 두어 예산 결정이 어떻게 이루어지는지 묘사한 기술적(記述的) 모형이다. 다중합리성모형은 미시적 예산 운영(micro-budgeting)을 묘사하기 위한 것이다. 서메이어와 윌로비(Thurmaier & Willoughby)가 1990년 초부터 논문을 발표하고, 2001년 공동으로 책을 출간함으로써 다중 합리성 모형 형성에 기여하였다.

어떤 기준에 의해서 주정부 예산실 직원(사정관)은 주지사에게 권고를 하나? 이

질문에 서메이어와 윌로비는 대답을 하고자 하였다. 이들은 주정부 예산 과정 가운데 부처의 요구, 예산실의 사정, 그리고 주지사의 예산안 등으로 이루어지는 예산 편성 단계를 다루었다. 이들은 예산실 사정관의 예산 결정 행태에 재정적 조건, 정치적 요인, 주 예산실의 조직적 상황, 그리고 예산실 사정관의 개인적 특성 등이 영향을 준다고 보았다. 즉, 예산실 사정관은 재정적 여건, 정치적 요인, 예산실의 맥락 등이 서로 작용하는, 다시 말하면 정책의제 설정모형이나 쓰레기통모형(garbage can model)이 주장하는 문제 흐름, 해결책 흐름, 정치 흐름 등의 복잡한 흐름 속에서 정책과 예산을 연계하고 주지사에게 권고하는 행동을 한다고 본다. 예산실 사정관의 예산 결정 행태는 몇 종류의 역할 유형으로 나타나기도 하는데, 어떤 주 예산실 사정관의 역할이 한 종류가 아니며 이때 사정관이 고려하는 합리성도 경제적 합리성이나 정치적 합리성과 같이 어느 한 종류의 합리성에 의존하는 것도 아니다.

서메이어와 윌로비는 예산 과정을 설명하는 윌다브스키의 점증주의(Wildavsky's incrementalism), 킹던의 정책의제 설정모형, 루빈의 실시간 예산모형을 비판하기도 하였지만 공통점을 찾고 연구의 시사점을 찾았다. 점증주의가 거시적 예산 결정을 주로 설명하고, 정책의제 설정모형은 정책과 예산의 연계를 설명하지 못하며, 실시간 예산모형도 거시적 예산 결정과 미시적 결정을 서로 연계시키지 못한다고 비판하였다. 그러나 이들은 코헨 등(Cohen, March, & Olsen)이 개발한 쓰레기통모형과 그것을 이용한 밀러(Gerald J. Miller)의 모호성모형, 이것에 기초한 정책의제 설정모형과 실시간 예산모형의 공통점을 기술하였다.

이들 모형은 다음과 같은 공통점이 있다. 첫째, 실시간 예산모형과 정책의제 설정모형은 예산과 정책 결정의 비선형성을 부각시켰다. 결정의 흐름이 다중적이다. 둘째, 정책과 예산의 결정을, 예를 들어 예산 결정의 단계를 세입 추계, 예산 편성, 예산 심의 등의 몇 단계로 구분할 수는 있지만 각 단계에 참여하는 참여자는 매우 유동적이다. 셋째, 최적 결정보다 실현가능성이 높은 결정을 강조한다. 넷째, 시간과 적시성이 중요하다. 이것에 의해서 정책 결정이나 연차 예산 결정 과정에서 기회의 창을 예측할 수 있다.

서메이어와 윌로비는 점증주의, 정책의제 설정모형, 실시간 예산모형 등에서 다음과 같은 연구의 시사점을 발견하였다. 첫째, 마감시간이 중요하다. 둘째, 결정은 이용

가능한 제한적인 정보를 가지고 이루어진다. 셋째, 예산실은 예산과 정책의 연결(nexus)의 중심에 있다. 예산실은 마감일을 준수해서 예산안을 제출할 수 있도록 관리해야 하며 예산안이 예산 합리성 기준을 충족하는지 검토해야 한다(Thurmaier & Willoughby, 2001: 49). 이들은 주 예산실의 중요성을 강조하면서 예산실 사정관이 사회적, 정치적, 법률적, 경제적, 기술적 합리성을 고려하고, 동시에 미시적 예산 결정과 거시적 예산 결정을 연계하여 예산실의 정향을 맥락으로 하여 주지사의 예산안을 작성한다고 주장하였다. 이에 대해서 살펴보면 다음 같다.

1. 다중합리성모형의 특징

1) 주 예산실의 역할과 정향

주정부 예산실은 주지사와 부처를 연결해주는 고리이다. 예산실은 부처의 예산 요구를 주지사에게 전한다. 예산실은 예산분석가와 정책분석가로 역할한다. 예산실은 수문장으로서 주지사를 보좌함으로써 예산 결과에 상당한 영향력을 행사한다.

예산실은 주지사의 정책을 형성한다. 이때 예산실은 재정적 고려를 포함한 여러 정책적 고려를 하고 수입과 지출의 균형을 맞추고 조정한다. 예산은 주지사에서 예산실을 거쳐 부처로, 그리고 부처에서 예산실을 거쳐 주지사에게 전달된다. 이와 같이 위에서 아래로, 아래서 위로 과정을 통해서 예산은 결정된다. 일반적으로 위에서 아래(top-down) 과정은 예산의 재정적·정책적 한계를 정하는 것이고, 아래서 위로(bottom-up) 과정은 정책에 따른 구체적인 예산 사업과 그에 따른 구체적인 예산을 정하는 것이다. 예산실은 거시적 예산 결정과 미시적 예산 결정을 연계하는 역할을 한다.

예산실은 예산 과정을 관리한다. 예산실의 영향력은 예산실장과 주지사의 관계에 의해서 정해진다. 주지사가 예산실장을 임명한다. 예산실장은 주지사의 정치적 비전, 정책 선호, 좋아하는 사업을 알고 있다. 반면에 주지사는 재원의 한계를 정하는데, 주정부 행정 목표에 대한 합의를 보는데, 여러 행정 대안 중 경제적으로 실현가능성이 있는 의제를 설정하는 데 예산실장에게 의존한다.

일반적으로 예산실의 정향은 통제(統制), 관리, 기획, 정책(政策)으로 구분할 수 있는데, 서메이어와 윌로비는 예산실이 통제 정향을 한 축으로 하고 다른 한 축을 정책 정향으로 하는 연속선상에 있다고 한다. 예산실이 강한 정책 정향을 보인다면, 예산실의 임무는 주예산과 주지사의 우선순위를 일치시키도록 예산을 개발하고 관리하는 것이다. 주지사는 어떤 정파가 활개를 친다고 해도 정책 정향인 예산실을 이용해서 예산안을 작성하고 자신의 정책을 집행한다. 반대로 통제 정향의 예산실은 주지사를 둘러싸고 있는 정책 이슈와 토론에 관여하지 않는다. 예산실은 수치가 올바른지, 계산이 맞는지 등을 검토하는 기계적인 회계 사무소와 같다. 예산실은 재무적 책임과 통제에 주안점을 두고 정책 활동을 하지 않는다. 주지사는 예산실에 정책에 관한 업무를 맡기지 않으며 예신실로부터 정책 정향을 기대하지 않는다.

예산실의 정향은 예산실 사정관에게는 결정 맥락이 된다.

2) 합리성의 종류와 다중합리성

다중합리성모형에서는 예산실의 사정관이 예산 결정에 사회적 합리성, 정치적 합리성, 경제적 합리성 등 여러 가지 합리성을 고려한다고 한다.

합리모형 혹은 경제적 선택모형(economic choice model)은 경제적 합리성만 강조한다. 점증주의는 정치적 합리성을 강조한다. 모호성모형 혹은 쓰레기통모형과 정책의제 설정모형은 어느 한 종류 합리성을 주장하지 않는다. 다중합리성모형은 쓰레기통모형과 정책의제 설정모형과 같이 다중합리성을 주장한다.

서메이어와 윌로비는 예산 결정을 효과성 결정(effectiveness decision)과 효율성 결정(efficiency decision)으로 구분한다. 효과성 결정은 사회적 관계와 관련이 있다. 효과성 합리성은 효과성 결정에 기초가 되고 평가와 사회적 목적의 순위를 정하는데 기초가 된다. 효과적 결정에는 사회적, 정치적, 법률적 결정이 포함되고, 각각의 결정에 대해서 사회적, 정치적, 법률적 합리성이 각각 기초가 된다. 이 효과성 합리성은 예산 결정에 필요한 경제적, 그리고 기술적 합리성을 실행하기 위한 선행 틀이 된다(Thurmaier & Willoughby, 2001: 81).

사회적 합리성은 사회적 정당성과 관련된 것으로 개인과 개인, 집단과 집단 간의 상호작용에서 나온다. 예산이 사회적 가치를 반영하거나 사회 통합에 기여한다고 한다면 그 예산은 사회적 합리성이 있다고 할 수 있다.

정치적 합리성은 정치적 결정구조의 합리성을 말한다. 정치적 결정은 누가 참여해서 어떻게 무엇을 얻는가 하는 것을 좌우한다. 정치적 결정 과정에서 여러 가치, 신념, 의견이 조정되고 토론을 통해서 통일된 결정에 도달할 수 있다면 정치적 합리성이 있다고 할 것이다.

법률적 합리성은 헌법이나 법률의 규정을 충족시키는 정도이다.

사회적, 정치적, 법률적 합리성은 효과성 합리성에 포함되고 효과성 결정의 기초가 된다. 효과성 합리성은 사회 가치와 목적과 관련이 있다. 가치와 목적이 정해져야 수단을 생각할 수 있기 때문에 효과성 합리성이 정해진 후에 목적·수단을 연계하는 효율성 합리성을 생각할 수 있다.

효율성 합리성은 효율성 결정에 기초가 된다. 효율성 합리성에는 경제적 합리성과 기술적 합리성이 포함된다.

경제적 합리성은 다음과 같은 것이다. 즉, 어떤 목적을 달성하기 위한 대안적인 사업이 많이 있는 경우, 희소 자원을 대안적 사업들에 배분하여 주어진 목적을 극대화할 수 있을 경제적 합리성이 있다고 한다. 예를 들어, 국방이라는 목적을 달성하기 위해서 공군, 육군, 해군이 있다고 할 때 한정된 예산을 공군, 육군, 해군에 배분하여 국방을 극대화할 수 있다면 경제적 합리성이 있다고 볼 수 있다.

기술적 합리성은 경제적 합리성과 달리, 단일 사업의 효율적 달성과 관련이 있다. 예를 들면, 정해진 기간에 A 자동차 공장보다 B 자동차 공장이 더 많은 동질의 자동차를 생산했다면 B 공장이 A 공장보다 기술적 합리성이 높은 것이다.[22]

3) 결정 맥락과 주 예산실 사정관의 역할

앞에서 예산실의 정향이 통제에서부터 정책까지 있다고 하였다. 예산실이 통제 정

22) 이 책에서 합리성 설명은 서메이어와 윌로비의 책을 참고하였다. 경제적 합리성과 기술적 합리성을 설명할 때, 서메이어와 윌로비는 골(goal)과 엔드(end)를 구분하고 골을 달성하기 위한 엔드가 여러 개 있는 것으로 설명하였다. 필자는 혼돈을 피하기 위하여 이것을 목적과 사업으로 설명하였다(Thurmaier & Willoughby, 2001: 101).

향이냐 아니면 정책 정향이냐에 따라서 예산실 사정관과 주지사와의 거리가 다르고, 이에 따라서 예산안을 작성하는 사정관의 행태도 다르다. 예산실의 정향이 사정관의 예산 결정을 위한 맥락이 된다. 서메이어와 윌로비는 사정관의 역할을 반대자(adversary), 전달자(conduit), 촉진자(facilitator), 정책분석가(policy analyst), 주창자(advocate) 등으로 구분하기도 하였다.

결정 맥락이 통제이면 예산실 사정관은 부처의 예산을 취합하고 수입과 지출을 일치시키는 기술적인 작업을 한다. 부처의 예산 편성 작업과 집행을 도와주며 그 과정에서 법률적 기술적 문제를 취급한다. 예산실 사정관은 예산과 관련된 이유가 무엇인지 모르고 주지사도 그런 것을 기대하지 않는다. 주지사, 정책 참모, 재정 및 행정국장, 예산실장, 과장 순으로 주지사와 사정관 사이에 여러 계층이 존재하는데, 통제지향적 맥락에서 사정관은 직속 상급자로부터 지시를 받고 보고를 하는 경향이 많다. 결정 맥락이 통제이면 대개 사정관은 전달자와 촉진자, 그리고 반대자의 역할을 한다.

반대로, 결정 맥락이 정책 정향이면 예산실의 사정관은 부처가 예산 편성 준비 작업을 하는 단계부터 관여하여, 사업의 목적, 운영 방법, 운영자 등을 알아보고, 그리고 예산실장 및 주지사와 함께 토론을 한다.

"정책 정향적인 주 예산실 사정관은 일 년 열두 달 예산분석을 한다. 그것은 전적으로 기술적 분석도 아니고 정치적 분석도 아니다. 정책 정향적인 사정관은 문제의 어떤 국면에 가장 관심을 갖는가? 예산의 어느 단계인가? 현행 예산주기에서 특정 이슈에 주지사의 정책 우선수위가 주어져 있다는 혹은 없다는 단서 혹은 지시를 받았는가? 등에 따라 부처 예산 문제에 상이한 접근법을 사용한다. 재정적 제약이 미약할 때, 한계효용분석은 다른 사업을 현행 서비스 수준에 묶어놓고 한 부처 사업에 대해서 부가적 자금을 배분하는 것을 뜻한다. 재정 압박이 있는 기간에는 낮은 우선순위 사업에서, 부처 사명에 더 긴요한, 즉 우선순위가 높은 사업으로 재배정하는 것이 필요하다. 사정관은 주지사의 목적과 우선순위에 유념하면서 훌륭한 관리(기술적 합리성), 가용 재원(경제적 합리성), 법률적 제약(법률적 합리성), 주지사가 관심을 두고 대응하고자 하는 정치적 힘(정치적 합리성), 그리고 부처가 주에 봉사하는 부처 활동의 근거와 목적(사회적 합리성) 등과 일치하는 예산 결정을 권고한다. 사정관은 궁극적으로 주지사의 권고안에 기초해서 그들의 권고안을 만든다”(Thurmaier & Willoughby, 2001: 235). 사정관은 주지사의 정책 우선순위를 예산에 반영하려 노력한다.

결정 맥락이 정책 정향이면 사정관은 사회적, 정치적, 경제적 합리성을 검토하는 경우가 많고 사정관의 역할은 주창자, 전달자, 분석가이기 쉽다. 맥락이 통제일 때와 비교하면 정책 정향일 때 사정관은 분석가의 역할을 더 많이 한다.

2. 다중합리성모형의 한계

다중합리성모형은 예산실 사정관과 같이 외부로 드러나지 않는 직원이 주지사의 위임을 받아 예산 결정에 중요한 역할을 하고 예산에 지대한 영향을 미친다는 것을 설명하는 데 기여하였다. 그러나 가장 큰 한계는 사정관이 예산안 혹은 예산에 어느 만큼 영향을 미치는지 설명을 하지 못한다는 점이다. 여기서 한계를 예산에 미친 영향력 정도 설명 부족, 일반성 부족, 정확성 부족 등으로 살펴보고자 한다.

1) 예산에 미친 영향력 정도 설명 부족

다중합리성모형은 예산 편성의 중심에 자리하는 예산실이 사회적, 정치적, 법률적, 경제적, 기술적 합리성을 고려하여 혹은 문제 흐름과 문제 해결 흐름, 그리고 정치적 흐름을 고려하여, 수입, 지출, 균형, 집행, 과정 등의 결정 송이(decision cluster)를 다루며, 이런 맥락에서 예산실 사정관이 예산 편성에 매우 중요한 역할을 한다는 것을 설명한다. 이 모형은 예산실 사정관의 행태를 설명한 것이다. 그러나 예산실 사정관이 예산 내용에 어떠한 영향을 주는지 설명하지 못한다. 예를 들어, 예산실이 통제 정향이어서 사정관이 반대자 역할을 수행한다고 할 때 주지사 예산안 내용과 규모가 어떻게 변하는지, 혹은 입법부가 예산을 결정할 때 주정부 예산의 내용과 규모가 어떻게 변하는지에 관한 설명이 없다.

2) 일반성 부족

다중합리성모형은 주정부 예산 편성 단계에서 예산실 사정관의 행태를 설명한 것이다. 예산실장, 주지사, 주 입법부 의원의 예산 행태를 설명한 것이 아니다.

예산이 부처의 요구 단계, 예산실의 예산 편성 및 조정 단계, 그리고 입법부의 예산 확정 단계를 통해 결정된다고 할 때 다중합리성모형은 예산실의 예산 편성과 조정 단계만 다루었다. 예산결정의 모든 단계를 다룬 것이 아니다.

다중합리성모형은 미국의 주정부를 대상으로 한 것이다.

3) 정확성 부족

다중합리성모형이 기술적 이론이기 때문에 인간관계를 설명하려는 목적은 없어 보인다. 또 다중합리성모형이 예산 결정 시 여러 합리성이 고려되고 여러 요인이 관여하기 때문에 예산 결정이 마치 소용돌이와 같다고 하였다. 그러나 주지사의 정향 이외에, 사회적, 정치적, 경제적 여건이나 예산실장의 특성이 어떻게 되면 예산실의 결정 맥락이 정책적 혹은 통제적으로 되는지에 대한 설명이 부족하다.

제 11 절 요 약

1. 예산 이론의 발전과 유형

1) 예산 이론의 발전

① 경제학과 효용의 극대화, ② 정치학과 갈등의 해결, ③ 예산 결정 과정과 결과, ④ 정치 과정과 분석 과정의 통합, ⑤ 성과의 강조와 거시예산 운영

2) 예산 이론의 유형

① 정정길: 합리모형과 인지모형 / 규범론과 실증론 / 개인적 / 집단적 의사결정론
② 프렘찬드(A. Premchand): 규범 이론과 실증 이론 / 경제적 접근법과 조직적 접근법
③ 강신택과 유훈: 총체적 · 종합적 결정모형과 점증모형
④ 밀러(G. Miller): 합리모형, 점증모형, 모호성모형

2. 시장실패론과 비시장실패론

1) 시장실패론

(1) 개념 정의

시장이 자원 배분을 효율적으로 하지 못하여 사람들이 필요한 상품과 서비스를 구입할 수 없거나, 또는 너무 비싼 가격에 구입하게 되는 현상을 말한다.

(2) 시장실패의 원인

공공재의 존재, 외부경제성의 존재, 분배적 불평등, 규모의 경제를 통한 독과점의 출현, 시장의 불확실성 등

2) 비시장실패론

(1) 개념 정의

비시장 활동은 규제, 공공재의 공급 등인데, 이 비시장 활동도 수요와 공급을 제대로 할 수 없어 실패한다는 것이다. 비용 과다, 분배적 불균형 등을 야기한다.

(2) 실패 원인

공급 측면에서 활동의 최종 산물 정의 곤란, 산출의 질 평가 곤란, 경쟁의 부재, 성과 평가 기준의 부재 등

3. 예산팽창론

① 국가 활동 증대의 법칙(law of increasing state activities): 바그너(Adolph Wagner)

② 전위효과(displacement effect): 피코크와 와이스맨(Alan T. Peacock & Jack Wiseman)

③ 정부 서비스의 상대적 효과: 보몰(William J. Baumol)

④ 지대 추구와 연합 형성

지대 추구: 털럭(Gorden Tullock)

조직된 소수의 입력과 로비: 노스(Douglass C. North), 올슨(Mancur L. Olson Jr.)

⑤ 리바이던이론과 재정환상론

리바이던이론: 브레난(Geoffrey Brennan), 뷰캐넌(James M. Buchanan)

재정환상론: 오츠(Wallace E. Oates)

⑥ 문화이론: 베버(Carolyn Weber), 윌다브스키(Aaron Wildavsky)

⑦ 자본주의 국가 재정위기론: 오코너(James O'Connor)

4. 예산결정요인론

① 개념 정의: 정부 예산을 결정하는 요소가 무엇인지 경험적으로 규명하려는 시각이다. 정치적 요인과 사회적·경제적 요인에 집중해서 연구가 이루어졌다.

② 연구 경향

- 정치－참여모형(Key－Lockard Model)
- 허위모형(Dawson－Robinson Model)
- 제3의 모형, 혼성모형(Hybrid Model)

③ 한계: 연구 대상, 조작적 정의에 따라 연구 결과가 상이하다.

5. 공공선택론

① 개념 정의: 정치 현상을 경제학적 방법을 응용하여 연구하는 시각이다.

② 연구 경향

- 뷰캐넌과 털럭(James Buchanan & Gordon Tullock, 1962): *The Calculus of Consent*
- 다운스(Anthony Downs, 1967): *Inside Bureaucracy*, 정당은 유권자의 선호를 정확히 알 수 없어서 공공재의 과대 과소 공급을 한다.
- 니스카넨(William Niskanen, 1971): *Bureaucracy and Representative Government*, 관료의 예산극대화 모형
- 터프트(Edward R. Tufte), 노드하우스(William D. Nordhaus): 정치적 경기순환론(Political Business Cycle)

③ 한계: 지나친 단순화, 비현실적

6. 총체주의(합리모형)

① 개념 정의: 목표 달성을 극대화하도록 예산을 배분하여야 한다는 견해이다.

② 전제와 특징

* 전제: • 결정자는 사회의 가치 혹은 우선순위를 알고 있다.
• 결정자는 완전한 지식과 정보를 가지고 있다.
• 결정자는 합리적으로 행동한다.

* 특징: • 목표의 명시적 정의
• 목표-수단분석과 이론모형 중시
• 분석적 결정 기준의 적용

③ 한계: 정치적 · 사회적 현실성 부족, 결정 비용의 과다, 이론모형 적용의 한계

7. 점증주의(Incrementalism)

① 개념 정의: 인간의 인식 능력의 한계와 결정 체제의 안전성을 전제로 하여 기존의 결정과 조금 다른 소폭적 변화가 있는 결정을 한다는 견해이다.

② 특 징

- 윌다브스키(Aaron Wildavsky), 린드블롬(Charles E. Lindblom)
- 소폭적 변화, 계속적 · 분할적 결정, 제한적 분석과 합의

③ 한 계

- 점증의 의미 모호, 설명력 부족, 쇄신성의 부족

8. 모호성모형(Ambiquity model)

① 개념 정의: 모호성을 전제로 하여 예산 결정이란 해결해야 할 문제, 그 문제에 대한 해결책, 결정에 참여하여야 할 참여자, 결정의 기회 등 결정의 요소가 우연히 서로 조화되어 합해질 때 이루어지며 그렇지 않을 때는 이루어지지 않는다는 견해이다.

② 특 징

- 마치(James G. March), 올센(Johan P. Olsen), 코헨(Michael D), 킹던(Cohen, John W. Kindon), 밀러(Gerald J. Miller)
- 느슨히 연결된 조직, 은유와 해석의 강조, 제도와 절차의 강조

③ 한계: 행정조직에 적용 곤란, 사후적 해석, 보수성

9. 단절균형이론(Punctuated equilibrium theory)

① 개념 정의: 장기간에 걸친 예산 변화를 살펴보면 대부분은 점증적으로 변화지만 때때로 급격한 변화가 보인다는 견해이다.

② 특 징

- 존스(Bryan D. Jones), 바움가트너(Frank R. Baumgartner), 그리고 트루(James

L. True)의 의제에 기초한 예산결정모형(agenda-based budget model)

• 예산 결정 과정과 정책 하위 체제, 결정 체제의 분리와 제한적 합리성, 소폭적 변화와 근본적 변화, 예산 변화와 세첨분포(leptokurtical distribution)

③ 한계: 급격한 변화가 발생하는 시기를 예측하기 힘들다. 이론의 검증이 곤란하다.

10. 다중합리성모형(Multiple rationalities model of budgeting)

① 개념 정의: 미국 주정부 예산실 사정관(examiner)에 초점을 두어 예산 결정이 어떻게 이루어지는지 미시적 예산 운영을 묘사한 기술적 모형이다. 즉, 예산실 사정관은 사회적 · 정치적 · 법률적 · 경제적 · 기술적 합리성을 고려하고, 동시에 미시적 예산 결정과 거시적 예산 결정을 연계하여 예산실의 정향을 맥락으로 하여 주지사의 예산안을 작성한다고 주장한다.

② 특 징

• 서메이어(Kurt M. Thurmaier), 윌로비(Katherine G. Willoughby)가 킹던(John W. Kingdon)의 정책의제 설정모형(policy agenda setting model), 루빈의 실시간 예산모형(real time budgeting moel), 윌다브스키(Aaron Wildavsky)의 점증모형(incrementalism)을 비판하면서도 시사점을 발견하였다.

– 주 예산실의 역할과 정향: 통제 정향과 정책 정향

– 합리성의 종류와 다중합리성:
예산의 효과성 결정(effectiveness decision)에는 효과성 합리성이 관여하고, 여기에는 사회적 합리성, 정치적 합리성, 법률적 합리성이 기초가 된다. 예산의 효율성 결정(efficiency decision)에는 효율성 합리성이 관여하고, 여기에는 경제적 합리성과 기술적 합리성이 기초가 된다. 효과성 합리성은 경제적 합리성과 기술적 합리성이 시행되기 위한 선행 틀이 된다.

– 결정의 맥락과 주 예산실 시정관의 역할: 결정의 맥락이 통제이면 사정관은 부처의 예산을 취합하고 수입과 지출을 일치시키는 기술적 작업을 한다. 사정관은 전달자(conduit), 촉진자(facilitator), 반대자(adversary) 역할을 한다. 반면에 결정의 맥락이 정책 정향이면 사회적 정치적 경제적 합리

성을 검토하여 사정관의 역할은 주창자(advocate), 전달자(conduit), 분석가(policy analyst)이기 쉽다.

③ 한 계

- 예산에 미친 영향력 정도 설명 부족
- 일반성 부족
- 정확성 부족

[부 록]

1. 린드블럼 교수 소개

린드블럼 교수(Charles E. Lindblom)는 우리나라 행정학 책에서 두루 소개하고 있다. 우리는 그가 점증주의를 주창한 학자로 잘 알고 있다.

그는 예일(Yale) 대학에서 1947년부터 1987년까지 38년 간 근무했다. 그는 1972년부터 1974년까지 정치학과 학과장을 역임했고, 1974년부터 1980년까지 예일대 사회 및 정책 연구소(ISPS) 소장을 역임하였다. 그는 1917년 3월 21일에 태어났고 2018년 1월 30일 서거하였다. 그는 스탠퍼드 대학을 졸업하고 시카고 대학에서 대학원 공부를 했다. 그는 100살까지 살았다. 그는 1981년 미국정치학회 회장을 역임했다.

그가 1959년에 발표한 유명한 논문 "The Science of Muddling Through(1959)"은 행정학도들이 가장 많이 읽는 논문이다. 점증주의를 주장한 논문이다. 이에 논문에 대한 많은 비판이 있지만 그는 1979년 "Still Muddling, Not Yet Through"라는 논문을 발표하여 자신의 주장을 반복하였다. 그는 같은 과 동료인 달(Robert Dahl)과 *Politics, Economics, and Welfare*를 저술하였다. 그 외에도 *A Strategy of Decision, Politics and Markets, The Policy-making Process, The Intelligence of Democracy* 등의 저술이 있다.

출처: *YaleNews*(2018.2.20).

2. 2015년 5급(행정) 공개경쟁채용 제2차 시험(행정학)

제2문. 정부 예산은 전년도 예산을 기준으로 편성하여 해마다 증가하는 경향이 있다. 종래에는 이러한 예산 증가 현상을 '점증주의(incrementalism)이론'으로 설명해왔지만 최근에는 일정 기간 점증적으로 증가하다가 예산 증가 요인이 발생하여 예산이 증가되는 '단절적 균형(punctuated equlibrium)이론'이나 '경로의존성(path dependency)이론'으로 설명하는 경향이 있다.

① 점증주의 이론, 단절적 균형이론, 경로의존성 이론의 등장 배경과 내용을 설명하시오.

② 사회복지 예산 변화의 사례를 들어 점증주의 이론, 단절적 균형이론, 경로의존성 이론을 비교하시오.

출처: https://www.gosi.kr(인사혁신처 사이버국가고시센터)>시험문제/정답(2019.3.9).

3. 2017년 7급 공개경쟁채용 필기시험(행정학 ㉮책형 문10번)

문10. 예산 이론에 대한 설명으로 옳은 것은?

① 루이스(Verne B. Lewis)는 예산 배분 결정에 경제학적 접근법을 적용하여, '상대적 가치', '증분분석', '상대적 효과성'이라는 세 가지 분석명제를 제시한다.

② 니스카넨(William Niskanen)의 예산극대화모형은 의회 의원들이 재선 가능성을 높이기 위해 지역구 예산을 극대화하는 행태에 분석초점을 둔다.

③ 윌로비와 서메이어(Willoughby & Thurmaier)의 다중합리성모형은 의원들의 복수의 합리성 기준이 의회의 예산 결정에 미치는 영향을 주로 분석한다.

④ 단절균형예산이론(Punctuated Equlibrium Theory)은 급격한 단절적 예산 변화를 설명하고, 나아가 그러한 변화를 예측할 수 있는 장점이 있다.

출처: http://www. gosi.go.kr>시험문제/정답(2019.3.28)

정답

[부록] 3. 문10. ①

설명: 니스카넨은 관료의 행태를 설명했다. 윌로비와 서메이어의 다중합리성모형은 미 주정부의 예산실 사정관에 초점을 두었다. 단절균형예산이론에 의해 단절적 예산 변화를 예측하기는 어렵다는 한계가 있다.

Chapter

8

기획(계획)과 예산

학습 목표

제8장의 학습 목표는 예산 편성과 관련해서 기획에 대해서 생각해보자는 것이다. 예산 편성은 기획 과정이기도 하다. 이 장은 제1절 기획의 의의와 종류, 제2절 기획 과정, 제3절 계획과 예산, 제4절 중기재정계획(국가재정운용계획) 등으로 구성되어 있다.

다음을 생각해보자: 우선 발전 기획과 사업 기획의 과정이 어떻게 다른가? 어떻게 해서 기획과 예산은 서로 어그러져 동떨어지는 것일까? 우리나라 중기재정계획은 어떤 특성이 있고 작성 절차는 어떻게 되어 있나?

무엇보다 훌륭한 공무원이 되기 위해서는 기획 능력이 있어야 하는데, 어떻게 하면 기획 능력이 배양될 수 있을까?

제 1 절 기획의 의의와 종류

1. 예산 편성과 기획[1)]

행정부는 예산 편성을 한다. 오늘날 예산 편성이란 매우 복잡한 과정이어서 행정부가 예산을 편성하여 국회에 제출, 승인을 받도록 되어 있다. 이러한 제도를 행정부 제출 예산제도(executive budgeting)라 하는데, 오늘날은 보편적이고 당연시되고 있다. 그 까닭은 다음과 같다.

첫째, 행정부가 공공 서비스 제공의 주된 담당자라는 인식이다. 행정부는 경제 개발, 사회 개발, 국방 및 치안 유지, 국민 형성, 인권 보호 등의 기능을 담당하며, 이러한 기능을 원활히 수행함으로써 국민들의 다양한 욕구를 충족시켜야 할 책임이 있다는 것이다.

둘째, 행정부는 각종 정책 및 사업의 결정 및 집행의 책무를 담당한다. 정책의 방향은 정당, 국회 등에 의해서 결정될 수도 있으나, 정책의 구체화와 집행은 행정부에 의해서 이루어지며, 정책 결정도 중요하지만 정책의 집행도 사실상 정책의 집행만큼이나 중요하다. 왜냐하면, 정책의 집행 과정에서도 상황의 변화와 가용 자원의 이용 가능성 정도에 따라서 정책 형성이 계속적으로 이루어지는 까닭이다.

셋째, 행정부의 전문성이다. 관료들은 기획이나 정책 형성에 필요한 경험과 지식을 가장 많이 가지고 있다. 또한 이들은 직업공무원으로서 평생 동안 근무하는 계속성과 안정성을 가지고 있다.

넷째, 행정부의 권한과 기능이 확대됨에 따라 각종 사회집단의 요구는 행정부에 집중되고, 행정수반은 법률적 · 사실적으로 정부기관, 정당, 각종 이해집단 등의 요구를 조정할 수 있는 권한과 책임이 있다. 이와 같은 이유로 행정부는 예산 운영의 중심적 위치에 있다.

---

1) "기획"은 계획을 세우는 과정 및 활동의 의미로, 그리고 "계획"은 기획 결과의 의미로 사용되나 두 용어가 서로 명확히 구분되는 것은 아니다. "planning"을 기획이라고 번역하지만 family planning은 가족계획이라 번역된다.

행정부가 주도하고 책임을 지는 예산 편성에서 제일 중요한 국면은 각 부처의 사업계획을 중앙정부의 수준에서 조정하고 재정운영계획을 확정하는 것이다. 이 때문에 예산 편성과 기획은 상호 깊은 관계가 있다. 만약 장기적 관점에서의 예산 운영과 사업계획이 등한시된다면 자원 배분의 효율성이 크게 저하될 것이다. 사실 계획예산제도, 영기준 예산제도 등 예산 제도에 관한 논의도 예산 운영과 기획을 어떻게 조화시키느냐에 그 초점이 있다고 할 것이다.

2. 기획의 정의

통상 기획을 한다고 하면, 현재의 입장에서 다가올 미래를 준비하고 선택하는 행위를 뜻하는 것으로 이해할 수 있다. 미래를 생각하지 않는 사람에게 기획이란 불필요한 것이다.

행정기관마다 기획을 담당하는 부서가 있으므로 기획이란 용어의 뜻을 이미 잘 알고 있다 할 것이나, 그 뜻을 분명히 하기 위하여 기획의 주체를 생각해 보는 것이 도움이 될 것이다. 첫째, 개인 수준에서 기획을 생각해 볼 수 있는데, 이때 기획이란 앞으로 무엇을 할 것인가에 관한 문제 해결을 위한 사고 과정(思考過程)을 뜻한다. 둘째, 기업이나 행정기관에 설치되어 있는 기획 기구에서 기획이란 특정 목적을 달성하기 위하여 행동대안을 체계적으로 선택하는 행위와 절차를 뜻한다. 셋째, 정부 수준에서 기획은 의도한 방향으로 사회 변화를 유도하기 위한 체계적인 행동대안의 제안 및 결정을 뜻한다.

위에서 살펴본 기획의 뜻에서 워터스턴(Albert Waterston)이 제시한 기획의 요소들을 발견할 수 있다. 그는 전시기획(戰時企劃), 전후복구기획, 도시기획, 국가기획, 완전고용기획, 경기대책기획, 그리고 발전기획, 이 모든 기획의 종류에 관계 없이 기획에는 미래 전망 및 예측, 의사 결정, 목적 달성을 위한 행동 준비, 행동 결과에 대한 평가 및 대책 등의 공통 요소가 있다는 것이다.[2] 우리는 이와 같은 공통 요소들

2) Albert Waterston, *Development Planning,* Paperback Edition, 1979, p.9. These(all planning) include looking ahead, making choices, and, where possible, arranging that future actions for attaining objectives follow fixed paths or, where this is impossible, setting limits to the

을 감안하여 기획을 바람직한 미래를 위한 목표의 설정과 그 목표를 달성하기 위한 행동대안의 합리적 선택 과정 또는 선택 활동이라고 정의하고자 하며(Chandler & Plano, 1982: 83), 다음에서는 기획과 관련된 몇 가지 논점을 살펴보고자 한다.

1) 기획의 실질이론과 과정이론

기획론에 관한 설명을 접할 때, 때때로 공허함을 느낄 때가 많은데, 그 까닭 중에 하나는 기획조직이나 기획 방법을 숙지한다고 하더라도, 무엇에 대한 기획인가 하는 대상이 정해져 있지 않은 까닭이다. 이러한 공허함은 기획론이 실질기획이론(theory in planning)과 과정기획이론(theory of planning)으로 구분되는 것을 경시하기 때문이다. 전자는 기획에 이용되는 사회과학을 뜻한다. 즉, 경제기획, 사회기획, 도시기획 등에는 경제학, 사회학, 도시경제 등이 이용될 수 있다. 이것을 실질이론이라 한다. 후자는 기획 대상이 아니라 기획 활동에 관한 이론을 뜻한다. 즉, 기획 활동에 포함되는 가치, 목표, 조직, 절차 등에 관한 이론이 과정이론에 포함되는데, 이것(theory of planning)은 연구의 초점에 따라 과정적 이론·규범적 이론과 실증적 이론·경험적 이론으로 구분된다. 과정적·규범적 이론(procedural, normative theory of planning)은 기획이 어떻게 이루어져야 하는가에 연구의 초점을 두며, 반면에 실증적·경험적 이론(positive, empirical theory of planning)은 기획이 실제 어떻게 이루어지는가에 연구의 초점을 둔다.

그러나 기획이론을 어떻게 구분하든, 또 기획을 어떻게 정의하든지 기획을 사회행동과 지식과의 연계로 파악할 수 있다. 그래서 지식의 역할과 지식과 행동과의 상호작용에 관한 이해가 중요하다. 따라서 기획에 대한 이해는 기획이 수행되는 방법과 그 내용을 결정하는 철학, 사상, 이념은 물론 경제학·사회학 등의 과학적 지식에 대한 이해가 선행되지 않는 한 공허한 느낌을 줄 것이다(Los, 1981: 63-88).

---

consequences which may arise from such action.

2) 기획과 정책

기획의 개념을 이해하는 데 기획과 정책에 대한 혼란이 있다. 기획과 정책은 상이한 것인가? 또는 정책이 기획보다 상위 개념인가? 하는 것이 그것인데, 여기서는 결론적으로 말하면, 기획과 정책은 현상으로서 동일한 것이며, 다만, 쓰임새, 즉 용도에 차이가 있다고 보아야 할 것이다. 기획과 정책이 동일하다고 볼 수 있는 점은 양자가 모두 목표 설정과 그 목표 달성을 위한 수단, 그리고 목표와 수단과의 인과관계에 초점을 두고 있다는 것이다. 다시 말해서, 기획과 정책은 모두 행동대안의 선택을 포함하고 있고, 이에 대한 논리는 의사결정론에 크게 의존하고 있다는 점에서 기획과 정책은 현상으로서 동일하고, 현상 연구에 사용되는 이론적 틀도 동일하다.

워터스턴은 기획을 특정 목표를 달성하기 위하여 최상의 이용 가능한 대안을 선택하기 위한 조직적·의식적·계속적 노력이라고 정의하고(Waterston, 1979: 26), 앤더슨(J. E. Anderson)은 정책을 문제 또는 관심사를 다룰 때 행위자 또는 행위자 집단에 의하여 추진될 목표 지향적인 행동 경로로 정의하고 있다(이종수·이대희, 1985: 12). 이와 같은 정의에서 기획과 정책의 차이를 발견하기는 힘들다. 또 폴루디(Faludi, 1976: 1)는 기획을 정책 결정에 과학적 방법을 응용하는 것으로, 다이(Dye, 1981: 1)는 정책을 정부가 추진하려고 또는 추진하지 않으려고 결정한 것들로 정의하고 있다. 이와 같이 광의로 기획과 정책을 정부가 할 일의 결정과 이에 대한 과학적 지식의 응용이라고 정의하는 경우에도 양자의 차이는 나타나지 않는다. 요컨대, 공공의 문제 해결을 위한 합리적 행동이라는 측면에서 기획과 정책은 동일하다고 할 수 있다(백완기, 1988: 334-335).

기획과 정책 사이에 어떤 것이 상위 개념인가에 대한 논의가 있기도 하다. 이를테면, 정부의 정책이 결정된 후 이것을 구체화하는 것으로 기획을 보는, 기획보다 정책을 상위 개념으로 보는 입장과 하나의 기획에도 여러 개의 정책이 포함될 수 있다는, 정책보다 기획을 상위 개념으로 보는 입장이 있다(박동서, 1987: 184; 백완기, 1988: 334-335; 정정길, 1988: 84-85).[3] 우리는 앞에서 기획과 정책을 동일한 현상으로

3) 박동서는 정책을 기획보다 상위 개념으로 파악하고 있는 반면에, 백완기와 정정길은 그러한 구분이 언어의 유희에 빠질 위험이 있다고 보았다.

보았던 까닭에 기획과 정책 사이에 제기되는 상위 개념, 하위 개념의 논쟁은 불필요한 것으로 보고자 한다. 그것은 용도의 문제로 사용자에게 달려 있기 때문이다.

기획과 정책을 다른 것이라고 한다면, 그것은 용도에 기인한다고 생각된다. 기획은 그것이 장기적이고 포괄적일수록, 청사진적 성격이 강하여 실현가능성이 낮다는 특징을 가진다.[4] 만일 정부에서 2019년에 2028년까지 저소득 서민을 위한 임대주택을 100만 호를 건설하겠다고 발표한 경우, 그 발표는 서민임대주택 건설이라는 정책일 수도 있고 기획일 수도 있으나, 여기서는 정부의 발표를 하나의 청사진으로서 계획이라고 보고자 한다. 그 까닭은 첫째, 정부가 서민 주택을 건설하려는 데 명백한 목표를 설정하였을 뿐만 아니라 그 목표를 달성하기 위한 수단을 체계적으로 검토하여 하나의 설계도를 제시하였다는 점이고, 둘째, 10년이란 기간이 우리의 경험에 따르면 장기간이어서 계획의 시행 여부가 의심이 되며, 셋째, 그럼에도 불구하고 그 발표가 서민에게 우리도 집을 가질 수 있다는 희망을 줄 수도 있고, 넷째 정부가 당장은 발표대로 시행을 하지 못한다고 해도 수년이 지난 다음에 되돌아보면, 대개 계획이 발표된대로 사업이 집행된 예가 많기 때문이다.

3) 기획 담당자: 관료와 전문가

행정 부서에서는 통상 행정공무원이 기획의 일을 담당한다. 이들은 담당 업무에 정통하므로 그 분야에 대해서 기획 업무를 원활히 수행할 수 있다. 이때 이들은 기획에 필요한 대상 분야에 대한 지식, 기획 기법, 정치・행정적 여건 등에 관한 소양이 있다고 보아야 할 것이다. 그러나 행정 부처에서 새롭고 창의적인 기획을 하려는 경우에는 때때로 기획 분야에 대한, 문제에 대한 이해가 부족하여 해당 분야에 관한 전문가의 도움이 필요할 때도 있고, 더 나아가 전문가에게 기획을 위임할 때도 있다. 이때 전문가는 두 종류로 나뉘는데, 하나는 기획 대상에 대한 깊은 지식을 가지고 있는 경제학, 교육학, 항공학 등 관련 분야의 전문가와 기획의 절차, 기획 기법, 기획의 설계 등 기획 자체에 대한 정교한 지식을 가지고 있는 전문가가 그것이다.

기획론을 전공한 기획전문가는 정부부처에서 기획을 할 때, 그 기획이 소기의 성

4) 정정길(1988: 83-86)의 정책과 기획의 비교 참조.

과를 거둘 수 있도록 기획 체제의 설계, 기획 기법의 제공, 기획안의 작성 등의 역할을 수행한다. 그러나 이들의 고민은 기획의 대상이 되는 현상에 대한 이해가 부족함으로써, 때때로 담당 공무원에게 도움을 주는 데 한계가 있기도 하다(Faludi, 1976: 3-18).[5] 이러한 까닭에 군사, 경제, 교육, 도시 등에 전문지식을 가지고 있는 학자가 기획에 관여하게 되는데, 이들은 기획에 대한 소양이 부족한 까닭에 행정공무원의 입장에서 보면, 너무나 이론적이라는 불평을 듣기 쉽고, 전문가들은 공무원들이 현실 안주적이라는 불평을 하기 쉽다. 따라서 기획 책임이 행정공무원에게 있는 경우 공무원은 전문가들과 의사소통을 원활히 하여 기획을 입안하고 관리하여야 할 것이다. 여기서 기획조직의 필요성이 제기된다.

3. 기획(계획)의 종류

기획(계획)은 시계(視界), 대상 및 분야, 이용 빈도, 지역 수준, 고정성 정도 등에 따라서 다양하게 분류되고 있다. 계획 기간에 따라서 장기・중기・단기계획, 기획의 대상 및 분야에 따라서 경제계획・재정계획・사회계획・방위계획・물적(物的) 계획, 이용 빈도에 따라서 단일 사용계획・상설계획・지역 수준에 따라서 도시・지역・국토・국제계획, 고정성 정도에 따라서 고정식 계획・이동식 계획, 종합성 정도에 따라서 사업별 계획・종합적 공공투자계획・종합계획 등으로 분류된다(강신택・유훈, 1981: 209-216). 또 기획은 목표가 전제되었는지 여부, 변화하는 환경에 대한 대응 여부, 비전(vision) 개발 여부 등에 따라서 전통적 기획과 전략적 기획으로 분류하기도 한다(박홍윤, 2009: 33-34).

여기서는 계획의 수준 또는 기획의 운영 수준에 따라서 계획을 발전계획, 부문계획, 사업계획, 세부사업계획으로 나누어 살펴보고자 한다(Conyer & Hills, 1984: 9, 11-13).

---

5) 기획론을 실질이론과 과정이론으로 구분하지만, 이 양자가 서로 관련이 있다. 폴루디는 기획전문가의 역할을 과정이론의 입장에서 보고 있다.

1) 발전계획

발전계획(development planning)은 사회 변화를 바람직한 방향으로 유도하기 위한 중장기 종합계획(comprehensive plan)이다. 그 기원은 1928년 소련의 제1차 5개년계획이다. 그 후 제2차 세계대전 이후 중남미 · 동남아 후진국에서 유행하였고, 우리나라는 1962년부터 경제개발 5개년계획을 집행한 바 있고, 1980년 후반부터 경제사회발전 5개년계획을 시행한 바 있다.

발전계획은 대개 국가 수준에서 이루어지며, 따라서 중앙기획기구가 기획의 책임을 지고 있는 경우가 많다. 또 계획의 포괄 영역이 정치 · 경제 · 사회 등 다양하며, 제일 중요한 것은 발전 목표이나 행정, 예측, 재원 동원 등의 능력에 한계가 있는 경우 발전계획은 계획으로 끝날 가능성이 많다.

2) 부문계획

발전계획은 사회 발전을 위한 종합계획으로서, 경제 · 재정 · 사회 · 교육 · 농업 · 과학기술 등의 부문계획을 포함하고 있다. 부문계획(sectoral planning)은 정부의 기본 목표를 달성하기 위한 부문별 자원 배분과 사업계획을 포함한 전략이라고 할 수 있다. 기획 책임은 대개 중앙부처 수준에 주어지는 것이 보통이다. 보건 및 의료 부문 계획, 과학기술 부문계획 등 부문계획이 이용된다.

3) 사업계획

사업계획(program planning)은 부문계획보다 구체적인 것으로, 예를 들어 보건사회 부문계획을 좀 더 구체화한 세부계획으로서 보건계획과 같은 것이다. 사업계획은 중앙부처의 국(局) 단위에서 입안 수행한다. 보건계획, 사회보장계획, 도시계획 등이 이에 속하며, 앞의 발전계획이나 부문계획에서와 같이 기본 방향, 총량 지표 등을 중심으로 한 거시적 계획보다는 좀 더 구체적인 방향과 지표, 그리고 미시적인 접근이 필요하다. 보통 계획이라고 할 때는 단위 사업으로서 사업계획을 지칭한다.

표 8-1 계획의 비교

요소 / 계획의 종류	목표 수준	담당 기관	관심 대상	예 시
발전계획	발전 목표	중앙기획기구	가치, 규범	경제사회발전 5개년계획
부문계획	부문 목표	각 부처	가치, 전략	보건의료 부문, 과학기술 부문계획
사업계획	사업 목표	해당 국	전략, 관리	보건계획, 도시계획, 교통계획
세부사업계획	세부 목표	해당 과	목표, 관리	시장현대화계획, 영세민대책

4) 세부사업계획

세부사업계획(project planning)은 발전계획, 부문계획, 사업계획 등을 종적(縱的)으로 파악할 때 최하위에 위치하는 매우 구체적인 계획이며, 부처 단위의 단일 과에서 입안 관리한다. 그러나 과(課) 수준에서 특정 목표를 수행하기 위해서 사전에 체계적으로 준비한 행동계획도 세부사업계획이다. 이들이 가지고 있는 속성은 한정성과 비반복성이다. 따라서 계획에 요구되는 비용과 시간이 매우 제약을 받는다. 사무자동화계획, 영세민대책, 시장현대화계획, 국립병원공사화계획 등은 바로 세부사업계획의 대표적인 예라고 할 수 있다. 위의 설명을 요약하면 <표 8-1>과 같다.

이와 같이 계획을 나누는 까닭은 계획을 수준별로 나눔으로써 목표-수단 관계가 분명해지고, 아울러 예산과의 관계가 명백해지며, 기획 과정에 대한 이해가 더욱 확실해지는 까닭이다.

제 2 절 기획 과정

기획 과정은 여러 가지로 제시되고 있으나, 여기서는 발전계획 및 부문계획에 대한 기획 과정과 사업계획 및 세부사업계획에 대한 기획 과정으로 나누어 생각해 보고자 한다. 그 까닭은 목표가 주어진 경우와 그렇지 않은 경우에 기획 과정이 다르기 때문이다.

1. 발전기획 과정

발전 및 부문계획에 대한 기획 과정은 ① 자료 수집과 기본 구상, ② 상황의 분석, ③ 기본 전제와 목표 및 세부 목표의 설정, ④ 대안의 형성과 분석, ⑤ 최종안의 선택과 실행계획, ⑥ 집행과 평가 등으로 이루어진다(Steiss, 1979: 210).

1) 자료 수집과 기본 구상

기획을 수립하기 위하여 ① 기본 자료를 수집하고, ② 기획의 범위와 단계를 결정하기 위한 진단적 연구를 수행하며, ③ 기획으로 인하여 편익을 보게 될 집단과 기획의 범위를 결정한다.

초기 단계의 자료 수집은 외국의 경험, 전문가의 견해, 기존의 문헌 등에 대해서 수행되며, 차차 그동안 축적되었던 자료와 분석 결과들을 종합적으로 검토한다.

사회적 욕구와 추세, 그리고 이에 영향을 미치는 여러 요인들을 대체적으로 검토하여 기획의 범위와 단계를 정해 본다. 현재의 여건을 기초로 하여, 정치지도자들의 지향, 외국의 경험, 국민들의 욕구, 전문가들의 견해 등을 수렴, 기획의 기본 방향, 대상 범위, 기간, 단계, 우선순위 등을 대략적으로 결정한다.

또 위의 것들과 관련해서 계획에 의하여 수혜를 받게 될 집단, 지역, 계층은 어떠한 성질을 가지고 있으며, 그 숫자는 몇 개인가? 또 이들의 욕구를 충족시켜 주려면 시설 및 투자 규모는 얼마이어야 하는가에 관한 검토가 있어야 기획의 범위, 규모, 기간 등이 어느 정도 정해질 수 있으므로 기획에 대한 구상을 할 수 있을 것이다.

2) 상황의 분석

다음 단계는 현재의 상황에서 바람직한 미래를 쟁취하기 위해서 추세와 욕구를 분석하는 것이다. 즉, 앞으로 예견되는 미래상과 기획에 의해서 규범적으로 획득하고자 하는 미래상과의 격차를 파악하고, 그 격차를 해소할 수 있는 방안들을 강구한다. 이 단계에서는 추세 및 욕구의 분석, 바람직한 미래상과 관련된 요인들의 확인 및 그것들의 관계 규명, 문제점 및 장애 요인의 극복 방안 등을 논의한다.

이 단계에서 가장 중요한 것은 상황의 분석이라고 할 수 있다. 왜냐하면, 상황분석이 정밀하게 이루어져야만, 목표와 수단들이 정의될 수 있기 때문이다. 상황을 분석하기 위해서는 여러 가지 이론과 모형을 응용하며, 동시에 미래예측도 하게 된다. 또한 상황분석을 기획기관에서 직접 담당할 수도 있고, 그것을 외부의 연구기관과 전문가에게 위임할 수도 있다.

상황분석이 끝나면, 일단 규범적으로 목표를 정의하고, 계획의 성과를 알기 쉽게 기술하고, 계획 수행에 필요한 행정적 · 입법적 조치들을 검토한다.

3) 기본 전제와 목표 및 세부 목표의 설정

상황분석이 끝나면, 분석 결과를 정리하여 기획의 기본 전제를 기술한다. 이를테면, 원자재 가격, 국제 금리, 세계 성장, 기술 진보, 인구 증가, 정치사회적 여건 등 국내 · 외 여건에 대한 전망과 전제를 기술한다. 가능한 전제들은 기획에 영향을 주는 모든 요인을 포함하여야 하나, 이러한 요인들 가운데는 통제 가능한 것과 통제 불가능한 것이 있는 까닭에 항상 불확성이 있다는 점에 유의하여야 할 것이다.

다음에는 기획의 기본 전제 하에서 기획의 목표와 세부 목표를 설정하게 되는데, 이때 목표는 목표－수단 연계를 고려하여, 미래의 비전(vision)을 제시하기 위한 표방된 목표(stated goal)와 실질목표(real goal) 간에 일관성이 있어야 하며, 구체성과 결과 지향성이 있어야 한다(김신복, 1983: 108－110).

목표 및 세부 목표의 정의 단계는 사실상 미래 상태를 기술함으로써 기획을 구조화하는 단계가 되며, 이 과정에서 기획에 영향을 받는 주민들 사이에서, 기업들 사이에서, 각종 사회집단들 사이에서 갈등이 야기될 수 있으며, 또 이들 집단과 기획을 성공적으로 이끌려는 행정기관 사이에 갈등이 있을 수 있고, 또 한편 주민, 기업, 사회집단과 행정기관 사이에도 갈등이 존재할 수 있다. 따라서 갈등을 해소할 수 있도록, 기획 분야(사회, 경제, 환경, 지역 등), 수준(국가, 지역. 특정 지역), 정부와 수혜자 등을 고려하여 세부 목표를 설정하여야 한다.[6)]

4) 대안의 형성과 분석

대안 형성은 설정된 목표를 달성하기 위한 방안들을 창안하는 과정이며, 방안들은 여러 종류가 존재할 것이므로, 이들 대안을 비교 분석할 필요성이 제기된다.

대안의 분석에는 체제분석, 비용편익분석 등이 이용되며, 계량적 방법과 비계량적 방법 모두 중요시되어야 할 것이다.

5) 최종안의 선택과 실행계획

최종안의 선택은 기관장이 한다. 앞에서의 여러 단계에서 수행한 작업을 마무리지어 행정공무원 또는 연구기관이 최종안을 제시하거나 각 대안의 장·단점을 제시할 수 있으나, 원칙적으로 최종안은 장관, 지사 등 기관장이 한다고 보아야 할 것이다. 따라서 상황의 분석, 대안의 형성 등에서부터 정치적 고려를 하는 것이 현실적이라 하겠다.

최종안이 선택되면, 계획을 분야별로 나누어 계획의 목표, 계획의 수단, 계획의 시행 지역 및 대상, 계획의 우선순위, 계획의 평가 기준 등을 구체화하고, 아울러 계획 집행에 요구되는 행정적·입법적·기술적 조치들을 계획하여야 한다. 이 단계에서 기획과 예산은 구체적으로 연계된다.

6) 집행과 평가

기획은 계속적·연속적 과정이므로 집행과 동시에 평가가 이루어진다. "자료 수집과 기본 구상 단계"에서 이미 언급하였듯이, 기획은 단계별로 수립 집행되는데, 이것은 제5차 경제사회발전 5개년계획이 집행 및 종결되면, 이것을 평가하여 제6차 경제

---

6) 스타이스는 이를 위하여 다차원 목표행렬표(multi-dimension goals matrix)를 제안하였다(Steiss, 1979: 213-218).

사회발전 5개년계획을 세우는 것과 같다.

다음에서는 목표가 주어지는 경우, 또는 목표가 명백한 경우라고 생각되는 사업계획과 세부사업계획의 기획 과정을 살펴보고자 한다.

2. 사업기획 과정

사업계획과 세부사업계획은 발전계획 및 부문계획의 하위계획으로서 일관성을 유지할 필요가 있으나, 행정기관이 특정 분야에 대한 문제를 인식하여 그것을 해결하기 위한 방안으로 사업계획을 할 때도 있다. 어느 경우든지 기획의 과정을 다음과 같이 생각해 볼 수 있다(김신복, 1983: 367-376).

1) 목표의 정의

상위계획의 한 요소로서 사업계획을 하는 경우는 물론, 행정기관이 제기된 문제를 해결하기 위해서 사업계획을 하게 되는 경우에도, 먼저 국가 차원의 발전전략, 부문별 계획의 의도, 부처 또는 지역사회의 기본 방침 등을 충분히 고려하여 사업계획의 목표를 정의한다.

2) 자료 수집 및 분석

사업계획의 경우 목표가 구체적이어서 자료 수집과 분석은 좀 더 기술적이고 실무적이다. 따라서 대상 지역이나 대상 수혜자의 의견, 설문조사, 행정 실무자의 의견 등을 고려하여 문제와 관련한 자료를 수집 분석한다.

3) 대안의 탐색과 비교

목표 달성을 위한 방안들을 강구하고 그것들을 비교한다. 각 대안의 장・단점과 타당성을 검토한다. 타당성분석(feasibility analysis)은 주로 경제적・재정적・기술적・사회적・제도적 측면에 집중된다.

4) 최종안의 선택

여러 대안 가운데 가장 타당성이 높고 동시에 목표 달성을 극대화할 수 있는 대안을 선택한다. 이 선택 역시 예산이 많이 소요되는 경우에는 기관장의 승인이 필요하다.

5) 집행과 통제

사업계획이 정해진 목표를 원활히 달성할 수 있도록 조직 · 목표 · 예산 등을 관리 통제하며, 다음에 이와 유사한 사업계획에 자료로 이용할 수 있도록 사업을 평가하기도 한다.

제 3 절 계획과 예산

1. 계획과 예산의 차이

예산과 계획은 동전의 양면과 같다. 계획이 없이는 예산을 편성 · 운영할 수 없고, 예산의 현실적 제약이나 재원을 무시하고는 계획을 수립하고 집행할 수 없다. 그러나 계획과 예산은 그 접근 방법, 내용, 목적 등에서 상이한 점이 많다(Premchand, 1983: 187-190).

1) 범위 및 기간

계획은 그 수준이 높을수록 공공 부문만이 아닌 민간 부문도 대상 범위로 하는 데 반해, 예산은 공공 부문에 한정된다. 또한 계획은 5년, 10년 등 계획 기간이 장기간(長期間)이나, 예산은 대개 1년을 기간으로 단기적으로 운영된다. 예산은 정해진 회계연도에 한해서 운영되나 계획은 그것보다 기간이 더 길다.

2) 접근 방법

계획은 경제적·사회적 부문에 대한 미래상을 설계하고, 그러한 미래상이 달성되도록 개념적 틀을 형성한다. 즉, 계획은 미래의 청사진을 생각해 보는 사고 과정이며 개념적 틀이다. 그러나 예산은 입법부의 심의 대상이며, 정부 각 부처의 자금 사용 및 계약을 통제해야 하는 실질적인 운영 서류의 역할을 한다. 줄여서 말하면, 계획은 주로 개념적 접근을 하나, 예산은 실용적 접근을 한다.

3) 결정 과정

계획과 예산을 담당하는 기관이 상이한 경우는 물론 계획과 예산의 결정 과정이 상이할 것이고, 동일한 기관에서 담당하는 경우에도 계획과 예산은 결정 과정이 상이하다. 계획은 적어도 입법부의 심의 대상이 되지 않는 경우가 많다.

또한 계획의 집행과 이에 필요한 재원의 배분은 예산의 틀 안에서 진행되며 예산은 계획의 목표에 종속된다.

4) 이용 시각

계획은 중장기 목표를 제시하고 그 목표를 달성하기 위한 수단을 강구함으로써 미래의 비전을 제시한다. 이에 반해서 예산은 단기적 목표와 수단, 그리고 재원 배분에 주안점을 둔다. 대체로 계획은 미래상을 제시하고 그러한 방향으로 행정이 이루어지기를 기대하는 전략적(戰略的) 선택이며, 예산은 계획은 계획이지만 꼭 그대로 집행될 것을 기대하는 운영적(運營的) 선택이다. 줄여서 말하면, 이용자들이 계획은 그 구체적인 내용이 꼭 그대로 집행되지 않아도 되는 것이지만 예산은 그렇지 않다고 생각하는 경향이 있다.

2. 계획과 예산의 괴리

계획은 발전 목표, 자원 배분, 발전 목표의 달성을 위한 제도적·조직적·경제적 수단 등을 포함하고 있는 까닭에 예산과 깊은 관계가 있다. 물론 계획의 수준이 높을수록 계획은 예산보다 그 관심 범위가 크다. 그러나 구체적인 연차계획(annual plan)이라고 해서 예산과 동일한 것도 아니다. 연차계획은 사업들과 세부사업들 사이에 재원이 어떻게 배분되어야 한다는 대략적인 방법과 우선순위를 제시하고 있지만, 예산은 좀 더 구체적으로 조세 및 각종 수입, 사업과 세부사업의 비용 추정과 행정적 타당성, 재정통제 등에 관심을 가지고 있다. 따라서 계획이 집행되려면 정부 지출의 권한과 통제권이 주어져 있는 예산에 계획이 통합되지 않으면 안 된다(Waterston, 1979: 201-208).

그러나 계획과 예산은 서로 어그러져 동떨어지는 경우가 많다. 이러한 주장은 대개 발전계획에 대한 것이나 계획의 수준이 사업계획, 세부사업계획 등으로 구체화된다고 해서 계획과 예산과의 괴리가 나타나지 않는 것은 아니다. 우리는 종종 재원이 없어서 세부사업계획이 집행되지 않는 경우를 많이 보고 있다.

다음에서는 계획과 예산과의 괴리 요인을 환경적·구조적·행태적 측면에서 살펴보고자 한다.7)

1) 환경적 요인

발전도상국가의 예산과 계획을 연구한 케이든과 윌다브스키(Caiden & Wildavsky, 1974)는 발전도상국가는 가난하기 때문에 예산과 계획이 합리적으로 운영되지 않는다고 주장하였다. 이들의 주장은 발전계획(종합적 계획, comprehensive planning)을 운영하기에는 발전도상국가가 가난하다는 것이다. 가난이란 경제적인 것만을 뜻하는 것이 아니라 가난한 나라는 가난하기 때문에 행정 능력, 예측 능력, 정치적 불안, 의사 전달, 그리고 재정 능력이 저급하다는 것이다. 즉, 발전도상국가는 모든 것이 불확실한 까닭에 발전계획을 수행할 수 없으나 외국의 원조를 받기 위해서, 그리고 정치적 이유에서 계획이 이용된다. 그러한 계획이 성공하기 위해서는 발전된 국가, 선진국의 조건, 즉 정치적 안정, 높은 저축률, 과학기술의 발전, 전문화된 행정 능력,

---

7) 문세영(1995)은 중기개발계획과 예산의 연계를 행정적 요인, 기획 및 예산 제도 요인, 정치적 요인, 환경적 요인으로 정리하였다.

사회간접자원의 축적 등이 충족되어야 한다. 따라서 정치, 경제, 사회의 불확실성이 높은 환경에서는 계획과 예산이 지극히 형식적으로 운영될 뿐이라는 것이다.

우리나라 1950년대와 1960년대 초를 회상해보면 환경적 요인을 이해할 수 있을 것이다. 아래의 글을 참고해 보자.

> "흔히 장기경제개발계획이라고 하면 7개년, 5개년, 3개년 등 여러 가지 방안이 있겠으나 당시와 같이 수요 예측을 하기 어려운 환경 하에서는 어느 계획안도 적합하지 못한 것으로 생각하였다.
>
> 그렇다고 3개년계획을 마련하는 것은 너무 단기여서 장기 경제계획으로서는 부적당하다고 보았다. 나는 7개년계획을 큰 목표로 삼되, 우선 1단계를 3개년으로 하여 2단계 작업을 하도록 위원들에게 요청하였다. 비교적 쉽게 수요 예측을 해서 우선 3개년계획을 작성하고 그것을 시행해 나가는 과정에서 얻은 경험을 살려 통계 미비에서 오는 오차를 고쳐 나가자고 생각한 것이다.
>
> 이렇게 해서 7개년계획의 제1단계인 3개년계획이 드디어 성안이 되어 1960년 4월 15일 역사적인 '경제개발 3개년계획'이 국무회의를 통과하게 된 것이다.
>
> 장기경제개발계획을 작성하는 데 많은 애로가 뒤따랐다. 우리나라 최초로 만드는 국가적인 개발계획이었음에도 불구하고 당시 국내의 학자나 행정관리, 기업가들 모두가 경험이 부족하였고, 또 장기적인 예측에 관한 교육도 잘 이루어지지 못하였다 …….
>
> 그 후 우리나라가 제1차 경제개발 5개년계획을 시발점으로 지금의 제7차 계획까지 이어오는 동안에 세계적으로 경제 개발의 우등생으로 명성을 높여 많은 개발도상국의 선망의 대상이 된 것은 결코 우연이 아니었다. 그 때 산업개발위원회가 뿌린 씨가 오랫동안의 교육과 훈련을 통하여, 유능한 테크노크라트와 경제학자들이 피와 땀을 흘려 이룬 주옥과 같은 성과라고 확신한다"(송인상, 1994: 202-203).[8)]

위의 글에 따르면, 우리나라가 시행착오를 거쳐서 성공적으로 경제개발 5개년계획을 작성하고 집행하여 성과를 이뤘다고 할 수 있다. 그러나 1960년 4월 15일 '역사적인 경제개발 3개년계획'이 국무회의를 통과하였지만 4월 19일 4·19로 인하여 정권

---

8) 송인상 전 장관은 강원도 회양 출신으로 1932년 선린상업학교, 1935년에 지금의 서울대 상과대학 전신인 경성고등상업학교를 졸업하였다. 1949~1952년 재무부 이재국장, 1952~1957년 한국은행 부총재, 1957~1959년 부흥부 장관 겸 경제조정관, 1959~1960년 재무부 장관, 1965~1969년 국제경제개발협회 한국지부장, 1976~1979년 한국수출입은행장, 1982~1987년 한국경제연구원 원장 등을 역임하였다.

이 무너지고 계획은 무산된 것이다. 환경적 요인이 계획과 예산의 연계에 매우 중요한 요인이라는 것을 새삼 알 수 있다.

2) 구조적 요인

계획의 추상성, 재원의 부족, 예산 과정에서의 왜곡, 예산 제도의 결함, 예산기구와 기획기구와의 관계 등은 구조적 요인이 포함된다고 할 수 있다(유훈, 1984: 395－398).

(1) 계획의 추상성

발전계획이나 부문계획은 그 목표가 추상적이고 재원배분계획도 거시적이다. 따라서 계획은 사업계획, 세부사업계획 등으로 구체화되어야 하는데, 이 과정에서 목표와는 관계도 없는 사업이 정치지도자, 외국 원조기관, 지방 세력가, 대기업 등의 영향으로 삽입되는 경우가 있는 까닭에 1년을 단위로 하는 예산과 계획 사이에 괴리가 발생하기도 한다.

또한 발전 목표를 둘러싸고 갈등이 첨예화되어 있을 때, 기획가는 의식적으로 모든 사람을 충족시킬 수 있는 방안, 모호한 목표나 언어 등을 사용하는 전략을 구사하기도 한다(Caiden & Wildavsky, 1974: 218－222).

(2) 재원의 부족

계획이 예산이 없어 수행되지 못했다고 하면 해답이 간단하고 더 이상 할 말이 없어진다. 그러나 장기계획도 아니고 바로 당해 연도 예산에 포함되었던 사업도 집행되지 않는 경우도 때때로 있다. 이러한 경우는 사업 우선순위의 변경, 극심한 인플레이션, 세수(稅收)의 부족 등으로 발생할 수 있다.

그러나 이것을 구조적 문제로 보는 까닭은, 예를 들면 비현실적인 예산 단가를 현실화하지 못하는 것과 같은 것이다. 예산 단가가 비현실적이라 예산 집행에 어려움이 있다는 것을 잘 알고 있지만 예산 단가를 현실화하면 예산액이 증대하고 물가 상승을 초래할 우려가 있다. 이와 같이 예산 단가 현실화는 구조적인 문제이다. 재원

부족도 마찬가지이다. 많은 행정기관들이 서로 사업을 하겠다고 경쟁하는데 재원이 부족하다고 사업을 제한하면 경쟁은 격심해지고 갈등이 격화될 우려가 있다. 차라리 재원이 부족하여도 사업을 어느 정도 인정해 주고 그것을 예산에 반영한 후에 예산 집행 단계에서 재원 부족을 이유로 계획대로 예산을 집행하지 않음으로써 사후적으로 사업의 우선순위를 조정하는 것이 갈등을 해결하는 방법이 될 수도 있을 것이다.

(3) 예산 과정의 왜곡

앞에서 설명하였듯이 예산은 입법부의 심의를 필요로 하지만 계획은 그렇지 않다. 따라서 계획의 수립에는 재량권이 많으나 예산의 편성 및 집행에는 재량권을 행사하기가 어렵다. 계획은 청사진을 그럴듯하게 그릴 수 있으나 예산은 현실이다. 따라서 계획을 수립할 때에는 큰 관심을 보이지 않았던 이해집단이 예산을 편성하고 심의할 때에는 큰 관심을 보일 수 있다. 예산은 곧 집행될 계획인 까닭이다. 따라서 예산의 편성, 심의, 집행 과정에서 각종 이익집단, 의원, 관료의 영향력으로 예산과 계획이 불일치될 수 있다.

(4) 예산 제도의 결함

계획과 연계하여 생각할 때, 예산은 연차계획이며 연동계획이다. 따라서 예산은 계획과 연결되어 운영되어야 하는데, 많은 경우 예산 제도가 불충분하여 예산이 무계획하게 운용되는 경우가 있다.

첫째, 예산이 국가의 세입과 세출을 모두 포함하고 있지 않은 경우가 있다. 예산이 세입과 세출을 모두 포함하고 있지 않은 경우에는 계획에 소요되는 재원과 예산을 일치시키는 데 어려움이 있다.

둘째, 각종 특별회계와 기금이 많아 계획의 의도와는 다른 용도로 예산이 사용되는 경우가 많다. 본래 특별회계와 기금은 예산 운영에 능률성을 높이기 위한 것이나, 그것들에 대해서 부처 단위에서 어느 정도 재량권을 사용할 수 있는 까닭에 방만하게 이용될 수 있고, 이러한 이유에서 특별회계와 기금은 산만하게 증대되어 중앙정부의 입장에서는 통제에 어려움이 야기되고 계획과 예산을 일치시키기 곤란하게 된다.

셋째, 발전예산과 자본예산에 대한 몰이해도 예산과 계획과의 괴리를 초래한다. 발전도상국가에서는 발전이라는 것이 매력적인 것이고 발전이라는 단어만 있으면 예산을 획득하는 데 도움이 된다고 생각하기 쉽다. 또 발전이라는 용어를 정의하기도 곤란하다. 또한 자본예산의 경우에도 자본예산과 경상예산의 구분이 매우 힘들어 이 양자를 혼동할 때가 많다. 이러한 이유에서 발전예산과 자본예산이 잘못 이해되고 사용되어 본래 계획되지 않았던 사업들이 예산에 삽입되어 계획을 무력하게 만드는 경우가 있다는 것이다. 과거 우리나라의 경제개발 특별회계, 새마을 관계 사업 등이 그러한 예가 될 것이다.

넷째, 예산 제도가 통제 지향적일 때 예산과 계획은 일치하기 어렵다. 예산 제도가 통제적이라는 것은 예산 운영의 관심이 그 운영의 목표와 목표의 달성에 있기보다는 예산이 편성되고 입법부에 의해서 승인된 대로 성실히 집행하는 데 관심이 주어져 있는 것을 뜻한다. 따라서 계획 목표의 달성이나 상황 변화에의 대응, 예산 운영을 신축성있게 할 수 없는 까닭에 예산과 계획은 괴리된다. 발전도상국가의 경우에는 위에서 지적한 여러 요인에 의해서 예산이 통제 지향적으로 운영될 수밖에 없는 까닭에 예산이 형식적으로 운영된다.[9]

이와 같은 예산 제도의 결함은 예산과 계획의 괴리를 확대시키는 요인이 된다.

(5) 기획기관과 예산기관과의 연계 부족

계획과 예산을 괴리시키는 또 다른 요인은 기획, 세입, 세출을 담당하는 기구 간의 연계의 부족이다. 우선 계획을 수립하는 단계와 예산 운영과는 서로 연계가 없는 경우가 많다. 계획은 그 수순이 높은 발전계획, 부문계획일수록 많은 재원을 필요로 하나, 기획기구는 총량 지표만 개발하고 그것도 대부분 과다한 지출을 요구하면서도 자원 배분의 문제는 예산기구에 그 책임을 전가하는 경우가 많다.

한편, 예산기구는 기획기구가 제시한 계획을 비현실적인 것으로 경시하고 계획에 예산을 종속시키는 것이 아니라 반대로 예산에 계획을 종속시키려 한다. 또한 예산기구 또는 세입을 담당하는 기구가 별도로 존재하는 경우에, 이들 기구들은 기획기

9) 케이든과 윌다브스키(Caiden & Wildavsky, 1974: 66−100)는 repetitive budgeting과 disappearing budgeting이라는 개념을 사용, 예산 운영의 특징을 설명하였다.

구가 소비, 인플레이션 등에 대한 고려도 없이 재원 배분계획을 작성하였던 까닭에 예산을 운영할 때, 계획을 예산에 어떻게 반영하여야 할지 곤란에 직면할 때가 있다.

3) 행태적 요인

계획과 예산의 성질 그 자체로 인하여 계획과 예산을 담당하는 직원들의 사고 방식에 큰 차이가 있다. 대부분의 경우, 계획은 장래의 일이므로 계획을 작성한 직원은 계획 결과에 대해서 책임이 적은 데 반해, 예산은 곧 집행되므로 예산을 편성하는 직원은 그에 대한 책임이 따른다. 따라서 계획을 담당한 직원은 계획으로서의 계획을 작성할 수도 있으나, 예산을 담당하고 있는 직원은 그렇게 할 수가 없다. 또 전문가로서, 참모로서의 기획 부서의 직원과 계선조직으로서의 예산 부서의 직원의 태도가 상이하다. 전자는 미래 지향적이고 분석적이나 후자는 현실 지향적이고 통제 지향적이다.

끝으로 현대적 사고 및 접근 방식과 전통적 사고 및 접근 방식의 혼재이다. 전통적인 사고 방식과 접근 방식이 존재하는데, 외부에서 현대적인 것이 유입됨으로써 서로 다른 기준이 편의에 따라서 자의적으로 이용되어 계획과 예산의 괴리를 부채질한다. 이러한 현상을 이중성(duality)이라고 하는데, 이것에 의하여 야기되는 현상을 예시하면 다음과 같다. ① 이중성에 의해서, 발전예산이나 자본예산은 통제를 할 필요가 적으나, 경상예산은 통제를 가해야 한다는 생각이 높아진다. 따라서 발전예산과 자본예산에는 본래 의도하지도 않았던 사업들이 삽입되고, 반면에 경상예산에 대한 통제는 보수적인 사고 방식이므로 통제에서 벗어나야 한다는 생각이 차츰 고개를 들어 예산 운영이 방만해질 가능성이 크다. ② 이중성에 의해서 새로운 권력 배분 양식이 나타난다. 계획 과정에서는 분권화가 시도되나 예산 과정에서는 집권화가 그대로 유지된다. ③ 이중성에 의해서, 계획과 관계 있는 지출에 대해서는 통제가 약화되고, 기존 사업에 대한 지출에는 통제가 강조된다. 외원이나 차관사업에 대한 통제는 약화되고, 국내 재원에 대한 통제는 강화된다. ④ 이중성에 의해서 제도적 문제가 제기된다. 기획기구는 나름대로의 회계, 감사, 사업분석 및 평가 방법 등을 개발하나 이것들은 예산 부서의 그것과 중복되어 형식적으로 이용되기도 한다. 이와 같은 이

중성으로 인하여 계획과 예산은 괴리되기도 한다(Premchand, 1983: 196-199).

제 4 절 중기재정계획(국가재정운용계획)

1. 중기재정계획의 의의

중기재정계획이란 재정에 대해서 중장기적인 시각에서 작성한 계획을 말한다. 정부의 수입, 지출, 적자 혹은 흑자 등에 대해서 3~10년의 기간을 대상으로 세운 계획을 말한다.

보통 예산은 1년을 단위로 운영되는데 1년을 단위로 운영될 때와 장기적 시각에서 예산이 운영될 때 예산운영자들이 예산을 다루는 방식과 태도가 다를 것이다. 만약 1년 단위로 예산을 운영한다면 사업 부서는 매번 사업을 수행하기 위한 예산을 확보하기 위한 노력을 해야 되고, 장기적인 시각에서 사업을 운영할 수 없을 것이다. 한 부처 내 여러 하위 단위들이 예산을 확보하기 위한 경쟁은 심화되고 예산은 증가하며 부처 간에 서로 더 많은 예산을 확보하려고 경쟁을 하게 될 것이다. 사업의 안정성은 떨어지고 지출은 증대할 가능성이 크다. 만약 예산을 3년 또는 5년 단위로 운영한다면 한번 예산이 정해지면 사업을 안정적으로 운영할 수 있고, 사업이나 예산을 정할 때 정부의 목표와 사업우선순위를 고려하여 보다 충실한 사업을 생각하게 될 것이다. 물론 중장기적으로 예산을 운영하려고 할 때 어려운 점도 많다. 예를 들어, 예산운영자는 미래를 예측해야 하고 사회가 정치적 경제적으로 안정되어 있지 않으면 계획은 물거품이 될 수도 있다.

시간 단위를 3년 혹은 5년으로 하여 예산을 운영하는 일은 계획을 세우는 일이다. 중기재정계획을 시간 단위를 3년 혹은 10년으로 하여 계획을 세운 것이다. 이런 중기재정계획이 왜 필요하게 되었는가? 앞에서 살펴보았듯이 첫째, 생각할 수 있는 것이 바로 예산과 계획의 괴리를 축소하는 것이다. 과거 우리나라는 경제개발 5개년계획을 예산과 일치시키기 위해서 노력을 하였다. 경제 개발에 재원이 사용되도록 노력하였다. 이에 대해서 선진국들은 재정적자에 대응하기 위해서 중기재정계획을 사용하였다고 볼 수 있다. 선진국들이 1960년대부터 단년도 예산 운영을 개선하기 위해서(김춘순, 2018: 307), 혹은 재정적자에 대응하기 위해서 거시적 예산 운영을 강조하고 위에서 아래로(top－down), 정부의 우선순위에 따른 지출을 강조하였는데, 이를 위한 수단으로 중기재정계획을 사용하기도 하였다. 이와 같이 중기재정계획의 필요성은 ① 정부의 수입, 지출, 적자 등의 관리를 통한 재정 건전성 제고, ② 중장기적 시각에서 정부의 정책 우선순위에 따른 재원배분, ③ 재정 운용 방향에 대한 예측성 향상, ④ 재정운용에 대한 공감대 형성과 예산을 둘러싼 경쟁의 완화 등에 있다(국경복, 2015: 627－628). 요약하면, 중기재정계획을 사용함으로써 재정 건정성 유지하고 재정을 보다 전략적으로 운영하는 데 도움을 줄 수 있다.

2. 우리나라의 중기재정계획: 국가재정운용계획

1) 우리나라 중기재정계획의 변천

우리나라는 1962년부터 제1차 경제개발 5개년계획을 수행하면서, 예산과 계획을 연계시키기 위하여 미국 국방성에서 사용하던 기본운영계획(primary program system)을 군(軍)이 도입, 행정부가 이용하게 되었다. 이 제도는 국무총리 기획조정실에서 관리하였는데, 1년을 주기로 계획의 수립, 계획의 집행, 심사분석을 반복하는 방법으로, 시간이 경과하면서 형식화되어 선예산 후계획(先豫算後計劃)의 폐해를 드러내게 되었다.

한편, 경제기획원에서는 1967년 제2차 경제개발 5개년계획을 실시하면서부터는 총자원예산(overall resource budget)이란 제도를 도입 운영하였다. 이 제도는 경제개발 5개년계획의 시행계획으로서, 정부·기업·가계를 포함한 국민 경제 전체를 통합된 단위로 하여 인적·물적 자원은 물론 화폐적 자산을 포함해서 그 생산, 투자, 소비, 대외거래 관계를 포괄적으로 다루는 연간 계획이다. 즉, 총자원예산은 5개년계획과 예산을 일치시키기 위한 연차계획(annual plan)인데 1976년까지 이용되었다(김신복, 1983: 298－303). 그러나 총자원예산도 예산이 국회의 의결이 있은 뒤에 작성된 까닭에 계획과 예산을 연계시키는 역할을 수행할 수 없었다. 따라서 정부는 제4차 경제개발계획의 기간인 1977~1981년에는 총자원예산 대신 국민경제운용계획이라는 3개년 연동계획(rolling plan)을 이용하였다.

제5공화국에 들어서면서 정부는 1982년에 국무총리 기획조정실에서 담당하던 기본운영계획 제도를 폐지하고 기획원에 심사분석국을 신설하여 여기서 그 업무를 담당하도록 하는 동시에, 기본운영계획을 주요 업무계획으로 대체하였다. 주요 업무계획은 기관장이 소관 업무에 관하여 대통령에게 보고하는 것이 관례이며, 소관 업무 가운데 주요 시책과 예산사업을 포함시킨 것으로 심사분석이 용이하도록 시책별·사업별·분기별로 작성하도록 되어 있었다(김신복, 1983: 309). 심사분석 업무는 다시 국무총리실로 이관되었다.

한편, 정부에서는 예산과 계획을 연계시키기 위해서 중기재정계획을 제5차 경제개발계획이 시작되는 1982년부터 이용하기도 하였으나 부처의 예산 편성 작업과 중복되어 큰 실효를 거두지 못하였다. 그러나 중기재정계획은 매년 변경하는 연동계획으로서 예산과 계획을 연계시키려는 시도였다. 중기재정계획은 경제기획원 예산실에서 작성하였는데, 그 목적은 재정 운용 정책을 수립하고, 이에 따라서 재정 동원과 재정 배분을 계획하여 예산과 계획을 일치시키려는 것이었다(강봉균, 1981: 599-619). 이 제도는 영국, 독일, 미국 등지에서도 채택되어 재정 배분의 우선순위 결정에 합리성을 높이려 하고 있다. 한때 중기재정계획에 대한 관심이 감소하였으나 1997년 외환위기 이후 다시 강조되었다. 최근 2004년부터 "중기재정계획"은 "국가재정운용계획"이란 명칭으로 이용되고 있다. 이 계획은 5년 단위 계획이고 매년 연동된다. 예산과 사업, 그리고 사업 성과를 제시하고 국회에 제출하도록 한 것이 큰 특징이다(기획예산처, 2006e). 국가재정운용계획은 국가 비전과 우선순위를 반영하고, 가용재원을 전망하여, 분야별 재원 배분이 제시된다. 이 계획은 단년도 예산 편성과 기금운용계획의 기본 틀로 활용되며, 계획 수립에 관계 부처, 지방자치단체, 민간 전문가 등이 참여하며, 부처별 지출 한도가 제시되며, 계획의 국회 보고가 법제화된 점에서 이전의 중기재정계획과 차이가 난다.[10] 그러나 국가재정운용계획도 계획의 전제가 되는

10) 국가재정운용계획은 정책과 우순순위에 입각한 전략적 재원배분 방식인 총액배분 자율편성 제도(top-down)와 재정사업의 목표와 성과지표를 설정하고 지표에 의한 평가 결과를 재정 운영에

표 8-2 과거의 중기재정계획과 현재의 국가재정운용계획 비교

	중기재정계획	국가재정운용계획
운영 시기	1982~2003	2004~현재
목적	재정 운용 방향 제시	총량목표, 구체적인 재원배분계획, 투자 방향
실효성	재정 운용 참고자료	해당년도 예산안 및 기금운용계획의 토대 (부처별 지출 한도로 활용)
수립 방식	예산 편성 주무부처 중심	국무위원, 관계부처, 지방자치단체, 연구소 등의 폭넓은 사전 참여
법적 근거(수립의무)	예산회계법(임의규정)	국가재정법(강행규정)
국회제출 의무	없음	있음

출처: 국경복(2015: 629). 일부 필자가 추가함.

경제 전망과 세입 전망의 객관성이 부족하며, 예산총액 배분 자율편성 제도 및 재정사업성과관리 제도와 연계가 부족하고, 중기재정계획의 목표와 전략에 대한 평가와 환류가 잘 안 되는 등 여러 문제가 지적되고 있다(김성태, 2008: 288-292; 김대철·박승준, 2015: 127-156).

끝으로 과거의 중기재정계획과 현재의 국가재정운용계획을 비교·요약하면 <표 8-2>와 같다.

2) 우리나라와 외국제도와 비교

우리나라 중기재정계획인 국가재정운용계획과 독일, 영국, 미국, 일본 등과 비교한 것이 <표 8-3>이다.

계획기간을 보면, 우리나라는 5년이다. 독일이 5년, 영국은 5년 혹은 3년이고, 미국은 10년, 일본은 10년 혹은 3년이다. 계획을 수정하는 주기를 보면 우리나라와 마찬가지로 독일, 미국, 일본 등이 모두 매년 수정한다. 이에 대해 영국은 2년마다 수정한다.

중기재정계획 작성 목적과 활용을 비교하면 우리나라는 예산안 편성과 심의에 참

환류하는 성과관리 제도, 그리고 예산 운영, 사업성과 관리 등을 복식부기 및 발생주의회계에 기초하여 통합한 예산회계정보 체계인 디지털예산회계시스템과 함께 중요한 개혁이다. 흔히 3+1 예산개혁이라고 한다.

표 8-3 중기재정계획의 비교

항 목	우리나라	독 일	영 국	미 국	일 본
정치구조	대통령제	의원내각제	의원내각제	대통령제	의원내각제
명칭	국가재정운용 계획	Finanzplan des Bundes	Spending Review	Multi-year Projections	"자정운용전략" 등
작성 주체	기획재정부	연방재무부 장관	재무성 장관	관리예산처(OMB)	내각
연동/고정계획 여부	연동	연동	연동	고정	연동
입법부 승인 여부	예산 참고자료로 제출만	예산 참고자료로 제출만	예산 참고자료로 제출만	예산 서류의 일부로 제출만	없음
기간	5년	5년	3~5년	10년	10(3)년
수정 주기	매년	매년	2년	매년	매년
작성 목적 및 활용	예산안 편성 및 심의 시 참고	재정적자의 한도, 지출과 수입의 목표	분야별 지출에 대한 검토, 향후 지출계획 수립	예산 편성에 참고	다음 연도의 예산 교섭의 전제가 되어 각 부처의 세출을 제약하여 중기적 재정 운영 검토의 단서가 됨
대상 범위	지출 전체와 분야별 재원배분 계획	연방정부, 주정부, 기초자치단체 포함/예산에 포함되는 수입과 지출/기능별 및 부처별 지출액 제시	총량 기준, 부처별 기준 등	재정총량(연방세입, 세출, 적자한도, 국채발행한도, 23개 분야별 예산권한과 지출한도 등)	각 부처의 세출한도, 재정수지 적자 비율, 기초재정수지 대상 경비 등

출처: 김용식・김지엽(2018: 77-79).

고하기 위한 것이다. 이러한 경향은 독일, 영국, 미국, 일본도 동일하다. 미국과 일본은 중기재정계획을 작성해야 한다는 법률적 규정도 없다. 미국은 예산편성지침에 따라서, 그리고 일본은 내각의 결정으로 중기재정계획 혹은 재정운용 전략이 작성되고 있다. 우리나라, 독일, 영국은 중기재정계획이 공식적으로 운영되고 있고, 미국과 일본은 비공식적으로 운영되고 있다고도 할 수 있다.

중기재정계획의 대상 범위는 대개 총량(수입, 지출, 적자)과 분야별 재원배분을 포함하고 있다. 다만, 독일의 경우, 연방정부, 주정부, 기초자치단체의 재정을 포함한다.

3) 우리나라 국가재정운용계획의 내용

『2018~2022년 국가재정운용계획』의 목차를 보면 다음과 같다. 제1장 국가재정운용계획의 의의, 제2장 경제·재정 운용 여건, 제3장 2018~2020년 재정 운용 방향, 제4장 분야별 재원배분 방향, 제5장 재정혁신 추진 방향, [참고] 12대 분야별 재원배분 방향 등이 그것이다.

제2장 경제·재정 운용 여건에서는 세계와 국내의 경제·재정 운용 여건을 검토하고, 제3장 2018~2020년 재정 운용 방향에서는 재정 운용 기본 방향과 중기 재정전망 및 재정 운용 목표가 제시되어 있다. 여기에 재정수입, 지출, 그리고 재정수지가 제시되어 있다.

재정수입은 2018년~2022년 기간 중 연평균 5.2% 증가할 전망이고, 지출은 연평균 7.3% 수준으로 관리할 계획이며, 관리재정수지 적자는 3% 내에서 관리하겠다고 제시되어 있다. 이것을 요약하면 <표 8-4>와 같다.

표 8-4 국가재정운용계획의 수입 전망, 지출 계획, 재정수지 전망

(단위: 조 원, %)

	2018		2019	2020	2021	2022	연평균 증가율
	본예산	추경					
재정수입 (증가율) 전망	447.2(7.9)	447.7(8.1)	481.3(7.6)	504.1(4.7)	525.4(4.2)	547.8(4.3)	5.2
재정지출 계획	428.8	432.7	470.5	504.6	536.9	567.6	7.3
관리재정수지 전망 (GDP 대비 %)	−28.5 (−1.6)		−33.4 (−1.8)	−44.5 (−2.3)	−54.2 (−2.6)	−63.0 (−2.9)	−
통합재정수지 전망 (GDP 대비 %)	18.3(1.0)		10.8(0.6)	−0.5 (−0.03)	−10.5 (−0.5)	−19.8 (−0.9)	−
경상 GDP 성장률	4.0		4.4	4.7	4.8	4.8	−

출처: 『2018~2022년 국가재정운용계획』, pp.21-36.

* 통합재정수지 = 통합재정수입 − 통합재정지출.
관리재정수지 = 통합재정수지 − 사회보장성기금수지(국민연금, 사립학교교직원연금기금, 고용보험기금, 산업재해보상보험 및 예방기금 수지).

3. 국가재정운용계획의 수립 절차

국가재정법을 참고하여 국가재정운용계획의 수립 절차를 살펴보면 다음과 같다.

1) 국가재정운용계획 수립지침의 통보

기획재정부 장관은 국가재정운용계획의 수립을 위하여 당해 회계연도의 전년도 12월 31일까지 "국가재정운용계획 수립지침"을 마련하여 각 부처의 장에게 통보하여야 한다. 또 기획재정부 장관은 국가재정운용계획에 관한 의견을 수렴하기 위하여 공청회 또는 토론회를 개최할 수 있다.

2) 중기사업계획서의 제출

각 중앙관서의 장은 매년 1월 31일까지 당해 회계연도부터 5 회계연도 이상의 기간 동안의 신규사업 및 기획재정부 장관이 정하는 주요 계속사업에 대한 중기사업계획서를 기획재정부 장관에게 제출하여야 한다. 이때 중앙관서의 장은 지방자치단체의 장이 제출한 사업계획을 중기사업계획서에 반영하여야 한다.

기획재정부가 국가재정운용계획 수립지침을 부처에 통보할 때 중기사업계획서 양식까지 송부하며, 부처가 작성하는 중기사업계획서의 작성 대상은 일반회계, 특별회계, 그리고 기금이 포함된다. 중기사업계획서에는 수입 계획, 지출 계획, 재정 운용 성과평가, 재정 운용 방향, 중점투자사업 등이 포함되며, 이 계획서는 국가재정운용계획안 작성에 기초가 된다.

3) 국가재정운용계획 수립과 국무위원 재정전략회의

기획재정부는 2월부터 8월까지 국가재정운용계획을 작성한다. 먼저 각 중앙관서에서 중기사업계획서를 제출하면 2월부터 정부, 연구소, 학계, 민간 전문가 등이 참여하는 작업반을 구성하여 운영한다. 여기서 각 분야별 정책방향과 주요 이슈에 대해서 논의한다.

4월경에는 국가재정전략회의(과거 국무위원 재정전략회의)를 개최한다. 이 회의에는 대통령, 국무총리, 국무위원 등이 참여한다. 여기서 중장기재정운용전략, 분야별 재원배분, 지출 한도 등이 논의된다.

5월부터 6월 사이에 기획재정부는 한국개발연구원(KDI)와 공동으로 "국가재정운용계획 수립을 위한 공개토론회를 개최한다(김춘순, 2018: 311).

8월에는 국가재정운용계획을 확정하기 전에 재정정책자문회의가 개최된다. 재정정책자문회의는 기획재정부 장관이 위원장이며 각 부처 차관과 시장과 도지사, 그리고 민간 전문가가 참여한다. 2018년에는 8월 14일에 재정정책자문회의가 개최되었으며, "2019년도 예산안"과 "2018~2022 국가재정운용계획"이 함께 논의되었다(기획재정부 보도자료, 2018.8.14).

4) 국회에 사전 보고와 제출

기획재정부 장관은 국회에 국가재정운용계획을 제출하기 전에 수립 방향에 대해서 국회 소관 상임위원회에 사전보고를 한다. 기획재정부 장관은 보통 한 달 전에 해당 상임위원회인 기획재정위원회에 재정 규모, 재정 수지 등 수립 방향에 대해서 보고를 한다.

기획재정부 장관은 중앙관서, 광역지방자치단체장, 연구기관, 민간 전문가 등의 의견을 공청회, 토론회, 국무위원 재정전략회의, 재정정책자문회의 등을 통하여 수렴하여 국가재정운용계획을 확정한다.

정부는 회계연도 개시 120일 전까지 국회에 국가재정운용계획을 제출해야 한다. 이때 국가재정운용계획에는 재정 운용의 기본 방향, 중장기 재정 전망, 분야별 재원배분계획 및 투자 방향 등이 포함되도록 규정되어 있다(국가재정법 제7조).

[부 록]

1. 기획력을 향상시키려면 어떻게 해야 하나?

서점에 가면 기획에 관한 교양서적을 많이 볼 수 있다. 그런 책의 뼈대는 이 책의 “제8장 제2절 기획 과정(발전기획 과정과 사업기획 과정)”이다. 그러므로 기획을 잘하려면 기획 과정을 숙지하고 그 과정의 각 단계에서 필요로 하는 지식과 방법을 터득해야 한다. 그러나 무엇보다도 지금과 다른 뭔가 새로운 것을 만들어 보고자 하는 욕심이 있어야 한다.

조직마다 기획력이 출중한 선배가 있기 마련이다. 그들의 분석력과 상상력, 언어구사력, 발표력 등을 따라 해보는 것도 좋은 방법일 것이다.

기획력이라는 것이 기업이나 조직에서만 필요한 것이 아니라, 그것은 “한 사람의 인생 전체를 통틀어서 너무도 중요한 삶의 요소이자 중추이다”라는 주장도 경청할 만한 가치가 있다(하우석, 2015: 13).

2. 아래의 〈표 8-5〉를 참고하여 2019년 이후 한국 사회의 변화와 행정의 과제를 상상해보자.

표 8-5 경제개발계획 기본 목표 및 경제성장률

(단위: %)

계 획 (계획기간)	기본 목표	경제성장률	
		계획치	실적치
제1차 계획 (1962~1966)	① 사회경제적 악순환의 시정 ② 자립경제 기반의 구축	7.1	7.9
제2차 계획 (1967~1971)	① 산업구조의 근대화 ② 자립경제의 확립을 더욱 추진	7.0	9.6
제1차 계획 (1972~1976)	① 성장 · 안정 · 균형의 조화 ② 자립경제구조의 실현 ③ 국토종합개발과 지역 개발의 균형	8.6	9.2
제1차 계획 (1977~1981)	① 자력 성장구조의 실현 ② 사회 개발을 통한 균형의 증진 ③ 기술혁신과 능률의 향상	9.2	5.8

출처: 국회예산정책처(2018.11). 『한국조세제도의 발전 과정과 현황』, p.46.

그림 8-1 경제성장률과 1인당 GDP 증가율

(단위: %)

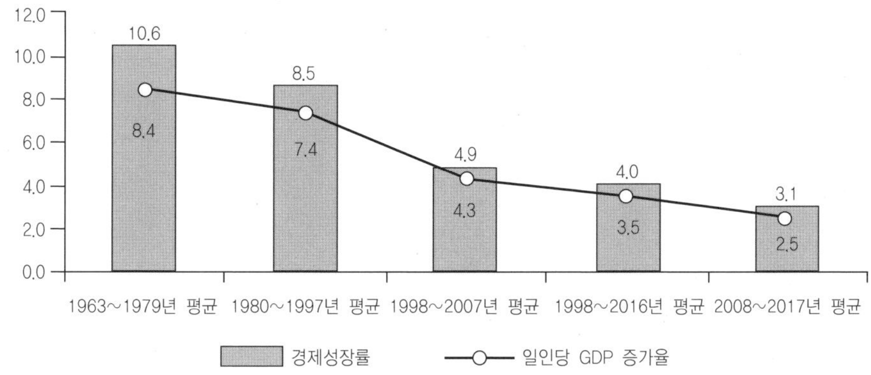

출처: 국회예산정책처(2018.11). 『한국조세제도의 발전 과정과 현황』. p.74.

Chapter

9

입법부와 예산 심의 과정

학습 목표

입법부는 행정부가 작성한 예산안을 심의하여 예산으로 확정한다. 이를 보통 예산 심의라 한다. 예산 심의의 절차와 방법은 입법부의 역할과 구성에 따라 상이하다. 또한 행정국가화의 경향이 강화되면서 입법부의 기능이 위축되고 예산 심의가 형식적·요식적이라는 지적이 없지 않다.

제9장은 행정국가와 입법부, 입법부의 역할과 유형, 입법부의 구성과 예산 심의 절차 등을 소개하였다.

제9장의 학습 목표는 다음의 물음에 답을 찾는 것이다.

- 행정부와 입법부의 기능과 구조가 어떻게 다른가?
- 우리나라의 행정부와 입법부의 관계에서 어느 편에 더 권력이 쏠리나?
- 입법부의 역할은 무엇인가? 그리고 나라마다 입법부의 역할은 같은가?
- 우리나라 국회의 예산 심의 절차는 어떠하고, 다른 나라와 비교할 때 어떤 특징이 있나?

제 1 절 행정국가와 입법부

1. 행정국가의 본질

행정국가란 국가통치기관을 입법부 · 사법부 · 행정부로 구분할 때, 행정부가 다른 기관에 비해서 그 권한과 작용이 특히 우월한 국가를 뜻한다(안해균, 1987: 4).

미국의 경우, 행정국가의 등장은 정치 · 경제 · 사회의 특성들을 반영한 것으로, 산업혁명에 따른 기업의 발전, 대공황, 전문화와 전문직업주의, 능률과 과학에 대한 믿음 등이 새로운 사조로 등장하는 것과 맥을 같이한다(Waldo, 1948: 3-21). 흔히 행정학 교과서에서 현대 행정의 특징을 정부 기능의 확대와 공무원 수의 증가, 재정 규모의 증가, 중앙집권화, 전문성 등으로 요약하는데, 이러한 경향이 바로 행정국가의 특징이다. 이러한 특징은 발전도상국가에서도 발견되는데 그 배경은 선진국의 그것과 다소 다르다. 발전도상국가는 정부관료제를 통하여 사회 변동, 경제 개발 등을 촉진하려는 경향을 반영한 것이다.

오늘날 많은 나라에서 행정국가화된 정부에 대한 기대와 우려가 혼재되어 있다. 행정국가는 공익을 향상시키는 도구이고, 국민의 안녕과 복지를 증진시키며, 공정하게 법을 집행하고 그 토대 위에서 공공사업을 수행하고, 서비스를 제공할 수 있다는 기대가 있다. 그러나 한편으로 행정국가는 국가지상주의, 행정만능주의, 행정의 비능률성 및 경직성, 과도한 행정부 주도, 국민의 의존성 강화, 정부의 부당한 간섭, 관료제화 등의 우려가 있다.그래서 작은 정부를 주장하는 경향도 활발히 논의되고 있다(김현조, 1988: 254-258).[1)]

1) 케이든(Gerald E. Caiden)은 행정국가에 대한 가정을 행정국가의 불가피성, 사회 문제의 정치화의 무효성, 행정공무원의 권한 남용, 공무원의 무사안일, 예산의 낭비, 행정의 정보 독점과 개인 생활 간섭 등으로 나누어 비판적으로 검토하고 있다.

2. 입법부와 행정부의 힘의 원천

행정국가의 출현과 함께 점점 입법부는 행정부에 비해서 그 권한이 약화되어 견제와 균형이라는 본래의 삼권분립, 권력분립의 원칙이 위협을 받게 되었다. 그러면 행정부와 입법부의 관계를 좌우하는 힘의 원천을 살펴보기로 한다.

1) 입법부의 힘의 원천과 한계

(1) 힘의 원천

① 공식적 권한

입법부는 헌법에 따라서 입법권, 예산 심의 확정권, 정부 재정행위에 대한 승인권, 대정부(對政府) 견제권, 국정감사권, 주요 공무원의 선임권과 임명동의권 등의 권한을 가지고 있다. 이러한 막강한 공식적 권한에서 입법부의 힘이 생긴다.

② 의원 및 위원회의 조사

의원 개인 수준에서 또는 위원회 수준에서 해당 사항에 대한 지속적인 자료 수집과 조사 활동은 행정부에 대한 이해의 폭을 넓힘으로써 행정부에 대한 영향력을 행사할 수 있다.

③ 행정부안의 심의 · 의결

행정부는 정책을 수행하기 위해서는 법률의 뒷받침을 받아야 하고 또 정책 수행에는 예산이 필요하다. 이와 같이 행정부가 정책을 수행하기 위해서 법률안을 제안하고 예산을 요구하게 되는데 법안 심의는 입법부 사항이다. 또 예산 심의도 입법부 사항이다. 행정부는 싫건 좋건 입법부의 심의와 의결을 빠져나갈 수 없다. 이런 정황이 바로 입법부 힘의 원천이 된다.

④ 행정공무원의 대의원 활동

행정공무원은 그 활동을 좀 더 원활히 수행하기 위해서 의원의 협력이 필수적이다. 따라서 공무원들은 의원을 방문하고 논란이 되고 있는 분야에 대한 자료를 문서로 의원에게 계속적으로 제공하며, 의원과의 의견 교환을 위하여 신문 · 이익집단 ·

영향력 있는 인사를 동원하며, 주요 정책을 적기(適期)에 발표하는 등의 활동을 하여 의원을 설득하려 한다. 이러한 행정공무원의 대의원(對議員), 대의회 활동(對議會活動)은 입법부의 힘의 원천이 된다.

(2) 한 계

입법부의 행정부에 대한 약점은 크게 정보의 결여와 활동의 분산으로 나누어 볼 수 있다.

① 정보의 결여

의원은 행정공무원에 비해서 동일 업무를 지속적으로 다루지 않으며, 정부사업에 대한 관심보다 정치가로서의 경력에 도움이 되는 선거, 지역사회 개발, 재선을 위한 자금 동원에 더 많은 관심을 가지는 것이 현실이다. 또 의원은 행정공무원에 비해서 전문지식이 부족하고 설혹 전문지식을 갖추었다고 해도 새로운 생각이나 문제를 제시할 뿐 정부의 사업 입안과 집행에 영향을 주기에는 어려움이 있다.

② 활동의 분산

의원은 그의 정치 경력을 쌓는 데 일차적인 관심을 갖는 까닭에 관여하는 일이 매우 많고, 입법권과 재정권을 행사하는 데도 단독으로 할 수 있는 일이 많지 않다. 각종 위원회, 이익집단, 선거구민, 정당 등 많은 조직과 집단 사이에서의 관계에서 정책 결정이 이루어지는 까닭에 의원은 어떤 관심사를 통일적이고 집중적으로 검토하기가 어렵다. 이 문제는 입법부의 구조와도 깊은 관계가 있다.

2) 행정부의 힘의 원천과 한계

(1) 힘의 원천

① 공식적 권한

행정부는 행정수반을 정점으로 수많은 조직으로 구성되어 있으며, 이 기관들의 힘의 원천은 공식적 권한이다. 특히 행정부를 대표하는 행정수반의 공식적 권한은 방대하다.

우리의 경우 대통령은 법률안제출권, 법률안거부권, 국군통수권, 공무원임명권, 정당해산제소권, 예산안제출권, 긴급재정경제명령권, 계엄선포권, 사면권 등의 권한을 가지고 있다.

② 관료제

관료제의 구조적 속성인 계층제, 분업, 전문화 등은 물론 관료조직의 전문성과 경험의 축적은 행정부의 힘의 원천이 된다. 계층제를 이용한 정보 수집과 명령의 통일은 크나큰 힘이다.

관료들은 대통령을 비롯한 정치 지도자에게 조언함으로써, 정해진 정책을 집행하는 업무를 담당함으로써, 그리고 정책 집행에서 재량권을 행사함으로써 정책에 영향을 줄 수 있다. 이러한 관료의 힘은 의원의 그것을 능가할 수도 있다. 특히 관료들이 수혜자와 이익집단을 조직화하여 이용할 수 있을 때는 더욱 그러하다.

또한 대통령, 대통령 보좌관, 장관 등을 포함한 집행부는 행정부와 입법부 사이에서 중계자 역할을 수행함으로써 행정부의 활동을 원활하게 할 수 있도록 조장한다(Rourke, 1976: 13-80).

③ 매스컴의 이용

행정부는 방송국 및 신문사를 다른 기관에 비해서 활발히 이용할 수 있다. 대통령의 기자 회견이나 정부의 발표는 국민 생활과 밀접한 관계가 있을 뿐만 아니라, 이들의 관심과 활동 그 자체가 매스컴의 관심을 끌기에 충분하기에 그러하다.

④ 편익의 배분

대통령이 임명할 수 있는 공직을 통하여, 정보를 통하여, 정책을 통하여 특정 집단이나 인물에게 편익을 제공할 수 있다. 특히 정책을 통하여 특정 집단을 통제하고 특정 집단에게 이익을 줄 수 있다.

(2) 한 계

① 행정부에 대한 통제

입법부, 사법부, 헌법재판소 등에 의한 공식적 통제 장치는 행정부의 활동을 제한하는 역할을 한다.

② 독립규제위원회 및 이익집단

독립규제위원회는 해당 분야에 관한 전문적 지식과 경험을 이용하여 정책을 조정하는 등의 기능을 수행함으로써 행정부를 통제할 수 있다. 우리나라에서는 노동위원회, 금융통화위원회, 선거관리위원회 등이 그러한 기능을 한다.

이익집단도 해당 분야의 이익을 옹호하는 과정에서 행정부의 정책 결정과 집행에 영향력을 행사한다.

③ 선 거

선거를 통하여 국민은 행정수반을 선출하는 까닭에 행정부는 국민에 대해서 책임을 진다. 사실상 행정부의 공무원은 대통령이 임명하는 까닭에 대통령에 대해서만 책임을 지기 때문에 공무원의 재량성이 크나, 국민의 지지를 받지 못하면 정책 결정과 집행이 용이하지 못하고 대통령도 국민의 지지를 받기 어렵다.

3. 입법부와 행정부의 관계

입법부와 행정부의 위상은 입법부가 행정부에 대해서 우위를 점하는 경우, 양 기관이 동등한 경우, 그리고 행정부가 입법부보다 상위를 점하는 경우를 상정해 볼 수 있다. 그러나 행정국가에서는 행정부가 정보를 거의 독점적으로 향유하며, 기관의 전문성과 안정성이 큰 까닭에 입법부를 무력화시키고 있는 실정이다. 이러한 경향에 대해서, 세계에서 예를 찾아볼 수 없을 만큼 행정부와 입법부가 동등한 권한을 행사하고 있는 미국 의회도 예외가 아닌 것 같다.[2)]

---

2) 20세기 미국의 대통령과 의회와의 관계를 존스(Jones, 1989: 329)는 다음과 같이 정리하였다. ① 의회의 우월: 1903~1911(캐논 시대), 1921~1933(약한 대통령 시대), ② 대통령의 우월: 1933~1945(루스벨트), 1964~1966(존슨), ③ 협조적 · 균형적 관계: 1913~1917(윌슨), 1945~1947(트루먼), 1981~1983(레이건), ④ 적대적 · 균형적 관계: 1919~1921(윌슨), 1947~1953(트루먼), 1955~1961(아이젠하워), 1961~1963(케네디), 1969~1977(닉슨-포드), 1977~1981(카터), 1983~1989(레이건). 대체로 1930년에 들어서면서 의회의 지위가 저하되었다고 생각된다.

1) 입법부의 행정부 통제의 약화 경향: 행정국가의 영향

위에서 제시한 입법부 힘의 약화와 행정부 힘의 강화로 사실상 입법부의 행정부에 대한 통제가 약화되었고, 이러한 경향은 행정국가의 출현과 그 궤를 같이한다. 즉, 입법부의 많은 기능이 대통령에게 위임되었다고 할 수 있다(Dobb & Schott, 1979: 38－48). 물론 입법부의 힘의 약화는 행정국가의 영향만이 아니라 정당국가의 성격도 큰 영향을 미친다.

(1) 공무원에 대한 통제

엽관제, 정실주의를 불식하기 위해서 실적제, 직업공무원제가 도입되었다. 그 결과 공직의 분류와 임면권에 대한 대통령과 의회의 권한이 축소되었다. 대통령은 공무원의 임명권을 소지하고 있으나 인사의 기준과 절차에 합당하여야 하며, 그러한 기준과 절차를 정하는 것은 중앙인사기관이다. 대통령은 중앙인사기관의 장을 임명할 수 있는 까닭에 자신의 소신과 철학이 동일한 인사를 임명, 공무원 인사에 영향을 미칠 수 있으나 입법부는 영향을 미칠 직접적인 방법이 거의 없고, 입법부 상임위원회와 부처, 그리고 의원과 관료 사이의 협력 관계를 발전시킴으로써 간접적인 영향을 줄 수 있다.

(2) 예산에 대한 통제

행정부 제출 예산 제도가 확립되면서 예산 편성과 집행에 관한 권한은 대통령 및 관료에게 이전되었다. 대통령의 예산편성권은 사실 행정부와 입법부를 통제하는 훌륭한 수단이다. 또 복잡한 예산 편성 기능을 보좌하기 위해서 중앙예산기관이 설치되었고, 이 기관은 예산 편성뿐만 아니라 행정관리, 대(對)입법부 관계 등을 다룸으로써, 중앙행정부처의 머리에 있을 정도로 그 힘이 강해졌다. 미국에서는 관리예산처장을 상원의 인준을 받아 대통령이 임명하도록 되어 있지만 그렇다고 예산에 대한 입법부의 권한이 강화된 것은 아니다.

(3) 대통령 보좌기관의 증대

입법부가 행정부를 감독 통제하기에는 전문성과 안정성이 부족한 까닭에 그 임무를, 미국의 경우 대통령에게 위임하였다. 이 일들은 대통령을 대신해서 중앙인사기관, 중앙예산기관, 대통령비서실 등이 수행하게 되었다. 이러한 대통령의 보좌기관은 행정 기능의 확대와 함께 증대되었는데, 초기 단계에는 입법부도 대통령부와 대통령 보좌기관의 조직에서 대통령이 많은 재량권을 행사하는 것을 환영하였다. 그러나 대통령비서실의 역할이 점점 중요해짐에 따라 각종 보좌기관이 증대하고, 그 직원들이 대통령과 견해를 같이하여 대통령의 손과 발이 되었다. 이런 경향은 대통령부의 제도화에 기여함으로써 대통령의 행정부에 대한 직접적인 통제 기능을 증대시킨 것까지는 좋았으나 행정부에 대한 입법부의 통제와 대통령과 입법부와의 접촉을 제한하는 결과를 초래하였다. 과거 우리나라의 대통령 비서실의 폐해와 미국의 관리예산처가 좋은 예가 될 것이다.

(4) 행정조직 개편과 시행령 제정권

헌법의 골격을 바꾸지 않는 한 입법부는 대통령에게 행정조직 개편을 할 수 있는 권한을 위임하고 있고, 행정부는 법안을 입법부에 제출할 수도 있고, 입법부에서 의결한 법률의 시행령을 제정할 수도 있다. 그러나 법률의 제정 취지와 상충되는 시행령도 있고 법은 존재하나 시행령이 없는 것도 있다. 이러한 현상은 곧 입법부의 권한이 약화된 것을 의미한다. 또한 통상 행정부가 주도하고 있는 행정조직의 개편에도 입법부의 의사가 반영되기 힘들다.

위에서 제시한 기능들은 입법부가 대통령에게 위임한 것들이다. 그것은 행정수반인 대통령이 복잡한 정부 활동에 능동적으로 대응하기 위해서도 필수불가결하다. 그러나 그러한 기능이 행정부에 위임됨으로써 점점 행정부는 입법부보다 더 많은 권한과 힘을 가지게 되었다. 그뿐만 아니라 행정부가 정책의 집행은 물론 정책의 결정까지도 담당하는 사례가 빈번해지면서 국민의 의사를 대표하는 입법부를 무력화시키기도 한다.

더 이상 행정부는 입법부가 결정한 정책을 집행하는 기계적이고 가치 중립적인 기관이 아니다. 따라서 입법부에 의한 행정부의 통제가 더욱 어려워지게 되는 것이다.

2) 우리나라의 입법부와 행정부의 관계

과거 우리나라는 헌법상으로도 행정부가 입법부에 대해서 우월한 권한을 가졌을 뿐만 아니라 정치 체제의 성격상 행정부가 입법부에 대해서 비교적 우월한 지위를 가졌다. 그러한 전통은 여전히 계속되고 있지만 최근 2000년대 들어서는 많이 개선되고 있다고 생각된다.

1970년대 유신 시절에는 대통령이 국회의원의 1/3을 임명하기도 하였고, 여당의 총재가 공천권을 이용해서 사실상 정당을 지배하였다. 또한 대통령의 소속 정당과 국회 의석의 다수를 차지하는 정당이 일치하여 행정부가 입법부를 지배하는 전통이 있었다. 그런 전통은 제13대 국회(1988~1992년) 초반 한때 이른바 4당 체제에서[3] 희석되기도 하였으나 1990년 3당 합당 이후 여전히 행정부가 입법부보다 우월적 지위를 누렸다. 그러나 제15대 국회(1996~2000년) 이후 원내 정당이 다당화되면서 여당이 의회를 지배하지 못한 관계로 행정부와 입법부의 관계가 과거와 달리 외형상으로는 어느 정도 균형을 이룬 듯 보이기도 했다.

한편, 대통령제에서는 대통령제의 특성을 반영한 정당정치가 나타나고, 의원내각제(의회제)에서는 의원내각제의 특성을 반영한 정당정치가 나타난다는 주장도 있다. 이에 따르면, 대통령제를 택하고 있는 우리나라에서는 대통령이, 즉 행정부가 입법부보다 우월적 지위를 누릴 가능성이 높다(장승진, 2018).

법률안 제출과 가결 비율로 행정부와 입법부의 위상을 볼 때 과거에는 행정부가 우위를 점했지만 점점 입법부의 권한이 상대적으로 증가하고 있다고 볼 수도 있다.

---

3) 1988년 제13대 국회는 선거 결과 전체 의석 299석 중 여당인 민정당이 125석을 얻어 과반수에도 못 미쳤다. 그리고 나머지 의석은 3개의 야당에 의해서 분점되었다. 이것을 4당 체제라 언론에서 지칭하였다. 의석 점유에서 '여소야대(與小野大)'가 이루어짐으로써 국회는 야당이 합의만 한다면 국정감사, 국정조사, 국무총리 및 국무위원의 해임 건의와 탄핵소추 등의 권한을 행사할 수 있었다. "따라서 다수로써 밀어붙이던 '여고야저(與高野低)'의 시대는 끝나고 '야고여저(野高與低)'의 시대가 막을 올리게 되었다. 그동안 안전판이 되어 왔던 집권당의 보호막이 파괴되고 맨몸으로 '과반수 야당'의 도마 위에 오를 수밖에 없게 된 정부로서는 이제 국정의 모든 중요 정책들을 야당 측과 사전 협의, 양해와 협조를 얻지 않을 수 없게 되었다"(조선일보, 1988년 4월 30일, '여소야대 국회: 대행정부 관계).

제 2 절 입법부의 역할과 유형

1. 입법부의 역할

국민의 대표로 구성되는 입법부의 역할은 의회주의에 입각할 때 기본적으로 국가 주요 정책의 결정이다. 의회주의는 의회정치 혹은 의회민주주의와 같은 내용으로 사용되기도 하는데, 이것은 입법부가 국정의 중심에 자리잡아야 한다는 생각이다. 이 생각은 현대 국가의 행정국가화, 정당국가화의 경향으로 위기에 직면하고 있지만 국민대표기관인 입법부는 기본적으로 국민의 대표로서 법률을 제정하고 행정부를 통제함으로써 국민 통합과 체제의 정통성을 발전시키는 역할을 한다. 입법부라는 합의체에서 법안이 공개적으로 토론되고 결정됨으로써 사회적 · 정치적 세력 및 집단의 이해관계와 갈등이 조정되기도 한다. 이러한 까닭에 미국의 입법 과정을 연구한 바 있는 주웰과 패터슨(Jewell & Patterson, 1966: 8-15)은 입법부의 역할을 갈등의 관리(conflict management)와 통합(integration)이라고 하였다.

한편, 앨먼드와 파월(Almond & Powell, 1978: 266-270)은 체제론에 입각하여, 입법부의 역할을 다음과 같이 정리하였다.

1) 정책 결정과 입법

입법부의 중요한 역할 가운데 하나는 법률을 제정하고 정부의 각종 정책을 결정하는 것이다. 예산 심의 및 의결도 이 역할에 포함된다. 그러나 나라마다 그 역할의 중요성은 다르다. 미국에서는 이 역할이 매우 중요하게 인식되지만 구소련과 같이 일당 지배가 이루어지고 있는 나라의 입법부는 형식적인 기능을 한다. 다시 말해서, 정책과 법은 입법부 외부에서 결정된다는 것이다. 영국에서는 내각이 정책 결정과 입법에 대해서 주도권을 가지고 있다. 우리의 경우는 과거에 비해서 많이 강화되기는 하였지만 아직도 정책 결정 및 입법 기능이 미약하다고 할 수 있다.

2) 사회화

입법부는 정치와 정부에 대한 국민들의 태도와 가치를 형성하는 역할을 수행한다. 입법부의 활동이 대중에게 공개 전파됨으로써 정치적 가치, 정책 내용을 일반 국민들이 숙지하게 된다. 그러나 통치기구에는 입법부 이외에 행정부, 사법부, 정당, 그리고 행정기관도 다양한 까닭에 입법부의 대국민(對國民) 사회화 역할은 매우 제한적이다. 사회화 기능을 정치적 통합 기능이라고도 한다.

3) 정치적 충원

영국과 같은 나라는 각료들을 의원들 사이에서 충원하며, 미국도 드문 일이기는 하지만 마찬가지이다. 우리의 경우도 장관 등 고위직에 의원이 임명되는 경우가 흔하다. 어느 나라를 막론하고 중앙정부의 입법부나 지방정부의 입법부의 의원 경력을 거치지 않은 인사가 정치지도자가 된 적은 거의 없다. 이와 같이 입법부는 정치적 충원 역할을 한다.

4) 이익 표명과 결집

입법부는 사회의 다양한 이익집단의 의견을 표명하고 그들의 주장이 정책에 반영될 수 있도록 활동한다. 입법부의 위원회에서 이러한 역할이 수행되나 의원들의 출신 배경, 각종 영향력 있는 이익집단의 활동 등으로 때때로 부작용을 일으킬 수도 있다.

5) 정책집행과 사법

법률과 정책이 입법부를 통과한 다음에 그것이 제대로 수행되고 있으며, 그 성과와 영향이 어떠한지를 검토하는 경우도 있다. 또 입법부는 특정한 정치적 문제에 관하여 조사 활동을 수행하기도 한다. 국정감사권, 국정조사권, 탄핵소추권 등이 대표적인 것이다.

6) 발전도상국가의 입법부의 역할

케냐, 터키 등의 입법부를 연구한 김종림과 보인턴(G. R. Boynton)은 제3세계의 입법부의 역할을 ① 정부 방침 및 정책 목표 수정, ② 갈등의 조정, ③ 국민 통합 등의 역할을 한다고 하였다.[4] 제3세계의 입법부는 정책 결정, 입법 등 실질적 역할보다 국민의 대표가 정치에 참여하고 있다는 상징적 역할을 더 많이 한다고 생각된다.

2. 입법부의 유형

입법부는 구성원의 규모 및 선출 방법, 역사, 제도화 수준, 내부 구조 등이 다양하기 때문에 그 유형을 정형화하기 힘들다. 여기서는 폴스비(Polsby, 1975: 257－319)와 메지(Mezey, 1979: 21－44, 255－284)의 견해를 소개하고자 한다.

1) 폴스비의 분류

폴스비는 입법부의 유형을 정치 체제의 개방성과 폐쇄성, 그리고 정치 활동의 전문화와 비전문화 이 두 측면을 고려하여 <표 9－1>과 같이 입법부의 유형을 분류하였다. 그는 여타 통치기구의 성격과 입법부의 성격을 구분하였는데, 즉 입법부는 공식적인 국가기관이며, 그 존재의 정통성이 국민으로부터 발생하고, 다수 의원으로

표 9-1 폴스비의 입법부 유형

정부 활동/정치 체제	폐쇄적	개방적
비전문화	입법부 없음: 도당, 혁명위가 입법을 한다(장식적 기구).	전문화된 입법부 없음: 마을회의에서 입법이 이루어진다.
전문화	이사회: 거수기 입법부 [흡수적(co-optation) 기구]	정책 형성을 하는 전문화된 입법부

출처: Polsby(1975: 263).

4) Almond & Powell, Jr.(1978: 268); Boynton & Chong Lim Kim(1975: 16); Chong Lim Kim, et al.(1984)에서 의원들이 대의, 자원 배분, 입법부에 대한 지지 확대 등의 기능을 수행함으로써 정치 발전에 기여한다고 주장하였다. 그리고 이들은 1970년대 말 케냐, 한국, 터키 등의 입법부에 대해서 경험적 조사를 하였다.

구성되며, 복잡한 공식적인 과정을 통하여 심사숙고한 끝에 투표에 의하여 결정이 이루어지고, 그 결정은 집단적이라는 것이다. 그리고 국민은 그 결정에 복종하여야 한다는 것이다. 그런데 이러한 성격은 정치 체제의 개방성과 정부 활동의 전문성 여부에 따라서 다양하게 나타난다.

(1) 정치 체제가 폐쇄적이고 정부 활동이 비전문화된 경우

정치 체제가 폐쇄적이라는 것은 일반 국민이 정치 과정에 참여하여 정책 결정과 공직자의 임면에 영향을 미칠 수 있는 정도가 미약한 것을 뜻하며, 정부 활동의 비전문성이란 통치기관들이 각각 본래의 활동을 다른 기관과 독립적으로 수행하는 정도가 미약한 것을 뜻한다.

이와 같은 여건 하에서는 입법부다운 입법부가 존재하지 않는다는 것이다. 대개 혁명위원회, 민족해방인민위원회, 붕당(朋黨) 등과 같은 조직에서 입법을 한다. 이 경우 입법부는 소수로 구성되며 국민으로부터 그 정통성을 인정받지 못한다. 일반적으로 쿠데타로 정권을 잡은 소수집권 집단(junta)과 독재자는 국민으로부터 복종을 획득하는 수단으로 입법기관을 이용한다. 그 까닭은 국민의 복종을 얻는 방법으로 테러, 교화, 관습과 전통, 동의 등이 있는데, 입법부가 조작된 국민의 동의를 상징하는 역할을 할 수 있기 때문이다. 이러한 이유에서 입법부는 사실상 결정 권한이 없으며 장식적이다.

(2) 정치 체제가 폐쇄적이고 정부 활동이 전문화된 경우

구소련, 중앙아프리카, 브라질 등의 입법부가 여기에 속한다. 입법부는 그 구성에서 보면 다소 대표성이 있으나 그 권한은 매우 적다. 결정은 입법부 이외의 다른 곳에서 이루어지며, 입법부는 그것을 일부 수정함으로써 주권기관인 것처럼 보이나 사실 입법부는 장식적·부차적 기관에 지나지 않는다. 구소련과 같은 나라는 국가 권력이 공산당 상층부에 집중되어 있으면서도 예산안, 국가계획안, 법률 등을 입법부에서 만장일치로 통과시킴으로써 국가의 통일을 상징·조작하며, 아프리카 국가들에서는 여러 부족을 대표하는 인사로 입법부를 구성하여 국가의 정통성을 유지하기도 한다. 또한 브라질과 같은 국가에서는 입법부에 인재들을 훈련시키는 기능을 부과하고 있다. 정치 체제가 폐쇄적이고 정부 활동이 전문화된 경우에 입법부는 통치기관의 일부로서 주요 결정에서는 소외되어 있지만, 주권기관으로서의 상징성과 대표성을 유지함으로써 정치 체제의 안정에 기여한다. 즉, 집권 세력이 다양한 인종, 기능집단, 이익집단의 인사들을 입법부로 흡수하여 체제의 정통성을 유지하는 데 입법부를 이용한다. 과거 우리나라에서 대통령이 국회의원의 1/3을 임의로 임명할 수 있었던 제4공화국의 입법부도 이에 속한다.

(3) 정치 체제가 개방적이고 정부 활동이 비전문화된 경우

뉴잉글랜드의 마을회의와 같이 모든 이들이 회의에 참여함으로써 대의(代議: 국민을 대신하는 대표로서 정치를 논함)란 존재하지 않는다. 모든 사람이 모든 문제에 관하여 자유롭게 말할 수 있는 개방성을 가지는 입법부라 할 수 있으나 실제 결정 과정을 살펴보면, 이 유형은 기존의 불평등 구조를 지속시키는 데 유용하다. 왜냐하면, 의사 결정 과정을 지배하는 규칙이 전통이나 관습인데 이것들이 불평등을 반영하고 있기 때문이다. 정치 체제의 규모가 적기 때문에 목소리가 큰 계층, 씨족 등이 큰 영향을 미치며, 소속집단의 이익, 집단의 규범, 원칙의 고수에서부터 합리적 문제 해결, 상호 이익, 타협과 협상에로의 발전이 곤란하다.

(4) 정치 체제가 개방적이고 정부 활동이 전문적인 경우

미국과 영국의 의회가 대표적인 경우이다. 입법부는 국민을 대표해서 정치를 논하고 사회에 유의미한 결정을 심사숙고하여 결정하며, 의원들은 정해진 규칙에 따라서 행동함으로써 입법부다운 입법부가 존재한다. 그러나 입법부 내 다수당의 존재 양식, 조직구조, 정책 승계 등에 따라서 이 경우에도 입법부의 형태는 다양하다. 요약하면, 입법부 내의 다수당이 연합적일수록, 입법부 구조가 분권적일수록, 정책 승계의 신축성이 클수록 입법부는 체제의 정통성을 강화하는 형식적인 기능을 하기보다는 실질적인 정책을 형성하는 역할을 한다는 것이다.

2) 메지의 분류

선・후진국의 입법부를 비교・연구한 메지(M. L. Mezey)는 입법부의 기능에 대한 대중 및 엘리트의 기대 양식을 중심으로 입법부의 기능을 정책결정모형, 대의모형, 체제유지모형 등으로 분류하였다.

그는 이 기능 모형을 기초로 하여 입법부를 정책 결정 능력 정도와 입법부에 대한 국민의 지지 정도 두 변수를 이용하여 입법부를 <표 9-2>와 같이 분류하였다. 다섯 가지 유형 가운데 메지는 미국의 입법부를 활동적, 영국의 입법부를 반응적, 그리고 한국의 입법부를 한계적 입법부에 속한다고 하였다.

(1) 활동적 입법부

활동적(active) 입법부에 속하는 미국 입법부는 주요 정책 결정 과정에서 결정적인 역할을 한다. 강력한 위원회 제도를 통하여 입법부는 행정부와 동등한 권한을 가지고 정책 결정 과정의 매 단계에 참여한다. 미국 의회는 국민이 선출한 대통령의 정책을 거부할 수 있는 세계에서 그 예를 찾아보기 힘든 입법부이다.

활동적인 입법부는 기능 모형으로는 정책결정모형에 속한다. 이것의 핵심은 다수결 원칙이 준수되며, 이것에 의해서 이루어진 결정은 정당성을 얻는다는 것이다. 입법부는 이런 방법으로 갈등을 해결한다.

(2) 반응적 입법부

이것에 속하는 대표적인 반응적(reactive) 입법부는 영국과 캐나다 의회이다. 이들 국가의 입법부는 수상과 내각에 의해서 지배를 받는다. 수상과 내각은 규율이 강한

표 9-2 메지의 입법부 유형

입법부의 정책 결정 능력	입법부가 국민의 지지 적게 받음	입법부가 국민의 지지를 많이 받음
상	취약한 입법부(필리핀, 이탈리아 등)	활동적 입법부(미국)
중	한계적 입법부(한국, 태국 등)	반응적 입법부(영국, 캐나다 등)
하	-	최소한 입법부(소련, 유고 등)

출처: Mezey(1979: 36).

여당을 통하여 자신들의 정책을 관철시킬 수 있다. 입법부는 행정부에 대해서 효율적인 권한을 소지하고 있지 않다. 행정부에 대한 통제는 야당의 몫이고 입법부의 주요 업무는 입법부의 위원회보다 정당을 통해서 처리된다. 반응적 입법부는 기능 모형으로 볼 때 대의모형(representation model)에 해당한다. 입법부는 정책을 결정하기보다 유권자의 요구가 반영되도록 행정부를 비판하고 감시한다.

(3) 한계적 입법부

한계적(marginal) 입법부는 대통령에 종속되며 행정부 제안을 거부할 실질적인 권한이 없는 입법부이다. 한계적 입법부의 가장 큰 특징은 의원의 행동과 대중 및 행정부의 엘리트의 기대가 서로 일치하지 않는다는 것이다. 어떤 의원은 입법부가 실질적으로 주요 정책 결정을 해야 한다고 생각하고, 어떤 의원은 입법부가 유권자의 요구를 정책에 반영하고 행정부를 감시하면 그것으로 족하다고 생각하며, 또 어떤 의원은 입법부가 정치 체제의 안정에 기여하는 방향으로 행동한다. 대중들은 입법부가 그들의 요구를 정책에 반영해 주도록 요구하며, 반면에 정치 엘리트들은 입법부를 불편한 존재로 보며 기껏해야 그들의 정권을 정당화해 주는 기관으로 평가한다. 만약 입법부가 대중의 지지를 잃어서 체제 유지 기능을 할 수 없을 경우 입법부는 그 존재 의의를 상실하기도 한다. 메지는 한국의 과거 유신국회가 이 유형에 속한다고 하였다.

메지의 분류에 따를 때 한국에서 정치적 변혁 때마다 국회의 기능이 정지되고 행정 관료나 시민 가운데 국회를 비생산적인 기관으로 보는 시각있는 것을 설명할 수 있다.

제 3 절 입법부의 구성과 예산 심의 절차

입법부의 구성과 예산 심의에 대해서 간단히 살펴보기로 한다.

1. 단원제와 양원제

입법부는 합의체로 구성되는데, 영국, 미국, 서독, 러시아, 일본, 스페인, 이탈리아, 브라질 등은 두 개의 합의체로 이루어진 양원제(兩院制)를, 덴마크, 뉴질랜드 · 파나마, 한국 등은 하나의 합의체로 구성되는 단원제(單院制)를 채택하고 있다.

양원제는 국정을 심사숙고할 수 있으며, 입법부의 대표성을 제고할 수 있고, 입법부와 행정부 간의 갈등을 조정할 수 있는 장점이 있으나 정당의 발전에 따라 단원제를 택한 국가가 증가하고 있다.

2. 본회의 중심주의와 위원회 중심주의

입법부의 주요 결정이 본회의에서 이루어지는지 아니면 위원회에서 이루어지는지에 따른 분류이다. 영국은 의원 모두가 참여하는 본회의에서 주요 결정이 이루어지며, 미국은 수많은 위원회에서 의원들이 활동하며, 여기서 주요 결정이 이루어진다. 한국, 프랑스, 일본 등은 위원회 중심주의를 택하고 있다. 영국도 본회의 이외에 위원회를 두고 있으나 그 주요 기능은 안건을 검토하고 보고하는 것이다.

위원회 중심주의의 장점은 해당 법안이나 예산을 전문성을 살려 집중적으로 검토할 수 있다는 것이나 국정 전반에 대한 이해와 정책의 조정이 어렵다는 단점이 있다. 본회의 중심주의는 모든 의원이 사안에 대해서 언급할 수 있는 장점이 있으나 심도 있는 검토가 이루어지지 않고 형식주의에 흐를 가능성이 있다.

3. 입법 활동 보좌기관

본회의 중심주의를 택한 경우보다 위원회 중심주의를 택한 경우에 일반적으로 입법 활동 보좌기관이 발전하고 있다.

미국에는 회계검사원(General Accountability Office), 의회입법조사국(Congressional Research Office), 의회예산처(Congressional Budget Office), 의회기술평가국(Office of Technology Assessement) 등이 설치되어 있다.

일본에는 양원의 사무국 소속인 상임위원회 조사국과 법제국 및 국회도서관이 있다. 프랑스에는 입법조사사무실이 설치되어 있고, 우리나라에도 국회예산정책처, 국회입법조사처, 국회도서관 등이 있다.

4. 예산 심의 절차

각국의 예산 심의 절차를 살펴보면 다음과 같다.

1) 미 국

① 의회예산처(CBO)가 1월에 예산위원회에 「경제와 예산 전망 보고서(Economic and Budget Outlook)」를 제출한다. ② 대통령은 2월 첫째 월요일까지 예산안을 의회에 제출한다. 의회예산처는 경제와 기술적 측면에 전제를 세우고 대통령 예산안에 대해서 재추정을 한다. ③ 대통령 예산안 제출 6주 내에 의회의 각 위원회가 상하 양원 예산위원회에 「예산 전망 보고서(View and Estimates)」를 제출한다. 이때 각 위원회는 예산에 대한 우선순위를 표시한다. ④ 의회는 4월 15일까지 예산결의안(합의안: resolution)을 채택한다. 결의(합의)는 법률이 아니다. 그러나 의회의 의사를 나

표 9-3 미 의회의 예산 심의 절차

시기	절차
1월	의회예산처가 「경제와 예산 전망 보고서」 예산위원회에 제출
2월 첫째 월요일*	대통령 예산안 제출
2~3월	각 위원회 예산위원회에 예산 추정치 제출
4월 15일까지*	양원 예산결의안(예산 총액, 기능별 배분, 조정 지침)
5월 15일~6월 15일	하원 세출위 심의
6월 15일까지*	위원회의 예산 조정
6월 30일	하원 세출법안 의결(13개 법안)
7~9월	상원 세출법안 의결, 양원합동위원회의 조정
9월 30일까지	대통령의 자동 예산 조정 지시(sequester order), 상하 양원 각각 의결
10월 1일*	새 회계연도 시작, 자동 예산 조정 실시
10월 15일	자동 예산 조정 완료

출처: Schick & Stracco(2000: 31); OMB(2006).
* 일자가 정해진 것. 나머지는 매년 차이가 있다. 위원회란 수권위, 세출위 등을 모두 포함함.

타낸 것으로 효력이 비슷하다. 예산결의안(합의안)은 동시결의안(concurrent resolution)이다. 이것은 하원과 상원이 각각 결정한 것으로 법률적 효력은 없다. ⑤ 하원에서 세출예산안을 심의한다. 예산결의안이 채택되지 못해도 심의는 시작된다. 즉, 하원 세출위원회가 예산 심의를 한다. 상원에서도 동일한 절차가 이루어진다. ⑥ 6월 15일까지 위원회들은 예산안이 예산결의안과 차이나는 부분을 조정한다(reconciliation). ⑦ 6월부터 9월까지 하원과 상원이 예산 심의를 한다. 양원의 이견은 상하 양원협의위원회에서 조정된다. ⑧ 9월 30일까지 각 원이 법안을 의결 사실상 예산 심의는 종결된다. 법안을 통과시키지 못하면 잠정예산을 통과시킨다(<표 9-3> 참조).

2) 영 국

영국의 회계연도는 4월에 시작해서 다음해 3월에 끝나지만, 의회 회기는 11월부터 다음해 10월까지이다. 세출예산안은 본세출예산안(main supply estimates), 추가세출예산안(supplementary estimates), 잠정예산안(votes on account) 등으로 여러 차례 의회에 제출된다.[5] 영국에서 예산(budget)은 세입세출예산을 말하고, 세입과 세출 예산안은 의회에서 다른 절차로 각각 심의 확정된다. 예산은 3월에 제출되고 7월에 확정된다. 세출예산안은 여러 차례 제출된다. 본세출예산안에 대해서 간단히 살펴보면 다음과 같다: ① 행정부는 매년 4~5월에 예산안을 서민원에 제출한다. 이때 예산법안은 기정비(consolidated fund standing services)를 제외한 의정비(supply services)로서 정식 명칭은 의정비세출예산안(supply estimates)이다. 기정비는 왕실비, 연금, 봉급 등으로서 법률에 의하여 결정되는 경비이다. ② 서민원 본회의에서 세출예산법안을 심의하고, 5월 말부터 7월 초까지 부처 위원회가 예산을 검토하여 제출한다. ③ 다시 본회의에서 예산법안을 심의 의결한다. ④ 서민원을 통과한 예산법안은 귀족원에 이송되고, 귀족원은 예산법안을 수정도 부결도 할 수 없다. 하원 또한 행정부가 제출한 예산안에 수정을 가하는 일은 드물다. 하원이 예산안을 크게 삭감하는 것은 내각에 대한 불신임으로 간주된다. 영국의 예산 심의는 본회를 중심으로 3독회를 한다.

---

5) 국회예산정책처(2012.5: 98-103).

표 9-4	일본 국회의 예산 심의 절차
(정기국회 소집일) 1월	내각이 중의원에 예산안 제출 정부의 연설 내각총리대신의 시정방침연설 재무대신의 재정연설(예산 설명) 정부연설에 대한 각 교섭단체 대표 질의 후 중의원 예산위원회 회부
2월	중의원 예산위원회의 예산 심의 일반질의(2주 간) 공청회(2일 간) 분과회의 부처별 예산 심의(2일 간) 교섭단체 대표의 마무리 총괄질의(1~2일 간) 토론 및 의결
3월	중의원 본회의 예산안 의결 참의원 예산위원회 예산안 심의 및 의결
4월 1일	회계연도 시작
10~12월	임시국회 소집 및 보정예산안 심의

출처: 전진영(2013).

3) 일 본

① 1월 하순경에 예산안이 중의원에 제출된다. 아울러 수상의 시정방침연설과 대장상의 재정연설이 행하여진다. ② 예산위원회에서 정부측의 제안 설명을 듣고 각 정당에서 추천하는 인사들이 참여하는 공청회를 개최한다. ③ 예산위원회의 각 분과회의를 개최한다. 각 분과위원회안을 예산위원회 전체회의에 회부한 후 본회의의 의결을 받는다. ④ 참의원에서도 동일한 과정을 통하여 예산안이 결정되며, 만약 중의원과 참의원의 의견이 상이하면 참의원에서 30일 이내에 의결하지 않을 때에는 중의원의 의결이 국회의 의결이 된다. 새 회계연도가 4월에 시작되므로 의회는 3월까지 예산을 확정해야 한다.

5. 요 약

우리나라를 중심으로 입법부의 구성과 예산 심의 절차를 간단히 비교하면 다음과 같다.

1) 한국 국회의 특징

우리나라는 정부 형태가 대통령제이고 입법부는 단원제이다. 입법부의 의사를 결정을 하는 집단체가 1개이다. 의원 총수는 지역민이 직접 선출하는 지역구 의원과 비례대표 의원을 합해서 200명 이상으로 구성되는 데 현재는 299명이다. 우리 국회에는 상임위원회가 국방위원회 등 17개가 있고 예산결산위원회 등 특별위원회가 있다. 현재 예산결산특별위원회는 상설위원회이다. 우리나라 예산 심의에 관한 주요 결정은 위원회에서 이루어진다. 우리나라 국회는 활동의 무대가 위원회인 위원회중심주의에 속한다. 의원의 활동을 지원해주는 기관은 국회입법조사국과 예산정책처가 있다. 국회예산정책처는 2003년에 설치되어 국회의 예산 심의를 도와주는 전문기관으로 발전하였다. 국회에 진출한 정당은 더불어민주당, 자유한국당, 바른미래당, 민주평화당, 정의당 등이 있다.

2) 한국 예산 심의의 특징

우리나라 예산 심의의 특징은 다음과 같다. 우선 국회가 심의하는 예산의 구성이 일반회계, 특별회계, 기금 등이다. 예산은 법률의 형식이 아니다. 국회의 예산 심의 기간은 10월부터 11월로 2개월이다. 행정부에서 예산안을 국회에 9월에 제출하기는 한다. 2018년 11월 1일에 대통령의 「2019년도 예산안 및 기금운용계획안 제출에 즈음한 대통령 시정연설」이 있었다.

우리나라 국회는 행정부가 제출한 예산안을 수정할 수 있다. 행정부의 동의를 받으면 증액도 할 수 있다(헌법 제57조). 우리나라 새 회계연도가 개시되었는데도 국회가 예산안을 통과시키지 못했을 때는 준예산을 집행하도록 되어 있다. 그러나 2014년 5월 30일에 시행된 개정 국회법에 의해서 "예산안 자동부의제"가 운영됨으로써 국회가 예산안을 제때에 통과시키지 못하는 일은 일어날 가능성이 적어졌다. 기금운용계획안을 비롯한 예산안과 세입예산과 관련한 법률안을 상임위원회와 예산결산특별위원회가 11월 30일까지 통과시키지 못한 경우에는 12월 1일 자동적으로 본회의에 부의된 것으로 보기로 국회법을 개정했기 때문이다.

3) 주요국의 예산 심의 절차 비교

일본, 영국, 미국의 입법부와 예산 심의 특징은 <표 9-5>와 같다. 영국과 미국은 예산이 법률 형식이고 예산 심의 기간이 우리보다 길다. 영국과 미국 모두 입법부가 양원제이다. 그러나 미국은 위원회를 중심으로 예산 심의가 이루어지고 영국은 본회의를 중심으로 예산 심의가 이루어진다. 영국에서는 입법부를 도와주는 전문 보좌기관이 발전하지 않았지만 미국은 발전하였다. 또 영국은 행정부가 제출한 예산안을 수정하지 않지만 미국은 수정은 물론 증액까지 한다. 그러나 영국과 미국 모두 예산안이 새 회계개시 일 전에 입법부를 통과하지 못한 경우 잠정예산을 사용할 수 있고 우리의 감사원에 해당하는 기관이 입법부 소속이다. 영국은 의원내각제 국가로서 입법부가 행정부가 제출한 예산안을 크게 수정하는 경우 행정부에 대한 불신임으로 간주되기 때문에 예산안 수정은 드물다. 다만, 세출에 대한 삭감만 허용되고 있다. 한편, 미국 연방의회는 위원회 중심으로 예산안을 심의한다. 미국 의회는 방만한 예산 심의를 억제하고 재정 적자를 축소하기 위해서 계속적인 노력을 하고 있다.

표 9-5 주요국의 입법부와 예산 심의 특징

국 가	한 국	일 본	영 국	미 국
정부 형태	대통령제	의원내각제 (입헌군주제)	의원내각제 (입헌군주제)	대통령제 (연방공화제)
의회	단원제(299석)	양원제(참의원: 242석, 중의원: 475석)	양원제(귀족원: 816석, 서민원: 650석)	양원제(상원: 100석, 하원: 435석)
인구 (1인당 GDP)*	5,147만 명 ($31,940)	12,680만 명 ($41,020)	6,602만 명 ($42,310)	32,570만 명 ($64,770)
주요 위원회	상임위원회(17개), 예산결산특별위원회	중의원 예산위원회, 결산행정감시위원회, 참의원 예산위원회	부처별 상임위원회[재무위원회(Treasury Committee) 포함 19개], 연합위원회(Liason Com.), 결산위원회(Com. of Public Accounts)	상하원의 상임위원회(상하원의 예산위원회 포함 상원 16, 하원 21개), 하원 세출위원회, 하원 세입위원회(Ways and Means Committee), 상원 재정위원회(Finance Committee)
지원기관	국회예산정책처, 국회입법조사국	국회도서관 조사 및 입법고사국, 중의원 조사국, 중·참의원의 법제국	감사원(National Audit Office)	의회예산처, 감사원(GAO), 의회도서관 산하 의회조사국
주요 정당	더불어민주당, 자유한국당 등 8개	자유민주당, 입헌민주당 등 11개	보수당, 노동당 등 17개(지역 당이 많음)	공화당, 민주당
예산 구성	일반회계, 특별회계, 기금	일반회계, 특별회계	통합국고자금, 국가대부자금, 기타 기금	연방펀드, 신탁펀드
예산 심의 기간	2개월(10~11월)	3개월(1~3월)	연중 (본예산은 3~7월)	8개월(2~9월)
예산 수정	동의 하에 증액도 가능	가능(세입은 증대, 세출은 삭감만)	불가(삭감만 가능)	가능(삭감, 증액 가능)
예산 형식	비 법률	비 법률	법률	법률
활동의 중심	위원회 중심	위원회 중심	본회의 중심	위원회 중심
예산안 미확정 시	준예산	잠정예산	잠정예산	잠정예산

출처: 국회예산정책처(2016). 『주요국의 재정제도』.
* 인구 2017년 기준. 1인당 GDP는 2018. 1인당 GDP 출처는 IMF(2019 April). *World Economic Outlook*.

[부 록]

“우리나라 국회의원은 연봉을 많이 받나?”

표 9-6 주요국의 국회의원의 연봉(2012년)

국 가	한 국	일 본	영 국	미 국	스웨덴
연봉(현지화폐)	137,961,920원	21,058,000엔	65,728파운드	174,000달러	686,600크로나
$(ppp 기준)	170,887	204,868	98,410	174,000	74,834
연봉/1인당 GDP	5.27	5.66	2.68	3.49	1.79

출처: 『계간 시대정신』, 72권(2016년 5/6월), p.182.

<표 9-6>을 보면 우리나라 국회의원의 연봉이 1억 3천 8백만 원 정도 된다. 구매력을 기준으로 환산한 달러로 볼 때, 우리나라 국회의원의 연봉이 미국 174,000달러보다, 그리고 일본 204,868달러보다 작다. 그러나 연봉을 1인당 GDP로 나눈 비율로 보았을 때는 우리나라 국회의원의 연봉 수준(5.27)이 일본(5.66) 다음으로 높다.

Chapter 10

예산 집행

학습 목표

예산 집행은 정책과 사업이 수행되는 과정이며 재원이 사용되는 과정이다. 이 과정에 참여하는 행위자들의 상호작용을 자금 배분, 예산통제, 정책 집행, 회계, 평가 등의 측면에서 고찰할 수도 있을 것이다. 그러나 행정학에서는 예산 집행에 대해서 주로 법률적 측면만 본다. 앞으로 다양한 방법을 이용한 연구가 나오길 기대한다.

제10장의 학습 목표는 다음과 같다.
- 예산 집행 절차는 어떻게 되어 있나?
- 예산통제의 방법에는 어떤 것이 있나?
- 예산의 신축성을 어떻게 높일 수 있나?

예산 집행에서 예산원칙에 예외가 되는 전용, 이용, 이월 등에 대해서 국가재정법의 관련 조문을 읽는 것도 학습에 도움이 될 것이다.

제 1 절 예산 집행의 의의

예산 편성과 예산 심의가 종결되면 중앙관서를 중심으로 예산의 배정, 재배정 절차를 통하여 예산이 집행된다. 예산 집행은 예산 편성이나 예산 심의와는 달리 재원을 배분하는 청사진을 마련하는 과정이 아니다. 그것은 배분된 재원을 다시 배분하고 사용하는 실질적인 과정이며, 중앙예산기관과 사업 부서들 사이에서 이루어지는 행정 과정으로서 다음과 같은 특성을 갖는다. ① 예산 집행을 통하여 입법부가 확정해 준 정책과 사업이 구체화된다. ② 예산 집행 단계에서 사업 수행과 재원 배분을 둘러싸고 지역 주민 및 수혜자와 행정기관과의 상호작용이 활발해진다. ③ 예산 집행은 여러 단계를 거쳐서 이루어진다. 수입과 지출 절차가 여러 단계를 거쳐 이루어진다. 따라서 책임의 확정이 중요해진다. ④ 예산 집행은 예산 편성 및 심의의 확정 단계로서 앞의 과정의 성패를 좌우한다. ⑤ 예산 집행은 적응 과정이다. 계획의 목적을 달성하기 위해서 변화하는 환경에 적응하여야 한다. 이러한 특성을 살펴볼 때 예산 집행의 중요성을 부연할 필요는 없을 것이다.

예산 집행의 목적은 학자들에 의해서 다양하게 주장되고 있다. 버크헤드(Burkhead, 1956: 342－348)는 예산 집행의 목적을 입법부의 의도 구현 및 재정 한계 엄수와 신축성의 유지에 두고 있으며, 린치(Lynch, 1979: 144－148)는 책임의 확보, 효과성과 능률성의 확보, 신축성의 유지 등에, 프렘찬드(Premchand, 1984: 358)는 법률적 책임의 확보, 재원 이용의 능률성 달성, 신축성 유지 등에 집행의 목적을 두고 있다.

여기서는 예산 집행의 목적으로 책임의 확보, 그리고 예산통제와 신축성의 유지를 강조하고자 한다. 이것들은 서로 배타적인 것이 아니다.

1. 책임의 확보

예산 집행은 정부의 수많은 부처와 그 하위 단위들에 의하여, 그리고 복잡한 절차를 통하여 수행된다. 예산 집행에 여러 많은 조직이 관여한다는 것은 예산 집행이 전문화되고 분업화되었다는 것을 의미한다. 이렇게 전문화되고 분업화된 여러 조직 단위들이 입법부의 의도를 구현하고 정해진 재정 한계를 엄수하고, 그러면서도 변화하는 재정 여건에 적응하는 신축성을 유지함으로써 입법부가 결의한 예산의 본래의 목표를 달성하여야 한다. 이에 따라 예산 집행에 관계하는 기관들은 입법부, 대통령, 장관 등의 의도와 정책, 법률과 상관의 공식적 지시, 업무지침 등에 따라서 예산을 능률적이고도 효과적으로 집행할 책임이 있다. 예산통제와 신축성의 유지도 책임을 확보하는 방안들이다.

2. 예산통제

예산통제란 기본적으로 입법부의 의도 구현과 재정 한계 엄수를 뜻한다. 그러나 행정부가 예산을 운영하면서 입법부가 통과시킨 예산 내용을 변경하지 않으면 안 되는 상황이 발생할 수도 있다. 이 경우 정부는 국민의 복지가 극대화되는 방향으로 예산을 운영하여야 할 것이다. 바로 이러한 방향으로 예산을 운영하는 것도 예산통제에 속한다. 따라서 예산통제란 넓게는 회계연도 내에서 입법부의 의도를 구현하고 재정 한계를 엄수하는 것은 물론 예산 운영의 목표를 달성할 수 있도록 정책을 효율적으로 운영하는 것을 포함하여 적기(適期)에 자금을 공급하고 계획된 사업을 능률적으로 수행하는 것이 포함된다. 예산통제는 예산 책임을 확보하기 위한 수단이며, 또한 환경 변화에 대응하면서 예산 운영의 목표를 달성하려는 관리 과정이다. 따라서 예산통제와 신축성 유지는 동전의 앞·뒷면과 같은 것이다(이문영·윤성식, 2003: 131). 일반적으로 예산통제를 위하여 배정, 재배정, 보고, 회계·정보 체제, 정원관리, 사업분석 및 평가, 계약관리, 감사 등의 제도들이 이용된다.

3. 신축성의 유지

일정한 회계연도 동안에 예산은 집행되는데, 이 회계연도 동안에 수해(水害)나 한해(旱害) 또는 외환위기, 대기업의 파산 등 자연적·경제적 여건이 변동할 수 있다.

따라서 예산 운영이 소기의 목적을 달성하기 위해서는 예산 집행의 신축성을 유지할 수 있는 방안이 강구되어야 할 것이다. 현재 우리나라에서는 예산 집행의 신축성을 유지하기 위해서 예산의 전용, 이용, 이월, 이체, 계속비, 예비비, 추가경정예산, 총괄예산 등의 제도가 운영되고 있다.

제 2 절 예산 집행의 절차와 관련 기관의 기능

예산 집행의 목적이 책임의 확보, 예산통제, 그리고 신축성을 유지하는 데 있는데, 이러한 목적은 중앙관서의 조직과 정책과 규칙을 통하여 달성되는 것이다.

1. 예산 집행의 절차

1) 예산 집행 과정과 체제

입법부에서 예산이 통과되면, 중앙예산기관은 해당 부처에 예산을 배정한다. 그리고 중앙 해당 부처는 산하기관에 예산을 재배정한다. 이 과정을 통하여 예산 집행의 목표가 달성되는데, 그 과정은 ① 배정과 자금계획, ② 획득된 용역이 사용된 자금에 부합하는지 그 여부의 통제, ③ 정부 거래를 기록하고, 예산 집행의 의미를 분석하기 위한 토대를 제공하는 회계, ④ 정책 및 사업의 집행을 주기적으로 평가할 수 있도록 도와주는 보고 등으로 구성된다. 즉, 집행 체제는 배분 체제, 통제 체제, 회계 체제, 평가 체제 등으로 구성되며, 이들은 서로 중복되어 있다. 예산 집행이 매우 복잡하다고 생각하는 것도 이러한 체제들이 중앙예산기관이나 사업 부서에 뒤섞여 있기 때문이다.

그림 10-1 예산 집행 절차

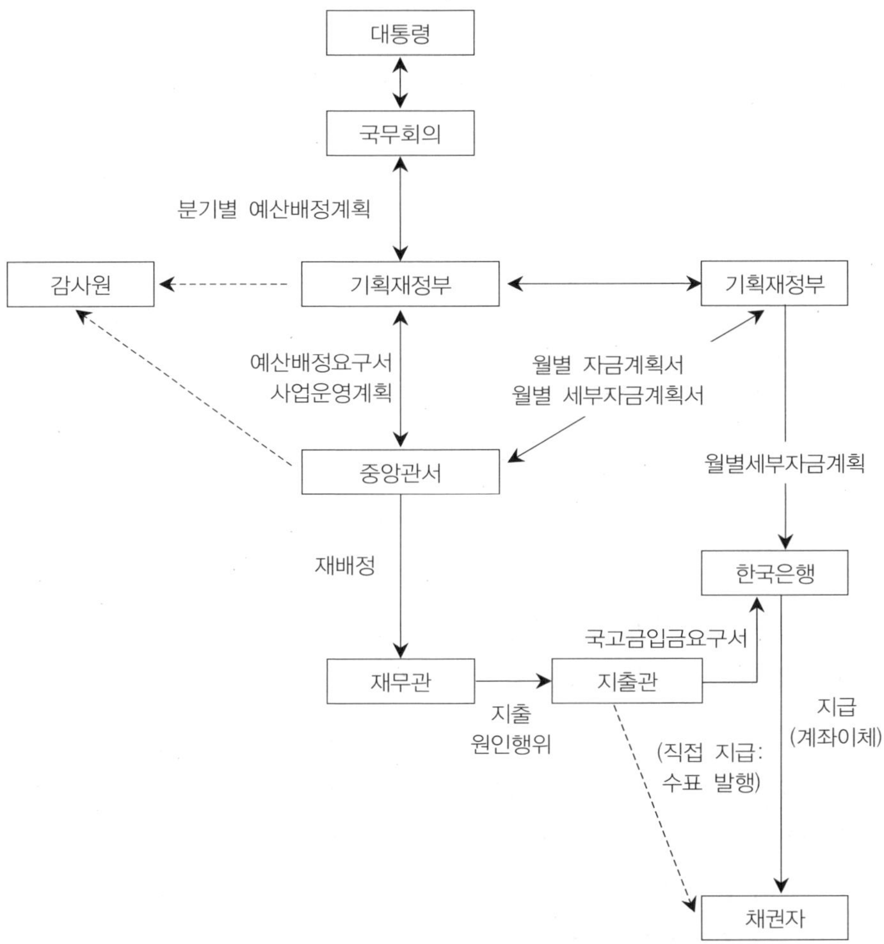

2) 예산 집행 절차

(1) 예산 집행과 관련 기관

우리의 경우 예산이 국회에서 의결되면, 기획재정부는 예산을 배정하며, 다시 이것은 중앙관서에 의해서 재배정된다. 재배정이 완료되면 사업 부서에서는 사업을 발주하고 사업이 완료되면 자금이 지출된다. 이 절차는 재무관의 지출원인행위, 지출관의 국고금입금요구서 한국은행에 송부, 한국은행의 지급(채권자의 계좌에 이체) 순으로 이루어지며, 한편 수입은 수입의 조사 결정, 납입 고지, 수납 등으로 이루어지는데, 전자의 두 사항은 수입징수관에 의해서, 그리고 후자는 수입금출납공무원(수납기관)에 의해서 수행된다. 수입과 지출의 업무는 대개 디지털예산회계시스템을 이용하여 처리된다.

(2) 예산 집행 절차

이를 앞의 [그림 10-1]에 따라 설명하면 다음과 같다.

① 예산배정과 재배정

먼저 중앙관서의 장은 기획재정부 장관에게 사업운영계획과 예산배정요구서를 제출하고 기획재정부 장관은 이를 바탕으로 분기별 예산배정계획을 작성하여 국무회의의 심의를 거쳐 대통령의 승인을 얻는다. 기획재정부 장관은 분기별 배정계획을 중앙 관서의 장과 동시에 감사원에 통지한다(국가재정법 제42조~제44조). 한편, 예산이 성립되면, 중앙관서의 장은 수입과 지출, 그리고 그 밖에 자금의 출납에 관한 사항을 종합적으로 고려하여 월별 자금계획서를 작성하여 기획재정부 장관에게 제출한다. 그러면 기획재정부 장관은 종합적으로 고려하여 월별 자금계획을 작성하고 중앙부서의 장은 그것에 기초하여 매월 월별 세부자금계획서를 작성 기획재정부 장관에게 제출한다. 기획재정부 장관은 이를 종합하여 월별 세부자금계획을 작성하고 이를 중앙관서의 장과 한국은행에 통지한다. 그리고 중앙관서의 장은 그 소속 지출관별로 월별 세부자금계획을 통지한다(국고금관리법 제30조).

② 지출원인행위와 지출

이와 같이 예산 배정과 자금계획이 이루어지면 사업 부서가 사업을 발주한다. 사업을 직접 시행할 수도 있고 조달청에 계약을 의뢰해서 할 수도 있다. 사업 부서는 계약에 따라 사업을 시행한다. 사업자는 사업을 진행하고 사업 부서는 사업 진척 정도에 따라 또는 사업이 완료되면 사업자에게 대금을 지불한다. 이 과정은 재무관의 지출원인행위와 지출관의 지출로 이루어진다.

지출 절차는 다음과 같다. ① 재무관이 지출원인행위를 한다. 지출원인행위는 배정된 예산 또는 기금운용계획의 범위 안에서 하여야 한다. ② 지출관은 한국은행으로 하여금 채권자의 계좌로 해당금액을 이체하도록 하여 지급한다. 부득이한 경우 지출관은 국고 수표를 이용해서 채권자에게 직접 지급할 수도 있다. 2002년 12월에 제정된 「국고금관리법」에 의해서 지출관이 한국은행에 국고금입금요구서 또는 국고금대체입금요구서를 전자우편으로 보내는 것으로 위의 업무를 대신하며(국고금관리법 시행령 제28조), 한국은행은 채권자의 금융기관의 통장에 해당 금액을 입금한다. 디지털예산회계시스템을 이용해서 위의 일을 하도록 되어 있다. 이 모든 업무의 책임자는 기획재정부 장관과 중앙관서의 장이다. 기획재정부 장관은 지출을 총괄(總括)하고 중앙관서의 장은 지출을 관리(管理)한다(국고금관리법 제19조). 과거에는 지출관이 채권자에게 국고수표에 의한 직접지급을 하는 것이 정상이었는데, 이제는 모든 것이 디지털예산회계시스템을 이용하여 처리하게 되었고, 사정이 있어서 특별한 경우에만 예외적으로 지출관이 직접지급을 하게 되었다(국고금관리법 시행령 제30조).

③ 보고와 기록

끝으로 지출과 수입의 업무를 담당하는 회계 관계 공무원과 한국은행은 그 상황을 기록하고(국고금관리법 제37조), 국고금관리에 관한 보고서를 중앙관서의 장, 기획재정부 장관, 감사원 등에 보고한다. 중앙관서의 장은 국고금 관리에 관한 보고서를 기획재정부 장관에 보고하고, 그리고 기획재정부 장관은 분기별로 회계처리 상태를 감사원에 통지해야 한다(국고금관리법 제38조, 국고금관리법 시행령 제83조).

2. 관련 기관의 기능

1) 중앙부처

중앙 및 지방의 부처는 사업의 수행 및 예산의 집행과 관련하여 통제, 평가, 기록 및 보고 등의 기능을 수행한다.

각 부처의 기획조정실은 예산 배정을 받기 위해서 사업운영계획서와 예산배정요구서를 기획재정부에 제출하고 또한 예산의 운영과 사업 진척 상황 확인 및 평가, 성과관리의 업무를 담당하기도 한다. 총무과에서는 수입과 지출과 관련된 업무와 그 회계 및 결산, 물품 구입과 조달의 업무를 수행한다. 필요한 경우에는 조달청에 구매 청구서를 제출한다. 그리고 이 모든 결과를 기관장, 기획재정부, 감사원에 보고한다.

따라서 각 부서는 사업을 수행하려면, 장차관은 물론 기획조정실, 총무과 등과 협조하여야 한다는 것을 알 수 있다. 수입 및 지출관리기관이 세입징수관, 재무관, 지출관 등에 위임 분산되어 있기 때문이다. 물론 예산 집행의 모든 책임은 기관장에게 귀속된다.

(1) 재무관의 지출원인행위

재무관이 지출원인행위를 하고자 할 때는 배정된 예산 금액의 범위 안에서 행하여야 한다(국고금관리법 제20조).

(2) 지출관의 지출

지출관이 지출을 하려는 경우에는 다음을 준수하여야 한다. ① 재배정받은 예산의 범위 내에서, ② 지출원인행위 관계 서류가 송부된 후, ③ 지출관별 월별 세부자금계획의 각 예산 과목의 금액 이내에서, ④ 지출원인행위부에 기재된 것에 한하여, ⑤ 채권자의 예금 계좌로 국고금입금요구서 또는 국고금대체입금요구서를 한국은행에 송부함으로써, 한국은행으로 하여금 지급하게 한다(국고금관리법 시행령 제27조). ⑥ 또한 공사, 제조, 매입, 기타 국고의 부담이 되는 계약에서 지출은 규정된 검사를 한 후에 대가를 지불하는 것이 원칙이다(국가를 당사자로 하는 계약에 관한 법률 제15조). 부득이한 경우, 국고 수표를 이용해서 채권자에게 지급할 수 있다(국고금관리법 시행령 제30조). 지출은 국가재정정보시스템으로 하는 것이 원칙이다.

(3) 기관장의 재정 보고

각 기관의 수입징수관, 재무관, 지출관 등은 국고금 관리에 관한 보고서를 기관장, 기획재정부, 감사원에 보고하여야 하며(국고금관리법 제38조), 기관장은 국고금 관리에 대한 보고서를 기획재정부 장관에게 보고해야 한다(국고금관리법 제38조).

(4) 기관장의 업무 평가

중앙행정기관의 장은 소속기관의 전략 목표 달성을 위한 중장기 계획인 성과전략관리계획, 성과관리시행계획, 그리고 자체평가계획을 작성하여야 한다. 이와 같은 계획은 부처의 중장기 운용계획과 일치하여야 하며 성과목표, 평가 방향, 평가 방법, 활용 방법 등이 명시되어 있어야 한다(정부업무평가기본법 개정 2017.7.26. 제5조, 제6조, 제15조).

2) 기획재정부

기획재정부는 "중장기 국가발전전략 수립, 경제 · 재정정책의 수립 · 총괄 · 조정, 예산 · 기금의 편성 · 집행 · 성과관리, 화폐 · 외환, 국고 · 정부회계, 내국세 · 관세, 국제금융, 공공기관 관리, 경제 협력, 국유재산, 민간 투자 및 국가채무에 관한 사무를 관장한다"는 기획재정부 직제 규정에서 알 수 있듯이 예산편성에서부터 집행까지, 그리고 수입과 지출 관련된 모든 일을 수행한다.

예산 집행과 관련해서는 우선 준비 작업으로 자금 계획의 업무를 수행하며, 국고여유자금의 전용과 운영, 국유재산과 물품관리의 지도 감독, 재정 집행 실적을 분석하는 등의 업무를 한다. 이러한 업무는 국고국과 세제실을 중심으로 이루어진다.

3) 국세청 · 조달청 · 감사원 · 한국은행

국세청은 각종 세법에 따라 내국세의 부과 감면 및 징수에 관한 사무를 담당하며, 조달청은 조달 물자의 구매 · 보관 · 조작 및 공급에 관한 사무와 물품의 관리 조정 및 정부의 주요 시설 공사 계약에 관한 사무를 관장한다. 감사원은 중앙부처와 기획재정부에서 제출한 회계 자료를 검토하여 결산을 확인하고 직무감찰 등의 업무를 수행한다. 한국은행은 통화신용정책의 수립과 집행이 주 업무이지만 국고금 수납 업무, 중앙관서장의 계정에 배정되어 있는 자금을 지급하는 업무 등도 수행한다.

이상의 설명에서 우리는 예산 집행이라는 것이 그야말로 다양한 기관들이 함께 참여하여 이루어지는 복잡한 과정임을 알 수 있다. 이러한 까닭에 예산통제, 신축성 유

표 10-1 예산 집행 기능과 관련 기관

기관/기능	자금의 배분	예산통제	회 계	평 가
중앙부처	예산 배정 요구 재배정 (기획조정실)	지출원인보고서 수입지출보고서 구매조달(총무과)	감사원에 보고 (총무과)	진도 파악, 심사평가, 성과관리(기획조정실)
기획재정부	예산 배정(예산실) 자금계획서 작성 공공자금관리기금의 운영(국고국) 재원확보(세제실)	집행관리지침관리, 예비비, 기금 등 사용 통제, 재정보고 접수 (예산실) 국고의 흐름 파악(국고국) 금융통화정책 (경제정책국)	예산 집행 자료 전산화(예산실) 정부회계, 결산 총괄(국고국)	성과관리(예산실) 결산분석 및 평가 (국고국), 세입운영 실적분 석(세제실), 재정사업 성과 관리 종합, 주요 재정사업 성과평가, 예타(재정관리국)
기타 기관	국고 수납 · 지급 (한국은행)	회계검사(감사원) 계약(조달청)	결산 확인 (감사원)	직무감찰(감사원) 재정금융 정책분석 (한국은행)

지, 그리고 책임의 확보가 매우 어려운 과제이기도 하다.

위의 내용을 자금의 배분, 통제, 회계, 평가 등의 예산 집행의 기능으로 나누어 정리하면, <표 10-1>과 같다.

3. 예산 집행의 측면들

예산 집행은 정부가 자금을 동원하고 이것을 사용하여 궁극적으로 의도하였던 목표를 달성하는 과정이다. 이것은 예산 배정과 재배정이라는 과정을 통하여 이루어진다. 이것을 하나의 체제로 본다면 예산 집행 체제가 될 것이다. 이 체제는 여러 가지 기능을 수행하는데, 이것들을 하위 체제로 구분한다면 통제 체제, 평가 체제, 회계 체제 등으로 나눌 수도 있다. 또 이러한 하위 체제는 서로 매우 긴밀한 관계가 있으므로 이를 통합하여 하나의 예산회계 체제를 설계해 볼 수도 있다. 앞으로 이러한 관점에서 예산 집행을 연구하는 것이 예산 집행의 능률성을 높이는 데 큰 도움이 될 것이다. 2007년 1월부터 운영되는 디지털예산회계시스템은 이러한 관점에서 크게 기여하였다. 이 시스템은 예산 편성 및 집행, 회계 및 결산, 성과관리 등을 연계하여 처리하도록 고안된 시스템이다. 여기서는 예산의 배정과 재배정을 통하여 수행되는 기능에 초점을 두어 기본적인 내용을 소개하는 데 중점을 둔다.

1) 예산통제

예산통제란 국회가 의결한 예산에 따라 행정부가 예산을 지출할 때 국회의 의도는 물론 행정기관의 계획하였던 목표를 달성하도록 하는 과정과 절차를 말한다. 그 절차는 이미 앞에서 설명하였듯이 배정 · 재배정이라는 제도를 통하여 이루어진다. 그러나 예산통제는 그러한 제도만으로 달성되는 단순한 과정이 아니다. 그 까닭은 예산 집행이라는 것이 행정조직의 수직적 · 수평적 관계뿐만 아니라 정치 · 행정적 관계까지도 포함하는 관리 과정이기 때문이다(Premchand, 1990: 98 – 99).

예산통제가 의도하는 바는 다음과 같다. ① 회계연도 내에 예산의 미집행(未執行)을 가능한 한 방지한다. ② 세입과 세출의 균형을 유지하여 예산 적자를 방지한다. ③ 가능한 한 추가경정예산의 편성을 억제한다. ④ 사업의 능률성과 효과성을 유지한다(Axelord, 1988: 172 – 190).

이러한 역할을 기획재정부가 수행할 때 정부 수준에서 정치적 · 경제적 이유에서 자금 배정을 변경하려고 할 때도 있고, 부처가 자신의 사업이 중요하다고 생각하여 기획재정부와 갈등을 일으킬 때도 있다. 특히 우리나라에서는 세계잉여금이 예상되어 이의 처리와 관련하여 최근에는 추경이 계속 편성되었다. 2018년 12월과 2019년 1월 신문에 기사화되었던 신○○ 전 기획재정부 사무관의 "국채발행"와 관련된 논란도 이것과 관련이 있다고 볼 수 있다. 정부가 빚을 갚으면 세계잉여금이 그만큼 감소하고[1], 빚을 안 갚으면 세계잉여금이 그만큼 증가하여 세계잉여금으로 추가경정예산을 편성할 수 있는 여력이 생긴다고 볼 수 있다(ChosunBiz, 2019.1.6; 한국일보, 2019.1.7 사설).

예산통제를 원활히 하기 위해서는 다음과 같은 방법을 생각해 볼 수 있을 것이다.

---

1) 세계잉여금 = (초과 세입 + 지출되지 않은 세출) = (총세입액 – 총세출액 – 차년도 이월액).

표 10-2 2015회계연도 월별 일반회계 수입지출의 수지차(收支差)

(단위: 10억 원)

월	수 입	지출 및 순융자	수지차
1	25,393	21,348	4,046
2	32,895	41,425	-8,524
3	51,651	61,470	-9,819
4	80,148	82,566	-2,418
5	95,031	98,827	-3,795
6	108,162	123,284	-15,122
7	136,201	138,088	-1,886
8	152,561	154,270	-1,709
9	167,620	173,585	-5,965
10	193,326	184,488	8,838
11	207,277	192,093	-15,263
12	219,199	205,968	13,232

출처: 기획재정부 공표자료. 1월부터 12월까지 통합재정통계 자료에서 일반회계만 발췌. 통계는 누적/잠정 자료.

(1) 세입과 세출의 수시 점검

분기별 · 월별로 세입과 세출을 점검하여 예상 금액과 실제 금액의 차이를 점검한다. 전망 금액보다 실제 지출이 많은가 적은가? 주요 사업이 지체되고 있는가? 지출에 비해서 성과가 적은가 등을 검토하여 예산 배정에 반영한다. <표 10-2>에서 볼 수 있는 것처럼 월별로 흑자 혹은 적자가 나타나므로 세입과 세출을 수시로 점검하여 적절한 조치를 취한다.

(2) 지출의 촉진과 지연

경기가 좋지 않을 때, 실업률이 높을 때 정부에서 사업 발주를 앞당기거나 노임 살포 사업을 시행하는 것이 좋은 예이다. 그 반대의 경우도 있다. 경기가 과열되거나 임금이 상승할 때, 또는 세입이 부족할 때 정부는 이미 배정된 자금이라 할지라도 사업 발주를 지연시키거나 지출을 지연시키는 방법을 사용한다. 또 계절적으로 연초에는 지출이 상대적으로 적다가 연말에는 지출이 집중되는 경향이 있는데, 이것을 연중 일정 수준으로 유지하기 위해서도 지출의 촉진과 지연은 필요하다. 지출을 억제하기 위해서 행정기관 청사 신축 및 이전을 억제하는 것이 좋은 예이다.

(3) 지출 한도 제한

예산액에 관계 없이 또 기획재정부가 배정해 준 배정액에 관계 없이 일률적으로 예산 절감을 위하여 10%씩 아껴 쓰기로 한다든지, 또는 항목별로 여비, 수용비, 공공요금 등의 항목을 일정 비율로 동결하는 방법을 사용할 수도 있다.

(4) 목적 외 지출 금지

예산의 전용, 이용, 이체 등에 대한 일정한 제약을 가하는 것이 대표적이다. 원칙적으로 예산은 편성된 대로, 자금이 배정된 대로 지출원인행위가 이루어지고, 이에 따라서 지출이 행해지도록 되어 있다. 이러한 배정과 지출 절차 외에 정부의 정수(定數)물품 구입 제도와 같이 특정 물품은 구입계획을 세워 그것의 구입에만 지출하는 것도 예산통제의 한 방법이다.

(5) 미배정 자금의 사용

비상사태 혹은 예기치 못하였던 사태에 대응하기 위해서 예비비를 정해 놓고 있지만 정부는 부처 예산 가운데 미배정 부분의 일정률을 일률적으로 회수하여 홍수, 한해(旱害), 비상 사태에 대처하기 위해서 사용할 수도 있다. 이 밖에도 미국처럼 지출정지를 사용한다든지 또는 예산을 동결하여 다음 연도로 이월하는 방법이 있다.

그러나 예산통제는 정치적・경제적 상황 변화에 따라서 영향을 많이 받기 때문에, 또 정부에서 각종 기금이나 특별회계를 많이 설치하고 있기 때문에 예산실이 의도한 대로 이루어지기 힘들다. 또 예산 과정에서 취급하는 예산의 범위가 좁기 때문에 예산통제가 쉽지 않다. 우리의 경우, 일부 기금이나 정부투자기관의 예산은 국회의 예산 심의에 포함되지 않고, 기획재정부가 방만한 기금이나 정부투자기관의 예산 집행을 일일이 감독하기도 용이한 일이 아니다. 그뿐만 아니라 일단 기획재정부에서 예산을 배정한 다음에는 월별로 자금이 배정되고 월별로 지출한도가 명시되어 있어서 일단 부처로 통지된 사실을 변경한다는 것은 어려운 일이다. 결국 정부 수준의 거시적 정책과 부처 수준의 미시적 정책 사이의 괴리가 있을 수 있는데, 이것을 단지 예산 운영 체제의 집권화로 해결할 수 없다는 데 어려움이 있다. 그렇다고 정부조직에서는 지시와 통보 외의 뾰족한 유인책(incentives)도 없다는 데 어려움이 있다(Prem-chand, 1990: 104).

2) 현금관리

기획재정부의 중요한 기능 가운데 하나는 국고를 관리하는 것이다. 부처에 통보한 월별 한도액을 충족시킬 재원을 마련하고 국고 여유자금을 운영하고 정부 소유 주식을 관리한다. 이것은 정부의 공채관리, 투자정책과도 관계가 있다. 이 가운데서도 재경부가 수행하여야 할 첫 번째 임무는 정부기관들이 지출하여야 할 자금에 대응하여 수입을 확보하는 일일 것이다. 현금관리는 이러한 임무와 관련된다. 현금관리란 현금을 보유하고 현금의 흐름을 최적화하고 현금의 가치를 증식시키는 과정을 말한다(Zoysa, 1990: 135). 즉, 현금관리는 정부 또는 행정기관에 유입·유출되는 돈의 흐름을 규제하여 이들 기관의 재정적 상태를 유리하게 하는 것이다(Reed & Swain, 1990: 198).

이와 같은 현금관리는 크게 두 가지 목적을 가지고 있다. 하나는 지출에 대응하여 수입을 확보하는 것이고, 또 다른 하나는 여유자금을 이용하여 일시적이나마 잠재적인 세입을 확충하자는 것이다. 정부가 현금이 바닥나면 그야말로 위기가 아닐 수 없다. 일시적이라도 행정기관이 지출할 현금이 없으면 높은 이자의 차입금을 이용하여야 하는 어려움이 따르게 되고 이것은 곧 국민의 부담이 된다.

효율적인 현금관리를 위해서는 ① 수입과 지출의 흐름을 컴퓨터를 이용하여 파악함으로써 현금의 흐름 속도를 증진시키고, ② 은행을 잘 이용하여 여유자금을 최소화하며, ③ 거래비용을 축소하기 위해서 지출 과정을 통합하며, ④ 차입과 투자에 전문적 지식이 있는 전문가를 임용하는 방안을 생각해 볼 수 있다. 기본적인 생각은 수입과 지출의 흐름을 분석하여 수입을 촉진하고 방만한 지출을 억제하는 것이다. 구체적으로는 다음과 같은 방법이 있다.

(1) 자료 수집과 예측 방법의 세련화

수입과 지출을 월별, 분기별, 연도별로 또는 부처별로 분석하여 적정 현금 잔고와 투자량을 예측한다. 적어도 월별 현금예산을 작성하여야 한다.

(2) 예산 통일 원칙의 준수

모든 정부의 수입은 국고로 편입되며 여기서 예산 지출이 행해지도록 한다. 이미 예산 원칙에서 살펴보았듯이 목적세의 존재, 정부투자기관의 운영 등으로 정부가 운영하는 모든 자금이 국고에 편입된다고 할 수 없다.

(3) 수입의 신속한 수납

현금을 손에 넣으면 그만큼 이자가 불어나고 부채를 감소시킬 수 있다. 수입을 국고 계정에 신속히 편입시키기 위해서 납세자가 직접 은행이나 우체국을 이용하여 세금을 내게 한다든지 다양한 정부 계정을 통합한다든지 수입을 국고 계정에 늦게 이관하는 부서에 대해서 불이익을 주는 방법 등이 있다.

(4) 지급의 조정

원칙적으로 정부는 적기에 지급을 하여야 한다. 정부 공사대금의 경우 우리나라는 검사 완료 후 계약 상대자의 청구를 받은 날부터 5일 이내에 지급하도록 되어 있다. 그리고 계약 수량, 이행 전망, 이행 기간 등을 고려하여 30일마다 지급하도록 되어 있다(국가를 당사자로 하는 계약에 관한 법률 시행령 2018.12.11. 대통령령 제29360호, 제58조). 이와 같은 주기적 지급 등의 제도를 이용하여 일시에 많은 자금이 지급되는 것을 어느 정도 조정할 수 있으며, 지방자치단체에 자금을 교부할 때도 필요할 때 필요한 만큼의 현금을 교부하는 방법이 사용될 수 있다.

(5) 일시차입금의 이용

여타 방법이 없을 때 정부나 지방자치단체는 수입을 예상하여 은행으로 부터 일시차입을 할 수 있다.

(6) 여유자금의 투자

수입과 지출의 흐름을 잘 파악하여 여유자금이 있을 때 혹은 차입비용이 투자로 인한 이익보다 적을 때 일시적으로 여유 있는 자금을 이용할 수 있다. 법률적 제약이 없는 경우 공금을 이자율이 높은 계정으로 이전시킨다든지 지급 이전에 일시적으로 투자 시장의 흐름을 예측하여 투자를 하는 것 등이 있다. 그러나 공금을 가지고 도박을 해서는 안 될 것이다.

그러나 행정조직은 다음과 같은 이유에서 현금관리에 큰 관심을 가지고 있지 않다(De Zoyas, 1990: 135). ① 정부의 회계 및 예산관리는 그 초점이 능률의 증진보다 책임의 확보에 더 많이 주어져 있다. ② 정부기관 또는 지출기관은 자신들이 관리하는 현금을 잘 관리하건 못하건 특별히 이익이 되는 것도 손해를 보는 것도 없으며, 세입을 책임지고 있는 기관과는 달리 지출기관들은 회계 책임에만 얽매일 뿐 자금을 잘 운영하여 이자를 늘리는 데는 관심이 적다는 것이다. 지출 부서들은 배정된 자금을 법규에 따라 지출할 때가 되면 지출하면 되는 것이다. ③ 예산 집행의 초점이 예산 배정과 지출에 주어져 있다.

우리나라 국고금 관리 원칙을 보면, ① 효율성과 투명성, ② 지출의 적기성(適期性), ③ 안정성, ④ 기록과 관리의 신속성과 정확성을 명기해 놓고 있다(국고금관리법 제4조). 현실적으로 담당 공무원 또는 기관장이 국고관리에 대해서 어떤 태도를 취하느냐가 매우 중요하다.

3) 평 가

(1) 예산 집행과 평가

정부가 예산을 들여 각종 정책과 사업을 수행하면서 그것들이 소기의 성과를 얻었는지 그 여부를 평가하는 일은 예산 집행 과정에서 중요하다. 거시적으로는 정부의 예산 운영이 소득, 고용, 물가에 어떤 영향을 미쳤는지? 미시적으로는 예산사업이 예정대로 추진되고 사업의 성과나 수혜자에 대한 혜택이 어느 정도 되는지에 대한 평가가 이루어져야 예산 집행의 능률성과 효과성을 판단할 수 있다. 더 나아가서 정부에서 정책이나 사업을 어떻게 결정하고 관리하여야 하는지에 대한 평가가 있어야 할 것이다. 이러한 활동을 정책평가 혹은 사업평가라 한다.

정책평가는 정책의 정당성, 정책의 영향, 정책 활동에 대한 평가를 말하며, 정책평가의 유형에는 과정평가(형성적 평가), 프로그램 모니터링, 정책영향평가, 능률성평가, 적합성평가, 내부평가, 메타평가 등이 있다(노화준, 2007: 490－498). 과정평가는 프로그램이 집행 과정에 있을 때 프로그램의 개선 및 재설계를 위한 평가이다. 프로그램 모니터링은 프로그램 집행의 능률성과 효과성을 확보하기 위한 평가인데, 이것은 프로그램 집행 모니터링과 프로그램 성과 모니터링으로 구분된다. 전자는 사전에 계획하였던 대로 프로그램의 투입과 활동, 그리고 서비스가 이루어지고 있는지를 평가하는 것이고, 후자는 사전에 기대하였던 대로 사업이 성과를 달성하였는지 그 여부를 평가하는 것이다. 예산 집행과 관련해서는 과정평가와 프로그램 모니터링이 특히 중요성을 가진다. 우리나라에서 채택하고 있는 정부업무평가 제도의 본래 의의도 바로 여기에 있다.

(2) 정부의 평가 제도 변천

계획과 예산의 효율적인 집행을 위하여 과거 우리나라에서는 국무총리실을 중심으로 기본운영계획 제도와 심사분석이 이용되었다. 1981년에 기본운영계획 제도는 폐지되고 심사분석 업무는 경제기획원으로 이관되었다. 정부는 1982년 「정부의 기획 및 심사분석에 관한 규정」을 개정하여 주요 업무계획과 심사분석 제도를 시행하였다. 한편, 정부는 1990년 「정부 주요 정책의 평가 및 조정에 관한 규정」을 총리령으로 공표하여 국가적으로 중요한 정책을 선정 정책평가를 위한 기초 자료 수집에 노력하였다. 국무총리실의 정책평가 업무와 경제기획원의 심사분석 업무가 이원화되었다. 1994년 경제기획원과 재무부를 통합하여 재정경제원이 설립되자 경제기획원에 속하던 심사분석 기능을 총리실로 통합하였다. 총리실이 명실상부한 우리나라의 중앙평가기관이 된 것이다.

정부는 1998년 「정부 업무의 심사평가 및 조정에 관한 규정」을 전문 개정하고, 국무총리 행정조정실을 국무총리 국무조정실로 개편하였다.[2] 그리고 여기서 중앙행정

---

2) 정부조직법(2005.12.29) 제20조에 따르면, 국무조정실은 "각 중앙행정기관의 행정의 지휘 · 감독, 정책의 조정, 심사평가 및 규제개혁에 관하여 국무총리를 보좌하기 위하여 국무총리 밑에 둔다."

기관에 대한 기관평가와 특정 과제에 대한 심사평가를 담당하였다. 2001년에는 「정부 업무 평가 등에 관한 기본법」을 제정하였다. 국무조정실이 정부 업무를 평가하고 그 결과에 대해서 국무총리가 시정을 요할 수 있고, 또 예산 조치가 필요한 경우에는 기획예산처장과 중앙행정기관의 장에게 통보할 수 있게 되어 있었다. 정부는 2006년에 「정부업무평가기본법」을 제정하였다. 이 법률은 중복되는 각종 평가를 통합하고 소관 정책을 스스로 평가하는 자체평가와 자율적 평가를 강화하고, 정부 업무 전반에 관한 통합적인 성과관리 체제를 구축하기 위한 것이었다. 이 법률에 의하면, 평가 대상은 중앙행정기관, 지방자치단체, 중앙행정기관 또는 지방자치단체의 소속기관, 공공기관 등이고, 평가 결과는 공개되며 국무회의에서 보고되고, 예산과 인사와 연계되도록 되어 있다(정부업무평가기본법 2017.7.26. 제1조~제2조, 제26조~제28조). 모든 기관이 사업을 하고 예산을 사용하면 평가하도록 된 것이다. 여기서 공공기관이란 정부투자기관, 정부산하기관, 정부출연기관, 지방공기업, 지방자치단체가 출연한 연구원 등을 말한다(정부업무평가기본법 제22조).

이상의 평가 제도 변천을 요약하면 <표 10-3>과 같다(국무조정실, 2007: 4-7).

표 10-3 정부의 평가 제도 변천

기 간	제 도	담당 기관	관련 법령
1961.9~1981.10	심사분석	내각수반 기획조정실	정부의 기획 및 심사분석에 관한 규정(1972)
1981.11~1990.3	심사분석	경제기획원 심사평가국	정부의 기획 및 심사분석에 관한 규정(1982)
1990.4~1994.12	정책평가	국무총리실 행정조정실	정부 주요 정책평가 및 조정에 관한 규정(1990)
1994.12~1998.12	심사평가	국무총리실 행정조정실	정부업무의 심사평가 및 조정에 관한 규정(1995)
1998.3~2006.3	기관평가	국무총리실 국무조정실	정부업무 등의 평가에 관한기본법(2001)
2006.4~현재	자체평가, 성과관리	국무조정실	정부업무평가기본법(2006)

고 되어 있다. 정부조직법(2013)에는 "…… 사회위험 · 갈등의 관리, 정부업무의 평가 및 규제개혁……"으로 규정되어 있다.

표 10-4 재정사업 성과관리 제도 체계

	성과목표관리 제도 (1단계, Monitoring)	핵심사업평가 제도 (2단계, Review)	심층평가 제도 (3단계, Evaluation)
대상	전체 재정사업	전체 재정사업의 1/3	문제 제기 사업 등
내용	성과계획서상 성과목표와 지표관리, 성과보고서상 목표 달성도 측정	체크리스트를 통한 점검	계량분석 등 사업전반에 걸친 정밀분석
추진 내용	52개 부처 2,000여 개 단위사업	매년 500여 개 사업	매년 8개 내외 사업

출처: openfiscaldata.go.kr > 재정배움터 > 재정교실 > 주요재정제도 > 재정사업성과평가(2018.11.19).

(3) 재정사업 성과평가 제도

정부업무평가기본법시행령 제8조에 따르면, 평가 업무 종류에 따라 담당기관이 분류되어 있다. 국무총리실은 주요 정책 부문을, 기획재정부는 재정사업 부문을, 그리고 행정안전부는 기관 역량 부문을, 인사혁신처는 인사 부문을 담당하도록 되어 있다. 이에 따라 기획재정부는 재정사업 성과관리 제도(Performance Monitoring), 재정사업 자율평가 제도(Program Review), 재정사업 심층평가 제도(Program Evaluation) 세 종류 운영하였다(기획재정부, 2008: 99). 2018년 현재는 <표 10-4>에서 볼 수 있듯이 이 제도는 성과목표관리 제도(Monitoring), 핵심사업평가 제도(Review), 심층평가 제도(Evaluation) 등을 하나의 관리 체제로 운영하고 있다. 핵심사업평가 제도는 재정사업 자율평가 제도를 개편하면서 붙인 명칭이다.

(4) 재정사업 자율평가 제도

재정사업 자율평가 제도는 미국의 PART(Program Assessment Rating Tool)를 우리 실정에 알맞게 개선한 것이다. PART는 미국의 「정부성과관리법(GPRA)」의 목적을 달성하기 위한 도구로서 관리예산처(OMB) 주도로 개발되었다.

우리나라 재정사업 자율평가 제도는 사업 수행 부서가 재정사업을 자율적으로 평가하고(자체평가), 이것을 기획재정부가 확인하고 점검하여(메타평가) 평가 결과를 재정운용에 활용하는 제도이다. 2005년에 시행되었다. 여기서 재정사업이란 “인건비 등 품목별로 재원이 배분되는 것이 아니라 ‘공립문화 기반시설 구축(문화체육관광부,

지방자치단체 보조사업)'과 같이 예산 및 기금을 통해 특정 사업 단위로 배분된 재원으로 수행하는 사업"을 의미한다(기획재정부, 2008: 96). 재정사업 자율평가 제도는 성과 중심 재정 운영, 투명한 재정 운영, 효율적인 사업추진을 위한 도구이다. 이 제도는 2017년 핵심사업평가 제도로 전면 개편되어 매년 500여 개 사업에 적용하기로 했는데, 2018년에는 80개 핵심사업에 적용하는 것으로 바꾸었다(기획재정부 보도자료, 2018.1.11).

4) 회 계

예산이 정부사업에 대한 미래의 계획이라고 한다면 회계는 예산이 운영된 결과에 대한 회고적 성격을 가진다. 이러한 회계는 예산 편성과 집행에 전제 조건이 되며, 정책 결정에 유용한 정보를 제공해 준다. 사실 회계는 위에서 설명한 예산통제 · 현금관리 · 평가에 전제가 되는 것이다. 그 이유는 오늘날 회계란 단순히 거래 내용을 장부에 기록하는 것만이 아니라 지출, 수입, 채무에 영향을 미치는 재정적 거래를 기록 · 분류 · 보고함으로써 다음과 같은 기능을 하기 때문이다. ① 기금 및 여타 재원에 대한 통제가 실패하였는지 여부를 알려 준다. ② 재정계획과 실제 운영이 차이가 있는가를 알려 준다. ③ 배정된 지출과 실제 비용으로 지출된 액수를 비교할 수 있게 한다. ④ 계획된 업무 단위와 실제 달성된 업무 단위를 비교할 수 있게 한다. ⑤ 여러 행동 대안의 결과를 예측하는 데 필요한 재정분석을 가능하게 한다(Axelord, 1988: 229).

정부회계는 민간 기업체의 회계와 다르며, 일반회계 · 특별수입회계 등 여러 종류의 회계로 분류된다. 회계 원칙에는 현금주의와 발생주의, 그리고 수정된 발생주의가 있다. 현금주의(現金主義)는 현금을 기준으로 현금이 취득되는 경우 그것을 수입으로 인식하고 현금이 지출되는 경우에는 그때에 비용으로 인식하는 회계 방식을 말한다. 현금주의에 따르면, 외상 거래가 있는 경우 현금이 지불되기 전까지는 비용으로 간주되지 않는다. 그러나 발생주의(發生主義)에 따르면, 외상 거래를 할 때 현금의 지불은 없지만 거래의 성립 때에 이미 비용으로 인식된다. 이와 같이 발생주의는 현금의 이동과는 관계 없이 행위 시점에서 그것을 수익과 비용으로 처리하는 회계

방식이다.[3]

이 밖에도 공채관리, 투자관리, 구매, 조달, 물품관리 등도 예산 집행의 중요한 기능이다.[4]

제 3 절 예산의 통제와 신축성 유지 방법

1. 예산의 통제 방법

예산의 통제 방법에는 배정, 재배정, 정원 및 보수의 통제, 계약의 통제, 기록 및 보고, 지출원인행위를 통한 지출 절차 등이 있다. 이러한 방법을 통하여 세입·세출의 수시 점검, 지출 한도의 제한, 목적 외 지출 금지, 지출 촉진과 지연 등이 이루어진다. 또한 신축성 유지 방법으로 사용되는 전용(轉用), 이용(移用), 예비비, 국고채무부담행위, 추가경정예산 등의 사용을 신중히 하는 것도 예산의 통제 방법에 속한다. 이러한 방법들의 사용에 대해서 기획재정부가 관여하고 이용과 국고채무부담행위와 추경에 대해서는 사전에 입법부의 승인이 필요한 까닭도 예산을 통제하기 위한 것이다.

위의 방법 이외에 예산통제의 방법으로는 개인 책임의 명백한 규정, 병렬적 절차,

---

3) 현금주의는 현금을 수취하였을 때 수익으로 인식하고 현금을 지출하였을 때 비용으로 인식한다. 발생주의에서는 현금의 수취와 지출에 관계 없이, 수익은 획득되었을 때 인식하고 비용은 발생하였을 때 인식한다. 양 주의의 차이는 다음과 같다. ① 선급비용이나 선수수익(先受收益)은 현금주의에서는 비용과 수익으로 인식되지만 발생주의에서는 자산과 부채로 인식된다. ② 미지급 비용이나 미수수익은 현금주의에서는 전혀 인식되지 않지만 발생주의에서는 부채와 자산으로 인식된다. ③ 현금주의에서는 자산 취득을 위한 지출이 지출된 기간의 비용으로 인식되지만 발생주의에서는 미래의 수익을 가져오는 자산으로 인식된다. 자산처분에서 수취된 현금은 현금주의에서는 처분 시점의 수익이 되지만 발생주의에서는 현금 수취액과 장부가액의 차액만이 수익(처분수익)으로 인식된다. ④ 채권(부채)의 발행으로 수취한 현금은 현금주의에서는 발행 시점의 수익이지만 발생주의에서는 부채로 인식된다(최광·임주형, 1997: 78).

4) 현금관리, 정부회계, 구매, 조달, 계약, 채권관리 등에 대해서는 유훈(2007), 윤영진(2011), 이문영·윤성식(2002) 등을 참고할 것.

숨겨진 예산의 공개 등이 있다.

1) 개인 책임의 명백한 규정

품목별 예산 제도를 이용하든지 또는 사업 예산을 이용하든지 지출의 책임자 또는 사업 집행의 책임자를 명백히 하여 그 책임자가 지출에 따르는 책임을 회피할 수 없도록 하는 것이 예산통제에 도움이 된다. 세입징수관, 재무관, 지출관 등의 기관을 설치한 까닭도 결국은 예산 집행에 따르는 책임을 명확히 하고자 한 것이다.

2) 병렬적 절차

예산 집행은 여러 단계와 여러 기관을 통해서 이루어진다. 예산 집행에 번잡함은 있으나 그 책임을 분산시키고, 또 병렬적으로 배열하여 기능을 중복시키는 방법이 기관 간의 견제와 균형이 이루어질 수 있는 까닭에 예산통제에 필수적인 절차이다. 예를 들어, 중앙부처, 기획재정부, 감사원, 한국은행, 조달청 등의 업무가 중복되기도 하고, 예산 집행에 필요한 절차로서 여러 기관들이 관여하게 되는 것도 이러한 이유에서라고 생각된다.

3) 숨겨진 예산의 공개

예산 가운데 사업명, 지출책임기관, 액수 등이 명백히 되어 있지 않은 예비비, 안보 관계 기관의 예산 등은 그 집행 결과가 검토되어야 한다. 예비비는 그 사용 명세가 사전에 밝혀져 있지 않았던 관계로 집행 과정이 중요하며, 자칫하면 예산 본래의 우선순위를 훼손할 우려가 있다. 안보 관계 기관은 예산 편성과 심의 과정이 다른 부처와 다른 까닭에, 부처 간의 균형이 문제가 될 뿐 아니라 예산 집행에서도 이용과 전용이 많이 이용되므로, 안보 관계 기관의 예산 집행에 각별히 유념할 필요성이 있다.[5]

---

5) 르루프(LeLoup, 1977: 186－188)에 의하면, 미국의 중앙정보국(CIA), 국방정보국(Defense Intelligence Agency), 국가안전국(National Security Agency) 등의 예산이 비밀자금과 이용과 전용을 통하여 집행된다. 우리나라도 과거의 안기부 자금은 2급 비밀로 분류되어 그 규모를 정확이 파악할 수

예산통제를 잘하기 위해서는 예산이 어떻게 배분되고 어떻게 사용되는지, 그 과정과 결과에 대한 신뢰성 있는 정보 생산과 공개가 가능하여야 될 것이다. 아울러 예산 집행의 성과를 판단하기 위한 성과지표의 사용도 도움이 될 것이다.

2. 신축성 유지 방법

예산 집행의 신축성 유지란 계획한대로 예산이 집행되도록 행정기관이 예산 상황 변화에 대응하여 수정 조치를 취하는 일련의 행동을 말한다. 그러나 행정기관은 그 수정 행동을 무작정 사용할 수는 없다. 무엇보다도 예산 집행 상황에 대한 충분한 이해와 분석이 행해진 다음에 변동된 상황에 대응하기 위해서 조치를 취할 수 있을 것이다. 즉, 사태 변화에 따른 정책 및 사업의 수정, 법령과 조직의 개편, 예산 집행의 시기 조정 등에 관한 심사분석이 행하여진 후에 재량권이 사용되어야 할 것이다. 이러한 이유에서 예산 집행과 관련하여 정책분석, 사업평가 및 심사기법(PERT), 주요 경로 방법(Critical Path Method) 등이 이용된다(Steiss, 1979: 260-290). 그러나 이러한 합리적인 평가와 분석 방법보다 부처의 책략에 의해서 재량권이 사용되는 경우가 많은 까닭에 예산의 통제가 동시에 강조되어야 한다는 것이다. 다음은 「국가재정법」(2018)에 따른 것이다.

1) 전 용

예산의 전용(轉用)은 행정 과목 간의 융통을 뜻한다. 즉, 세항(細項) 간, 그리고 목(目) 간의 융통을 말하며, 대통령령이 정하는 바에 따라 기획재정부 장관의 승인을 얻어 중앙관서의 장은 전용을 할 수 있다. 전용은 예산의 목적 범위 안에서 재원의 효율적 활용을 위한 것이다. 그리고 전용을 할 때 사업 간 유사성과 재원 사용의 시급성이 기준이 된다. 다음과 같은 경우 전용은 제한을 받는다. 즉, 당초 예산에 계상되지 아니한 사업을 추진하는 경우, 국회가 의결한 취지와 다르게 사업예산을 집행

없었다고 한다(일요서울, 2000.10.22. 5면). 또한 국가정보원은 자체 예산으로 한 해에 7천억 원, 그리고 다른 부처 예산에 포함시킨 이른바 '은익예산'이 2천억 원 정도라고 한다(한계레신문, 2005.8.11. 5면).

하는 경우에 전용을 할 수 없다. 또한 기획재정부 장관이 위임하는 범위 안에서 자체적으로 전용할 수도 있다(국가재정법 제46조).

2) 이 용

세출예산은 기관(機關), 장(章), 관(款), 항(項), 목(目) 등으로 분류되어 있는데, 목을 행정 과목, 그 나머지를 입법 과목이라고 한다. 예산의 이용(移用)은 입법 과목 간의 융통을 뜻한다. 이용은 미리 예산으로서 국회의 승인을 받은 경우에 한하여 기획재정부 장관의 승인을 얻어야 사용하거나 기획재정부 장관이 위임하는 범위 안에서 자체적으로 사용이 가능하다(국가재정법 제47조).

3) 이 체

정부조직 등에 관한 법령의 제정, 개정 또는 폐지로 인하여 그 직무와 권한의 변동이 있을 때, 중앙관서장의 요구에 의하여 기획재정부 장관이 허용하는 제도이다. 예를 들어, '직장여성복지국'이 고용노동부에 소속되어 있었는데 법률의 변경으로 여성가족부에 소속하게 되었다면, 고용노동부 예산에서 '직장여성복지국'의 예산이 여성가족부로 이전되는 것을 이체(移替)라 한다(국가재정법 제47조).

4) 이 월

예산의 이월(移越)이란 당해 회계연도의 예산을 다음 연도의 예산으로 사용하는 것을 말한다. 이월은 1회에 한하며, 명시이월(明示移越)과 사고이월(事故移越)이 있다. 예산을 당해 회계연도 내에 지출하지 못할 것이 예상되는 경우에 미리 국회의 승인을 받아 다음 연도에 사용할 수 있다. 이것을 명시이월이라고 한다(국가재정법 제24조).

사고이월은 지출원인행위를 하였으나 연도 내에 지출하지 못한 경비와 지출원인행위를 하지 아니한 부대경비를 다음 연도에 지출하는 것을 말한다. 사고이월은 당해 연도 예산의 집행을 뜻하기 때문에 국회의 의결은 필요 없으나 중앙관서장은 기획재정부, 감사원 등에 그 사실을 통지하여야 한다(국가재정법 제48조 제4항). 사고이월은 명시이월보다 행정기관에 의해서 자주 이용된다. 발주된 공사가 진행되고는 있으나 완료되지 않고 지연되고 있거나, 또는 완공은 되었으나, 예를 들어 건물과 시설은 완공되었으나 조경공사 등 부대공사가 완공되지 않은 경우에 지출원인행위가 이루어질 수 없거나, 이루어졌더라도 지급이 이루어지지 않아 사고이월이 행하여진다. 또 지출원인행위를 위해 입찰공고를 한 경비 중 입찰 공고 후 지출원인행위까지 장기간이 소요되는 경우로서 대통령령이 정하는 경비도 사고이월에 속한다(국가재정법 제48조 제3항).

5) 계속비

완성에 수년을 요하는 공사나 제조 및 연구개발사업은 경비의 총액과 연부액(年賦額)을 정하여 미리 국회의 의결을 얻은 범위 안에서 수년에 걸쳐서 지출할 수 있는데 이와 같은 지출을 계속비(繼續費)라 한다(헌법 제55조 제1항). 지출 기간은 5년 이내이며 예외적으로 10년 이내로 지출연한을 연장할 수 있다. 또 기획재정부 장관이 필요하다고 인정하는 때에는 국회의 승인을 얻어 기간을 더 연장할 수 있다(국가재정법 제23조). 매년 연부액은 국회의 의결을 받아야 한다. 그리고 당해 회계연도의 연부액을 다 지출하지 못하였을 때에는 계속 다음 연도로 이월할 수 있다.

6) 예비비

우리나라 정부에서는 “예측할 수 없는 예산 외의 지출 또는 예산 초과 지출에 충당하기 위하여 일반회계 예산 총액의 1/100 이내의 금액을 예비비(豫備費)로 세입세출 예산에 계상할 수 있도록” 하고 있다(국가재정법 제22조). 본래 1961년 예산회계법이 제정되었을 때 이 규정이 있었다. 그런데 1989년 3월 31일 예산회계법이 개정되면서 이 규정이 삭제되었다.

예비비의 지출은 차기 국회의 승인을 얻어야 한다(헌법 제55조 제2항).

기획재정부 장관이 예비비를 관리한다. 중앙관서장은 예비비의 사용이 필요할 때에는 명세서를 작성하여 기획재정부 장관에게 제출하고, 기획재정부 장관은 국무회의의 심의와 대통령의 승인을 받아 그것을 승인하며, 중앙관서장은 예비비 사용명세서를 다음 연도 2월까지 기획재정부 장관에게 제출하여야 한다. 또 기획재정부 장관은 정부의 예비비 총괄표를 작성, 국무회의의 심의와 대통령의 승인을 얻어야 한다. 동시에 기획재정부는 예비비 총괄표를 감사원에 송부하며, 정부는 다음 연도 5월 31일까지 국회에 제출하여 승인을 받아야 한다(국가재정법 제51조, 제52조).

7) 국고채무부담행위

국고채무부담행위(國庫債務負擔行爲)는 국가가 채무를 부담하는 행위를 말한다. 국고채무부담행위는 사전에 국회의 의결을 얻어야 하며, 법률에 의한 것, 세출예산금액, 그리고 계속비의 범위 이외의 것에 한하여 국가가 채무를 지는 것으로(국가재정법 제25조), 부채를 질 수 있는 권한을 뜻하는 것이지 지출할 수 있는 권한을 뜻하는 것은 아니다. 지출을 하려면 국회의 의결을 받아 예산으로 성립하여야 한다.

8) 회계연도 개시 전 예산 배정

용어 자체 그대로 회계연도 개시 전에 대통령령이 정하는 바에 의하여 기획재정부 장관이 예산을 배정하는 행위를 말한다. 회계연도 개시 전에 예산을 배정할 수 있는 경비는 ① 외국에서 지급하는 경비, ② 선박의 운영·수리 등에 소요되는 경비, ③ 교통이나 통신이 불편한 지역에서 지급하는 경비, ④ 각 관서에서 필요한 부식물의 매입 경비, ⑤ 범죄 수사 등 특수 활동에 소요되는 경비, ⑥ 여비, ⑦ 경제정책상 조기집행을 필요로 하는 공공사업비, ⑧ 재해복구사업에 소요되는 경비 등이다(국가재정법 시행령 제16조 제5항).

9) 추가경정예산

국회의 의결에 의하여 예산이 성립한 이후에 상황의 변화로 인하여 행정부가 사업을 변경하거나 새로운 사업을 추진하여야 하는 경우 별개의 예산을 편성하여 집행할 수 있는데 이것을 추가경정예산이라고 한다. 추가경정예산은 국회의 의결을 받아 이용하여야 한다(헌법 제56조). 추가경정예산은 행정부가 예기치 못하였던 사태에 대응하기 위한 제도이다. 국가재정법에서는 추가경정예산의 편성을 이전보다 엄격하게 제한하였다(국가재정법 제89조).

10) 지출의 특례

지출의 특례로서는 ① 회계연도 개시 전 관서운영경비의 교부, ② 관서운영경비, ③ 선급, ④ 개산급, ⑤ 정부 구매 카드를 사용할 수 없는 경우 현금 등에 의한 관서운영경비의 지급 등이 있다(국고금관리법 제24조~제26조).

지출은 배정받은 예산의 범위에서 지출원인행위부에 기재된 대로, 급부가 제공된 후에 국가재정 전산시스템을 이용해서, 한국은행이 채권자의 금융 계좌로 이체함으로써 완료되는 것이 원칙이다. 지출의 특례는 이런 절차를 부득이 지킬 수 없는 경우에 이용되는 것이다.

회계연도 개시 전 관서운영경비의 교부는 당해 연도 회계연도가 시작되지 않았는데도 지출하여야 하는 경우이고, 선급과 개산급은 급부가 제공되기 전에 지출이 이루어지는 것이다. 선급은 정기 구독료, 임대료, 운임 등의 지출에 이용된다. 개산급은 금액이 확정되지 않은 상태에서 대략 지출이 이루어지는 것이다. 관서운영경비는 관서운영비, 특수활동비, 업무추진비, 여비, 비정규직 보수 등으로 지출의 절차를 준수하기 힘든 것으로 출납공무원이 교부하는 것이다. 원칙적으로 정부 구매 카드를 이용하여야 한다. 그러나 신용카드를 사용할 수 없는 경우, 예를 들어 도서 벽지에서는 현금을 교부할 수도 있다.

Chapter

11

결산과 회계검사

학습 목표

우리나라 결산 과정에는 행정부처, 감사원, 국회가 중요한 역할을 한다. 이 장에서는 제1절 결산의 의의와 과정, 제2절 회계검사기관의 조직과 기능, 제3절 우리나라 감사원의 조직과 기능 등이 소개되어 있다.

이 장의 학습 목표는 감사원을 이해하는 것이다. 즉, 감사원의 조직과 기능을 이해하는 것이다. 이것이 중요한 이유는 다음과 같다. 행정부는 예산을 집행한다. 그리고 국회는 그 실적을 검토한다. 감사원은 국회가 결산을 하는 활동을 도와주는 기관이라고 보아야 하는데, 우리나라는 행정부와 감사원과 국회의 관계가 민주주의가 발전한 영국이나 미국과 다르다. 어떻게 다른지 그 점을 찾는 것이 학습 목표이다.

제 1 절 결산의 의의와 과정

1. 결산의 의의

결산이란 일정 회계연도의 수입과 지출의 실적을 확정적 계수로 표시하는 행위이다. 예산이 회계연도 동안 집행될 때, 해당 부처는 그때그때 그 실적을 기록하고, 기획재정부와 감사원에 보고한다. 그리고 회계연도가 끝나면 예산 집행 실적을 정리하여 기획재정부에 보고함으로써 본격적인 결산이 이루어진다. 또한 감사원은 예산 집행 결과를 확인하고 국회는 예산 집행 결과를 심의·확정한다. 위와 같은 절차를 통하여 결산이 이루어지는데, 결산의 주체는 행정기관과 비행정기관으로 나뉜다.

결산은 다음과 같은 중요성이 있다.

첫째, 결산은 사후적이다. 행정기관이 예산을 운용한 결과를 사후적으로 확인하고 심사하는 것이 결산이다. 따라서 행정기관은 예산을 집행할 때, 그 행위를 명백하게, 그리고 정확하게 기록·보고하여야 사후의 확인과 심사가 뜻있게 될 것이다.

둘째, 결산은 역사적·정치적이다. 결산은 사후적인 관계로 일단 집행된 내용을 무효로 할 수는 없다. 다만, 만약 부당한 지출이 발견되는 경우에는 그 책임을 물을 수 있을 뿐이며, 확인된 내용은 다음 연도의 예산을 편성할 때 교훈으로 삼을 수 있고 정치문제화할 수 있다.

셋째, 결산은 집행의 책임을 확인하고 해제한다. 예산은 1 회계연도 동안 운영되는데, 예산에 대한 국회의 심사가 완결되어야 그 운영이 종결된다. 이때 비로소 예산 운영 주체에 대한 책임이 해제된다. 예산 운영 주체는 대통령, 국회, 국민 등에 대하여 그 책임을 지며, 지출의 적법성만이 아니라 정책과 사업의 타당성, 수행 방법 등 예산 집행과 관련된 능률성, 효과성, 형평성 등에 대해서도 책임을 져야 한다.

넷째, 결산은 환류이며 평가이다. 예산은 정부의 목표와 정책을 수행하고자 하는 계획서이고, 예산 집행은 이러한 계획을 수행하는 과정이다. 따라서 계획하였던 목표가 의도한대로 달성되었는지 여부를 검토하는 것이 예산 운영 주체의 당연한 임무가 된다. 이와 같이 체제가 그 목표의 달성 여부를 검토하여 그 목표가 달성되었을 때에는 그 활동을 강화하고, 반면에 목표가 달성되지 못하였을 때에는 그 활동을 수정하는 일련의 과정을 환류라 한다. 전자를 긍정적 환류(positive feedback), 후자를 부정적 환류(negative feedback)라고 한다. 부처, 감사원, 국회 등에서의 결산의 확인과 심사는 바로 환류이다. 따라서 결산의 결과는 부당한 지출이나 행정의 비능률성이 발견되었을 때에는 법적 · 정치적 책임을 물어 시정을 요구하게 되며, 그 반대의 경우에는 예산 집행과 관련된 행동을 보강한다. 또한 이러한 과정을 바로 평가라 할 수 있다.

다섯째, 결산은 교육 과정이고 홍보 과정이다. 예산 집행 결과를 검토하는 과정을 통하여 관계 공무원뿐만 아니라 국민들도 정부의 활동과 그 결과를 배우게 된다. 특히 공무원은 정책과 사업을 좀 더 능률적이고 효과적으로 수행할 수 있는 방법을 알게 된다. 또 정부에서 예산 결산의 결과를 국민에게 홍보함으로써 국민의 알 권리를 충족시켜 주고 체제에 대한 정통성을 확대할 수 있다.

끝으로 국가재정법 제56조는 결산의 원칙을 다음과 같이 규정하고 있다: "정부는 결산이 「국가회계법」에 따라 재정에 관한 유용하고 적정한 정보를 제공할 수 있도록 객관적인 자료와 증거에 따라 공정하게 이루어지게 하여야 한다."

2. 결산의 과정

결산은 ① 부처의 결산보고서 제출과 기획재정부 장관의 총세입부 · 총세출부 마감, ② 기획재정부의 국가결산보고서 작성 및 제출, ③ 감사원의 결산검사, ④ 행정부의 국가결산보고서 제출, ⑤ 국회의 결산 심의 · 의결 등의 순서로 수행된다.[1)]

앞의 제6장에서 그 과정을 대략 설명하였으므로 결산 과정과 관계 서류, 그리고 기간을 '국가재정법', '국고금관리법' 등을 참고하여 결산 과정을 살펴보면 <표 11-1>과 [그림 11-1]과 같다.

1) 국가결산보고서의 구성에 대해서는 부록을 참고할 것.

표 11-1 결산 과정과 관계 서류

과 정	담당기관	작성 및 제출 서류	기 간
1. 결산 보고서 제출과 기획재정부의 주계부 마감	해당 부처	결산보고서(결산개요, 세입세출결산, 재무제표, 성과보고서 등)	출납정리기한: 다음 연도 1월 15일까지 출납기한: 다음 연도 2월 10일 기획재정부: 주계부 마감: 다음 연도 2월 10일 부처에서 기획재정부(다음 연도 2월 말)
2. 국가결산보고서 작성·제출	기획재정부, 국무회의, 대통령	국가결산보고서(결산보고서와 동일, 다만, 세입세출결산에 통합재정수지표 등 첨부)	기획재정부에서 감사원에 (다음 연도: 4월 10일)
3. 결산의 검사	감사원	결산검사보고서	기획재정부 장관에게(다음 연도: 5월 20일까지), 국회에(5월 31일까지)
4. 국가결산보고서의 제출	정부	아래와 같음	정부에서 국회로 (5월 31일까지)
5. 결산 심의와 의결	국회	감사원의 검사보고서, 국가결산보고서	정기국회

그림 11-1 정부 결산 흐름도

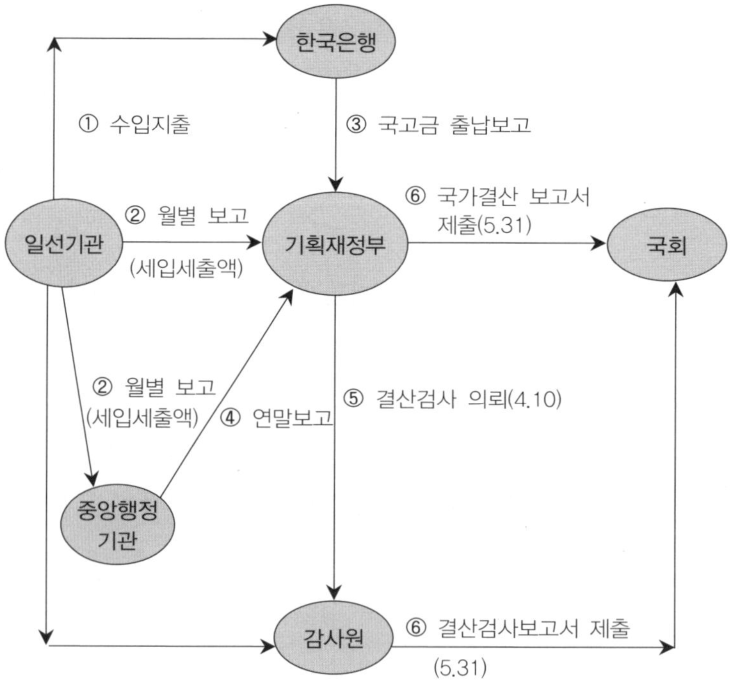

제 2 절 회계검사기관의 조직과 기능

우리나라에서는 정부의 결산을 확인하는 기관이 감사원(Bureau of Audit and Inspection)이다. 일반적으로는 회계검사기관이라고 한다.

1. 회계검사의 의의

정부의 회계검사란 행정기관 및 대상 기관의 회계 기록에 대한 제3자의 비판적 검증 활동을 말한다. 앞서 예산의 결산에서 살펴보았듯이 회계검사도 예산 집행 및 사업에 대한 책임의 확인, 환류, 사업평가, 교육 및 홍보 등의 성질을 갖는다. 다시 말해서, 회계검사는 행정기관의 재무적・법률적 책임을 검사함으로써 통제 기능을 하며, 사무관리, 조직관리, 사업관리 등의 실태를 비판적으로 검토함으로써 행정의 능률성을 증진시키기 위한 관리 기능을 한다. 그리고 회계검사를 통해서 확인되고 정리된 정보와 자료는 다음 기회에 정부사업 기획이나 정책 형성에 유용한 정보가 되는 까닭에 회계검사는 기획 기능을 한다.

그러나 회계검사가 회계 기록의 정부(正否)만을 검증하는 한정된, 소극적 활동일 때는 예산사업의 전체를 종합적으로 검토할 수 없다. 또 예산 집행과 회계의 체제가 매우 복잡하여 부당한 지출과 낭비를 방지할 수 없다는 지적이 없지 않다. 따라서 능률성검사, 성과감사, 프로그램감사, 전산감사 등이 필요하다.

2. 회계검사기관의 유형[2)]

1) 회계검사기관의 위치

(1) 입법부 소속형

회계검사기관이 입법부에 소속한 경우이다. 영국, 미국, 호주, 뉴질랜드 등이 이

2) 감사원 감사연구원(2013: 17－20) 참조.

유형에 속한다.

(2) 행정부 소속형

우리나라와 같이 회계검사기관이 행정부에 소속한 경우이다.[3] 스위스 등이 이에 속한다.

(3) 독립형

입법부, 사법부, 행정부 그 어디에도 속하지 않는 유형을 말한다. 헌법 또는 법률에 의해서 회계검사원이 입법부 또는 행정부과 동격의 권한을 가지는 경우이다. 일본, 독일, 프랑스, 이탈리아 등이 이 유형에 속한다.

2) 단독제와 합의제

(1) 단독제

회계검사기관의 장이 혼자서 기관의 업무를 지휘 감독하는 경우이다. 미국, 영국, 호주, 뉴질랜드 등이 이에 속한다.

(2) 합의제

합의기관이 회계검사기관의 업무를 지휘 감독하는 경우이다. 한국, 일본, 독일, 프랑스 등이 여기에 속한다.

3) 헌법기관과 비헌법기관

회계검사기관에 대한 규정을 헌법에 두고 있느냐 여부에 따른 분류 유형이다. 한

---

3) 우리나라 감사원이 행정부에 속한다는 것은 대통령 소속기관이기 때문이다. 감사원이 독립형에 속한다는 것은 법률적 · 형식적 주장이라고 생각된다. ① 「감사원법」(2013.3.23. 법률 제11690호) 제2조 "감사원은 대통령에 속하되 직무에 관하여는 독립의 지위를 가진다." ② 이준영 국장(1983)은 독립형이라고 주장하면서도 그 한계를 지적하여 그의 고민을 나타내었다. 황윤원 · 김성철(2005: 345)은 실질적 분류에서 우리나라 감사원을 행정부와 입법부 절충형으로 분류하였다. 국회가 감사원에 특별감사를 청구할 수 있고 감사 결과를 보고받을 수 있기 때문이다. 윤영진(2006: 239)은 행정부 소속으로 분류하였다.

국, 일본, 독일, 프랑스 등은 헌법기관이며, 미국, 영국, 호주 등은 비헌법기관에 속한다.

이와 같이 회계검사기관의 유형을 나누어 보는 까닭은 그 유형에 따라서 회계검사기관의 독립성이 다르기 때문이다. 회계검사기관이 행정부 소속형보다 입법부 소속형이나 독립형일 때, 단독제보다 합의제일 때, 그리고 비헌법기관일 때보다 헌법기관일 때, 원리상으로 회계검사기관의 독립성이 높을 것이기 때문이다.[4)]

3. 영국의 회계검사원

1) 연 혁

현존하는 회계검사원(National Audit Office)은 1983년에 설치된 것이다.

영국에서 회계검사 기능은 일찍 발전하였다. 공금의 지출에 대해서 검사가 실시되었다. 그러나 의회의 역할은 미약하였는데 1859년부터 1866년까지 재상을 지냈던 글래드스턴(Edward Gladstone)이 주요 개혁을 주도하였다. 1861년에 의회에 결산위원회(Public Account Committee)를 설치하였고, 1866년 회계검사원법(Exchequer and Audit Departments Act)을 제정하여 모든 부처로 하여금 연차 세출보고서(appropriation accounts)를 제출하도록 하였으며, 회계검사원장(Comptroller and Audit General)으로 하여금 모든 정부기관의 회계를 검사하고 의회에 보고하도록 하였다. 제1차 세계대전 이후에는 정부의 거래가 증가하여 1921년 새로운 회계검사원법(Exchequer and Audit Departments Act)에 의하여 표본 조사를 허용하였다. 1960년대 이후 계속해서 행정부로부터 회계검사원의 직원이 독립성을 유지할 수 있어야 한다는 압력이 있었다. 회계검사원이 정부기관이 달성한 성과(Value of Money)를 검사해서 의회에 보고할 수 있는 재량을 확대하려는 것이었다. 이러한 압력은 1983년 회계검사원법(National Audit Act)으로 나타났다[www.nao.org.uk/about/history.htm(2006.7.21)]. 1980년대에 영국 회계검사원은 감사원장의 보좌기관에서 하나의 독립된 감

---

4) 감사원의 '권력에 대한 독립성과 정치 중립성'에 대한 의심이 종종 지적되곤 한다(정희상, 2008: 28).

사기관으로 그 위치를 확립하게 되었다. 회계검사원은 의회의 기관이 되었다. 2000년대에는 발생주의로 도입하는 등 정부회계 제도를 개선하였다.

회계검사원은 2014년 지방감사법(The Local Audit and Accountability Act)에 의해서 지방자치단체와 지역행정기관에 대해서 감사를 할 수 있게 되었다. 이전에 지방자치단체를 감사했던 감사위원회(Audit Commission)는 폐지되었다[www.nao.org.uk/about－us/our－work/history－of－the－nao(2018.11.25)].

2) 조 직

회계검사원장(Comptroller and Auditor General)은 회계검사원의 장이며 의회 소속(an Officer of the House of Commons)이다. 회계검사원장은 의회 결산위원회 위원장과 협의 하에 수상의 제청으로 여왕이 임명하고 의회의 양원 합동 결의에 의해서 해임될 수 있다. 회계검사원장은 종신직이다[www.nao.org.uk/management_board.htm(2006.7.21)].

회계검사원의 운영 방향 등을 자문해주는 회계검사위원회(The NAO Board)가 있으며, 원장 이하 800명 정도의 직원이 있는데 이들은 모두는 행정공무원(civil servant)이 아니며 행정부 부처에 보고하지 않는다. 회계검사원장 아래로, 원장의 지휘를 받는, 재무감사팀, 성과 및 지방감사팀 등 7개 팀(Executive Leadership Team)이 있다. 각 팀은 해당 분야의 회계에 대해서 재무감사 혹은 성과감사를 한다.

회계검사위원회(The NAO Board)는 회계검사원장을 비롯해서 내부에서 선정된 팀장과 외부 인사로 구성된다. 외부 인사가 위원의 반을 넘는다. 외부 인사는 하원 회계검사위원회에서 임명한다. 위원장은 수상과 회계검사위원회에서 추천하며 수상이 임명한다.

영국 회계검사원의 특징은 회계검사원을 감독하는 의회의 위원회가 있다는 것이다. 그 위원회의 명칭은 하원 회계검사위원회(The Public Accounts Commission)이다. 이 위원회는 1983년 회계검사원법으로 설치되었다. 이 위원회는 회계검사원의 예산을 승인하고 성과를 평가하며 회계검사원의 위원회(Board)의 외부 위원을 임명한다. 이 위원회는 하원 결산위원회(Public Accounts Committee)와 다른 것이다.

3) 기 능

회계검사원의 기능은 중앙정부의 세출에 대한 회계검사를 해서 의회에 보고하는 것이다. 회계검사원은 모든 중앙정부기관과 기타 공공기관에 대해서 재무감사(financial audit)를 하여 공금을 사용한 기관들이 돈의 가치에 합당하게 사용하였는지 그 성과를 의회에 보고하는 것이다. 그 외에도 회계검사원은 성과평가, 지방감사, 조사활동, 의회지원 등의 기능을 수행한다. 궁극적으로 회계검사원은 의회를 위하여 정부 세출을 검사하여 중앙 및 지방 정부 활동의 능률성을 증진시키는 것이다.

회계검사원은 감사를 한 후 문제가 있든 없든 그 결과를 의회에 보고하여야 하고 하원의 결산위원회가 그 보고를 검토한다.

회계검사원은 정부부처와 공공기관이 돈의 가치에 합당하게 지출하였는가를 감사한다. 이 검사 방법은 1983년 회계검사원법에 따른 것이다. 이 방법은 절약(economy), 능률(efficiecy), 효과(effectiveness)를 말하는 것으로 성과감사(Value for Money Audit)라고 한다. 여기서 절약은 사용된 자원의 원가(cost)를 최소화하는 것이고, 능률은 용역의 산출(output)과 그 산출을 생산하기 위하여 이용된 자원과의 관계를 말한다. 투입 자원보다 산출이 많으면 능률적이라고 말한다. 효과는 공공 지출의 결과 의도하였던 결과와 실제 초래된 결과 간의 관계이다. 즉, 의도하였던 결과와 실제 결과가 일치하면 효과적이라고 말한다[www.nao.org.uk/about/role.htm(2006.7.21)].

4. 미국의 회계검사원

1) 연 혁

지금의 회계검사원은 1921년에 설치된 것이다. 다만, 회계검사원의 명칭이 'General Accounting Office'에서 'Government Accountability Office'로 2004년 7월 7일 변경되었다[www.gao.gov/about/namechange.html(2006.7.22)].

과거 회계검사는 재무성의 한 기능으로, 정부기관의 지출증빙서(voucher)를 감사하였다. 그러나 제1차 세계대전으로 재정 적자가 급증하자 의회는 정부 지출에 대한 좀 더 많은 정보와 통제가 필요하다고 생각하게 되었다. 이에 따라 이미 설명한 미국의 1921년 예산회계법에 의해서 행정부 제출 예산 제도가 확립되는 동시에 의회에 회계검사원이 설치되었다. 회계검사원은 전통적으로 정부기관의 지출을 검사하는 것이었다. 행정기관이 회계검사원에 재무보고를 하면 그것을 거래의 합법성과 타당성(adequacy) 중심으로 감사하였다. 제2차 세계대전이 끝나자 정부의 지출 규모가 증대하였고, 회계검사원은 종합적 감사를 하는 것이 의회에 도움이 될 것이라고 생각하였다. 그래서 회계검사원은 개별 거래를 하나하나 검사하는 것에서부터 정부기관에 대한 재정적 통제와 관리를 검토하는 것으로 감사 방법을 바꾸었다. 1950년대에는 냉전으로 국방비가 증대하였다. 미군은 유럽과 아시아에 주둔하였고, 회계검사원도 1952년에 지역 사무실을 개설하였다. 1960년대 의회는 정부사업 진행에 대한 정보를 알고 싶어하였다. 회계검사원은 에너지, 소비자 보호, 환경, 경제 등의 정책에 대해서 연구하였다. 1970년대에 회계검사원은 정책평가로 그 기능을 확대하였다. 직원도 회계사에서 해당 분야를 전문적으로 연구하는 과학자로 확대하였다. 회계검사원은 1986년에 법을 집행해 본 경험이 있는 전문조사관으로 구성된 팀을 운영하여 범죄와 불법의 증거를 찾으려 노력하기도 하였다. 최근 20년 동안 회계검사원은 정부 적자, 정부 운영 미숙 등에 대해서 계속 경고하고 재무관리를 강화하고, 전자 시스템 보안 등으로 새로운 역할을 확대하면서 의회의 감사와 평가 요구에 봉사하고 있다[www.gao.gov/about/history.htm(2006.7.22); gao.gov/about/what-gao-is/history(2018.11.25)].

2) 조 직

회계검사원장은 상원의 동의를 얻어 대통령이 임명하며 임기는 15년이다. 양원의 공동 결의에 의해서 해임될 수 있다. 2019년 현재 직원은 약 3,000명이며 국내·외에 사무소를 두고 있다. 공보실, 의회 관계, 전략 기획 등의 막료기관이 원장을 보좌하며, 총괄지원관, 행정재무관, 운영관리관 등이 있다. 운영관리관 아래 15개 팀이 있다. 이 팀들은 국방과 관리(Defense Capabilities and Management), 교육, 노동, 소득 보장(Education Workforece, and Income Security), 재정관리(Financial Management and Assurance), 보건(Health Care) 등[www.gao.gov(2019.1.31)]으로 정부부처에 대응하는 것과 유사하다.

3) 기 능

회계검사원(Government Accountability Office)은 의회를 위해서 일하는 독립적이고 비정파적인 기관이다.

미국의 회계검사원은 기본적으로 '의회의 기관(congressional watchdog)'이다. 회계검사원은 행정기관의 활동을 조사하고 의회에 보고하는 것이 기본 기능이다. 이런 기능은 앞의 연혁에서 설명하였듯이 시대에 따라 조금씩 변화하였다. 초창기에는 주로 행정기관의 지출증빙서를 감사하였으나, 의회가 부처 사업에 대한 정보를 얻고 싶어하자 회계검사원은 부처에 대한 통제와 관리에 감사의 초점을 두었다. 1978년 자체감사관 제도(Inspector General)가 창안되면서 회계검사원은 감사의 공조 체제를 유지하고 있다(조익순, 1996: 112). 회계검사원도 기본적으로 부처의 지출증빙서를 검사하는 것은 물론 합법성감사, 성과감사, 정책평가 등의 기능을 수행하고 있다. 성과감사란 절약, 능률, 효과(Economy, Efficiency, Effectiveness: 3E) 감사로 영국의 'Value for Money'와 같은 것이다.[5)]

현재 미국 회계검사원은 의회의 요구에 따른 보고서 제출과 증언, 법률에 대한 의견제시, 재무감사, 내부통제, 정보체계감사 등에 관한 기준 개발 등의 기능을 수행한다(http://www.gao.gov/about/what－gao－does(2019.1.31)].

미국의 주정부와 카운티, 시티 등 지방정부는 자체 감사기관에 의해서 회계검사를 하며 회계감사 기준은 연방 회계검사원의 기준을 기초로 한다.

5) 미국 GAO에 대한 대표적인 연구로는 이영균(2008) 등이 있다.

제 3 절 우리나라 감사원의 조직과 기능

1. 연 혁

우리나라 감사원의 전신은 1948년의 심계원(審計院)과 감찰위원회이었다. 그 후 5·16 이후에는 잠시 국가재건최고회의 소속으로 심계원이 있었으며, 1963년 3월부터 감사원으로 존속하게 되었다. 현재는 헌법 제97조에 의하여, "국가의 세입세출의 결산, 국가 및 법률이 정한 단체의 회계검사와 행정기관 및 공무원의 직무에 관한 감찰을 하기 위하여 대통령 소속 하에 감사원을 두고 있다." 본래 직무감찰은 1948년 7월에 설치된 감찰위원회에서 담당하였으나, 고급관리의 비위를 적출하게 되자 1952년 2월 폐지되었고, 그 대신 1955년 3월부터 1960년 8월까지 사정위원회가 존속하였으나 법률의 근거가 미약하였다. 그것은 정부 기구의 간소화라는 명분으로 폐지되었다. 그 후 4·19를 맞이하여 1961년 1월 감찰위원회가 부활되었으나, 다시 5·16으로 1963년 3월에 심계원과 감찰위원회를 통합하여 감사원을 설치하였다.

2. 조 직

감사원은 대통령 소속 하의 기관이지만, 감사원장의 임명에는 국회의 동의를 필요로 하며(헌법 제98조 제2항), 세입세출의 결산을 검사하여 대통령과 국회에 보고하도록 되어 있다(헌법 제99조). 이러한 규정에 따를 때, 감사원은 기능상 [그림 11−2]와 같은 위치에 있다.

감사원의 조직은 [그림 11−3]과 같다. 원장은 대통령이 국회의 동의를 얻어 임명한다(헌법 제98조 제2항). 원장은 감사위원회의의 의장이 되며, 임기는 4년이다. 감사원장은 사무처를 지휘 감독한다.

감사위원회의는 원장을 포함 7인으로 구성되며(감사원법 개정 2018.2.3. 제3조), 감사위원의 임기는 4년이다(감사원법 제6조). 감사위원회의는 결산의 확인, 회계검

그림 11-2 감사원의 기능상의 위치

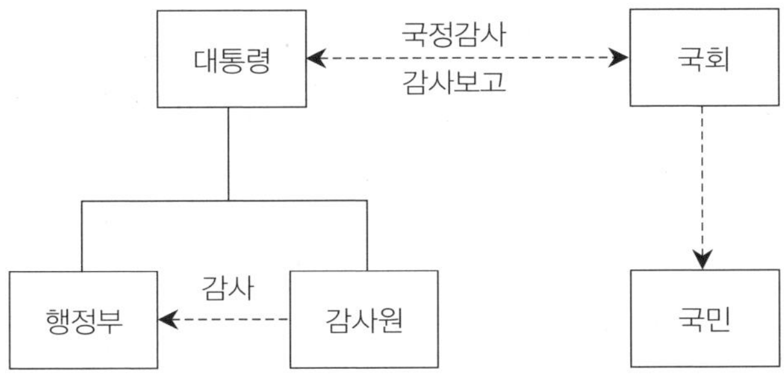

사 결과 처리, 심사청구 결정, 회계 관계 법령의 제정, 개폐, 해석 적용에 대한 의견 진술, 감사원의 예산 요구 및 결산 등에 관한 사항을 의결한다(감사원법 제12조).

사무처는 "원장의 지휘와 감독 하에 회계검사·감찰·심사 결정 및 감사원에 관한 행정사무"를 처리한다. 사무처에는 실장 및 국장을 두고 있다. 현재 감사원의 조직은 [그림 11-3]과 같이, 제1사무차장, 제2사무차장, 기획조정실장, 감사교육원, 감사연구원 등으로 되어 있고, 제1사무차장과 제2사무차장을 중심으로 정부 각 기관의 감사를 수행하고 있다.

3. 기 능

감사원의 기능은 ① 국가의 세입세출의 결산 확인, ② 회계검사, ③ 직무감찰, ④ 감사 결과의 처리, ⑤ 심사청구의 의결, ⑥ 의견 표시 등이며, ①부터 ④까지는 기본적 기능, ⑤, ⑥은 부수적 기능이라고 할 수 있다(감사원법 제2장; 이준영, 1983). 이 가운데서 회계검사, 감사 결과의 처리, 심사청구, 의견 표시 등에 관하여 살펴보면 다음과 같다.

1) 결산의 확인

감사원은 회계검사를 통하여 국가의 세입과 세출의 결산을 확인한다. 이것은 행정부와 독립적인 지위에 있는 감사원이 예산집행기관이 적법한 절차에 따라서 예산을 집행하였는지 여부를 검사하는 것을 의미한다. 감사원의 결산 확인을 통해서 행정부가 제출한 결산이 객관적이고 믿을 만한 자료가 된다는 뜻이다. 행정부가 제출한 결산서가 계산이 올바르게 된 것이고, 거래 내용과 금액이 일치하고 또는 불일치하고 이런 등등의 상태를 권위 있는 기관이 확인하여 주어야 그것을 가지고 국회에서 결산심사를 할 수 있다.

그림 11-3 감사원 조직

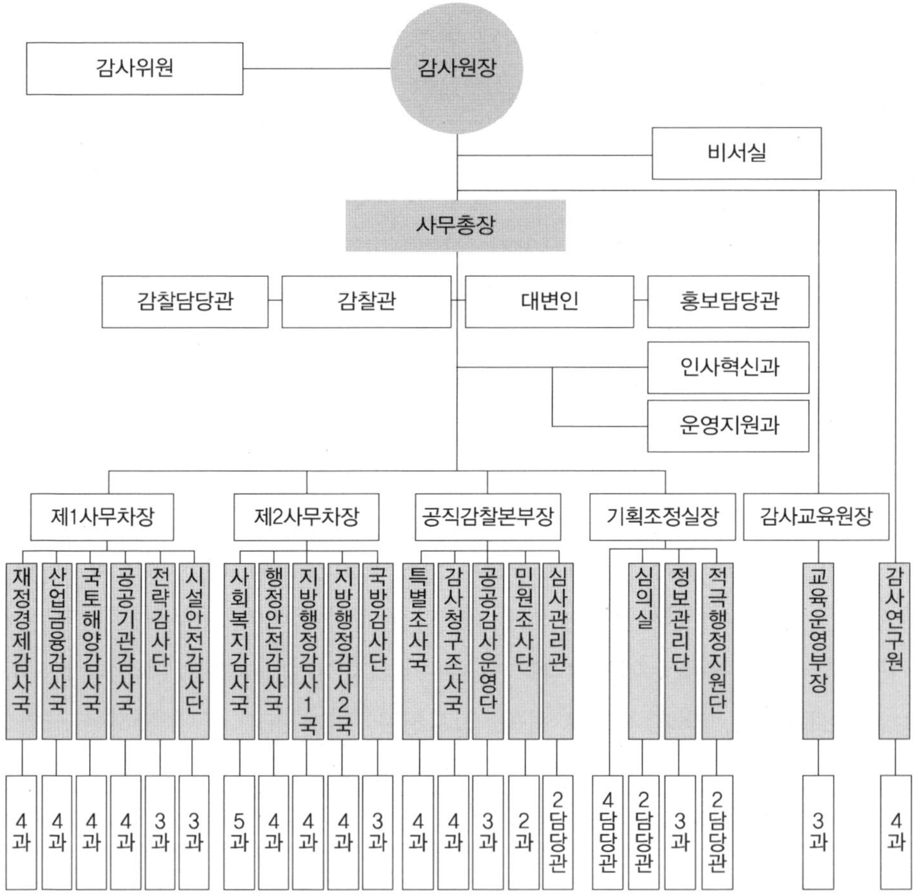

출처: www.bai.go.kr>조직 인원 예산(2019.1.31).

2) 회계검사

회계검사(auditing)는 감사원의 기본적 기능에 해당하며, 이것은 국가, 지방자치단체, 정부투자기관, 기타 공공단체 등의 수입 지출의 적법성 또는 정당성을 검사하는 활동을 말한다. 회계검사의 대상에는 필요적 검사 사항과 선택적 검사 사항이 있다. 선택적 검사는 감사원이 필요하다고 또는 국무총리의 요구에 의해서 수행된다.

필요적(必要的) 검사 대상은 ① 국가의 회계, ② 지방자치단체의 회계, ③ 한국은행의 회계와 국가 또는 지방자치단체가 자본금의 2분의 1 이상을 출자한 법인의 회계, ④ 다른 법률에 의하여 감사원의 회계검사를 받도록 규정된 단체 등의 회계이다(감사원법 제22조).

선택적(選擇的) 검사 대상은 ① 국가기관 또는 지방자치단체 외의 자가 국가 또는 지방자치단체를 취급하는 국가 또는 지방자치단체의 현금, 물품, 또는 유가증권의 출납, ② 국가 또는 지방자치단체가 직접 또는 간접으로 보조금, 장려금, 조성금 또는 출연금 등을 교부하거나 대부금 등 재정 원조를 제공한 자의 회계, ③ 전자의 보조금, 장려금, 조성금 및 출연금 등을 다시 교부한 자의 회계, ④ 국가 또는 지방자치단체가 자본금의 일부를 출자한 자의 회계, ⑤ 국가 또는 지방자치단체가 자본금의 1/2 이상 혹은 일부를 출자한 자가 다시 출자한 자의 회계, ⑥ 국가 또는 지방자치단체가 채무를 보증한 자의 회계, ⑦ 민법 또는 상법 외의 법규에 의하여 설립되고, 그 임원의 일부나 대표자가 국가 또는 지방자치단체에 의하여 임명되거나 임명·승인되는 단체 등의 회계, ⑧ 국가, 지방자치단체, 필요적 검사 사항의 ③, ④와 선택적 검사 사항의 ②부터 ⑥까지 규정된 자와 계약을 체결한 자의 그 계약에 관련된 사항에 관한 회계, ⑨ 국가재정법 제5조의 적용을 받는 기금을 관리하는 자의 회계, ⑩ 기금에서 다시 출연 및 보조한 단체 등의 회계 등이다(감사원법 제23조).

<표 11-2>를 보면 2017년도 필요적 검사 대상과 선택적 검사 대상의 분포를 알 수 있다. 국가기관과 지방자치단체는 모두 필요적 검사 대상에 속하고 공공기관 및 기타 기관 가운데는 필요적 검사 대상이 되는 것도 있고 선택적 검사 대상이 되는 것도 있음을 알 수 있다.

표 11-2 2017년도 감사 대상 기관의 분포

대상 기관	합 계	국가기관	지방자치단체	공공기관	기타 단체
필요적 검사 대상	37,691	8,602	27,723	1,056	310
선택적 검사 대상	28,624	–	–	1,701	26,923
합계	66,315	8,602	27,723	2,757	27,233

출처: 『2017년도 감사연보』, p.28.

* 감사원법에는 필요적 검사와 선택적 검사라는 용어를 사용하고 있으나 『감사연보』에서는 필요적 감사와 선택적 감사라는 용어는 사용하고 있다.

3) 직무감찰

본래 미국과 같은 나라는 회계검사만으로도 우리나라의 직무감찰(inspection)의 기능을 수행하고 있다. 회계검사가 회계의 적법성 여부를 조사한다면, 직무감찰은 행정기관의 사무와 그에 속하는 공무원의 직무를 비판적으로 검토하는 것으로서 회계검사보다는 조사의 범위가 넓은 것으로 이해되고 있다. 다시 말해서, 회계검사가 지출의 적법성 여부에 초점을 두고 있는데 반해, 직무감찰은 행정의 능률성과 효과성 여부를 검토하는 것이다. 그러나 이 양자는 모두 비판적 관점에서 수행되며 행정통제, 정책평가의 성질을 가진다.

직무감찰의 범위는 다음과 같다. ① 정부조직법, 기타 법률에 의하여 설치된 행정기관의 사무와 그에 소속한 공무원의 사무, ② 지방자치단체의 사무와 그에 소속한 지방공무원의 직무, ③ 국가 또는 지방자치단체가 자본금의 2분의 1 이상을 출자한 법인, 또는 민법과 상법 외의 법률에 의해서 설립되어 일부 임원과 대표자가 국가 또는 지방자치단체에 의해서 임명되는 단체의 회계와 관계 있는 직원의 직무, ④ 국가 또는 지방자치단체가 위탁하거나 대행하게 한 사무와 기타 법령에 의하여 공무원의 신분을 가지거나 공무원에 준하는 자의 직무 등이다. 일부 군기관과 국회, 법원, 헌법재판소 등에 소속한 공무원의 직무는 직무감찰 대상에서 제외된다(감사원법 제24조).

직무감찰은 회계검사의 연장이지만 그 대상이 회계가 아니라 직무이며 회계검사보다는 대상이 다소 좁은 것이 특징이다.

4) 심사청구의 의결

행정구제의 일종으로서, 감사원의 감사를 받는 자의 직무에 관한 처분, 기타 행위에 관하여 이해관계가 있는 자는 감사원에 그 심사를 청구할 수 있다. 이해당사자는 심사청구의 원인이 되는 행위가 있는 것을 안 날로부터 90일, 그 행위가 있은 날로부터 180일 이내에 심사의 청구를 하여야 하며, 심사청구서를 접수한 관계 기관의 장은 1월 이내에 감사원에 송부하여야 하고, 1월 이내에 송부하지 않을 때에는 이해당사자가 직접 감사원에 심사청구를 할 수 있다. 감사원은 서류를 접수한 이후 3월 이내에 심사청구에 대한 결정을 하여야 하며, 그 결과를 결정 후 7일 이내에 심사청구자와 관계 기관장에게 문서로 통지하여야 하며, 관계 기관장은 결정에 따른 조치를 취하여야 한다(감사원법 제46~제47조).

예를 들어, 감사원의 감사 결과 어떤 행정기관의 국장이 징계처분을 받게 되었다. 그 국장은 감사에서 지적받은 사항이 그 부처의 관례였을 뿐만 아니라 전임자의 일이었고, 사무분장 내규에 의하면 국장의 업무가 아니라 과장의 업무라는 것을 소명하여 적법 절차에 따라 감사원에 심사청구를 하였다. 그 후 감사원에서 그것을 이유 있다고 결정하여 징계처분이 취소되었다. 이와 같은 기능을 하는 것이 심사청구이다.

5) 의견 표시

국가의 각 기관이 회계 관계 법령을 제정하거나 개폐하고자 할 때 미리 감사원의 의견을 구하여야 한다. 또 감사원의 감사를 받는 회계사무 담당자가 회계 관계 법령의 해석상 의문이 있는 사항에 관하여 감사원에 의견을 구하였을 때에는 감사원은 이에 해석 답변하여야 한다(감사원법 제49조).

6) 감사 결과의 처리

감사원은 감사 결과를 법률이 정하는 바에 의하여 ① 변상, ② 문책, 해임 등의 징계 요구, ③ 시정 요구, ④ 개선 요구, ⑤ 권고 및 통보, ⑥ 고발 등을 한다(감사원법 제31조~제35조).

감사 결과, 국가 재산의 망실 및 훼손이 인정될 때에는 변상을, 관계 법령의 규정에 의할 때 또는 정당한 사유 없이 감사를 거부할 때는 징계 요구를 감사원이 하도록 되어 있다. 또 감사 결과 위법 또는 부당하다고 인정되는 사실이 있을 때에는 시정 요구를, 법령상·제도상 또는 행정상의 모순이 있거나 기타 개선할 사항이 있을 때는 개선 요구를, 범죄 혐의가 인정될 때에는 고발을 감사원이 한다. 그리고 감사원이 감사 결과를 부처에 통보하면 부처는 그것을 이행하거나 그 처리 결과를 감사원에 통보하는 등의 조치를 취해야 한다.

감사 결과 현황을 살펴보면 <표 11-3>과 같다. 2017년 현재 감사원 1,061명의 직원들이 66,315개의 중앙 및 지방 행정기관, 공공기관 등을 대상으로 감사하여 2,806건을 감사 결과 처리하였다. 14건이 변상 판정, 226건이 징계 및 문책 처리되었다.

표 11-3 감사 결과

(단위: 건)

결과 / 연도	변상 판정	징계·문책	시 정	주 의	개선 및 권고	통 보	고 발	합 계
1975	729	548	4,130	2,805	293	–	46	8,551
1980	80	327	1,404	1,713	16	–	5	3,545
1985	12	110	1,148	239	102	538	16	2,166
1990	12	352	1,461	1,976	82	916	85	4,884
1995	26	352	1,931	1,638	21	2,131	43	6,224
2000	13	91	1,306	1,584	24	754	12	3,784
2005	14	132	135	326	163	581	26	1,376
2010	8	193	489	1,583	50	1,008	54	3,385
2015	6	213	356	1,439	7	1,485	101	3,607
2017	14	226	136	1,196	5	1,183	46	2,806

출처: 감사원, 『1991년도 감사연보』, pp.240-241, 『2000년도 감사연보』, pp.462-463, 『2005년도 감사연보』, p.58, 『2010년도 감사연보』, p.61, 『2012년도 감사연보』, p.57, 『2017년도 감사연보』, pp.734-735.

4. 감사(회계검사)의 절차, 종류, 방법

1) 감사의 절차

감사원의 감사는 여러 종류가 있지만 정기감사는 일년계획에 따라 진행된다.[6] 일반적으로 회계검사와 직무감찰이 동시적으로 진행되는데, 감사 절차는 다음과 같다: ① 감사계획 수립, ② 감사 승인, ③ 현지감사, ④ 귀청 보고, ⑤ 처리안 작성 및 감사위원회의 의결.

감사계획 수립은 감사 준비와 계획을 세우는 단계이다. 이때에는 감사 대상, 감사 방향, 감사 기간, 인원 배정 등에 관하여 계획을 세우고 필요한 경우 관계 서류를 해당 기관으로부터 협조를 받아 예비감사를 실시하기도 한다. 그리고 감사계획을 세운 다음에는 품의 절차를 통하여 결재를 받는다. 대개 정기감사는 해당 기관에 감사통보를 사전에 한다. 현지에서 실지감사를 하면서 증거를 수집한 후 감사가 종결되면 감사관은 귀청보고를 하고 감사 결과 처리안을 작성한다. 이 안은 과장, 국장과 기획관리실을 경유하여 감사위원회에 부의된다. 기획관리실은 감사계획의 수립 및 조정, 감사 활동의 평가, 감사 운영 혁신 등을 담당한다(감사원사무처 직제 개정 2018.2.20). 여기서 감사 결과 처리안을 조정하여 감사위원회에 부의하면 감사위원회는 질문과 토론을 통하여 2독회 후 3독회에서 표결로 의안을 결정한다. 그리고 이 결과는 해당 기관에 통보되고 해당 기관은 처리 결과를 감사원에 보고한다.

2) 감사의 종류

감사(회계검사)의 종류에는 ① 정기감사와 수시감사, ② 서면감사와 실지감사, ③ 사전감사와 사후감사, ④ 정밀감사와 발췌감사, ⑤ 내부감사와 외부감사, ⑤ 일반적 감사, 종합적 감사, 상업식 감사 등이 있다.

상업식 감사는 공인회계사가 기업의 회계를 감사하는 것과 동일하고, 종합적 감사

---

6) 통상 auditing은 회계검사 또는 회계감사로 번역된다. 그리고 회계검사(회계감사)는 모든 감사의 기초가 된다. 넓게 보면 감사라는 용어에는 회계감사, 직무감찰, 성과감사 등이 포함된다. 대개의 교과서가 회계검사라는 용어를 사용하므로 이 책에서도 회계검사라는 용어를 사용하였다. 그러나 이후에 감사라는 용어는 넓은 뜻으로 사용한 것이다.

는 행정기관의 사업과 그 수행 방법 및 관리 방법에 대하여 합법성, 능률성, 효과성 등을 감사하는 방법이다. 디목(Marshall E. Dimock) 등이 분류한 재무 및 합법성감사, 능률성감사, 효과성감사 등을 종합한 방법과 유사하다. 또 감사의 초점을 어디에 두느냐에 따라서 감사의 종류를 재무감사, 합법성감사, 능률성감사, 성과감사 등으로 나누기도 한다.

(1) 재무감사

재무감사(financial audit)는 가장 보편적인 것으로 좁은 의미의 회계검사에 가장 근사하다. 이것은 예산 집행 상황이나 재무제표의 상태에 대한 의견을 제시하기 위해서 행정기관의 예산 집행 결과, 거래 내용, 회계 체제 등을 체계적으로 검토・평가하는 것이다. 재무감사의 초점은 통제에 주어져 있으며, 서류 미비, 계산 착오, 회계규칙의 위반, 회계상의 남용과 사기를 찾는 데 주안점이 주어진다. 대개 감사관은 예산과 집행 사이의 자금의 흐름을 추적한다. 그러나 외부인이 복잡한 예산 집행 내용이나 거래 내용을 파악하는 데는 한계가 있다. 재무감사는 회계장부나 계산서, 영수증 등 서류를 통해서 이루어지는데, 형식적 요건이 갖추어져 있으면 회계규칙의 위반, 회계상의 남용 등을 파악하기 힘들기 때문이다.

최근 미국 회계검사원(GAO) 조직에 법의학감사 및 조사 팀(Forensic audits and Investigative service team)이 있는데, 이때 법의학감사(forensic audit)도 재무감사의 일종이라고 볼 수 있다. 법의학감사도 재무제표를 검사하는 것인데 일반적인 재무감사와 차이점이 있다면 감사 대상과 강도, 그리고 용도에 있다고 볼 수 있다. 법의학감사는 사기, 낭비, 남용 등의 불법의 가능성이 높은 경우에 적용되고, 감사의 강도는 높은 정확성과 합법성을 요구하며 그래서 감사 결과를 법정에서 증거로 이용될 수 있도록 하자는 것이다[http//thelawdictionary.org/article/what-is-a-forensic-audit(2019.1.31)].

(2) 합법성감사

합법성감사(compliance audit)는 행정기관이나 공무원들이 그들의 업무를 정해진 법령이나 규정에 따라서 수행하였는지 그 여부를 감사하는 것이다. 감사의 초점은 통제에 있으며, 재무감사와 함께 가장 많이 이용된다. 우리나라 감사원의 정기감사나 기강실태감사 등에 이 두 감사가 이용되며, 미국 회계검사원도 재무 및 합법성감사를 시행하고 있다(성용락, 1990: 17). 그러나 이 감사에 치중하다 보면 개인의 위법·부당한 사례는 발견할 수 있지만 피감사자들이 적극적인 업무 처리를 기피하여 행정의 무사안일과 경직성, 즉 감사의 부작용이 나타날 우려가 있다. 준거감사라고도 한다(이문영·윤성식, 2002: 173).

(3) 능률성감사

능률성감사(economy/efficiency audit)는 예산과 집행이 일치하는가, 공무원의 행위가 법률에 위배되는가를 감사하는 것이 아니라, 행정 업무 및 자원이 경제적이고 능률적인 방법으로 관리되었는지를 감사하여 비경제적이고 비능률적인 업무 처리를 발견하려는 방법이다. 감사의 초점은 관리 및 능률성에 주어져 있으며, 비용분석, 작업 흐름, 시간분석 등이 감사 기법으로 이용된다. 미국 회계검사원에서는 감사 사항으로 다음을 예로 들고 있다: ① 공식적으로 채택되고 있거나 업무 수행에 준거가 되고 있는 절차가 비효과적이고 비용이 많이 소요되는 사항, ② 직원 간에 또는 하위조직 단위 간에 업무가 중복되는 사항, ③ 성과가 없거나 미진한 업무 수행, ④ 수행된 업무에 비해서 과다하게 인원이 배정되어 있는 사항, ⑤ 재산, 물자, 비품 등이 불필요하게 또는 과다하게 비축되었거나 구매가 잘못된 사항, ⑥ 자원의 낭비(Reed & Swain, 1990: 296).

능률성감사는 재무 및 합법성감사보다는 발전된 것이지만 감사관들이 비용분석, 시간분석 등의 관리 기법에 대한 소양이 있어야 한다. 그뿐만 아니라 능률성감사를 수행하는 경우에도 행정의 효과성, 민주성, 형평성 등을 등한시하기 쉽다는 것이다.

(4) 성과감사

성과감사(performance/program results audit)는 재무 및 합법성감사에 덧붙여서 정부의 기능, 사업, 활동 등의 경제성, 능률성, 효과성 등을 감사하는 것이다. 이것은 미국의 회계 기준(Generally Acepted Government Auditing Standards: GAGAS)에 따른 정의이다.[7] 통상 성과감사는 행정기관이 달성하기로 하였던 결과가 달성되었는

표 11-4 합법성감사와 성과감사 비교

기 준	합법성감사	성과감사
감사 대상	기관운영, 집행 중심	정책, 사업, 제도 중심 (계획, 집행 결과 전 과정)
감사 기준	합법성	경제성, 효율성(능률성), 효과성
감사준비 기간	단기간	장기간
감사 결과	지적 사항이 많음	적어짐
감사 증거	관련 규정, 서류, 확인서(문답서) 중심	외국 사례, 연구보고서, 전문가 의견, 설문 조사 결과 포함
필요한 지식	법률, 회계 지식	조사방법론, 해당 분야에 대한 지식

출처: 윤기웅·유승현(2018: 7).

지 그 여부를 감사하는 것으로 이해되기도 한다. 이 감사는 행정관리, 사업 운영과 효과를 검토하려는 것으로 그 초점은 효과성에 주어져 있다. 우리나라에서는 '효율성 감사, 성과감사'로 불리기도 하였고, 영국의 'Value For Money', 일본의 'Efficiency & Effectiveness Audit'도 이에 속한다.

합법성감사와 성과감사를 비교하면 <11-4>와 같다. 성과감사는 합법성감사에 비해서 감사준비 기간이 길고 감사 기준도 합법성보다 경제성, 능률성, 효과성 등을 중요시하기 때문에 감사관의 입장에서 보면 감사에 많은 시간과 노력을 투자해야 한다. 합법성감사의 경우 감사관은 관련 규정이나 서류를 검토하여 그것들과 일치하지 않는 것을 찾아내면 되지만 성과감사의 경우 감사관은 외국의 사례나 연구보고서를 연구를 해야 한다.

성과감사의 한계는 사업 실적을 계량화하여야 한다는 점이다. 행정기관의 사업 중에는 그 결과를 계량화할 수는 없는 것이 있다. 그러므로 행정기관은 사업 수행 이전부터 사업의 효과를 측정하기 용이한 부문에 한하여 사업을 수행할 우려가 있다. 또 감사가 사업의 성과나 효과에 치우치면 사업의 경제성과 능률성을 등한시할 우려가 있다. 때때로 성과감사는 감사 기준을 객관화하기 곤란할 때 감사관들이 사업의 계획과 실적을 형식적으로 비교할 우려도 없지 않다. 끝으로 성과감사는 단일 사업이나 하위정책을 감사 대상으로 한다. 그 때문에 감사는 사업의 능률성, 효과성을 주로

7) 성용락(2004: 133-134)에 미국, 영국 등의 정의가 소개되어 있다.

검토한다. 그러나 국민 생활에 큰 영향을 주는 정책에 대해서도 감사하여야 한다는 주장이 많다.

(5) 전산감사

전산감사(electronic audit)는 전산화된 업무의 감사와 전산을 이용한 감사를 말한다(윤영진, 2006: 237). 전산화된 업무의 감사는 정보시스템 감사라 할 수도 있다. 정보시스템 감사는 "정보시스템에 따라 작성된 회계 기록의 신뢰성 정도를 확인하기 위하여 시스템에 들어 있는 내부통제의 신뢰성을 검토・평가하고 정보시스템에 의해서 작성된 거래 기록 처리의 유효성과 타당성을 검토・평가하는 것"을 말한다. 정보시스템 감사는 자료 처리의 시설 자원의 보호, 자료의 신뢰성, 자료 처리의 능률성과 효과성을 검토하는 것이다(김혁, 1996: 16-17). 전산을 이용한 감사는 "감사인이 컴퓨터 프로그램이나 데이터를 이용해서" 감사하는 것을 말한다. 주로 거래 및 잔액 내용 검증, 표본조사를 위한 표본 추출 프로그램의 사용, 이용되고 있는 프로그램의 적정성 검증 등에 이용된다(김길조, 2003: 9, 11).

전산화된 업무의 감사 또는 정보시스템 감사의 예를 들면 다음과 같다. 환자가 종합병원을 이용하고 진료비를 지불할 때 환자는 수납 창구에서 병원이 제시한 계산서의 금액을 지불한다. 요즈음 종합병원은 모두 컴퓨터 프로그램으로 진료비를 계산하기 때문에 환자는 그 계산서 금액이 진찰료, 주사료, CT 진단료, MRI 진단료 등 여러 항목을 바르게 합산한 것이라고 판단하여 제시된 금액을 지불한다. 그러나 가끔 의심이 들 때가 있다. 병원에서 사용하는 계산 프로그램이 진료비 계산을 올바르게 하는지 궁금할 때가 있다. 병원 입장에서도 진료비 계산 전산 프로그램이 바르게 되어 있는지 검토해 보아야 할 경우가 있을 것이다. 이때 환자의 입장에서나 병원의 입장에서 진료비 계산 프로그램이 계산의 항목과 연산을 잘 반영하고 있는지를 감사하는 것이 바로 전산화된 업무 감사 혹은 정보시스템 감사이다. 또한 병원이 진료비 계산 전산 프로그램이 바로 되어 있다고 하더라도 그것을 이용하는 직원이 병원의 규칙을 어겨가면서 부당하게 사용하거나 비능률적으로 이용하고 있는지 여부를 감사하는 것도 여기에 속한다. 즉, 전산화된 업무의 감사 혹은 정보시스템 감사는 정보시스템에 의한 기록, 내부통제, 자료 처리 과정의 신뢰성과 유효성을 검토하는 것이다.

전산을 이용한 감사는 말 그대로 감사인이 감사 목적에 맞게 전산 프로그램을 만들어 그것을 이용하여 감사를 하는 것이다. 예를 들어, 대학의 연구비 관리가 잘되고 있는지 감사하는 경우, 모든 연구를 감사 대상으로 하기보다는 연구비 총액이 1억 원 이상인 연구를 대상으로 감사를 한다면 이에 맞추어 전산 프로그램을 만들어 감사를 할 수도 있고, 연구자가 연구관리 지침을 준수하는지 여부를 감사하기 위해서 연구비 관리 지침을 전산 프로그램으로 만들어 감사할 수도 있다. 이런 감사를 전산을 이용한 감사 혹은 컴퓨터의 도움을 받아서 수행하는 감사라고 한다. 일반적으로 전산화된 업무의 감사 혹은 정보시스템 감사를 컴퓨터의 도움을 받아 감사를 하는 경우가 많으므로 전산감사는 전산을 이용한 감사라 할 것이다.

우리나라 감사원에서는 'IT 감사'를 실시하는데, 이는 감사원의 설명에 의하면 전산화된 업무의 감사 또는 정보시스템 감사의 뜻으로 규정되어 있다(감사원, 2005: 1-18).

3) 감사 방법

감사 방법은 감사 종류와 깊은 관계가 있다. 재무감사는 예산 및 회계 원칙에 의거하여 감사를 하고, 합법성감사는 법률, 규정, 명령 등에 의거하여 감사를 한다. 그리고 능률성감사는 비용분석, 시간분석 등의 분석 방법을 이용하여 감사한다. 한편, 성과감사는 위와 같은 모든 방법을 동원하여 감사를 한다. 특히 성과감사에서는 경제성, 능률성, 효과성 등을 검토하기 위해서 비용편익분석 등 좀 더 정교한 분석 기법을 이용한다.

이와 같이 감사 종류에 따라서 감사 방법이 달라지기는 하지만 기본적으로 감사는 감사 대상을 감사하여 부적합, 비능률, 위법, 불법 등의 자료 및 증거를 찾아낸다는 점에서 동일하다. 감사란 증거를 수집 분석하는 것이다.

그러면 증거는 어떤 것들이 있나? 감사관은 회계장부, 계약서, 공문 등을 검토하여 위법과 불법의 증거를 발견할 수도 있고, 구매 물품이나 사업 실적을 직접 관찰하거나 검사하여 증거를 수집할 수도 있다. 전자의 경우 감사관은 기록상의 증거를 이용한 것이고, 후자에서는 물적 증거를 이용한 것이다. 또 감사관은 관계자들의 의견을 청취할 수 있고 필요하다면 주민들과 면담을 실시할 수 있다. 또 감사관은 시계열분석이나 비용편익분석을 적용하여 사업 비용의 적절성과 경제적 효율성을 검토할 수도 있다. 감사관은 전자의 경우 증언적(證言的) 증거를 후자에서는 분석적 증거를 이용한 것이다. 이와 같이 감사관은 다양한 증거를 이용하여 감사를 수행할 수 있는데 기록상의 증거나 물적 증거보다 증언적 증거와 분석적 증거는 객관성과 타당성이 낮다. 따라서 능률성감사와 성과감사에 분석적 증거가 많이 사용되므로 이들 감사가 객관화에 어려움이 있을 것으로 추정된다.

증거를 수집·발견하는 방법에 주안점을 둔다면 감사 방법은 대사 방법(對査方法, contrast),[8] 비교 방법(comparison), 분석적 방법(analysis) 등이 있다(이경섭, 1992: 96－101).

5. 감사원 감사와 국정감사

제4공화국 이후 16년 만에 부활된 국회의 국정감사와 감사원의 감사를 비교하여 보기로 한다.

1) 국회와 감사원의 관계

국회는 국민의 대의기관으로서 조직상·기능상으로 감사원과는 독립적이다(김철수, 1988: 32－33). 국회는 국민의 직접투표로써 구성되며, 국정감사는 감사원의 감사에 의하여 영향을 받지 않는다. 국회의 법제사법위원회가 감사원에 대한 일반국정감사권을 가지고 있다. 한편, 감사원장은 국회의 동의를 얻어 대통령이 임명하며, 국회는 감사원장과 감사위원에 대하여 탄핵소추권을 갖는다. 감사원은 매년 세입세출의 결산에 대하여 검사보고서를 국회에 제출한다. 이것은 국회의 국정감사에 도움은 되나 국정감사를 제약하는 것은 아니다. 이러한 사실로 볼 때, 국회는 감사원과 조직상·기능상으로 독립하여 있다고 할 것이다. 그러나 행정통제라는 측면에서 국회와

8) 네이버 사전에 의하면, 대사(對査)란 회계업무를 보거나 정산 등을 할 때 거치는 대조작업을 말한다.

감사원은 상호 관계가 있다.

국회는 국민을 대표하여 국정 전반에 대하여 감사를 한다. 즉, 국회의 국정감사는 국민을 대표하여 수행되는 것이다. 그리고 국정감사는 삼권분립 하에 행정부에 대한 견제 기능으로서 외부통제이며 정치적 통제이다. 국정감사가 말의 성찬으로 실효성이 의심이 간다는 말이 많지만 이는 국정감사가 법령의 규정이나 절차를 넘어서 국민 및 여론의 요구와 여망에 부응하는 행정의 감응성·대응성(responsiveness)에 감사의 초점을 두고 있기 때문이다.

이에 반해서 감사원의 감사는 행정의 법률적 책임(accountability)에 초점을 둔다. 감사원은 주로 행정부의 각 기관을 감사한다. 즉, 감사원의 감사는 내부통제에 해당한다. 이와 같이 국회의 국정감사와 감사원의 감사가 행정통제의 유형에 다소 차이가 있기는 하지만 행정의 합법성, 능률성, 효과성, 형평성을 증진시키려고 하는 기능면에서는 동일하다.

2) 국회의 국정감사와 감사원의 감사

감사원의 감사와 국회의 국정감사를 목적, 기능, 대상으로 나누어 간단히 정리하면 다음과 같다(김흥걸, 1988: 40－43).

(1) 목 적

국정감사는 입법 기능과 국정 감시 기능을 수행하는 데 필요한 자료와 지식을 얻는 것이 주된 목적이다. 국정감사의 결과 국가기관의 비위 사실을 적발하고 그것을 처리하기 위하여 탄핵소추권·해임건의권 등을 행사하거나 고발 등 필요한 조치를 취하는 것은 국회에 부여된 다른 권한을 행사하는 것이지 국정감사에서 직접 발생되는 것이 아니다.

국회의 국정감사가 자료와 지식의 수집에 있다면, 감사원의 감사는 지출의 적법성 여부, 행정기관의 비위와 직권 남용 등을 적발하고 그 결과를 처리하는 데 목적을 두고 있다.

(2) 기 능

국회는 탄핵 소추, 해임 건의 등 정치적 책임에 초점을 두며, 감사원의 감사는 개별적이고 구체적인 책임과 시정, 개선 등의 조치에 초점을 둔다. 이러한 차이는 행정통제에 대해서 국회가 외부통제 기능을 하고, 감사원은 내부통제 기능을 하는 데서 기인한다고 할 것이다.

(3) 감사 대상

국회는 법률의 제정, 개폐, 조약의 체결, 비준 등의 입법 사항과 예산심의권, 기채동의권, 예산심사권 등 재정 사항, 행정부, 사법부 등 모든 사항을 국정감사의 대상으로 할 수 있다. 다만, 대통령이 국가원수의 지위에서 행하는 사항과 법관이 법률과 양심에 따라 독립하여 재판을 하는데, 사실상 중대한 영향을 줄 수 있는 행위, 즉 사법부의 독립을 침해하는 행위에 한하여 제한이 있다.

감사원은 국회사무처와 법원행정처를 대상으로 감사할 수 있고, 그 밖에 국가 및 지방자치단체의 회계 및 사무에 대해서 감사할 수 있다.

(4) 감사 방법

국회는 증인, 감정인, 참고인의 출석 요구, 자료 제출, 현장 검증, 청문회 등을 통하여 국정감사를 한다. 감사원은 국가 및 지방자치단체의 기관장에게 감사상 필요한 협조와 지원 및 그 소속 공무원의 파견을 요구할 수 있고, 출석 답변, 문서·물품의 제출·요구 등을 할 수 있다. 감사원은 해당 기관에 대해서 서면감사와 실지감사를 한다.

(5) 감사 기간

국회의 국정감사는 정기국회 집회일 이전 30일 이내의 기간 수행되는 것이 원칙이지만(국정감사 및 조사에 관한 법률 2018.4.17. 제2조) 감사원의 감사는 1년 간 계속 수행되며 언제든지 수시로 행하여진다.

위에서 알 수 있듯이 국회의 국정감사는 감사원의 감사보다 그 범위가 넓다. 그러나 국정감사는 정치적 의미가 강하고, 국회의원이 전문성이 약할 경우 자료 및 지식의 수집에 어려움이 있을 것이다. 이에 비해서 감사원의 감사는 구체적이다.

3) 국회의 국정감사와 감사원 감사의 한계

감사원이 대통령 소속기관이라는 점에서 감사원의 독립성에 문제가 제기된다. 이로 인하여 감사원의 감사는 안보 관계 기관과 고위직에 대해서는 다소 시행이 제한되고 있다. 감사원 감사는 합법성 위주로 시행되어 행정 개선보다는 공무원의 비위 사실 적발에 치우치기 쉽다. 이러한 경향은 공무원에게 감사 부담을 줄 우려가 없지 않다. 이에 대해서 국회의 국정감사는 20일이라는 매우 짧은 기간 내에 수행된다는 점에서 문제가 있다. 또 국회의원은 이 짧은 기간에 여러 상임위원회가 부처에 대해서 수많은 자료와 서류와 증인 출석를 요구하고 위압적 자세로 감사를 하지만 의원의 정보 부족, 전문성 부족으로 소기의 성과를 얻지 못하고 있다. 국회의 국정감사는 감사 결과를 처리하는 데 감사원과는 차이가 있다. 감사원은 최악의 경우 해당 기관과 직원을 징계 요구 또는 고발하고 그 처리 결과를 해당 기관으로부터 다시 통보받는다. 그러나 국회는 감사 결과를 본회의에 보고하여 본회의의 의결을 통하여 '국정감사 결과 시정 및 처리 요구 사항'을 행정부 또는 해당 기관에 이송한다. 이때 국정감사 결과의 처리 기간이 너무 길다는 것이다.[9] 또 국정감사가 상임위원회 중심으로 시행되는 까닭에 피감사기관에 대한 중복 감사가 이루어진다는 것도 한계이다. 왜냐하면 행정기관이 국정감사에 대비하여 자료와 서류를 준비하고 질의에 응답하기 위해서 일상 업무가 거의 중지되기 때문이다.

요약하면, 감사원은 공무원의 회계 책임이나 법적 책임을 위주로 감사를 하며, 국회는 국정 전반에 대한 행정기관의 감응성과 대응성을 위주로 감사를 한다. 그러나 감사원은 경험과 전문성이 있으나 감사의 범위를 좁게 함으로써, 그리고 국회는 감사의 범위를 넓게 하고 있으나 경험과 전문성이 부족함으로써 각각 감사에 한계가 있다.

선진 민주국가인 영국이나 미국이 하듯이 우리나라 감사원을 국회에 소속시키는

9) 1988년 국정감사 결과는 1989년 3월에 본회의에 보고되었으며, 행정부의 결과 처리는 1989년 5월과 7월에 국회에 보고되었다. 오무근(1990: 326)은 국정감사의 제도, 운영 방법 등에 대한 국회의원과 공무원의 태도를 조사 · 비교하였다.

방안이 선거 공약으로 제시되기도 하였다. 우선, 감사원과 국회가 전문지식 및 의견 교환, 감사원 내 국회 지원 조직 확대 등을 통하여 상호 협력을 통하여 행정부를 통제하는데 기여할 수 있을 것이다(조형석 · 신민철, 2012: 69). 무엇보다 감사원의 독립성을 제도적으로 강화하는 방안이 중요하다. 감사원장의 임기를 보장하고 임기를 4년보다 더 장기간으로 연장하는 방안 등이 긴요하다고 생각된다. 현재 대통령이 바뀌면 임기와 관계없이 경찰청장, 감사원장 등도 교체되는 경향이 있으므로 궁극적으로는 정치가 변해야 할 것이다. 감사원은 국회에 소속되는 것이 행정부의 통제에 기여할 것이다.

참고로 2017회계연도 총세입부와 총세출부 마감 자료를 첨부한다.

1. 2017회계연도 세입세출 마감 결과

기획재정부	보도자료		2018 평창 동계올림픽대회 및 동계패럴림픽대회 하나 된 열정 하나 된 대한민국
보도일시	2018. 2. 9(금) 13:30	배포일시	2018. 2. 9(금) 11:00
담당과장	재정관리국 회계결산과장 백○갑(044-215-5430) 국고국 국고과장 선우○○(044-215-5110) 세제실 조세분석과장 김○노(044-215-4120)	담당자	김○훈 서기관(044-215-5431) kjh2307@korea.kr 신○민 사무관(044-215-5112) shinjm04@korea.kr 이○우 사무관(044-215-4122) hyunwooda@korea.kr

2017회계연도 세입 · 세출 마감 결과

- 세계잉여금 11.3조 원 흑자, 불용률 2.0%(최근 5년 간 최저 수준) -

◇ 총세입 359.5조 원, 총세출 342.9조 원, 결산상 잉여금 16.2조 원 발생
- 세계잉여금(결산상 잉여금 – 이월액): ('15)2.8 → ('16)8.0 → ('17)11.3조 원
- 불용액은 7.1조 원(전년 대비 △3.9조 원, '16년 3.2% → '17년 2.0%)

□ 김용진 기획재정부 제2차관은 2. 9(금) 오후 15시 한국재정정보원에서 감사원의 정길영 감사위원 등이 참석한 가운데 2017회계연도의 총세입부와 총세출부를 마감하고, 지난해 정부의 세입 · 세출 실적을 확정하였다.

□ 마감 결과 총세입은 359.5조 원, 총세출은 342.9조 원, 차액인 결산상잉여금은 16.2조 원이며, 이월 4.9조 원을 차감한 세계잉여금은 11.3조 원 흑자를 기록하였다.

〈2017회계연도 마감 결과〉

(단위: 조 원)

구 분	예 산 (A)	총세입 (B)	세입 초과 (B－A)	총세출 (C)	결산상 잉여금 (B－C)	이 월 (D)	세계 잉여금 (B－C－D)	불 용
합계	349.9	359.5	9.6	342.9	16.2	4.9	11.3	7.1
일반회계	285.0	292.9	7.9	280.5	11.9**	1.9	10.0	4.2
특별회계	64.9	66.6	1.6	62.4	4.2	3.0	1.3	2.9

* 구성 항목별 계산금액은 단수 조정으로 상이할 수 있음.

** 국가재정법 제90조 제1항에 따라 초과세수를 활용한 국채상환 0.5조 원 차감.

〈총세입 · 총세출〉

□ 총세입은 359.5조 원을 징수하였으며, 전년 대비 14.5조 원 증가, 예산 대비 9.6조 원 초과하였다.

• 국세수입은 265.4조 원으로 전년 대비 22.8조 원 증가*, 예산 대비 14.3조 원 초과

* 법인세(7.1조 원), 소득세(6.6조 원), 부가가치세(5.3조 원), 상속증여세(1.4조 원) 등

• 세외수입은 94.1조 원으로 세수 호조에 따른 적자국채 발행 축소로 전년 대비 8.4조 원 감소, 예산 대비 4.7조 원 감소*

* 예수금(△8.9조 원), 전년도 이월금(5.3조 원), 경상이전수입(1.0조 원) 등

〈2017회계연도 총세입 현황〉

(단위: 조 원)

구 분	① 국세수입					② 세외수입					총세입 (①＋②) 증감	
	'16년 결산	'17년 예 산	'17년 결 산	증 감 전년 대비	증 감 예산 대비	'16년 결산	'17년 예 산	'17년 결 산	증 감 전년 대비	증 감 예산 대비	전년 대비	예산 대비
합계	242.6	251.1	265.4	22.8	14.3	102.4	98.8	94.1	△8.4	△4.7	14.5	9.6
일반회계	235.7	244.0	258.5	22.8	14.6	46.0	41.0	34.4	△11.6	△6.6	11.2	7.9
특별회계	6.8	7.1	6.9	–	△0.2	56.5	57.8	59.7	3.2	1.9	3.3	1.7

* 구성 항목별 계산금액은 단수 조정으로 상이할 수 있음.

□ 총세출은 예산현액* 354.9조 원 중 342.9조 원을 집행하였고, 전년 대비 10.7조 원 증가하였다.

*예산현액(354.9조 원) = 예산액(349.9조 원) + 전년도 이월액 등(5.0조 원)

〈이 월〉

□ 이월은 4.9조 원으로 전년 대비 0.1조 원 증가하였다.

• 일반회계는 1.9조 원으로 전년 대비 0.3조 원 증가하였고, 특별회계는 3.0조 원으로 전년 대비 0.2조 원 감소

〈세계잉여금〉

□ 세계잉여금*은 11.3조 원 흑자로 일반회계에서 10.0조 원 흑자, 특별회계에서 1.3조 원 흑자를 기록하였다.

*세계잉여금 = 결산상잉여금(총세입액 – 총세출액) – 차년도 이월액

• 일반회계 및 특별회계를 합한 총 세계잉여금은 '12년~'14년 간 3년 연속 적자를 기록하다가 '15년 이후 3년 연속 흑자 발생

* 세계잉여금(조 원): ('12) △0.1 → ('13) △0.8 → ('14) △0.8 → ('15)2.8 → ('16)8.0 → ('17)11.3

• 일반회계 세계잉여금(10.0조 원)은 국가재정법(§90)에 따라 교부세(금) 정산, 공적자금상환기금 출연, 채무 상환 등에 사용 예정

*특별회계 세계잉여금(1.3조 원)은 자체세입 조치

〈불 용〉

□ 불용*은 7.1조 원으로 전년(11.0조 원) 대비 3.9조 원 감소하였다.

*불용 = 예산현액 – 총세출 – 이월

• 일반회계는 4.2조 원으로 전년 대비 1.2조 원 감소하였고, 특별회계는 2.9조 원으로 전년 대비 2.7조 원 감소

• 불용률은 2012년 이후 최저 수준인 2.0%로 경제 활성화 및 서민생활 안정을 위하여 추경예산의 신속한 집행, 연말 불용 최소화 등 적극적인 재정집행에 기인

〈연도별 불용 규모〉

(단위: 조 원)

	'07~'12년 평균	'13년	'14년	'15년	'16년	'17년
• 총계 기준 (불용률*)	5.4 (2.2)	18.1 (5.8)	17.5 (5.5)	10.8 (3.2)	11.0 (3.2)	7.1 (2.0)

* 불용률(세출예산현액 대비 불용액): 세입부족으로 불용 과다 발생인 '13~'14년 제외

□ 정부는 마감 실적을 기초로 국가결산보고서*를 작성하여 감사원 결산검사 후 5월 말까지 국회에 제출할 계획이다.

*세입세출 이외 재정수지 · 국가채무 · 재무제표 등을 추가로 산출

참고: 1. '17회계연도 세입세출 결산 요약
2. '17회계연도 국세수입 실적
3. '17회계연도 세계잉여금 규모 및 처리계획

넓게 듣겠습니다 바르게 알리겠습니다

기획재정부 대변인
세종특별자치시 갈매로 477 정부세종청사 4동 mosfpr@korea.kr

2. 국가결산보고서의 구성

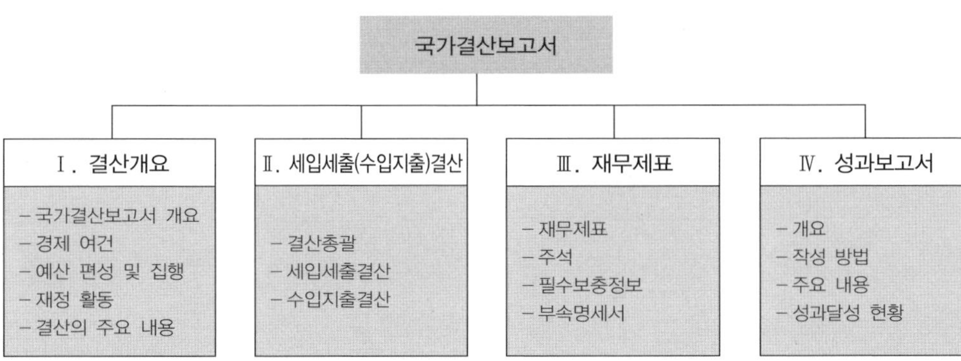

출처: openfiscaldata.go.kr > 알기쉬운재정 > 재정배움터 > 국가결산제도 개요(2019.8.18).

3. 2018년 국가공무원 9급 공개경쟁채용 필기시험(행정학 ㉮책형 문15번)

문15. 우리나라의 결산에 대한 설명으로 옳지 않은 것은?

① 결산은 한 회계연도의 수입과 지출 실적을 확정적 계수로 표시하는 행위이다.
② 정부는 감사원의 검사를 거친 국가결산보고서를 국회에 제출하여야 한다.
③ 결산은 국회의 심의를 거쳐 국무회의의 의결과 대통령의 승인으로 종료된다.
④ 각 중앙관서의 장은 회계연도마다 소관 기금의 결산보고서를 중앙관서결산보고서에 통합하여 작성하여야 한다.

출처: https://www.gosi.kr(인사혁신처 사이버국가고시센터) > 시험문제/정답(2019.3.3).

정답

[부록] 3. 문15. ③

Chapter

12

예산 개혁

학습 목표

이 장의 학습 목표는 예산 개혁의 개념과 방법, 여러 예산 제도, 최근 한국의 성과관리 예산 제도 개혁의 개요를 이해하는 것이다.

독자는 다음의 질문에 답을 할 수 있어야 한다.

- 예산 개혁이란 무엇인가?
- 예산 개혁의 지향에는 어떤 것이 있나?
- 선진국 예산 개혁 흐름의 핵심은 무엇인가?
- 한국의 예산 개혁 대략적인 흐름은 어떠한가?
- 품목별 예산 제도, 성과주의 예산 제도, 계획예산 제도, 영기준 예산 제도, 성과관리 예산 제도 등의 개념, 도입 배경, 중요한 요소, 장·단점은 무엇인가?
- 한국의 성과관리 예산 제도 개혁의 특징은 무엇인가?

이 장은 제1절 예산 개혁의 개념과 방법, 제2절 예산 제도의 전개, 제3절 최근 한국의 예산 개혁과 특징 등으로 구성되어 있다.

제2절 예산 제도의 전개에서는 미국에서 시대의 변화에 따라 이용된 예산 제도를 소개한다. 미국의 제도이고 과거의 제도이지만 지적 산물이므로 검토할 필요가 있다. 우리 실정에 잘 맞는 제도를 구상할 때 참고가 될 것이다. 예를 들어, 품목별 예산 제도는 그 취지를 잘 살펴볼 가치가 있다. 또 성과주의 예산 제도. 계획예산 제도, 영기준 예산 제도, 성과관리 예산 제도 등 시대마다 다른 예산 제도가 이용되었지만 강조점만 달라졌다고도 볼 수 있다. 제3절에서는 최근 우리나라에서 채택한 성과관리 예산 제도를 예산 개혁의 시각에서 소개한다. 이것은 우리나라 예산 개혁의 특징을 생각하기 위한 것이다.

제 1 절 예산 개혁의 개념과 방법

1. 예산 개혁의 개념

예산 개혁이란 정부 또는 조직이 예산 운영에서 의도하였던 성과를 거두지 못하였을 때, 새로운 개념과 체제와 기법을 의식적으로 고안 적용하는 행동이라고 할 수 있다. 여기서 예산 개혁에는 ① 목표 지향성, ② 새로운 방법의 고안과 적용, ③ 의식적 인위적 노력 등이 중요한 요소로서 포함된다는 것을 알 수 있다.[1] 이것은 다음과 같은 의미를 지닌다.

첫째, 예산 개혁의 목적 지향성은 중요한 의미를 가진다. 정부가 예산 운영에서 무엇을 강조하는가 하는 관점이 시대의 변천에 따라서 변하기 때문이다. 예산의 통제에 강조점을 두느냐, 아니면 예산 증가의 억제에 두느냐, 아니면 목표 달성에 두느냐 또는 재원 배분의 능률성에 두느냐 등에 따라서 예산 개혁의 방향이 달라지기 때문

1) 박동서(1987: 549)는 행정 개혁을 쇄신의 개념과 거의 동일시하여 목표 지향성, 새로운 방법의 고안과 적용, 의식적 노력 등을 중요한 요인으로 제시하였다.

이다. 그뿐만 아니라 예산 운영의 목표 결정은 가치 판단의 문제를 포함하고 있기 때문이다.

둘째, 예산 개혁은 새로운 방법의 고안과 적용을 의미한다. 예산 개혁은 회계 제도, 예산 분류, 예산 절차 등의 개선을 의미하기 때문에 예산 관련자들이 새로운 방법과 기법을 이해하고 사용할 줄 알아야 한다. 그러나 이것보다 더 중요한 것은 새로운 방법과 기술이 함축하고 있는 정치 행정적 의미를 이해해야 한다. 따라서 예산 개혁을 통하여 새로운 기술과 방법, 그리고 절차를 도입 적용하고자 할 때에는 그것들이 중앙관서, 중앙예산기관, 입법부 등의 예산결정자에게 미치는 영향과 수용 태세를 검토하여야 한다.

셋째, 예산 개혁은 의식적 · 인위적인 노력이며, 계획된 활동이다. 그러나 이러한 노력은 예기치 않았던 결과를 초래하기도 하고, 또는 관계자의 저항을 유발시키기도 한다. 특히 예산 제도의 개혁은 그것이 절차의 변경에 지나지 않더라도, 그것으로 인하여 이익을 보는 집단과 손해를 보는 집단이 생기게 되는 까닭에 명시적이든 묵시적이든 예산 개혁에 저항하는 집단이 있기 마련이다(Wildavsky, 1961: 183-190).

2. 예산 개혁의 지향

예산 개혁이란 시대의 소산이다. 따라서 시간과 장소를 묻지 않고 예산 개혁에서 어떠한 방법이 제일 훌륭하다는 주장은 가치가 없다. 쉬크(Allen Schick)는 미국의 예산 개혁의 단계를 그 지향에 따라서 통제 지향, 관리 지향, 기획 지향으로, 그리고 박영희는 그것에 감축 지향을 추가하기도 하였고, 심정근은 관리 · 계획통합 지향을 추가하기도 하였다(Schick, 1966: 243-245; 강인재 외, 1985; 박영희, 1983: 340-344; 심정근, 1983: 403-405). 이와 같이 예산 제도의 변화를 그 지향에 따라 정리하려는 노력은 쉬크의 주장에 영향을 받은 것이나, 마치 통제보다는 관리가, 그리고 관리보다는 기획이 더 나은 관점인 것으로 오해할 우려가 있다. 쉬크 자신이 말하였듯이 통제, 관리, 기획은 행정의 주요 기능이며 서로 분리될 수 없는 행정 기능이기도 하다. 이러한 의미에서 예산 지향이 통제, 관리, 기획 등으로 변하였고, 이에 대응하여 예산 제도가 발전되었다는 것은 예산 기능의 강조점이 변화하였다는 것과 그에 대응하여 예산 제도가 변하였다는 것을 의미할 뿐, 기획의 관점이 제일 훌륭하고, 그리고 이에 대응한 계획예산 제도가 가장 훌륭하다고 주장할 수 없다. 물론 우리가 계획예산 제도에서 얻을 수 있는 정보를 품목별 예산 제도에서 얻을 수 없으나, 품목별 예산 제도에서 얻을 수 있는 정보를 우리는 계획예산 제도에서도 얻을 수 있다는 의미에서 "계획예산 제도가 품목별 예산보다 좋다"고 말할 수는 있다(Hyde, 1978: 71−77). 그러나 일반적으로 "영기준 예산 제도가 계획예산 제도보다 좋다"는 식으로는 말할 수 없다.

이와 같은 관점에 유의하면서 예산 개혁에 대한 지향을 정리하면 다음과 같다.

1) 통제 지향

유럽에서는 절대군주를 통제하기 위해서, 그리고 미국에서는 공무원의 부정부패를 방지하고 능률을 향상시키기 위해서 예산 편성이나 집행에 통제를 강조하게 되었다. 예산 개혁에서 통제를 강조하던 시기는 미국에서 1930년대까지로 예산의 규모와 행정 기능이 거대하지도 복잡하지 않았던 반면에 공무원의 정직성이 문제가 되는 시기였다. 따라서 예산 항목을 명백히 하여 지출 한도를 엄수하도록 하는 품목별 예산이 이에 대응하여 발전하였다.

2) 관리 지향

공무원의 윤리가 확립되는 한편 정부의 예산 규모가 증대되기 시작하여 국민들은 정부가 무엇을 하는지 궁금하게 되었다. 따라서 정부는 사업의 성과에 초점을 두게 되었다. 즉, 정부는 사업의 수행 방법과 그것이 가져오는 실적을 검토함으로써 관리의 능률을 기하게 되었다. 이에 대응하여 발전한 예산 제도가 1950년대 널리 이용되었던 성과주의 예산 제도이다.

3) 기획 지향

제2차 세계대전이 종결되면서, 거시경제학의 발전, 정보 기술과 의사 결정 기법의 발전, 그리고 예산과 기획의 점진적 통합 경향 등에 따라서 예산 운영에 기획의 관점을 강조하는 경향이 등장하였다. 1960년대에는 그러한 관점이 계획예산 제도로 구체화되었다. 특히 국방 관계 사업에 기획의 관점이 강조되었는데, 그것은 많은 재원이 소요되는 방위 관련 사업을 단기간 내에 수행할 수 없었던 까닭이다.

4) 감축 지향

1970년에 들어서면서 세계는 원유 파동을 경험하게 되었고, 천연자원이 경제에 미치는 영향을 체험하여 그 전부터 논의되어 왔던 성장의 한계를 인식하게 되었다. 또 한편으로는 증가하는 정부의 재정과 이에 대항하는 조세 저항 현상이 나타나게 되었다. 따라서 재정 적자를 축소하고 정부의 능률성을 제고하기 위한 감축관리가 논의되기 시작하여 영기준 예산 제도가 도입되었다. 물론 그 이전에 목표에 의한 관리(MBO) 등이 도입되기도 하였다.

5) 결과 및 성과 지향

1970년대의 두 차례 원유 파동, 1980년대의 고(高)인플레이션과 고실업, 시민들의 조세 저항, 정부 불신, 재정적자의 심화 등으로 중앙정부와 지방정부는 예산 제도의 개혁에 다시 눈을 돌리게 되었다. 산업화된 민주주의 국가들은 정부관료제를 혁신하고 예산 제도를 새롭게 하였다. 이들 국가들은 정부관료제의 생산성을 향상시키기 위해서 집권화보다 분권화를 추구하였고, 명령과 지시보다는 자율과 신축성을 부여하였다. 명령 체제인 정부와 경쟁 체제인 시장의 균형을, 그리고 관청 중심보다는 시민 중심으로, 투입 중심보다는 결과 중심으로 목표와 성과를 강조하는 경향을 보였다(삼성경제연구소 옮김, 1993; 이계식 · 문형표, 1995). 정부는 국가우선순위를 중시하고 이에 따른 재원 배분을 강화하기 위하여 분권과 자율을 추구하지만, 한편으로 중앙의 통제, 시민의 통제, 시장성 등을 강조하여 책임성을 추구하였다. 이런 경향은 예산 운영의 결과 및 성과 지향을 반영한다고 볼 수 있다.

3. 예산 개혁의 과정과 접근 방법

다음에서는 행정 개혁의 내용을 참고하여 예산 개혁의 과정과 접근 방법을 간단히 살펴보기로 한다(안해균, 1986: 1-16; 오석홍, 2014: 11-51).

1) 예산 개혁의 과정

(1) 개혁 필요성의 인식

현행 예산 제도의 결함이 드러나는 것을 인식하여 예산 담당자, 사업 담당자, 기관장 등의 행정공무원과 그 밖의 전문가들 사이에서 예산 개혁의 필요성이 인식되는 단계이다. 품목별 예산 제도가 지나치게 공무원의 회계 책임을 강조한 나머지 사업의 전모를 파악할 수 없다는 논의가 공무원 사회에서나 관계 전문가들 사이에서 제기되어야 예산 개혁이 시작될 수 있을 것이다.

(2) 개혁 대상에 대한 진단

개혁에 필요한 부분을 확인하고 처방책을 논의하는 단계이다. 예산 집행에서 계약 절차가 복잡하여 사업 발주가 지체된다든지, 또는 기획과 예산이 연계되지 않아서 사업 수행에 어려움이 있다든지, 모든 사업의 성과를 측정하는 것이 어렵다든지, 이런 개혁이 필요한 부분을 확인하고 처방책을 논의한다. 그리고 이에 따라서 개혁의 필요성, 개혁 방법, 개혁 절차 등을 개발한다.

(3) 개혁 목표의 설정

예산 개혁의 범위는 다양하다. 예산 개혁은 행정 개혁과 동일하다. 즉, 정책 결정 과정, 조직, 법률, 회계 제도 등을 개선하여 예산 운영의 절약, 능률성, 효과성, 지속가능성 등을 제고하는 것이 목적이므로, 이러한 목표들을 좀 더 명백하게 규정하여 제시하여야 한다.

(4) 개혁안의 작성

목적 달성 방안을 작성하고, 이러한 개혁 방안이 공무원, 국회, 일반 국민에게 미치는 영향과 그들의 저항을 검토하여 여러 가지 대안의 타당성과 실현 가능성을 검토하는 단계이다. 이 과정에서는 가능한 많은 이해 당사자의 참여가 촉진되어야 개혁을 집행할 때 도움이 된다.

(5) 개혁의 집행

예산 개혁의 내용을 실천에 옮기는 단계로, 기관장의 지지를 포함한 조직원의 지지를 확대하기 위하여 인적·물적 자원을 동원하고, 궁극적으로는 예산 운영이 개선되도록 행태를 변화시킨다.

(6) 예산 개혁의 평가와 환류

예산 개혁이 소기의 성과를 초래하고 있는지 그 여부를 검토하여 개혁의 목표를 달성할 수 있도록 필요한 조치를 취하는 단계이다.

2) 예산 개혁의 접근 방법

행정 개혁에 대한 접근·방법으로 안해균은 ① 행정구조, 기술, 인간을 강조한 조직적 접근 방법, ② 의사 결정에 초점을 둔 정책 및 프로그램 접근 방법, ③ 행정과 수혜자에 초점을 둔 절차 접근 방법 등을 제시하고 있다(안해균, 1986). 또한 오석홍은 ① 구조적 접근 방법, ② 과정적 접근 방법, ③ 행태적 접근 방법, ④ 사업중심적 접근 방법, ⑤ 문화론적 접근 방법, ⑥ 통합적 접근방법 등을 제시하고 있다(오석홍, 2014: 47－51). 예산 개혁에서도 이러한 방법들이 원용될 수 있을 것이다. 그러나 단순히 예산 운영의 절차와 기술의 변화만으로는 예산 개혁이 성공하기 어렵다는 것이다. 왜냐하면 예산 제도는 재원 배분을 둘러싸고 있는 권력구조와 깊은 관계가 있기 때문에 이러한 권력구조를 등한시한 예산 개혁은 실패의 가능성이 크기 때문이다(Wildavsky, 1980: 238－250). 또한 변화의 범위와 시간에 따라서 개혁의 접근 방법을 급진적 개혁과 점진적 개혁으로 분류할 수도 있다. 급진적 개혁은 전 범위에 걸친 제도적 변화를 말하며 대개 하향적 접근이 추진된다. 이에 대해서 점진적 개혁은 단계적 부분적 적응 과정으로 상향식, 상호 교류적, 참여 지향적 개혁이다. 급진적 개혁은 단기간에 시행되어야 효과적이고 점진적 개혁은 장기간에 걸쳐서 일관성을 가지고 꾸준히 시행되어야 효과적이다(송하중, 2000: 189-192).

4. 예산 개혁의 대략적 흐름

1) 선진국의 예산 개혁 흐름

먼저 이해하기 좋게 미국의 경우를 살펴본다. 미국은 <표 12-1>에서 볼 수 있듯이 예산 적자가 1960년과 2000년을 제외하고 지속해서 나타났다. 그리고 그 적자 규모가 2010년에 들어서는 GDP의 7~9%에 이르게 되었다. 미국은 회계연도 2015년에 수입이 3.2조 달러, 지출이 3.6조 달러, 그리고 적자가 0.4조, 적자가 GDP에서 차지하는 비율이 약 2.4%에 이르렀다. 지출할 곳은 많고 수입은 제약을 받는 상태가 지속되고 있는 것이다. 이런 상황은 여러 나라에서 동일하다. <표 12-2>에서 보듯이 IMF 자료로 볼 때, 2017년 미국, 프랑스 모두 GDP에서 정부 부채가 차지하는

표 12-1 미국 연방정부의 수입, 지출, 그리고 적자

(단위: 십 억 달러, %)

연 도	수 입	지 출	흑자 · 적자(B)	(B/GDP) %
1940	6.5	9.5	-2.9	-3.0
1950	39.4	42.6	-3.1	-1.1
1960	92.5	92.2	0	0.1
1970	192.9	195.6	-2.8	-0.3
1980	517.1	590.0	-73.8	-2.7
1990	1,032.0	1,253.0	-221.0	-3.9
2000	2,025.2	1,789.0	236.2	2.4
2010	2,162.7	3,457.1	-1,294.4	-9.0
2015	3,249.9	3,688.4	-428.5	-2.4
2017	3,316.2	3,981.6	-665.4	-3.5

출처: www.whitehouse.gov/omb/budget/Historicals(2018.12.3) table1.1과 1.3에서 발췌.

비율이 90%를 넘는다. 일본은 GDP에서 정부 부채가 차지하는 비율이 236.39%이다. 정부의 부채가 상당한 것이다. 이러한 여건에서 국민들은 정부를 믿지 못하고 행정의 비능률을 비난하게 되었다. 앞에서 살펴보았듯이 미국은 1900년 전후부터 예산 개혁을 끊임없이 하였다. 입법부도 예산 심의를 잘하기 위해서 예산 심의 절차를 개선하기도 하고, 행정부는 품목별 예산 제도, 성과주의 예산 제도, 계획예산 제도 등으로 예산 제도를 개발하였다. 그럼에도 정부 적자가 계속 쌓이고 국민의 정부에 대한 불신은 점증되는 형편이다.

지난 30~40년 동안 영국, 미국 등 유럽과 북미의 선진국은 유사한 상황에 직면하여 예산 개혁을 추진하였다. 영국은 1982년 재정관리계획(Financial Management Initiative), 2000년 정부자원회계법(Government Resources and Accounts Act) 등을 통해서 재정적자와 재정 압박에 대처하고자 하였다. 또 미국은 정부성과관리법(Government Performance and Result Act), 1996년 연방재정관리개선법(Federal Financial Management Improvement Act), GPRA Modernization Act(2010) 등을 제정하여 재정적자와 재정 압박에 대처하였다.

유럽과 북미의 선진국들은 재정적자가 높아지자 재정적자와 재정의 지속가능성을 걱정하게 되었다. 이에 따라서 재정을 능률적이고 효과적으로 사용하기 위해서 재정운용에서 국가 우선순위를 중요시하게 되었다. 그 우선순위에 따라 재원을 배분하고 이것을 장기적 관점에서 시행하기 위해서 중장기재정계획을 사용하였다. 행정수반과 재정담당 장관 중심으로 재정 운용의 틀을 작성하고 이것을 부처들이 정책과 사업으로 구현하도록 계획하였다. 예산 운영의 지침이 위에서 아래(top-down)로 전달되고 준수되도록 거시적 예산 운영(macro-budgeting)이 강조되었다. 국가적 재정 운

표 12-2 정부 부채가 GDP에서 차지하는 비율

(단위: %)

연도/국가	브라질	캐나다	중 국	프랑스	일 본	한 국	영 국	미 국
2012*	64.08	87.52	11.42	89.97	236.56	33.46	88.68	73.6
2017	83.98	87.30	65.68	96.96	236.39	39.78	87.03	107.79

출처: en.wikipedia.org/wiki/List-of-countries-by-public-debt(2013.5.3); IMF 자료 재인용.
* 2012년 자료는 추정.

영 틀 속에서 재정 운용에 자율과 책임이 강조되었다. 중장기적 관점에서 재원 배분의 틀이 작성되고, 그 후 각각의 정책 및 사업 부서가 자율성을 가지고 예산을 편성하고 운영할 수 있으나 그 결과에 대해서 행정수반 혹은 재정 담당 장관에게 책임을 져야 하는 것이다. 그것을 가능하게 하는 수단이 성과관리이고 회계 제도 개선이다. 부처가 많은 사업을 하고 예산을 많이 투여하는 것이 만사가 아니라 국민에게 만족과 행복을 주는 사업의 결과(outcome)를 강조하게 되었다. 우리나라도 1997년 외환위기에 직면하면서 행정을 혁신하고 성과를 강조하는 예산 운영을 추구하였다.[2)]

2) 한국의 예산 개혁 흐름

한국은 1948년 정부를 수립한 이후 곧 1950년에 동족상잔의 6・25라는 전란에 휩싸였다. 그리고 1960년 4・19, 1961년 5・16, 1972년의 유신 체제, 1979년 박정희 대통령의 서거, 1980년 광주의 5・18, 1987년의 6・29, 1997년의 외환위기, 그리고 2008년의 미국발 금융위기를 경험하였다. 이런 사건들은 재정 운용 혹은 예산 운영에 크게 영향을 미쳤고 정부는 이에 대처하였다. 이를 행정부를 중심으로 연대별로 간단히 살펴보면 다음과 같다(재경회・예우회 엮음, 2011).

(1) 정부 수립부터 1950년대

정부 수립 이후 곧 동족상잔의 6・25를 당하여 정부의 존립이 위협을 당하였다. 세입의 상당 부문이 차입이었고 외국의 원조에 의존하였다. 추가경정예산이 자주 이용되었다. 이러한 상황에서 재무부를 중심으로 연구하여, 1950년대 말에 기능별 분류와 경제성질별 분류가 적용되었다.

(2) 1960년대

4・19로 정권을 잡은 민주당 정부를 무너뜨리고, 군인이 무력에 의해, 정권을 잡은 5・16이 1961년 5월 일어났다. 박정희 장군은 예편 후 대통령선거에 출마하여 당선되었다. 박정희 대통령은 1963년 12월부터 1979년 10월까지 재임하였다. 정부는

2) 박형수 외(2012: 23－28)에서 미국, 프랑스, 영국, 호주 등의 예산 개혁 내용을 대략 볼 수 있음.

경제 개발에 중점을 두었다.

정부는 재정 운용의 기틀을 새롭게 하였다. 정부는 경제기획원을 설치하고 경제개발 5개년계획(經濟開發5個年計劃)을 작성하여 실시하였으며, 경제개발특별회계를 설치하였다. 또 정부는 과거의 재정법을 예산회계법(豫算會計法)으로 대체하였다. 이에 따라 기업예산회계법과 정부투자기관예산회계법을 제정하였다. 전자는 전매청, 철도청 등에 적용하는 법률이고, 후자는 한국전력공사, 대한주택공사 등에 적용하는 법률이다.

정부는 경제 개발에 주력하여 이를 위해서, 경제개발특별회계, 총자원 예산제도 등을 설치하고 운영하였다. 증가하는 재정 팽창에 대비하기 위해서, 그리고 경제 개발을 지원할 재원을 확보하기 위해서 정부는 1966년 국세청(國稅廳)을 설치하였다.

(3) 1970년대

정부는 경제 개발을 지속하고 군방에 힘썼다. 베트남이 공산화되었고 미국과 중국이 국교를 정상화하였다. 또 한때 주한 미군 철수가 미국 대통령 선거의 이슈가 되었다. 또 한편으로 중동으로부터 석유 파동이 야기되었다. 이러한 상황에서 정부는 새마을사업을 시작하고 중화학공업을 육성하기로 하였다. 이에 따라 필요한 재원을 마련하기 위하여 1975년 7월 방위세(防衛稅)를 목적세로 신설하였고, 1977년 7월에는 부가가치세(附加價値稅)를 신설하였다. 부가가치세는 지금도 중요한 정부 세원이며, 국군 장비 현대화에 기여한 방위세는 1990년에 폐지되었다.

1970년대에 정부에서 계획예산 제도(PPBS)를 연구하여 일부 부처가 사용하기도 하였다. 관료의 반대로 흐지부지되었다. 그러나 일부 흔적이 국방부에 남아 있다.

(4) 1980년대

박정희 대통령이 서거하자 정치체제가 급격한 변동에 직면하였다. 야당과 이른바 재야단체는 민주화를 외쳤고 군부 세력은 안보를 걱정하였다. 다시 군인이 정권을 잡았다. 이러는 과정에 경제 성장은 마이너스가 되었고 정부는 경제 안정을 위하여 긴축 재정을 운영하였다. 재정 증대를 억제하기 위하여, 방위비 지출이 억제되었고 영기준 예산 제도(ZBB), 중기재정계획, 관서당운영경비 등의 제도를 도입하여 운영하였다. 아울러 정부투자기관의 운영을 합리화하기 위하여 정부투자기관관리기본법을 1983년에 제정하였다.

정부는 교육시설 확충을 위하여 1981년 교육세법(教育稅法)을 제정하여 목적세로 한시적으로 1982년부터 1986년까지 교육세를 걷기로 하였다. 그리고 노년의 소득을 보장하기 위하여 1986년 12월 국민연금법(國民年金法)을 제정하였다. 이에 따라 1988년 1월 10인 이상 사업장에 연금법을 적용하였다. 국민연금관리공단이 1987년 9월 설치되었다. 정부는 1988년 1월 농어촌에 의료보험을 적용하였고, 1989년 7월에 도시에 적용함으로써 전국민을 대상으로 의료보험(醫療保險)을 확대하였다.

정부는 일반회계가 담당해오던 자본적 지출 업무를 담당하기 위해서 재정투융자 특별회계를 1988년에 설치하였다. 또한 기금운영을 보다 합리화하기 위해서 기금관리기본법(基金管理基本法)도 1991년 제정하였다.

(5) 1990년대

세계화의 물결이 한국에도 몰아치는 가운데 김영삼 정부가 들어섰다. 처음 정부는 경제기획원과 재무부를 합하여 재정경제원으로 통합하였다. 정부는 우루과이 라운드(UR)와 WTO 체제 하에서 농업 개방에 대처하기 위해서 1994년 8월 농어촌구조개선특별회계법을 제정하였다. 교통세법(1994년), 공공자금관리기금법(1994년), 민간자본유치촉진법(1994년) 등을 제정하여 사회간접사본(SOC) 투자재원을 마련하였다. 그리고 정부는 예산 비목을 축소하고 자체 전용 범위를 확대하는 등 예산 운영의 자율성을 확대하였다.

그러나 1997년 겨울 이른바 IMF 외환위기를 당하였다. 경제는 마이너스 성장을 하였고 김대중 정부가 들어섰다. 정부는 기획예산위원회와 예산청을 두어 정부 예산을 운영하였다. 그러나 곧 두 기관은 통합되어 기획예산처가 되었다. 여기서 정부 혁신을 추진하여 성과관리 체계를 구축하기 시작하였다. 재정적자관리(財政赤字管理)와 재정건전화(財政健全化)가 최대 과제였다. 부실기업 정리와 공적자금의 투여, 그리고 실업에 대한 사회안전망 구축이 시급한 과제였다.

(6) 2000년대

성장과 분배가 가장 큰 논쟁거리였다. 1960년대부터 대기업을 통한 수출 위주의 경제 발전 전략은 지속되었다. 그러나 한편으로 1997년 외환위기 이후 복지에 대한 필요성은 증대되었다. 재정 가운데 복지 지출이 증대되었고 국방 지출은 감소하였다. 이러한 상황에서 국가채무는 감소하지 않았다. 한국 사회가 경제적으로 양극화되고 노인 인구가 많아지자 2012년 대통령선거에서 경제민주와, 복지 확대 등이 이슈가 되었다.

정부는 성과관리, 성과관리 예산 제도(성과주의 예산 제도, performance based budgeting), 국가재정운용계획, 예산총액배분 · 자율편성 제도, 디지털예산회계제도, 발생주의회계 제도 등을 도입 · 운영하였거나 시범 운영하였다. 이러한 예산 제도의 도입은 기획예산처를 중심으로 행정 혁신과 함께 이루어졌다. 김대중 대통령 때 IMF 위기(1997)를 극복하기 위해서 도입했던 여러 예산 제도는 노무현 대통령(2003~2008) 때 더욱 체계적으로 확대되었다. 그러나 국가채무는 계속 증대되었다. 경상수지는 계속 흑자였으나 2008년 미국발 금융위기에 직면하여 한때 흑자 규모가 크게 축소되기도 하였다. 1인당 국민소득은 2만 달러에 이르렀으나 금융위기로 다시 감소하였다.

이명박 대통령은 기획예산처를 재무부와 합하여 기획재정부로 개편하였다. 그리고 경기를 진작시키기 위해서 예산의 조기 집행을 촉진하였다.

2000년대의 가장 큰 변화는 국가재정법(2006년)과 국가회계법(2007년)을 제정한 것이다. 이 법들은 1990년대 말부터 논의되었던 재정 및 회계 운영의 혁신을 제도화한 것이다.

위에서 설명한 것 가운데 대표적인 예산 개혁을 정리하면 <표 12-3>과 같다.

표 12-3 연대별 대표적인 예산 개혁

연 도	예산 개혁 내용	환경 여건
1950년대	기능별 분류 및 경제 성질별 분류 도입(1958)	6·25(1950)
1960년대	경제기획원 설립(1961), 예산회계법 제정(1961), 경제개발특별회계 설치(1962), 국세청 설치(1966)	4·19(1960) 5·16(1961)
1970년대	계획예산 제도 연구, 방위세법(1975), 부가가치세법 제정(1977)	석유파동(1973) 박정희 대통령 서거(1979)
1980년대	계획예산 제도 국방부 도입(1980), 영기준 예산 제도 및 중기재정계획 도입(1982), 재정투융자특별회계 설치(1988)	5·18(1980) 6월항쟁(1987)
1990년대	기금관리기본법 제정(1991), 재정경제원 설치(1994), 기획예산처 설치(1999), 농어촌구조개선특별회계 설치(1991), 공공자금관리기본법(1996), 예비타당성제도	외환위기(1997)
2000년대	기획재정부 설치(2008), 국가재정법 제정(2006), 국가회계법 제정(2007), 총액배분자율편성 제도, 국가재정운용계획, 디지털 예산회계 제도, 성과관리, 조기 예산 집행	금융위기(2008)

제 2 절 예산 제도의 전개

예산 개혁이라고 하면, 특별회계의 설치, 예산관계법의 제정과 개정, 통합예산 제도의 도입, 회계연도의 변경, 계획예산 제도의 도입, 예산 과정의 개선 등 그 포괄 범위가 넓다. 여기서는 범위를 좁혀서 품목별 예산 제도, 성과주의 예산 제도, 계획예산 제도 등을 중심으로 이들 제도의 변화와 발전에 대하여 간단히 살펴보기로 한다.

1. 품목별 예산 제도

1) 개념과 배경

품목별 예산 제도(Line Item Budgeting System)는 정부가 구입하려는 대상을 분류하여 이에 따라 예산을 운영하여 예산의 통제를 기하려는 제도이다. 정부가 구입하려는 대상은 직원의 보수, 여비, 설계비 등 공통적인 품목으로 분류될 수 있는데,

이런 품목으로 예산을 분류해서 운영하는 제도이다.

이 제도는 1688년 영국의 명예혁명에서부터 국왕의 재정권을 통제하려는 노력에서 연유하였다. 그리고 미국에서는 행정의 절약과 능률을 증진시키기 위해서 뉴욕시 보건국 예산을 품목별로 편성함으로써 시작되었다.

미국의 경우, 1894년 설립된 미국의 시정연구회(National Municipal League)와 1906년에 설립된 뉴욕시정연구회(New York Bureau of Muncipal Research)의 활동이 품목별 예산 제도의 도입에 큰 영향을 주었다. 뉴욕시정연구회가 창립된 지 1년 만에 뉴욕 시 보건국은 품목별 예산 제도를 도입하였다. 시정연구회의 활동이 1912년에는 태프트위원회(Taft Commission on Economy and Efficiency)에 영향을 주어,[3] 이 위원회에서 정식으로 연방정부에 품목별 예산 제도를 권장하였고, 1920년대에는 대부분의 부처들이 이 제도를 도입하였다(Lynch, 1979: 13).

품목별 예산 제도의 가장 큰 의의는 이 제도가 오늘날 우리가 당연시하는 행정부 제출 예산 제도(executive budgeting)의 긴요한 구성 요소라는 것이다. 미국의 경우 태프트위원회가 1912년 행정부 제출 예산 제도를 권고하였다. 이 권고안은 행정부가 품목별 예산 등을 작성하여 의회에 제출하고 의회는 그것을 심의하도록 하였다. 그러나 이 권고안은 삼권분립에 대한 논쟁으로 채택되지 않았다. 그 후 윌슨(Thomas W. Wilson) 대통령의 건의와 의회의 의결을 거쳐 1921년 하딩(Warren G. Harding) 대통령 때 예산회계법이 제정되어 행정부 제출 예산 제도가 확립되었다. 이로써 이제까지 입법부가 사실상 연방정부 예산을 편성함으로써 제기되었던 문제점을 개선하게 되었고, 또 한편으로 행정부가 절약과 능률을 위해서 재량권을 사용할 수 있게 되었다. 그리고 이러한 변화는 예산에 대한 입법부와 행정부의 주도권 문제를 계속 야기하였다(Caiden, 1987: 84－92).

3) 태프트위원회는 태프트(William Howard Taft) 미국 대통령이 임명한 대통령위원회이다. 이 위원회는 연방행정 개혁, 특히 예산 개혁을 검토하고 권고안을 제출하였다.

2) 장 · 단점

(1) 장 점

첫째, 품목별 예산 제도는 회계 책임을 명백히 하는 데 도움이 된다.

둘째, 입법부가 예산을 심의하는 데 편하다.

셋째, 품목별 예산 제도는 예산 편성에 큰 도움이 된다.

(2) 단 점

첫째, 예산 운영에 경직성이 크다.

둘째, 정부가 무슨 사업을 어떻게 하고 있는지 전혀 알 수 없다.

셋째, 정책 및 사업의 우선순위에 대한 정보를 얻을 수 없다.

이러한 단점에도 불구하고 기본적으로 예산 운영에 대한 공무원의 책임을 강조하고, 재정정책이나 정책을 수행하는 데 기본 요소가 되는 품목별 예산 제도는 어느 나라에서나 사용되고 있으며, 앞으로도 계속 사용될 것이다. 그 가장 큰 이유는 어떠한 예산 제도보다 예산을 운용하는 공무원의 권한과 재량을 확고히 해주는 성질이 품목별 예산 제도에는 숨어 있기 때문이다(Wildavsky, 1978: 501－509).

품목별 예산제도의 장 · 단점을 아는 것보다, 이 제도가 행정부 제출 예산 제도의 중요한 요소라는 것을 아는 것이 더 중요하다. 이 제도를 도입함으로써, 행정부가 예산을 편성하는 권한을 가지고, 입법부는 행정부 안에 대해 토론을 하여 예산을 확정하게 되었다. 미국에서는 1921년 이전에는 의회가 예산을 편성하고 확정하였다.

2. 성과주의 예산 제도

1) 개념과 배경

성과주의 예산 제도(Performance Budgeting System)는 기본적으로 '정부가 무엇을 구매하느냐?' 하는 것보다 '정부가 무엇을 하는 데 그만큼의 돈이 드느냐? 왜 구매하느냐?' 하는 것을 보여 주려는 것이다. 품목별 예산 제도를 이용하면, 우리는 정부가 무엇을 구매하는지 그 지출 대상을 명확히 알 수는 있지만 그러한 것들이 왜 필요한지는 알 수가 없다. 이러한 관점에서 개발된 예산 제도가 성과주의 예산 제도이다. 여기서 '성과'란 정부가 하는 일의 범주를 기능, 사업, 활동, 산물, 최종 효과 등으로 구체화할 때, 활동 및 산물을 초래하는 업무 수행을 말한다. 이 업무 수행은 활동들로 구성되고, 또 업무 수행의 결과로 유형·무형의 산물(실적)이 얻어진다. 그러나 구체적으로 볼 때 업무 수행(performance)과 활동, 업무 수행과 산물(성과·실적)을 구분하기 어렵다. 이러한 이유 때문에 우리나라에서는 'performance budget'을 성과주의 또는 실적주의 예산 제도라 칭한 듯하다.

또한 성과주의 예산은 품목별 예산을 이용할 때보다 업무 수행에 요구되는 비용을 정확히 산출함으로써 예산통제와 관리의 능률을 기할 수 있다. 이것은 복식부기, 발생주의 회계 원칙, 업무 측정 단위, 단위 원가(단위 비용)를 통하여 달성된다.

그러나 성과주의 예산 제도에 대한 설명은 다양하다. ① 성과주의 예산 제도라는 말을 처음 사용한 후버위원회(Commission of Executive Branch of Government)는 1949년에 성과주의 예산 제도를 정부에 의해서 지출될 돈보다 수행될 목표에 관심을 두는 예산 제도라고 하였다(Seckler-Hudson, 1978: 80). ② 1962년 국제 시정관리자협회 교과서 『시재무행정(*Municipal Finance Administration*)』(제6차 개정판)에 따르면, 성과주의 예산 제도는 관리 과정과 사업기획 과정을 통합하는 예산 제도로서 전통적인 품목별 예산 제도와 근원적으로 다른 것이 아니고, 그것을 보완하는 제도라고 하였다. ③ 동일한 교과서 1971년판에서는 성과주의 예산을 사업예산(program budget)의 극단적인 형태이며, 예산 운영과 사업의 평가에 업무 단위와 단위 비용(원가)을 기초로 이용하며, 이 제도를 이용하려면 관리 기록 및 회계 체제가 발전되어야 하는 까닭에 잘 이용되고 있지 않다고 되어 있다. ④ 빈포드(Charles W. Binford)는 성과주의 예산 제도를 활동의 성과(performance of some activity) 또는 업무량의 달성(accomplishment of a work load statistic)과 관련시켜 예산 추계를 하는 제도라고 하였다(Binford, 1978: 113-119). 이러한 논의를 살펴볼 때, 성과주의 예산 제도는 품목별 예산 제도 및 계획예산 제도(PPBS)와는 구별된다. 즉, 성과주의 예산 제도는 업무 수행 활동(activities)과 업무 수행의 최종 산물(end products)을 강조한다는 것이다. 여기서는 성과주의 예산 제도를 1949년의 미국 집행부 조직에 관한 대통령위원회와 버크헤드(Burkhead, 1956: 135)를 참고하여 다음과 같이 정

의하고자 한다: 성과주의 예산 제도는 정부 활동을 기능, 활동, 사업(projects) 등으로 구분하여 사업을 확인하고, 그것의 원가를 계산하여 예산을 제시하는 제도이다.

이와 같은 성과주의 예산 제도는 이미 1913년 뉴욕 시 리치먼드 구에서 원가예산 제도(cost data budget)를, 1934년에는 미 농무성과 TVA가 각각 프로젝트 예산과 사업예산을 사용함으로써 그 발전의 기미를 보였고, 1949년 후버위원회가 성과주의 예산을 대통령에게 건의하였다. 그리고 의회가 1950년 예산회계절차법(Budgeting and Accounting Procedures Act)을 제정하여 연방정부에 성과주의를 도입하게 되었다. 우리나라에서는 1960년대 초 예산국을 중심으로 성과주의 예산 도입에 관심을 가지고, 필리핀의 성과주의 예산 제도를 시찰을 하고 중앙부처의 몇 개 사업에 시범적으로 적용을 시도하였으나 도중에 중단되었다(유훈, 1977: 321).

2) 성과주의 예산의 주요 요소

성과주의 예산 제도에서는 업무 단위와 단위 원가(단위 비용)가 기초적인 구성 요소로 강조되었다. 성과주의 예산은 비용과 최종 산물을 연계시켜 예산을 편성하는 제도로 생각된다. 따라서 이 제도는 업무 단위의 개발이 출발점이 된다. 그러므로 성과주의 예산 제도의 주요 요소는 ① 업무 및 측정 단위의 개발, ② 단위 원가의 개발, ③ 세출예산서 양식 등이다.

(1) 업무 단위 및 측정 단위의 개발

성과주의 예산 제도에서 제일 먼저 하여야 할 일은 유사한 목적을 가진 활동이나 사업들을 확인하여 업무 단위(성과 단위)를 개발하는 것이다. 왜냐하면 업무 측정 단위와 단위 원가(비용)가 업무 단위를 기초로 하여 개발되기 때문이다. 그런데 업무 단위를 무엇으로 정하느냐에 대해서는 정답이 없다. 업무 단위는 하나의 사업에서 수행되는 활동이나 과정이다. 그러므로 업무 단위를 개발하기 위해서는 먼저 행정기관의 기능이나 사업을 세부 기능이나 세부사업으로 계속 세분화하는 작업을 먼저 하여야 한다. 이렇게 함으로써 업무 수행으로 달성되는 최종 산물을 확인하고 측정하기 용이한 업무 단위를 발견할 수 있다. 어떤 하나의 사업을 위해 수행되는 업무와 그 결과로 얻어지는 최종 산물(성과 · 실적)은 상이한 것이지만 측정에 주안점을 두면 업무 단위와 성과 단위는 동일해지기도 한다. 업무 단위는 유의미하고 동질적이며 측정이 가능하여야 한다. 그래서 업무 단위는 사업의 최종 산물과 연계될 수 있어야 한다. 그러나 이러한 조건을 충족시키기도 쉽지 않다. 측정이 어려운 업무도 많기 때문이다.

(2) 단위 원가의 개발

성과주의 예산에서는 총사업비를 산정할 때 1 회계연도 안에 이루어질 거래를 기초로 한다. 품목별 예산에서는 실제 현금이 회계연도 내에 지출될지 또는 아닐지 모르지만 현금이 지출될 것으로 생각하여 현금 지출을 기초로 총사업비를 산정한다. 이러한 차이로 인하여 회계연도 동안의 거래를 발생주의에 입각하여 부기하여야 하고 당연히 복식부기를 이용하게 된다.

단위 원가(비용)란 한 단위 업무를 수행하는 데 소요되는 경비를 말한다. 한 단위 업무를 수행하는 데 소요되는 원가를 산정한다는 것은 표준원가를 정한다는 뜻이다. 표준원가가 정해져야 업무 단위를 기초로 한 업무량에 표준원가(단위 원가)를 곱하여 업무 비용(원가)을 산정할 수 있다. 그런데 원가(비용)에는 인건비, 재료비, 시설비 등이 포함되고, 어떤 비용은 단년도에 한하는 것이지만 어떤 것은 수년에 거쳐서 소요되는 것도 있다. 또 원가 요소 가운데는 가시적이고 형태가 있는 비가시적이고 형태가 없는 것도 있다. 이러한 이유로 시간과 여건에 따라서 단위 원가(표준 원가)는 다양하기 마련이다. 단위 원가를 산정하기 위해서는 회계학적 지식이 필요하고 정부의 회계 제도도 발전해 있어야 한다.

(3) 세출예산서 양식

성과주의 예산의 가장 큰 특징 중 하나는 발생주의 원칙에 입각하여 모든 원가(비용) 계산을 하여야 한다는 것이다. 사업의 과거, 현재, 미래 상태에 대한 측정을 위해서 발생주의회계 체제를 구비하여야 한다는 것이다(Burkhead, 1956: 151). 재고, 부채, 감가상각 등을 고려하여 사업의 해당 연도 원가를 정확히 파악하여야 하고 이런 것이 예산서에 반영되어야 한다. 도로, 교량 등 자본사업의 경우에 업무 단위당 해당

연도 총비용을 계산하여야 하는데, 이때 현금주의와 발생주의 원칙에 따라서 각각 그 비용이 다르다. 사업원가, 재고, 부채 등을 파악할 수 있으면 사업과 예산을 잘 관리할 수 있을 것이다. 관리를 개선하기 위해서 발생주의에 입각한 비용 계산이 성과주의 예산 제도의 중요한 국면이다.

3) 장 · 단점

(1) 장 점

첫째, 성과주의 예산은 업무 단위와 단위 원가를 산정하여 업무량에 따른 예산을 추계로, 그 내용을 보면 정부가 무엇을 하는가를 쉽게 알 수 있다.

둘째, 성과주의 예산 제도가 후버위원회에서 제안되었던 이유 가운데 하나는 예산 심의를 용이하게 하려는 데 있었다. 품목별 예산 제도와 성과주의 예산 제도는 그 분류 체계와 예산 양식에 큰 차이가 있다. 사업원가를 업무 단위와 단위원가에 의거 산출해 놓은 까닭에, 그리고 예산 서류에 사업원가, 지출액, 지출원인행위액, 부채 등이 표시됨으로써 자금의 흐름과 예산 운영 상태를 이해할 수 있다.

셋째, 성과주의 예산 제도는 예산의 편성과 집행에 관리 책임을 명백히 할 수 있다. 성과주의 예산 제도에 따를 때, 목표, 기능, 사업, 사업에 따르는 활동, 결과 등을 알 수 있다.

결론적으로 말하면, 성과주의 예산 제도는 행정부의 사업계획 및 집행 조정, 입법부의 예산 심의, 그리고 사업 집행의 책임을 명백히 할 수 있는 장점이 있다(Seckler－Hudson, 1978: 80－93).

(2) 단 점

첫째, 업무 측정 단위의 선정이 곤란하다. 즉, 성과 목표와 결과를 측정하기 위한 측정 단위 선정이 어렵다. 모든 업무 단위의 측정 단위를 선정하기 곤란하다는 것이며, 모든 사업의 성과 목표와 결과를 객관적이고 계량화된 측정 지표로 측정하기 어렵다는 것이다.

둘째, 단위 원가의 산정이 문제이다. 단위 원가(표준 원가)란 한 단위의 업무 측정 단위를 생산하는 데 소요되는 급여, 수당, 재료비 등을 모두 합한 것을 말하는데, 단위 원가를 계산하려면, 업무 측정 단위에 관한 회계 기록이 축적되어 있어야 하고, 공통 경비의 배분, 감가상각비의 처리 등이 문제이다.

셋째, 성과주의 예산 제도에서 말하는 업무 단위(성과)는 최종 목표에 도달하기 위한 사업 요소로서의 성과이다. 범죄 퇴치가 사업의 목표일 때, 경찰서 운영, 경찰 교육, 장비 개선 등의 업무가 필요하다. 따라서 경찰서 운영, 경찰 교육, 장비 개선 등이 업무 단위가 된다. 그러나 이런 업무를 많이 한다고 해서 사업 목표인 범죄 퇴치가 그만큼 많이 달성되는 것은 아니다. 장비개선이라는 업무단위가 증가되어도 범죄 퇴치라는 최종 목표가 증가되지 않을 수도 있을 것이다.

이외에도 성과주의 예산 제도는 발생주의회계에 기초하기 때문에 현금주의를 택하고 있는 조직에서는 운영하기 곤란하다.

3. 계획예산 제도

1) 개념과 배경

계획예산 제도(Planning Programming Budgeting System: PPBS)의 중요성을 강조하는 가장 큰 이유는 효과성에 있다.

계획예산 제도에 대한 정의(定義)나 특징은 다양하다(Novick, 1979: 42-45; Smithies, 1975: 26-27; Steiner, 1975: 310-312). 그러나 계획예산 제도는 장기적 목표의 구체화(目標의 構造化), 체계적인 분석(體系的인 分析), 정보 체제(情報體制) 등을 강조하는 제도라는 것을 알 수 있다. 국가 목표를 달성하기 위한 하위 목표를 도출하고 하위 목표를 달성하기 위한 사업 대안을 구상하고, 이들 여러 대안을 체계적으로 분석하여 각 대안의 비용과 편익을 검토한 후 계획을 수립한다(planning). 그리고 계속해서 그 계획을 구체화하며(programming), 끝으로 구체화된 세부계획에 따라서 재원을 배분한다(budgeting)는 것이다. 이러한 특성을 계획예산 제도가 가지고 있는 까닭에 노빅(David Novick)은 장기적 목표의 구체화, 체제적인 대안분석, 재원 배분, 정보 체제 등의 국면들을 무시한 단순한 새로운 회계 및 통계 체제의 도입, 관리 및 정보 체제의 도입, 사업구조에 맞추기 위한 조직 재편 등은 계획예산 제도가 아니라고 하였다(Novick, 1979: 51).

계획예산 제도는 1940년부터 그 기원을 찾을 수 있다. 그 당시 루스벨트(Franklin Roosevelt) 대통령은 국가방위위원회에 전시계획(戰時計劃)을 세울 것을 지시하였고, 이에 따라 마련된 물자통제계획(Controlled Material Plan)은 목표, 대안, 비용편익분석 등 계획예산 제도의 특성을 보였다. 그 후 해안경비대, 랜드연구소(RAND Corporation) 등에서 이와 유사한 제도를 개발하였다. 특히 랜드연구소에서의 연구가 활발하였는데, 1953년 노빅은 『정부의 새로운 예산 및 회계 절차를 통한 능률과 절약』에서 국방성에 계획예산 제도를 제안하였고, 1960년에는 히치(Charles J. Hitch)와 매킨(Roland N. McKean)이 『핵시대의 국방경제』, 그리고 노빅이 『기획과 사업분석의 새로운 방법(*New Tools for Planner and Programmer*)』을 저술하였다. 이들은 계획예산 제도를 강력히 주장하였는데, 이러한 노력에 의하여 1961년에 미 국방성에 계획예산을 도입하게 되었으며, 1965년에는 존슨(Lyndon B. Johnson) 대통령에 의해서 연방정부에 도입되었다. 한편, 민간 부문에서는 1924년부터 듀퐁 회사에서 계획예산 제도를 도입하고 있었다(Johnson, 1977: 79－108). 우리나라에서는 1970년대 초 이 제도의 도입에 관한 연구를 한 바 있으나, 도입은 국방부를 제외하고 하지 않았다. 국방부는 1979년부터 이 제도를 이용하였고, 1985년부터는 그것을 더욱 발전시킨 '국방기획관리 제도(Planning Programming Budgeting Execution and Evaluation)'를 사용하고 있다(최수동 · 손윤진, 2018).

다음에서는 미국의 예산국이 계획예산 제도를 안내한 내용을 살펴봄으로써 구체적으로 알아보기로 한다(US Bureau of Budget, 1978: 129－141; 강신택, 1969: 301－331).

2) 계획예산 제도의 주요 요소

계획예산 제도를 이해할 때는 ① 목표의 구조화, ② 분석 체제, ③ 정보 체제 등의 세 측면이 어떻게 구체화되고 있는가를 주의 깊게 검토하여야 할 것이다. 이러한 세 측면이 미국에서는 ① 사업구조, ② 사업 요강(Program Memoranda), ③ 특수분석연구(Special Analytic Studies), ④ 사업 및 재정계획(Program and Financial Plan), ⑤ 예산주기 등을 통하여 구체화되었다. 사업구조는 정부의 주요 사업을 달성하여야 할 목표를 중심으로 사업에서부터 최종 산물까지 질서정연하게 연계시키기 위한 분류 체계로서 목표의 구체화에 기여하는 것이다. 사업 요강, 특수분석연구, 사업 및 재정계획은 문서의 명칭이다. 이 문서들은 목표, 사업, 예산, 사업분석의 결과, 장기계획 등이 포함된다. 즉, 정보이기도 하다.

(1) 사업구조

사업구조는 부처의 활동을 몇 개의 묶음으로 분류한 것인데, 분류할 때 부처의 목표와 연계시켜 각 대안들의 효과성과 비용을 비교하기 쉽게 하여야 한다.

사업구조는 사업 범주(program categories), 하위사업(subprogram), 사업 요소(program element) 등으로 구분되며, 이들은 계층적 성질을 가진다. 사업 범주는 조직의 상층부에서 결정을 담당하는 것으로 한 부처의 사업 범주는 10~5개이다. 하위사업은 사업 범주를 몇 개로 나눈 것이며, 산출 지향적인 동질적인 사업 요소를 몇 개를 합한 것이다. 사업 요소는 사업구조의 기본 단위로서, 최종 산물을 생산하는 부처의 활동이다. 담당 부서가 다르고, 지원되는 예산이 상이하다고 해도 동일한 사업에 포함되면 하나의 사업 요소에 포함된다. 사업 요소는 ① 명백히 산출을 정의할 수 있고, ② 부처의 최종 산물이어야 하며, ③ 사업 요소의 투입은 산출과 연계되어야 한다.

지원비, 행정비 같은 성질의 간접비는 되도록 하나의 사업에 포함시켜서 중복이 없어야 하며, 어떤 사업과 연계시키기 어려운 것은 독립적으로 하나의 활동, 즉 하나의 하위사업에 포함시켜도 좋다.

사업구조는 하나의 목표와 연계하여 사업 범주를 구분하기 때문에 의사 결정을 합리적으로 하는 데 기여하며, 아울러 합리적인 의사 결정을 할 수 있도록 고안된 사업구조는 다른 방법으로 분류된 예산 분류와 연계되어야 한다.

(2) 사업 요강

사업 요강은 20페이지 이하로 작성하되, 기관장과 예산국장이 이용하기 쉽도록 작성되어야 한다. 이 문서는 사업의 필요성, 사업 목표, 대안에 대한 설명, 사업 선정 이유, 전제, 비용, 효과성 등을 설명하여야 하며, 특수분석연구를 제출하지 않는 부처는 대안들 가운데 해당 사업을 선정하는 기준을 밝혀야 한다.

(3) 특수분석연구

특수분석연구는 하나의 문서로서 기관장이나 예산국장에게 목표 달성을 위한 대안 가운데 하나를 선택할 때 필요한 정보를 제공하는 것이다. 특수분석연구는 주요 사업 문제(Major Program Issue)에 대한 하나의 해답서인 셈이다. 주요 사업 문제는 예산 과정에서 제기되는 주요 문제들이며, 특수분석연구는 자료가 부족하고 분석 방법이 여의치 못할 때에는 수행할 수 없다. 따라서 사업구조 전체에 대해서 하는 것이 아니고, 사업 범주 또는 그 일부분에 대해서 수행하며, 기관장이나 예산국장에게 대안 선정에 적합한 정보를 제공하는 데 목적이 있다.

(4) 사업 및 재정계획

사업 및 재정계획은 과거 및 현재의 부처 및 대통령의 사업 결정이 미래에 시사하는 바와 7년 간의 사업구조, 즉 사업 범주, 하위사업, 사업 요소에 대한 산출, 비용, 자금 동원 등을 표시한 문서이다. 따라서 부처는 ① 사업 요소에 따른 산출과 비용, ② 사업 범주와 하위사업에 따른 비용, 예산 회계연도 동안의 비용, 사업 범주 및 하위사업을 운영하는 주체에 따른 비용, ③ 사업구조를 부처의 예산구조(예: 품목별 예산)로 전환시킨 재정요구서 등 세 개의 문서를 1년에 두 번 예산국에 제출하여야 한다. 예산국에 제출하는 사업 및 재정계획은 해당 회계연도를 기준으로 당해 연도 것만을 제출하고, 미래의 비용과 산출의 정당화는 특수분석연구와 사업 요강에서 한다.

(5) 계획예산 관계 문서의 제출과 예산주기

계획예산 제도는 계속적 과정이다. 이러한 까닭에 분석과 기획, 그리고 사업 선정(programming)은 계속된다. 따라서 계획예산 제도는 부처의 관리 체제와 통합되어야 하며, 특히 계획예산 제도의 운영이 예산 편성 및 심의 과정과 일치하여야 한다.

3) 장 · 단점

계획예산 제도는 그 이론적 근거를 총체주의(comprehensive budgetary theory) 또는 합리모형에 두고 있으므로, 장기적 계획 아래서 재원을 합리적으로 배분할 수 있다는 장점 등이 있다. 계획예산 제도는 효과성, 능률성, 과학성, 체계성 등을 강조하는 장점이 있다. 그러나 현실적으로 계획예산 제도가 의도하는 목적을 달성할 수 없다는 비판이 많이 있다. 여기서는 단점을 설명하고자 한다.[4)]

(1) 결정구조의 집권화

안센(Melvin Anshen)은 계획예산 제도의 운영을 검토하면서, 결론적으로 다음과 같이 주장하였다. "계획예산 제도는 중립적인 도구이다. 그 제도는 정치성이 없다. 계획예산 제도는 공공 재원을 배분하는 책임을 담당하는 공직자로 하여금 목표 달성을 위한 좀 더 훌륭한 결정을 할 수 있도록 정보를 조직하는 방법에 지나지 않는다"(Anshen, 1979: 370).

그러나 계획예산 제도는 상층부의 권한을 강화하는 도구로서 중립적인 도구가 아니다. 계획예산 제도는 사업구조에서 보았듯이 사업 범주, 하위사업, 사업 요소가 계층성을 띠며, 사업 범주는 정부 목표와, 그리고 하나의 사업 범주를 위한 몇 개의 하위사업, 그리고 하나의 하위사업에는 수많은 사업 요소가 일관성 있게 배열되어야 한다는 것이다. 그리고 이러한 사업구조는 정책 결정 구조와 일치하여야 한다. 이렇게 될 때, 목표와 수단, 그리고 하위 수단이 질서정연하게 결정될 수 있다는 것이다. 그러나 이렇게 되면 행정부, 즉 대통령이 입법부보다 예산 결정에 주도권을 잡을 수 있고, 부처에서는 국 · 과장보다 장관이 결정의 핵심에 자리하게 되어 집권화를 초래하게 된다는 것이다. 왜냐하면, 정부가 무엇을 하여야 하는가 하는 국가 목표의 결정은 하위 부서의 업무가 아니라 정부기관의 상층부의 업무이기 때문이다.

---

4) 윌다브스키는 집권화를 비롯한 정치적 비합리성을, 린치, 스타이너, 매킨과 안센, 쉬크 등은 개념상의 혼돈과 집행상의 문제를 지적하고 있다. 그리고 메레위츠와 소스니크는 계획예산의 중요한 축이 되는 비용편익분석 등 분석적 기법의 한계를 지적하였다(Wildavsky, 1979: 186-202; Lynch, 1979: 31-32; McKean & Anshen, 1975: 286-307; Steiner, 1975: 308-352, Schick, 1973: 146-156, Merewitz, 1971).

(2) 입법부와 관료의 재량권 제한

체계적인 분석을 강조하는 계획예산 제도 하에서는 사업을 계획하고 분석하는 전문가의 힘이 강해지는 반면에, 경험 많은 관료의 영향력은 감소하게 된다. 또한 입법부의 예산 심의가 부실해지기 쉽다. 왜냐하면, 행정관료들이 예산 심의에 충분한 자료를 제출하지 않는 까닭이다. 행정관료들은 사업 선정 과정에서의 여러 대안들을 검토하고 각 대안의 효과와 비용을 추정하기도 하지만 입법부에는 분석 · 검토 결과인 사업의 목표, 정당성, 비용, 효과만을 요약하여 제출한다. 이렇게 되면, 입법부는 행정부가 제안한 대안 이외의 더 좋은 대안과 대안이 선정된 이유들을 알 수가 없다. 결국 의원들은 과학적 방법에 의해서 제시된 예산안을 인정하지 않을 수도 없는 형편이다.

(3) 사업구조 작성의 곤란

사업구조를 작성할 때 가장 먼저 생각할 것은 목표 정의에 관한 것이다. 동일한 사업에 대해서도 여러 종류의 목표를 부여할 수 있으며, 사업이 확정되었다고 해도 문제는 여전히 남는다. 사업 범주, 사업 요소로 사업을 계층적으로 분류할 때, 어떻게 사업 요소들을 분류하느냐는 생각보다 어렵다. 사업구조와 조직구조가 일치하지 않은 까닭에 조직구조를 변경하기도 어렵고, 서류상의 사업구조에 따라서 예산을 작성하는 환산 작업(換算作業)도 힘들다. 앞에서 이미 지적하였듯이 사업구조 작성 때에 간접비의 배분 문제 등이 있다.

예를 들어, <표 12-4>를 살펴보기로 한다.

또 위와 같이 분류하는 경우, 직장보건은 보건복지부, 교육부, 국방부 등이 실제로 사업을 운영하고 예산을 운영하게 되는데, 이렇게 되면 계획예산 제도 하에서의 사업구조와 소관 부처의 예산과의 환산 작업이 필요하고, 이뿐만 아니라 사업을 계획하고 결정하는 단계와 집행하는 단계가 일치하기 어렵다. 여기서는 설명을 위하여 과장하였지만, 두 개 부처가 관련되는 사업은 얼마든지 있을 수 있고, 또 한 부처 내의 여러 국과(局課)와 함께 관계하는 사업은 많을 것이다. 이 경우 서로 사업을 하려고 하고 따라서 예산을 더 많이 획득하려는 경쟁을 어떻게 통합할 것인가가 문제로 제기될 수 있다. 물론 원론적으로 목표를 명확히 하고 그것을 구체화하는 방법으로

표 12-4 보건 및 생활환경 개선의 사업구조(예시)

사업 범주	하위사업	사업 요소	예산 담당부서
보건	가정보건	모성관리	보건복지부
	학교보건	전염병 예방/보건교육 등	보건복지부, 교육부, 문화체육관광부
	직장보건	건강진단/산재병원 건립 등	보건복지부, 교육부, 국방부
	노인보건	-	-
	특수보건	-	-
	지역사회보건	-	보건복지부, 농림축산식품부, 행정안전부
	보건행정	행정관리/기관 유지	보건복지부, 교육부, 문화체육관광부 등
위생 및 생활환경 개선	-	-	-

수단과 하위 수단을 체계 있게 연결하면 된다. 그러나 강력한 중앙집권적 결정구조가 존재하지 않는 한 그것은 매우 어려운 일이다.

(4) 직원의 이해 부족

사업구조의 문제는 개념 수준의 문제일 수 있으나, 계획예산 제도를 도입함으로써, 단기적으로는 서류 작업이 많아지고, 조직구조를 재검토하여야 하는 일이 야기되며, 장기적으로는 결정구조가 집권화되는 데 따른 사업 결정을 하는 집단과 예산을 집행하는 집단 간의 갈등이 야기될 수도 있다. 조직 상층부, 사업분석가, 전문가 등은 일반 지침만 제시하고 그것을 집행하는 실무자들은 그것을 수행하는 데 온 노력을 기울이지만 만약 유인책이 없다면 어떻게 될 것인가? 계획예산 제도는 제대로 운영되지 않을 것이고, 그러면 더욱더 상층부의 통제는 강화될 것이다.

대다수 부처의 직원들은 복잡한 분석 기법을 이해하지 못하고 있으며, 또 기법을 응용할 줄 안다고 해도 계획과 예측에 대한 책임을 지기 싫어하는 경향이 있다. 이러한 까닭에 불확실성이 없는 안전한 대안만을 제시하고, 그러면서도 사업의 종류와 수는 증가시키려 하는 등의 문제를 야기시킬 우려도 있다.

이 밖에도 목표 결정의 어려움, 비용, 편익 등의 계량화 곤란, 경험의 경시 등의 문제가 있으나, 계획예산 제도를 강조하고 옹호하는 학자들은 자원이 희소할수록 이 제도가 운영되어야 한다고 주장하며(Schick, 1983: 1－25), 또한 계획예산 제도가 좀 더 잘 운영되기 위해서, 다양한 계획예산 절차의 개발, 예산 과정과 계획예산 제도의 연계 강화, 계획의 신축성 유지, 분권화 등을 제시하기도 한다.[5] 그러나 계획예산 제도는 미국에서 1971년 9월 공식적으로 폐지되었다.

4. 영기준 예산 제도

1) 개념과 배경

계획예산 제도가 1971년에 폐지되고, 목표에 의한 관리(MBO)가 미연방정부에 도입되었다.[6] 그러나 곧 영기준 예산 제도(Zero Base Budgeting System: ZBB)가 카터(James E. Carter Jr.) 대통령의 취임과 함께 1977년에 도입되었다.

영기준 예산 제도는 전통적인 예산 운영 방식을 벗어나 새로운 사고와 운영 방식을 도입하려는 노력의 하나였다. 전통적으로 기존 사업의 예산은 인정되고, 새로운 사업에 대해서는 엄밀한 사정(査定: 조사하고 심사하여 결정함)을 하여 기존 사업예산에 새로 사업예산을 추가하는 식으로 예산 결정이 이루어졌던 것이다. 영기준 예산 제도는 기존 사업, 새로운 사업을 구분하지 않고 모든 사업을 엄밀히 분석하고,

---

5) 매킨과 안셴(McKean & Anshen, 1975: 302－306)은 계획예산 제도를 옹호하는 학자인데, 재원배분을 위한 합리적 접근 방법이 일반적으로 바람직한 것으로 이해되지 않는 풍토라는 것을 지적하면서 대통령, 의회 지도자 등의 지지를 기대하였다. 이익집단을 생각하면 이해가 쉽게 될 것이다.

6) 목표에 의한 관리는 닉슨(Richard Nixon) 대통령에 의해서 1973년부터 부분적으로 연방정부에 도입되었으나, 우리에게 『새로운 현실(*The New Realities*)』의 저자로 잘 알려진 드러커(Peter Drucker)와 'X, Y이론'으로 잘 알려진 맥그리거(David McGregor)에 의하여 개발되어 민간기업에서는 1960년대부터 이용되었다. 목표에 의한 관리는 목표 설정, 행동계획, 사업 진도 파악 및 평가 등 일련의 과정에 상관은 물론 부하 직원도 함께 참여하여, 자신들의 일을 스스로 계획 집행하고 평가하는 관리 체제를 의미한다. 따라서 이 제도는 예산 제도라고 말하기는 어렵다 할 것이다. 목표에 의한 관리는 상향적 · 참여적 · 자기통제적 관리 체계를 수립할 수 있다는 장점이 있다. 그러나 이 제도는 단기간에 손쉽게 달성할 수 있는 목표에 치우치기 쉽다는 점과 이윤을 추구하지 않은 조직이나 계층적 성격이 강한 조직에는 적용하기 힘든 단점이 있다. 우리나라에서는 1998년에 도입이 추진되었다. 성과평과와 보상과의 연계를 목적으로 도입되었고, 2002년에는 행정의 생산성과 효율성 향상을 목적으로 추진하였다(김경한, 2004: 43).

사업의 정당성을 검토하는 방식으로 예산을 편성하는 제도이다.

영기준 예산 제도는 기획과 분석을 강조한다는 점에서 계획예산 제도와 비슷하고 능률적인 관리를 위하여 관리자의 참여를 촉진한다는 점에서는 목표에 의한 관리와 비슷한 점이 있다. 영기준 예산 제도를 처음 제안한 피르(P. A. Pyhrr)의 말에 따를 때도 이 점은 명확하다. "나는 영기준 예산 제도라고 명명한 기획과 예산 운영 방법을 개발하였다.…… 사업체와 정부기관에 영기준 예산을 설치하는 철학과 절차는 거의 동일하다. 이 제도에 따르면, 관리자가 예산요구액을 자세히 정당화하여야 하며 왜 돈을 지출하여야 되는지를 그 자신이 정당화하여야 한다"(Pyhrr, 1973: xi). 다만, 기존의 예산 제도와 차이가 있다면, 기존의 사업에 대한 자세한 분석을 한다는 사고(思考)이다. 따라서 영기준 예산 제도는 ① 새로운 사업뿐만 아니라 기존 사업에 대한 예산을 정당화하여야 한다는 것과, ② 동일한 사업에 대해서 여러 대안을 작성하고, 그 대안들에 대한 비용, 편익, 사업 수준 등을 설명하여야 한다는 것, ③ 예산 운영에 관리자의 참여를 촉진한다는 것이다.

카터 대통령은 1977년 4월 각 부처의 장에게 영기준예산을 적용할 것을 지시함으로써 연방정부에 도입되었으나, 그는 대통령이 되기 이전인 조지아 주지사 시절에 이미 영기준 예산 제도를 이용한 바 있었다. 민간 부문에서는 피르에 의해서 1970년에 텍사스 인스트루먼트(Texas Instrument) 회사에 도입된 바 있다. 우리나라에서는 회계연도 1983년도 예산안 편성에 이 제도를 적용하였다(강봉균, 1983: 203－243).

2) 영기준 예산 제도의 절차

영기준 예산 제도의 예산 운영 절차는 기획, 영기준 예산 편성, 평가, 예산 집행계획 등으로 구성된다. 그 가운데서 영기준 예산 제도의 특징적 요소는 영기준 예산 편성이라고 할 수 있다. 영기준 예산 편성은 예산 운영 단위(decision unit)의 선정, 단위사업 분석표(decision package)의 작성, 단위사업 분석표의 순위 결정(ranking) 순으로 이루어진다.

(1) 예산 운영 단위의 결정

예산 운영 단위(decision unit)란 예산의 운영을 담당하는 주체나 관리자가 의미 있는 결정을 내릴 정도의 단일 사업을 말한다. 따라서 예산 운영 단위를 어떻게 정하느냐에 따라서 예산 운영의 능률성과 효과성이 좌우된다.

다음의 [그림 12-1]과 [그림 12-2]를 예로 살펴보기로 한다. 어떤 부처가 [그림 12-1]과 같다면 국(局) 수준의 각각의 국, 또는 과(課) 수준의 각각의 과를 대상으로 해서 예산 운영 단위를 정할 수 있다. 부처의 사업을 여러 사업으로 분류할 수 있다면 각각의 사업을 예산 운영 단위로 할 수 있다. 좀 더 구체적으로 [그림 12-2]에서와 같이 사업 수준과 활동 수준으로 구분된다면 사업 수준 또는 활동 수준을 대상으로도 예산 운영 단위를 정할 수 있다.

다만, 예산 운영 단위는 조직 단위일 수도 있고 사업 단위일 수도 있으나 이러한 예산 운영 단위가 조직의 목표를 효과적으로 달성하는 데 기여할 수 있어야 한다는 점이다.

행정 부처를 관료제의 피라미드로 볼 때, 예산 운영 단위를 상층부의 조직 단위나 사업으로 하면, 의사 결정에 필요한 정보가 상층부에 집중되어 하층부의 참여가 제한되고, 또 한편으로는 예산사업이 어떻게 수행되고 있는지 잘 알 수 없게 되는 어려움이 있다. 그리고 지나치게 하층부의 조직 단위나 사업을 예산 운영 단위로 하면,

그림 12-1 부처의 조직과 사업

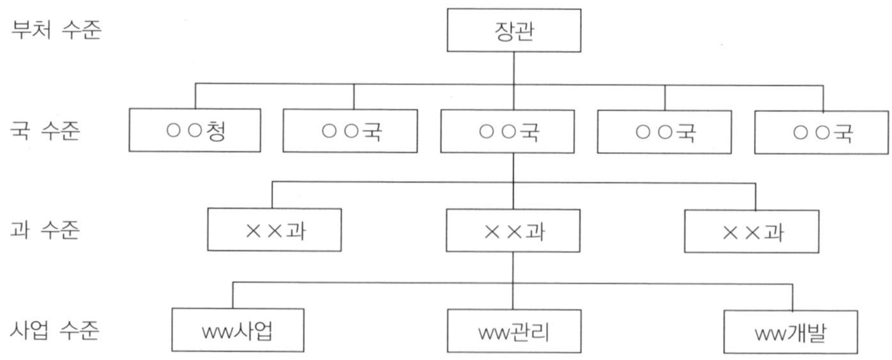

그림 12-2 과 수준의 사업구조

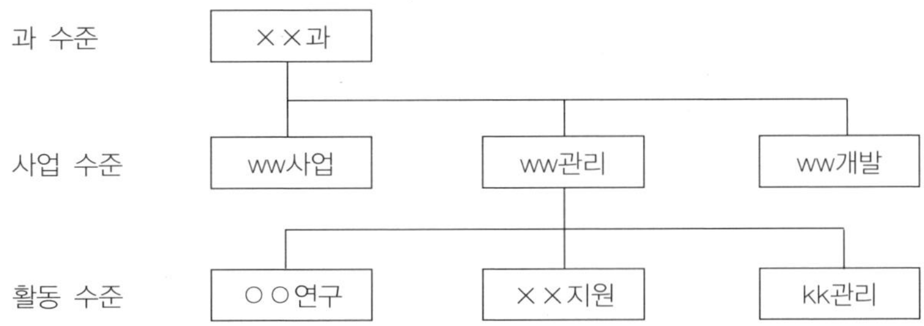

행정조직의 목표가 잘못 해석되는 등 의사 전달이 왜곡될 수 있으며, 또 한편으로는 단위사업 분석표를 많이 작성하게 되어 서류 작업이 많아지는 어려움이 있다(Sarant, 1978: 18-33).

[그림 12-2]에서 국을 단위로 하여 예산 운영 단위를 정하면 국장 중심으로 예산 편성 작업이 이루어짐으로써 하위 직원의 참여가 어려워지며, 반대로 [그림 12-3]의 활동 수준을 중심으로 예산 운영 단위를 작성하면 단위사업 분석표를 많이 만들게 되어 서류 작업이 많아지고, 동시에 조직의 목표가 잘못 해석될 가능성이 있다.

영기준 예산 제도의 장점이라고 할 수 있는 신축성이 예산 운영 단위에서도 발견되는데, 위에서 설명한 것과 같이 예산 운영 단위는 각 행정조직의 사정에 맞추어, ① 기능, 사업, 활동, 활동 요소, ② 국처, 과, 예산 지출 단위, ③ 품목별 분류 체계, 기능별 분류 체계, 재원별 등으로 분류하여 어느 한 분류 체계에서의 동일 수준의 요소로 예산 운영 단위를 결정하여도 된다. 다만, 각 예산 운영 단위가 조직의 목표와 연관되어야 하며, 예산 결정과 관계된 의사 전달이 용이하고, 유의미한 의사 결정의 대상이 되는가 그 여부를 고려하여야 할 것이다.

(2) 단위사업 분석표의 작성

단위사업 분석표(decision package)는 특정 활동을 관리자가 평가할 수 있도록 그 활동을 기술하여 놓은 문서이다. 이 문서에는 여러 활동을 비교 평가할 수 있도록 ① 목표, ② 활동을 수행하지 않았을 때의 결과, ③ 성과 측정 방법, ④ 행동대안, ⑤

표 12-5 정신병원 관리 예산 대안

대 안	목적 및 활동	예산 증가분	누적 예산
최소 수준	병원 유지	2,000만 원	2,000만 원
현행 수준	보호 · 치료	2,000만 원	4,000만 원
증가 수준	시설 개선	6,000만 원	10,000만 원

* 현행 수준은 사업 기준과 금액 기준이 있다.

비용과 편익 등을 포함하고 있다. 단위사업 분석표를 작성하면서 중요한 점은 대안을 마련하는 것인데, 이때 대안은 동일 기능에 대한 노력 수준이 상이한 것들로서 중복이 없이 노력 수준에 따라 증가된 것만 수준에 따라서 대안으로 제시는 것이 특징이다(Pyhrr, 1973: 6-18).

단위사업 분석표를 작성하기 위해서 관리자는 두 가지 일을 하여야 한다. 하나는 조직의 목적을 달성하기 위한 대안을 개발하는 것이고, 다른 하나는 대안이 결정되면, 이에 대한 예산, 활동, 성과 수준에 따라서 각각의 대안을 마련하는 것이다. 전자는 목표 달성을 위한 수단을 개발하는 것이고, 후자는 선택된 수단을 지원할 수준을 정하는 것이다. 후자의 대안은 최소 수준(minimum level), 현행 수준(current level), 증가된 수준(incremental level) 등으로 나뉜다. 현행 수준은 사업으로 본 현행 수준과 금액으로 본 현행 수준이 있다. 영기준 예산 제도의 특징은 사업대안과 사업을 지원할 수준에 대한 대안을 예산 운영 단위를 책임지는 관리자들이 직접 개발한다는 점이다.

예를 들어, 예산 운영 단위를 책임지고 있는 관리자들이 사업대안으로 정신병원 관리라는 사업을 확정하였다고 하면 그들은 그 사업을 지원할 다음과 같은 대안을 마련할 수 있을 것이다.

최소 수준은 인건비와 병원 유지비만을 계상한 것으로서 2천만 원이 소요되며, 현행 수준은 현재의 활동 그대로 보호 및 치료에 소요되는 활동비를 예산에 포함시켜 총 4천만 원이지만 최소 수준과의 차이만을 표시한다. 또 증가 수준은 시설개선비를 포함할 때의 예산으로서 이때에는 6천만 원이 더 필요하게 된다. 증가 수준으로 사업을 하자면 총예산은 1억 원이 소요된다.

관리자는 위의 대안들에 순위를 부여하여 각각의 단위사업 분석표로 작성, 상급자에게 제출할 수도 있고, 또는 하나의 단위사업 분석표로 작성, 상급자에게 제출할 수도 있다. 어느 경우든지 상급자는 이 세 종류의 대안들을 검토함으로써 사업에 대한 충분한 정보를 제공받아 예산 결정을 좀 더 효과적으로 할 수 있다.

영기준 예산 제도는 경직성 경비에 대해서도 이와 같은 단위사업 분석표를 작성하여 예산을 결정하는 까닭에 예산 배분의 효율성을 기할 수 있다는 것이다.

끝으로 단위사업 분석표의 작성 과정을 살펴보기로 한다.[7]

첫째, 예산편성지침서 작성과 마찬가지로 경기 전망과 사업 운영에 관한 전제를 정한다. 이것은 기관장의 목표와 기획 방침을 명확히 하는 데 도움이 되고, 예산 요구의 기준이 된다. 중앙예산기관과 부처예산기관의 입장에서 보면 예산사정의 기준이 되며, 예산 요구자의 입장에서 보면, 예산 요구를 어떻게 하여야 되는지 그 방향을 잡을 수 있다.

둘째, 각 예산 운영 단위는 단위사업 분석표를 개발한다. 먼저 생각할 것은 비용이다. 현행 수준을 그대로 유지할 때 봉급, 수당, 활동비 등이 어느 정도 증가하는가를 검토한다.

셋째, 정해진 목적을 달성하기 위한 사업 대안을 구상하고 각각의 사업 대안에 대해 감액 수준, 최소 수준, 현행 수준, 증액 수준 등 노력 수준을 달리하는 경우에 소요되는 예산을 추계한다. 이때 각각의 대안에 대한 분석을 체계적으로 하는 것은 물론이다. 셋째 과정에서 비용편익분석과 같은 방법이 적용된다. 하나의 사업 대안을 선정한다.

끝으로 선정된 대안에 기초해서 단위사업 분석표를 작성하고 순위를 정한다. 한 예산 운영 단위가 감액 수준, 최소 수준, 현행 수준, 증액 수준 등의 단위사업 분석표를 제출할 수 있는데, 이것 가운데 하나가 선정되는 것이므로 매 단위사업 분석표에는 대안이 선정되지 않을 때 초래되는 결과를 기술하여야 한다.

과거 우리나라에서는 경제기획원 장관이 지정하는 단위사업에 대해서 부처가 단

---

7) 선택된 사업에 대한 대안에 대해서 피르(P. A. Pyhrr)는 최소 수준(minimum level), 현행 수준(current level), 증가된 수준(incremental level) 등 3개 대안으로 설명하였지만 우리나라 단위사업 효과분석표에서는 감액 수준 등 4개 대안을 요구하였다. 이하 단위사업 분석표 설명에서는 단위사업 효과분석표에 따라 4개 대안을 설명하였다.

표 12-6 단위사업 분석표(단위사업 효과분석표)

사업명:

(양식 1의 전면)

작성 일자 . .

사업 일련번호	소관 관 세항 세세항 □□□-□□□-□□□□-□□□□-	회계	소관	집행조직 작성 책임자

1. 사업 개요(또는 사업 목표)

2. 총사업비 및 연차별 소요 [단위: 천 원($)]

구분	총사업비	기투입	1990 예산	1991 예산(안)	1992	1993	1994	1995 이후
합계								
• 내자								
– 예산								
– 지방비								
– 민자								
• 외자								
– 현금								
– 기자재								

3. 사업비 내역

총사업비		1989 실적		1990 예산		1991 예산(안)	
내역	금액	내역	금액	내역	금액	내역	금액
합계							

(양식 1의 후면)

4. 대안 검토 (단위: 천 원)

예산 수준별	대안의 주요 내역		
	내역	금액	사업 효과 또는 문제점
감액 수준			
현년도 수준 (금액 기준)			
현년도 수준 (사업 기준)			
증액 수준			

5. 동 사업의 최저 기본 요소와 지원 중단 시 문제점

(최저 기본 요소와 그 판단 기준)	(지원 중단 시 문제점)

6. 집행관리상의 주요 점검 사항

7. 기타 특기 사항

출처: 경제기획원, 『1991년도 예산 편성 기준』, pp.58–61.

위사업 분석표를 작성하여 예산실에 제출하도록 되어 있었다. 그때에는 단위사업 분석표를 단위사업 효과분석표라고 지칭하였다. 1991년도 예산 편성 기준에서 제시한 단위사업 분석표(단위사업 효과분석표) 양식은 <표 12-6>과 같다. 5항의 최저 기본 소요는 "그 이하의 예산 지원으로는 동 사업을 추진하는 것이 무의미하게 되는 한계점"을 뜻한다. 이 양식에 의할 때 우리나라에서는 하나의 단위사업 분석표에 예산 수준에 따른 네 종류의 대안을 기술하였음을 알 수 있다. 그리고 부처가 예산 수준에 따른 대안에 우선순위를 부여하지 않은 채 예산실에 제출하였다. 결국 부처가 제출한 단위사업 분석표는 예산실의 예산사정을 돕기 위해서 작성되었다고 할 수 있다.

(3) 단위사업 분석표의 순위 결정(ranking)

예를 들어, 어떤 시(市)에 '가', '나', '다', '라' 4개 국(局)이 A, B, C 3개의 단위사업 분석표를 시장에게 제출하면, 시장은 가-A, 가-B, 가-C, 나-A, 나-B, 나-C 등 12개의 단위사업 분석표에 대해서 우선순위를 정하여야 한다. 시장이 이 12개의 단위분석표를 <표 12-7a>와 같이 우선순위를 정하고, 가용 재원이 6억 원이라면 7순위까지의 단위분석표가 선정될 것이다. 이렇게 되면 각국의 예산은 <표 12-7b>와 같이 된다. '가'국의 예산은 100백만 원(가-A), '나'국의 예산은 270백만 원(나-A, 나-B, 나-C), '다'국의 예산은 80백만 원(다-A), '라'국의 예산은 150백만 원(라-A, 라-B)이 된다.

단위사업 분석표들의 순위를 정하는데, ① 제출된 분석표의 수, ② 관리자의 능력과 경험, ③ 단위사업 분석표의 성질, ④ 지출 수준에 대한 비교 용이성 등에 따라서 그 난이도가 좌우된다. 일반적으로 우선순위가 높게 책정되어 제출된 것은 검토할 필요가 없이 인정하고, 순위가 예를 들어 4위와 5위인 것을 서로 비교하려고 많은 시간을 소비하지 않는다면 어느 정도 단위사업 분석표의 순위를 정하는 데 많은 시간이 소비되지 않을 것이다. 또 순위 결정에 위원회 방식을 운영하여 투표로도 순위를 결정할 수 있을 것이다(Pyhrr, 1973: 87-96).

사실 단위사업 분석표의 순위를 정하는 과정이 영기준예산 제도의 문제점인데, 단위사업 분석표가 많으면 많을수록 우선순위를 정하기 곤란하기때문이다. 이에 대해서 홀리(Wholey, 1979)는 단순화한 영기준 예산 제도를 제안하고 있다. 그는 각 사

표 12-7a 단위사업 분석표의 우선순위

(단위: 백만 원)

순위	단위사업 분석표	예산증가분	누 계
1	가-A	100	100
2	나-A	150	250
3	다-A	80	330
4	라-A	110	440
5	라-B	40	480
6	나-B	80	560
7	나-C	40	600
8	가-B	50	650
9	다-B	70	720
10	가-C	50	770
11	라-C	60	830
12	다-C	60	890

표 12-7b 7순위까지 선정되었을 때 각 국(局)의 예산

(단위: 백만 원)

국	순 위	분석표	예산 증분	누 계
가	1	가-A	100	100
나	2	나-A	150	250
	6	나-B	80	330
	7	나-C	40	370
다	3	다-A	80	450
라	4	라-A	110	560
	5	라-B	40	600

업별로 단위사업 분석표를 작성하고 각각의 단위사업 분석표를 정책결정자들이 함께 모여 대면적(對面的) 대화를 통하여 검토함으로써 예산을 정할 수 있다고 주장하였다.

3) 장 · 단점

흔히들 영기준 예산 제도는 계획예산 제도와 목표에 의한 관리와의 혼혈아라고 한다. 그 까닭은 계획예산처럼 기획과 분석을 강조하면서도 그러한 임무가 조직의 중간관리자에게 부여되어 있는 까닭에 장기계획과 목표, 그리고 목표 달성을 뜻하는 효과성이 경시된다는 것이다. 또 한편, 조직의 모든 관리자가 예산 편성에 참여할 수 있어서 참여적 관리를 촉구한다는 뜻에서 목표에 의한 관리와 일면 성질이 유사하다는 것이다. 그러나 영기준 예산 제도의 최대의 장점은 이 제도의 철학, 즉 예산의 불요불급한 증가를 방지하여야 한다는 것이다. 이와 같은 사고는 일몰법(sunset law)으로 구체화되기도 하였고, 감축관리에 관심을 고조시키기도 하였다(박영희, 1982: 303-328).

(1) 장 점

① 예산 증대의 억제

예산 편성에서 항상 문제가 되는 것이 기존의 사업은 인정되고 새로운 사업은 추가하기가 힘들다는 것이다. 또 경직성 경비는 감축하기 힘들다는 것이다. 그러나 영기준 예산 제도는 철학이나 사고에서 보면 기존의 사업이라고 해서 당연히 예산이 인정되는 것이 아니라 분석을 통하여 그것이 정당성을 가질 때에 한하여 인정한다는 것이 특징이다. 따라서 불필요한 지출을 억제할 수 있다.

② 예산 운영의 다양성 수용

기관장의 사업 목표가 확정되었다고 하더라도, 그것을 달성하는 방법은 해당 조직 단위에서 구상되는 까닭에 목표 달성이 좀 더 현실적인 방법에 의해서 이루어질 수 있고, 또 동일한 업무라고 시간과 장소에 따라서 요구되는 예산은 다를 수 있다. 영기준 예산은 업무 수행을 담당하는 조직 단위가 예산을 편성하는 까닭에 이와 같은 다양성을 수용할 수 있다.

③ 조직 구성원의 참여 촉진

단위사업 분석표의 작성, 단위사업 분석표의 순위 결정에 조직의 구성원이 참여하는 등 어느 제도보다 조직 구성원의 참여가 허용된다. 계획예산 제도가 그 운영에 전문성을 요한다면, 영기준 예산 제도는 현실적으로 그것보다는 전문성을 적게 요구한다. 영기준 예산 제도를 운영하기 위해서 참모들을 두게 되는데 이들의 임무를 보면, ① ZBB 과정의 조정, ② 예산 운영 단위의 결정, ③ 부처를 위한 사업기획, 예산편성지침, 전제 등의 개발과 의사 전달의 촉진, ④ ZBB 과정을 위한 일정표 작성, ⑤ ZBB 요람 작성 등으로 ZBB 운영에서 절차에 관련되는 일을 많이 하고 있고, 특수분석, 체계분석, 정보 체계의 개발이라는 계획예산에서 강조하였던 그런 요소는 많지 않다(Sarant, 1978: 151-155).

(2) 단 점

① 과다한 노력과 시간 낭비

예산 편성에 많은 시간과 인력이 소비된다. 미국 델라웨어 주 윌밍턴 시의 경우,

직원들이 예산을 편성하는 데 많은 시간을 소모하였고, 외부 인사와 예산 집행에 대해서 상의할 필요성이 증대하였으며, 각종 서류 인쇄비가 100% 증가하였고, 이러한 정력의 낭비가 직원들 간에 불평으로 나타났다(Singleton, Simon, & Cleaveland, 1979: 180).

② 새로운 사업 제안 곤란

ZBB를 운영하면 관리자들은 최소 수준의 대안에 관심을 집중시키기 쉽다. 왜냐하면, 최소 수준은 우선순위가 높아서 예산이 인정되는 경우가 많을 것이기 때문이다. 그리고 결정자는 단위사업 분석표의 순위 결정에 그러한 경향이 있다는 것을 미리 탐지하여 최소 수준에 대한 검토를 치밀하게 할 것이기 때문이다. 따라서 이 최소 수준에 대한 검토가 면밀해질 것이고, 이렇게 하다 보면 예산 편성이 통제 지향적으로 될 것이다. 다시 말해서, 사업의 목적보다 값싼 대안에 강조점이 주어지기 쉽고 새로운 대안에 대한 관심은 저하될 것이다.

③ 장기적 목표의 경시

쉬크(Allen Schick)는 ZBB가 관리 도구로서 부분적인 성공을 하였지만, 장기적 계획, 기본적인 정책 문제 등을 경시함으로써 소기의 목적을 달성할 수 없는 관계로 PPB로 돌아가야 한다고 주장하였다. 이 주장은 ZBB가 관리의 능률은 어느 정도 달성할 수 있었지만 진정으로 달성하여야 할 목표를 등한시하였다는 것이다(Schick, 1979: 223-230).

④ 점증적 행태의 존속

영기준예산 제도의 제일의 목표는 점증적 예산 행태를 불식한다는 것이었다. 그러나 윌다브스키(Aaron Wildavsky)는 그것이 불가능하다고 이론적으로 비판하였다. 그는 "PPB와 ZBB는 총체적 예산 결정 방식의 특단적 형태이다"라고 규정하여 PPB와 ZBB를 약간의 차이가 있기는 하지만 동일선상에서 비판한다. 그에 따르면, 양 제도는 모두 예산 결정과 결정의 사회적 결과 사이의 관계를 정확히 알 수 있다는 것을 전제로 하는데, 그러한 이론이 없으며, 또한 양 제도는 모두 예산 결정의 역사성을 무시하고 있다는 것이다. 특히 ZBB 목표 설정 시에 수직적 관계를 중요시하며,

정보면에서는 예산 운영 단위가 생산한 자료와 상급자가 의존하는 자료가 상이하다는 것이다. 윌다브스키는 품목별 예산 제도가 역사적 자료에 의존하기 때문에 예측에 오류가 적으며, 예산이 여러 항으로 나뉘어 취급되는 까닭에 결정과 관련한 갈등이 적고 더 신축성이 있기 때문에 더 합리적이라고 하였다(Wildavsky, 1979: 202-221). 즉, 그는 ZBB의 도입에도 불구하고 점증적 행태는 지속될 것이라고 보았다.

한편, 조지아 주의 예산을 ZBB가 처음 도입된 1973년부터 1978년까지 검토한 결과, 라우스(Lauth, 1979: 189-198)는 예산 증가율이 10% 이상인 것이 전체의 50% 정도임을 밝혀냈다. 그는 예산의 점증적 증가가 지속되고 있다고 보았으며, 그 까닭을 ① 법률의 제약, ② 정부 활동이 기존 수준은 유지될 것이라는 공공의 기대, ③ 기존 사업을 확보하고 새로운 사업을 추가하려고 하는 이익집단의 요구, ④ 중앙예산기관과 부처의 예산기관과의 역할 차이, ⑤ 입법부의 예산 심의 관행, ⑥ 정부 간의 보조금 증가 등에서 찾았다.

우리나라의 경우에는 1983년도 예산부터 ZBB를 적용하였는데, 예산 변화는 경제기획원, 외무부 등 17개 부처의 일반회계를 대상으로 할 때, <표 12-8>과 같았다.

ZBB가 도입되기 이전과 이후의 예산 증감률을 비교하면, 예산 증감률은 많이 둔화되었으나 전년도 예산을 결정의 기초로 삼으며, 단위사업 분석표를 형식적으로 작성하는 등, 예산 행태면에서는 여전히 전년도 답습주의가 나타났다(이순호, 1988; 정락균, 1986: 54).

표 12-8 부처별 예산의 증감률 분포

증감률	1978~1982년(4년 간)	1983~1987년(5년 간)
10% 이하	7(10.29%)	36(42.35%)
11~30%	26(38.24%)	43(50.59%)
31% 이상	35(51.47%)	6(7.06%)
합계	68(100.00%)	85(100.00%)

출처: 이순호(1988: 78).

5. 성과관리 예산 제도

1) 개념과 배경

선진국들이 예산 팽창과 적자의 누적, 예산 낭비와 비능률을 경험하면서 정부를 불신하는 풍조가 만연하게 되었다. 이에 대한 선진국들의 대응 노력은 예산 개혁으로 나타났다.

첫째, 영국의 재무관리혁신(Financial Management Initiaitves), 캐나다의 장관 권한과 책임성 강화 혁신(Increased Ministrail Authority and Accountability), 호주의 재정통제 분권화 추진, 덴마크의 생산성 증진을 위한 예산 운영, 스웨덴의 3개년예산 운영 제도(Triennial Budgeting) 등이 1980년대 시도되었다. 이들 개혁은 중앙의 재정통제를 강화하면서 부처에 재량권을 부여하여 부처가 재정 운영의 주민에 대한 영향, 즉 결과에 대한 책임을 지도록 설계한 것이다(Schick, 1990). 미국에서도 1980년대와 1990년대 목적에 대한 중앙통제, 분권적 수단, 결과에 대한 책임 등을 강조하는 예산 운영이 확산되었다(Cothran, 1993). 성과 측정을 통하여 예산 운영을 목적 및 결과와 연계시키려는 예산 제도가 발전하였다.

둘째, 성과 측정과 예산 과정을 연계하려는 노력이 미국 지방정부에서 다시 강조되었다. 과거의 성과주의 예산 제도, 계획예산 제도, 영기준 예산 제도 등이 성공하지 못하였다고 하더라도 그 흔적은 지방정부와 주정부, 그리고 연방정부에 여전히 남아 있었다. 1990년대 초에 성과정보를 예산 과정과 통합하려는 시도가 다시 시도되었다. 조이스(Philip G. Joyce)에 의하면, 미국 정부회계기준위원회에서 재정보고에 성과정보를 보다 많이 제시하도록 한, 서비스 노력과 성과보고 운동(GASB's SEA initiatives)과 오스본(David Osborne)과 게블러(Ted Gaebler)가 성공 사례를 보고한 것이 주와 지방정부에 성과정보를 예산 과정에 통합하도록 압력을 주었다고 한다(Joyce, 1999: 603). 특히 1970년대 후반부터 정교한 성과 지향적 관리 체제를 가지고 있던 캘리포니아 주 서니베일(Sunnyvale)은 성공의 모델로 인용되었다. 조이스는 "많은 주정부와 지방정부가 성과측정을 예산 배분 결정과 연계하지는 못했지만, 그러나 재원관리와 성과에 대한 정보를 보고하기 위해서 예산 과정에서 성과측정을 많이 이용하고 있었다"고 보았다.

셋째, 연방 수준에서 1990년 제정된 수석재무관법(Chief Financial Officers Act)과 앨 고어(Al Gore)의 보고서(Report of National Performance Review)는 결과 지향 예산 제도의 필요성과 정부 혁신을 강조하였다. 앨 고어 부통령의 보고서는 관료주의 속성 극복, 고객 우선, 결과 지향, 기초에 충실 등을 강조하였다.

넷째, 위의 흐름을 받치고 있는 신공공관리론의 풍미이다. 신공공관리론은 정책학에서 발달한 공공선택론과 관리주의이다(Denhart & Denhardt, 2003: 20-22). 이 두 이론은 모두 능률성과 생산성을 중요한 가치로 본다. 신공공론에 입각한 행정 개혁은 "전통적인 법규 중심적이며 권위에 의존하는 과정"을 "시장 위주, 경쟁 위주의 전략으로 대체하였다(Denhart & Denhardt, 2003: 13). 이러한 흐름 속에서 성과관리와 성과관리를 중시하는 예산제도가 Budgeting for Results, Results-Oriented Budgeting, Performance Based Budgeting 혹은 Performance Budgeting 등의 명칭으로 다양하게 발전하였다.

요약하면 재정적자의 누적으로 인한 국민의 정부에 대한 불신이 점점 증가하자 정부는 정부의 효율성(efficiency)을 증진시킴으로써 국민의 정부에 대한 불신을 완화하려는 노력으로 성과 지향 예산 제도를 도입하게 되었다.[8] 이러한 배경에서 미국에서는 의회가 「정부성과관리법(Government Performance and Result Act of 1993)」을 제정함으로써 새롭게 성과관리 예산 제도를 연방정부에 적용하게 되었다.

미국 정부성과관리법, 제2절(b) 목적을 보면 다음과 같다.

- 사업 결과에 대해서 연방정부 기관들이 책임을 체계적으로 지도록 함으로써 미국 국민의 연방정부의 능력에 대한 신뢰를 증진한다.
- 사업 목적의 설정, 그 목적들에 대한 사업 성과의 측정, 사업의 진척에 대한 공개적 보고 등에 관한 일련의 시범사업을 함으로써 사업 성과 개혁을 추진한다.
- 결과, 서비스 질, 고객 만족도 등에 새로운 관심을 촉진시킴으로써 연방 사업 효과성과 공공 책임을 증진한다.

---

8) 성과관리 예산 제도는 정부를 기업처럼 운영하자는 신공공관리론의 뒷받침을 받았다. 이러한 배경을 반영하여, 성과관리 예산 제도 설명하는 부문에서 'efficiency'를 효율성으로 번역하여 표기하였다.

• 연방정부 관리자들이 사업 목적을 달성하기 위한 계획을 세우도록 하고, 그들에게 사업 결과와 서비스 질에 대한 정보를 제공함으로써 서비스 전달을 개선하도록 연방정부 관리자들을 돕는다.
• 법률로 정한 목적의 달성에 대한, 그리고 연방정부 사업 및 지출의 상대적 효과성과 효율성에 대한, 객관적 정보를 제공함으로써 의회의 의사 결정을 증진한다.
• 연방정부의 내부 관리를 향상시킨다.

위에서 알 수 있듯이, 정부 능력에 대한 국민의 불신 완화, 성과 개혁 추진, 효과성과 책임성의 강조, 전략계획과 서비스 전달 개선, 의회에 성과정보 제공, 내부 관리 향상 등을 위하여 성과를 강조하는 예산 제도가 다시 등장하였다. 이렇게 1990년대에 논의되는 성과관리 예산 제도가 앞에서 살펴본 1950년대 성과주의 예산 제도와 동일한 것인가 여부에 대해서는 이견이 있을 수 있다.

첫째, 1950년대 성과주의 예산 제도는 버크헤드의 정의에 따르면, 목표와 목표 달성을 위한 사업, 그리고 각각의 사업 수행과 성과 측정을 위한 계량적 자료 제시를 강조하는 제도이다(Burkhead, 1956: 142). 이런 정의에 따르면, 1950년대의 성과주의 예산 제도와 1990년대의 성과관리 예산 제도를 구분하지 않아도 될 것이다. 강신택, 유훈의 주장이 여기에 속한다(강신택, 2006: 377－378, 383, 유훈, 2003: 352－356).

둘째, 1990년대 성과관리 예산 제도는 1950년대 성과주의 예산 제도, 1960년대 계획예산 제도, 1970년대 목표관리 제도(MBO)와 영기준 예산 제도 등의 장점을 반영하고 단점을 수정한 재정립된 예산 제도라는 입장이 있다. 미국 관리예산처(OMB), 황윤원 등의 주장이다(황윤원 · 김성철, 2005: 391－392).

셋째, 1990년대 성과관리 예산 제도는 1950년대의 것과 다른 새로운 제도라는 주장이다. 1990년대 제도는 성과평가를 예산과 연계시키고 이를 통해서 책임성을 확보한다는 점에서 1950년대 제도와 다르다는 주장이다. 1990년대 제도가 결과(outcome), 활동과 결과(성과)의 연계, 성과정보의 활용 등을 강조한다는 점에서 1950년대의 제도와는 구별된다고 주장한다. 마이크셀(John L. Mikesell), 윤영진(2006: 431－432) 등의 주장이다.

여기서는 1990년대의 성과관리 예산 제도를 미국 예산관리처의 주장에 따라 전혀 새로운 것이라기보다는 기존의 예산 제도를 발전시켜 재정립한 예산제도라고 보고자 한다. 1950년대의 성과주의 예산 제도를 성과 예산 제도로, 그리고 1990년대 예산 제도를 성과관리 예산 제도라고 칭했으면 좋겠다고 생각된다. 그러나 이미 용어가 보편화되어 있어서 1950년대의 제도를 성과주의 예산 제도로, 그리고 1990년대 제도를 성과관리 예산 제도라 부르고자 한다.

우리나라에서는 1997년 외환위기 이후 성과관리 예산 제도 도입이 추진되었다. 1999년 정부는 성과관리 예산 제도의 도입을 추진하기로 하였다(기획예산처, 2002: 236). 정부는 처음에는 성과주의 예산이라는 명칭으로 사업을 추진하였으나 2004년에는 성과관리 제도라는 명칭으로 추진하였다. 중앙정부는 2008년부터 성과관리 예산 제도를 사용하였고, 지방정부는 사업예산 제도라는 명칭으로 2008년에 전면 도입하였다[http://lofin.mogaha.go.kr → 재정고 → 사업예산 제도(2008.4.23)].

성과관리 예산 제도의 정의는 다양하다.

- 미국관리예산처(OMB): 성과관리 예산 제도는 성과 목적(成果目的)과 성과의 목표 수준을 달성하는 데 드는 원가와의 관계를 명확히 설명하는 예산 제도이다 (A performance budget is a presentation that clearly explain the relationship between performance goals and the cost for achieving targeted levels of performance). 일반적으로 성과관리 예산 제도는 전략 목적을 관련 장기적 성과 목적, 연차 성과 목적과, 그리고 이런 목적을 달성하기 위하여 제안된 사업의 원가와 연계시키는 제도이다(OMB, 2006).[9]

---

9) 버크헤드와 OMB의 정의를 비교하면 성과관리 예산 제도가 장기적 목적을 중시한다는 점에서 성과주의 예산과 다소 차이가 난다. A performance budget(성과주의 예산 제도) is one which presents the purposes and objectives for which funds are required, the costs of the programs proposed for achieving those objectives, and quantitative data measuring the accomplishments and work performed under each program(Burkhead, 1956: 142). OMB 회람 NO. A−11, Part 6, Section 220에서 performance budget을 다음과 같이 설명하였다. 성과관리 예산이 장기적 성과 목표를 강조하는 점이 성과주의 예산과 다소 다르다. A Performance budget(성과관리 예산) is a presentation that clearly explains the relationship between performance goals and the costs for achieving targeted levels of performance. In general, a performance budget links strategic goals with related long−term and annual performance goals and with the cost of specific activities that contribute to the achievement of those goals(OMB, 2006).

- 조이스(P. G. Joyce): 성과관리 예산 제도(performance based budgeting)는 정부재원을 배분하고 관리하는 과정에 결과가 중요하게 검토되는 제도이다(Joyce, 1999: 598). 즉, 예산 편성, 예산 심의, 예산 집행, 평가 등 예산과정의 모든 단계에서 성과정보(成果情報)가 사용되는 제도이다.
- 멜커스(Julia Melkers)와 윌로비(Katherine G. Willoughby): 성과관리 예산 제도(peformance－budgeting systems)은 부처의 사명, 목적, 목표 등과 관련된 전략기획(戰略企劃), 그리고 사업 결과에 대한 의미있는 정보를 제공하는 계량적 자료를 요구하는 과정을 필요로 하는 제도이다(Melkers & Willoughby, 2001: 54).
- 켈리(Janet M. Kelly)와 리븐바크(William C. Rivenbark): 성과관리 예산 제도는 성과관리를 강조하는 예산 편성과 의결 과정이다. 그리고 이를 통해서 서비스가 어느 정도 능률적이고 효과적으로 전달되도록 재원 배분 결정이 이루어진다(Performance budgeting is a budget preparation and adoption process that emphasizes performance management, allowing allocation decisions to be made in part on the efficiency and effectiveness of service delivery)(Kelly & Rivenbark, 2003: 4). 여기서 성과관리는 관리의 핵심 기능을 수행하는 데 필요한 의사 결정 과정에 성과정보를 사용하는 것이다.

간단히 정의하면, 성과관리 예산 제도는 예산 편성 등의 예산 과정에 성과정보를 사용하는 제도라고 할 수 있다. 조금 자세히 정의하면, 성과관리 예산 제도는 장기적 관점에서 부처의 사명, 목적, 세부 목적 등을 고려해서 목적 달성에 기여하는 정책과 사업을 구상하고 사업별로 성과 목표치와 그것을 달성하는 데 소요되는 원가를 연계하는 계량적 자료를 제시하는 성과관리와 예산 운영을 통합하려는 제도라 할 수 있다.

2) 성과관리 예산 제도의 주요 요소

미국은 「정부성과관리법(Government Performance and Results Act of 1993)」을 통하여 성과관리 예산 제도를 구현하고자 하였다. 이 법을 보면 전략계획서(strategic plan), 연간성과계획서(annual performance plan), 사업성과보고서(program performance reports) 등이 중요한 요소이다. 각 기관이 장기적 관점에서 계획을 세우고 그것에 입각해서 연간 성과계획을 세우고 이 과정이 예산 편성 절차가 된다. 그리고 예산을 집행한 후, 그것은 사업을 집행한 것이므로, 사업성과보고서로 작성되어 설정된 성과 목표(performance goal)와 달성된 실제 사업 성과(actual performance)를 비교해서 각 기관이 사업을 능률적이고 책임 있게 수행하였는지 그 여부를 명확히 하려는 것이 성과관리 예산이다. 쉽게 말하면, 이 제도는 투입과 산출과 예산 또는 목표와 결과와 예산과의 관계를 명확히 보여 준다. 즉, 어떤 사업이 어떤 목적으로 수행되었고 어떤 결과를 초래하였는지 예산은 얼마나 사용되었는지 수치로 보여주려는 것이다.

「정부성과관리법」에 따라서 주요 요소에 대해서 알아보면 아래와 같다.

(1) 전략계획서

「정부성과관리법」 제306절(section)에 따르면, 각 기관의 장은 관리예산처장과 의회에 전략계획서를 제출하여야 한다. 이 계획서에는 ① 각 기관의 임무(mission statement), ② 목적과 하위 목적(goals and objectives), 그리고 그것들과 연관된 결과(outcome), ③ 목표와 하위 목표 달성 방법에 대한 서술(description), 기관의 운영, 과정, 기능, 기술(skills), 목표와 하위 목표 등을 달성하기 위해서 요구되는 인력, 자금, 정보, 기타 여타 자원 등에 대한 서술 등이 포함되어야 한다.

이 계획서는 제출되는 해당 회계연도로부터 최소 5개년의 계획을 포함하여야 하고, 적어도 매 3년마다 보완 및 수정되어야 한다. 전략계획서와 성과계획서는 일치하여야 한다.

각 기관이 전략계획을 개발할 때는 의회와 상의하여야 하고, 이해 당사자들의 견해와 제안을 구하고 검토하여야 한다.

끝으로 연방정부 직원들만이 전략계획서를 작성하여야 한다.

(2) 연간 성과계획서

위의 법 제1115절에 따르면, 관리예산처장은 기관의 장에게 예산에 나타난 사업 활동을 포괄하는 연간 성과계획서를 요청하여야 한다. 이 계획서에는 성과 목표, 성과 수준을 측정할 수 있는 성과 지표 등에 대한 설명이 있어야 한다.

이 계획서는 성과 목표(performance goals)를 설정하여야 한다. 그래서 사업 활동에 의해서 달성되는 성과 수준(level of performance)을 정의할 수 있어야 한다. 계획서에서 목표들은 객관적이고 계량적이고 측정 가능한 형태로 표현되어야 한다.

성과 목표를 충족시키기 위해서 요구되는 운영 과정, 기술(skills), 과학 기술(technology) 등과 인력, 자본, 정보 등의 기타 자원들을 간략히 서술하여야 한다.

각 사업 활동의 산출(output), 서비스 수준, 그리고 결과(outcomes)를 측정하고 평가하는 데 사용될 성과 지표(performance indicators)를 설정하여야 한다.

계획서는 실제 달성된 사업 결과(program results)와 계획으로 설정한 성과 목표를 비교할 수 있도록 기준(basis)을 제공하여야 한다.

측정된 값들을 확인하고 정당화하는 데 사용될 방법들을 서술한다.

법 제1115절 (b)에서 성과 목표를 객관적으로 혹은 계량적으로 표현하는 것이 부적절한 경우에 관리예산처장이 허락하는 경우 다른 형식을 이용할 수 있으며, 국방부와 같이 비밀을 요하는 사업인 경우 연간 성과계획서와 함께 부록을 제출할 수 있다.

끝으로 연방정부 직원들만이 연간 성과계획서를 작성하여야 한다.

미국 교통부의 2000년 성과계획서를 요약하면 <표 12-9>와 같다(기획예산처,

표 12-9 미국 교통부(DOT)의 성과계획서 예시

기관 임무	• 국민들의 생활의 질을 개선하고 빠르고 안전하며 편안한 운송 체계 구축
전략 목표	• 안정성 제고: 교통사고와 관련한 사망자, 부상자 및 재산 피해를 줄임으로써 국민의 건강과 안전을 보호
성과 목표	• 고속도로 여행 거리 1억 마일당 부상자 수를 141명에서 124명으로 감축
성과 지표	• 고속도로 여행 거리 1억 마일당 부상자 수: (연간 고속도로 교통사고 부상자 수) / (연간 고속도로 여행 거리)
성과 지표 검증 방법	• 고속도로안전청의 부상자 분석 자료 • 고속도로 모니터링 시스템에 의한 고속도로 여행 거리 측정
목표 달성을 위한 구체적인 사업계획	① 고속도로 안전시설 보강: 290백만 달러 투입 ② 건널목 안전도 향상: 225백만 달러 투입 ③ 교육 홍보 강화: 429백만 달러 투입

출처: 기획예산처(2001: 3).

2001: 3).

(3) 사업성과보고서

법 제1116절에 따르면, 대개 다음과 같다. 기관의 장은 이전 회계연도 사업 성과(program performance)에 대한 보고서를 대통령과 의회에 제출하여야 한다.

이 보고서는 연간 성과계획에 설정된 성과 지표를 보여 주어야 한다. 동시에 설정된 성과 목표와 달성된 실제 사업성과(program performance)를 비교해서 보여 주어야 한다. 보고서는 해당 회계연도를 기준으로 최근 3년치 실적(actual results)을 포함하여야 한다.

사업성과보고서는 성과 목표의 달성 여부를 검토하여야 하고, 목표와 실적을 비교하여 성과계획(performance plan)을 평가하여야 한다. 사업성과보고서는 성과 목표를 달성하지 못한 경우 또는 실현이 불가능한 경우 그 이유를 기술하여야 한다.

기관의 장은 의회에 연간 재무보고서(annual financial statement)를 제출할 때 사업성과보고서의 사업성과정보(program performance information)를 포함시켜야 한다.

앞의 보고서와 마찬가지로 연방정부 직원들만이 사업성과보고서를 작성하여야 한다.

(4) 사업성과평가 도구(PART)

미국 관리예산처 회람 NO. A-11의 Part 6. 220절(OMB, 2006)을 보면, 연방정부 직원들이 전략계획서나 사업성과보고서 등을 의회에 제출할 때, 의회 해당 위원회와 상의하고 또 사업의 효율성 평가 도구인 PART(Program Assesment Rating Tool)를 이용해서 얻은 자료 등을 제시할 것을 기술하고 있다.

PART는 개별 사업의 관리와 성과를 평가하는 도구이다. 부처와 관리예산처(OMB)는 PART를 이용해서 사업의 목적, 설계, 기획, 관리, 결과, 책임성 등을 평가하여 사업의 전반적인 효과성을 정한다. 부처는 평가 결과를 이용해서 사업 결과를 증진시키기 위한 후속조치를 확인하고 수행한다. PART는 연방정부 직접 사업, 경쟁적 보조사업, 포괄보조금사업(Block/Formular), 연구개발사업, 신용사업 등 7개 사업 유형에 따라 다소 달리해서 정부 용역이 전달되는 절차와 방법이 다른 것을 반영하도록 되어 있다.

PART는 25개 공통 문항으로 되어 있고, 사업 유형에 따라 사업 유형에 적합한 추가질문이 있다. 문항은 네 분야로 구성되어 있다: ① 사업이 명확한 목적을 가지고 있는 지 여부와 사업 목적을 달성할 수 있도록 설계가 얼마나 잘 되었는지 정도를 측정하기 위한 분야, ② 전략 기획을 평가하고 부처가 각 사업에 대한 결과 지향적인 연차 목적과 장기 목적을 설정하였는지 여부를 평가하는 분야, ③ 효율성을 증진시키기 위한 노력의 정도를 포함하여 부처의 사업 관리를 평가하는 분야, ④ 사업들이 정확성과 일관성을 가지고 결과를 보고하는 정도를 평가하는 분야.

각 문항에 대해서 0점에서 100점으로 평가하고 합산하여 0점부터 100점으로 계산한 값을 다음과 같은 질적인 평가 수준으로 환산한다. ① 효과적(effective) 수준: 85~100, ② 다소 효과적(moderately effective) 수준: 70~84, ③ 보통 수준(adequate): 50~69, ④ 비효과적 수준(ineffective): 0~49, ⑤ 사업에 대해서 수락할 만한 측정치가 없거나 자료가 충분히 수집되지 않은 것에 대해서는 "결과 제시 불가(results not demonstrated)"로 평가한다. 이렇게 평가한 결과는 관리예산처 홈페이지 또는 www.expectmore.gov를 통해서 사업별로, 그리고 부처별로 사업평가 결과를 공개하였다. 예를 들면, 2009년 1월 현재 교육부 사업 평가 결과를 보면, 효과적 6개, 다소 효과적 8개, 보통 31개, 비효과적 4개, 결과 제시 불가 44개 총 93개 사업 평가 결과를 빈도와 백분비로 요약해서 보여주었다. 각각 사업별로 사업 명칭, 예산지원액, 평가 연도, 평가 결과, 관련 웹사이트 등을 자세히 공개하였다[www.omb.gov > federal programresults > dep.of.education(2009.1.18)].

PART를 통한 사업평가 결과에 따라서 자동적으로 예산이 지원되고 혹은 지원되지 않는다고 볼 수 없다. 어떤 사업이 비효과적이라고 평가되었다면 사업이 비효과적으로 된 사유를 찾아 그것을 극복하기 위해서 더 많은 예산 지원이 필요할 것이다. 한편, 어떤 사업이 효과적이라고 평가를 받았다면 그 사업이 우선순위가 높지 않거나 혹은 사업의 사명을 완수했다면 그 사업에 더 이상 예산 지원을 할 필요가 없을 것이다. 어떤 사업이 효과적이란 평가를 받았다면 그것은 그 사업에 예산이 잘 사용되었고, 그리고 사업을 변경할 필요가 없다는 것을 나타내는 것이다. 그러므로 부처는 PART를 통한 사업 평가 결과를 사업을 개선하는 데, 그리고 관리자가 사업 개선에 힘쓰도록 하는 데 사용해야 한다고 볼 수 있다. PART를 통해서 얻은 발견 사항과 정보는 예산 요구와 관리 개선과, 그리고 법률안 제안을 정당화하는 데 사용되어야 한다고 볼 수 있다[www.whitehouse.gov/omb/budget/fy2008/pdf/apers/performance.pdf(2007.11.29)].

미국에서 PART는 부시(George W. Bush, 2000~2008) 대통령 때 제도화되었는데, 그 후임인 오바마(Barak Obama, 2008~2016) 대통령은 그것을 폐지하였다.

우리나라도 사업의 성과를 평가하기 위해서 PART를 사용하고 있다. 다만, 명칭을 재정사업 자율평가(K-PART)라 하였다(기획예산처, 2006). 현재 핵심사업평가 제도 하에서 사업 부서가 자체평가할 때 이전 것보다 다소 단순화된 방법을 사용하고 있다.

3) 장 · 단점

(1) 장 점

예산 과정에 성과정보를 사용한다는 점에서 성과관리 예산 제도는 행정에 대한 신뢰성을 높이고 책임행정을 구현할 수 있는 여러 장점이 있다.

① 정부에 대한 신뢰도 증진과 책임행정의 구현

성과관리 예산 제도에서는 전략계획을 세우고 이에 따라서 정책과 사업을 구상해서 예산을 배분하기 때문에, 주기적으로 변화하는 여건에 대응해서 기관의 사명, 목적, 사업 등이 정해지고 서비스가 제공된다. 정부는 변화하는 여건에 맞추어 국민에게 적합한 서비스를 제공할 수 있으므로, 성과관리 예산 제도는 정부에 대한 국민의 신뢰와 책임행정 구현에 도움이 된다. 또 성과관리 예산 제도를 사용하면 정부가 예산을 들여서 수행한 사업이 무엇이고, 그 사업이 어떠한 결과를 초래할지 예산 편성과 심의 과정을 통해 알 수 있으므로, 정부가 무엇을 하고 있으며 얼마나 잘하고 있는지 국민들이 알 수 있어서 정부에 대한 국민의 신뢰를 높일 수 있다. 또한 정부는 사업을 수행함에 있어서 사업 성과에 대해서 책임을 진다는 장점이 있다. 사업이 잘 되었으면 그 사업을 계속할 수 있고, 사업이 잘못 되었으면 잘못된 이유를 찾아서 개선할 책임이 관리자에게 있는 것이다.

② 예산 편성과 심의의 합리화

예산 편성에서는 사업의 성과 목표를 제시하고 사업을 통해서 그것을 달성할 수 있는지 검토하고 사후적으로 그것이 달성되었는지 검토하게 되므로 예산 요구를 좀 더 합리적으로 하게 된다. 성과관리 예산 제도에서는 전략계획서, 성과계획서, 성과보고서 등을 작성하고 이것들을 입법부에도 제시하게 되어 있다. 사명, 목적, 사업 등을 체계적으로 검토하고 사업의 성과를 측정하고 그 결과에 대해서 평가함으로써 예산 심의에도 도움이 된다.

③ 성과 제고를 위한 관리도구

성과측정과 성과관리는 성과관리 예산 제도의 중요한 요소이다. 성과를 측정하려면 기관의 사명과 목적을 규정하고 사업의 성과를 명확히 해야 한다. 성과관리는 주요 관리 기능과 관련된 의사 결정 과정에 성과정보를 사용하는 것을 말한다. 즉, 성과관리 예산 제도는 예산 과정에서 성과를 강조하고 성과정보를 이용하여 예산을 배분함으로써 서비스 전달을 능률적이고 효과적으로 하려고 한다(Kelly & Rivenbark, 2003: 4). 성과관리 예산 제도는 관리도구이고 사업의 성과를 높이는 데 도움이 된다.

④ 관리자에 대한 동기 부여 강화

승진이나 금전적 보상이 관리자의 동기 부여에 도움이 된다. 그러나 그것만이 아니다. 행정기관의 관리자가 그에게 부여된 사명을 수행함으로써 동기 부여가 강화될 수 있다는 것은 이미 오래전에 밝혀진 사실이다. 성과관리 예산 제도를 사용해서 성과 목표가 제시되고, 그것이 달성된 정도에 따라서 유인을 제공할 수 있다면 행정기관의 관리자도 그 유인에 반응할 것이다. 사업의 성과 목표와 인사 평가를 연계한다면 성과관리 예산 제도는 개인 성과 평가를 위한 유용한 도구가 될 수 있고, 동기 부여에 도움이 될 것이다(Kelly & Rivenbark, 2003: 12).

성과관리 예산 제도가 정부에 대한 국민의 신뢰도를 제고하고 책임행정을 구현하고, 합리적인 예산 편성과 심의에 도움이 된다는 것은 분명하지만 그것이 필요 조건일 뿐 충분 조건이 되지 못한다는 점에 유념해야 한다.

(2) 단 점

성과관리 예산 제도에 대해서 수요 증대와 세수 감소에 따른 재정위기를 해결할 수 없다는 지적에서부터 자료 조작, 편의적 표본 추출 등 제도가 너무 복잡하다는 지적까지 많은 단점이 지적되고 있다(Kelly & Rivenbark, 2003: 9－11; Smith, 1999).

여기서는 성과관리 예산 제도의 단점을 성과 측정, 사업원가 산정, 목표와 사업의 연계 등의 곤란, 성과와 예산과의 연계와 책임성의 문제, 정치적 영향의 존속 등으로 나누어 정리한다.

① 성과 측정의 곤란

성과관리 예산 제도에서 성과란 행정기관이 수행한 사업이의 결과와 관련이 있다. 이때 결과(outcome)이란 사업 혹은 활동의 외부에 존재하는 상태나 조건이다. 결과는 사업이 의도했던 것으로서 국민이나 수혜자에게 중요한 것이어야 한다(OMB, 2007: 3 of Section 200).

분석적으로 체계를 "투입(input) → 과정 → 산출(output) → 결과(outcome)"로 이해할 때 성과관리 예산 제도에서는 결과의 측정을 중시한다. 예를 들어, 순환기 계통 병원의 응급실의 성과를 측정할 때, 일정 기간 동안 목숨을 구한 환자 수 혹은 목숨을 잃은 환자 수는 결과 측정치이다. 이 순환기 계통 병원의 응급실에 근무하는 전문의의 수, 병상 수 등은 산출 측정치이다. 그런데 병원 응급실에 전문의사가 많이 근무를 하면 목숨을 구한 환자가 많을 수 있다. 즉, 산출 측정치와 결과 측정치가 논리적으로 연계된다. 성과관리 예산 제도를 운영할 때 여기서 문제가 발생할 수 있다. 성과 측정이 곤란하고 성과 지표 개발이 어렵다. 첫째, 예산사업을 평가할 적합한 결과 측정치 및 성과 지표를 발견하기가 어려운 경우가 있다. 둘째, 결과 측정치를 산출 측정치로 대신하는 경우이다. 결과에 기여하는 산출들이 다양한데 왜 그것을 택하는지 그 논리적 근거가 역시 다양하다는 것이 문제가 될 수 있다. 셋째, 결과를 측정하기 힘들 때 계량적 방법이 아니라 질적인 방법을 쓸 수가 있을 것이다. 이때는 객관성을 어떻게 보장할 수 있겠는가 하는 문제가 제기될 수 있다. 넷째, 적합한 산출 측정치가 없을 경우, 성과지표가 없는 경우, 사업에 대한 수혜자의 만족도를 조사할 수도 있다. 여기에는 조사 방법과 관련된 많은 문제가 제기될 수 있다. 표본 선정의 왜곡, 해석의 왜곡 등 문제가 많다.

② 사업원가 산정의 곤란

성과주의 예산 제도와 마찬가지로 성과관리 예산 제도를 운영하려면 원가 정보가 산출되어야 한다. 따라서 현금주의 회계를 운영하는 경우 총비용, 단위 원가 등의 정보를 얻을 수 없다. 또 회계 제도는 발생주의 원칙을 적용한다고 하더라도 원가회계가 발달하지 못한 경우, 예산 과목과 회계 과목이 불일치하는 경우 예산의 사업원가를 산정하기 곤란하다.

③ 목표와 사업의 연계 곤란

전략 목표, 사업, 세부사업 등을 체계적으로 연계하는 것이 분석적 차원에서는 가능하지만 실제 제도를 운영하는 경우, 하나의 목적을 달성하기 위한 사업이 다양하고, 또 그 사업을 수행하기 위한 세부 사업도 다양한데 이것을 어떻게 정당화하느냐 하는 것이다. 계획예산 제도에서처럼 중앙에서 목적, 사업, 세부사업을 정해주면 집권화의 단점이 나타날 것이고, 반대로 사업을 운영하는 조직 단위에서 목적, 사업, 세부사업 등을 구상하게 하면 자의성이 개재할 여지가 많아 체계성이 훼손될 수 있을 것이다.

④ 성과와 예산과의 연계와 책임성의 문제

성과관리 예산 제도는 성과를 측정하고 예산사업이 목표한 성과와 달성한 성과를 비교해서 그것에 기초해서 사업이 효율적으로 달성되었는지를 평가한다. 이 경우 이미 앞에서 설명한대로 예산을 사용해서 목표한 성과를 달성했다면 그 사업이 중요한 경우, 그 사업을 지속할 수 있다. 그러나 예산사업이 목표 성과를 달성하지 못한 경우 그 사업을 종결한다든지 혹은 사업예산을 축소하는 것이 능사가 아니다. 왜 사업이 목표한 성과를 달성하지 못했는지 관련 요인들을 찾아보고 개선하는 것이 관리 개선이고, 성과관리 예산을 사용하는 이유일 것이다. 따라서 성과 평가가 자동적으로 예산 배분과 연계될 수가 없다. 또 성과관리 예산 제도에서 요구하는 성과보고서도 예산 편성과 연계하는 것도 쉽지 않다. 한 회계연도의 성과보고서(t 연도)는 다음 회계연도 예산 편성(t+1 연도)과 연계될 수가 없다. t+1 회계연도의 예산은 t 연도에 편성되고, t 회계연도의 성과보고서는 빨라야 t+1 연도에 보고되어서 시간 차가 존재하기 때문이다. 이런 이유에서 성과 달성 정도와 예산 배분과 연계하기 힘들다. 성과와 관리 개선을 연계해서 검토하는 것이 성과관리 예산 제도의 본래 취지인 것이다. 그리고 사업의 효율성과 효과성을 높이기 위해서 사업을 어떻게 할 것인가? 이것을 생각하는 것이 성과관리 예산 제도의 본래 취지이고 책임성을 높이는 방법이다. 그러나 현실적으로 성과관리 예산 제도를 사용하면 성과에 따라서 예산을 배분해야 하고, 또 성과를 달성한 관리자에게 유인을 제공해야 하고 그렇지 못한 관리자에게는 불이익을 주어 책임을 물어야 한다는 생각을 할 수 있다. 이것은 성과관리 예산 제도를 바르게 이용한 것이 아니다.

성과관리 예산 제도 옹호자들은 성과측정이 재원 배분과 직원들의 동기 부여 촉진에 도움이 되는 제도라 본다(Joyce, 1999: 600-601). 그러나 현실적으로 성과보고서와 예산 편성은 연계되기 힘들고, 성과에 따라 수당을 주겠다고 하면 성과평가가 왜곡되는 등 병폐가 노정될 것이다. 성과관리 예산 제도의 단점이 나타날 것이다.

⑤ 정치적 영향의 존속

성과관리 예산 제도는 재원 배분에 효율성 기준을 사용하고 정치성을 제거하려는 제도의 하나이다(Kelly & Rivenbark, 2003: 45). 그러나 성과정보가 최고관리자에게 제공되는데 최고관리자가 각종 이익집단의 요구를 무시하기 힘들기 때문에 정치성을 배제하기 힘들다. 미국 연방정부에서 성과관리 예산 제도와 관련해서 사용하는 PART의 평가 점수와 예산과의 관계를 검토한 한 연구에서 정치성을 배제하기 힘들다는 결론을 내렸다. 부시(George W. Bush) 정부 때 민주당 정강을 반영하는 부처인 보건인적서비스부(HHS), 주택도시개발부(HUD) 환경부(EPA) 등의 사업들의 경우에는 성과와 예산과 긍정적 관계가 있었지만 그 외의 부처들의 사업들의 경우에는 성과와 예산과 관계가 나타나지 않았다는 것이다(Gilmore & Lewis, 2006). 줄여 말하면, 전통적으로 민주당에 도움이 되는 부처들의 사업은 잘 평가해서 성과와 예산을 연계하였지만 그 외의 부처들 사업에 대해서 성과를 따지지 않고 예산이 배분되었을 가능성이 있다는 것이다. 성과관리 예산 제도를 사용한다고 해도 예산 배분에 정치를 배제하기 힘들다고 볼 수 있다.

성과관리 예산 제도가 복잡하고 성과 자료를 이용하고, 전략적 관점에서 매년 목표를 변경해야 하고, 그리고 이 과정에 수많은 전문가가 참여하므로 이 제도는 여러 취약점이 있다는 주장도 있다. 이런 취약점을 완화하기 위해서 자동화, 경쟁과 협력, 공개, 감사, 정치쟁점화, 투명성 등을 촉진하고 증대시키지만 이것 자체가 또 문제를 일으키는 경우가 많다. 결국 성과관리 예산 제도를 사용하는 조직에 건전한 윤리 기준을 유입시키는, 즉 사기, 부정, 조작을 하지 않으려는 문화를 심어야 한다는 주장도 있다(Smith, 1999).

6. 예산 제도의 비교

앞에서 설명한 각 예산 제도를 비교하면 <표 12-10>과 같다.

품목별 예산 제도의 특징은 통제 지향적이고 정책 결정 유형이 점증적이다. 예산

표 12-10 예산 제도의 비교

제도 / 비교	품목별 예산 제도 (1921~1939)	성과주의 예산 제도 (1940~1964)	계획예산 제도 (1965~1971)	영기준 예산 제도 (1977~1980)	성과관리 예산 제도 (1993년~현재)
기본 정향	통제	관리	기획	의사 결정	관리
주요 정보	지출 대상	부처의 활동	부처의 목표	부처 및 사업 목표	부처의 활동
정책 결정 유형	점증적	점증적	총체적	점증적, 참여적	점증적, 참여적, 분권적
기획 책임	없음	분산	중앙집중	분산	중앙예산기관과 연계
중앙예산 기관의 관심	지출의 적격성	능률성	능률성, 효과성	정책의 우선순위	효율성, 효과성, 책임성
시계(時界)	1년	1년	5년 정도	4년 정도 그러나 불투명	1~5년
분류 체계	예산구조와 일치	예산구조와 일치	불일치	불일치	일치
분석의 초점	지출 대상	지출과 성과와의 관계	대안평가와 계량적 분석	대안분석과 예산 증감	성과측정 지표

출처: Henry(2004: 215)와 Premchand(1984: 338-339). 헨리는 MBO(1972~1977), Target Base Budgeting(1980~1992)을 포함시켰다.

* 성과주의 예산 제도.

결정은 매년 지출 대상에 초점을 두어 이루어지며, 국가 수준의 계획은 그렇게 중요하게 취급되지 않는다. 예산 운영의 목적은 재정적 한계를 엄수하는 것이며, 예산 과정에 참여하는 부처, 입법부, 이익집단 등의 참여자들은 부처의 예산이 어떻게 편성되는지에 관해서 쉽게 알 수 있다.

1940, 1950년대 성과주의 예산 제도는 업무 측정 단위와 단위 원가에 초점을 두어, 부처의 활동이 능률적으로 수행되도록 하는 데 주안점을 두었다. 품목별 예산 제도와 성과주의 예산 제도는 예산 운영의 주요 주체가 부처 직원이 된다는 점에서, 장기계획이나 정교한 계량적 분석 방법을 원용하지 않는 점에서는 유사하지만, 성과주의 예산은 '정부가 무엇을 구입하는가?'가 아닌 '정부가 무엇을 하는가?'에 초점을 둠으로써 사실상 크나큰 차이를 보여준다. 성과주의 예산에서의 '무엇'은, 이를테면 도로·학교·교량 등 활동의 결과를 의미하는 것이다. 성과주의 예산은 예산 투입과 활동의 결과를 연계하는 관리의 능률성 문제를 제기하고, 부처의 조직 단위를 중심으로 예산을 운영하기는 하지만 부처의 조직 단위보다는 그들이 운영하고 있는 사업과 활동에 관심을 둔다는 점에서 품목별 예산 제도와는 다른 특징이 있다.

계획예산 제도는 1940, 1950년대 성과주의 예산 제도와 관계가 있다. 성과주의 예산 제도는 '정부가 무엇을 하는가?'에 초점을 두어 활동의 성과 또는 실적을 중시하지만, 한편으로는 사업을 중요한 단위로 생각하게 된다. 이것을 국가의 목표와 연결시켜 기능, 사업, 활동, 성과 및 실적, 그리고 최종적 영향으로 구분해 보면 계획예산과의 연계가 분명해진다. 목표, 기능, 활동, 성과 등을 계층적 틀로 이해하면, 성과주의 예산 제도는 중간 이하의 계층에 초점을 두고, 계획예산 제도는 목표에서 최종 결과까지 모든 과정에 초점을 둔다. 계획예산 제도는 '정부가 무엇을 하는가?'에 확실한 답을 제시한다. 이때 무엇은 활동의 결과로서 학교, 교량, 도로 등이 아니라 학교로 인해서 비롯되는 문맹률의 저하, 교량으로 비롯되는 산업의 발전 등을 의미한다. 즉, 계획예산 제도에서의 '정부가 무엇을 하는가?'에 대한 응답은 예산을 사용해서 얻어지는 최종 효과이다. 동시에 계획예산 제도는 최종 효과 — 예산을 사용해서 얻는 사회적 영향 — 를 사전에 분석하는 방법을 제시하지 않으면 안 된다. 왜냐하면, 예산 투여와 그 영향과의 관계를 정당화하지 못하는 경우 예산을 배분할 수 없기 때문이다. 이러한 이유에서 계획예산 제도는 기획과 예산 결정을 체계적으로 연계시킨다.

그리고 국가 목표를 강조하는 계획예산 제도는 목표 설정이라는 것이 가치 판단이 개재하는 것인 까닭에 조직의 상층부에서 이루어지는 일이고, 그것을 달성하기 위해서는 이미 사업구조에서 살펴보았듯이 계층성을 강조하고, 그것은 정책 결정의 집권화를 초래하게 된다.

과도한 집권화에 대한 처방으로 목표에 의한 관리(MBO)와 영기준 예산 제도(ZBB)가 등장하게 된다. 계획예산 제도가 체계적인 분석을 강조한 관계로 경제학, 기획론에 정통한 전문가에 의해서 주요 결정이 이루어지게 되었지만, 영기준 예산 제도에서는 체계적인 결정 방식을 취하면서도 조직원의 참여를 촉진하는 방법이 중시되었다. 영기준 예산 제도는 중앙의 통제를 완화하면서도 중앙의 목표가 부처 하위 단위에서 존중되도록 하고, 계획예산 제도에서 사용하던 비용편익분석 등의 계량적 기법이 그대로 사용된다. 계획예산 제도에서의 사업요강(program memoranda) 및 사업 및 재정계획(progran and financial plan)의 내용은 사실 거의 단위사업 분석표와 매우 유사하다. 다만, 계획예산 제도가 기획을 집권화하고 총체적 결정 방식으로 예산을 결정한 데 반해, 영기준 예산 제도는 그러한 기능을 부처의 예산 운영 단위(decision unit)와 중앙예산기관에 분산시킨 것이 다르다.

1990년대 성과관리 예산제도는 우리나라에서 성과관리 제도[www.mpb.go.kr>4대 재정혁신>성과관리 제도(2006.8.7)]로 명명될 만큼 관리 지향적이다. 그러나 한편으로 전략적 계획서, 연간 성과보고서 등을 요구하듯이 계획성을 강조하기도 한다. 부처가 목표를 정하고 그 목표를 달성하기 위한 사업을 구상하고 그것의 달성 여부를 확인하기 위한 측정 지표를 개발하는 것은 일면 계획예산의 성질을 가졌다. 그러나 계획예산 제도와 성과관리 예산 제도가 다른 점은 계획예산 제도는 목표를 달성하기 위한 수단을 체계적으로 분석할 것을 강조하는 데 반해, 성과관리 예산 제도는 사업의 성과를 측정할 수 있는 지표의 개발을 강조한다는 것이다. 계획예산 제도는 체계적인 분석을 강조하는 데 반해, 성과관리 예산 제도는 사업 결과의 손쉬운 확인을 강조한다는 점이 다소 다르다. 성과관리 예산 제도가 과거의 성과주의 예산 제도와 다른 점은 성과관리 예산 제도는 산출(output)보다 결과(outcomes)를, 그리고 발생주의회계 제도 등 회계보다는 사업관리에 더 강조점을 두고 있다는 점이다.

끝으로 품목별 예산 제도를 운영하는 데는 지출의 적법성 여부를 판단할 수 있는 법률과 회계학의 지식이 필요하며, 이에 대해서 계획예산 제도와 영기준 예산 제도 운영에는 기획론에 대한 지식이 필요하다.

한편, 각 예산 제도에서 요구되는 제도를 간단히 살펴보면 다음과 같다. 품목별 예산 제도에서는 예산을 편성하는 행정기관과 그것을 심의하는 입법부, 그리고 예산 집행 결과를 검토할 행정부와 입법부에 속하지 않는 독립적인 회계검사원이 요구된다. 행정부의 각 부처가 소관 사업에 대하여 지출 대상(품목)별로 예산을 편성하고, 입법부는 그것에 기초하여 예산을 의결하며 입법부는 행정부가 승인된 대로 예산을 집행할 것으로 기대한다.

1940, 1950년대 성과주의 예산 제도에서는 우선 부처의 사업을 체계적으로 분류할 수 있는 조직구조 또는 사업 체제가 요구된다. 또 업무 단위와 업무 측정 단위, 그리고 단위 원가(표준 원가)를 개발하여 해당 부처가 예산을 좀 더 쉽게 편성할 수 있도록 지원해 주는 부처 단위 또는 정부 단위의 기관이 필요하다. 그뿐만 아니라 복식회계 제도가 구비되어 있어야 한다. 감가상각, 재고 등을 파악하고 사업 원가와 자산 원가를 계산하여야 하기 때문이다.

계획예산 제도의 경우에는 사업을 계층적으로 분류하여 목표에서부터 최종 산물까지 연계시킬 수 있는 분류 체계가 마련되어야 하고, 목표를 효과적으로 달성할 수 있는 최적 대안을 발견하기 위한 분석 체제가 구비되어야 한다. 구체적으로 사업분석, 체제분석을 전담하는 기구가 중앙예산기관이나 부처에 설치되어야 하고, 이렇게 생산된 정보들이 상하좌우로 전달되도록 정보 체제가 발전되어야 한다. 또한 행정부와 입법부 사이에 예산 편성과 그 방법에 대한 이해를 촉진할 수 있는 연락기구(liaison office)가 마련되어야 한다.

영기준 예산 제도에서는 유의미한 예산 운영 단위를 선정할 수 있도록 사업 또는 조직이 잘 분류되어야 한다. 그리고 단위사업 분석표를 마련하기 위해서, 즉 사업을 분석하여 대안을 개발하고 일단 채택된 대안에 대해서 예산 수준 및 노력 수준에 따른 대안을 마련할 수 있도록 예산 운영 단위를 운영하는 부서 직원들이 사업 및 예산 분석 능력이 있어야 한다. 또한 행정부와 입법부가 협상을 통하여 예산의 한도를 정하는 제도가 구비되어야 한다.

성과관리 예산제도는 부처의 사업과 그 결과에 대하여 집행부와 입법부를 포함한 이해 당사자들이 서로 협의하여야 하고, 특히 사업의 결과를 측정하는 데 서로 공감대가 형성되어야 한다. 측정 방법에 대해서 서로 합의가 이루어져야 예산 편성과 입법부의 심의 및 의결이 의미가 있을 것이다. 결국 사업을 운영하는 주체인 행정기관의 사업 제안과 그 사업의 결과 측정이 중요해진다.

제 3 절 최근 한국의 예산 개혁과 특징

1. 한국의 예산 개혁에 대한 연구

한국의 예산 개혁에 대한 논문은 많다. 외국의 예산 제도 소개, 제도 도입 과정과 결과에 대한 평가 등 다양한 논문이 있다. 교과서와 단행본으로 볼 때 다음과 같은 것은 예산 개혁의 배경과 내용, 그리고 과정을 이해하는 데 도움이 된다.

1) 유훈 · 조택 · 김재훈(2012). 『재무행정론』

위의 책 제4편 제1장 예산개혁론에서 한국의 예산 개혁을 다루고 있다. 예산재분류와 기업회계 제도, 예산회계 관계 법률의 제정, 성과주의 예산 제도, 계획예산 제도, 노무현 정부의 예산 개혁 등을 소개하고 있다. 단순히 제도를 소개하는 것이 아니라 그 당시의 배경과 제도 내용을 소개하고 있다.

2) 신해룡(2011). 『예산개혁론: 21세기 나라살림 개혁의 청사진』

국회예산정책처장을 역임한 바 있는 저자는 위의 책에서 예산 개혁의 필요성, 예산 개혁의 5대 방향, 예산 개혁의 10대 실천 방안을 주장하고 있다.

저자는 재정위기에 대비하기 위해서 예산 개혁이 필요하다고 주장한다. 한국의 미래재정 위기의 주요 요인은 고령화의 진전과 저출산의 지속, 글로벌화의 급속한 진전, 양극화의 심화, 남북관계에 따른 비용 등이다. 이에 대비하기 위해서 재정의 지속가능성 확보, 재정의 경기조절 기능 강화, 국가재정의 효율적 배분 도모, 사회통합을 위한 재정의 역할 강화, 재정의 투명성 제고를 통한 재정민주주의의 구현 등이 예산 개혁의 5대 방향으로 제시되어 있다. 그리고 이의 실현 방안으로 중기재정 운용의 실효성 제고, 합리적인 국가채무의 관리방안 마련, 재정준칙의 도입, 성과와 재정 운용의 연계 강화, 예산낭비 예방시스템 구축, 재정정보의 공개 확대 등 10대 예산 개혁이 제시되어 있다. 한국 재정 전반에 대한 개혁 방향을 제시하고 있다.

3) 윤영진(2018). 『새재무행정학2.0』

저자는 위의 책 제8장 재정개혁론에서 재정 개혁의 이념과 목표, 재정 개혁의 추진과정, 재정성과관리 제도 등을 설명한다. 저자는 2000년대 초의 한국의 재정 개혁 추진 과정을 간단히 설명하고, "재정 개혁 흐름의 풀로서 디지털예산회계시스템"을 강조한다. 또한 재정제도 개혁 추진 과정에서 "한시적 태스크포스 조직으로 구성된, 저자가 자문위원장으로 참여했던 디지털예산회계기획단의 역할"을 강조한다.

위의 저자들은 한국의 예산 개혁에 관해 단순히 제도를 소개만 하지 않고, 개혁의 방향, 주체, 배경, 과정, 내용 등을 설명한 특징이 있다.

2. 최근 한국의 예산 개혁과 성과관리 예산 제도

1) 최근 한국의 예산 개혁

최근 한국의 예산 개혁은 대개 김대중 정부(1998~2003)에서 시작하여 노무현 정부(2003~2008)에서 정착된 것이 많다. 이 기간에 공기업의 민영화, 책임운영기관 도입, 성과연봉 제도 도입, 기금 제도 정비, 준조세 제도 정비, 예산인센티브 제도 도입, 성과주의 예산 제도 도입, 복식부기회계 제도 추진, 국가재정운용계획 수립, 총액배분 자율편성 제도 도입, 성과관리 제도 도입, 디지털예산회계시스템 도입, 국가채무관리시스템 구축 등이 이루어졌다(기획예산처, 2002: 7; 정부혁신지방분권위원회, 2008). 김대중 정부가 분야별·사업별로 배분된 재원을 효율적으로 관리하는 데 도움이 되는 미시적 예산 개혁에 주력하였다고 한다면, 노무현 정부는 세입, 세출, 채

표 12-11 최근 한국 정부의 주요 예산 개혁

김대중 정부 (1998~2003)	노무현 정부 (2003~2008)	이명박 정부 (2008~2013)	박근혜 정부 (2013~2016)
• 공기업의 민영화 추진 • 책임운영기관 도입 • 성과연봉제 도입 • 기금 제도 정비 • 준조세 제도 정비 • 예산인센티브 제도 도입 • 예비타당성 제도 도입 • 성과주의 예산 제도 도입 • 복식부기회계 제도 추진	• 국가재정운용계획 수립 • 총액배분 자율편성 방식 도입 • 성과관리 제도 도입 • 디지털예산회계시스템 구축 • 특별회계 및 기금 정비 • 복식부기 및 발생주의회계 도입 • 국가채무관리시스템 구축	• 공공기관의 민영화 및 통폐합 추진 • 예산 10% 절감 • 조기 예산 집행	• 공공기관 민영화 추진 • 유아교육지원특별회계 신설

무 등 재정총량적 지표를 효율적으로 관리하는 데 도움이 되는 거시적 예산 개혁에 주력하였다고 할 수 있다(옥동석, 2010: 2). 이에 반해서 이명박 정부와 박근혜 정부는 이렇다 할 예산 개혁을 하지 않았다. 이명박 정부는 공공기관의 민영화 및 통폐합, 그리고 박근혜 정부는 유아교육지원특별회계 신설과 같은 예산 개혁을 하였다.

아래에서는 김대중 정부에서 도입을 시작하여 지금까지 이용되고 있는 성과관리 예산 제도의 도입에 대해 살펴봄으로써 최근 한국의 예산 개혁의 배경과 특징을 알아보고자 한다.

2) 성과관리 예산 제도 도입 개혁

여기서 성과관리 예산 제도란 이 장 제2절 예산 제도의 전개에서 살펴본 성과관리 예산 제도를 말한다. 이 제도는 김대중 정부의 성과주의 예산와 노무현 정부의 성과관리 제도를 포함하는 제도이다. 그런 까닭에 한국에서 성과관리 예산 제도 도입 개혁은 김대중 정부에서 도입을 추진하기 시작해서 노무현 정부에서 법률로 제도화하였다고 볼 수 있다. 이에 대해서 ① 도입의 필요성 인식, ② 추진 체계 구성, ③ 도입 추진, ④ 제도화, ⑤ 성과관리 예산 제도의 운영과 평가 등으로 나누어 살펴본다.

(1) 성과관리 예산 제도 도입의 필요성 인식

정부는 예산 증가의 통제, 예산과 성과 연계를 통한 지출의 효율성 제고, 투명성 개선 등을 위하여 성과주의 예산 제도 혹은 성과관리 제도를 필요로 하였다(기획예산처, 2002: 236; 대한민국정부, 2008: 168).

정부 지출의 효율성이나 예산 운영의 투명성을 높이는 방법은 다양할 것인데, 정부가 성과관리 예산 제도가 필요하다고 본 까닭은 당시의 사회적 분위기와 정부보고서에 의할 때 다음과 같다고 볼 수 있다.

① 1997년 IMF 외환위기의 영향

정부는 1997년 국제통화기금(IMF)으로부터 긴급 구제금융을 받기로 하였다. 이때 IMF는 우리 정부에 대해서 기업, 금융, 노동 부문에 대한 개선을 요구하였다. 이에 부응해서 정부는 기업, 금융, 노동, 공공 부문 등 4대 혁신을 추진하였다. 정부는 공공 부문의 혁신을 회피할 수 없었다.

② 신공공관리론(NPM)의 풍미

선진국에서는 성과 중시, 시장 원리, 자율과 책임 등을 강조하는 신공공관리론(NPM)에 입각한 행정 개혁이 진행되고 있었다. 한국의 행정실무자와 학자들은 신공공관리론에 따른 행정 개혁을 지지하였다. 대표적인 것이 삼성경제연구소에서 1994년 펴낸 『정부혁신의 길』이다. 이 책은 오스본(David Osborne)과 게블러(Ted Gaebler)의 『정부혁신론(*Reinventing Government*)』을 번역한 것이다.

③ 선진국의 성과관리 예산 제도 채택

미국의 「정부성과관리법」(GPRA, 1993), 재정사업평가도구(PART, 2002), 영국의 책임운영기관 제도(Next Steps Agency, 1989), 호주의 프로그램별 예산 편성 및 관리 제도(Program Management & Budgeting, 1988), 뉴질랜드의 「재정법」(Public Finance Act, 1989) 등이 대표적인 제도이다. 한국 정부는 선진국의 제도를 모형으로 삼았다고 볼 수 있다(기획예산처, 2002: 238－239; 정부혁신지방분권위원회, 2008: 368; 박형수 외, 2012: 25－28).

④ 재정위험의 상존 인식

IMF 외환위기 이후 한국 사회는 국가 간 경쟁의 심화, 고령화의 급속한 진행, 인구 증가의 정체, 경제의 저성장 구조로의 이행, 사회복지 분야 재정수용 급증 등에 직면하였다. 적어도 정부는 이런 것에서 비롯되는 재정위기를 인식하였다(대한민국 정부, 2008: 159).

이러한 이유에서 정부는 예산(재정)을 효율적으로 운영하기 위해서 성과관리 예산 제도를 도입하고자 하였다.

(2) 성과관리 예산 제도 추진 체계 구성

김대중 정부 시절에는 기획예산위원회와 기획예산처가 정부 혁신 업무를 담당하였고, 노무현 정부 때는 기획예산처가 정부 혁신의 업무를 담당하였다. 두 정부 모두 대통령, 중앙예산기관, 중앙부처 등이 정부 혁신을 추진하였고 민간인의 참여도 촉진되었다. 특히 노무현 정부 때는 대통령이 주재하는 정부혁신추진회의가 개최되기도 하였고, 대통령비서실에 혁신관리비서실이 설치되었고 중앙부처에 혁신담당관이 신설되기도 하였다.

① 기획예산위원회와 행정개혁자문위원회(1998)

IMF 외환위기 속에서 김대중 대통령은 1998년 취임하자 중앙예산기관을 대통령 직속기관으로 하고 싶었다. 그러나 국회 심의 과정에서 기획예산위원회는 대통령 직속으로, 그리고 예산청은 재정경제부의 외청으로 이원화되었다. 기획예산위원회가 정부 혁신을 담당하였다. 대통령 직속 행정개혁자문위원회도 구성되었다. 이 위원회는 민간인 20인으로 구성된 것이 특징이다.

② 기획예산처와 정부혁신추진위원회(2000~2003)

중앙예산기관으로 기획예산처가 설치되었고 여기서 정부 혁신의 업무를 담당하였다. 그리고 대통령 직속 자문기구로 정부혁신추진위원회가 설치되었다. 장관급 정부 위원이 7명, 민간 위원이 10명이었다. 인사, 조직, 재정개혁반 등 분야별 작업반이 활동을 하였다(기획예산처, 2002: 15).

③ 기획예산처와 정부혁신지방분권위원회(2003~2008)

노무현 정부에서는 대통령, 기획예산처 등의 중앙부처, 대통령직속 위원회 등 범정부적으로 혁신 체제가 구성되었다. 대통령직속 자문기관으로서 정부혁신지방분권위원회가 30인 이내로 구성되었다. 장관급 정부위원이 7인, 나머지는 민간위원이었다. 이 위원회에는 재정세제 분야 등 7개 분야의 전문위원회가 활동을 하였다. 재정세제전문위원회는 4대 재정 혁신을 담당하였고, 여기서 성과관리 제도를 도입하는 방안이 보고되고 협의되었다(정부혁신지방분권위원회, 2008: 151; 정부혁신지방분권위원회, 2005: 18－25).

성과관리 예산 제도의 도입은 정부 혁신의 일환으로 대통령, 장관, 대통령직속 위원회 등을 통하여 위에서 아래로, 하향적으로 추진되었다. 후반기에는 민간위원의 참여가 확대되기도 하였다. 위원회 중심으로 정부 혁신이 계획되고 실시되었다. 또한 혁신과 예산이 서로 연계되었다(기획예산처, 2002: 24).

(3) 성과관리 예산 제도 도입 추진

① 김대중 정부의 성과주의 예산 제도 도입 추진

김대중 정부는 집권하자 민간 자문회사를 통해서 대대적인 정부조직에 대한 경영진단을 하고 조직을 개편하였다. 이 과정에서 1998년에는 기획예산위원회 중심으로, 2000년부터는 정부혁신추진위원회 중심으로 정부 혁신이 추진되었다(기획예산처, 2002: 21－24).

기획예산위원회가 1998년 당면한 과제는 조직개편이었다. 국가경쟁력을 높이기 위하여 공공 부문 구조 조정이 추진되었다. 공공 부문 증가 억제가 과제였다. 재정운영체제 개편도 예산 절약, 인센티브 제도 도입 등이 논의되었는데, 여기에 성과주의 예산 제도 추진이 포함되었다.

기획예산위원회는 1999년 5월 “투입중심의 현행 예산 제도를 결과 혹은 성과 중심으로 예산을 운영”하기로 하고, 성과주의 예산 제도를 2000년부터 단계적으로 도입하기로 결정했으며, 1999년에는 시범사업을 하기로 발표하였다. 정부는 이미 정부조직 경영진단을 통해서 성과지표를 개발하였고, 한국조세연구원을 통해서 성과주의 예산 제도 도입에 대한 연구를 하였다. 또 정부는 외국의 사례도 검토하였다(기획예산위원회 보도자료, 1999.5.16).

성과주의 예산 제도 시범 사업은 16개 기관에서 점점 확대되어 2002년에는 39개 기관에서 사업을 수행하였다. 시범 대상 기관들은 "성과계획서상의 임무, 전략 목표, 성과 목표, 성과 지표 등을 제시하고, 결산 시점에서는 성과 목표별 성과를 평가하였다. 또한 예산이 국회를 통과하면 성과계획서를 수정하여 기획예산처 홈페이지에 공개하였다"(기획예산처, 2002: 240).

② 노무현 정부의 성과관리 제도 도입 추진

재정사업 성과관리 제도란 재정사업의 목표와 성과 지표를 설정하고 지표에 대한 평가 결과를 재정 운영에 반영하는 제도이다. 기본 구조는 성과계획 수립, 예산 운영, 성과 측정 및 평가로 구성된다(정부혁신지방분권위원회, 2008: 152).

정부혁신지방분권위원회의 재정세제전문위원회는 2003년 10월 성과중심 재정 운영 방식인 성과관리 제도 도입 방안에 대해서 논의하였다.

먼저 재정성과목표 제도가 2003년 도입되었다. 2003년부터 2004년까지 교육부, 외교부 등 22개 기관이 선시행기관으로 선정되었다. 또 선시행기관은 2005년 말까지 주요 재정사업에 대한 2006년도 성과계획서를 작성하였다. 성과목표관리 대상기관은 계속 확대되어 48개 기관이 2006년 말까지 2007년도 성과계획서를 작성하였다(정부혁신지방분권위원회, 2008: 369).

그림 12-3 성과관리 제도의 기본 구조

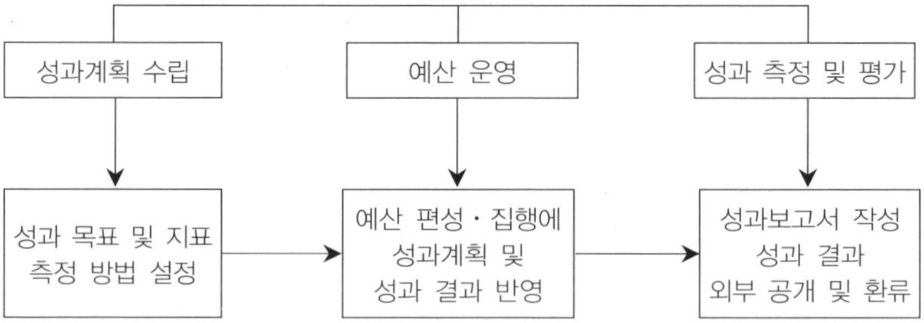

출처: 정부혁신지방분권위원회(2008: 152).

표 12-12 성과관리 예산 제도 도입 추진 내용

연 도	내 용
1998.4	• 기획예산위원회 신설 • 행정개혁자문위원회 설치
1999.1~2	• 성과주의 예산 제도 도입 추진계획 수립(16개 기관 시범사업 실시) • 부처별 성과 지표 개발
2000.3~4	• 16개 시범기관의 성과계획서를 기획예산처 홈페이지에 공개 • 시범사업 추진방침을 예산안편성지침을 통해 통보(기존의 16개 기관을 포함함. 총 28개 기관이 시범기관으로 선정됨)
2000.8	• 대통령직속 자문기구로 정부혁신추진위원회 출범
2001.6	• 2002년도 성과계획서 및 2000년도 성과보고서 작성지침 통보 (총 39개 시범사업 대상기관)
2003.4	• 정부혁신지방분권위원회 출범
2003.5	• 성과 중심의 재정 운영을 위하여 재정성과 목표관리 제도 도입
2004.5~11	• 2004년도 성과관리 제도 시행지침 시달 • 정책 및 성과 중심의 프로그램 예산 체계 도입
2005	• 재정사업 자율평가 제도 도입
2006.12	• 국가재정법 제정 • 재정사업 심층평가 제도 도입
2008	• 성과계획서 최초로 국회에 제출
2010	• 성과보고서 최초로 국회에 제출

출처: 김춘순(2018: 341). 필자가 일부 추가함.

2005년 2월에는 재정사업 자율평가 제도 운영 방안이 마련되었다. 2005년 6월에는 재정사업 자율평가 지침이 시달되고 각 부처별 자율평가가 실시되었다. 재정사업 자율평가 제도는 미국의 제도(Program Assessment Rating Tool)를 모방한 것이다(대한민국정부, 2008: 169).

2006년부터 한국개발원(KDI) 등 외부기관을 활용하여 선정된 사업에 대해서 재정사업 심층평가를 실시하였다. 이 제도 또한 시범사업을 먼저 실시하였다.

(4) 성과관리 예산 제도의 제도화

성과관리 예산 제도는 2006년 9월 국회가 국가재정법을 확정함으로써 제도화되었다. 성과관리 예산 제도가 제도화되는 데는 행정부, 국회, 정당 등이 관여하였다.[10]

기획예산처 및 재정경제부(현재의 기획재정부)는 2003년 국회와 국가재정 제도 개혁에 대해서 협의하였다. 정부는 2004년 국가재정법을 국회에 제출하였다. 2005년 4월 여당 워크숍에서 기획예산처가 국가재정법(가칭)의 개편 및 제정을 보고하였다. 동년 6월 기획예산처와 재정경제부는 예산회계법과 기금관리기본법을 통합한 국가재정법 제정을 발표하였다. 동년 7월 5일 기획예산처는 국가재정법을 입법 예고하였다. 9월에는 법제처를 거쳐 국무회의에서 대통령에게 보고되었다. 10월 1일에는 국가재정법과 예산결산특별위원회의 상설화에 대해서 한나라당, 민노당, 민주당, 자민련 등이 합동공청회를 개최하였다. 2004년 10월 12일 적자 국채 발행 시 국회의 의결을 거치도록 수정하여 국가재정법을 국무회의에서 확정하여 국회에 제출하였다.

2004년 12월 6일 한나라당이 국가재정법에 반대하며 국가건전재정법안을 제출하였다. 한나라당은 2005년 4월 국가재정법안과 국가건전재정법안을 병합 심사할 것을 요구하였다. 2005년 12월에는 여야 의원 100인이 성인지 예산의 도입을 요구하였다.

2006년 6월 국회운영위원회에서 국가재정법을 논의했으나 헌법상 독립기관의 예산편성권이 국회의 권한을 침해한다는 의견이 있어 논의가 중지되었다. 2006년 8월 국회 법제사법위원회에서 독립기관의 정의 규정 등을 검토하여 국가재정법안(대안)을 통과시켰다. 같은 날 국회운영위원회도 그 법안을 통과시켰다.

2006년 9월 8일 제262회 국회 정기회 본회의에서 재적 260인 중 찬성 259인, 기권 1인의 압도적 찬성으로 국가재정법이 통과되었다. 이 법은 2006년 10월 4일 제정되어 2007년 1월 1일부터 시행되었다.

국가재정법에 성과 중심의 재정 운용, 성과계획서 및 성과보고서 작성과 국회 제출이 법 조문으로 명문화되었다. 행정부는 2008년 최초로 국회에 성과계획서를 제출했고, 2010년 최초로 성과보고서를 국회에 제출하였다. 이로써 성과관리 예산이 제도화되었다.

---

10) 아래의 글은 김상헌(2007). 『국가재정법 추진현황과 개선방안』, 한국경제연구원, pp.22－24와 국회예산정책처(2012.6). 『국가재정법: 이해와 실제』, pp.15－18을 참고하였다.

(5) 성과관리 예산 제도의 운영과 평가

① 성과관리 예산 제도의 운영

국가재정법이 제정됨으로써 정부의 모든 기관은 성과관리 예산 제도를 운영하였다. 각 부처의 운영을 이해하기 위해서 2008년도 정부의 성과관리 과정과 예산 과정의 일정을 살펴보기로 한다.

<표 12-13>에서 알 수 있듯이 행정부와 입법부, 그리고 감사원이 성과관리 예산 제도의 운영에 관련되었다. 행정부에서는 대통령, 국무총리실, 각 부처, 국회에서는 예산결산위원회, 각 상임위원회가 성과관리 예산 제도 운영에 관여하였다. <표 12-13>에서 보듯이 관련 기획재정부가 기관 중에서 가장 자주 등장한다. 기획재정부가 성과관리 예산 제도 운영의 중심에 있었다.

기획재정부는 성과계획서와 성과보고서의 지침을 정하였고, 부처는 계획서와 보고서를 작성하여 기획재정부에 제출하였다. 그리고 행정부는 성과계획서와 성과보고

표 12-13 성과관리 과정과 예산 과정 일정(2008년도)

일 정	성과관리 과정	예산 과정	관련 정부부처
2월	• 성과보고서 제출(2월 말)	• 결산서 제출(2월 말)	• 각 부처 → 기획재정부
3월	• 성과보고서 검토 · 평가	• 결산서 검토 · 평가	• 기획재정부
4월	• 정부통합 성과보고서 제출(4.10) • 성과보고서 작성지침 통보(4.30) → 국회 예결위 보고	• 정부 통합 결산서 제출(4.10) • 예산편성지침 통보(4.30) → 국회 예결위 보고	• 기획재정부 → 감사원 • 기획재정부 → 각 부처, 예결위
5월	• 감사원 성과보고서 작성, 기획재정부 송부(5.20) • 성과보고서 국회 제출(5.31)	• 감사원 결산검사 보고서 기획재정부 송부(5.20) • 결산서 국회 제출(5.31)	• 감사원 → 기획재정부 • 기획재정부 → 국회
6월	• 성과보고서 제출(6월 말)	• 예산요구서 제출(6월 말)	• 각 부처 → 기획재정부
7~8월	• 성과계획의 적정성 검토	• 예산요구의 적정성 검토	• 기획재정부
9월	• 성과계획서 국회 제출	• 기획재정부의 예산안 편성 및 국회 제출	• 기획재정부 → 국회
10월	• 성과보고서 작성 지침 각 부처에 통보	• 결산작성지침 각 부처에 통보	• 기획재정부 → 각 부처

출처: 박노옥 외(2008: 59), 노진덕(2009: 475). 현재는 〈표 12-13〉에 비해 예산 편성 일정이 1개월 앞당겨졌다.

서를 국회에 제출하였다.[11] 한편, 각 부처는 세입과 세출 예산 운용 현황을 홈페이지에 공개하였다. 정부는 재정사업 평가 결과와 예산을 연계하였다. "미흡"으로 평가를 받은 부처는 지출구조를 조정하거나 성과개선 방안을 마련해야 했다(중앙일보, 2017.9.28). 2019년 현재에도 위와 같은 운영의 기본적 틀은 유지되고 있다. 다만, 성과지표 작성, 사업 분류 방법, 평가 방법 등 제도 운영의 세부 사항이 변경되었다. 예를 들면, 재정사업 자율평가가 2016년에 통합재정사업 평가 제도로 변경되고, 이것은 다시 2018년에 핵심사업 평가 제도로 변경되었다. 이전에는 사업부서가 자체평가를 하고 기획재정부가 평가 과정의 충실도, 결과의 적정성 등을 확인하고 점검하는 메타평가를 실시하였는데, 이것을 폐지하고 대신 기획재정부가 핵심사업을 선정하여 직접 평가·분석하기로 하였다(관계부처합동, 2018.11). 또 기획재정부는 2011년에 성과현황판(Performance Information Board)을 구축하여 부처의 전 재정사업에 대한 분기별 재정사업 성과달성도 등을 공개하였다. 그러나 이 제도는 2015년 폐지되었다.

② 성과관리 예산 제도 운영에 대한 평가

OECD Survey on Performance Budgeting Practice Results에서 한국은 2011년, 2012년, 2016년 성과주의 예산 제도를 구비하여 예산 편성에 연계하고 있는 국가로서 상위에 자리하고 있는 것으로 평가하였다(기획재정부 보도자료, 2018.3.6).

그러나 김대중 정부는 제도 도입 초기부터 제도에 대한 이해와 관심 부족으로 성과 지표 개발, 객관적인 성과 측정이 어려웠다고 평가하였다(기획예산처, 2002: 242). 노무현 정부는 성과관리 제도가 성과 중심 재정 운영, 투명한 재정 운영, 효율적인 사업추진 등의 기대효과가 예상된다고 평가하였지만(정부혁신지방분권위원회, 2008: 369) 그러나 "재정의 성과관리에 대한 관심이 커진 것이 성과"라고 평가하기도 하였다(정부혁신지방분권위원회, 2008: 368). 2012년 한 연구에 의하면, 성과관리 제도에 대해서 프로그램 예산구조의 개선, 성과 지표와 목표치 개선, 재정사업 자율평가 항목의 개선, 사업평가 개선, 재정성과관리 제도 간 연계성 강화, 타 평가 제도와의 중

11) 성과계획서는 부처의 임무, 전략 목표, 성과 목표, 성과 지표, 성과지 검증 방법 등을 제시한 계획서이다. 성과보고서는 성과계획서에 제시된 성과지표를 근간으로 사업성과를 평가한 결과를 제시한다(전택승, 2004: 74-78).

복 개선, 평가와 예산 연계 방법의 개선 등 개선할 것이 많다고 하였다(박형수 외, 2012: 183－213). 현재 한국 정부의 성과관리는 기획재정부의 재정성과관리 제도와 총리실의 자체평가 제도로 이원화되어 있다.

3) 성과관리 예산 제도의 도입 개혁의 특징

앞에서 한국의 성과관리 예산 제도 도입 개혁을 성과관리 예산 제도 도입의 필요성 인식, 성과관리 예산 제도 추진 체계 구성, 성과관리 예산 제도 도입 추진, 성과관리 예산 제도의 제도화, 성과관리 예산 제도의 운영과 평가 등으로 설명하였다. 이것에 기초해서 성과관리 예산 제도 도입 개혁의 특징을 살펴보면 다음과 같다.

첫째, IMF 외환위기 같은 외부적 충격에 의해서 개혁의 필요성이 인식되었다. 김영삼 정부에서 '작고 강한 정부'의 기치 아래 1994년 12월 경제기획원과 재무부를 합해서 재정경제원을 설치하는 등 조직 개편을 했다. 그러나 정부가 외환, 금융기관 등의 관리를 잘못하여 "지난 50년 간 한국 경제의 가장 어려운 시기"인(KDI 보도자료, 2017.11.14) IMF 사태가 일어났다. 이 위기에 직면해서 김대중 정부는 공공 부문의 혁신을 인식하였다. 노무현 정부가 혁신을 추구한 것도 IMF 외환위기를 경험한 한국 사회의 분위기를 반영한 것이다.

둘째, 추진 체제가 김대중 정부 시절에는 집권화되었고, 개혁이 위에서 아래로 수직적으로 추진되었다. 노무현 정부 때는 다소 집권성이 완화되고 민간인의 참여가 확대되었다. 기획예산처가 성과관리 예산 제도 도입에 중요한 역할을 하였다.

셋째, 성과관리 예산 제도는 1999년 시범사업을 시작으로 점증적으로 도입되었다. 정부는 시범기관을 선정해서 성과관리 예산 제도를 시행해보고 점점 대상 기관을 확대하였다. 그리고 2007년 국가재정법이 시행됨으로써 제도화되었다.

넷째, 조세연구원 등 국책연구기관을 통해서 성과관리 예산 제도 운영을 평가하였다. 정부는 성과 지표, 평가 방법 등 성과관리 예산 제도의 세부 요소들을 계속 변경하였다.

다섯째, 한국의 성과관리 예산 제도는 미국, 영국 등 선진국의 제도를 모방한 것이다. 정부는 미국의 「정부성과관리법(GPRA)」과 사업성과평가 도구(PART)를 모방해서 국가재정법을 제정하고 재정사업 자율평가를 하였다. 미국에서는 PART를 폐지했는데 한국은 여전히, 다소 간소화되었지만, 재정사업 자율평가를 시행하고 있다.

여섯째, 한국의 성과관리 예산 제도 도입 개혁은 행정부가 주도하였다. 국회는 법률안 의결 과정에서 중요한 역할을 하였다.

한국의 성과관리 예산 제도 도입이 성공했는지 또는 실패했는지 그 여부를 평가하기란 쉽지 않다. 성과관리 예산 제도가 운영되는 한국의 재정적, 정치적, 행정적 여건이 계속 변하기 때문이다. 그러나 정부가 성과관리 예산 제도를 운영함으로써 예산 편성에 성과정보를 이용하게 된 점은 발전이라고 볼 수 있을 것이다. 그러나 성과정보가 예산 편성 기간에 제공된다고 해도 예산 배분에 고려되어야 할 사항이 경제적 상황, 정책 우선순위, 정치적 쟁점 등 많기 때문에, 그 정보가 결정적으로 영향을 준다고 말할 수 없다. "성과정보는 실무부처나 사업기관 차원에서 관리적 목적으로 주로 사용되고 있으며, 중앙예산기관은 성과정보를 예산 배분에 사용하는 것이 아니라 지출검토(spending reviews)를 통해 거시적인 차원에서 우선순위 설정과 재원 배분에 집중하고 있는 것이 최근의 변화이다"(하연섭, 2015: 187). 즉, 성과관리 예산 제도를 운영함으로써 부처가 운영하는 개별 사업을 보다 잘 관리할 수 있다. 그래서 사업의 성과를 높일 수 있다. 그러나 성과관리 예산 제도를 운영한다고 해도 부처 간, 부문 간 재원 배분의 문제를 해결할 수 없다. 그것은 대통령과 중앙예산기관이 해야 할 일이다. 또 성과관리 예산 제도를 운영한다고 해도 예산 증가를 억제하기 힘들다.

성과관리 예산 제도의 도입 목적이 예산 증가의 억제, 지출의 효율성 증대, 투명성 증진에 있다면, 우리나라 성과관리 예산 제도는 투명성 증대와 기술적 효율성 증진에 기여했다고 볼 수 있을 것이다.

[부 록] 2017년 7급 공개경쟁채용 필기시험(행정학 ㉮책형 문6번)

문6. 결과 지향적 예산 제도(new performance budgeting: result-oriented budgeting)에 대한 설명으로 옳지 않은 것은?

① 20세기 후반부터 주요 국가들이 재정사업의 운영이나 기능에 초점을 두고 새로운 성과주의 예산 체제를 도입하기 시작했다.

② 재정사업의 목표, 결과, 재원을 연계하여 예산을 '성과에 대한 계약'의 개념으로 활용한다.

③ 각 부처 재정사업 담당자들에 대한 동기 부여를 강조하고 이들에게 더 많은 권한을 부여하고자 한다.

④ 미국 클린턴 행정부는 결과 지향적 예산 제도의 일환으로 PART(Program Assessment Rating Tool)를 도입했다.

출처: www.gosi.go.kr > 시험문제/정답(2019.3.29).

정답

문6. ④

해설: 미국 제42대 대통령인 클린턴(Bill Clinton)은 1993년부터 2001년까지 재임하였다. PART는 2002년 부시 대통령에 의해서 도입되었다. 제43대 대통령인 부시(George W. Bush)의 임기는 2001년부터 2009년이었다. 미국 대통령의 취임일은 1월 20일이다. 클린턴 대통령 시절에도 결과 지향적인 예산 제도가 도입되었지만 PART가 도입된 것은 부시 대통령 때이다.

Chapter

13

조세 체제와 세무행정

학습 목표

이 장의 학습 목표는 조세에 관한 기본 용어, 우리나라 조세 체제의 특성, 국세청의 조직과 기능, 조세구제 제도에 대해서 이해하는 것이다.

독자는 다음의 질문에 답을 할 수 있어야 한다.

- 조세란 무엇인가? 조세의 종류, 조세의 원칙에는 어떤 것이 있나?
- 조세의 공평성은 무엇인가?
- 한국에서 부가가치세, 금융실명제, 종합부동산세 등은 언제 실시되었나?
- 현행 한국의 조세 체제는 어떤 특징이 있나?
- 한국 국세청은 어떤 기능을 하나?
- 조세구제 절차에는 어떤 것이 있나?

제 1 절 조세와 조세 제도

1. 조세의 개념과 분류

1) 조세의 개념

오늘날의 조세 개념은 자본주의와 민주주의의 발달에서 연유하는 것이다. 국가의 구성원인 개인은 사유재산을 소유할 수 있고 자유롭게 경제 활동을 하며, 개인과 국가 간의 관계를 계약이라는 측면에서 파악한, 경제적 · 정치적 이념으로부터 근대적 조세 개념이 발전한 것이다.

조세란 일반적으로 국가가 수입을 조달할 목적으로 특정한 개별적 보상 없이 사경제(私經濟: 국민)로부터 강제적으로 징수하는 화폐 또는 재화이다. 즉, 조세는 재정적 목적을 위하여 보상 없이 강제로 징수되는 재화이다. 이와 같은 조세의 개념은 다음과 같은 몇 가지 특징이 있다(차병권, 1972: 19－23; 이만우, 2000: 1－2; 선병완 · 양규혁, 2003: 3－5).

(1) 강제적 성격

국가는 국민으로부터 과세권 또는 재정권을 통하여 강제로 재화를 징수한다. 물론 강제적 성격은 민주국가에서 국민의 동의가 요구되지만 일단 법률이 제정되면 개별 납세자의 동의와 관계 없이 조세는 강제로 징수된다. 이러한 측면에서 조세는 공공요금, 수수료 등과는 구별된다.

(2) 무보상적 성격

조세를 납부한 개인에게 조세를 납부한 만큼의 개별적 보상이 주어지는 것은 아니다. 조세의 징수와 경비의 지출은 서로 독립적인 별개의 현상이다. 국가는 세금을 많이 납부한 개인들이나 적게 납부한 개인들에게나, 더 나아가 세금을 납부한 개인들이나 납부하지 않은 개인들에게도 차등 없이 동등한 서비스를 제공한다는 것이다.

조세의 징수와 경비의 지출이 연결되어 있는 목적세는 예외가 된다. 또한 조세는 수수료나 사용료와 달리 어떤 서비스에 대한 보상이 아니라는 의미에서 무보상적 성격이 있다(이태노 · 한만수, 2011: 5).

(3) 국고적 목적

조세의 목적은 기본적으로 재정수입을 확보하는 데 있다. 조세는 수입 조달의 수단으로 제1차적인 의의를 가진다. 조세 이외의 방법으로 재정수입을 조달할 수 있으나 이 때에는 정치적 여건을 고려하여야 한다. 또 조세는 국고적 목적 이외에 경제 성장, 소득 배분, 복지 등 정치 · 경제 · 사회적 목적을 위하여 이용될 수도 있으나, 이러한 조세의 기능은 부차적인 것이다.

(4) 담세 능력

국가가 개인으로부터 조세를 반대급부 없이 강제로 징수한다고 하여도 그 국가의 징세권은 개인의 조세 부담 능력을 고려하여 수행되어야 하는 것이다. 즉, 국가의 과세권(課稅權)의 행사는 국민의 동의(同意)와 경제력을 감안하여 집행되는 것이며, 이러한 뜻에서 조세는 헌납이나 수탈과는 다르다.

2) 조세 관련 용어

(1) 세 원

조세가 요구되는 대상을 세원(稅源, source of taxation)이라 한다. 개인의 소득, 토지, 건물 등의 재산을 말한다.

(2) 조세 주체와 조세 객체

조세 주체(subject of taxation)는 조세를 납부하고 부담하는 개별 경제 단위인 개인이나 법인을 뜻한다. 그런데 조세를 납부하는 개별 경제 주체를 납세 의무자라 하고, 조세를 실제 부담하는 개별 주체를 담세자(擔稅者)라고 하는데, 납세 의무자와 담세자가 서로 일치할 때도 있으나 일치하지 않을 때도 있다. 지세(地稅)는 납세 의무자가 세금을 부담하므로 납세 의무자와 담세자가 일치하지만, 주세(酒稅)는 납세 의무자인 제조업자가 조세를 소비자에게 전가하므로 주류를 소비하는 개인이 담세자가 된다. 이러한 이유에서 직접세와 간접세가 구분된다.

조세 객체(object of taxation)란 과세 부과의 대상이 되는 물건, 행위, 사실을 말한다. 조세 객체와 세원은 항상 일치하는 것은 아니다. 소득세의 경우, 소득이 조세 객체이고 세원이다. 그러나 영업세의 경우에는 영업행위가 조세 객체이고 영업수익이 세원이다.

(3) 과세 표준

조세가 부과되고 세율이 적용되는 조세 객체를 과세 표준(課稅標準, tax base)이라고 한다. 소득세의 경우에는 소득, 주세의 경우에는 출고량이 과세 표준이 된다.

(4) 과세 단위

과세 단위(課稅單位, unit of tax)는 과세 표준의 일정한 수량으로서 수량 및 금액으로 표시된다. 소득세는 금액, 담뱃세나 유류세는 양, 자동차세는 차종과 배기량이 과세 단위가 된다.

(5) 세 율

세율(稅率, tax rate)은 과세 표준에 대한 세액의 비율을 말한다. 그리고 과세 표준에 대한 세율의 일정한 변화를 세율 구조(稅率構造)라 한다. 세율에는 명목세율, 실효세율, 비례세율, 누진세율, 누퇴세율, 역진세율 등이 있다(이현재, 1986: 281-284). ① 비례세율은 과표의 크기와 관계 없이 세율이 언제나 일정한 것을 뜻한다. ② 누진세율은 과표의 크기가 증가하는 데 따라서 세율이 상승하는 것을 뜻한다. 개인소득세, 법인소득세 등에 누진세율이 적용된다. ③ 누퇴세율은 과표가 낮은 단계에서는 누진세율이 적용되나 일정 수준 이상부터는 비례세율이 적용되는 세율이다. 대표적인 경우가 상속세이다. ④ 역진세율은 과세 표준이 증대되는 데 따라서 세율이 낮아지는 것이다. 예를 들어, 소득이 많은 사람은 물품을 많이 구매할 것이고, 소득이 적은 사람은 물품을 적게 구매한다고 할 때, 물품 가격의 일정률을 소비세로 납부하게 된다면, 소비세는 소득에 대해서 역진적이라 하겠다.

(6) 세 액

세액(稅額, amount of tax)은 과세 표준에 세율을 곱한 금액을 말한다.

(7) 면 제

면제(免除, exemption)는 과세 표준에서 제외되는 금액으로서 특정 대상이나 사람에 대해서 세금을 제외시켜 주는 것이다. 즉, 특정한 조건을 만족시키는 경우 납세의무가 면제된다. 부가가치세 면제가 대표적인 것이다. 주로 기초생활필수품 및 용역, 국민후생 용역 등에 대해서 부가가치세가 면제된다(선병완・양규혁, 2003: 165-166). 면제는 과세 표준으로부터 일정액을 제외시켜 줄 수도 있고, 과세 표준에 세율을 곱하여 얻은 산출 세액에서 면제해 줄 수도 있다.

(8) 공 제

공제(控除, deduction)는 이미 정의된 과세 표준을 조정하기 위해서 특정 사실이나 조건을 충족시키는 경우에 세금을 삭감하여 주는 것이다. 어떤 과세 대상이 과세 표준으로서 부적합하다든가 혹은 장려할 만할 때 적용되는 것으로서 이 점에서 면제와 공제는 유사하다. 근로자나 법인이 소득을 얻기 위해서 들인 비용은 공제될 수 있을 것이다. 또 장려할 만한 일로서 자선기부금, 의료 지출 등에도 공제가 적용될 수 있다. 우리나라 근로소득세에서 필요경비적 공제, 소득공제가 이에 해당된다. 법인세의 경우, 기술소득공제, 해외사업소득공제, 증자소득공제 등이 있다. 공제는 과세 표준으로부터 일정액을 제외시켜 줄 수도 있고, 과세 표준에 세율을 곱하여 얻은 산출 세액에서 면제해 줄 수도 있다. 전자를 소득공제(deduction), 후자를 세액 공제(tax credit)라고 한다. 세액 공제는 금액으로 감액되는 특징이 있어서 얼마나 삭감되는지를 쉽게 알 수 있다. 즉, 정부가 징수하여야 할 세금을 얼마나 포기하는지 쉽게 알 수 있다. 이에 대해서 면제나 공제는 실효 세율에 따라서 금액이 정해진다.

그림 13-1 세액 결정 단계

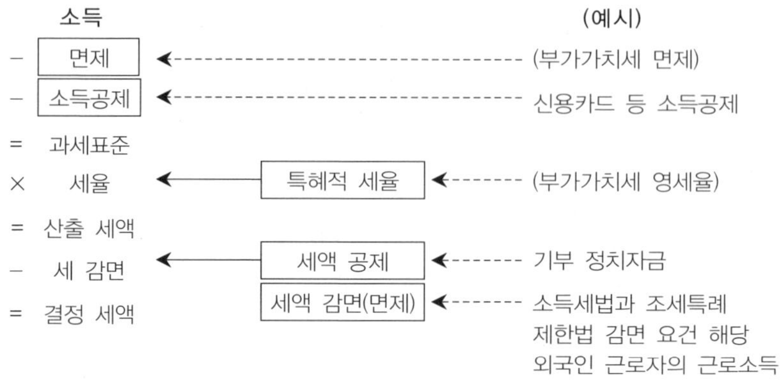

출처: 최광(1991: 121)과 2018년도 국세청 연말정산 세액 계산 흐름도.

(9) 특혜적 세율

특혜적 세율(特惠的 稅率, preferential tax rate)이란 용어가 뜻하는 그대로 특정한 조건을 충족시킨 경우에 법률에 따라서 과세 산정에 적용되는 세율에 차이를 두는 것이다. 예를 들면, 부가가치세의 세율은 일반 과세자에게는 10%가 적용되나 수출하는 재화, 해외에서 제공하는 용역, 선박 또는 항공기의 해외 항행 용역 등에는 영세율(0%)이 적용된다. 이것은 수출 및 항공산업을 육성하기 위한 정책적 배려에서 특혜적 세율을 적용한 것이다.

[그림 13-1]의 세액 결정 단계를 참고하면 면제, 공제, 특혜적 세율을 이해할 수 있을 것이다.

3) 조세의 분류

(1) 국세와 지방세

조세를 징수하는 주체에 따라서 조세는 중앙정부가 징수하는 국세와 지방정부가 징수하는 지방세로 구분된다. 우리나라의 경우 국세에는 소득세, 법인세, 부가가치세, 주세 등이 포함되며, 지방세에는 재산세, 주민세, 자동차세, 담배소비세 등이 포함된다.

(2) 내국세와 관세

조세가 부과되는 장소에 따라서, 국내에서 부과되는 조세를 내국세라 한다. 반면에 재화가 경제적 국경을 통과할 때 부과되는 조세를 관세라 한다. 내국세에는 소득세, 법인세, 부가가치세 등이 포함되며, 관세에는 수출세, 수입세, 통과세 등이 있다.

미국에는 독립전쟁 전후 조세에 대한 심한 혐오가 퍼져 있었다. 연방정부가 세금을 걷기 어려웠다. 그래서 미국 최초의 세입법률은 수입상품에 대한 관세부과법률이었다(호메츠, 조기성 옮김, 2009: 46－47).

(3) 직접세와 간접세

직접세는 과세 의무자에게 직접 부과되고 납세 의무자가 담세자가 되는 조세이며, 간접세는 조세의 부담이 타인에게 전가되어 납세 의무자와 담세자가 불일치하는 조세이다. 직접세에는 소득세 · 법인세 · 상속세 등이 포함되며, 간접세에는 부가가치세 · 주세 · 담배소비세 등이 포함된다. 그러나 기업이 기업의 소득에 대해서 부과되는 법인세를 소비자에게 전가시키려고 하는 경우, 법인세도 간접세의 성격을 띠게 된다.

직접세와 간접세는 다음과 같은 특징을 가지고 있다. ① 직접세는 개인의 부담 능력에 적합하도록 과세할 수 있고, 전가되지 않고, 대체로 누진적이며, 간접세는 전가되고 소득에 대해서 역진적이다. 이러한 특징으로 인하여 직접세가 간접세보다 소득분배라는 측면에서 우월하다. ② 직접세는 납세자가 직접 조세 부담을 하게 되어 세율에 민감한 반응을 보이며, 간접세는 그것이 유통 과정에서 전가되는 까닭에 세율이 현격히 높지 않으면 납세자가 크게 인식을 하지 못한다. 이러한 측면에서 간접세가 직접세보다 조세 저항을 적게 유발시킬 수 있을 것이다. 그러나 간접세의 비중이 과중하면 간접세의 경우에도 조세 저항을 유발시킬 수 있다. ③ 간접세는 직접세에 비해서 조세행정상 유리하다. 직접세는 복잡한 징세 기구를 필요로 하지만 간접세는 직접세보다 세무행정이 상대적으로 간단하다. ④ 국고수입 조달이라는 측면에서 직접세는 경기 변동과 관계 없이 안정성이 있고, 간접세는 불안정하다.

(4) 보통세와 목적세

조세수입을 특정한 지출 목적과 결부시키지 않는 것이 예산 통일의 원칙이다. 이러한 원칙이 지켜지는 조세를 보통세라 하고, 반대로 예외로 인정되는 것을 목적세라 한다. 목적세에는 교육세, 교통에너지환경세 등이 있다.

(5) 인세와 물세

조세는 과세 대상 또는 과세 표준에 따라서 인세(人稅, personal tax)와 물세(物稅, real tax)로 구분된다. 인세는 납세자의 개인적 부담 능력을 감안하여 부과하는 세금이며, 물세는 개인적 사정과는 관계 없이 토지 등의 재산에 부과하는 세금이다. 인세를 주체세, 물세를 객체세라고도 한다.

(6) 종가세와 종량세

과세 표준의 표시에 따른 분류이다. 과세 표준이 화폐 단위이면, 이를 종가세(從價稅, ad valorem), 그리고 과세 표준이 과세 물건의 수량, 중량, 용적 등 수량이면 종량세(從量稅, unit tax)라 한다. 과세 표준을 화폐 단위로 표시하면 과세의 공평성을 기할 수 있으나 과세 물건의 가치를 평가하기가 어렵다는 문제가 있다. 과세 표준을 수량으로 표시하는 것은 과세 자체는 단순하지만 조세 부담의 공평성이 훼손될 수 있다. 예를 들어, 동일한 면적의 토지라고 하더라도 대도시의 토지가격과 농촌의 토지가격은 상이하다.

(7) 정액세와 정률세

정액세(定額稅, lump-sum tax)는 개인의 경제 활동이나 조세 부담 능력을 감안하지 않고 개인 자체를 조세 객체로 하는 것으로, 소득에 관계 없이 일정액을 징수하는 우리나라의 주민세가 대표적인 예이다. 정률세(定率稅)는 과세 표준과 세율이 사전에 법률에 규정되어 있고, 이에 따라서 징수되는 세금이다. 오늘날의 조세 체계에서는 정률세가 일반적인 방법이다.

(8) 독립세 · 부가세 · 공동세

독립된 세원의 존재 여부에 따라서 독립세, 부가세, 공동세 등으로 나뉜다. 독립세는 소득, 재산 등의 독립된 세원으로 과세되는 조세를 말한다. 소득세와 재산세가 대표적이다. 부가세는 다른 조세에 부가하여 과세되는 세목이다. 교육세, 농어촌특별세가 대표적이다. 그리고 공동세는 중앙정부와 지방정부가 동일한 세원을 공동으로 이용하는 세목이다. 중앙정부의 부가세와 지방정부의 지방소비세는 공동세이다. 두 세목은 상품거래나 서비스 제공으로 얻어진 이윤(부가가치)을 세원으로 하여 각각 과세된다.

2. 조세의 원칙

이상적인 조세를 판단하는 기준으로서 조세의 원칙은 시대와 사상에 따라서 달리 발전하여 왔으나, 여기서는 다음과 같이 정리하여 보고자 한다(이현재, 1986: 293－308; 김동건, 1996: 232－234).

1) 스미스의 원칙

스미스(Adam Smith)는 자유주의적 입장에서 ① 평등의 원칙, ② 명확성의 원칙, ③ 납세 편의의 원칙, ④ 징세비 절약의 원칙 등 4대 원칙을 주장하였다. 평등의 원칙은 국가의 보호 하에서 국민이 향유하는 수입에 비례하여 조세가 징수되어야 한다는 것이다.

2) 바그너의 원칙

바그너(Adolf H. Wagner)는 자유주의적 조세 원칙에서 발전하여, 누진세의 도입을 주장하는 등 소득재분배 정책의 중요한 도구로 조세를 인식하였다. 그는 ① 재정정책상의 원칙, ② 국민 경제상의 원칙, ③ 공정의 원칙, ④ 세무행정상의 원칙 등을 주장하였다.

(1) 재정정책상의 원칙

조세의 국고 조달 목적을 강조한 것으로 수입 충분성과 조세의 신축성을 강조하였다. 수입 충분성은 국가 경비의 재원을 조달하기 위해서는 충분한 수입을 조세로 획득하여야 한다는 것이며, 조세의 신축성은 재정 수요 및 재원의 변화에 따라 신축성 있게 과세되어야 한다는 원칙이다.

(2) 국민 경제상의 원칙

국고를 조세를 통하여 조달할 때 국민 경제의 발전을 저해해서는 안 된다는 원칙으로, 정당한 세원의 선택과 적절한 세종(稅種)의 선택이 중요하며, 조세를 부과함으로써 생산과 유통이 방해를 받거나 자본 축적을 저해해서는 안 된다는 것이다.

(3) 공정의 원칙

조세는 납세 능력에 비례하여 부과되어야 한다는 것으로 과세 부담의 보편성과 과세의 공평성이 강조되었다. 과세 부담의 보편성은 모든 국민은 신분과 특권에 관계없이 납세 의무를 진다는 것이고, 납세의 공평성은 소득이 많은 개인은 그에 상응하는 세금을 납부하여야 하는 누진세의 적용을 말한다. 따라서 바그너가 말하는 과세의 공평성은 스미스의 그것과는 다르다. 바그너는 불평등의 평등화(완화)에 더 많은 관심을 보였다.

(4) 세무행정상의 원칙

명확성, 편의성, 징세비 절약의 원칙들이 강조되었다.

3) 머스그레이브의 원칙

머스그레이브(Musgrave & Musgrave, 1980: 235)는 조세의 원칙으로 ① 공평성, ② 능률성, ③ 행정의 용이성 등을 제시하였다.

첫째, 조세 부담은 공평하여야 하며, 모든 사람은 공평한 자기 몫을 납부하여야 한다.

둘째, 조세는 능률적인 시장경제에 대한 간섭을 극소화하는 방향으로 선택되어야 한다.

셋째, 조세정책이 투자 유인을 보조하는 등의 목표를 달성하기 위해서 이용되는 경우에도, 조세정책은 조세 체제의 공평성을 가능한 훼손시키지 않도록 수행되어야 한다.

넷째, 조세구조는 경제 안정과 성장과 같은 재정정책의 목표 달성에 기여하여야 한다.

다섯째, 세제는 공평무사한 행정을 보장하도록, 그리고 모든 납세자가 알기 쉽도록 구성되어야 한다.

여섯째, 징세 비용은 다른 목적을 달성하는 데 소요되는 비용보다 가급적 적어야 한다.

이 밖에 엑스타인(Eckstein, 1979: 51－52)은 ① 명확성, ② 징세 비용의 절약, ③ 시행 가능성 등을 공평성과 중립성의 원칙에 추가하였다.

4) 조세의 공평성

조세의 공평성이란 납세자의 조세 부담에서 불공평이 없어야 한다는 것으로 무엇을 근거로 과세를 하느냐와 직결된 문제이다. 이에 대한 이론으로서 이익설과 능력설이 있다(이현재, 1986: 299－308; 김동건, 1984, 220－229).

(1) 이익설

17세기 사회철학자 홉스(Thomas Hobbs), 로크(John Locke), 최대 다수의 최대 행복을 주장하였던 벤덤(Jeremy Bentham), 그리고 판탈레오니(Maffeo Pantaleoni), 빅셀(Knut Wicksell) 등이 주장하였던 것으로, 이익설은 국가가 국민에게 제공하는 이익이 과세의 근거가 된다는 것이다. 따라서 그 이익의 정도에 따라 개인에게 조세의 부담을 배분할 때 조세가 가장 공평하다는 것이다. 이익설은 국가가 제공하는 이익과 국민이 부담하는 조세 간에는 상호 교환 관계가 성립한다고 본다. 그러나 국가가 제공하는 이익, 예를 들면 국방과 치안의 편익은 개인의 구매 의사와 관계없이 제공되는 것이고, 개인의 소득 수준을 고려하지 않고, 국가의 서비스를 받는 모든 국민이 동일한 액수의 조세를 부담하여야 한다면, 그것이 오히려 불평등한 것이라는 비판을 받을 수 있다.

(2) 능력설

능력설은 납세자의 지불 능력에 따라서 과세하여야 한다는 것이다. 이러한 주장은 일찍이 구이치아르디니(Francesco Guicciardini), 보댕(Jean Bodin), 루소(Jean J. Rousseau), 밀(John S. Mill), 바그너(Adolf Wagner) 등이 주장하였다. 능력설에 따를 때, 지불 능력이 많은 개인은 조세를 더 많이 부담하여야 공평하고, 지불 능력이 동일한 개인들은 동일한 조세를 부담하여야 공평하다는 것이다. 전자를 수직적 공평, 후자를 수평적 공평이라고 한다. 이 접근법의 장점은 조세의 소득재분배 기능을 살릴 수 있다는 것이나, 단점은 수입과 세출을 연결하지 않는다는 것이다.

수직적 공평을 규정하는 방법에는 ① 절대적 균등 희생, ② 비례적 균등 희생, ③ 한계적 균등 희생 등이 있다. 희생이라는 말은 납세자의 입장에서 조세 부담은 결국 자기 소득의 일부를 희생한다는 의미이다. 따라서 소득이 많은 개인은 더 많은 조세를 부담하여야 공평하다고 할 때, 개인의 희생을 어떻게 규정하느냐에 따라서 공평의 의미가 달라진다고 하겠다.

절대적 균등 희생은 과세에 의하여 상실되는 효용이 납세자 각각에게 동일한 것을 뜻한다. 비례적 희생은 과세에 의하여 상실되는 희생이 원래 소득의 효용에 차지하는 비율이 납세자 각자에게 동일한 경우이다. 한계적 희생은 과세에 의해서 상실되는 소득의 한계효용이 각자에게 동일한 것이다.

3. 우리나라의 조세 제도

1) 조세 제도의 변천 과정

(1) 1940~1950년대

조세 제도는 정부 수립 이후 국민 부담의 조정과 재정 제도의 정비, 세수 증대와 인플레이션 억제에 주안점을 두어 개선되었다. 1950년대에는 전시(戰時) 재정 수요의 충족과 전후 경제 재건을 지원하기 위한 제도의 정비가 있었다.

1948년 7월 세제는 직접세로 수득세(收得稅)와 재산세, 그리고 간접세로 유통세와 소비세가 있었으며, 이러한 구조는 1960년에서야 크게 변경되었다. 1957년의 내국세의 종류를 보면 다음과 같다. 직접세에는 수득세와 재산세가 포함되었고, 수득세에는 소득세 · 법인세 · 임시토지수득세 · 영업세 · 광세 등이 포함되었으며, 재산세에는 증여세와 상속세가 있었다. 한편, 간접세로는 유통세와 소비세가 있었는데, 유통세에는 통행세 · 돈세(수입 물품의 톤수를 기준으로 매기는 관세) · 인지세 · 등록세 등이, 그리고 소비세에는 직접소비세 · 유흥음식세 · 입장세 · 주세 · 물품세 · 전기가스세 · 마권세(경마에서 우승이 예상되는 말에 돈을 걸고 사는 표를 마권이라고 하고, 그 금액에 부과되는 세금을 말한다. 마사회에 부과되는 지방세이다) 등이 포함되었다.

(2) 1960년대

1960년대 이후 우리나라의 세제는 경제 개발을 위한 재원 조달 기능에 초점이 주어졌다. 그리고 이러한 기능을 원활히 할 수 있도록 1966년에는 국세청이 재무부의 외청으로 설치되어 세무행정의 기틀을 다지기도 하였다.

1961년 개발 지원 세제의 기틀을 마련하기 위하여 국세와 지방세 전반에 대한 대개혁이 실시되었다. 이 개혁의 목적은 저축과 투자를 촉진시키며, 경제 및 사회 현실에 부합하는 세제를 확립한다는 것이었다. 이에 따라서 국세와 지방세의 변경이 있었으며, 교육세를 소득세와 법인세에 포함시키고, 토지세 · 마권세 · 자동차세 등을 지방세로 하였다. 또 1965년에는 자진신고 납부 제도 조기 정착을 위한 녹색신고제를, 1969년에는 법인세의 분납 제도를 실시하였다(김동건, 1984: 230; 심석무, 1985: 264).

1967년의 내국세의 종류를 보면, 직접세로는 소득세 · 법인세 · 상속세 · 등록세 · 재평가세 · 부동산투기억제세 등이 있었고, 간접세로는 영업세 · 물품세 · 직물류세 · 석유류세 · 증권거래세 등 10종이 있었다.

1960년대는 1962년부터 실시된 제1차 경제개발계획을 비롯한 경제개발계획을 뒷받침하기 위한 1961년의 세제 개혁, 1965년의 조세감면규제법의 제정, 1966년의 국세청의 신설 등이 중요한 변화이다.

(3) 1970년대

1970년대에는 의미 있는 세제 개혁이 어느 때보다 활발히 전개되었다. 1973년의 전화세 신설, 1974년 종합소득세제의 강화, 1975년의 방위세의 신설, 그리고 1976년의 부가가치세(附加價値稅)의 도입 등이 이 시기의 큰 변화였는데, 이 가운데 1977년부터 시행된 부가가치세는 우리 세제에 큰 변화를 초래하였다. 그리고 1972년에는 학계, 언론계, 각 경제단체의 인사, 그리고 세무 전문가 등으로 세제심의위원회를 처음으로 운영한 것이 특징이다.

부가가치세의 도입은 1971년부터 논의되기 시작하였고, 1974년부터 본격적인 준비 작업에 착수하였다. 이때부터 시찰단이 영국, 서독, 벨기에, EC, 일본, 대만 등을 방문하거나 외국의 전문가를 초빙하고, 간접세 제도를 부분적으로 개선하는 등의 작업을 수행하였다. 이러한 노력의 결과로 정부는 1976년 부가가치세의 도입을 발표하였고, 1977년 7월 1일부터 실시하게 되었다.

부가가치세의 도입 목적을 ① 세제 및 세정의 간소화, ② 수출 및 투자의 촉진, ③ 근거 과세의 구현, ④ 세수 확보, ⑤ 간접세의 중립성 유지, ⑥ 수출 및 투자의 촉진 등이라고 할 때 그 본래의 목적을 달성하지는 못하였다. 그러나 투자의 촉진과 세수 확보를 기할 수 있었다는 점에서, 그리고 우리나라 세제를 간접세 위주로 전환시켰다는 점에서 하나의 획을 그었다(박란준, 1987).

1979년 내국세의 종류는 직접세에는 소득세, 법인세, 상속세, 재평가세, 부당이익세 등 다섯 종류가, 그리고 간접세에는 부가가치세, 특별소비세, 증권거래세, 주세, 전화세, 인지세 등 여섯 종류가 있었다.

1970년대의 중요한 변화는 1974년의 국세기본법의 제정, 1975년의 방위세의 신설, 1977년의 부가가치세제의 실시 등이다. 그리고 부가가치세제의 보완세로서 특별소비세를 신설하고, 아울러 간접세법에서는 자기부과 제도(신고납세 제도)가 도입된 것도 특기할 만하다.

(4) 1980년대

① 세제의 공정성과 경제 효율성 제기

1980년대는 정치 · 경제적으로 크나큰 변화가 수반된 시기였다. 1980년 초에는 경기가 매우 침체되어 더 이상 악화될 수 없다는 자조의 말도 있었고, 정치적으로는 국회의원 선거가 두 차례나 시행되었으며, 사회적으로는 사회적 정의와 배분의 문제가 확산되었다. 이러한 사회적 변화는 1970년대 말부터 인지되어 논의되었으나 박정희 대통령의 서거로 일시에 모든 것이 정지되는 듯이 보였다.

이러한 배경 속에서 정부에서는 민간 경제의 활성화, 자율과 경쟁을 강조하였고, 또 한편으로는 지속적인 경제 발전을 강조하였다. 그러나 1960, 1970년대와 비교할 때, 자립 경제의 기반 구축, 균형 있는 사회 개발이 더욱 강조되었다는 것이 특징이었다. 따라서 세제도 공정성과 경제적 효율성을 강조하는 방향으로 개편하여야 한다는 주장이 일기 시작하였다. 그 대표적인 것이 금융실명제(金融實名制)와 토지과다보유세의 실시에 대한 논쟁이라고 할 수 있다.

② 1988년 세제 개혁

1980년에는 법인세의 물납과 신고제를 실시하였고, 1981년에는 조세 지원 대상사업을 축소 조정하고 지원 방법을 간접적인 방법으로 전환하였으며, 1982년에는 교육세(敎育稅)를 신설하였고, 동시에 부가가치세의 영세율 적용을 확대하였다. 그리고 1988년에는 대대적인 세제개혁안이 발표되었다. 이 세제개혁안은 1982년의 교육세 신설 및 조세감면법 체계의 개편 이후 6년 만에 이루어진 조세 개혁으로 기존의 세제를 유지하면서 중산층 이하에 대한 조세 부담을 경감시켜 주면서 동시에 고소득층에는 중과세를 한다는 것이었다. 이 세제개혁안의 특징은 다음과 같다.

첫째, 면세점 인상, 각종 소득공제의 확대, 특별소비세, 전화세, 주세 등의 인하를 통한 중산층 이하의 조세 부담의 경감을 기한다. 둘째, 양도세의 누진과세, 비실명금융자산에 대한 중과세, 시가(市價)에 맞는 공시지가 제도(公示地價制度)의 도입 등을 통하여 고소득층에 대해서 중과세하여 조세 부담의 공평을 기한다. 셋째, 법인세의 상향 조정, 비영리법인에 대한 이자소득세 과세, 조세 감면의 축소 등을 통하여 법인에 대한 조세 혜택을 축소한다. 넷째, 비영리 법인인 공공법인에 대한 과세 강화, 보험 차익 과세, 재산 과세 제도의 보완을 통하여 세수의 확대를 기하는 동시에 담배소비세를 지방세로 이양하여 지방자치의 실시에 대비한다(동아일보, 1988.7.17).

(5) 1990년대

① 지방자치 실시에 대비한 지방세 확충

목적세인 방위세가 1990년부터 폐지되고 교육세는 영구세화하여 전액 지방교육양여세로 하였다. 이자, 배당소득세를 교육세 부과 대상에서 제외하고, 그 대신 특별소비세 및 주세분 방위세, 지방세분 방위세를 교육세로 전환하였다. 또한 1991년 지방양여세가 신설되었다. 이것은 정부가 부과·징수한 국세 중 전화세, 토지초과이득세, 주세 등의 전액 또는 일부를 지방자치단체에 이양하여 도로 개발 및 정비, 농어촌 지역 개발, 수질오염 방지, 청소년 육성 등의 분야에 사용하도록 자금을 마련한 제도이다. 지방양여세와 지방교육양여세는 모두 1991년 지방의회가 구성되는 등 본격적으로 지방자치가 실시됨으로써 예견되는 지방행정 수요에 대응하기 위한 제도적 장치라고 생각된다.

② 공평과세와 투명성 확대

1990년대 전반기에는 토지공개념과 관련된 세제의 확대 실시와 토지초과이득세 실시, 소득세, 재산 과세의 강화, 금융실명제의 실시(1993), 금융종합과세의 실시(1996), 부동산실명제(1995), 상속세제의 개혁 등으로 공평 과세와 투명성 증진에 상당한 노력을 하였다(Young－duck, J. et al., 2012).

③ 외환위기와 구조조정에 대응한 세제

1997년 외환위기에 직면하면서 투자 촉진과 기업 구조조정을 지원하면서도 소득분배를 개선하기 위한 세제 개혁이 이루어졌다. 조세감면규제법, 소득세법, 법인세법, 부가가치세법 등의 시행령을 개정하여 기업의 구조조정을 촉진하고 신용카드 사용과 코스닥 시장의 활성화를 유도하였다(재정경제부, 1998: 26). 예를 들면, 자산 및 매출 총액의 30% 또는 양도가액 50억 원 이상인 사업 부문을 양도하여 부채 상환 등에 사용하는 경우 특별부가세를 50% 감면하는 제도를 그 범위를 넓혀 자산 및 매출 총액의 20% 이상 되는 사업 부문에 확대하였다(재정경제부, 1999a: 92). 외환위기로 금융소득 종합과세가 2000년까지 정지되었고, 텔레비전 · 냉장고 · 스키 등 일부 소비품에 대한 특별소비세가 폐지되기도 하였다(재정경제부, 1999b: 35－45). 최종 소비자를 대상으로 하는 업종의 개인 사업자들 중 신용카드 매출 금액의 1%를 세액 공제받는 대상을 매출액 3억 원 미만에서 5억 원 미만으로 확대하였다(매일경제, 1998.12.30: 1).

④ 요 약

정부는 민주화와 세계화에 발맞추어, 1990년대는 과세의 형평을 추구하려는 노력을 계속하였으나 외환위기로 기업의 구조조정을 도우려는 세제 개선을 하였다고 볼 수 있다.

(6) 2000년대

① 저성장 경제 체제와 복지확대

한국 사회는 1997년 외환위기와 2008년 금융위기로 인해 정치경제적으로 크게 변하였다. 여기에 인구 증가의 정체와 고령화가 더해져 한국 사회는 고도성장 경제 체제에서 저성장 경제 체제로 전환되었다. 기업은 투자를 꺼리고 실업자는 늘어나고 고소득자와 저소득자의 소득격차는 더욱 커졌다. 이에 정부는 사회복지 정책을 확대하려고 하면서 증세를 꺼리는 태도를 보이고 있다. 즉, 소득, 소비, 재산 등에 관한 과세 체제의 큰 틀에 변화가 없었다(국회예산정책처, 2018: 75). 2000년대 중요한 세제 개혁은 종합부동산세 신설(2005), 근로장려세 신설(2006), 지방소득세와 지방소비세 신설(2010) 등이다.

② 종합부동산세 신설

지방자치가 실시되면서 더욱더 지역 개발에 대한 의욕이 넘쳐나고, 또 한편으로는 아파트 가격이 폭등하였다. 이에 대해서 지방의 자주재원 확보라는 입장에서 지방소비세 도입 등 세제 개편이 논의되었고(정부혁신지방분권위원회, 2005: 79－85), 2005년에는 부동산 시장 안정을 위한 세제 개편이 있었다. 국세로 종합부동산세가 신설되었고, 지방세로 재산세를 개편하였다. 부동산에 대해서는 보유세는 높게 하고 거래세는 낮게 하는 방향으로 개선을 추구하였다(재정경제부, 2004: 2005a: 16－25; 재정경제부, 2005b). 그러나 종합부동산 과제 방법은 정권 교체와 경제 상황에 따라서 변하였다.

③ 근로장려세 신설

정부는 2006년 근로장려세제를 결정하였다. 이는 미국, 영국, 프랑스 등에서 실시하고 있는 제도로서 소득보전(Earned Income Tax Credit)의 일종이다. 국회는 2006년 정기 국회에서 관련 법안을 통과시켰다. 수급 대상은 자영업자, 농어민 가구, 기초생활보호 수급가구 등은 제외되며, 오직 일을 하는 근로자 가구로서 가구 연간 총소득이 1,700만 원 이하이고 18세 미만 피부양 아동이 2인 이상이며, 그리고 무주택자로서 재산가액이 1억 원 미만이어야 한다(유한옥, 2008: 139). 이를 위하여 국세청에 2007년 10월에 근로소득지원국을 설치하였다.

④ 지방소득세와 지방소비세 신설

2010년에는 지방소득세(地方所得稅)와 지방소비세(地方消費稅)가 신설되었다. 지방소득세는 기존의 주민세를 전환한 것이다. 지방소비세는 현행 부가가치세에 대해서 95%는 국가에, 그리고 5%는 지방정부에 배정하기로 하고, 이 5%를 지방소비세라 하였다. 지방소득세는 시·군세이고, 지방소비세는 도세이다. 2000년대 지방정부는 부동산 경기의 침체와 노인과 영유아에 대한 지출이 증가하면서 재정 압박을 심하게 받았다. 2018년에는 아파트 가격의 폭등을 억제하기 위해서 종합부동산세가 강화되기도 하였다.

2000년대 초 자산재평가세(2000)와 전화세(2001)가 폐지되었고, 특별세인 교통세가 교통에너지환경세(2008)로 명칭이 변경되었다. 2014년에는 세수 증대를 목적으로 담뱃세가 인상되었고 개별소비세에 포함되었다.

(7) 요 약

전체적으로 볼 때 ① 우리나라의 세제는 1960년대에서부터 경제 개발을 위한 재원 조달, 경제 성장을 뒷받침하기 위한 저축과 투자의 촉진, 세무행정의 근대화 등을 특징으로 하였다.[1] 이러한 특징은 1990년대까지 계속되었으나, ② 한편으로 1980년

---

1) ㉠ 박종기·고일동, “조세정책과 세제개혁,” 차병권·최광 편, 『한국조세의 연구』(서울: 한국세

표 13-1	조세 제도 요약	
연 대	조세 및 세무행정	비고
1940~1950	재무부에서 세제 및 세정 업무 관장(1948) 수득세, 재산세, 유통세, 소비세 운영	정부 수립, 6·25 동란
1960	조세감면 제도 신설(1965), 국세청 설치(1966)	제1차 경제개발계획
1970	전화세 신설(1973), 국세기본법 제정(1974), 방위세 신설(1975), 부가가치세 신설(1976), 특별소비세 신설(1976)	유신 선포 중화학공업 육성
1980	교육세 신설(1982)	전두환 대통령 취임
1990	방위세 폐지(1990), 지방양여세 신설,(1991), 금융실명제 실시 (1993), 부동산실명제 실시(1995), 금융소득종합과세(1996), 특별소비세 폐지(1999), 국세청 개편(1999)	외환위기
2000	종합부동산세 신설(2005), 근로장려세 신설(2006), 금융위기 특별소비세를 개별소비세로 개칭(2008), 지방소득세, 지방소비세 신설(2012), 담배소비세 인상(2014)	금융위기

* 신설 연도는 법률 제정 기준.

대부터는 조세의 재원 조달 기능과 함께 소득재분배 기능을 강조하여야 한다는 경향이 두드러졌다. 그리고 ③ 1990년대에는 지방자치의 실시에 따라서 중앙과 지방 간의 수직적 자원 배분을 조정하려는 노력이 나타났다. ④ 2000년대에는 부동산 안정에 조세를 이용하는 특징을 보였다. 앞에서 살펴본 바와 같이 1948년부터 수많은 조세 개혁이 있었다. 그 가운데 합리적인 조세 개혁도 많았지만, 한편으로는 시행착오, 비효율, 그리고 불평등을 초래한 개혁도 있었다(한국재정학회 세제개편위원회, 2008: 12). 최근 우리 사회가 노령화, 양극화에 직면하면서 세수 증대가 과제가 되고 있다.

이상을 요약하면 <표 13-1>과 같다.

2) 조세 체계와 수입구조

(1) 현행 조세 체계

현행 조세 체계는 [그림 13-2]에서 볼 수 있듯이, 국세·지방세로 나뉘고, 국세는 내국세·관세, 목적세 등으로, 그리고 지방세는 보통세와 목적세 등으로 나뉜다.

정신보, 1985), pp.16-21. 이들 필자들은 경제 개발과 관련시켜 조세 제도의 발달을 약술하였다. ㉡ 이종원, "한국 조세법의 회고와 전망," 『한국조세연구』 제2권(1986: 261-266)에서 자유당 시기, 공화당 시기로 나누어 세제의 변혁을 설명하였다.

내국세는 직접세인 소득세, 법인세, 상속세, 증여세 등과 간접세인 부가가치세, 주세 등으로 구성된다. 중앙정부의 목적세에는 교육세, 농어촌특별세 등이 있다. 과거 목적세로서 방위세가 있었으나 1990년에 폐지되었다. 지방세 가운데 담배소비세, 주민세, 지방소득세, 재산세, 자동차세 등은 시군세(市郡稅)이고 나머지는 도세(道稅)이다. 지방정부의 목적세로는 지역자원 시설세와 지방교육세가 있다.

그림 13-2 현행 조세 체계(2013년 현재)

출처: 국세기본법(2019.1.1) 제2조; 지방세기본법(2019.1.1) 제7조.

(2) 조세 수입구조

① 조세 부담률 추이

국민총생산(GNP)에서 조세가 차지하는 비율인 조세 부담률은 1965년의 8.6%에서 계속 증가하여 1985년에는 18.6%, 1990년에는 19.7%였다. 2000년과 2010년에는 국내총생산(GDP)에서 조세가 차지하는 비율은 각각 19.7%, 19.4%였다. 1인당 조세 부담액도 1965년에는 2,400원이었으나 계속 증가하여 1990년에 77만 원 정도, 그리고 2000년에는 200만 원, 2010년에는 460만 원 정도로 증가하였다. 1960년대에는 조세 부담률이 10% 정도였던 것이 1970년대에는 15% 정도, 그리고 1980, 1990년대에 이르러서는 GNP의 6%에 이르는 방위비와 사회개발비의 증대로 조세 부담률은 20%를 육박하게 되었다. 그러나 이러한 조세 부담률은 OECD 국가 평균보다 낮은 것이다. 2016년을 기준으로 할 때, 조세가 GDP에서 차지하는 비율인, 조세 부담률은 OECD 평균이 25.1%이고, 미국이 19.8%, 영국이 26.9%, 스웨덴이 34.1%, 우리나라가 19.4%이다[www.index.go.kr>재정 → 국세 → 조세부담률(2019.1.12)].

우리의 조세 부담률이 전체로서는 계속 증대하나, 지방세 부담을 보면 1960년대부

표 13-2 조세 부담률

(단위: %)

구 분 \ 연 도	1970년	1980년	1990년	2000년	2010년	2017년
국민총생산 (10억 원, 경상)	806	2,684	3,675	16,844	1,172,803	1,730,399
조세 부담률	8.6	14.8	17.9	19.7	19.4	19.9
내국세 부담률	5.2	10.6	10.0	11.4	12.0	13.2
지방세 부담률	1.4	1.2	2.1	3.8	4.1	4.6
1인당 조세 부담액 (천 원)	2.4	12.3	172.5	774.8	4,616	6,093
조세탄력치 (dT/T)/(dY/Y)	–	1.10	1.18	1.38	0.73	–0.29

* 2000년부터 국민총생산은 국내총생산(GDP)이다.

출처: 최광 편(1983: 42–43). 경제기획원(1984). 『1992년도 예산개요 참고자료』.
기획예산처. 『2000년도 예산개요 참고자료』. 기획예산처(2006c: 532, 543, 545).
기획재정부. 『2011년도 예산개요 참고자료』. 『2018년도 예산개요 참고자료』에서 얻은 통계와 일부는 필자가 계산함.

터 지금까지 1~5%로 신장률이 매우 저조하다.

끝으로 조세의 소득탄력치를 보면, 대개 1을 초과하였다. 1990년에는 1.18, 2000년에는 1.38이었다. 즉, 국민소득의 증가율보다 조세의 증가율이 높았는데, 2010년에는 0.73으로 국민소득 증가율보다 조세 증가율이 다소 낮았다. 그러나 2017년에는 조세의 소득탄력치가 −0.29로서 국민소득 증가율보다 조세증가율이 낮았다.

② 연도별 일반회계 세입 추이

1965년 일반회계 세입 총액은 1,055억 원으로 국세가 차지하는 비율은 583억 원으로 55.3%였고, 기타 세입이 472억 원으로 44.7%를 차지하였다. 그러나 1970년대에 접어들면서 내국세, 전매세 등의 증가로 총세입이 3,648억 원으로 대폭 증가하였고, 동시에 세입에서 국세가 차지하는 비율도 81.8%로 증가하였다. 그 후 부가가치세, 방위세, 교육세 등이 신설되는 등 세수는 계속 확대되어 1985년에 일반회계 총세입은 110,474억 원, 수입 가운데 국세가 차지하는 비율이 84.9%였다. 1990년에는 방

표 13-3 연도별 일반회계 세입 구성비와 추이

(단위: 10억 원, %)

구분 \ 연도	1965	1970	1980	1990	2000	2010	2017
국세(금액)(A)	55.3 (58)	81.8 (365)	87.5 (5,808)	85.8 (26,847)	79.6 (68,800)	83.3 (170,939)	88.3 (258,512)
내국세	40.0	63.6	55.4	61.1	63.1	68.5	77.8
관세	11.9	11.4	11.5	8.9	5.6	5.2	2.9
방위세	–	–	12.9	14.2	–	–	–
교육세	–	–	–	1.7	–	2.3	1.7
교통세	–				10.9	6.8	5.4
종합부동산세	–	0.5	–	–	–	0.5	0.6
전매익세	3.4	6.8	7.7	–	–	–	–
기타 수입(B)	44.7	18.2	12.5	14.2	20.4	16.5	6.3
세입계(A+B) (세입금액총계)	100.0 (106)	100.0 (446)	100.0 (6,635)	100.0 (31,305)	100.0 (86,474)	100 (205,224)	100 (292,901)

출처: 경제기획원, 『예산개요 참고자료』, 각 연도. 수치는 결산 금액임. 단 2000년은 예산.
기획예산처, 『2000년도 예산개요 참고자료』, 『2011년도 예산개요 참고자료』, 『2018년도 예산개요 참고자료』.

위세와 교육세가 총세입 가운데 차지하는 비율이 14.2%와 1.7%였다. 2000년에는 예산으로 볼 때, 전체 세입 86조 원 정도 가운데 국세가 차지하는 비율이 79.6%이고, 목적세로 교통세가 10.9%였다. 2010년에는 전체 세입 205조 원 가운데 국세 세입이 83%이고, 기타 세입이 16%였다. 종합부동산세가 차지하는 비율은 0.5%였다. 2017년에는 전체 세입 283조 원 가운데 국세가 88.3%를 차지하였다.

③ 직접세와 간접세

<표 13-4>에서 보면 1970년부터 1990년까지는 조세 가운데 간접세가 차지하는 비율이 직접세보다 컸다. 그리고 2000년부터 간접세가 차지하는 비율이 약간 감소하였다. 내국세에서 보면, 2000년에는 간접세가 국세에서 차지하는 비율이 41.1%였고, 지방세를 포함한 조세에서는 48.8%였다. 간접세 비중이 다소 낮아졌다. 1977년부터 시행된 부가가치세 등 간접세를 중심으로 한 조세 체계는, 간접세가 소득보다는 물가와 관계가 깊기 때문에 물가 상승과 비례하여 세수 증대를 기할 수는 있으나, 그 결과가 물가 상승 요인이 될 수 있고, 또 간접세는 대개 역진적이라는 의미에서 소득 분배를 왜곡할 수 있는 문제점이 있다고 하겠다. 2000년대에는 국세에서 직접세가 차지하는 비율이 50%를 넘기는 한다.

표 13-4 직접세와 간접세 비율

(단위: %)

구 분 \ 연 도		1965	1970	1980	1990	2000	2009	2010	2017
국세[a]	직접세	34.6	41.4	22.2	31.1	48.8	–	52.2	59.6
	간접세	63.6	57.5	59.8	49.0	41.1	–	40.2	35.1
	기타	1.8	1.1	17.9	20.0	10.2	–	7.6	5.3
조세[b]	직접세	–	43.5	36.7	49.5	51.2	56.0	–	–
	간접세	–	56.5	63.3	50.5	48.8	44.0	–	–

출처: a: 국회예산정책처(2018.11). 『한국조세제도의 발전과정과 현황』, p.57, p.68, p.80.
b: 경제기획원, 각 연도 『예산개요 참고자료』. 기획예산처, 『2006년도 예산개요 참고 자료』. 기획재정부, 『2011년도 예산개요 참고자료』(지방세 포함).

④ 세목별 내국세 추이

<표 13-5>를 보면 소득세, 법인세, 부가가치세 등 세목별로 그 구성비를 알 수가 있다.

소득세가 내국세 총액에서 차지하는 비율을 보면, 1980년에 18.0%, 1985년에 9.8%, 1990년에 24.7%, 1995년에 30.7%, 2000년에 24.6%, 2010년에 26.1%, 2017년에 33.3%로 소득세가 내국세에서 차지하는 비율은 30% 정도이다. 소득세는 소득 탄력성이 큰 까닭에 공평 부담, 소득재분배 등의 관점에서 매우 우수한 조세인데, 우리나라의 경우 소득세가 조세 가운데 차지하는 비율이 미국, 영국, 독일 등에 비해서 매

표 13-5 내국세 세목별 구성 비율

(단위: %)

세 목 \ 연 도	1980	1985	1990	1995	2000	2010	2017
내국세 (총액: 10억 원)	100.0 (3,676)	100.0 (7,497)	100.0 (19,130)	100.0 (44,382)	100.0 (71,106)	100.0 (143,506)	100.0 (230,804)
직접세	32.1	35.6	43.6	52.8	51.9	54.2	61.8
소득세	18.0	19.8	24.7	30.7	24.6	26.1	33.3
법인세	13.2	15.0	16.9	19.5	25.1	26.0	25.6
상속 · 증여세	0.3	0.6	1.5	2.3	1.4	2.1	2.9
자산재평가세	0.6	0.2	0.5	0.2	0.8	–	–
부당이익세	0.0	0.0	0.0	0.0	0.0	–	–
토지초과이득세	0.0	0.0	0.0	0.1	0.0	–	–
간접세	65.4	60.8	56.4	45.3	45.5	42.3	36.7
부가가치세	40.0	38.7	36.4	33.0	32.6	34.2	29.1
특별(개별)소비세	15.8	13.1	10.0	5.9	4.2	3.5	4.3
주세	8.1	6.7	5.3	4.1	2.8	2.0	1.3
전화세	1.4	2.2	1.4	1.2	2.1	0.0	–
증권거래세	0.1	0.1	1.2	1.1	3.8	2.6	2.0
인지세	0.9	1.0	1.0	0.7	0.5	0.4	0.4
과년도 수입	1.6	2.6	1.1	1.2	2.0	3.1	1.9

출처: 국세청, 1981, 1987, 1991, 1999, 2005, 2011년도 『국세통계연보』.

* 연도별 · 세목별 수납액. 2017년의 합계는 근로장려금 등 0.8%를 빼야 100%가 된다.

우 낮다. 그 까닭은 ① 인적 공제 수준이 경제 여건에 비해서 너무 높고, 과세특례가 많아 과세 인원과 과세 소득의 비중이 적으며, ② 사업소득, 양도소득 등 탈루가 많아 종합과세가 불완전하고, ③ 높은 명목세율로 탈루의 소지가 많기 때문이다(백원구, 1983: 110－124; 전영준・이철인, 2008: 79).

한편, 법인세가 내국세 총액에서 차지하는 비율은 13~26%인데, 그 비율은 미국이나 영국에 비해서 높고, 법인세 세율이 복잡하고, 준비금 제도, 조세 감면 제도, 세액공제 제도 등으로 인하여 명목세율과 실효세율과 격차가 있는 까닭에 조세행정이 복잡하고 조세 부담의 불균형과 자원 배분의 왜곡하는 등의 문제점이 있다(박종기, 1985: 185－203). 외국에 비하여 법인세가 높아 낮추어야 한다고 주장도 있다(조경엽, 2013).

간접세 부문에서는 부가가치세와 특별(개별)소비세가 중요한 위치를 점하고 있다. 부가가치세는 1977년 조세수입 증대와 복잡한 세율구조의 단순화, 수출 및 자본 축적, 자원 배분상의 중립성 등을 목적으로 시행되었다. 부가가치세가 내국세에서 차지하는 비율은 1980년에 40%, 1985년에 38.7%, 1990년에 36.4%, 1995년에 33.0%, 2000년에 32.6%, 2010년에 34.2%, 2017년에 29.1%로 점점 낮아지는 추세를 보였다. 대개 30% 수준으로 단일 세목으로는 가장 많은 비율을 차지한다. 그러나 부가가치세는 역진성과 경기 조절 기능의 미약, 조세행정 절차의 복잡성 등의 문제가 있다. 또한 특별소비세는 1990년까지는 내국세 중 10~13%를 차지하고 있는데, 특별소비세는 본래 사치품과 고가(高價)의 내구재에 대하여 높은 세율을 과세함으로써 간접세제에 어느 정도 누진적 장치를 부여하려는 것이 목적이었다. 그러나 특별소비세가 부가가치세의 역진성을 완화하기보다는 세수 증대에 큰 비중을 두었고, 내구소비재・미가공 식료품 등의 판매 촉진을 위한 광범위한 면세 제도의 적용으로 그 실효를 거두지 못하였다. 2007년 개별소비세법의 제정으로 명칭이 특별소비세에서 개별소비세로 변경되었다. 1995년, 2000년, 2010년에는 특별소비세가 차지하는 비율이 3~5%로 이전보다 다소 감소하는 추세를 보였다.

일반적으로 우리나라의 세제는 ① 간접세 위주의 세제, ② 소득세 및 재산세 기능의 미약, ③ 높은 명목세율과 낮은 실효세율, ④ 선별적 조세 감면 등이 문제점으로 제기되고 있으며(김완순, 1987: 58－83; 안종범, 1997: 272), 1990년대 정부는 금융실명제의 도입, 부가가치세 영세율 적용 확대 등의 개선 노력을 하였으나 종합소득세제의 미비 등으로 아직도 조세의 공평성과 효율성이 문제로 남아 있는 실정이다. 한편, 조세의 소득재분배 효과보다 자본과 고급 인력 유치를 통한 성장 촉진 효과를 강조하는 학자들은 법인세 인하, 누진세율 구조 완화, 조세 지출 합리화 등을 주장한다(곽태원, 2008: 30－34).

제 2 절 세무행정 조직과 기능

1. 세무행정 조직의 변천

세무조직의 변천을 정부 수립부터 국세청이 신설되기 이전까지(1948~1965년), 국세청의 설치부터 부가가치세제가 도입되기 이전까지(1966~1976년), 부가가치세제가 도입된 이후 1999년까지(1977~1999년), 그리고 그 이후로 4단계로 나누어 살펴보기로 한다(한국조세연감발간회, 1997; 원윤희, 2008).

1) 재무부 사세국(1948~1965년)

1948년 정부가 수립되자 재무부 직제로서, 재무 장관 밑에 사세국(司稅局)을 두어 국세와 국유재산에 관한 사무를 관장하게 하였다. 사세국은 징세과, 직세과, 간세과, 국유재산과 등 4개 과로 구성되었었다. 그 후 1949년에 지방세무관서설치법이 제정되었고, 이에 따라서 1950년 도별로 설치되었던 사세국을 폐지하고, 서울·대전·광주·부산 네 곳에만 사세청을 존치시켰고, 세무서는 67개소로 하였다. 1951년에는 사세국에 조사과를 설치하였고, 1957년에는 조사과를 세정과로, 그리고 1959년에는 경제부흥 3개년계획에 의한 장기 재정정책의 일환으로 국세 체계의 전면적인 정비 작업을 시작하였으며, 이를 위하여 사세국에 세제과를 신설하였고, 국유재산과를 사세국에서 분리시켜 관재국으로 이관시켰다.

그림 13-3 세무행정 조직(1966년 3월)

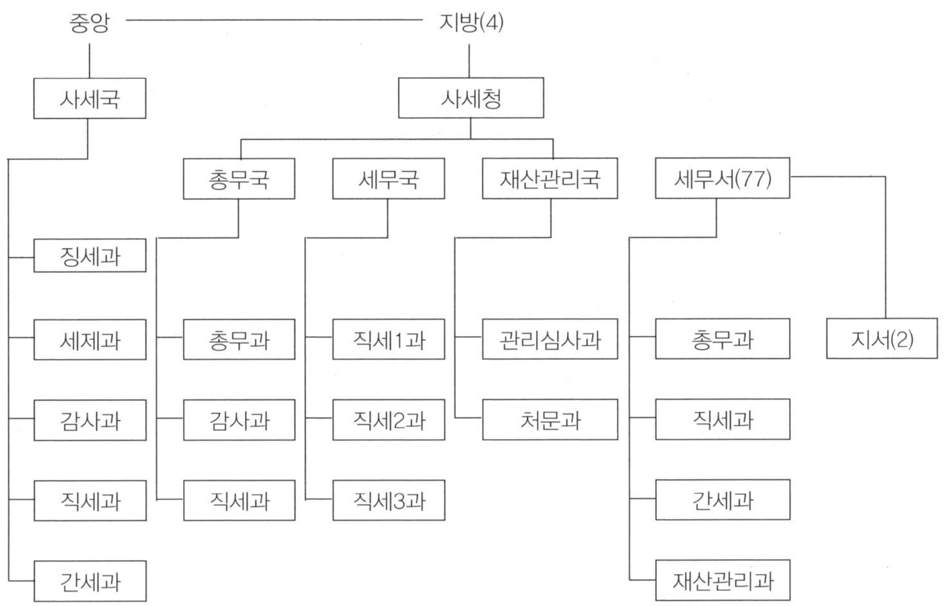

1961년 정부는 조세 중에 지방세의 성격이 강한 토지세, 자동차세, 유흥음식세, 마권세를 지방세로 이관하였고, 사세국의 토지수득세과를 폐지하고, 감사과를 신설하여 자체감사 기능을 강화하였다. 1966년 3월 3일 국세청이 발촉하기 직전의 세무행정 조직은 [그림 13-3]과 같았다.

2) 재무부 외청으로서 국세청(1966~1976년)

1966년 정부조직법의 개정과 국세청 직제에 따라서 국세청이 신설되었다. 세무행정을 담당하던 사세국을 세제국으로 개편하여 발족 당시 국세청은 4국 13과 2담당관으로 구성되었다. 1968년에는 세무공무원교육원 직제가 공포되어 재무부에 소속되어 있던 재무부 공무원교육원이 국세청에 이관되었고, 이것이 오늘날의 세무공무원교육원의 기초가 되었다.

1967년 11월 소득세법의 개정에 따라 부분이기는 하나 종합소득세를 실시하게 되어 종합소득세과를 신설하게 되었으며, 1969년에는 행정관리담당관이 담당하던 세정 기계화 업무를 조사국으로 이전, 자료처리과를 신설하였다. 이 자료처리과는 세무행정의 전산화 작업을 담당하였다.

1970년에는 그 동안 주류의 규격 검사 등 주세 보전 측면에서 기술 지원을 해오던 양조시험소가 국세청기술연구소로 확대 개편하여 주류뿐만 아니라 각종 소비세 과세물품에 대한 분석 감정 및 연구 업무를 맡게 되었다.

그 후 1973년에 세정조정담당관을 폐지하고 심사국을 설치하였으며, 기획담당관을 기획관리관으로 개칭하였고, 1975년에는 국민복지연금제도법의 제정으로 연금징수국을 신설하였으나 실시의 연기로 곧 폐지되었다.

3) 세목별 조직으로서 국세청(1977~1999년 8월)

1977년 3월 부가가치세법의 시행에 대비하여 직세국의 영업세과를 폐지하고 부가가치세과를 신설하였으며, 주세과를 소비세과에 흡수하였다. 1979년에는 외국인 투

그림 13-4 국세청 조직(1998년)

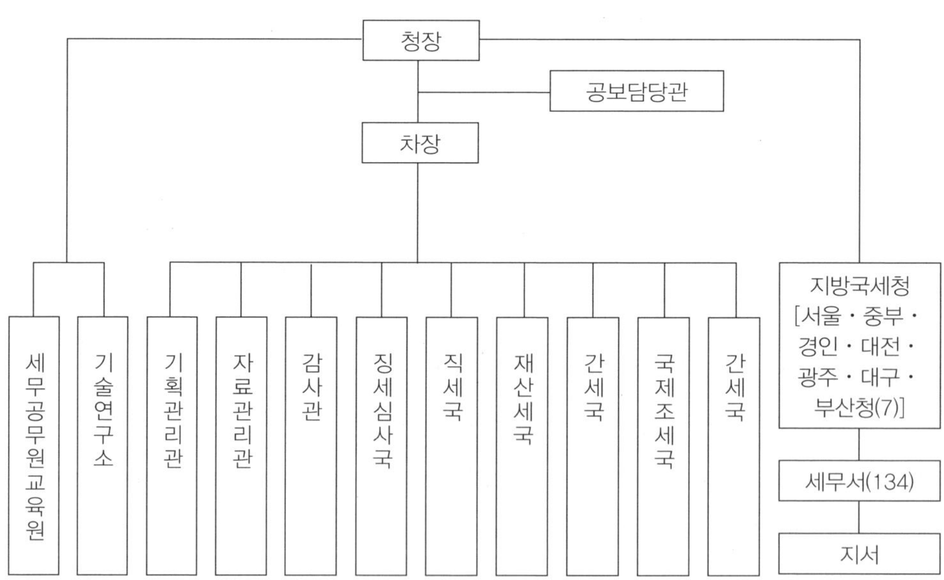

자 담당 업무를 기획관리관에서 담당하던 것을 직세국 외국인세과로 통합하였다. 그리고 양도소득세, 상속세, 증여세의 부과 징수 업무가 증가하고, 부동산 투기에 대하여 효율적으로 대처하기 위하여 1984년 직세국에 재산과를 신설하였고, 1985년에는 해외에 진출한 기업의 지원, 보호, 세무 업무의 협력을 위하여 일본, 사우디아라비아, 뉴욕, 로스앤젤레스 등지에 4개 해외 주재 세무관을 두었다.

1990년 초에는 정원이 증가하였고 토지초과이득세, 금융실명제, 금융소득종합과세 등을 관리하면서 조세행정은 전문화되어 갔다. 1998년 당시의 국세청 조직은 [그림 13-4]와 같았다.

4) 서비스 조직으로서 국세청(1999년 9월~현재)

1999년 9월 11일 국세청은 정부의 100대 국정 과제에 부응하여 조직을 본부는 기획, 지방청은 조사, 그리고 세무서는 서비스에 기능의 초점을 두어 개편하였다. 국세청에서는 1966년 개청 이래 가장 의미 있는 개편이라는 뜻에서 '제2의 개청'이라 할 정도의 조직 개편을 단행하였는데, 개편 방법과 내용면에서 이전의 개편과는 다른 점이 많다.

첫째, 조직 개편에 시민의 참여를 유도하였다. 국세청의 관점이 아니라 시민의 관점을 반영하기 위해서 개혁 과제를 시민들도 참여하는 '국세행정 개혁 및 평가위원회'를 통해서 선정하고 추진하였다. 이 위원회에는 상공회의소, 중소기업 등의 경제단체는 물론 경제정의실천시민연합, 참여연대 등의 시민단체 인사도 참여하였다.

둘째, 서비스 조직으로 개편의 방향을 정하였다. 우선 영문 명칭을 National Tax Service라고 한 것이다. 이는 납세자를 고객으로 인식한다는 의미이다. 이에 따라서 국세행정서비스헌장을 제정하였고, 납세자보호담당관 제도를 설치하였으며, 세목별 조직에서 납세자 중심으로 조직을 개편하였다. 서비스 조직으로 전환하기 위해서 납세지원국, 납세지원과, 서비스센터 등에 종전보다 4배 수준의 직원을 증원하였다.

셋째, 기구를 축소하였다. 중부청과 경인청을 통합하여 지방청을 7개에서 6개로 세무서를 134개에서 99개로 축소하였다[http://www.nts.go.kr(2000.9.26)].

2013년 현재 국세청 조직은 [그림 13-5]와 같다. 1998년 [그림 13-4]와 비교할

그림 13-5 국세청 조직(2019년)

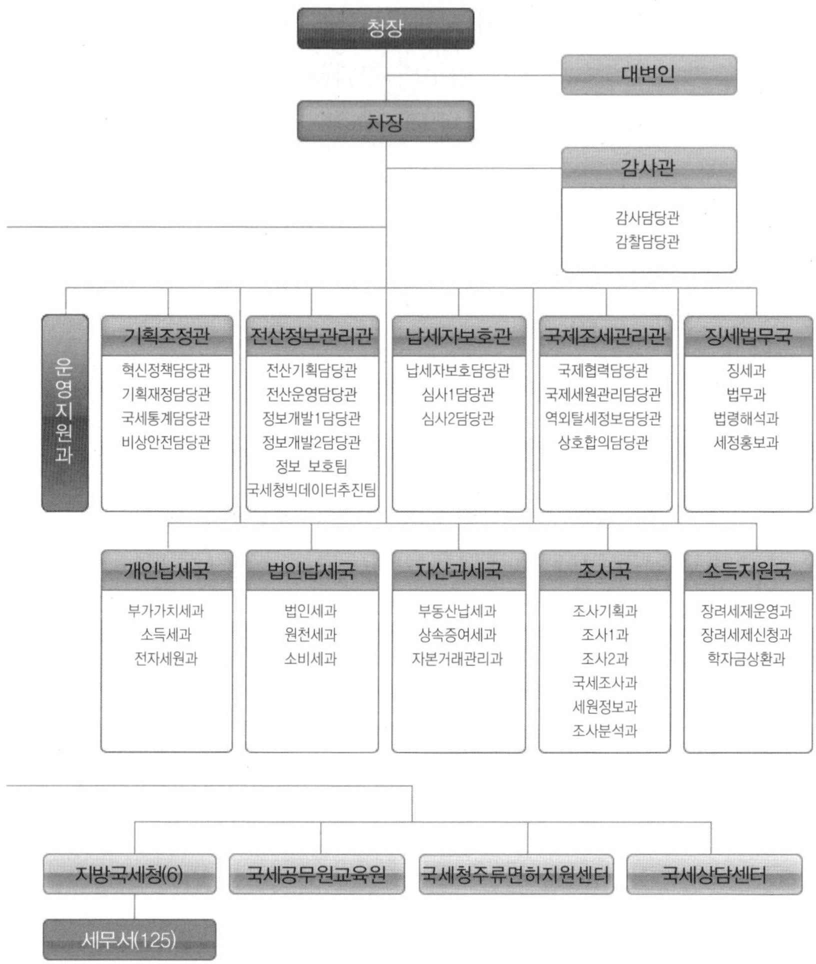

출처: www.nts.go.kr>국세청 소개>조직과 기능(2019.2.4).

때, 납세지원국과 전산정보관리관이 크게 다른 점으로 국세청 조직 활동의 방향을 시사한다고 볼 수 있다.

2000년에 들면서 초 국세청은 전자세정(稅政) 구축, 특별세무조사 폐지, 전자민원 실시, 국세행정 실명제 등을 실시하여 납세자를 위한 서비스 기관으로 변신을 거듭

하고 있다. 1999년보다 조직이 확대되어 2019년 현재 국세청은 기획조정관, 전산정보관리관, 납세자보호관, 국제조세관리관, 징세법무국, 개인납세국, 법인납세국, 자산과세국, 조사국, 소득지원국, 운영지원과 등으로 구성되는 본청과 국세공무원교육원, 국세청주류면허지원센터 등의 지원기관과 6개의 지방국세청, 그리고 125여 개의 세무서와 지서로 구성되어 있다[(www.nts.go.kr>국세청 소개(2019.2.4)].

2. 세무행정 조직의 기능

세무행정 조직의 기능은 기본적으로 국고 수입을 확보하기 위하여, 조세를 부과하고 징수하는 것이다. 「국세청과 그 소속기관 직제」 제3조를 보면, "국세청은 내국세의 부과·감면 및 징수에 관한 사무를 관장한다"고 되어 있다. 국세청의 조직들은 수직적으로는 본청과 지청, 그리고 세무서가 있어서 상급 부서는 기획을, 하급 부서는 집행의 업무를 담당하고 있으며, 상층 조직은 주로 내부관리와 기획 업무를 다루는 기관으로 대분되고 하급 부서로 가면 내부관리보다 집행기구가 발전되어 있다. 국세청 본청을 중심으로 그 기능을 살펴보면 다음과 같다(국세청, 1986: 85-1337; 국세청과 그 소속기관 직제, 2018.3.30. 대통령령 제28753호).

1) 부과와 징수

국세청의 가장 핵심적인 기능은 세법에 따라서 세금을 거두어들이는 일이다. 서울, 중부, 대전, 광주, 대구, 부산 등의 지방국세청과 전국의 세무서를 통하여 각종 세금을 부과하고 징수한다. 납세지원국이 그 기능을 집행한다.

조세 징수의 기본이 되는 국세징수법은 1961년 12월에 제정 공포되었다가 1974년 12월에 국세기본법이 새로 제정되어 국세에 관한 기본 사항은 국세기본법에 규정되고, 국세징수법은 국세 징수에 관한 절차만을 규정하여 오늘에 이르고 있다.

2) 세무조사와 물가조사

세무조사는 불성실 납세자의 반사회성과 반윤리성을 예방하고 규제하기 위한 수단이다. 이것은 세법상의 납세 의무의 이행 여부를 사후 검증함으로써 세 부담의 공평성을 유지하고 부당한 탈세 행위에 대해서는 법에 따라 처벌하여 납세 질서를 유지하는 것이 목적이다. 그러나 세무조사는 정부의 공권력에 의한 납세자의 재산권을 제약하기 쉽고, 납세자의 심리적 부담과 기업 활동의 위축을 초래하며, 특히 공정성을 결한 때에는 조세 마찰을 가져올 수도 있다. 그러므로 세무조사 및 사찰행정에는 적법성과 공정성이 요구된다.[2)]

조사국에서 세무조사의 업무를 담당하며, 담당관·전담반을 구성하여 탈세, 지하경제를 방지하고 조세범을 추적한다. 아울러 조사국에서는 유통 과정을 추적하여 과세 자료를 개발하고 음성 거래를 방지한다.

끝으로 국세청 조사국과 지방청 조사관 또는 조사담당관은 물가 안정을 위하여, 그리고 과세의 기초 자료로 활용하기 위하여 물가를 조사한다.

3) 상담과 조세권리 구제

국세청의 납세자보호관, 지방청의 징세법무국 등에서는 납세자의 불만, 불복 등에 대하여 그것을 순화시키고, 과세 이유를 설명하는 등, 세무행정에 대한 신뢰를 확보하기 위하여 권리구제 제도의 실무를 담당한다.

또한 납세자보호관과 국세청고객만족센터에서는 진정 및 고충처리, 세무상담과 납세 홍보와 세금에 관한 교육과 시민운동, 인터넷과 전화를 이용한 상담 등을 지원하고 있다. 납세자에 대한 서비스 기관으로 국세청이 1999년 9월 개편되었고, 정보화 시대 조세행정을 계속 발전시켜 나가고 있다.

4) 세무 자료의 수집·분석·활용

개인납세국, 법인납세국, 자산과세국 등 담당 세목에 대한 부과와 징수를 돕기 위해서 자료를 수집하고 분석하며 그것을 활용하고 계획을 세운다. 또한 전산정보관리관은 국세행정정보화 기본 계획의 수립과 집행, 응용 프로그램의 개발, 국세 통합 시

---

2) 국세청 조사국의 활동에 대해서는 다음을 참고할 것: 이세정(1991: 226-237); 박호근(1992: 271-275).

스템 입출력 자료의 조정 및 처리 방법의 개선 등에 힘쓰고 있다.

국세청은 세무 자료의 급격한 증대에 발맞추어 1969년에 국세청에서는 전산기를 도입하여 공평 과세와 세무행정의 질적 개선과 납세자에 대한 서비스를 제공하였다. 또한 1996년 구축된 국세통합 시스템(Tax Integrated System)은 조세행정의 합리화에 크게 기여하고 있다.

5) 자체감사 및 교육

감사관은 국세청의 회계와 업무를 감사하며 진정과 비위에 대해서 조사하고 처리한다. 국세공무원교육원은 세무공무원에 대한 직무교육을 실시한다. 국세청주류면허지원센터는 주류(酒類) 과세를 위해서 주조 기술과 양조시설에 대해서 연구한다.

3. 조세구제 제도의 의의와 절차

국세기본법(2018.12.31. 일부개정 법률 제16097호) 제7장 '심사와 심판'에서 조세구제 제도의 절차를 명기해 놓고 있다. 조세구제 제도는 조세불복 제도라고도 한다.

1) 조세구제 제도의 의의와 종류

(1) 의 의

세무행정은 국가재정 수요를 충족시키기 위하여 공권력에 의존한다. 이러한 까닭에 민주주의 국가에서는 세무행정이 법률의 규정에 따라 엄격히 수행되어야 하며, 그 기본 이념은 조세법률주의이다. 조세법률주의는 법률의 근거 없이 국가는 조세를 부과 징수할 수 없고, 국민은 조세의 납부를 요구받지 않는다는 원칙으로서(최명근, 1981: 56), 납세의 요건, 납세자의 의무, 과세 물건, 과세 표준, 세율, 과세 채무의 변경과 소멸 등에 관한 실체 규정뿐만 아니라 납세 방법, 시기, 징수 절차 등에 관한 절차 규정까지 모든 것을 법률로 정하여야 한다는 것이다. 그리고 가능한 모든 규정을 상세히 망라적으로 명확히 함으로써 국세청, 세무서 등의 행정기관의 재량권을 제약하고 국민의 법적 안정성을 보장하여야 한다는 것이다. 이러한 이유에서 행정기관의 합법성 보장과 국민의 권리구제가 중요하다.

그뿐만 아니라 세무행정은 합법성과 공정성이 어느 행정보다 요청되지만 국고주의(國庫主義) 성향이 강하여 불공정, 위법을 범할 가능성이 크고, 경제 발전에 따라 조세법이 점점 전문성과 기술성이 높아져 세무행정기관이 납세자의 후견인 기능을 수행하여야 할 필요성도 있다는 것이다. 이러한 측면에서 볼 때, 납세자의 권리 구제를 공정, 신속하게 처리함으로써 사법적 쟁송을 최소화할 필요성도 있다.

그러나 현실적으로 조세법의 불확실성과 세무공무원의 재량 남용으로 조세법률주의가 훼손되는 경우가 많아, 납세자가 불만을 느낄 때 이러한 불만은 조세 회피 및 조세 저항을 초래할 수 있다. 따라서 조세가 조세법률주의, 조세의 공평성, 신의 성실의 원칙에 비추어 위법 부당하게 부과되고 징수되는 경우, 납세자가 구제받을 수 있는 제도가 필요하다.

(2) 종 류

조세구제 제도는 행정청의 직권에 의한 구제와 납세자의 쟁송에 의한 구제로 크게 나뉘고, 쟁송에 의한 구제는 심판기관에 따라서 행정구제와 사법구제로 나뉜다. 조세에 관한 행정구제는 국세기본법, 관세법, 지방세법 등에 의한 구제와 감사원법에

그림 13-6 조세구제 제도의 종류

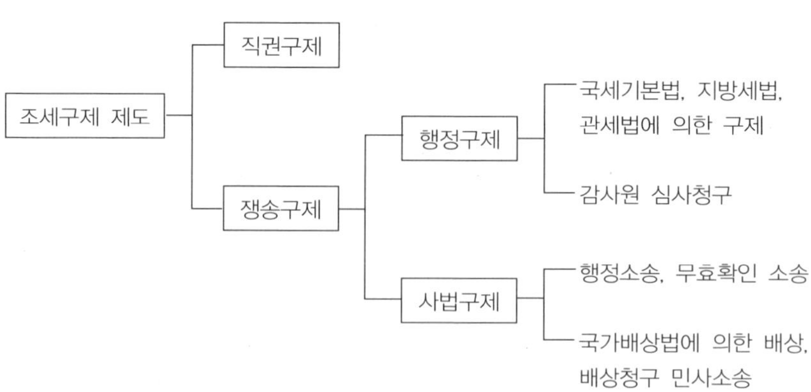

의한 심사청구로 나뉜다. 조세에 관한 사법구제는 당연 무효를 전제로 한 민사소송에 의한 구제와 행정소송 제도로 구분된다. 이 밖에 무효 확인소송과 불법행위에 대한 손해배상 제도도 광의의 사법구제 제도라고 할 수 있다. 이를 요약하면 [그림 13－6]과 같다(백강수, 1982: 106).

2) 내국세 쟁송 절차

내국세의 쟁송 절차는 이의신청, 심사청구, 심판청구, 그리고 행정소송으로 구성된다. 납세자는 동일한 처분에 대해서 심사청구와 심판청구를 중복해서 제기하지 못하도록 되어 있다(한상국 · 박훈, 2005: 23; 이태노 · 한만수, 2011: 1156).

(1) 이의신청

이의신청은 국세기본법 또는 세법에 의한 처분으로 위법 또는 부당한 처분을 받거나 필요한 처분을 받지 못함으로써 권리 또는 이익을 침해받은 자가 처분청 또는 직근 상급 지방국세청장에게 그 처분의 취소 또는 변경이나 필요한 처분을 청구하는 행위이다.

이의신청은 신청 대상이 된 처분이 있은 것을 안 날 또는 그 처분의 통제를 받은 경우에는 그 통지를 받은 날로부터 90일 내에 하도록 되어 있다. 이의신청을 받은 결재기관은 그 신청서가 접수된 날로부터 30일 내에 결정하여야 한다.

이의신청서는 처분 세무서장 또는 지방국세청장에게 제출하도록 되어 있다. 처분 세무서장은 제출된 이의신청 가운데 지방국세청장이 조사 · 결정 또는 처리하거나 하였어야 할 것으로 판명되는 경우에는 이의신청을 받은 날로부터 7일 이내에 당해 이의신청서에 의견서를 첨부하여 지방국세청장에게 송부하여야 하고, 이 사실을 이의 신청인에게 통지해야 한다(국세기본법 제66조).

납세자는 이의신청이나 심사청구를 선택적으로 할 수 있다.

(2) 심사청구

심사청구는 권리 또는 이익의 침해를 받은 자가 국세청장에게 처분의 취소 또는 변경이나 필요한 처분을 청구하는 행위이다. 심사청구는 행정구제 절차에서 원칙적으로 제1심에 해당한다.

심사청구는 청구의 대상이 된 처분을 하였거나 하였어야 할 세무서장을 거쳐 국세청장에게 하는 것이 원칙이다. 국세청장은 세무서장으로부터 심사청구서를 송부받은 날로부터 90일 이내에 결정을 내려야 한다. 국세청장은 국세심사위원회의 심의를 거쳐 결정을 해야 한다(국세기본법 제65조).

(3) 심판청구

청구인이 불복의 사유를 갖추어 그 처분을 하거나 하였어야 할 세무서장을 거쳐 혹은 직접 조세심판원장에게 불복을 제기하는 행위이다.

처분이 있은 것을 안 날로부터 90일 이내에 심판청구를 할 수 있으며, 조세심판원장은 심판청구서가 접수된 날로부터 90일 이내에 결정하여야 한다[www.tt.go.kr(조세심판원 홈페이지 → 심판청구안내(2019.1.13)].

조세심판원은 원장 1인과 상임 및 비상임 국세심판관으로 구성된다.

이상과 같이 국세에 대한 쟁송 절차는 이의신청, 심사청구, 심판청구가 있으며, 이 밖에 감사원에 의한 심사청구 절차가 있다. 이런 것들을 행정구제 절차라고 하며, 이러한 방법으로 권리의 구제를 받지 못한 납세자는 결정 통지를 받은 날로부터 90일 이내에 행정소송을 제기하여 사법적 구제 방법에 호소할 수 있다(국세기본법 제55조, 제56조). 심사청구나 심판청구를 하려는 이해 당사자는 이의신청을 생략할 수 있으며, 심사청구, 심판청구, 감사원의 심사청구 중 어느 하나를 택해서 불복 절차를 밟을 수 있다.

이상을 요약하면, <표 13-6>과 같다.

표 13-6 내국세 쟁송 절차(불복 절차)

절차 명칭	결정기관	제기 기한	결정 기간
0. 이의신청	납세자가 제기, 지방국세청장(세무서장)	90일	30일
1. 심사청구	국세청장	90일	90일
1. 심판청구	국세심판소	90일	90일
1. 감사원에 의한 심사청구	납세자가 제기, 감사원	90일	3개월

* 위의 번호 1은 처음 시작되는 단계이다. 0는 임의 절차이다.

Chapter

14

정부회계

학습 목표

정부회계는 국가회계를 투명하게 처리하고, 재정(Finance)에 관한 유용하고 적정한 정보를 생산・제공하는 것이 중요한 목적이다. 정부회계는 기준과 원칙, 회계 실체를 가지고 있으며, 거래의 기록 방식과 인식시점에 따라 단식부기와 복식부기, 현금주의와 발생주의로 구분된다. 또한 결산보고서와 함께 재정상태표, 재정운영표, 순자산변동표로 구성되는 재무제표에 대해 학습해야 한다.

제13장을 읽고 다음에 대해 이해할 수 있어야 한다.

- 정부회계에 대한 개념적 이해로서 개념, 종류, 체계 및 기능과 원리에 대해 알아본다.
- 정부회계 제도의 유형과 구분 방식에 대해 이해한다.
- 회계 관계 공무원의 범위와 직무 및 책임의 한계를 이해한다.
- 결산보고서와 재무제표에 대해 이해한다.

제 1 절 정부회계의 이해

1. 정부회계의 의의와 종류

1) 정부회계의 개념과 특성 및 구조

(1) 정부회계의 개념

회계(accounting)는 신뢰할 수 있도록 객관적인 자료와 증빙에 의하여 공정하게 처리되어야 하며, 재정 활동의 내용과 그 성과를 쉽게 파악할 수 있도록 충분한 정보를 제공하고, 간단・명료하게 처리되어야 한다.

예산이 회계연도 동안 집행될 때 해당 부처는 그때그때 그 실적을 기록하고, 기획재정부와 감사원에 보고한다. 회계연도가 끝나면 예산 집행 실적을 정리하여 기획재정부에 보고함으로써 본격적인 결산이 이루어진다. 일반적으로 회계는 국가의 재정 활동에서 이루어지는 금전, 물품, 기타 재산 등의 출납과 보관・관리 등 유용한 재무정보(회계정보)를 인식・정리・측정하고 이를 기록해 그 결과를 정보이용자에게 전달하는 과정(보고)이며, 재정 주체의 활동(정보이용자) 시 합리적인 의사결정을 할 수 있도록 전달해 주는 정보시스템(information system)이다.

전통적 회계의 관점에서는 재무제표의 작성과 보고에 초점을 두었으나, 현대적 회계의 관점은 정보이용자의 의사 결정에 유용한 정보를 제공하는 것을 강조한다. 따라서 국가회계를 투명하게 처리하고, 재정(finance)에 관한 유용하고 적정한 정보를

그림 14-1 회계 개념의 체계도

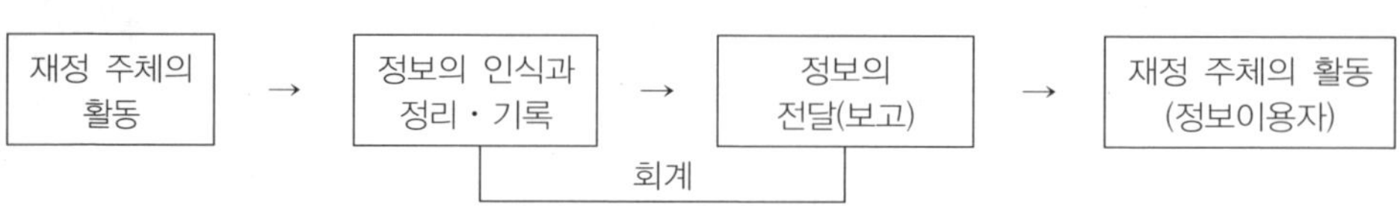

출처: 지방자치인재개발원(2018: 14).

생산·제공하는 것이 중요한 목적이라고 할 수 있다. 회계는 관리의 언어, 사업의 언어, 예산의 언어이며, 공공 부문에서는 사실상 재무관리와 구별되지 않고 동의어로 많이 사용된다.

국가는 회계연도를 단위로 재무보고서를 작성한다. 회계연도는 국가 또는 지방자치단체의 세입·세출을 구분하기 위하여 설정하는 일정한 기간을 말한다. 우리나라의 회계연도는 매년 1월 1일 시작하여 12월 31일에 끝난다. 회계연도를 보면 미국은 매년 10월 1일에서 다음해 9월 30일까지, 일본, 영국, 인도 등은 매년 4월 1일부터 다음해 3월 31일까지 등으로 국가마다 조금 상이하다.

우리나라 국가회계는 두 가지 측면에서 이루어지는데, 하나는 예산 집행 및 관리통제 등을 위해 예산 회계에 따라 예산 집행 결과를 기록하고 보고하며, 다른 하나는 디지털예산회계시스템(d-Brain)의 자동분개시스템에 의해 자산이나 부채관리, 정부활동의 원가정보 등을 제공하는 발생주의 재무회계에 의한 재무보고를 병행하는 이원화 시스템을 운영하고 있다(원구환, 2016: 475).

2007년 「국가회계법」 제정, 2008년 「국가재정법」 및 「국가회계법」 개정에 따라 국가결산보고서 체계가 구체화되기 시작하였다. 「국가재정법」에서는 결산보고서 체계 개편을 통해 결산보고서의 작성·제출 절차와 일정을 규정하고 있으며, 「국가회계법」에서는 회계 처리 방법, 결산보고서의 구성 및 내용, 작성 방법 등을 규정하고 있다. 국가결산보고서는 결산개요, 세입세출결산, 재무제표, 성과보고서로 구성되어 있다(국가회계법 제14조).

한편, 2007년 이전까지 운영되던 '국가재정정보시스템(NAFIS)'을 개편하여 현재의 '디지털예산회계시스템(d-Brain)'을 구축하고, 2009년에 「국가회계기준」을 제정하였다. 이에 우리나라는 2009년 이후 전면적인 발생주의 국가회계 제도를 도입하였고, 국가결산보고서에서 기존의 세입세출결산서에 발생주의·복식부기 방식에 의한 재무정보를 추가하게 된다(박성환 외, 2018: 200). 정부가 발생주의 재무회계 정보를 예산회계 정보와 함께 국가결산보고서에 포함해 국회에 제출하기 시작한 2011회계연도 이후 정부회계는 각 부처가 소관별 재무제표를 작성한 후 제출하면 기획재정부가 이를 취합해 국가재무제표를 작성하고 감사원의 회계검사를 거친 후 국회에 제출한다. 국회는 국가재무제표에 대해 보고받고 국가결산보고를 승인한 후 일반에게 공개된다. 정부는 체계적이고 지속적인 국가회계 인프라 구축을 위해서 「국가회계법」 제11조에 근거해 현재 국가회계재정통계센터를 설치하여 운영하고 있다.

(2) 정부회계의 특성

정부회계는 다음과 같은 네 가지 특성을 가진다(지방자치인재개발원, 2018: 14).

첫째, 엄정성이다. 회계문서에 기명날인 또는 서명함으로써 책임소재를 명확하게 해야 한다.

둘째, 정확성을 가진다. 즉, 지출서류에 개서, 삭제, 삽입, 정정, 도말(수정액 등으로 수정하는 것) 등을 제한한다. 단, 정정하게 되면 정정 날인 혹은 서명함으로써 책임소재를 명확하게 한다.

셋째, 공정성이다. 계약 등의 업무처리를 할 때 경쟁입찰 등을 통한 기회 균등, 경쟁의 원칙 등을 준수해야 한다.

넷째, 통일성이다. 원칙적으로 서식, 시기, 내용 등에 대해 법규화를 통해 재량성을 불인정한다.

정부회계는 미국정부회계기준위원회(GASB)가 말한 대로 독특한 특성을 가지고 있는 바, 정부의 권력이 궁극적으로 국민들의 손에 달려 있다는 점과 정부의 주된 목표가 모든 시민의 총체적 복지를 증진시키는 것이라는 측면에서 기업회계와 차이점을 발견할 수 있다.

(3) 국가회계 제도의 구조

국가회계 제도는 결산보고서의 구성 · 내용, 작성방법 등을 규정한 「국가회계법」, 각종 결산 보고서의 작성 및 결산 절차 등을 규정한 「국가회계법 시행령」, 그리고 발생주의 · 복식부기를 적용하기 위한 재무제표의 구성 및 작성원칙을 정한 「국가회계기준에 관한 규칙」과 세부거래에 대한 회계처리지침을 포함한다.

그림 14-2 국가회계 제도 구조

국가회계법	• 결산수행 절차와 결산보고서의 구성 및 작성 • 국가회계의 원칙, 국가회계 제도 인프라 규정 • 경제적 거래 등을 발생 사실에 따라 복식부기 방식으로 회계 처리하기 위한 기준은 기획재정부령으로 정함
⇩	
국가회계법 시행령	• 결산보고서 중 세입세출결산에 명시할 사항 및 부속서류의 제출 및 작성 등
⇩	
국가회계기준에 관한 규칙	• 재무제표의 구성 및 작성 기준 규정 • 회계처리 일반원칙, 재무제표 작성원칙 • 자산·부채, 수익·비용 인식과 평가기준 • 주석, 필수보충정보 작성 대상 정의
⇩	
회계처리지침	• 주요 계정과목 또는 회계거래별 세부 회계 처리 규정 마련

주: 2014년 12월 기획재정부는 5건의 회계준칙과 20건의 회계처리지침을 일괄 폐지하고, 22개의 회계처리지침을 공포·발령하였으며 2015회계연도 결산부터 적용함.
출처: 국회예산정책처(2018: 137).

2) 정부회계의 종류

회계는 관리 대상과 목적에 따라 분류하여 살펴볼 수 있다(지방자치인재개발원, 2018: 14–15).

(1) 관리 대상에 의한 분류

회계는 관리 대상에 따라 현금회계, 물품회계, 재산회계, 채권회계 등으로 구분된다. 첫째, 현금회계는 대부분의 회계를 이루고 있으며, 현금의 출납, 보관을 관리하는 회계를 의미한다. 지방회계법령, 지방재정법령, 지방계약법령, 지방자치단체 세출예산 집행기준, 지방자치단체 예산 편성 운영 기준 및 기금운용계획 수립 기준, 지방자치단체 재무회계규칙 등에서 관련 내용을 규정하고 있다. 둘째, 물품회계는 현금·공유재산·유가증권을 제외한 동산이나 각종 물품을 출납·관리하는 회계로서 공유재산 및 물품관리법령, 물품관리조례 등에 규정되어 있다. 셋째, 재산회계로서 부동산 등 재산을 출납·관리하는 회계를 의미한다. 공유재산 및 물품관리법령, 공유재산 관리조례 등에 규정되어 있다. 넷째, 채권회계는 금전의 지급을 목적으로 하는 지방자치단체의 권리를 관리하는 회계를 의미한다. 지방회계법, 지방회계법 시행령, 지방재정법, 지방재정법 시행령, 지방자치단체 재무회계규칙 등에 규정되어 있다.

(2) 목적에 의한 분류

회계는 목적에 따라 일반회계와 특별회계로 분류된다. 먼저 일반회계는 지방자치단체의 기능을 수행하기 위하여 공적인 일반 활동에 소요되는 세입·세출을 포괄하는 회계를 의미한다. 특별회계는 특수한 목적 수행을 위한 수입·지출을 일반회계로부터 분리하여 독립적으로 경리하는 회계로서 공기업특별회계와 기타 특별회계로 구분된다. 국가 및 지방자치단체의 경우 특별회계는 특정 재원으로 특정 사업을 위해 법률이나 조례에 의하여 설치된다.[1)]

기타 특별회계는 특정 자금이나 특정 세입·세출로 일반세입·세출과 구분하여 회계 처리할 필요가 있을 때에 법률이나 조례로 설치하는 회계로서 국민주택사업, 교통사업, 관광개발사업 및 의료급여기금 특별회계 등이 그 예이다.

공기업특별회계는 국가 및 지방자치단체가 직접 설치·경영하는 국가 및 지방직영기업과 법인을 설립하여 경영하는 기업 형식인 국가 및 지방공사 등에 대한 회계이며 지방공기업법 등이 적용된다. 지방자치단체의 경우 수도사업, 도시철도사업, 지역개발기금 특별회계 등이 그 예이다.

3) 정부회계 체계

현재 정부회계는 중앙정부의 국가회계와 지방정부의 지방자치단체회계의 이원적 체계로 운영되고 있다. 정부조직에 기업회계 원리를 도입했다는 점에서 의의가 있으나 중앙정부와 지방정부는 그 구조와 기능상의 차이가 있기 때문에 양 회계 체계는 상이한 용어와 구조를 가지고 있으며, 별개로 운영되고 있다.

국가회계는 디지털예산회계시스템(d－Brain)을 통해 예산 업무의 처리와 동시에

---

1) 일반회계, 특별회계, 기금 간 차이는 전술한 장의 내용을 참고하도록 한다.

업무의 효과가 재무계정 과목으로 자동 분개됨으로써 회계업무가 처리된다. 디지털 예산회계시스템(d－Brain)은 2007년 이전 각 기관별로 관리되어 통합된 재정정보의 제공이 어려웠던 점을 극복하고자 국가재정운용계획, 총액배분 자율편성 제도, 프로그램 예산 제도, 성과관리 제도, 복식부기·발생주의회계 제도 등 혁신적인 재정 제도가 성공적으로 정착할 수 있도록 뒷받침하는 통합재정정보시스템이다.

지방자치단체회계는 e－호조 시스템에서 예산 업무와 동시에 처리된다.

2. 정부회계의 기능과 원리 및 회계책임관

정부회계를 이해하기 위해서는 정부회계의 기능과 기본적인 회계원리를 이해해야 하며, 국가 및 지방회계에 대한 사무를 총괄하는 회계책임관에 대해 이해할 필요가 있다.

1) 정부회계의 기능

정부회계는 다양한 역할과 기능을 수행하는데, 다음과 같이 정리할 수 있다.

(1) 정보이용자의 요구에 부합하는 정보제공

지방자치단체 회계기준에 관한 규칙 제1조 목적을 보면 지방자치단체의 회계 처리 및 재무제표 보고의 객관성과 통일성을 확보함으로써 정보이용자에게 매우 유용한 정보를 제공하고, 지방정부의 재정 투명성 및 공공 책임성을 제고하는 것이 가장 중요한 목적이다. 회계시스템은 정보이용자의 요구에 부응해야 한다. 외부 정보이용자는 국민, 국회의원이나 지방의원, 학자, 시민단체, 이익단체, 언론, 금융기관 등이고, 내부 이용자는 조직의 구성원, 타 부처의 공무원 등이 있다. 정보이용자의 요구사항이 변화하면 회계시스템도 변화하면서 해당 정보를 제공할 수 있어야 한다(윤성식·이문영, 2003: 432－433).

또한 정부회계는 정책 과정별 의사 결정에 유용한 정보를 제공한다. 조직의 운영과 정책에 필요한 정보를 제공하는 역할을 한다. 이외에도 조직의 운영과 평가에 대한 정보 제공 및 자원 배분과 투자에 관한 의사 결정에도 기여함으로써 정보이용자에게 필요한 정보를 제공한다.

(2) 조직의 사건과 행위 추정 및 측정

조직 내·외부에 있는 어떤 사람도 조직에서 발생하는 모든 사건을 파악하기란 불가능하다. 회계는 조직의 과거 사건에 대한 기록이다. 따라서 회계 정보가 조직의 과거사건과 행위에 대한 유일한 기록이기 때문에, 공공조직은 조직 내에서 발생한 사건을 모두 기록하지 않지만 회계기록에 의해 발생한 사건을 간접적으로 추정할 수 있다.

또한 조직의 현재와 미래는 회계에 의해 부분적으로 창조된다고 할 수 있다. 회계는 예산과 회계정보를 통해 조직의 의사 결정과 행위를 드러나게 하며, 관찰이 불가능한 행위와 사건을 보이도록 함으로써 책임을 규명한다. 회계는 특정 행동과 결과를 선택적으로 강조하기 때문에 무엇이 문제이고, 무엇이 바람직하며, 무엇이 중요한가를 결정한다. 즉, 회계는 과거의 미래의 불확실한 세계에서 사실을 창조하는 능력이 있으며, 개혁의 관심가가 조직 내부에 침투하여 영향을 발휘할 수 있도록 하며, 변화를 촉진하고 변화를 조정하는 방향키의 기능을 수행한다(Jacobs, 1995).

(3) 정책의 효과성과 효율성 제고

정책의 효과성은 대부분 재무관리 정보와 절차에 달려 있으며, 정책의 효율성 또한 회계정보와 연계된다. 국가재정법 제8조는 성과 중심의 국가재정 운영을 강조하고 있는데, 각 중앙관서의 장 및 기금관리 주체는 예산요구서를 제출할 때 다음 연도 예산에 대한 성과계획서, 전년도 예산 성과보고서를 함께 기획재정부 장관에게 제출하여야 한다. 또한 기획재정부 장관은 대통령령이 정하는 바에 따라 주요 재정사업에 대한 평가를 실시하고 그 결과를 재정 운용에 반영할 수 있다. 때문에 성과 중심의 국가재정을 운영하기 위해서는 회계가 매우 중요한 요소가 된다고 할 것이다.

또한 재무제표를 통해 정부의 전반적인 재정건전도, 국가자원에 대한 의사 결정의 재무효과, 조기경보정보를 획득할 수 있다. 예를 들어, 정부부채 증가 추이가 급격하게 이루어지거나 단기부채가 계속 증가한다면 재정건전도에 문제가 발생할 수 있기 때문에 회계정보시스템이 이러한 부분에 대한 정보를 제공해 줄 수 있을 것이다.

(4) 회계의 통제 기능과 책임

재무관리의 회계와 통제 차원은 책임에 관심을 갖는 것이며, 회계의 가장 중요한 기능은 통제이며, 통제를 통한 책임성 확보이다. 조직 외부에서 조직을 통제하거나 조직 내부에서 상급자가 하급자를 통제할 때 회계정보가 중요한 역할을 한다. 회계 시스템은 책임규명과 내부 관리를 위해 필요한 정보를 제공하는 역할을 한다. 우리나라 정부가 국가의 재정 활동에서 기존의 현금주의, 단식부기에서 발생하는 경제적 거래 등에 대해 발생 사실에 따라 발생주의, 복식부기 방식으로 회계 처리하는 것도 보다 높은 수준의 통제 기능과 책임성 확보를 위한 것이라고 할 수 있다.

(5) 부정, 오류의 방지 및 적발

회계는 부정과 오류의 방지 및 적발 기능을 수행한다. 회계를 통해 쉽지 않지만 투자비용과 운영비용을 산출할 수 있어야 한다. 투자비용이란 장기자산의 구입을 의미하며, 운영비용이란 일정기간 동안의 집행 활동으로 인하여 소비한 자원을 의미한다. 경상비는 운영비용이며, 자본예산은 투자비용에 해당한다고 볼 수 있다. 감가상각은 투자비용을 운영비용으로 전환하는 방법이다.

국가회계기준에 관한 규칙 제51조에 의하면, 중대한 오류는 오류가 발생한 회계연도 재정상태표의 순자산에 반영하고, 관련된 계정잔액을 수정하며, 이 경우 비교재무제표를 작성하는 경우 중대한 오류의 영향을 받게 되는 회계 기간의 재무제표 항목을 다시 작성한다. 또한 중대한 오류 외의 오류는 해당 회계연도의 재정운영표에 반영하도록 규정하고 있다. 이외에도 전 회계연도 이전에 발생한 오류수정 사항의 경우 주석으로 표시하되, 중대한 오류를 수정한 경우에는 중대한 오류로 판단한 근거, 비교재무제표에 표시된 과거 회계 기간에 대한 수정금액, 비교재무제표가 다시 작성되었다는 사실을 주석으로 포함해야 한다.

이와 같이 정확한 회계를 통해 부정과 오류를 방지하고 적발하는 기능을 수행하게 된다.

2) 정부회계의 원리

국가회계기준에 관한 규칙 제7조~제23조까지는 재정상태표에 대한 규정인데, 이는 자산, 부채, 순자산 항목으로 이루어져 있다. 즉, 기업회계는 부채와 자본으로 구성되지만, 정부회계에서는 자본 개념이 없기 때문에 순자산 개념으로 대체된다.

(1) 자 산

① 자산의 개념과 유형

(가) 자산의 개념과 인식 기준

자산이란 어떤 조직이 소유하고 있는 모든 유형, 무형의 재산상의 가치를 의미한다. 국가회계기준에 관한 규칙 제9조에 의하면, "자산은 과거의 거래나 사건의 결과로 현재 국가회계실체가 소유(실질적으로 소유하는 경우를 포함한다) 또는 통제하고 있는 자원으로서, 미래에 공공 서비스를 제공할 수 있거나 직접 또는 간접적으로 경제적 효익을 창출하거나 창출에 기여할 것으로 기대되는 자원을 말한다"라고 자산 개념을 정의하고 있다. 자산은 "유동자산, 투자자산, 일반유형자산, 사회기반시설, 무형자산 및 기타 비유동자산"으로 구분하여 재정상태표에 표시한다.

자산의 인식 기준에 대해서는 다음 세 가지 사항을 규정하고 있다. ① 자산은 공용 또는 공공용으로 사용되는 등 공공 서비스를 제공할 수 있거나 직접적 또는 간접적으로 경제적 효익을 창출하거나 창출에 기여할 가능성이 매우 높고 그 가액을 신뢰성 있게 측정할 수 있을 때에 인식한다. ② 현재 세대와 미래 세대를 위하여 정부가 영구히 보존하여야 할 자산으로서 역사적, 자연적, 문화적, 교육적 및 예술적으로 중요한 가치를 갖는 자산은 자산으로 인식하지 아니하고 그 종류와 현황 등을 필수보충정보로 공시한다. ③ 국가 안보와 관련된 자산은 기획재정부 장관과 협의하여 자산으로 인식하지 아니할 수 있다. 이 경우 해당 중앙관서의 장은 해당 자산의 종류, 취득 시기 및 관리 현황 등을 별도의 장부에 기록하여야 한다(국가회계기준에 관한 규칙 제10조).

(나) 자산의 유형

일반적으로 자산은 유동성의 정도에 따라 유동자산과 고정자산으로 구분하는데,

국가회계기준에 관한 규칙 제11조~제16조까지는 자산 유형을 보다 세분화하여 유동자산, 투자자산, 일반유형자산, 사회기반시설, 무형자산 및 기타 비유동자산으로 구분하고 있다.

유동자산은 재정상태표일부터 1년 이내에 현금화되거나 사용될 것으로 예상되는 자산으로서 현금 및 현금성자산, 단기금융상품, 단기투자증권, 미수채권, 단기대여금 및 기타 유동자산 등을 말한다. 단기투자증권은 만기가 1년 이내이거나 1년 이내에 처분 예정인 채무증권, 지분증권 및 기타 단기투자증권을 말하고, 기타 유동자산은 미수수익, 선급금, 선급비용 및 재고자산 등을 말한다.

투자자산은 투자 또는 권리행사 등의 목적으로 보유하고 있는 자산으로서, 장기금융상품, 장기투자증권, 장기대여금 및 기타 투자자산 등을 말한다. 장기투자증권은 만기가 1년 후이거나 1년 후에 처분 예정인 채무증권, 지분증권 및 기타 장기투자증권을 말한다. 일반유형자산은 고유한 행정 활동에 1년 이상 사용할 목적으로 취득한 자산(제14조에 따른 사회기반시설은 제외한다)으로서, 토지, 건물, 구축물, 기계장치, 집기・비품・차량운반구, 전비품, 기타 일반유형자산 및 건설 중인 일반유형자산 등을 말한다. 전비품은 전쟁의 억제 또는 수행에 직접적으로 사용되는 전문적인 군사장비와 탄약 등을 말한다.

사회기반시설은 국가의 기반을 형성하기 위하여 대규모로 투자하여 건설하고 그 경제적 효과가 장기간에 걸쳐 나타나는 자산으로서, 도로, 철도, 항만, 댐, 공항, 하천, 상수도, 국가어항, 기타 사회기반시설 및 건설 중인 사회기반시설 등을 말한다.

무형자산은 일정 기간 독점적・배타적으로 이용할 수 있는 권리인 자산으로서, 산업재산권, 광업권, 소프트웨어, 기타 무형자산 등을 말한다.

기타 비유동자산은 유동자산, 투자자산, 일반유형자산, 사회기반시설 및 무형자산에 해당하지 아니하는 자산을 말한다.[2]

② 자산의 평가 기준

자산의 평가 기준은 다음과 같이 세 가지로 구분된다(국가회계기준에 관한 규칙

2) 지방자치단체 회계기준은 자산을 유동자산, 투자자산, 일반유형자산, 주민편의시설, 사회기반시설, 기타 비유동자산 등으로 구분하고 있다.

第32조). 첫째, 재정상태표에 표시하는 자산의 가액은 해당 자산의 취득원가를 기초로 하여 계상(計上)한다. 다만, 무주부동산의 취득, 국가 외의 상대방과의 교환 또는 기부채납 등의 방법으로 자산을 취득한 경우에는 취득 당시의 공정가액을 취득원가로 한다.

둘째, 국가회계실체 사이에 발생하는 관리전환은 무상거래일 경우에는 자산의 장부가액을 취득원가로 하고, 유상거래일 경우에는 자산의 공정가액을 취득원가로 한다.

셋째, 재정상태표에 표시하는 자산은 이 규칙에서 따로 정한 경우를 제외하고는 자산의 물리적인 손상 또는 시장가치의 급격한 하락 등으로 해당 자산의 회수가능가액이 장부가액에 미달하고 그 미달액이 중요한 경우에는 장부가액에서 직접 빼서 회수가능가액으로 조정하고, 장부가액과 회수가능가액의 차액을 그 자산에 대한 감액손실의 과목으로 재정운영 순원가에 반영하며 감액명세를 주석으로 표시한다. 다만, 감액한 자산의 회수가능가액이 차기 이후에 해당 자산이 감액되지 아니하였을 경우의 장부가액 이상으로 회복되는 경우에는 그 장부가액을 한도로 하여 그 자산에 대한 감액손실환입 과목으로 재정운영 순원가에 반영한다.

이러한 자산의 평가 기준에 따라 일반유형자산, 유가증권, 미수채권, 재고자산 압수품 및 몰수품, 사회기반시설의 평가가 이루어진다.[3]

(2) 부 채

일반적으로 채권자의 청구권이라는 의미로 이해되는 부채는 타인에게 지급할 것을 약속한 일체의 금전적 채무를 의미하며, 유동부채와 고정부채로 구분한다. 국가회계기준에 관한 규칙 제17조~제22조까지는 부채에 대해 규정하고 있다. 이 규정에 의하면, 정부회계에서 부채는 과거 거래나 사건의 결과로 국가회계실체가 부담하게 되는 의무로서, 그 이행을 위해 미래에 자원의 유출 혹은 사용이 예상되는 현재의 의무를 의미한다. 부채는 유동부채, 장기차입부채, 장기충당부채 및 기타 비유동부채로 구분하여 재정상태표에 표시한다.

국가회계기준에 관한 규칙 제18조에서 규정하고 있는 부채의 인식 기준은 부채는

3) 자세한 평가 내용은 국가회계기준에 관한 규칙 제33조~제38조를 참고하기 바람.

국가회계실체가 부담하는 현재의 의무 중 향후 그 이행을 위하여 지출이 발생할 가능성이 매우 높고 그 금액을 신뢰성 있게 측정할 수 있을 때 인식한다. 또한 국가안보와 관련된 부채는 해당 부채의 종류, 취득 시기 및 관리 현황 등을 별도의 장부에 기록해야 하지만 기획재정부 장관과 협의하여 부채로 인식하지 아니할 수 있다.

유동부채는 재정상태표일부터 1년 이내에 상환하여야 하는 부채로서 단기국채, 단기공채, 단기차입금, 유동성장기차입부채 및 기타 유동부채 등을 말한다. 기타 유동부채는 미지급금, 미지급비용, 선수금, 선수수익 등을 말한다. 장기차입부채는 재정상태표일부터 1년 후에 만기가 되는 확정부채로서 국채, 공채, 장기차입금 및 기타 장기차입부채 등을 말한다. 장기충당부채는 지출 시기 또는 지출 금액이 불확실한 부채로서 퇴직급여충당부채, 연금충당부채, 보험충당부채 및 기타 장기충당부채 등을 말한다. 기타 비유동부채는 유동부채, 장기차입부채 및 장기충당부채에 해당하지 아니하는 부채를 말한다.

재정상태표에 표시하는 부채의 가액은 원칙적으로 만기상환가액으로 평가한다.

(3) 순자산

기업회계에서는 자본의 개념이 중시된다. 즉, 자본금은 기업이 개시할 때에 가지고 있던 자본과 그 후의 타인자본, 차입자본으로 구분된다. 그러나 전술한 바와 같이 정부회계는 자본 개념이 없기 때문에 '자산－부채＝순자산'이라는 개념으로 사용된다.

즉, 순자산은 자산에서 부채를 뺀 금액을 의미하며, 국가회계기준에 관한 규칙 제23조에서는 순자산을 기본 순자산, 적립금 및 잉여금, 순자산조정으로 구분하고 있다. 기본 순자산은 순자산에서 적립금 및 잉여금과 순자산조정을 뺀 금액으로 표시한다. 적립금 및 잉여금은 임의적립금, 전기이월결손금 · 잉여금, 재정 운영 결과 등을 표시한다. 순자산조정은 투자증권평가손익, 파생상품평가손익 및 기타 순자산의 증감 등을 표시한다.

(4) 수 익

기업회계에서는 수익이라는 계정을 사용하는데, 수익의 개념을 영업수익,[4] 영업외

4) 영업수익은 기업의 주된 영업 활동에서 발생하는 수익을 말하며, 발생주의에 의해 계상되고, 영

수익,[5] 특별이익[6]으로 구분한다(원구환, 2016: 486-487). 반면 정부회계에서는 수익의 개념을 국가의 재정 활동과 관련해 재화 혹은 용역을 제공한 대가로 발생하거나, 직접적인 반대급부 없이 법령에 따라 납부의무가 발생한 금품의 수납 또는 자발적인 기부금 수령 등에 따라 발생하는 순자산의 증가로 보고 있다. 수익은 재화나 용역을 제공한 대가로 발생하는 수익인 교환수익과 직접적인 반대급부 없이 발생하는 국세, 부담금, 기부금, 무상이전 및 제재금 등의 수익인 비교환수익으로 구분된다(국가회계기준에 관한 규칙 제28조).

수익의 인식 기준은 교환수익은 수익 창출 활동이 끝나고 그 금액을 합리적으로 측정할 수 있을 때에 인식한다. 비교환수익은 해당 수익에 대한 청구권이 발생하고 그 금액을 합리적으로 측정할 수 있을 때에 인식하며, ① 신고·납부하는 방식의 국세: 납세의무자가 세액을 자진 신고하는 때에 수익으로 인식, ② 정부가 부과하는 방식의 국세: 국가가 고지하는 때에 수익으로 인식, ③ 원천징수하는 국세: 원천징수의무자가 원천징수한 금액을 신고·납부하는 때에 수익으로 인식, ④ 연부연납(年賦延納) 또는 분납이 가능한 국세: 징수할 세금이 확정된 때에 그 납부할 세액 전체를 수익으로 인식, ⑤ 부담금수익, 기부금수익, 무상이전수입, 제재금 수익 등: 청구권 등이 확정된 때에 그 확정된 금액을 수익으로 인식한다. 다만, 제재금수익 중 벌금, 과료, 범칙금 또는 몰수품으로서 청구권이 확정된 때나 몰수품을 몰수한 때에 그 금액을 확정하기 어려운 경우에는 벌금, 과료 또는 범칙금이 납부되거나 몰수품이 처분된 때에 수익으로 인식할 수 있다(국가회계기준에 관한 규칙 제29조).

(5) 비 용

비용은 순자산의 감소를 초래하는 자산의 유출이나 감소 또는 부채의 증가 형태로 회계 기간 동안의 경제적 이익의 감소를 말한다. 정부회계에서도 비용은 국가의 재정활동과 관련해 재화 또는 용역을 제공하여 발생하거나, 직접적인 반대급부 없이

업비용과 직접적인 관계를 가진다.

5) 영업외수익은 기업의 주된 영업 활동 이외의 요인에 의해 발생하는 수익으로 수취이자, 수취배당금, 유가증권이자, 유가증권매각익 등과 같이 금융적인 성격을 지닌 것이 많다.

6) 특별이익은 손익의 계산에 맞지 않은 수익 등으로 당해연도의 기간 손익에 귀속시키는 것이 적당하지 않은 이익을 말한다.

발생하는 자원 유출이나 사용 등에 따른 순자산의 감소를 의미하는 것으로 규정하고 있다(국가회계기준에 관한 규칙 제30조).

이 규정에 의하면, 비용은 다음과 같은 두 가지 인식 기준을 가진다. 첫째, 재화나 용역의 제공 등 국가재정 활동 수행을 위해 자산이 감소하고 그 금액을 합리적으로 측정할 수 있을 때, 또는 법령 등에 따라 지출에 대한 의무가 존재하고 그 금액을 합리적으로 측정할 수 있을 때에 비용으로 인식한다. 둘째, 과거에 자산으로 인식한 자산의 미래 경제적 효익이 감소 또는 소멸하거나 자원의 지출 없이 부채가 발생 또는 증가한 것이 명백한 때에 비용으로 인식한다.

정부회계에서는 아직 집행은 되지 않았으나 재정정책에 의해 수혜자, 금액, 지급 시기 등이 정해진 이전지출 금액은 비용으로 계산한다.

(6) 원가계산

재정운영표에는 재정 운영 결과를 재정 운영 순원가에서 비교환수익 등을 뺀 금액으로 계산한다. 재정운영 순원가는 "사업순원가+관리운영비+비배분비용-비배분수익"으로 계산한다. 원가란 중앙관서의 장 또는 기금관리주체가 프로그램(사업)의 목표를 달성하고 성과를 창출하기 위해 직접적·간접적으로 투입한 경제적 자원의 가치를 의미한다(기획재정부 원가계산에 관한 지침, 2014). 원가는 세부적으로 원가 집계 대상과 배부 기준으로 구분하여 살펴볼 수 있다. 여기에서 원가의 배부란 회계연도 기간에 발생된 원가를 각 원가 집계 대상에 대응하는 과정을 말한다. 원가 집계 대상이란 발생된 원가를 집계하는 프로그램, 단위사업, 세부사업 등으로서 원가를 개별적으로 측정할 필요가 있는 항목을 말한다.

원가계산의 목적은 다음 세 가지로 구분된다(기획재정부 원가계산에 관한 지침 제4항). 첫째, 사업에 대한 원가정보를 제공함으로써 사업관리자나 예산 편성 관계자 등의 정보이용자가 자원을 효율적으로 사용할 수 있는 의사 결정을 하도록 한다. 둘째, 사용자가 부담하는 공공 서비스에 대한 원가의 회수 정도와 사업의 운영에 관한 회계정보를 제공하여 사업관리자 등의 정보이용자가 효율적으로 사업을 관리하고 사업계획을 수립할 수 있도록 한다. 셋째, 사업이 효율적으로 수행되었는지에 대한 평가에 활용할 수 있는 정보를 제공하고 재정이 투명하게 집행될 수 있도록 한다.

한편, 원가계산은 다음 네 가지 일반원칙을 가지고 있다(기획재정부 원가계산에 관한 지침 제5항). 첫째, 원가는 신뢰할 수 있는 객관적인 자료와 증거에 의해 계산한다. 둘째, 원가는 국가회계실체가 프로그램 예산 체계에 따라 집행한 예산을 발생주의의 원칙에 따라 계산한다. 셋째, 원가 집계 대상별로 분리가능한 원가는 직접 부과하고, 분리가능하지 않은 원가는 그 발생의 경제적 효익 또는 인과관계에 비례하여 배부하거나 원가의 특성을 반영한 배부 기준을 설정하여 배부한다. 넷째, 국가회계 실체는 이 예규에 따라 원가계산을 수행하고, 채택한 원가계산 방법은 매기 계속적으로 적용하여야 하며 정당한 이유 없이 원가계산 방법을 변경해서는 아니 된다.

3) 회계책임관

중앙관서의 장은 그 소관에 속하는 회계업무를 총괄적으로 수행하도록 하기 위하여 회계책임관을 임명하여야 한다. 회계책임관은 ① 내부통제[7] 등 회계업무에 관한 사항, ② 회계·결산 및 분석에 관한 사항, ③ 회계업무와 관련된 공무원에 대한 지도·감독, ④ 그 밖에 회계업무의 수행에 관하여 대통령령으로 정하는 사항 등의 업무를 수행한다. 회계책임관의 임명은 중앙관서의 장이 소속 관서에 설치된 직위를 지정하는 것으로 갈음할 수 있다(국가회계법 제6조). 따라서 중앙부처는 소관 및 소속기관의 채권관리관, 수입징수관, 재무관, 지출관, 계약관, 물품관리직 및 재산관리관의 지정과 출납공무원의 임면의 위임에 관한 사항을 규정하고 있다.

지방자치단체의 경우 회계관계 공무원의 범위는 지방회계법 등 지방자치단체의 예산 및 회계에 관계되는 사항을 정한 법령의 규정에 의하여 지방자치단체의 회계사무를 집행하는 자로서 ① 징수관·재무관·지출원·출납원·물품관리관 및 물품출납공무원, ② 각 목에 규정된 자가 집행하는 회계사무에 준하는 사무를 처리하는 자 중 어느 하나에 해당하는 자를 포함한다. 회계관계 공무원은 그 업무 처리 권한에 따라 명령기관과 출납기관으로 구분하며, 명령기관은 재무관(분임재무관), 징수관(분임징수관), 지출원 등을 말하고, 출납기관은 수입금출납원, 일상경비출납원, 세입세출

---

7) 중앙관서의 장은 회계처리의 적정 여부와 결산보고서의 신뢰성을 평가하기 위해 회계책임관으로 하여금 이에 관한 사항을 관리·감독하는 등 내부통제를 하도록 하고 있다.

외 현금출납원 등을 말한다.

회계공무원은 고의 또는 중대한 과실로 직무상 의무를 위반하거나 자치단체에 손해를 끼치는 경우 변상의 책임을 지게 되며, 이외의 징계 및 형사책임은 별도로 진다. 회계관계 공무원으로 임명되면 1년 단위(직위포괄계약 시는 3년)로 재정보증에 가입해야 하며, 보증보험 형태로 재정보증을 하게 된다(지방회계법 제50조).

3. 정부회계 기준과 원칙

1) 기 준

정부가 경제적 사건을 측정하고 기록, 분석, 요약, 보고하는 절차와 제반사항에 대한 규정을 정부회계 기준이라고 한다. 즉, 어떠한 형태의 재무제표를 보고하고, 재무제표의 양식은 어떻게 구성하며, 특정 항목을 어떻게 측정하여 보고할 것인지를 규정하고 있다. 국가재정법 제3조에 의하면, 국가회계법은 일반회계, 특별회계, 기금이 해당된다.

우리나라 정부회계 기준은 중앙정부와 지방정부가 별도의 회계 기준을 가지고 있다. 국가회계는 국가의 재정 활동 시 발생하는 경제적 거래 등을 발생 사실에 따라 복식부기 방식으로 회계 처리하도록 하는 데에 필요한 기준을 정하기 위해 2009년 3월 기획재정부령으로 「국가회계기준에 관한 규칙」을 제정하였으며, 여기에는 총칙, 재정상태표, 재정운영표, 자산과 부채의 평가, 순자산변동표, 필수보충정보, 주석 및 부속명세서, 보칙 등으로 구성되어 있다. 이후 원가계산준칙 등 항목별 회계처리 준칙(2개), 재무제표 계정 과목별 회계처리지침(3개), 주요 사항별 회계처리지침(11개)을 제정하였다. 지방자치단체회계는 지방자치단체의 회계 처리 및 재무제표 보고의 통일성과 객관성을 확보함으로써 정보이용자에게 유용한 정보를 제공하고, 지방자치단체의 재정 투명성과 공공 책임성을 제고시키기 위해 행정안전부령으로 「지방자치단체 회계기준에 관한 규칙」이 작성되어 2007년부터 시행되고 있다(지방자치단체 회계기준에 관한 규칙 제1조).

한편, 국가회계 기준은 기획재정부령으로 정하며, 객관성과 통일성이 확보될 수 있도록 하고, 업무를 전문성을 갖춘 기관이나 단체에 위탁할 수 있다. 또한 국가회계 업무의 수행과 관련하여 국가회계 제도와 운영, 국가회계의 처리 혹은 결산 관련 법령의 제정·개정 및 폐지, 국가와 지방자치단체 및 공공기관 간 회계제도의 연계 등에 대한 사항을 심의하기 위해 기획재정부에 15인 이내의 위원으로 구성되는 국가회계제도심의위원회를 두고 있다.

국제회계기준(International Financial Reporting Standards: IFRS)은 국제회계기준위원회(International Accounting Standards Board: IASB)가 제정·공표하는 국제적으로 통일된 재무회계 기준을 의미하며, IFRS는 IASB가 제정한 국제회계기준서(International Accounting Standards: IAS) 및 국제회계기준해석서를 통칭한다. 2011년에 이르러 국제회계기준 수용 국가가 150여 개국 이상이 되고 있으며, 미국 등 IFRS를 도입하지 않고 자국의 GAAP(일반적으로 인정된 회계원칙: Generally Accepted Accounting Principles)를 적용하는 국가도 IFRS와의 호환을 계획하고 있고, 우리나라는 2011년부터 IFRS 기준을 도입하여 적용하고 있다.

2) 원 칙

전통적으로 회계는 해당 연도의 사업은 해당 연도 예산으로 집행하며 1 회계연도 단위로 집행을 정리하는 회계연도 독립의 원칙, 개인이나 공공기관이 아닌 단체에 예산 집행을 제한하는 기부 또는 보조의 제한, 법령 및 조례의 근거 없이 출자·출연을 제한하는 원칙, 모든 수입은 지정된 수납기관에 납부하고 지출은 세출예산에 계상해야 하는 수입의 직접 사용 금지, 정당한 사유와 정당한 채권자 외에는 돈을 집행할 수 없는 지출 및 지급의 제한, 회계관직에서 명령계통과 집행계통을 분리하여 회계관계 공무원을 지정하는 회계기관 분리의 원칙을 가지고 있다.

국가회계기준에 관한 규칙 제4조에 의하면, 국가의 회계 처리는 복식부기·발생주의 방식으로 한다고 규정하고 있으며, 다음의 원칙을 제시하고 있다.

첫째, 신뢰성과 공정성 원칙으로 회계 처리는 신뢰할 수 있도록 객관적인 자료와 증거에 의해 공정하게 이루어져야 한다.

둘째, 명료성의 원칙으로 재무제표의 양식, 과목 및 회계용어는 가능한 이해하기 쉽도록 간단 명료하게 표시하여야 한다.

셋째, 내용의 충분성 원칙으로 중요한 회계방침, 회계 처리 기준, 과목 및 금액에 관하여는 그 내용을 재무제표에 충분히 표시해야 한다.

넷째, 계속성과 일관성의 원칙으로 회계처리에 관한 기준과 추정(推定)은 기간별 비교가 가능하도록 기간마다 계속하여 적용하도록 하고, 정당한 사유 없이 변경해서는 안 된다.

다섯째, 중요성과 실용적 방법의 준용 원칙으로 회계 처리와 재무제표 작성을 위한 계정과목과 금액은 그 중요성에 따라 실용적인 방법으로 결정하여야 한다.

여섯째, 적절한 반영성의 원칙으로 회계 처리는 거래 사실과 경제적인 실질을 반영할 수 있어야 한다.

4. 정부회계의 실체

정부회계의 실체는 보고실체와 회계실체로 구분된다.

보고실체(reporting entity)는 사용 가능한 자원이나 독립적인 예산 권한을 가지고 경제적인 자원의 사용이나 통제에 대한 책임 및 권한을 소유하면서 회계 처리 결과에 따른 재정보고서를 독립적으로 작성해 공표하는 회계 단위를 의미한다. 우리나라 국가회계의 보고실체는 중앙관서의 장과 기금관리 주체로 규정하고 있으며, 지방정부의 보고실체는 지방자치법에 명시된 각 자치단체, 즉 시・도, 시・군・자치구 등을 말한다.

회계실체(accounting entity)란 운영 방식, 기능, 특성의 차이에 따라 구분되어 설정된 회계 단위, 즉 재무제표를 작성하는 단위를 의미한다. 따라서 국가회계기준에 관한 규칙 제2조에 의하면, 국가회계실체는 일반회계와 특별회계, 기금으로서 중앙관서별로 구분된 것을 의미한다.

지방자치단체의 회계실체는 개별 회계실체, 유형별 회계실체, 통합 회계실체로 구분된다. 개별 회계실체는 일반회계, 특별회계, 기금으로 재무제표를 작성하는 최소 단위를 말한다. 유형별 회계실체란 개별 회계실체를 그 특성이나 성격에 따라 유형별로 구분한 것으로, 그 유형은 일반회계, 기타 특별회계, 기금회계 및 지방공기업특별회계 등이 있다. 통합 회계실체는 유형별 회계실체의 재무제표를 모두 통합해 재무제표를 작성하는 단위이며, 지방자치단체를 말한다.

회계실체는 그 활동의 특성에 따라 다시 행정형 회계실체, 사업형 회계실체로 구분된다. 행정형 회계실체는 일반회계 및 특별회계(기업특별회계는 제외함)와 같이 징수한 세금 등을 재원으로 해서 공공재를 공급하는 국가의 고유하고 일반적인 행정활동을 수행하는 회계실체를 말한다. 사업형 회계실체는 기업특별회계(책임운영기관특별회계 포함) 및 기금과 같이 개별적인 보상 관계가 적용되는 독립적인 수익 창출 활동을 수행하는 회계실체를 말한다(기획재정부 원가계산에 관한 지침 제6항). 지방공기업특별회계는 「지방공기업법」에서 따로 정한 경우 이 기준을 적용하지 아니한다. 아직 우리나라는 조직별로 행정형 실체인지 사업형 실체인지 구분하여 작성하고 있지 않다.

제 2 절 정부회계 제도의 유형과 구분

1. 정부회계 제도의 유형

기업회계에서는 회계보고의 목적 및 대상에 따라 회계를 재무회계와 관리회계로 구분하지만, 정부회계는 유형에 따라 예산회계와 재무회계로 구분한다. 예산회계(budgetary accounting)는 예산 편성이나 집행 및 관리에 필요한 체계적인 시스템으로 통제 및 회계책임성 확보를 주 목적으로 하며, 현금주의, 단식부기 방식에 의한다. 예산회계에서는 회계의 계정 과목을 예산 과목 그대로 사용해 처리하는데, 이는 예산상의 정보를 요구할 때 실제 사용된 내용도 예산 과목에 맞춰 보고해야 하기 때문이다. 세입세출결산서는 예산회계에 의한 보고서의 한 형태라고 할 수 있다(원구환, 2016: 478).

재무회계(financial accounting)는 현금과 같은 재무적 자원뿐만 아니라 건물, 토지, 부채와 같은 경제적 자원을 측정해 자산, 부채, 수익 비용 등의 내용, 즉 재무 상

표 14-1 예산회계와 재무회계의 관계

구 분	목 적	방 식
예산회계	통제 및 회계책임성 확보	현금주의 단식부기
재무회계	재무 상태와 경영 성과를 이해관계자에게 보고	발생주의 복식부기

태와 경영 성과를 재무제표에 정보로 공급하는 회계를 의미하며, 발생주의·복식부기 방식에 의한다.

2. 정부회계 제도의 구분

1) 거래의 기록 방식에 따른 구분: 단식부기와 복식부기

회계는 기록 방식에 따라 단식부기 회계와 복식부기 회계로 구분된다.

단식부기(single entry book-keeping)는 발생된 거래를 한쪽 측면에만 기록하는 방식으로 전통적인 정부회계에서 사용되었던 방식이다. 현금 기준으로 수입과 지출로 구분하여 자금의 증가는 수입으로 자금의 감소는 지출로 회계 처리하는 방법이다. 따라서 단순히 현금의 수입과 지출만을 기준으로 기록하고 있기 때문에, 경제·경영 활동에 따른 현금 이외의 항목은 정확하게 파악하기 매우 어렵다.

복식부기(double entry book-keeping)는 발생된 거래를 둘 이상의 계정, 즉 차변(왼쪽)과 대변(오른쪽)에 이중 기록하는 방식(거래의 이중성)을 의미한다. 현금뿐 아니라 신용카드, 외상거래 등 많은 거래 종류를 자산, 부채, 자본, 수익, 비용 과목으로 구분하여 증가와 감소를 기록하는 방법이기 때문에, 회계 처리의 자기 검증 강화, 재정정보의 신뢰성 확보 및 자원을 보다 더 효율적이고 효과적으로 관리할 수 있다.

표 14-2 단식부기와 복식부기의 차이점

구 분	단식부기	복식부기
계정 과목	수입, 지출	자산, 부채, 자본, 수익, 비용
회계 기준	현금주의	발생주의
회계 목적	현금수지관리	재정 상태, 경영 성과 파악

표 14-3 복식부기 회계기록(분개) 기본 원리

차 변	대 변
자산 증가 항목	자산 감소 항목
부채 감소 항목	부채 증가 항목
순자산(자본) 감소 항목	순자산(자본) 증가 항목
비용발생 항목	수익발생 항목

복식부기의 원리는 재무보고서(재무제표) 구성 항목인 자산, 부채, 순자산(자본), 수익, 비용 발생 내역에 대해 거래가 발생할 때마다 원인 및 결과에 따라 좌측과 우측으로 나누어 기록하는데, 좌측을 회계용어로 차변(debit)이라 부르고, 우측을 대변(credit)이라고 하여 차변에는 자산의 증가, 부채의 감소, 순자산의 감소, 비용의 발생을, 대변에는 자산의 감소, 부채의 증가, 순자산의 증가, 수익의 발생이 기장되며, 차변 금액과 대변 금액이 항상 일치하도록 기록되어야 한다(대차 평균의 원리).

결국 모든 경제 활동은 어떤 경제가치의 증가와 다른 경제가치의 감소라는 양면성을 가진다. 단식부기에서는 세입은 현금이라는 경제가치의 증가, 세출은 현금이라는 공공가치의 감소를 기장하고 있을 뿐 가치 증가의 대상으로 어떤 것을 부여하고, 가치 감소의 대상으로 어떤 것을 얻을 수 있는지는 명확하지 않다. 그러나 복식부기는 하나의 거래에 의해 가치 증가와 감소의 양면을 기장하는 계리상의 기술, 형식이다. 따라서 복식부기는 계산 기록의 잘못을 스스로 발견하는 자정검증 능력을 가지고 있다.

표 14-4 회계 처리 방식의 예

구 분	내 용
사례1	A시에서 공무원 급여로 10억 원을 현금으로 지급
단식부기	지출(세출): 급여 5억 원, 즉 지출부에 급여지급 5억 원만 기록
복식부기	• 급여 발생으로 현금이 지출되었기 때문에 급여 발생과 현금 지출을 동시에 기록 • 자산 감소는 재정상태보고서에 반영하고, 비용 발생은 재정운영보고서에 반영
기재 내용	차변: 공무원 급여 5억 원(비용 발생) 대변: 현금 5억 원(현금 감소)

사례2	A시에서 세외수입 10억 원을 현금으로 징수한 경우
단식부기	수입(세입): 세외수입 10억 원
복식부기	• 세외수입을 현금으로 징수하였으므로 징수한 현금과 세외수입 수익을 동시에 기록 • 자산 증가는 재정상태보고서에 반영하고, 수익 증가는 재정운영보고서에 반영
기재 내용	차변: 현금 10억 원(현금 증가) 대변: 세외수입 수익 10억 원(수익 증가)
사례3	**A시에서 지방채 10억 원을 발행한 경우**
단식부기	수입(세입): 지방채 수입 10억 원
복식부기	• 지방채 발행으로 현금이 들어왔기 때문에 증가된 부채와 현금을 동시에 기록 • 자산 증가와 부채 증가는 재정상태보고서에 반영
기재 내용	차변: 현금 10억 원(현금 증가) 대변: 장기차입금 10억 원(부채 증가)

2) 거래 인식 시점에 따른 구분: 현금주의회계와 발생주의회계

현금주의와 발생주의는 조직에서 일어나는 거래에 대해 인식하는 시점에 의해 구분하는 회계 기준이다. 그런데 인식 기준에 의한 구분은 현금주의와 발생주의라는 대립적인 두 가지 기준만 있는 것이 아니라 양극단 사이에 수정현금주의(modified cash basis)와 수정발생주의(modified accrual basis)가 연속선상에 있는 것으로 보고 있다. 국제회계연맹의 공공부문위원회(international Federtion of Accounting－Public Sector Committee: IFAC－PSC)는 현금 기준, 수정현금 기준, 수정발생 기준, 발생 기준으로 구분하고 있다(나중식, 2007: 446; 행정학전자사전, 2010).

(1) 현금주의회계

현금주의회계(cash basis accounting)는 현금이 유입되면 수익(매출)으로 인식하고 현금을 지출하였을 때 비용으로 인식하는 회계 처리 제도이다. 발생주의회계와는 달리 재화나 서비스를 제공하였더라도 현금으로 회수되지 않는 동안은 수익으로 계상하지 않으며, 재화와 서비스를 제공받았더라도 현금으로 지급되기 전에는 이를 비용으로 계상하지 않는다. 현금주의회계는 현금 수입액의 합계에서 현금 지출액의 합계를 차감하여 당기의 순이익을 계산하게 되는데, 단순하고 예산과 실제 지출액의 비교가 잘 되기 때문에 예산통제에 잘 활용될 수 있는 장점이 있지만 수익과 비용을 대응시키지 못해 원가계산이 어렵다는 큰 한계를 갖고 있다. 또한 현금주의는 간단하고 비용이 적게 드는 장점이 있으나, 미수금이나 미지급금을 인식하지 않기 때문에 재정 상태나 정부 활동의 성과 평가를 위한 비용이나 손익을 정확히 계산하기가 쉽지 않다.

(2) 발생주의회계

발생주의회계(accrual basis accounting)는 거래나 사건이 조직에 미치는 재무적 효과를 현금이 수취되거나 지급되는 시점에 기록하는 것이 아니라, 그 거래가 발생한 시점에 기록하는 것을 말한다. 미수수익, 미지급금, 선수수익, 선급비용 등은 대표적인 예이다. 발생주의회계는 현금의 수취나 지급과 분리하여 거래의 발생시점에서 기록하므로 미지급 비용 등 경과성 비용을 기록할 수 있으며, 실제 가치로 자산과 부채를 표시할 수 있다. 발생주의회계의 도입 목적은 수익·비용 원칙에 보다 합리적 대응을 가져와 그 기간의 경영 성과를 보다 정확히 나타내는 데 있다. 발생주의회계의 단점은 현금주의회계에 비해서 복잡하고 비용이 많이 들뿐만 아니라 대금을 받기 전에 수익에 대한 세금이 발생한다. 그렇지만 발생주의회계는 현금주의회계보다 장기간에 걸쳐 사업이 어떻게 진행되는가에 대한 정확한 청사진을 보여준다.

(3) 수정현금주의

수정현금주의(modified cash basis)는 현금기준의 조건을 약간 완화시켜서 회계기간이 끝나도 일정 기간 동안 유예 기간을 두어 회계 기간 중 마치지 못한 지출 또는 수입에 대해 유예 기간에 지출 혹은 수납을 허용한다. 우리나라에서는 다음 연도 2월 10일까지 세입세출의 출납에 관한 사무를 완결하도록 출납기한을 규정하고 있는 바(국고금관리법 제4조의2), 엄밀하게 수정현금주의가 적용되고 있다고 볼 수 있다. 수정현금주의는 현금주의에 비해 단기적인 재무자원의 변동에 대한 파악이 가능하다는 장점이 있지만, 장기적인 재무자원의 변동을 정확히 파악하기 어렵다는 단점을 가진다.

(4) 수정발생주의

수정발생주의(modified accrual basis)는 현금과 경상적 재무자원뿐 아니라 장기 재무자원까지 인식하는 것이며, 현금의 수납 및 지급 시점이 아닌 거래가 발생한 시점에서 비용과 수익을 인식하는 것이다. 그러나 수년 동안 편익을 제공하는 물리적 자산이 자산으로 인식되지 못하고, 당해 연도에 소비되는 것으로 비용처리 된다는 측면에서 완전 발생주의 기준과 차이가 있다(행정학전자사전, 2010).

표 14-5 현금주의와 발생주의의 비교

구 분	현금주의	발생주의
거래의 해석과 분류	현금 수불의 측면	쌍방 흐름(이원거래 개념) 측면
기록 시점	현금의 유출이나 유입	거래발생 시점(재화나 서비스의 이동)
부가 방식	단식부기: 현금 출납이 있어야 기록 취득 당시 가치로 기록 후 금액 불변	복식부기: 현금 출납이 없더라도 거래 발생 시 기록 실제 가치로 자산, 부채 표시
적용 법률	국가재정법	국가회계법
장점	이해와 통제가 용이 작성이 용이하고 절차가 간편	재정성과 파악 용이 자산가치의 증감에 관한 정보 제공 부채 규모 파악으로 재정건정성 확보
단점	재정성과 파악 곤란 단식부기에 의한 조작가능성 존재 거래의 실질이나 원가 반영 불가	절차가 복잡하여 숙련된 인력 필요 현금의 재정 활동 영향 파악이 어려움
수익 비용의 인식 기준	현금의 수취, 지출	수익의 획득/비용의 발생
회계 처리	단순회계 처리로서 실무자의 이해가 용이 형식적 자산, 부채 표시	회계원리에 대한 이해 필요 실제 회수, 지급할 금액으로 자산, 부채 표시
선급 비용, 선급 수익	수익, 비용으로 인식	자산과 부채로 인식
미지급 비용, 미수 수익	인식 안됨	부채와 자산으로 인식
감가상각, 대손상각, 제품보증비, 퇴직급여충당금	인식 안됨	비용으로 인식
상환이자지급액	지급 시기에 비용으로 인식	기간별 인식
무상거래	인식 안됨	이중거래로 인식
정보 활용원	개별 자료 우선	통합자료 우선
추가 정보 요구	별도 작업 필요	기본 시스템에 존재
적용 예	가계부, 비영리 공공 부문	기업, 일부 비영리 부문

출처: 행정학전자사전(2010); 국회예산정책처(2018).

최근 정부는 회계정보의 객관성과 투명성을 높이려는 시도의 일환으로 중앙정부는 발생주의회계를 2011년 공식적으로 도입하여 운영하고 있다.

제 3 절 결산보고서와 재무제표

1. 재정보고 및 국가회계 법령 체계

정부의 재정관리 과정은 정부회계 체계, 재정보고 및 감사가 유기적으로 연결되어 있는 일련의 과정이라고 할 수 있다. 재정보고는 정부조직의 재정 상태, 운영에 관한 사실 및 판단자료를 전달하는 총체적 과정을 말한다. 즉, 정부조직의 자산, 부채, 순자산 등의 재정상태와 수입, 지출을 통한 조직의 운영 상태를 국민과 이해관계자에게 보고하는 행위를 말한다. 재정보고서는 회계보고서(accounting reports) 또는 결산보고서(report on final accounts)라고도 하며, 재무제표보다는 광범위한 의미로 이해된다. 재정보고서에는 재무제표, 내부관리보고서, 특수목적 외부보고서 등이 포함된다. 재정보고서의 종류와 내용은 기본 재무제표와 부속명세서를 어떻게 구성하느냐의 문제이며, 재정보고는 공공회계 책임을 확보하고 이용자의 의사 결정에 유용한 정보를 제공하는 데 목적이 있으므로 이에 적합한 재정보고서의 작성이 요구된다고 할 것이다.

국가재정법은 국가의 예산 · 기금 · 결산 · 성과관리 · 국가채무 등 재정에 관한 사항을 정함으로써 효율적이고 성과 지향적이며, 투명한 재정 운용과 건전 재정의 기틀을 확립하는 것을 목적으로 한다(국가재정법 제1조). 또한 국가회계법은 국가회계 및 그와 관계되는 기본적인 사항을 정하여 국가회계를 투명하게 처리하고, 재정에 관한 유용하고 적정한 정보를 생산 · 제공하는 것을 목적으로 한다(국가회계법 제1조).

국가 및 지방재정법이 예산 및 결산의 일정과 관련된 법률이라면, 국가 및 지방회계법은 결산서의 구성, 내용, 방법 등과 관련된 법률이다. 국가회계법 제13조는 결산의 수행에 대해 "① 중앙관서의 장은 회계연도마다 그 소관에 속하는 일반회계 · 특별회계 및 기금을 통합한 결산보고서를 작성하여야 한다. ② 중앙관서의 장이 아닌 기금관리 주체는 회계연도마다 기금에 관한 결산보고서를 작성해 소관 중앙관서의 장에게 제출하여야 한다. 이 경우 기금 운용 규모 등을 고려하여 대통령령으로 정하는 기준에 해당하는 기금은 기금결산보고서에 「공인회계사법」 제23조에 따른 회계법인의 감사보고서를 첨부하여야 한다. ③ 기획재정부 장관은 회계연도마다 중앙관서 결산보고서를 통합해 국가의 결산보고서를 작성한 후 국무회의의 심의를 거쳐 대통령의 승인을 받아야 한다. ④ 회계감사의 방법·절차 등에 관해 필요한 사항은 대통령령으로 정한다"라고 규정하고 있다.

국가회계제도의 법령 체계는 국가회계법, 국가회계법 시행령, 국가회계기준에 관한 규칙, 항목별 회계처리규칙, 계정 과목별 회계처리지침 등으로 구성된다. 또한 국가의 재정 활동에서 발생하는 경제적 거래 등을 발생 사실에 따라 복식부기 방식으로 회계 처리하는 국가회계 기준을 마련하고 있다.

2. 결산보고서

중앙관서의 장은 결산보고서를 작성해야 하는데, 국가재정법 제56조에 의하면, "정부는 결산이 「국가회계법」에 따라 재정에 관한 유용하고 적정한 정보를 제공할 수 있도록 객관적인 자료와 증거에 따라 공정하게 이루어지게 하여야 한다"라고 규정하고 있다. 또한 각 중앙관서의 장은 「국가회계법」에서 정하는 바에 따라 회계연도마다 작성한 결산보고서(일반회계·특별회계 및 기금을 통합한 결산보고서)를 다음 연도 2월 말까지 기획재정부 장관에게 제출하여야 하며, 기획재정부 장관은 「국가회계법」에서 정한 바에 따라 회계연도마다 작성해 대통령의 승인을 받은 국가결산보고서를 다음 연도 4월 10일까지 감사원에 제출해야 한다. 감사원은 국가결산보고서를 검사한 후 그 보고서를 다음 연도 5월 20일까지 기획재정부 장관에게 송부하여야 하며, 정부는 감사원의 검사를 거친 국가결산보고서를 다음 연도 5월 31일까지 국회에 제출해야 한다.

한편, 결산보고서는 ① 결산 개요, ② 세입세출결산(중앙관서결산보고서 및 국가결산보고서의 경우에는 기금의 수입지출결산을 포함하고, 기금결산보고서의 경우에는 기금의 수입지출결산을 말함),[8] ③ 재무제표(재정상태표, 재정운영표, 순자산변동표), ④ 성과보고서로 구성된다고 규정하고 있다(국가회계법 제14조).

지방자치단체회계의 경우 재정보고서는 ① 결산 총평, ② 재무제표, ③ 필수보충정보, ④ 부속명세서로 구성된다.

3. 재무제표

1) 재무제표의 의의와 원칙

(1) 재무제표의 의의와 목적

재무제표(financial statements)의 통합에 관한 지침에 의하면, "중앙관서 재무제표"란 중앙관서 전체의 재정 상태와 재정 운영에 관한 정보가 제공되도록 소관에 속하는 국가회계실체의 재무제표를 통합하여 작성하는 재무제표를 말한다. 또한 "국가재무제표"란 대한민국 정부 전체의 재정상태와 재정운영에 관한 정보가 제공되도록 중앙관서 재무제표를 통합하여 작성하는 재무제표를 말한다.

정부회계의 재무제표는 국가의 재정 활동에 직접적 혹은 간접적으로 이해관계를 가진 정보이용자가 국가의 재정 활동 내용을 파악하고, 합리적으로 의사 결정을 할 수 있도록 유용한 정보를 제공하는 것을 목적으로 하고 있다(국가회계기준에 관한 규칙 제5조의2). 정부회계의 기본 재무제표에 공통적으로 포함되는 것은 대차대조표, 활동(운영)보고서, 현금흐름표이다. 또한 재무제표는 재정상태표, 재정운영표, 순자산변동표로 구성되며, 재무제표의 부속서류는 필수보충정보와 부속명세서가 있다. 지방정부의 재무제표는 재정상태보고서, 재정운영보고서, 현금흐름보고서, 순자산변동보고서로 구성되며, 주석을 포함한다(지방자치단체 회계기준 제8조).

한편, 재무제표는 국가가 공공회계 책임을 적절히 이행하였는지를 평가하는 데 필요한 ① 국가의 재정 상태 및 그 변동과 재정 운영 결과에 관한 정보, ② 국가사업의 목적을 능률적·효과적으로 달성하였는지에 관한 정보, ③ 예산과 그 밖에 관련 법

8) 세입세출의 결산, 기금의 수입지출결산, 국가결산보고서의 세입세출결산에 첨부되는 서류는 국가회계법 제15조의2를 참고하기 바람.

표 14-6 우리나라 정부회계 재무제표

기 업	중앙정부	지방정부
대차대조표	재정상태표	재정상태표
손익계산서	재정운영표	재정운영표
현금흐름표		현금흐름표
이익잉여금처분계산서	순자산변동표	순자산변동표
주석 및 부속명세서	주석	주석

규의 준수에 관한 정보를 제공하여야 한다(국가회계기준에 관한 규칙 제5조의4).

(2) 재무제표의 작성 원칙

재무제표는 ① 해당 회계연도분과 직전 회계연도분을 비교하는 형식으로 작성, ② 비교하는 형식으로 작성되는 두 회계연도의 재무제표는 계속성의 원칙에 따라 작성하며, 「국가회계법」에 따른 적용 범위, 회계정책 또는 이 규칙 등이 변경된 경우에는 그 내용을 주석으로 공시, ③ 재무제표의 과목은 해당 항목의 중요성에 따라 별도의 과목으로 표시하거나 다른 과목으로 통합하여 표시, ④ 재무제표를 통합하여 작성할 경우 내부거래는 상계하여 작성하는 원칙을 가진다(국가회계기준에 관한 규칙 제6조).

중앙관서 재무제표는 중앙관서별로 구분된 국가회계실체 재무제표를 소관 중앙관서별로 통합하여 작성하고, 국가 재무제표는 중앙관서 재무제표를 대한민국 정부로 통합하여 작성한다. 지방정부는 일반회계, 기타 특별회계, 기금회계 및 지방공기업특별회계의 유형별 재무제표를 통합해 작성한다. 정부는 발생주의회계 제도가 국가재정 부문에 성공적으로 정착될 수 있기 위해 다양한 노력을 기울이고 있으며, 각 중앙관서가 작성하는 재무제표에 대한 신뢰성 및 유용성이 제고될 수 있도록 하기 위해 기획재정부는 회계·결산지원단을 구성하여 운영하고 있다.

재무제표의 통합 방식은 ① 연결, ② 합산, ③ 병기의 세 가지 방식이 있다. 연결은 서로 다른 회계실체 간의 내부거래를 상계·제거해 통합하는 방식이다. 합산은 서로 다른 회계실체 간의 내부거래를 상계하지 않고 동일 또는 유사한 과목의 금액을 단순히 합계해 표시하는 방법이다. 병기는 서로 다른 회계실체 간의 내부거래를 상계하지 않고 각 실체의 재무제표를 나란히 표기하는 방법을 말한다(윤영진, 2017:

440).

2) 재정상태표

재정상태표(statement of financial position)는 재정상태표일 현재의 자산과 부채의 명세 및 상호 관계 등 재정 상태를 나타내는 재무제표로서 자산, 부채 및 순자산으로 구성된다. 정부의 재정상태표는 기업회계의 대차대조표(balance sheet: B/S)에 해당한다고 볼 수 있다. 재정상태표는 ① 자산과 부채는 유동성이 높은 항목부터 배열(유동성 배열의 원칙)하며, 여기서 유동성이란 현금으로 전환되기 쉬운 정도를 말한다. ② 자산, 부채 및 순자산은 총액으로 표시하며, 자산 항목과 부채 또는 순자산 항목을 상계함으로써 그 전부 또는 일부를 재정상태표에서 제외해서는 아니 된다(국가회계기준에 관한 규칙 제7조, 제8조). 재정상태표일이란 재정상태표의 작성 기준일을 말하며, 해당 연도의 12월 31일이다. 현재 중앙정부가 사용하는 재정상태표 양식은 <표 14-7>과 같다.

<표 14-7>에서 유동자산은 현금 및 현금성자산, 단기금융상품, 단기투자증권, 미수채권, 단기대여금, 기타 유동자산 등으로 구성된다. 투자자산은 장기금융상품, 장기투자증권, 장기대여금, 기타 투자자산 등으로 구성된다. 일반유형자산은 토지, 건물, 구축물, 기계장치, 집기·비품·차량운반구, 전비품, 기타 일반유형자산, 건설 중인 일반유형자산 등으로 구성된다. 사회기반시설은 도로, 철도, 항만, 댐, 공항, 하천, 상수도, 국가어항, 기타 사회기반시설, 건설 중인 사회기반시설 등으로 구성된다. 무형자산은 산업재산권, 광업권, 소프트웨어, 기타 무형자산으로 구성된다. 기타 비유동자산은 장기미수채권 등으로 구성된다. 유동부채는 단기국채, 단기공채, 단기차입금, 유동성장기차입부채, 기타 유동부채 등으로 구성된다. 장기차입부채는 국채, 공채, 장기차입금, 기타 장기차입부채 등이 있다. 장기충당부채는 퇴직급여충당부채, 연금충당부채, 보험충당부채, 기타 장기 충당부채 등이 있다. 기타 비유동부채는 장기미지급금 등이 있다. 순자산은 기본 순자산, 적립금 및 잉여금, 순자산조정 등으로 구성된다(국가회계기준에 관한 규칙 별지 제1호 서식).[9] 기본 순자산은 순자산에서

9) 2016회계연도 재정상태표(자산, 부채 구성 현황)는 국회예산정책처(2018) 자료를 참고하면 된다.

표 14-7 중앙정부 재정상태표 양식

재정상태표
당기: 20XY년 12월 31일 현재
전기: 20XX년 12월 31일 현재

○○기금, ○○부처, 대한민국 정부

(단위:)

	주석	20XY	20XX
자산			
Ⅰ. 유동자산		XXX	XXX
Ⅱ. 투자자산		XXX	XXX
Ⅲ. 일반유형자산		XXX	XXX
Ⅳ. 사회기반시설		XXX	XXX
Ⅴ. 무형자산		XXX	XXX
Ⅵ. 기타 비유동자산		XXX	XXX
자산계		XXX	XXX
부채			
Ⅰ. 유동부채		XXX	XXX
Ⅱ. 장기차입부채		XXX	XXX
Ⅲ. 장기충당부채		XXX	XXX
Ⅳ. 기타 비유동부채		XXX	XXX
부채계		XXX	XXX
순자산			
Ⅰ. 기본 순자산		XXX	XXX
Ⅱ. 적립금 및 잉여금		XXX	XXX
Ⅲ. 순자산조정		XXX	XXX
순자산계		XXX	XXX
부채와 순자산계		XXX	XXX

출처: 국가회계기준에 관한 규칙 별지 제1호 서식.

적립금 및 잉여금과 순자산조정을 뺀 금액으로 표시한다. 적립금 및 잉여금은 임의적립금, 전기이월결손금·잉여금, 재정 운영 결과 등을 표시한다. 순자산조정은 투자증권평가손익, 파생상품평가손익 및 기타 순자산의 증감 등을 표시한다.

2016회계연도 재정상태표상 자산은 1,966.8조 원, 부채는 1,433.1조 원, 순자산은 533.7조 원이다. 2016년 기준 순자산은 2015년 대비 37.3조 원 감소(6.5%)하였는데, 장기차입부채의 증가(35.5조 원)에도 유동자산 및 투자자산 등의 증가(각 14.8조 원, 62.4조 원)가 이를 상쇄하였기 때문이다.

3) 재정운영표

재정운영표는 회계연도 동안 수행한 정책 혹은 사업의 원가와 재정 운영에 따른 원가의 회수명세 등을 포함한 재정 운영 결과를 나타내는 재무제표를 말한다. 재정운영표는 중앙관서 또는 기금의 재정운영표와 국가의 재정운영표 양식으로 구분된다(국가회계기준에 관한 규칙 별지 제2호, 제3호 서식). 중앙관서 또는 기금의 재정운영표는 ① 프로그램 순원가, ② 재정운영 순원가, ③ 재정 운영 결과로 구분하여 표시한다. 프로그램 순원가는 (프로그램을 수행하기 위하여 투입한 원가 합계+다른 프로그램으로부터 배부받은 원가)-(다른 프로그램에 배부한 원가+프로그램 수행 과정에서 발생한 수익)으로 표시한다. 재정운영 순원가는 프로그램 순원가에서 관리운영비[10] 및 비배분비용[11]은 더하고, 비배분 수익[12]은 빼서 표시한다. 재정 운영 결과는 재정운영 순원가에서 비교환수익 등을 빼서 표시한다. 다만, 「국고금관리법 시행령」 제50조의2에 따라 통합 관리하는 일반회계 및 특별회계의 자금에서 발생하는 비교환수익 등은 순자산변동표의 재원의 조달 및 이전란에 표시한다(국가회계기준에 관한 규칙 제25조).

중앙관서 또는 기금의 재정운영표를 통합하여 작성하는 국가의 재정운영표는 ① 재정운영표, ② 재정운영 순원가, ③ 재정 운영 결과로 표시한다. 재정운영표는 내부거래를 제거하여 작성하되 재정운영 순원가, 비교환수익 등 및 재정 운영 결과로 구분하여 표시한다. 재정운영 순원가는 중앙관서별로 구분하여 표시한다. 재정 운영 결과는 재정운영 순원가에서 비교환수익 등을 빼서 표시한다. 기타 국가의 재정운영표 작성 방법은 중앙관서 또는 기금의 재정운영표 작성 방법을 준용한다(국가회계기준에 관한 규칙 제26조).

재정운영표의 작성 기준은 재정운영표의 모든 수익과 비용은 발생주의 원칙에 따라 거래나 사실이 발생한 기간에 표시한다.[13]

---

10) 관리운영비란 기관운영비와 같이 기관의 여러 정책이나 사업, 활동을 지원하는 비용(「정부기업예산법」 제3조에 따른 특별회계나 기금의 경우에는 관리업무비)을 말한다.

11) 비배분비용이란 투입한 비용 중 프로그램과 직접적·간접적인 대응관계가 없거나, 프로그램에 배분하는 것이 합리적이지 아니한 비용을 말한다.

12) 비배분수익은 프로그램과 관련 없이 발생하거나 프로그램 외의 업무로부터 발생한 수익을 말한다.

13) 2016회계연도 재정상태표(자산, 부채 구성 현황)는 국회예산정책처(2018: 140) 자료를 참고하면

표 14-8 기금 및 부처의 재정운영표 양식

당기: 20XY년 1월 1일부터 20XY년 12월 31일까지
전기: 20XX년 1월 1일부터 20XX년 12월 31일까지

○○기금, ○○부처

(단위:)

	주석	20XY			20XX		
		총원가	수익	순원가	총원가	수익	순원가
Ⅰ. 프로그램 순원가	X	XXX	(XXX)	XXX	XXX	(XXX)	XXX
1. 프로그램(A)		XXX	(XXX)	XXX	XXX	(XXX)	XXX
2. 프로그램(B)		XXX	(XXX)	XXX	XXX	(XXX)	XXX
3. 프로그램(C)		XXX	(XXX)	XXX	XXX	(XXX)	XXX
4. 프로그램(D)		XXX	(XXX)	XXX	XXX	(XXX)	XXX
5. …		XXX	(XXX)	XXX	XXX	(XXX)	XXX
Ⅱ. 관리운영비	X			XXX			XXX
1. 인건비				XXX			XXX
2. 경비				XXX			XXX
Ⅲ. 비배분비용	X			XXX			XXX
1. 자산처분손실				XXX			XXX
2. 기타 비용				XXX			XXX
3. …				XXX			XXX
Ⅳ. 비배분수익	X			XXX			XXX
1. 자산처분이익				XXX			XXX
2. 기타 수익				XXX			XXX
3. …				XXX			XXX
Ⅴ. 재정운영 순원가(Ⅰ+Ⅱ+Ⅲ−Ⅳ)				XXX			XXX
Ⅵ. 비교환수익 등	X			XXX			XXX
1. 부담금수익				XXX			XXX
2. 제재금수익				XXX			XXX
3. 사회보험수익				XXX			XXX
4. 채무면제이익				XXX			XXX
5. 기타 비교환수익				XXX			XXX
6. 기타 재원조달 및 이전				XXX			XXX
Ⅶ. 재정 운영결과(Ⅴ−Ⅵ)				XXX			XXX

출처: 국가회계기준에 관한 규칙 별지 제2호 서식.

된다. 2016회계연도 재정운영표상 재정운영 순원가는 363.5조 원, 비교환수익 등은 304.9조 원으로 재정 운영 결과 58.6조 원의 손실을 기록하였다. 재정 운영 결과(손실)는 국세수익의 증가(25.2 조 원)와 프로그램 순원가의 증가(62.4조 원), 비배분비용의 증가(51.3조 원) 등에 따라 2015년 대비 85.3조 원 증가하였는데, 이는 국세 등 수익 규모에 비해 공공 서비스 제공(비용) 규모가 컸다고 해석할 수 있다.

표 14-9 국가 재정운영표

당기: 20XY년 1월 1일부터 20XY년 12월 31일까지
전기: 20XX년 1월 1일부터 20XX년 12월 31일까지

대한민국 정부

(단위:)

	주석	20XY		20XX	
Ⅰ. 재정운영 순원가			XXX		XXX
1. 대통령비서실			XXX		XXX
2. …			XXX		XXX
3. …			XXX		XXX
4. …			XXX		XXX
Ⅱ. 비교환수익 등			XXX		XXX
1. 국세수익	X				
(1) 국세수익		XXX		XXX	
(2) 대손상각비		XXX		XXX	
(3) 대손충당금환입		XXX	XXX	XXX	XXX
2. 부담금수익	X		XXX		XXX
3. 제재금수익	X		XXX		XXX
4. 사회보험수익			XXX		XXX
5. 채무면제이익			XXX		XXX
6. 기타 비교환수익			XXX		XXX
7. 기타 재원조달 및 이전			XXX		XXX
Ⅲ. 재정 운영 결과(Ⅰ－Ⅱ)			XXX		XXX

출처: 국가회계기준에 관한 규칙 별지 제3호 서식.

4) 순자산변동표

순자산변동표는 회계연도 동안 순자산의 변동명세를 표시하는 재무제표를 말한다. 중앙관서 또는 기금의 순자산변동표는 기초순자산, 재정 운영 결과, 재원의 조달 및 이전, 조정 항목, 기말순자산으로 구분하여 표시한다. 중앙관서 또는 기금의 순자산변동표를 통합하여 작성하는 국가의 순자산변동표는 기초순자산, 재정 운영 결과, 조정 항목, 기말순자산으로 구분하여 표시한다(국가회계기준에 관한 규칙 제52조). 중앙관서 또는 기금 및 국가의 순자산변동표는 다음 <표 14－10>과 같다. 조정 항목은 납입자본의 증감, 투자증권평가손익, 파생상품평가손익 및 기타 순자산의 증감

등을 포함한다(국가회계기준에 관한 규칙 제53조).

표 14-10 기금 및 부처 순자산변동표

당기: 20XY년 1월 1일부터 20XY년 12월 31일까지
전기: 20XX년 1월 1일부터 20XX년 12월 31일까지

○○기금, ○○부처

(단위:)

	주석	기본 순자산	적립금 및 잉여금	순자산조정	합계
Ⅰ. 기초순자산		XXX	XXX	XXX	XXX
1. 보고금액		XXX	XXX	XXX	XXX
2. 전기오류수정손익	X	XXX	XXX	XXX	XXX
3. 회계변경누적효과	X	XXX	XXX	XXX	XXX
Ⅱ. 재정 운영 결과			XXX		XXX
Ⅲ. 재원의 조달 및 이전			XXX		XXX
1. 재원의 조달			XXX		XXX
(1) 국고수입			XXX		XXX
(2) 부담금수익			XXX		XXX
(3) 제재금수익			XXX		XXX
(4) 기타 비교환수익			XXX		XXX
(5) 무상이전수입			XXX		XXX
(6) 채무면제이익			XXX		XXX
(7) 기타 재원조달			XXX		XXX
2. 재원의 이전			XXX		XXX
(1) 국고이전지출			XXX		XXX
(2) 무상이전지출			XXX		XXX
(3) 기타 재원이전			XXX		XXX
Ⅳ. 조정 항목		XXX	XXX	XXX	XXX
1. 납입자본의 증감	X	XXX	−	−	XXX
2. 투자증권평가손익	X	−	−	XXX	XXX
3. 파생상품평가손익	X	−	−	XXX	XXX
4. 기타 순자산의 증감	X	XXX	XXX	XXX	XXX
5. …	X	XXX	XXX	XXX	XXX
Ⅴ. 기말순자산(Ⅰ − Ⅱ + Ⅲ + Ⅳ)		XXX	XXX	XXX	XXX

출처: 국가회계기준에 관한 규칙 별지 제4호 서식.

표 14-11 국가 순자산변동표

당기: 20XY년 1월 1일부터 20XY년 12월 31일까지
전기: 20XX년 1월 1일부터 20XX년 12월 31일까지

대한민국 정부

(단위:)

	주석	기본 순자산	적립금 및 잉여금	순자산조정	합계
Ⅰ. 기초순자산		XXX	XXX	XXX	XXX
1. 보고금액		XXX	XXX	XXX	XXX
2. 전기오류수정손익	X	XXX	XXX	XXX	XXX
3. 회계변경누적효과	X	XXX	XXX	XXX	XXX
Ⅱ. 재정 운영 결과			XXX		XXX
Ⅲ. 조정 항목		XXX	XXX	XXX	XXX
1. 납입자본의 증감	X	XXX	–	–	XXX
2. 투자증권평가손익	X	–	–	XXX	XXX
3. 파생상품평가손익	X	–	–	XXX	XXX
4. 기타 순자산의 증감	X	XXX	XXX	XXX	XXX
5. …	X	XXX	XXX	XXX	XXX
Ⅳ. 기말순자산(Ⅰ－Ⅱ＋Ⅲ)		XXX	XXX	XXX	XXX

출처: 국가회계기준에 관한 규칙 별지 제5호 서식.

기초순자산은 전기에 이미 보고된 순자산의 금액을 말하며, 순자산변동표에 표시되는 재정 운영 결과는 재정운영표상의 재정 운영 결과를 말한다.

5) 필수보충정보 · 주석 · 부속명세서

필수보충정보는 재무제표에는 표시하지 않았지만 재무제표의 내용을 보완하고 이해를 돕기 위하여 필수적으로 제공되어야 하는 정보를 말한다. 필수정보는 ① 유산자산의 종류, 수량 및 관리 상태, ② 연금보고서, ③ 보험보고서, ④ 사회보험보고서, ⑤ 국세징수활동표, ⑥ 총잉여금 · 재정운영결과조정표, ⑦ 수익 · 비용 성질별 재정운영표, ⑧ 그 밖에 재무제표에는 반영되지 아니하였으나 중요하다고 판단되는 정보 등을 포함한다. 필수보충정보의 작성 기준과 서식은 기획재정부 장관이 정하는 바에 따른다(국가회계기준에 관한 규칙 제54조).

주석은 정보이용자에게 충분한 회계정보를 제공하기 위해 채택한 중요한 회계정책과 재무제표에 중대한 영향을 미치는 사항을 설명한 것을 의미한다. 이 규칙에서 규정한 주석 사항 외에 필요한 경우에는 ① 중요한 회계 처리 방법, ② 장기차입부채 상환계획, ③ 장기충당부채, ④ 외화자산 및 외화부채, ⑤ 우발사항 및 약정사항(지급보증, 파생상품, 담보제공자산 명세를 포함한다), ⑥ 전기오류수정 및 회계 처리 방법의 변경, ⑦ 순자산조정명세, ⑧ 이외에 재무제표에 중대한 영향을 미치는 사항과 재무제표의 이해를 위하여 필요한 사항을 주석으로 표시한다. 주석의 작성 기준과 서식은 기획재정부 장관이 정한다(국가회계기준에 관한 규칙 제55조).

부속명세서는 재무제표에 표시된 회계과목에 대한 세부 명세를 명시할 필요가 있는 경우 추가적인 정보를 제공하기 위한 것으로 부속명세서의 종류, 작성 기준 및 서식은 기획재정부 장관이 정하는 바에 따른다(국가회계기준에 관한 규칙 제56조).

제 4 절 정부회계 변화 방향

지금까지 정부회계는 다양한 변화를 시도하고 있다. 결국 중요한 것은 재정의 건전성과 정부 부문의 효율성을 증대시키기 위해 정부회계 제도의 개혁을 추진하는 것이라고 볼 수 있다. 공공 서비스의 대상자인 국민들과 이해관계자들에게 회계책임에 대한 보고를 성실히 이행하기 위해 국가회계 제도의 유용성을 제고시키기 위해 다음과 같은 노력이 필요하다.

첫째, 국가 재무회계 정보의 활용도를 높이기 위한 다양한 전략들이 필요하다. 우선적으로 국가회계 정보에 대한 정책담당자, 국민, 지방의회 및 국회의원 등과 같은 회계정보 이용자들의 이해가능성을 높여가는 것이 필요하다. 주요 프로그램별 원가차이 분석과 같은 다양한 국가자원의 활용성과나 연금충당부채나 국가부채와 같은 재정건전성 관리 등 정부회계와 관련된 다양한 이슈들에 대해 이용자들이 쉽게 이해할 수 있도록 회계 정보가 생산되어야 할 것이다.

둘째, 다양한 방식으로 회계공무원의 전문성을 확보해 나가는 노력이 요청된다.

예를 들면, 현재 공무원 제도 시스템상 전문인력이 필요로 하는 분야에는 개방형직위, 민간경력자 채용 등이 가능한 바, 5급 이상의 관리자급 회계 전문인력을 확보하여 국가 회계관리 인력의 전문성을 높여가는 방법이 모색될 필요가 있다.

셋째, 정부 부문에 복식부기・발생주의회계 제도의 도입은 정부 부문의 성과관리 제도를 위한 프로그램 예산 제도와 연계되어야 한다. 현재 운영되고 있는 성과계획서나 성과보고서 관리 제도는 형식적인 운영에 그치고 있다는 비판이 있으며, 총액배분 자율편성 제도 또한 재정사업 성과관리를 위해 필수적이지만 목-세목 중심으로 운용되는 칸막이식 관행을 벗어나지 못하고 있는 한계를 가지고 있다(박성환, 2018: 210-211). 프로그램 예산 제도와 발생주의회계의 연계가 부족한 바, 프로그램 예산 제도 하에서 발생주의 원가정보 기반 성과주의 재정 운용 활성화 방안을 구축해 가는 노력이 필요하다. 즉, 효율성 평가 및 의사 결정에 활용 가능한 핵심지표를 개발하는 등 재무정보 기반 재정 성과를 측정하고 평가할 수 있는 제도를 적극적으로 시행해 나가야 할 것이다.

넷째, 국가회계교육을 보다 체계적적으로 운용함으로써 공무원들의 회계지식을 높이고 국가의 회계관리 인력 전문화 기반을 마련해 나가야 할 것이다. 즉, 공무원들에 대한 체계적이고 지속적인 회계교육을 통해 업무 역량을 높여 나가는 노력이 요구된다.

[부록 1] 2013년 지방직공무원 7급 공개경쟁채용 필기시험(행정학)

문1. 발생주의회계 제도에 대한 설명으로 옳지 않은 것은?

① 거래나 사건이 발생하는 시점에서 인식하는 것으로 자산・부채・수입・지출을 정확하게 측정하기 위한 회계 기법이다.

② 미지급금・부채성충당금 등을 포함하여 부채를 정확하게 측정한다.

③ 산출에 대한 원가산정이 가능하기 때문에 분권화된 조직의 자율과 책임을 구현할 수 있는 중요한 수단이다.

④ 이 제도를 사용하더라도 현금흐름보고서를 통해 현금흐름을 파악할 수 있으며, 부채를 과소평가하는 현금주의제도의 단점을 극복할 수 있다.

[부록 2] 2015년 서울시공무원 7급 공개경쟁채용 필기시험(행정학)

문2. 발생주의 복식부기에 기초한 재무회계 방식을 도입하여 적용하고 있는 우리나라 중앙정부 재무제표의 구성 요소가 아닌 것은?

① 재정상태표　　② 재정운영표

③ 현금흐름표　　④ 순자산변동표

정답

[부록 1] 문1. ① [부록 2] 문2. ③

Chapter

15

정부 예산과 재정관리

학습 목표

저출산 · 고령화에 의한 인구구조의 변화, 제4차 산업혁명 시대, 지방분권 기조, 통일비용 등에 대한 대응을 위해 재정의 지속가능성을 확보하는 노력이 필요하다. 국가의 재정정책은 건전재정과 적자재정 두 가지 시각이 존재하며, 총수요 확대를 통한 경기활성화를 위해 적자재정이 많이 강조되고 있다. 국가재정의 건전성을 확보하기 위해서는 국가채무에 대한 개념과 범위 및 실태를 이해함으로써 국가채무를 적절하게 관리해 나가야 한다. 구체적으로 국가의 재정건전성을 위해 제도적 노력이 필요하고, 재정위기를 진단하는 다양한 지표들에 대한 이해 및 자본예산, 재정준칙과 같은 재정관리 도구를 적절하게 활용해야 하는 바, 이 장에서는 이러한 내용들에 대해 학습하고자 한다.

제15장을 읽고 다음에 대해 이해할 수 있어야 한다.

- 재정환경의 변화와 재정의 지속가능성 확보의 중요성에 대해 알아본다.
- 국가의 재정정책 시각과 적자재정의 내용에 대해 이해한다.
- 국가채무의 개념과 범위, 국가채무 실태에 대해 이해한다.
- 재정건전성을 위한 국가의 제도적 노력, 재정위기 실태와 기준, 재정관리 도구로서 자본예산(복식예산), 재정준칙의 개념 등에 대해 이해한다.

제 1 절 재정환경의 변화와 재정관리의 필요성

1. 재정환경의 변화

2019년 세계 경제는 글로벌 경기 회복세가 정점을 지나면서 각 국가별 경제 상황에 따른 성장의 차별화가 진행될 것으로 전망되고 있다. 국내 경제는 2018~2022년 기간 중 세계 경제의 성장세가 유지되면서 실질 GDP 성장률이 연평균 2.7%를 기록할 것으로 전망되고 있다(국회예산정책처, 2018). 이와 같이 재정환경은 국내·외 정치·경제·사회·문화 환경 변화에 따라 영향을 받게 되며, 재정환경의 변화를 정확하게 인식해야 재정관리 능력을 향상시킬 수 있다. 재정환경은 다양한 측면으로 살펴볼 수 있지만, 여기에서는 크게 다음 네 가지 거시적 측면으로 살펴보고자 한다.

첫째, 저출산·고령화에 의한 인구구조의 변화를 들 수 있다. 저출산·고령화에 의한 인구구조의 변화는 또 다른 사회 변화를 야기하고 있다, 2018년 합계출산율 1% 이하, 2017년 고령화사회, 2026년 초고령사회 진입, 2050년대 인구 45%의 노인인구 비중 등은 우리 사회에 심각한 영향을 미칠 것으로 분석되어 정부는 2005년 「저출산·고령화 기본법」을 제정해 대응 노력을 기울이고 있다. 현재 제3차 저출산·고령화 기본 계획은 2016~2020년까지이며, 저출산·고령사회 정책의 기본 목표와 추진 방향, 기간별 주요 추진 과제와 추진 방법, 필요한 재원의 규모와 조달 방안 등이 주요 내용으로 포함되어 있다. 정부의 재정투자 규모는 2015년 32.6조 원에서 2020년 44.5조원 규모로 연평균 6.5% 정도가 증가할 것으로 예상되고 있다(주운현 외, 2018: 56), 또한 인구 수가 10만 명 이하인 기초단체에서는 인구 수가 감소하면 직접적으로 지방세수입이 감소할 가능성이 크다는 분석 결과가 있으며, 2017년 말 기준 인구수가 10만 명 이하인 기초단체는 92개로서 전체 226개의 40.3%에 달한다(국회예산정책처, 2018: 46). 따라서 정부가 저출산·고령화 사업을 효과적으로 추진하기 위해서는 향후 재정지출 구조 조정 등을 통해 안정적인 재원조달과 재정건전성을 높여 나가는 노력이 요구된다.

둘째, 제4차 산업혁명 시대에 대응한 재정관리 능력 강화를 들 수 있다. 제4차 산업혁명으로 대변되는 인공지능(AI), 사물인터넷(Iot), 빅데이터(big data), 로봇(robot) 등으로 초연결사회가 등장하고 있다. 2016년 글로벌 금융기업이 세계 139개국을 대상으로 제4차 산업혁명 준비 정도를 평가한 것을 보면 한국은 25위로 나타나고 있으며, 향후 제4차 산업혁명에 적극적으로 대비해 나가는 노력이 요구되는 상황이다. 이에 정부는 대통령 직속 제4차 산업혁명위원회에서 ① 제4차 산업혁명에 대한 종합적인 국가전략, ② 제4차 산업혁명 관련 부처별 실행계획과 주요 정책, ③ 제4차 산업혁명의 근간이 되는 과학기술 발전 지원, 인공지능·ICT 등 핵심기술 확보 및 기술혁신형 연구개발 성과창출 강화에 관한 사항, ④ 전 산업의 지능화 추진을 통한 신산업·신서비스 육성에 관한 사항 등에 대한 논의를 수행하고 있다. 정부 예산을 보면, 제4차 산업혁명에 선제적으로 대응하기 위해 2018년 인공지능, 사물인터넷 등 핵심기술 개발을 위해 6,518억 원을 투자하고, 자율주행차, 의료 등에 대한 융합기술 개발을 위해 6,869억 원을 편성하였다. 또한 2019년 R&D 예산을 2018년 대비 6,514억 원(3.3%) 증가한 20조 3,997억 원을 편성하는 등 미래 한국을 발전시킬 동력을 창출하기 위해 재정지출을 점차 확대해 나가고 있다(기획재정부, 2018).

셋째, 강력한 지방분권화 기조에 대응한 재정관리의 효율화를 들 수 있다. 문재인 정부는 지방재정 자립을 위한 강력한 재정분권을 추진한다는 구상을 표방하고 있다. 이를 위해 담배분 개별소비세를 현행 20%에서 45%로 늘려 소방안전교부세율을 확대하고, 포괄보조사업 중심의 기능이양 등을 검토하고 있다. 또한 지방소비세를 부가가치세의 11%에서 21%로 확대하는 등의 노력을 통해 국세와 지방세 비율을 현행 8 : 2에서 2022년까지 7 : 3으로 조정함으로써 지방정부의 재정 능력을 확대할 계획으로 있다. 따라서 강력한 지방분권 기조를 유지해 나가기 위해서는 국가재정의 효율적 관리가 필수적이라고 할 수 있다.

넷째, 남북관계 개선에 따른 통일비용 증가에 대한 대비의 필요성이다. 최근 남북관계가 급격하게 개선되면서 통일문제에 관심이 높아지고 있다. 통일문제는 필연적으로 통일비용 등 잠재적 재정지출 수요를 유발한다. 통일연구원(2018)이 추산하는 통일비용은 831조 원에 이르고 있다. 통일부 소관 2019년도 예산안 총지출은 1조 3,189억 원이며, 2019년도 남북협력기금 지출 계획안을 살펴보면, 총 지출은 전년 대비 279억 원 감액된 1조 5,903억 원이다. 사업 규모 및 추진 방식에 대한 북한과의 합의, 국제 사회 대북 제재에의 저촉 여부에 대한 논의 경과 등에 따라 달라질 수 있지만 지속적으로 집행 가능성을 관리할 필요가 있다.

결국, 재정은 기본적으로 국민의 행복 증진이 중요한 목적인 바, 불평등 구조, 인구구조의 변화, 국민의 삶의 질 향상, 미래 먹거리 및 정치 · 경제 · 사회 환경 변화에 적절하게 대응하는 기능을 수행해야 한다. 따라서 국가의 대내 · 외적 환경이 급변하고 있는 상황에서 국가재정은 이에 효과적으로 대응하고 대비해 나가야 할 것이다.

2. 재정관리의 필요성

국가는 소득구조 및 인구구조의 차이, 국가채무 증가 속도를 종합적으로 고려하여 재정건전성을 유지시켜 나가는 노력이 필요하다. 또한 국가 재정환경의 변화에 따라 의무지출 비중의 지속적인 증가가 예상되고 있고, 이에 따라 재정의 경직성이 심화될 우려가 있으므로 세입기반의 확충, 지출구조 조정 등을 통한 재정의 지속가능성을 제고시키는 재정관리 노력이 필요하다. 국가의 효과적인 재정관리 능력의 필요성은 무엇보다도 경제위기에 대한 대응 능력의 강화에 있다고 할 것이다.

예를 들면, 미국에서 시작된 2008년 글로벌 금융위기가 그리스를 비롯한 남부 유럽국가들에게 영향을 미치게 되었다. 2010년 국가신용등급이 하락한 그리스에 대한 구제 금융을 시작으로 확산되기 시작한 유럽 경제위기의 시작은 그리스를 비롯해 포르투갈, 스페인 등이 고임금이나 고물가로 인해 가격경쟁력을 상실하고 만성적인 국제수지 적자를 기록하면서 유럽을 큰 혼란으로 빠트리게 되었다. 특히 그리스 경제위기의 주요 원인은 공공 부문의 비효율성과 뿌리 깊은 부정부패, 과다한 사회보장비 지출과 취약한 제조업 경쟁력 때문인 것으로 분석되었다. 국가부채 비율이 200%에 육박하던 그리스가 국가부도 위기에 처하자 유럽연합(EU)과 국제통화기금(IMF)은 구제금융을 제공하면서 국가부채 비율을 60%, 재정적자 비율은 3% 이내로 제한하는 유럽 재정준칙과 같은 재정관리 정책을 강력히 시행하면서 위기를 극복해 나가기 시작하였다.

향후 우리나라는 고령화가 급격하게 진행되면서 경제 성장이 둔화될 수밖에 없고,

경제 성장율의 둔화는 국세와 지방세입의 성장세 또한 둔화시킬 것이며, 이는 결국 국가 및 지방재정 가용재원에도 부정적 영향을 미칠 것으로 예견되고 있다. 국회예산정책처(2018)의 가용재원 중장기 전망에 의하면, 2032년부터 가용재원은 186,240억 원인 반면, 의무복지지출 비용은 200,923억 원으로 14,683억 원이 부족하기 시작해 2030년대에 지방재정 가용재원이 고갈될 것으로 전망하고 있다. 결국 경제위기 대응에 취약한 재정관리 능력은 국가경제 위기를 가져올 수 있는 중요한 요인이 될 수 있는 바, 국가의 재정관리 능력을 제고시킴으로써 재정의 지속가능성을 확보하는 것이 무엇보다 중요하다고 할 것이다.

제 2 절 재정정책과 적자재정

1. 국가의 재정정책

정부의 재정정책은 정부 지출과 조세에 대한 변동을 통해 경기를 조절하는 정책이라고 할 수 있다. 즉, 정부가 지출을 확대하면 상응하여 총수요가 늘어나고, 감세를 하게 되면 기업과 가계의 가처분 소득이 증가함에 따라 소비가 확대되어 총수요가 늘어난다. 따라서 경기가 침체하게 되면 정부는 재정지출을 확대하거나 감세를 통해 총수요를 늘리는 재정 확대 정책을 실시한다. 재정을 확대하는 정책을 시행하면 물가가 상승하고 고용이 늘어나 국내총생산(GDP)이 증가하여 경기 침체의 정도가 줄어든다. 반면, 경기 호황기에는 정부가 재정지출을 축소하거나 증세를 통해 총수요를 줄이는 긴축 재정정책을 펼침으로써 물가 하락, 고용 감소 등으로 국내총생산이 줄어들게 되면서 경기 과열의 정도가 완화시킨다.

정부는 재정지출의 재원을 주로 조세를 통해 마련하며, 재정지출과 조세는 경기에 서로 상반된 영향을 미치게 된다. 따라서 정부의 확대 재정정책은 조세보다 재정지출이 많은 적자재정정책을 말하고, 긴축재정정책은 조세보다 재정지출이 적은 흑자재정정책을 의미한다. 정부가 재정지출에 필요한 재원을 조세에서 충당하지 못하면 일부를 채권을 발행하여 충당하기 때문에 정부의 재정정책은 재정정책을 통한 경기 안정화에 중요한 목적을 둔다고 할 것이다.

재정정책의 정책 효과에 대해서는 두 가지 시각이 존재한다. 케인스(John M. Keynes) 이전 고전 경제학자인 스미스(Adam Smith), 리카도(David Ricardo) 등은 건전재정 원칙에 따라 예산균형의 원리를 강조한다. 즉, 비상시와 같은 특별한 경우 외에는 공공 경비는 조세에 의해 조달되어야 한다는 재정책임의 원리가 강조되었으며, 수입과 지출이 균형을 이루어야 한다는 견해가 지배적이었다. 따라서 적자재정에 대한 고전학파들의 시각은 미래 세대의 부담, 적자재정에 대한 책임의식 부재, 생산적 민간자금의 비생산적 활용 등을 논리로 부정적이다(원구환, 2016: 444-445).

그러나 케인스 이후 정부의 재정정책에 대한 새로운 시각이 확산되기 시작한다. 케인스주의자(Keynesian)들은 국채에 대한 새로운 논리를 주장하는데, 재정적자가 총수요를 늘려 경기활성화에 기여한다고 주장한다. 즉, 총수요가 부족해 경기가 침체될 때에는 세금을 줄여 개인의 가처분 소득을 증가시킴으로써 소비를 촉진하고 정부의 재정지출을 증대시켜야 한다고 본다. 또한 세수가 감소되므로 국채발행을 통해 금융구조 조정 및 실업대책 등에 소요되는 재원을 조달하는 것이 불가피한 상황이며, 국채발행으로 공공투자를 확대하는 경우 유효수요를 창출해 경기부양과 실업해소뿐 아니라 경제의 성장 잠재력 배양에도 기여할 수 있다고 주장한다(윤영진, 2018: 452).

결국, 최근의 국가의 재정정책 방향은 적자재정이론에 근거를 두고 있는 적극적 재정정책을 펼치고 있으며, 고전학파의 균형예산 원리보다는 불균형 예산 원리에 입각한 적자재정이라는 거시적 개념을 중시한다. 적자재정을 고려할 때 중요한 것 중 하나는 적자재정이 무조건 나쁘다는 인식이다. 물론 적자재정은 이자를 가미한 상환의 부담이 존재하지만 적자재정을 통해 재원을 조달하고 조달된 재원을 투자를 통해 이자율을 상회하는 투자 수익율을 얻었다고 하면 반드시 나쁘다고 할 수 없을 것이다. 국가 전체적으로 적자재정의 규모를 정확히 파악하고 생산적 투자에 활용하는 등 효과적인 관리가 더 중요한 요소라고 할 수 있을 것이다.

2. 국가 재정전망과 적자재정

재정적자(budget deficit)와 적자재정(debt financing)은 같은 의미로 사용되기도 하지만, 재정적자는 공공 부문에 적자가 발생한 상태를 말하는 것이고, 적자재정은 통화 증가, 외자 도입, 국채(public bond)의 발행 등을 통해 공공 재원을 마련하는 재정 운영을 의미한다는 측면에서 구별된다(원구환, 2016: 444 재인용). 일반적으로 적자재정의 보전 방법으로는 국채발행, 한국은행과 예금은행 등으로부터의 차입, 해외 차입 등의 방법이 있는데, 이 중 적자 보전용 국채발행이 많이 이용된다. 이러한 적자재정의 보전은 결국 국가채무의 증대로 이어진다.

국회예산정책처(2018)가 2018~2027년 간의 재정 변화를 전망한 결과에 의하면, 동 기간 동안 총수입은 경제성장률 둔화와 인구구조 변화 등에 따라 2018년 463.5조 원에서 2027년 670.7조 원으로 증가(연평균 4.2%)하지만 점차 증가세가 둔화될 전망이다. 총지출은 저출산·고령화 등 인구구조 변화와 의무지출의 빠른 증가 등으로 2018년 432.7조 원에서 2027년 699.5조 원으로 빠른 증가세(연평균 5.5%)를 보일 것으로 분석하고 있다. 통합재정수지는 총수입보다 빠른 총지출의 증가로 동 기간 30.8조 원 흑자에서 28.8조 원 적자로 전환되고, 사회보장성기금을 제외한 관리재정수지[1]는 2018년 −11.8조 원에서 2027년 −57.4조 원으로 적자 폭이 더욱 확대될 전

표 15-1 2018~2027년 주요 재정전망 결과

(단위: 조 원, %)

구 분	2018	2019	2022	2023	2027
총수입	463.5	483.7	549.6	574.1	670.7
총지출	432.7	474.5	568.5	591.1	699.5
관리재정수지	−11.8	−33.3	−54.9	−54.3	−57.4
국가채무비율 (GDP 대비)	39.5	39.4	41.6	43.0	46.4

출처: 국회예산정책처(2018); 기획재정부(2018).

1) 관리재정수지는 통합재정수지 중 사회보장성기금을 제외한 재정수지를 말한다. 사회보장성기금은 국민연금, 사학연금, 산업재해보상보험기금과 고용보험기금을 포함한다. 즉, 지속적으로 증가하고 있는 사회보장성기금의 흑자는 장래 연금급여지급에 대비하여 적립되고 있으므로, 재정의

망이다. GDP 대비 국가채무 비율은 2018년(39.5%)와 2019년(39.4%)에는 40% 아래에 머물지만, 2020년(40.2%)에 40%를 넘어서고, 2022년(41.6%)에는 41%를 넘어설 전망이다.

제 3 절 국가채무 관리

1. 국가채무의 개념과 범위

1) 국가채무의 개념

국가채무란 정부가 중앙정부나 지방정부가 직접 갚을 의무가 있는 부채, 즉 재정적자 보전 등을 목적으로 국내·외로부터 자금을 차입함으로써 발생하는 채무를 말한다. 즉, 국가재정법의 내용을 토대로 본다면 국가채무는 "국가의 회계 또는 기금이 부담하는 금전 채무"를 의미한다. 여기서 채무(debt)란 금전의 지급을 목적으로 하는 지급부담 의무를 의미하고, 부채(liability)란 미래 특정 시점에서 원금 또는 이자를 지급해야 하는 채무상품을 말한다. 통합부채는 자치단체 부채에 지방공기업 및 출자·출연기관 부채를 포함하는 것이며, 우발부채는 부채에는 포함되지 않으나, 협약 및 보증에 의해 부채로 바뀔 가능성이 있는 부채(보증채무, 토지 리턴, 토지매입 확약, BTO 재정지원 협약 등 우발 상황)를 의미한다.

국가채무는 다음 네 가지 수준으로 나누어진다. 첫째, 가장 좁은 의미로 국제통화기금(IMF) 기준이 정한 각종 차입금, 국채, 국고채무부담행위 만을 포함하는 것이다. 둘째, 첫 번째 기준의 국가채무에 민간의 해외 여신에 대해 국가가 상환보증을 해주

건전성을 제대로 평가하기 위해서는 통합재정수지에서 제외할 필요가 있는 것이다. 특히, 우리나라의 경우 국민연금 등이 시행 초기 단계로 구조적으로 대규모 흑자를 시현하고 있으며, 실제 국가채무 증가와의 연관성 등을 감안할 때 관리재정수지가 재정건전성을 측정하는 지표로서 유용성이 보다 높다고 할 수 있다. 이에 따라 정부는 2002년부터 통합재정수지와 함께 관리재정수지를 발표하고 있다.

표 15-2 국가채무와 국가부채의 개념적 비교

구 분	국가채무	국가부채
근거 법령	국가재정법	국가회계법
인식 기준	현금주의	발생주의
포괄 범위	일반회계, 특별회계, 중앙관서의 장이 관리하는 기금	일반회계, 특별회계, 모든 기금
분류 기준	국채, 차입금, 국고채무부담행위	유동부채, 고정부채, 기타 부채

출처: 기획재정부 홈페이지(2019); 원구환(2016: 447).

는 국가의 보증채무까지 포함시키는 것이다. 셋째, 중앙정부 채무에 각 지방자치단체의 빚을 모두 더한 것으로 여기에는 국채뿐만 아니라 지하철공채와 같은 공채도 포함된다. 넷째, 가장 넓은 의미로서 국가채무는 정부, 지방자치단체뿐만 아니라 공기업이나 각종 공단의 채무, 즉 공사가 민간기업으로부터 빌린 빚도 포함하는 것이다. 2019년 국가채무(중앙정부) 규모는 전년 대비 36.2조 원(5.4%) 증가한 711.3조 원으로 전망되고 있다(한국재정정보원, 2019: 63).

국가채무는 중앙정부나 지방자치단체가 직접 갚을 의무가 있는 부채를 말한다. GDP 대비 OECD 평균이 113%이며, IMF의 경우 70%가 적정 수준이라고 권고하고 있다. 국가부채는 국가채무를 비롯해 공기업 부채,[2] 4대연금 부족액, 민자사업 손실보전액 등 국가가 보증을 선 채무를 포함한다. 2018년 3월 기획재정부가 발표한 국가부채는 약 1,556조 원이며, 2017년 기준 공적연금 충당부채 규모가 724조 원에 이르고 있다. 다만, 국가채무라 하더라도 소득 불평등을 해소하고 미래에 경쟁력 있는 산업을 육성하는 데 채무가 사용된다면 경제에 순기능적인 역할을 할 수도 있다.

부채관리는 현재의 채무 중심의 재정관리 체계를 개선하고 지방재정의 건전성 관리를 강화하기 위해 필요하다. 즉, IMF, OECD 등 국제기구도 채무 개념에서 발생기준에 따른 부채 개념 통계 작성을 권고하고 있는 바, 재정관리 범위를 채무에서 부채로 전환하고 통합 및 우발부채를 포함하여 확대·관리하는 것이 검토되어야 한다. 또한 통합부채 및 우발부채의 변동사항, 관리계획을 포함하는 재정건전성의 관리계

2) 공기업 부채란 한국전력, 한국가스공사, LH 공사 등 공기업이 채무를 갚지 못하면 정부가 보증을 섰기 때문에 대신 갚아야 하는 부채를 의미한다.

획 수립을 의무화하여 확정채무, BTL, 지급보증 등 잠재부채를 공개함으로써 재정위험 요소에 사전적으로 대응하는 노력이 필요하다(한국지방행정연구원, 2016).

2) 국가채무의 범위

국제통화기금(IMF)과 경제협력개발기구(OECD)는 국가채무의 주체와 채무의 구체적 범위를 정하고 있으나 국가별로는 차이가 있다. 예를 들면, 주요 선진국은 중앙정부와 지방정부를 포함하는 일반정부의 국가채무를 의미한다. 우리나라는 국가재정법 제91조에서 “기획재정부 장관은 국가의 회계 또는 기금이 부담하는 금전채무에 대하여 국가채무관리계획을 수립하여야 한다”라고 규정하고 있다. 여기서 금전채무란 국가채무를 의미하며, ① 국가의 회계 또는 기금이 발행한 채권, ② 국가의 회계나 기금의 차입금, ③ 국가의 회계나 기금의 국고채무부담행위를 말한다.

국가채무(D1)는 중앙 및 지방자치단체의 회계・기금을 대상으로 국가재정법에 따라 현금주의 기준으로 작성하며, 국가재정운용계획 수립에 활용된다. 일반정부 부채(D2)는 국가채무에 비영리공공기관 부채를 추가하여 국제 기준에 따라 발생주의 기준으로 작성되며, 그 규모가 IMF, OECD 등 국제기구에 제공되어 국가 간 비교에 활용된다. 공공 부문 부채(D3)는 일반정부 부채에 비금융공기업 부채를 추가하여 국제 기준에 따라 발생주의 기준으로 작성되며, 공공 부문의 재정건전성 관리에 활용된다. 즉, 공공 부문 부채통계 작성지침(PSDS)에 따른 부채통계 산출은 현금주의에 따라 국가채무를 산출하고, 발생주의에 따라 일반정부 부채, 공공 부문 부채를 산출한다

표 15-3 공공 부문 부채 작성 기준

구 분	국가채무(D1)	일반정부 부채(D2)	공공 부문 부채(D3)
포괄 범위	중앙정부채무 (회계, 기금)	국가채무 + 비영리공공기관 부채(중앙, 지방정부)	일반정부 부채 + 비금융공기업 부채(중앙, 지방정부)
적용 기준	GFS 1986(IMF)	GFS 2001(IMF)	PSDS 2012(OECD 등)
회계 기준	현금주의	발생주의	발생주의
제출기관	미출	IMF	OECD

주: 정부재정통계(Government Finance Statistics: GFS), 공공부문부채통계(Public Sector Debt Statistics: PSDS).
출처: 한국지방행정연구원(2016b).

(한국지방행정연구원, 2016). 정부는 PSDS 등을 기준으로 한 공공 부문 부채(D3)를 일반정부 부채(D2)와 함께 작성하고 있다.

(1) 국채 및 지방채

국채는 국가의 재정수지상 세입부족액을 보전하여 수지 균형을 위해 국가가 발행하는 채권으로서 재정수입의 원천이다. 국채는 정부가 발행 주체가 되어 자금을 조달하게 되며, 정부의 빚이다. 즉, 국채는 「국채법」 제4조에 따라 공공자금관리기금의 부담으로 기획재정부 장관이 발행한다. 국채는 조세와 함께 중요한 재원 조달 수단이며, 정부가 재정지출에 필요한 자금을 적기에 최소 비용으로 조달하도록 하고, 금융시장과 경제정책 측면에서도 중요한 역할을 한다. 국채 규모는 2017회계연도 결산 기준 중앙정부 채무 627.4조 원의 99.3%인 623.3조 원에 이르고 있다. 현재 발행되고 있는 국채는 국고채권, 제1종 국민주택채권, 외화표시 외국환 평형채권 등 세 종류가 있다(국회예산정책처, 2019: 106).

한편, 지방정부는 지방채를 발행할 수 있다. 즉, 지방자치단체의 장은 ① 공유재산의 조성 등 소관 재정투자사업과 그에 직접적으로 수반되는 경비의 충당, ② 재해예방 및 복구사업, ③ 천재지변으로 발생한 예측할 수 없었던 세입결함의 보전, ④ 지방채의 차환 등 자금 조달에 필요할 때에는 지방채를 발행할 수 있다(지방재정법 제11조). 또한 교육감은 ① 내국세 및 교육세의 예산액과 결산액의 차액으로 인한 교부금 차액의 보전, ② 명예퇴직 신청자가 직전 3개 연도 평균 명예퇴직자의 100분의 120을 초과하는 경우 추가로 발생하는 명예퇴직 비용의 충당 등을 위해 지방채를 발행할 수 있다.

지방자치단체의 장은 지방채를 발행하려면 재정 상황 및 채무 규모 등을 고려하여 대통령령으로 정하는 지방채 발행 한도액의 범위에서 지방의회의 의결을 얻어야 한다. 다만, 지방채 발행 한도액 범위더라도 외채를 발행하는 경우에는 지방의회의 의결을 거치기 전에 행정안전부 장관의 승인을 받아야 한다. 또한 지방자치단체의 장은 행정안전부 장관의 승인을 받은 경우에는 그 승인받은 범위에서 지방의회의 의결을 얻어 지방채 발행 한도액의 범위를 초과하여 지방채를 발행할 수 있다. 이외에도 지방자치단체조합의 장은 그 조합의 투자사업과 긴급한 재난복구 등을 위한 경비를 조달할 필요가 있을 때 또는 투자사업이나 재난복구사업을 지원할 목적으로 지방자치단체에 대부할 필요가 있을 때에는 지방채를 발행할 수 있다. 이 경우 행정안전부장관의 승인을 받은 범위에서 조합의 구성원인 각 지방자치단체 지방의회의 의결을 얻어야 한다. 지방자치단체조합이 발행한 지방채에 대하여는 조합과 그 구성원인 지방자치단체가 그 상환과 이자의 지급에 관하여 연대책임을 진다.

(2) 차입금

차입금은 정부가 한국은행, 민간기금 또는 국제기구 등으로부터 법정 유가증권의 발행없이 직접 차입한 금액을 말한다. 차입금은 정부가 한국은행 등 국내 금융기관과 민간기금 등에서 차입하는 국내 차입금과 외국 정부나 국제부흥개발은행(IBRD), 아시아개발은행(ABD) 등 국제기구와 외국 정부 등으로부터 차입하는 해외 차입금으로 구별된다. 해외 차입금은 정부가 국제기구, 외국 정부 및 외국 금융기관으로부터 도입하는 재정차관으로 국내 법인, 지방자치단체 등의 차관 도입에 대해 정부가 지급 보증을 한 보증차관과는 구별된다(원구환, 2016: 451). 차입금은 법정 유가증권의 발행없이 조달한다는 점에서 국채와 구별된다. 2017회계연도 결산 기준 국가채무 중 차입금은 3.8조 원 규모이다.

(3) 국고채무부담행위

국고채무부담행위는 국가가 각종 시책을 수행하고자 할 때 공법상 또는 사법상 각종 채무를 부담하는 행위를 하게 되는데, 이 채무 부담의 내용 중 금전급부를 목적으로 하는 경우를 국고채무부담행위라고 한다. 국고채무부담행위는 국가가 국회의 사전의결을 받은 범위 내에서 예산의 확보없이 미리 채무를 부담하는 행위를 말한다.

국가재정법 제25조에 의하면, “국가는 법률에 따른 것과 세출예산 금액 또는 계속비의 총액의 범위 안의 것 외에 채무를 부담하는 행위를 하는 때에는 미리 예산으로써 국회의 의결을 얻어야 한다”라고 규정하고 있다. 또한 국가는 재해복구를 위하여 필요한 때에는 회계연도마다 국회의 의결을 얻은 범위 안에서 채무를 부담하는 행위를 할 수 있으며, 이 경우 그 행위는 일반회계 예비비의 사용 절차에 준하여 집행한다. 국고채무부담행위는 사항마다 그 필요한 이유를 명백히 하고 그 행위를 할 연도 및 상환연도와 채무부담의 금액을 표시하여야 한다. 2017회계연도 결산 기준 국가채무 중 국고채무부담행위는 0.2조 원 규모이다.

(4) 보증채무행위

보증채무란 민간의 해외 여신에 대해 국가가 상환 보증을 서는 것, 즉 정부가 주채무자의 채무이행을 보증한 채무를 의미하는데, 국가재정법과 지방재정에 이와 관련된 규정을 가지고 있다. 국가보증채무는 미확정 채무로서 확정 채무인 국가채무에는 포함되지 않으나 주 채무자가 상환 의무를 이행하지 않는 경우 국가채무로 전환이 가능하다.

국가재정법 제92조에 의하면, 국가가 보증채무를 부담하고자 하는 때에는 미리 국회의 동의를 얻어야 하며, 기획재정부 장관은 보증채무의 관리에 관한 사항을 세입세출결산과 함께 국회에 보고해야 한다. 또한 지방재정법 제13조에 의하면, 보증채무부담행위 등에 대해 지방자치단체의 장은 보증채무의 관리에 관한 사항과 예산 외의 의무부담에 관한 사항을 매년 세입·세출결산과 함께 지방의회에 보고하여야 한다.

2017년 말 기준 보증채무 규모는 21.1조 원(GDP 대비 1.2%)이며, 이 중 한국장학재단채권의 보증채무는 11.4조 원으로 가장 큰 규모이다. 예금보험기금채권상환기금채권은 보증잔액이 9.7조 원으로서 두 번째 규모이나, 상환 일정에 따라 2021년에 모두 상환될 것으로 전망되고 있다.

표 15-4 2018~2022회계연도 보증채무 규모 전망

(단위: 조 원)

구 분	2018	2019	2020	2021	2022
보증채무(GDP 대비 %)	17.2(1.0)	15.7(0.8)	13.2(0.7)	11.6(0.6)	11.0(0.5)
- 예보채상환기금채권	5.9	4.4	2.0	0.5	-
- 한국장학재단채권	11.3	11.3	11.2	11.1	11.0
- 수리자금	0.01	0.01	-	-	-

출처: 대한민국정부(2018.9), 『2018~2022년 국가보증채무관리계획』.

(5) 민간투자사업과 정부의 최소운영수입 보장

최소운영수입 보장제도(Minimum Revenue Guarantee: MRG)는 지방자치단체가 민간자본(민자)으로 도로나 교량, 기타 산업설비 등 사회간접자본(SOC)을 건설할 때 실제 운영수입이 협약상의 수입에 미달할 경우 지방자치단체가 민간 사업자에게 금액을 보전해 주는 것이다. 이와 달리 비용보전(Standard Cost Support: SCS) 방식은 실제 운영수입이 '사업비'에 미달하는 경우 운영비를 따져서 보전해 준다. SCS 방식은 MRG 방식에 비해 초기 비용이 많이 들지만 민간 사업자가 가져갈 기대수익이 낮아지므로 지방자치단체 입장에서는 수익이 갈수록 커지는 특성이 있다.

민간자본을 유치하면서 최소운영수입을 보장한 것은 민간자본을 공공 부문에 끌어들이는 요인이 되었지만, 최소운영수입을 보장해 주어야 하는 정부나 지방자치단체는 재정에 커다란 부담으로 작용하고 있다. 즉, 민간운영사가 투자 대비 과도한 수익을 얻어가는 문제점이 많이 나타나고 있는데, 한 예로 지방자치단체와 계약기간이 끝날 때까지 수정산 터널은 5.6배, 백양 터널은 3.7배, 부산항대교는 2.7배 이상의 투자 대비 수익을 가져가는 것으로 추산되고 있다(부산일보, 2018.12.3).

(6) 공적연금과 미적립 부채

국민연금기금 및 공무원연금기금, 사학연금기금, 군인연금기금 등과 같은 특수직 연금은 정부의 재정부담을 가중시키고 있다. 국민연금 제도는 특수직 종사자를 제외한 전 국민을 대상으로 실시되는 공적연금 제도로 1988년에 도입되었으며, 공적연금 제도는 사적연금과 다르게 강제적 가입을 원칙으로 하고, 세대 간 또는 소득계층 간 소득재분배 기능을 수행한다. 국민연금 재정 추계 결과 적립금이 2057년 고갈될 것으로 추정되고 있으며, 군인연금, 공무원연금 등은 이미 적자로 국가 재정이 투입되고 있는 실정이다. 책임준비금이란 연금가입자나 수급자가 퇴직하는 경우 해당 연금 지급을 위해 필요로 하는 소요자금으로 연금의 회계 주체로서는 미래 미래 발생되는 연금 지급을 위해 보유하고 있어야 하는 금액이다. 한국납세자연맹(2018)은 2017년 연금충당 부채가 공무원연금 675조 원, 군인연금 171조 원, 국민연금은 621조 원으로 총 1,467조 원에 이르는 것으로 추산하고 있다.

(7) 공공기관의 부채

공공기관은 정부 소유의 기관이므로 공공기관의 부채는 결국 정부의 부채로 연결된다. 「공공기관의 운영에 관한 법률」에 따른 공공기관 지정 및 분류 기준(제4조)에 따라 기획재정부는 공기업, 준정부기관, 기타 공공기관으로 공공기관을 분류하고 있다. 2019년 2월 기준 대한민국 공공기관 수는 339개로 2018년 338개 대비 1개 증가하였으며, 이 중 시장형 공기업 16개, 준시장형 20개로 총 36개이며, 준정부기관은 기금관리형이 14개, 위탁집행형이 79개로 총 93개이고, 기타 공공기관은 210개가 있다.

한편, 일반정부란 중앙정부와 지방정부, 비영리공공기관을 포괄하는 개념인 바, 일반정부의 개념에 공공기관이 포함되는가의 여부에 따라 채무 비율이 달라지게 된다. 현재 정부는 국가채무를 결정하는 범주인 일반정부에 공공기관을 일부 포함시키고 있는데, 그 기준은 공공기관 중 원가보상률(판매액/생산원가)이 50% 미만이거나 해당 기관의 판매액 가운데 정부가 고객인 판매 수익의 비중이 80% 이상인 기관(농어촌공사, 농수산물유통공사 등)을 기준으로 적용하고 있다(원구환, 2016: 453). 그러나 중앙정부가 설립·운영하는 일부공공기관은 국가채무에 포함시키고 있지만, 지방정부가 설립·운영하는 지방공기업이나 지방자치단체의 출자 및 출연 기관은 국가채무의 범주에 포함하지 않고 있다.

기획재정부 발표(2018)에 따르면, 한국전력과 토지주택공사(LH), 도로공사 등 재무관리 대상 39개 공공기관을 기준으로 보면, 2017년 공공기관 부채 규모는 495조 6천억 원으로 2016년보다 4조 8천억 원 감소했으며, 부채 비율은 157.1%로 2016년보다 9.9% 포인트 낮아진 것으로 나타났다. 또한 일반정부 부채에 비금융공기업 부채까지 포괄하는 GDP 대비 공공 부문 부채(D3) 비율은 2017년 1,044.6조 원에 이르고 있다. 따라서 정부는 중앙, 지방, 공공기관까지 포괄하는 통합재정관리 체계화 및 모니터링 강화를 통해 중장기 재정건전성을 유지시켜 나가야 할 것이다.

2. 국가채무 실태

1) 국가채무 통계

우리나라의 국가채무 통계는 IMF의 『정부재정 통계편람 1986(A Manual on Government Finance Statistics: GFS 1986)』을 기준으로 작성되고 있다(국회예산정책처, 2019: 113). 그러나 이 방식은 현금주의 방식으로 상환 시기와 금액이 확정채무(debt)만을 인식하여 포괄 범위 및 작성 방식이 다른 국가들과의 국제 비교를 어렵게 하였다. 특히 국가 간 비교에 가장 널리 활용되는 OECD의 일반정부 부채 통계와의 차이가 발생하였다. 이에 정부는 재정통계의 신뢰성 및 투명성을 제고하기 위하여 발생주의·복식부기 국가회계 제도 도입과 함께 IMF의 『GFS 2001(Government Finance Statistics Manual)』을 기본적인 기준으로 하는 '일반정부 부채(D2)' 통계를 2012년 말에 마련하여 2011회계연도부터 적용하였다. 일반정부 부채(D2) 통계는 회계 기준을 현금주의에서 발생주의로 전환하여 미지급금, 예수금 등의 발생주의 부채 항목도 포함하며, 정부 기능을 수행하는 비영리공공기관의 부채도 함께 포함한다. 아울러 지방재정도 비영리공공기관을 포함하는 등 중앙정부와 동일한 기준으로 개편되었다.

한편, 2000년대 후반 글로벌 금융위기 이후 각국의 재정적자 및 공공 부문 부채 비율이 증가함에 따라 IMF·OECD 등 9개 국제기구는 통계 작성 범위를 GFS 기준의 일반정부에 공기업을 추가한 '공공 부문(Public Sector)'으로 확대한 부채작성지침인 『PSDS(Public Sector Debt Statistics)』를 발표하였으며, 우리나라도 PSDS 등을 기준으로 한 공공 부문 부채(D3)를 일반정부 부채(D2)와 함께 작성하고 있다.

2017회계연도 결산 기준 「국가재정법」상의 현금주의에 따른 국가채무(D1)는 660.2조 원(GDP 대비 38.2%)이며, 발생주의회계에 따른 우리나라의 일반정부 부채(D2)는 735.2조 원(GDP 대비 42.5%)이다. 일반정부 부채와 비금융공기업을 포함한 공공기관의 부채를 국제지침에 따라 하나의 단위로 통합한 공공 부문 부채(D3)는 1,044.6조 원으로, 이는 우리나라 GDP의 60.4%에 이르는 규모이다.

표 15-5 2017년 국가채무, 일반정부, 공공 부문 부채 세부 내역

<table>
<tr><th colspan="4">분 류</th><th>국가채무
(D1)</th><th>일반정부
부채(D2)</th><th>공공 부문
부채(D3)</th></tr>
<tr><td rowspan="15">공공
부문</td><td rowspan="10">일반정부</td><td rowspan="4">중앙정부</td><td>회계・기금</td><td>627.4</td><td>645.4</td><td>645.4</td></tr>
<tr><td>비영리공공기관(217개)</td><td>–</td><td>50.2</td><td>50.2</td></tr>
<tr><td>내부거래</td><td>–</td><td>△12.3</td><td>△12.3</td></tr>
<tr><td>소계</td><td>627.4</td><td>683.4</td><td>683.4</td></tr>
<tr><td rowspan="5">지방정부</td><td>지방자치단체(243개)</td><td>25.3</td><td>45.7</td><td>45.7</td></tr>
<tr><td>지방교육자치단체(17개)</td><td>12.1</td><td>18.3</td><td>18.3</td></tr>
<tr><td>비영리공공기관(97개)</td><td>–</td><td>1.0</td><td>1.0</td></tr>
<tr><td>내부거래</td><td>–</td><td>△1.1</td><td>△1.1</td></tr>
<tr><td>소계</td><td>37.4</td><td>63.9</td><td>63.9</td></tr>
<tr><td colspan="2">중앙-지방정부 간 내부거래</td><td>△4.6</td><td>△12.1</td><td>△12.1</td></tr>
<tr><td rowspan="4">비금융
공기업</td><td colspan="2">중앙(111개)</td><td>–</td><td>–</td><td>345.8</td></tr>
<tr><td colspan="2">지방(54개)</td><td>–</td><td>–</td><td>41.2</td></tr>
<tr><td colspan="2">내부거래</td><td>–</td><td>–</td><td>△8.5</td></tr>
<tr><td colspan="2">소계</td><td>–</td><td>–</td><td>378.5</td></tr>
<tr><td colspan="3">일반정부-비금융공기업 간 내부거래</td><td>–</td><td>–</td><td>△69.2</td></tr>
<tr><td colspan="4">합계(조 원, GDP 대비)</td><td>660.2
(38.2)</td><td>735.2
(42.5)</td><td>1,044.6
(60.4)</td></tr>
</table>

출처: 기획재정부, 『월간재정동향』, 2019년 1월 제60호.

2018년 회계연도 기준 국가채무를 보면 708.2조 원이며, GDP 대비 국가채무 비율은 39.5%에 이르고 있다. 또한 기획재정부의 '2018~2022년 국가재정운용계획'과 '공공기관 중장기 재무관리계획'에 따르면, 중앙과 지방정부의 국가채무는 2017년 660조 7,000억 원에서 2022년에는 897조 8,000억 원으로 237조 1,000억 원 증가하는 것으로 나타났다.

국가채무는 성질에 따라 대응 자산이 없어 미래에 조세 등 실질적인 국민 부담으로 상환해야 하는 채무인 적자성 채무와 외화자산・융자금 등과 같이 대응 재산으로 자체 상환할 수 있는 채무인 금융성 채무로 구분된다. <표 15-6>을 보면, 2018년 예산 기준으로 적자성 채무는 전체 국가채무의 58.1%인 411.6조 원, 채무에 상응하는 외화자산, 융자채권 등 자산을 보유한 금융성 채무는 41.9%인 296.6조 원 규모로

표 15-6 성질별 국가채무 추이

(단위: 조 원, %)

구 분	2012	2013	2014	2015	2016	2017 (전망)	2018 예산	연평균 증가율
국가채무	443.1	489.8	533.2	591.5	626.9	666.9	708.2	8.1
(GDP 대비 %)	(34.8)	(34.3)	(35.9)	(37.9)	(38.3)	(38.9)	(39.5)	(3.5)
– 적자성 채무	220.0	253.1	286.4	330.8	359.9	384.6	411.6	11.0
• 일반회계 적자보전	148.6	172.9	200.6	240.1	271.3	298.8	327.2	14.1
• 공적자금 국채전환	45.7	46.9	48.7	49.4	48.5	47.6	46.7	0.4
• 기타	25.7	33.3	37.2	41.3	40.0	38.2	37.8	6.6
– 금융성 채무	223.1	236.7	246.7	254.8	267.0	282.2	296.6	4.9
• 외환시장 안정용	153.0	171.0	185.2	198.3	209.8	223.0	235.5	7.5
• 서민주거 안정용 등	70.1	65.7	61.6	62.4	57.2	59.3	61.0	△2.3

주: 1. 2016년까지는 결산 기준이며, 2017년은 전망치, 2018년 예산 국회 확정 기준.
2. 소수점 이하는 단수 차이로 합계에 차이가 발생할 수 있음.
출처: 기획재정부(2017a).

나타나고 있다. 적자성 채무의 경우 일반회계 적자보전분이 크게 증가하고 있으며(연평균 증가율 14.1%), 금융성 채무는 외환시장 안정용 국채의 증가(연평균 증가율 7.5%)가 크게 나타나고 있다(기획재정부, 2017a).

적자성 채무는 향후 조세 등 실질적인 국민부담으로 상환해야 하기 때문에 총지출 관리 등을 통해 발행 규모나 상환 일정을 지속적으로 관리함으로써 증가 속도를 조절해 나갈 필요가 있다. 금융성 채무는 주택기금과 외평기금의 채무가 거의 대부분을 차지한다. 외평기금 채무는 외환시장 안정용 국채로 현재 외화 표시 외평채와 국고채로 조성된 자금에 의한 채무로 구분되고, 외화위탁자산, 한국은행 예치금 등 대응 자산을 보유하고 있기 때문에 순수하게 국민부담으로 남게 되는 적자성 채무와는 그 성격이 약간 다르다고 할 수 있다. 국민주택기금 채무는 서민주거 안정용 국민주택채권을 발행하고, 대출금 형태의 대출 자산을 보유하고 있다는 측면에서 금융성 채무로 구분된다(국회예산정책처, 2018).

국가채무는 한번 누적되면 새로운 재정적자가 발생하지 않더라도 기존의 채무에 대한 이자지급 부담으로 인해 채무가 계속 늘어나는 자기증식의 속성을 가진다. 따라서 국가는 안정적인 자금조달, 국채시장 유지, 자금조달의 비용 최소화 등 재정의 지속가능성 유지를 위해 국가채무를 적절하게 분석하고 관리해 나가야 한다.

2) 국가채무관리 제도

「국가재정법」 제86조는 정부에 건전재정을 유지하고 국가채무를 적정 수준으로 유지하도록 노력할 의무를 부여하고 있다. 이를 위하여 「국가재정법」 제91조 제1항에서 국채 또는 차입금의 상환실적·계획 및 5 회계연도 이상의 기간에 대한 채무 증감 전망 등을 포함한 국가채무관리계획을 매년 수립하도록 규정하고 있다. 또한 동법 제7조 제3항에서 국회가 예산 심의 시 동 계획을 참고할 수 있도록 국가채무관리계획을 국가재정운용계획에 첨부하여 국회에 제출하도록 규정하고 있다. 이외에도 「국가회계법」 제15조의2 제4항에서도 국가결산보고서에 국가채무관리보고서를 첨부하도록 규정하여 결산심의 시에도 국회가 국가채무 현황 및 관리 실태를 점검할 수 있도록 하고 있다(국회예산정책처, 2019: 113-114).

한편, 세계 주요 국가들은 재정준칙(fiscal rules) 제도를 두고 국가채무 등 총량적 재정지표에 대한 법적 구속력을 부여함으로써 재정건전성을 확보하기 위해 노력하고 있다.

3) 부채관리 강화 방향

일반정부의 부채를 효과적으로 관리하기 위한 방안은 크게 다음 두 가지 방식에서 설명할 수 있다. 첫째, 부채관리 범위와 세부 기준을 마련해 관리해 나가야 한다. 즉, 통합부채를 구성하는 일반채무, 지방공기업부채, 비영리공공기관, 비금융공기업부채 등에 대한 특성을 감안하여 실제 재정위험 예측, 중장기 지속가능성 판단에 활용이 가능하도록 부채 관리 범위 및 재정위험 판단준거 등에 관한 세부지침을 마련하는 노력이 필요하다. 또한 우발부채의 경우 통합부채 범위에 포함하면서 유형별로 리스크 평가 및 위험통제 세부 기준을 마련하는 것이 필요하다. 둘째, 통합부채관리시스템 구축 및 부채통계의 체계적 관리가 필요하다. 예산 편성, 예·결산 심의, 재정건전성 관리에 활용되도록 채무, 통합·우발부채 내역을 공개하고, 확정부채, 비확정부채(우발부채, 보증채무, 채무부담행위, 민자유치 정부부담, 예산 외 의무부담) 및 지방공사・공단과 출자・출연기관을 전체적으로 포괄하여 관리하는 통합부채관리시스템 구축이 필요하다. 또한 별도로 관리되는 채무・부채 관련 통계를 지방채무(D1) → 지방부채(D2) → 통합부채(D3)로 관리하고, 부채정보를 재정위험 예측, 재정건전화 관리 등 정책 수립에 활용하기 위해 대표성을 가지는 재정회계지표와 측정 방법론을 개발해야 한다.

양극화와 저출산・고령화의 기조는 조세수입과 지출에 커다란 영향을 미치게 된다. 청년실업 증가, 하우스 푸어 등 신빈곤층 증가, 가계부채 급증, 고용없는 성장, 재정의 소득재분배 기능 미흡 등 소득 불평등 구조의 심각화는 세입 기반을 약화시키고 재정수요를 큰 폭으로 증가시킨다는 측면에서 효과적인 재정관리 능력이 요구된다고 할 것이다.

제 4 절 재정건정성과 재정위기

1. 재정건전성

1) 의 미

재정건전성 여부는 현재 및 미래의 국가채무에 대하여 재정상의 부담을 감당할 수 있는 정부의 능력을 말하며, 구체적으로 표현하자면 재정의 지속가능성은 재정건전성을 판단하는 데 필요한 핵심 개념으로서 채무불이행이 나타나지 않으면서 재정수지가 균형을 회복할 가능성이라고 정의할 수 있다(백웅기, 2016). 재정의 지속가능성은 기본적으로 '정부의 재정관리에 필요한 재원을 충분히 조달할 수 있는지'를 핵심 정의로 한다. 특히 중요한 것은 '시점'으로 현재 시점에서 필요한 재원을 조달할 때 미래 세대의 재정 활동에 영향을 주지 않아야 함을 원칙으로 하고 있고, 이는 재정의 지속가능성은 단기적으로 재정균형을 유지하는 것보다는 장기적인 시각에서 재정균형을 달성하는 것을 의미한다고 볼 수 있다.

쉬크(Schick, 2005)는 재정 지속가능성의 개념상 특징으로 지급 능력(solvency), 성장(growth), 안정성(stability), 공정성(fairness)과 같은 네 가지 요소를 제시하고 있다. 지급 능력은 재정책임에 대한 지급의 가능성을 의미하며, 성장은 재정정책을 통해 경제 성장의 지속적인 경제 달성을 의미한다. 안정성은 현재 조세 부담으로서 미래의 재정책임까지 달성할 수 있는 재정의 능력을 의미하며, 공정성은 현재의 재정 부담이 미래에까지 전가하지 않는 것으로 세대 간의 형평성을 포함한다.

재정의 건전성은 단기적으로 경제를 안정화하며, 장기적으로는 경제 성장을 촉진할 수 있다. 재정적자가 지속하여 부채가 증가할 경우 총저축률이 감소하고, 이는 투자 감소와 경상수지 적자로 이어져 경제 성장에 부정적인 영향을 미친다. 반면 건전한 재정은 정책 결정자들이 재정 수요에 대응하여 단기적 지원과 장기적 경제 성장을 촉진하게 하며, 재정 우선순위의 지출 요구가 발생하였을 경우 대응하기 위한 재정 여력(fiscal space)의 확보가 가능하다. 재정위기가 심각하게 발생한 후에는 재정의 역할은 제한적일 수밖에 없는 만큼 재정위험을 선제적으로 관리하기 위한 재정위기의 판단 기준과 이를 위한 적절한 지표의 개발이 수행되어야만 할 것이다. 재정건전성을 위해 국회에 제출된 재정건전화 법안 제2조 제1호를 보면, "국가, 지방자치단체 및 공공기관 재정을 안정적·효율적으로 운영하여 재정 운용의 기반을 강화하고 재정의 지속가능성을 확보"하기 위하여 재정준칙 및 재정건전화계획의 수립, 제출을 포함한 사항을 내용으로 하고 있다. 이 법안에서 제시하고 있는 의무의 이행과 재량적 정책 판단의 중심적인 기준은 재정의 안전성·효율성, 그리고 종국적으로는 지속가능성이라고 할 수 있다.

2) 재정건전성을 위한 국가의 제도적 노력

국가재정법 제86조에 의하면, "정부가 건전재정을 유지하고 국가채권을 효율적으로 관리하며 국가채무를 적정 수준으로 유지하도록 노력하여야 한다"고 규정함으로써 재정건전화를 위한 노력을 기울여야 함을 강조하고 있다. 국가재정법에 의하면, 국가는 재정건전화를 위해 다음 다섯 가지 측면에서 노력을 기울이고 있다.

(1) 재정부담을 수반하는 법령의 제정 및 개정

재정부담을 수반하는 법령의 제정 및 개정 시 기획재정부 장관과 협의를 하도록 하고 있다. 즉, 국가재정법 제87조를 보면, ① 정부는 재정지출 또는 조세 감면을 수반하는 법률안을 제출하고자 하는 때에는 법률이 시행되는 연도부터 5 회계연도의 재정수입・지출의 증감액에 관한 추계자료와 이에 상응하는 재원조달 방안을 그 법률안에 첨부하여야 한다. ② 각 중앙관서의 장은 입안하는 법령이 재정지출을 수반하는 때에는 추계자료와 재원조달 방안을 작성하여 그 법령안에 대한 입법예고 전에 기획재정부 장관과 협의하여야 한다. ③ 각 중앙관서의 장은 추계자료와 재원조달 방안에 대해 협의를 한 후 법령안의 변경으로 대통령령으로 정하는 사항이 변경되는 경우에는 그 법령안에 대하여 추계자료와 재원조달 방안을 작성하여 기획재정부 장관과 재협의하여야 한다라고 규정함으로써 재정건전성을 위한 노력을 기울이고 있다.

(2) 국세감면의 제한

국세감면율에 대한 제한 및 축소 또는 폐지 방안이나 재정지출의 축소 방안 등을 기획재정부 장관에게 제출하도록 함으로써 국세감면에 대해 제약을 가하고 있다(국가재정법 제88조). 즉, ① 기획재정부 장관은 대통령령이 정하는 당해 연도 국세 수입총액과 국세감면액 총액을 합한 금액에서 국세감면액 총액이 차지하는 비율(국세감면율)이 대통령령이 정하는 비율 이하가 되도록 노력하여야 한다. ② 각 중앙관서의 장은 새로운 국세감면을 요청하는 때에는 대통령령이 정하는 바에 따라 감면액을 보충하기 위한 기존 국세감면의 축소 또는 폐지 방안이나 재정지출의 축소 방안과 그 밖의 필요한 사항을 작성하여 기획재정부 장관에게 제출하여야 한다라고 규정하고 있다.

국세감면율 법정한도는 직전 3년 국세감면율의 평균 0.5%포인트를 더한 값인데, 2019년 올해 국세감면율은 법정한도(13.5%)보다 0.4% 포인트 높은 13.9% 정도로 나타나고 있다. 따라서 향후 국세감면액이 급격히 늘어나는 것을 원칙적으로 억제하기 위해 현행 국세감면율이 대통령령이 정하는 비율 이하가 되도록 노력하여야 한다는 규정을 보다 강화하여 국세감면율 법정한도를 의무화하는 방안 등이 적극적으로 모색될 필요가 있다.

(3) 추가경정예산의 편성

추가경정예산 편성은 결국 국가의 재정지출 확대를 가져와 재정건전성을 저해할 가능성이 있는 바, 다소 추상적이기는 하지만 다음 몇 가지 사항들의 경우에만 추경을 편성하도록 제약하고 있다(국가재정법 제89조). ① 추경은 전쟁이나 대규모 재해[3]가 발생한 경우, ② 경기침체, 대량실업, 남북관계의 변화, 경제 협력과 같은 대내・외 여건에 중대한 변화가 발생하였거나 발생할 우려가 있는 경우, ③ 법령에 따라 국가가 지급하여야 하는 지출이 발생하거나 증가하는 경우에 한하고 있다. 특히 추경 편성 시 정부는 국회에서 추가경정예산안이 확정되기 전에 이를 미리 배정하거나 집행할 수 없다.

추경은 시급한 경우에만 사용할 수 있도록 ① 전쟁, ② 대규모 재해(자연재난・사회재난), ③ 경기침체, ④ 대량실업, ⑤ 남북관계의 변화 등 다섯 가지로 제한하고 있지만, 2015년 이후 매년 예산을 짜듯 계속 편성되고 있는 것은 검토해 보아야 할 문제라고 할 것이다.

(4) 세계잉여금 등의 처리

정부는 재정지출 확대와 관련성을 가지는 세계잉여금 등의 처리에 대해서도 명확한 규정을 통해 사용에 제한을 두고 있다.[4]

세계잉여금이란 세출예산을 초과한 세입과 세출불용액을 합한 금액을 말하는 것으로 우리나라에서 거의 매년 큰 규모로 발생하고 있으며, 그 사용 방안에 대해 전액 국가채무의 상환과 재정정책의 경기대응 능력을 보완하는 데 사용해야 한다는 논의가 있다(국회예산정책처, 2011). 세계잉여금은 국채상환, 교부세 정산 및 교부금 정산, 공적자금상환기금, 국채 또는 차입금의 원리금, 국가배상금, 공공자금관리기금의 융자계정의 차입금의 원리금, 기타 정부가 부담하는 채무 등에 사용된다. 2018년 세입세출 마감 결과를 보면 초과세수가 25조 4,000억 원으로 나타나고 있으며, 이 중

---

3) 「재난 및 안전관리 기본법」 제3조에서 정의한 자연재난과 사회재난의 발생에 따른 피해를 말한다.
4) 자세한 사항은 국가재정법 제90조 제1항~제7항을 참고하기 바람.

사용처가 정해지지 않은 순수한 세계잉여금만 13조 2,000억 원에 이르고 있다. 재정건전성은 중요하며, 재정지출은 종합적인 판단이 필요한 사항이라고 할 수 있다. 향후 세계잉여금의 처리 과정은 반드시 국회의 심의·의결 혹은 최소한 동의를 구하여 이루어져야 하며, 세계잉여금의 국가채무 상환대상을 일정 기준에 의하여 우선순위를 두어 차등 관리하는 것이 필요하다. 또한 세계잉여금의 처리 시 일정 기준을 만들어 세계잉여금을 적극적인 재정조절장치로 활용하는 방안을 적극적으로 검토할 필요가 있다.

(5) 국가채무의 관리

국가재정의 조달 방법으로 국가채무는 국민의 조세부담을 가중시키지 않고 재정지출에 필요한 재원을 확보할 수 있다는 점에서 정부는 적극적으로 사용하는 추세이다. 그러나 국가채무의 증가와 이로 인한 재정적자는 원리금 상환 부담을 중대시키는 악순환을 초래하며, 민간투자의 위축, 장기적인 GDP 성장률의 위축, 리스크 증대에 따른 해외자본 유출 등의 경제적 비용을 초래하게 된다. 따라서 적절한 관리가 요구되는데, 정부는 국가재정의 건전성을 확보하기 위해 국가채무에 대해 다음과 같은 관리규정을 두고 있다(국가재정법 제91조).

첫째, 기획재정부 장관은 국가의 회계 또는 기금이 부담하는 금전채무에 대하여 매년 ① 전전년도 및 전년도 국채 또는 차입금의 차입 및 상환실적, ② 당해 회계연도의 국채 발행 또는 차입금 등에 대한 추정액, ③ 해당 회계연도부터 5 회계연도 이상의 기간에 대한 국채 발행 계획 또는 차입 계획과 그에 따른 국채 또는 차입금의 상환 계획, ④ 해당 회계연도부터 5 회계연도 이상의 기간에 대한 채무의 증감 전망과 근거 및 관리계획, ⑤ 그 밖에 대통령령이 정하는 사항 등이 포함된 국가채무관리계획을 수립하여야 한다.

둘째, 국가의 회계나 기금이 부담하는 금전채무는 다음과 같은 사항이 해당된다. ① 국가의 회계 또는 기금[5]이 발행한 채권, ② 국가의 회계나 기금의 차입금, ③ 국가의 회계나 기금의 국고채무부담행위, ④ 그 밖에 국가 채권이나 차입금에 준하는

5) 재원의 조성 및 운용 방식 등에 따라 실질적으로 국가의 회계 또는 기금으로 보기 어려운 회계 또는 기금으로서 대통령령이 정하는 회계 또는 기금을 제외한다.

채무로서 대통령령이 정하는 채무 등이다.

셋째, 다음의 사항은 국가채무에 해당하지 아니한다. ① 국가는 국고금의 출납상 필요하여 조달한 재정증권 또는 한국은행으로부터의 일시차입금, ② 국가의 회계나 기금이 발행한 채권 중 국가의 회계 또는 기금이 인수 또는 매입하여 보유하고 있는 채권, ③ 국가의 회계 또는 기금의 차입금 중 국가의 다른 회계 또는 기금으로부터의 차입금 등이다.

향후 재정의 효율적·탄력적 운용과 국가 재정정책 추진 과정에서 복지지출 확대 경향 등을 감안 할 때 국가채무의 절대액이 늘어나는 것은 불가피하다고 볼 수 있는 바, 절대액보다는 국내총생산(GDP) 대비 비율을 적절하게 관리해 나가는 것이 중요하다고 할 수 있다. 국가채무가 일정 수준을 넘기게 되면 이자 지출과 원금 상환부담이 가중되고, 이로 인해 재정적자가 확대되어 국가채무가 누적되는 악순환이 반복되는 바, 정부의 적극적 관리가 필요하다고 할 것이다.

2. 재정위기

2012년 미국에서 재정절벽이라는 문제가 이슈가 된 이후 재정위기에 대한 관심이 높아지고 있다. 재정절벽이란 정부의 재정지출이 삭감되어 정부 부문에서도 일자리가 줄어들고 국민들의 세금부담은 증가해 민간 부문에서도 소비여력이 감소해 경제성장률이 낮아지는 현상을 말한다.

미국에서는 GDP 대비 국가부채 비율이 2011년 100%를 넘어서자 「예산통제법」을 제정해 국가부채 한도를 정하고, 한도를 넘어서는 정부의 재정지출은 상하양원의 동의를 얻어야 가능하도록 했다. GDP 대비 국가부채 비율이 100%를 넘어선다는 것은 재정위기 가능성을 예고해 주는 것으로 매우 위험한 상황이라고 할 수 있다. 이와 관련해 발다치 등(Baldacci et al., 2011)은 ① 연간 인플레이션이 35% 이상인 경우, ② 해당 국가 평균보다 정부 채권 이자율(sovereign bond yield) 스프레드가 표준편차보다 두 배 이상이 발생하여 상당한 시장 금융 압력의 형태로 나타나는 경우, ③ 국가신용평가 S&P의 기준에 의해 부채 구조조정이나 부채 구조 재조정이 발표되거나 공공부채 디폴트가 발생한 경우, ④ 국제 구제금융 IMF 출자 지분 100%를 초과하는 규모의 IMF의 구제금융을 지원받은 경우를 재정위기의 사례로 들며, 네 가지 사례 가운데 하나라도 충족하는 경우에 재정위기가 발생하게 된다고 보았다.

최근에는 IMF를 중심으로 채무한계와 재정 여력의 개념을 발전시킨 국가채무 안전 수준(safe level of public debt)이 논의되고 있다. 국가채무 안전 수준이란 기초재정수지의 흑자 기조를 유지함과 동시에 금리가 급등하는 상황에서 정부가 부담할 수 있는 최대 부채로 정의된다. IMF(2014)는 우리나라의 국가채무 안전 수준에 대해 GDP의 65~70% 정도일 것으로 예상하였다. 그러나 정부가 2019년 4월 2일 발표한 자료에 의하면, 2018년 말 중앙정부와 지방정부를 합한 일반정부 부채가 680.7조 원으로 GDP 38.2%로 나타났다. 여기에 공무원과 군인연금 장기충당금 939.9조 원 등을 합한 국가부채는 1682.7조 원이라고 발표했다. 즉, 연금 장기충당금을 합치게 되면 IMF가 마련한 국가채무 안전 수준을 넘어서게 된다.

결국, 앞으로 우리나라가 국가재정의 지속한 가능성을 유지하기 위해서는 잠재적이고 위협적인 재정위험 요소들을 구체적으로 관리해나갈 필요가 있다고 할 것이다. 구체적으로 우리나라의 재정위기를 가늠해 볼 수 있는 중앙정부와 지방정부 재정지출 현황을 살펴보면 다음과 같다.

1) 중앙정부 재정지출 현황

중앙정부의 재정지출은 인건비, 물건비, 이전지출, 자산취득, 상환지출, 전출금 등 예비비 및 기타 등 7개의 성질별로 구분된다. 2018년도 일반회계 주요 지출 항목의 규모와 일반회계 세출 합계에서 차지하는 비중을 보면, 인건비가 34.5조 원으로 11.4%를 차지하며 물건비 19.3조 원(6.4%), 이전지출 177.6조 원(58.9%), 자산취득 18.2조 원(6.0%), 상환지출 8.1조 원(2.7%), 전출금 등 40.7조 원(13.5%), 예비비 및 기타 3.0조 원(1.0%)에 이르고 있다(국회예산정책처, 2018a).

중앙정부 재정건전성은 다양한 측면에서 논의할 수 있지만 총수입과 통합재정, 관리재정수지, 국가채무 등으로 그 수준을 설명할 수 있다. 기획재정부가 국회에 제출한 2019년 정부 예산에 의하면, 정부는 2019년도 총수입 예산안을 481.3조 원(2018년 예산 대비 33.6조 원 증가)으로 편성하였고, 그중 국세수입은 299.3조 원(2018년 예산 대비 31.2조 원 증가), 국세외수입(세외수입 및 기금수입)은 182.0조 원(2018년 예산 대비 2.4조 원 증가)으로 제시하고 있다.

한편, 국회예산정책처(2018b)에 의하면, 2018~2027년 기간 동안 총수입은 경제성장률 둔화 및 인구구조 변화 등에 따라 증가세가 둔화되고 총지출은 복지 확대 등에 따른 의무지출의 증가에 기인해 빠른 증가세를 보일 것으로 예측하고 있다. 총지출의 연평균 증가율은 5.5%로서 GDP 대비 비율은 2018년 24.1%에서 2027년 26.3%로 증가할 전망이다. 이로 인하여 통합재정수지도 흑자에서 적자로 전환되고, 사회보장성기금을 제외한 관리재정수지의 적자는 더욱 확대될 것으로 전망되고 있다. 또한 국가채무는 2027년 GDP 대비 46.4%까지 증가할 것으로 전망하고 있다. 특히 총지출 중 의무지출 예산의 비중이 최초로 50%를 초과했고, 국가채무 역시 처음으로 700조 원을 넘어서고 있는 등 정부 재정지출이 급격하게 증가하고 있는 바, 국가재정이 효율적이고 건전하게 운용될 수도록 기틀을 마련하는 노력이 요구된다.

2) 지방정부 재정지출 현황

지방정부 재정 실태는 여러 측면에서 설명될 수 있는데, 한국지방행정연구원(2017)은 지방재정을 분석·평가하면서 중장기적 관점에서 재정건전성 여부를 재정수지, 채무관리, 공기업 관점에서 구분하여 분석하고 있다. <표 15-7>을 보면, 지방자치단체는 최근 3년(2015~2017년) 연속으로 채무 및 부채 측면에서 양호한 실적을 보이고 있으나, 통합재정수지비율, 총자본대비 영업이익률 지표의 경우 전년 대비 다소 미흡한 실적을 보이고 있다. 통합재정수지비율은 2015년 5.73%에서 2016년 5.52%, 2017년 5.03%로 감소하고 있다. 총자본대비 영업이익률은 지방직영기업의 영업이익 적자로 총자본대비 영업이익률이 하락한 것으로 분석된다. 총자본대비 영업이익률은 2015년 1.85%, 2016년 −0.59%, 2017년 −0.68%로 점차 하락하고 있다.

향후 지방정부는 통합재정수지를 개선하기 위해 지방세수입 확충을 비롯한 세입 확충과 비용 절감 노력의 지속적 추진이 필요할 것으로 보인다. 특히 총수입 증가에도 불구하고 순세계잉여금의 증가로 통합재정수지가 감소하는 현상을 막기 위해 적극 집행 및 정확한 세입 추계 등을 통하여 불용액이 과다하게 발생하지 않도록 예산

표 15-7 연도별 지방재정 분석 결과

(단위: %)

분야/부문/재정분석지표		2012	2013	2014	2015	2016	2017	전년 대비
재정 건전성	통합재정수지비율	2.31	2.19	3.88	5.73	5.52	5.03	부진
	경상수지비율	70.11	71.51	69.76	68.34	68.14	67.09	개선
	관리채무비율	13.35	13.32	12.59	10.98	9.33	8.06	개선
	환금자산대비 부채비율	69.22	67.37	66.75	59.73	53.74	46.42	개선
	통합유동부채비율				27.97	26.10	23.14	개선
	공기업부채비율	160.65	74.09	70.93	65.07	57.93	41.58	개선
	총자본대비 영업이익률	-0.36	-0.60	-0.82	1.85	-0.59	-0.68	부진

출처: 한국지방행정연구원(2017: 18).

운영의 효율화를 높일 필요가 있을 것으로 보인다. 또한 경영실적 개선을 위해 지방정부 직영기업의 부채 규모 축소가 필요하며, 상하수도 요금 현실화 등 경영 개선이 필요할 것으로 분석된다.

3. 재정위기 극복을 위한 재정관리 도구

1) 자본예산(복식예산)

자본예산(capital budgeting)이란 정부 예산을 지출 형태에 따라 경상지출과 자본지출로 구분하여 운영하는 예산 제도를 말한다(원구환, 2016: 468). 자본예산에 대한 체계적인 연구가 시작된 것은 1951년에 간행된 조앨 딘(Joel Dean)의 "자본예산론"이나 로츠(Friedrich & Vera Lutz)의 "기업투자론"에서 비롯되었으며, 이후 자본예산에 대한 연구가 기업 재무관리의 초점이 되었고, 이것이 공공 부문 재정관리에 적용되기 시작한다. 즉, 민간 부문 관점에서는 생산설비나 기계와 같이 고정자산에 대한 장기적인 투자계획을 수립하고, 투자결정 여부를 평가하며, 자금배분을 행하는 일련의 종합적인 장기계획을 자본예산이라고 한다.

공공 부문 관점에서는 정부가 지출하는 예산은 인건비, 건물유지비 등과 같이 매년 고정적으로 지출해야 하는 경비가 있을 뿐만 아니라 철도, 항만, 도로 등과 같이 대규모 사업에 소요되는 경비가 존재한다. 이때 지출 형태와 성격이 다른 예산을 분리해 운영함으로써 지출의 효과성을 제고시키려는 예산 제도이다. 장기적으로는 자본적 지출은 사회적 투자를 유도하고, 국가의 잠재성장률을 높이며, 결국 경제성장률을 높일 수 있다는 긍정적 요소가 고려된다.

자본예산 제도는 자본적 지출과 경상적 지출로 구분하고, 경상적인 지출은 경상적(계속적, 반복적)인 수입으로 감당하여 수입과 지출의 균형을 도모하지만, 자본지출은 투자적 지출로서 공채 발행 등 적자재정으로 충당하여 불균형 예산을 도모하는 방식이다. 자본예산은 전통적인 균형예산의 관점을 탈피하여 경기 조절 기능의 확대와 대규모 사회기반시설의 확충을 위해 공채를 발행해 적자예산을 편성·운영하고, 경기회복 후에 흑자 예산을 편성해 공채를 상환하는 개념이다. 따라서 자본예산은 정부 예산을 경상지출과 자본지출로 이원화하여 운용한다는 측면에서 복식예산 제도라고도 부른다(원구환, 2016: 468-469). 복식예산 제도는 경상예산에 대해서는 매년 균형을 추구하지만, 자본예산에 대해서는 다년간에 걸친 균형을 추구함으로써 장기적 균형의 시각을 가지고 있다.

자본예산에 대한 논의가 중요한 것은 세금을 납부하는 자와 혜택을 보는 자 사이에 형평성 문제가 발생하기 때문이다. 대규모 사업이 종료된 이후 혜택은 미래 세대가 받기 때문에 대형 공공사업에 투자되는 비용은 미래 세대와 함께 부담하자는 취지에서 공채 발행을 통해 재원을 조달하는 것이다. 즉, 자본예산이란 한정된 재원으로서 지출효과가 다년 간에 걸쳐 발생하는 투자적 성격의 사회기반시설에 필요한 자금이나 자산, 부채, 순자산의 증감을 초래하는 자금을 공채 발행을 통해 조달하고, 조달된 자금을 효율적으로 집행·관리하는 예산 제도라 할 수 있다.

결국 대규모 자본지출을 통해 어떤 사업부터 시작할 것인가? 사업의 사회경제적 파급효과가 어떻게 발생할 것인가? 장기적 관점에서 차입으로 조달된 비용을 어떻게 부담할 것인가 등이 자본예산에서 고려해야 할 중요한 요소라고 할 수 있으며, 국민적 합의와 정치적 고려가 영향을 미친다고 볼 수 있다.

2) 재정준칙

(1) 재정준칙의 의와 유형

① 재정준칙의 의의

재정준칙(fiscal rules)은 재정수지, 재정지출, 국가채무 등의 총량적인 재정지표에 대하여 구체적인 목표 수치와 재정 운용 목표를 법제화함으로써 재정당국의 재량적 재정 운용에 제약을 주는 재정 운용 정책을 의미한다(박형수 · 류덕현, 2006). 즉, 재정적자 비율이 GDP 대비 일정 수준을 넘지 못하도록 정해서 관리하는 방법이다. IMF(1998)에 따르면, 재정준칙이 성립하기 위해서는 재정지표의 성과목표치를 제시하며, 이 목표치를 달성하도록 강제하고, 목표치를 달성하지 못하는 경우 제재조치를 부과하는 등의 내용이 법률에 규정되어야 한다. 또한 코피츠와 시만스키(Kopits & Symansky, 1998)는 재정준칙이 갖추어야 할 요건으로서 법적 근거, 총량적 재정 목표, 제재 방향을 제시하였다. 먼저 법적 근거란 준칙이 갖추어야 할 헌법, 법률, 국제협약, 정치적 약속, 정당 간 합의 등의 형식을 말하며, 총량적 재정 목표는 재정준칙의 목표인 국가채무, 총지출, 재정수지 등의 총량 지표를 말한다. 그리고 제재란 재정 당국이나 어떤 국가[6]가 재정준칙을 준수하지 못했을 때 취하는 조치로 사법적 제재, 금전적 제재, 평판 제재 등이 있을 수 있다(김성태, 2014).

재정준칙은 협의의 재정준칙과 광의의 재정준칙으로 구분된다. 협의의 재정준칙은 예산 승인이나 예산 집행에 적용되는데, 준칙을 이행하지 못하는 경우 법적, 금전적 제재조치를 취하는 것으로 미국 주정부에서 시행하는 경상재정수지균형원칙, EMU(European Monetary Union)의 SGP(Stability and Growth Pact) 등이 해당된다. 광의의 재정준칙은 재정준칙 내용이 다소 느슨하고 해석의 폭도 좀 더 넓게 설정하는 것으로 뉴질랜드의 중기재정수지준칙, EMU의 SGP 내 중기재정수지 균형준칙 등이 해당된다(한국지방행정연구원, 2016).

결국, 재정준칙은 재정수입, 재정지출, 재정수지, 국가채무 등 총량적 재정지표에 대한 법적 구속력을 부여함으로써 구체적인 재정 운용 목표로 재정규율 확보하기 위해 각국이 도입 · 운영 중인 재정건전화 제도라고 할 수 있다.

---

6) EU처럼 초국가준칙이 적용되는 지역에 해당함.

② 재정준칙의 유형

재정준칙은 목표변수에 따라 수입준칙(revenue rule), 지출준칙(expenditure rule), 재정수지준칙(budget balance rule), 채무준칙(debet rule) 등으로 구분된다(국회예산정책처, 2018: 114).

(가) 수입준칙

수입준칙은 초과 세수가 발생한 경우에는 이에 대해 배분 방식을 정하는 것이다. 이는 초과 수입의 일부를 국가채무상환에 사용하는 방식이기 때문에 재정건전성에 기여한다는 장점을 가진다. 다만, 경기 불황 시에는 수입 감소로 인해서 지출이 축소되어 준칙 준수 여부가 어려워질 수 있으며, 수입준칙 단독으로는 지속가능성 측면에서 직접적 연관성이 부족하다.

한편, 우리나라는 초과 세수가 발생할 때 이에 대해 배분을 비율로 설정하는 방식으로 우리나라는 「국가재정법」 제90조에 세계잉여금 등의 처리 규정을 명시함으로써 수입준칙을 사용하고 있다.

(나) 지출준칙

지출준칙은 정부지출 증가율을 직접 제한하는 방식으로 총지출 한도와 분야별 명목·실질지출 한도, 그리고 명목·실질지출 증가율을 설정하는 것이다. 이는 정부지출을 줄여 재정 건전성에 효과적이고 단순하고 감독이 용이하여 관리 및 통제 가능성이 높다는 장점을 가진다. 다만, 재정의 지속가능성과는 직접적인 연관성은 부족하고, 다양한 통제외 변수인 경기 변동과 환율 변화 등에 따라 관리 및 통제가 어려워질 수 있다. 또한 재정건전화 시기에는 효과적으로 사용될 수 있으나 조세지출 등을 통한 우회위험이 존재한다.

(다) 재정수지준칙

재정수지준칙은 명확하고 구체적인 기준을 제시해 일정한 기간에 일정한 수준으로 재정수지를 계속 유지하도록 하는 방식이다. 즉, 정부 총세입과 총세출의 수지균형, 구조적 재정수입과 지출의 수지균형, 경상수입과 경상지출의 수지균형 등이 주요 내용이다. 이것은 재정건전성 제고에 효과적이며, 간단하고, 이해하기 쉽고, 투명하고, 모니터링이 용이하고, 대중들과 소통이 쉽다는 장점을 가진다. 반면 재정건전성 관리에는 쉬우나 경기 순응적일 수 있다는 단점이 있다. 즉, 경기안정화 기능이 미약(경기순응적)하여 거시경제 안정성이 저해될 가능성 존재한다.

(라) 채무준칙

GDP 대비 구체적이며 명시적 수준(일정선)에서 부채가 유지될 수 있도록 관리하여 안정적으로 재정을 관리하는 것이며, 예비기금 보유고를 연간 사회보장기금 일정 비율로 제한하는 방식이다. 채무준칙은 재정건전성 제고에 효과적이며, 단순하고 감독이 용이하여 통제가능성도 높다는 장점을 가진다. 다만, 경기안정화 기능이 미약(경기순응적)하며, 최적의 부채 수준에 대한 사회적 합의가 어렵다는 단점을 가진다.

(2) 외국의 재정준칙 운영 사례

한국조세재정연구원에 의하면, 재정준칙을 도입한 국가는 유럽 재정위기 이후 70여 곳에 이르고 있으며, 대부분의 국가들이 복수준칙, 즉 재정수지준칙과 채무준칙, 지출준칙과 채무준칙, 지출준칙과 재정수지준칙 등을 결합하여 운용 중에 있다.

미국은 페이고(paygo)라는 지출통제 장치를 두고 있는데, 예산통제법(BEA)에 근거한 PAYGO 준칙은 '번 만큼 쓴다(Pay as you go)'는 의미로 새로운 지출 수요가 발생하면 이를 상쇄할 세입 법안 의무화를 규정하고 있다. 영국과 독일·폴란드는 국가부채준칙을, 스위스와 이스라엘은 재정수지준칙을 두고 있다.

영국은 정부 차입에 있어 투자 지출에 한하여 허용하는 황금률(golden rule)과 총량적으로 채무 한도를 통제하는 채무준칙을 운용하고 있다. 법률을 통해 공공 부문 순채무(Public Sector Net Debt: PSDN)의 비율을 전년보다 GDP 대비 감축해야 함을 규정하고 있다.

1990년대 초 심각한 경제난을 겪은 스웨덴은 재정준칙 도입으로 가장 성공적인 변화를 경험한 국가 중 하나로 인정받고 있다. 국가부채 비율이 90%를 육박한 상황에서 불황이 닥치게 되자 '재정절벽'을 절감한 정부와 정치권은 재정건전성 확보에 대한 사회적 공감대와 결단을 이끌어냈다. 1990년대 중반부터 국내총생산(GDP) 대비 7.5%에 이르는 재정감축을 단행하고 재정흑자를 달성하기 위한 나라 살림 안정화 프로그램을 가동하였다. 고령화 대비와 연금재정 충당을 위해 스웨덴의 제1 재정준칙은 GDP 대비 2%의 재정흑자를 목표로 하고 있다.

재정준칙 유형별 운용국가들을 보면 금융위기 이후 건전재정의 지속가능성 확보를 위해 경기 변동에 대한 유연한 재정준칙의 도입과 예외조항을 활용해야 한다는 주류가 형성되면서 강력하고 엄격한 재정준칙을 도입하는 국가의 수가 증가하고 있다(박용주, 2013).

(3) 한국의 재정준칙 도입 현황

최근 외환위기와 글로벌 금융위기 이후 세계 각국은 경제위기를 타개하는 과정에서 초래한 재정악화를 감소시키고 거시경제의 불안정성을 관리하며, 인구 노령화로 인해 미래의 재정 부담이 증가할 것을 우려하면서 새로운 재정준칙을 만들거나 기존의 준칙들을 보완하여 운용하고 있다. 2010년 이후의 재정준칙 도입 경향은 법제화를 통한 강제성이 크게 강화되었음과 동시에 예외조항과 준칙으로의 이행 과정 등을 반영하여 반복적으로 발생하는 경제위기에 재정정책이 적극적으로 대응할 수 있도록 하여 유연성을 반영할 수 있도록 한 점에서 특징이 있다고 할 수 있다(오철기, 2014).

우리나라는 2010년에 「2010~2014년 국가재정운용계획」을 수립하면서 법제화되지는 못했지만, 암묵적 형식의 준칙을 도입하였다. 즉, 재정수지 균형 목표를 달성할 때까지 지출의 증가율을 수입의 증가율보다 매년 2~3% 포인트 낮게 유지하여 균형재정을 꾀하고자 하였다. 2013년 박근혜 정부가 들어서면서도 건전재정의 기조 회복을 위해 총지출 증가율을 총수입 증가율보다 낮게 유지하고자 하는 재정정책의 시행이 있었지만, 경기회복이 예상보다 저조하여 확장적 재정정책을 실행하면서 그 실효성이 크지 못하였다. 즉, 그동안 시행된 모든 재정준칙이 헌법이나 법률로 법제화되지 못했고, 불이행 시 이에 따른 제재안을 구체화하지 못함에 따라, 그 실행을 담보할 수 없어 실효성이 크다고 볼 수 없다(오철기 외, 2018).

2016년 정부는 재정의 중장기적으로 지속가능성을 확보하고 재정건전성을 보다 강화하기 위한 「재정건전화법」 제정안(총7장 16개 조문)[7]을 입법 예고하고, 이를 국

7) 재정건전화법에 따르면, 국가채무는 GDP 대비 45%를 넘을 수 없으며, 나라살림을 보여주는 관

회에 제출하였지만 현재까지 국회에 계류 중인 상태이다.

법안의 주요 내용은 재정준칙의 법제화, Pay-go 제도, 재정전략위원회의 구성, 기관별 재정 건전화 계획 수립, 장기재정의 전망 및 사회보험 재정 건전화의 관리 등이다. 재정준칙은 국가채무(stock)와 재정수지(flow) 등 재정 총량을 안정적으로 관리하기 위하여 채무준칙과 수지준칙 등의 도입을 법제화하였다. 채무준칙은 국가채무의 한도(GDP 대비 45% 이내), 수지준칙은 관리재정수지 적자 범위(GDP 대비 3% 이내)로 명시하였다(국회예산정책처, 2016). 채무준칙과 수지준칙은 EU[8]와 OECD 주요국들의 재정준칙 운용을 참고하였으며, 고령화와 복지지출 증가 및 통일, 대외 경제 여건 등 우리나라의 특수성을 반영하였다. 특히, 경기침체, 남북관계 변화 등에 유연하고 탄력적으로 대응할 수 있도록 채무 및 수지준칙 적용의 예외 규정[9]을 명시했으며 채무 한도 역시 재정 여건 변화를 고려하여 5년마다 재검토하도록 규정하고 있다. 또한, Pay-go 제도와 관련해서는 재원대책이 수립되지 않은 신규 의무지출 도입을 억제하기 위해 정부 또는 국회에서 재정 부담을 수반할 법률안을 제출할 경우 비용 추계서와 재원조달 방안을 첨부하도록 의무화하였다. 이번에 제출된 재정건전화 법안은 지금까지 기획재정부나 관련 부서의 예산지침의 정도에 머물러 있던 준칙 등의 사항을 법률화한 것으로 준칙의 구속력 강화와 행정입법에 대한 통제 기제로 작동한다는 점에 의미가 있다.

결국, 경제위기나 재정위기에서 법적 근거에 기초하는 재정준칙을 도입이 필요한 여러 가지 적절한 이유가 있음에도 불구하고 현실 경제에서 재정규율을 통해 강제해야겠다는 정책적 의지가 없다면 재정의 지속가능성과 건전재정을 확보하기란 쉽지 않을 것이다.

리재정수지 적자폭도 GDP의 3% 이내에서 관리되도록 했다. 이는 유럽연합의 성장과 안정에 관한 협약, 그리고 독일 헌법의 기본법상의 재정조항들과 유사한 구성이다.

8) EU: 채무(<GDP 대비 60%) 및 재정수지 적자(<GDP 대비 3%) 한도 설정.

9) 예외조항은 국가재정법 제89조(추가경정예산안의 편성)상의 요건을 반영한 것으로 ① 전쟁이나 재난 및 안전관리기본법이 정하고 있는 대규모 재난 상황, ② 경기침체와 대량실업, 남북관계의 변화 등으로 대내·외 재정 상황에 중대한 변화가 발생했거나 발생할 우려가 있는 경우이다.

[부 록]

정부재정통계 체계에 관한 국제 기준은 다양하다(국회예산정책처, 2019: 65). 일반적으로 활용되는 기준으로는 IMF의 정부재정 통계편람(Government Finance Statistics: GFS)과 UN의 국민계정 체계(System of National Account: SNA) 등이 있다. GFS는 일반기업이 연결 재무제표를 작성하듯이 일반정부(중앙정부와 지방정부, 비영리기관을 포괄) 단위의 재무제표를 합산하여 통합재무제표를 작성하는 국제 기준이다. SNA는 일반정부, 공공 부문 외에 기업, 가계 및 가계지원 비영리기관을 포괄하여 재정통계를 산출하는 국제 기준이다.

우리나라의 경우 정부(기획재정부)는 GFS 기준의 지표를 작성하여 IMF에 제출하고 있으며, 한국은행은 SNA 기준의 국민계정(일반정부 포함)을 OECD에 제출하고 있다. 일반정부 단위의 재정통계를 산출할 경우에는 GFS와 SNA의 기본적인 포괄 범위가 일치한다고 볼 수 있다. 다만, GFS 기준은 국가결산보고서 등 발생주의 결산자료를 기초로 지표를 작성하는 데 반해, SNA 기준은 결산자료와 현금주의 세입 · 세출자료를 포괄하여 지표를 작성한다는 차이점이 있다. 다만, 최근 들어 SNA 등 일반정부 재정통계 체계와 발생주의를 기초로 하는 GFS 체계가 조화를 모색하고 있는 추세이다.

표 15-8 GFS 기준 및 SNA 기준의 일반정부 재정통계

(단위: 조 원)

구 분		2015	2016	2017
GFS 기준	일반정부 수입(A)	504.9	568.0	610.2
	일반정부 지출(B)	484.1	525.2	562.8
	재정수지(A – B)	20.8	42.9	47.5
SNA 기준	일반정부 총수입(C)	525.2	568.7	610.2
	일반정부 총지출(D)	505.1	529.7	561.4
	저축투자 차액(C – D)	20.2	39.0	48.7

출처: 국회예산정책처(2019: 65).

Chapter

16

조달과 계약

학습 목표

조달(procurement)이란 중앙정부, 지방자치단체, 공공기관 등과 같은 공공서비스 기관이 정부 서비스 제공에 필요한 장비, 물자, 시설 또는 용역을 획득하는 것이다. 정부조달은 원칙, 특징, 기능을 중심으로 그 패러다임이 아날로그에서 디지털(국가종합전자조달시스템 "나라장터")로 변화하면서 조달행정의 효율성, 투명성, 공정성이 확대되고 있다. 또한 정부는 그 재정 활동을 원활하게 수행하기 위하여 공공 재화 및 서비스의 공급 등의 계약을 체결하는 활동을 하는데, 이러한 정부계약의 종류와 절차, 이의신청 제도와 같은 개념적 이해에 대해 학습해야 한다.

제16장을 읽고 다음에 대해 이해할 수 있어야 한다.

- 정부조달에 대한 개념적 이해로서 개념, 원칙, 유형 등에 대해 알아본다.
- 전자조달의 의의, 특징, 기능 등에 대해 이해한다.
- 정부계약의 의의, 종류, 절차 등을 이해한다.
- 정부계약에서 이의신청 제도의 개념, 절차,, 분쟁조정기관 등에 대해 이해한다.

제 1 절 정부조달의 의의와 범위

1. 정부조달의 의의

조달(procurement)이란 중앙정부, 지방자치단체, 공공기관 등과 같은 공공 서비스 기관이 정부서비스제공에 필요한 장비, 물자, 시설 또는 용역을 획득하는 것이다. 보다 구체적으로 정부조달은 공공조달(public procurement)이라고도 하는데, 정부 및 정부기관이 자체적인 필요에 따라 사용하기 위해 상품이나 서비스를 구매하는 것을 말한다. 즉, 행정 주체가 교육, 국방, 전기 · 수도 등 시설, 도로 · 항만과 같은 사회간접시설, 보건 등의 공공 서비스를 제공하기 위하여 상품이나 서비스를 구매하는 행위를 의미한다. 정부조달 규모는 대다수 국가에서 GDP의 약 10%를 차지하는 것으로 추산되고 있다. 정부조달은 예산 집행 과정에서 중요한 업무라고 할 수 있다.

정부조달과 관련하여 적용되는 정부 물자에 대한 개념 정리가 필요하다. 정부조달에서 의미하는 조달물자는 수요물자와 비축물자를 말하며, 수요물자는 수요 기관이 필요로 하는 물자로 대통령령[1)]으로 정하는 물자를 말한다. 비축물자는 장 · 단기의 원활한 물자수급과 물가안정을 위하여 정부가 단독으로 또는 정부와 민간이 협력하여 비축하거나 공급하는 생활필수품, 원자재 및 시설자재로서 대통령령으로 정하는 물자[2)]를 말한다. 안전관리물자란 국민의 생활안전, 생명보호, 보건위생과 관련된 조달물자로서 조달청장이 지정 · 고시하는 물자를 말한다. 또한 수요기관이란 조달물자, 시설공사계약의 체결 또는 시설물의 관리가 필요한 국가기관, 지방자치단체, 그 밖에 대통령령으로 정하는 기관[3)]을 말한다(조달사업에 관한 법률 제2조).

---

1) "대통령령으로 정하는 물자"란 조달청장이 국내 및 국외에서 구매 · 공급하는 물품 및 용역[임차(賃借)와 대여의 경우를 포함]을 말한다.

2) 대통령령으로 정하는 물자란 1. 해외 의존도가 높은 물자, 2. 국민생활 안정에 매우 중요한 물자, 3. 「방위사업법」 제3조 제7호에 따른 방위산업물자의 안정적 생산을 위하여 필요한 물자, 4. 그 밖에 물가안정과 수급조절을 위하여 긴급히 대처할 필요가 있다고 인정하는 물자를 의미한다(조달사업에 관한 법률 시행령 제3조)

3) "대통령령으로 정하는 기관"이란 국가 또는 지방자치단체가 투자 · 출연한 기관이나 그 밖의 기관으로서 수요물자의 구매 · 공급 또는 시설공사 계약의 체결을 요청하여 조달청장이 수요기관으

우리나라에서 조달 업무는 70년의 역사를 가지고 있으며, 1961년 116억 원에 불과했던 조달사업 규모가 2018년 약 60조 원으로 성장을 하였고, 조달행정의 패러다임도 아날로그에서 디지털(국가종합전자조달시스템 "나라장터")로 변화하면서 조달행정의 효율성, 투명성, 공정성이 확대되고 있다.

조달 업무를 총괄하는 정부부처인 조달청(2019)은 총 1,004명의 인력 분포를 가지고 있으며, 정무직 1명, 5급 이상 273명, 6급 이하 729명, 연구직 · 지도직 1명 등으로 구성되어 있다. 조달청의 2019년 예산은 135,165(백만 원)이며, 정책 목표는 고품질의 전문적 · 효율적 서비스로 고객중심 조달행정 구현에 두고 있다. 주요 정책과제는 ① 창업 · 벤처기업 성장과 기술혁신 촉진, ② 일자리 창출 등 경제 활력 제고, ③ 투명 · 공정한 조달시장 조성, ④ 조달 서비스 품질 강화, ⑤ 효율적인 국가자산 관리, ⑥ 조달행정 역량 강화 등이다(조달청 홈페이지, 2019).

정부가 보유한 물품은 2013년 1,210만 점(14조 6,024억 원)에서 2017년 1,284만 점(17조 7,130억 원)으로 점차 증가하고 있다. 2017년 조달계약사업 규모는 38조 5,291억 원으로 2016년 실적 35조 5,220억 원보다 8.5% 증가하는 등 점차 증가하는 추세를 보이고 있다. 또한 해외조달정보센터(G－PAss) 구축을 통해 중소기업을 포함한 다양한 기업들이 전 세계 공공 조달 시장에 참여할 수 있도록 국가별 해외시장 정보(입찰 및 전시정보), WTO/FTA 정부조달 협정, 해외조달 제도 및 절차 등에 대한 정보를 수집하여 제공하고 있다. 글로벌조달장터(ITC Procurement Map)는 전 세계 190여 개국의 정부입찰공고와 해당 국가의 조달 제도 및 중소기업 지원 정책 정

표 16-1 정부 보유물품

(단위: 만 점, 억 원)

구 분	2013	2014	2015	2016	2017
보유물품 수	1,210	1,202	1,218	1,230	1,284
금액	146,024	154,142	161,440	170,029	177,130
계약사업 실적	383,733	339,479	362,453	355,220	385,291

출처: 조달청 홈페이지(2019.2.11). www.pps.go.kr.

로 인정하는 기관을 말한다.

보 등을 제공하는 정부조달정보 통합 제공 시스템이다. 이것은 UN과 WTO가 공동으로 설립한 집행기구인 ITC(International Trade Centre)가 정보를 제공하고 있으며, ITC Procurement Map을 통해 수출지원정보도 이용이 가능하다.

2. 정부조달의 원칙과 유형

1) 정부조달의 원칙

조달사업에 관한 법률 제1조에 의하면, 조달사업을 "공공성을 고려하면서도 효율적으로 수행하기 위하여 조달사업의 운영 및 관리에 필요한 사항을 정함을 목적으로 한다"고 조달사업의 목적을 규정하고 있다. 또한 수요물자 조달 과정에서 공정성을 해치는 행위에 대해서는 조사를 수행할 수 있도록 하고 있다. 즉, 정부조달은 공공성, 공정성, 효율성이 가장 중요한 기준이자 원칙이라고 할 수 있다.

(1) 공공성

공공성이란 사전적 의미로 어떤 사물·기관 등이 널리 일반 사회 전반에 이해관계나 영향을 미치는 것으로 정의되고 있다. 이러한 공공성에는 국민, 공동체의 복리, 공개성 등의 핵심 개념이 포함된다고 볼 수 있다. 따라서 조달사업이 공공성을 고려한다는 의미는 정부조달이 국민, 공동체의 복리, 공개성 등을 추구해야 한다는 의미이다.

이러한 공공성을 확보하기 위해 일반재산을 대부하거나 매각하는 계약을 체결할 때에는 그 뜻을 공고하여 일반입찰에 부치도록 하고 있다(공유재산 및 물품 관리법 제29조 제1항), 또한 정부조달은 좋은 품질의 물자를 가장 저렴한 비용으로 구입할 수 있도록 하고 있으며, 조달 품목의 고시, 공개경쟁입찰, 전자입찰 등의 방법을 통해 투명한 조달행정을 추구하고 있다.

(2) 공정성

정부조달에서 가장 중요한 원칙 중 하나는 공정성이라고 할 수 있다. 정부사업의 입찰 과정은 공개경쟁입찰, 전자입찰을 원칙으로 하고 있기 때문에 입찰 과정의 투명성과 공정한 경쟁을 보장하는 것은 필수적이며, 부정적 행위에 대한 강력한 규제가 있어야 한다. 조달사업에 관한 법률 제9조 제3항에서도 불공정한 수요물자 조달 행위 즉, 수요물자 조달 과정에서 공정성을 해치는 행위에 대해 신고를 접수하고, 그 신고 내용의 조사를 위해 필요한 경우 소속 공무원으로 하여금 계약 상대자에게 자료 제출을 요구하거나 사무소 · 사업장 · 공장 등을 방문하여 시설 · 서류 등을 조사하게 할 수 있도록 하는 규정을 두고 있다.

조달 과정에서 공정성을 해치는 행위는 ① 입찰자 또는 계약 상대자 등이 입찰 또는 계약, 납품검사 등에 관한 서류를 위조 · 변조하거나 거짓 서류를 제출하는 행위, ② 직접생산 기준을 위반하여 납품하는 행위, ③ 원산지를 거짓으로 표시하여 납품하는 행위, ④ 수요기관 등의 사전 승인 없이 계약 규격과 상이한 제품을 납품하는 행위, ⑤ 우수조달물품 등의 지정을 거짓이나 부정한 방법으로 받은 행위 등을 의미한다. 또한 공동수급체의 구성원에 대하여는 부정당업자의 입찰 참가자격을 제한하고 있다.[4] 이외에도 경쟁입찰 과정에서 입찰자 간에 서로 상의하여 미리 입찰가격을 협정하였거나, 특정인의 낙찰을 위하여 담합한 공동수급체에 대하여는 대통령이 정하는 부득이한 경우 외에는 낙찰자 결정의 취소, 계약의 해제 · 해지 등의 필요한 조치를 하도록 하고 있다.

결국 조달행정에서는 조달물자와 관련된 입찰 과정을 거치기 때문에 부패를 최소화 할 수 있는 공정한 관리가 필수적이다. 다만, 지나친 통제 중심의 공정관리보다는 절차적 타당성과 합리적 수용가능성을 구현해 가는 수준에서 공정성이 확보될 필요가 있다(원구환, 2016: 512－513).

4) 국가를 당사자로 하는 계약에 관한 법률 제27조에 의하면, 부정당업자의 입찰 참가자격 제한을 다음과 같이 규정하고 있다. 1. 계약을 이행함에 있어서 부실 · 조잡 또는 부당하게 하거나 부정한 행위를 한 자, 2. 경쟁입찰, 계약 체결 또는 이행 과정에서 입찰자 또는 계약 상대자 간에 서로 상의하여 미리 입찰가격, 수주 물량 또는 계약의 내용 등을 협정하였거나 특정인의 낙찰 또는 납품대상자 선정을 위하여 담합한 자, 3. 하도급에 관한 제한규정을 위반하여 하도급한 자 및 발주관서의 승인 없이 하도급을 하거나 발주관서의 승인을 얻은 하도급 조건을 변경한 자, 4. 사기, 그 밖의 부정한 행위로 입찰 · 낙찰 또는 계약의 체결 · 이행 과정에서 국가에 손해를 끼친 자, 5. 공정거래위원회로부터 입찰 참가자격 제한의 요청이 있는 자, 6. 중소기업청장으로부터 입찰 참가자격 제한의 요청이 있는 자, 7. 입찰 · 낙찰 또는 계약의 체결 · 이행과 관련하여 관계 공무원에게 뇌물을 준 자 등이다.

(3) 효율성

정부조달에서 효율성이란 조달 물품의 가치와 복잡성을 반영해 가치가 적은 물건을 구입하는 과정은 간단하고 신속하게 하고, 지불된 가격의 범위 내에서 상품이나 서비스는 가장 질이 좋은 것이거나 가장 낮은 가격이어야 한다는 점을 의미한다. 즉, 비용적 측면, 상품의 품질 측면, 조달인력의 역량 측면으로 구분하여 살펴볼 수 있다.

첫째, 비용적 측면에서 본다면 조달과 관련하여 시간과 비용을 최대한 줄이고 수요기관이 요구하는 물품을 적기에 구매해 공급해야 한다.

둘째, 상품의 품질 측면에서 조달물자는 수요기관이 요구하는 수준의 적절한 수준의 품질을 확보하고 있어야 한다. 조달된 물품이 적절한 수준의 가치를 가지고 있지 못하면 정부 예산 지출의 비효율성을 초래하게 된다. 조달물자의 품질향상을 위해 조달청장이 ① 제조업체의 직접생산 여부 확인을 위한 생산시설의 점검, ② 계약규격에 맞는 제품생산 및 납품확인을 위한 품질점검 · 납품검사, ③ 납품 물품의 사후관리, ④ 그 밖에 조달물자의 품질관리를 위하여 필요한 업무를 수행할 수 있도록 하고 있다(조달사업에 관한 법률 제3조 제4항).

셋째, 조달인력의 전문성 제고가 필요하다. 즉, 조달행정과 관련된 업무의 전문성과 자질 향상을 제고하기 위해 담당인력의 효율적 관리를 도모할 필요가 있다. 이를 위해 조달청장은 조달청, 수요기관 및 민간업체의 조달업무나 납품업무 종사자의 전문성과 자질 향상을 위한 조달교육을 할 수 있도록 하고 있다(조달사업에 관한 법률 제3조 제3항).

(4) 사회적 책임성

정부조달은 기업의 사회적 책임을 장려하기 위하여 조달 절차에서 환경, 노동, 고용, 인권, 공정거래, 소비자 보호 등 사회적 · 환경적 가치를 반영할 수 있도록 하고 있다. 정부조달에서는 사회적기업이나 협조조합, 대통령령이 정하는 일정한 기준에 포함되는 소기업과 상시근로자가 10명 미만인 소상공인의 수주 기회를 확대하기 위하여 중소기업자가 직접 생산 · 제공하는 제품으로서 판로 확대가 필요하다고 인정되는 소기업자 간 경쟁 제품 중 대통령령으로 정하는 규모 이상의 표준제품을 구매하는 경우에는 중소기업자로 구성된 공동수급체 간의 경쟁입찰에 따라 조달계약을 체결할 수 있도록 하는 등 정부조달에서도 중소기업 및 소상공인의 수주 확대를 위한 계약특례가 적용되고 있다(조달사업에 관한 법률 제5조 제2항).

문재인 정부 들어 공공기관의 사회적 가치 창출 활동이 특히 강조되는 등 국가, 지방자치단체, 공공기관의 사회적 책임성은 매우 중요한 요소이고, 정부조달은 정부의 사회적 책임성을 실현하는 중요한 도구 중 하나라고 할 수 있다. 이와 관련하여 행정안전부는 정부가 1억 원 미만 물품이나 용역을 발주할 때는 창업·벤처기업 대상으로 제한경쟁입찰을 적용해 혁신제품의 판로를 지원하게 하는 내용을 포함한 지방계약법 시행령 및 시행규칙 개정안을 2019년 3월 26일 입법예고한 바 있다. 개정안에서는 시제품도 시범구매하고 현장 테스트 합격제품도 수의계약 대상에 포함하기로 하였다.

2) 정부조달의 유형

조달의 유형은 필요한 자원을 직접 구매해 사용하느냐에 따라 집중조달 형태와 분산조달 형태로 구분된다. 집중조달은 물자를 필요로 하는 수요기관을 대신해 물품 및 서비스를 중앙조달기관에서 일괄적으로 조달해 수요기관에 공급해 주는 제도이다. 분산조달은 물자를 필요로 하는 수요기관이 직접 구매해 사용하는 형태이다(원구환, 2016: 514－515).

집중조달과 분산조달의 장·단점은 상호 연계되어 있는데, 집중조달은 ① 다량 구매를 통한 비용 절감, ② 조달업무의 전문성 확보, ③ 조달 물품 및 절차의 표준화, ④ 조달업무의 통제 및 조정 가능, ⑤ 장기적이고 종합적인 조달정책 수립이 가능하다는 장점을 가진다. 반면, ① 조달행정 절차의 관료화와 행정비용 증가, ② 적시 공급 불능 등 수요자의 요구에 부응하지 못함, ③ 물품 조달 시 중소기업 불리, ④ 책임 회피 수단으로 악용하는 경향 존재 등의 단점을 가진다(윤영진, 2017: 482).

결국 비용 절감, 전문성, 중복성 차단이라는 측면에서 집중조달이 상대적인 장점을 가지고 있으며, 적시성, 수요기관의 요구 반영, 신축성이라는 측면에서는 분산조달이 상대적 장점을 가지고 있다. 따라서 중앙정부, 지방정부, 공공기관 등은 조달의 유형에 따른 합리적인 구매전략을 수립하여 시행하는 것이 필요하다. 우리나라의 경우 집중조달이 차지하는 비중은 30% 정도이며, 70%는 분산조달이 차지한다.

3. 조달사업의 수요기관과 규모

조달사업에 관한 법률 제3조에 의하면, 조달사업의 범위는 ① 조달물자의 구매, 물류관리, 공급, ② 수요기관의 시설공사 계약, ③ 수요기관의 시설물 관리, 운영, ④ 다른 법령에서 조달청장이 할 수 있거나 하도록 규정한 사업 등이 해당된다.

전체 공공 조달시장 규모는 2017년 123조 4,78억 원 규모인데, 이 중 조달청 조달 규모는 37조 9,676억 원으로 30.8%의 비중을 차지하고 있다.

조달청에 등록된 수요기관 수를 보면 국가기관은 2015년 5,467개소에서 2018년 4,968개소로 다소 줄었으며, 14조 9.931억 원의 거래 실적을 가지고 있다. 지방자치단체는 2015년 7,012개소에서 2018년 6,807개소에 36조 1,097억 원의 거래 실적을 보여주고 있다. 교육기관 및 공공기관을 모두 포함하면 수요기관은 2015년 50,366개소에서 2018년 55,040개소에 80조 7,920억 원의 거래 실적을 보이고 있다.

수요기관별 구매사업 실적을 보면, 2014년 22조 5,396억 원에서 2018년 27조 3,283억 원으로 확대되고 있으며, 2018년의 경우 국가가 7조 155억 원(25.7%), 지방자치단체 13조 565억 원(47.8%), 공공기관 6조 88억 원(22%), 기타 기관 1조 2,515억 원(4.6%)의 비중을 보여주고 있다.

표 16-2 전체 공공 조달시장(물품, 공사, 용역)에서 조달청 비중

(단위: 억 원, %)

구 분	2013년	2014년	2015년	2016년	2017년	2018년
공공시장 전체 조달 규모(중기청)(A)*	1,130,013	1,115,489	1,192,070	1,169,337	1,234,078	–
조달청 조달 규모(B)**	378,943	334,392	358,490	350,763	379,676	385,908
비율(B/A)	33.5	30.0	30.1	30.0	30.8	–

주: * 공공 시장 전체 조달 규모는 중소기업청 자료 "공공기관 구매실적(물품, 용역, 공사)"(2019년 4월).
** 조달청 조달 규모는 내자구매와 시설공사 계약의 합을 의미하며, 외자, 비축사업, 조달지원사업을 제외한 실적임.
출처: 조달청 홈페이지(2019.2.11).

표 16-3 수요기관 등록 수

(단위: 개)

구 분		2015	2016	2017	2018	거래 실적(억 원)
국가기관		5,467	5,529	4,894	4,968	149,931
지방자치단체		7,012	7,051	6,735	6,807	361,097
교육기관		11,530	11,658	11,597	11,695	91,351
기타	공기업	1,015	1,028	947	975	32,781
	준정부기관	1,338	1,368	1,325	1,377	63,141
	기타 공공기관	483	499	438	442	28,254
	지방공기업	210	219	236	235	45,562
	기타 기관	23,311	24,871	26,223	28,541	35,803
합계		50,366	52,223	52,395	55,040	807,920

출처: 조달청 홈페이지(2019.2.11).

표 16-4 수요기관별 구매사업 실적

(단위: 억 원, %)

구 분	2014년	2015년	2016년	2017년	2018년
합계	225,396	240,168	242,638	263,026	273,283
국가기관	60,990	61,778	64,942	66,207	70,155
	27.1	25.7	26.8	25.2	25.7
자치단체	99,003	104,909	111,548	128,970	130,565
	43.9	43.7	46.0	49.0	47.8
공공기관	55,307	64,007	56,055	54,659	60,088
	24.5	26.7	23.1	20.8	22.0
기타 기관	10,096	9,474	10,093	13,190	12,515
	4.5	3.9	4.1	5.0	4.6

출처: 조달청 홈페이지(2019.2.11).

4. 전자조달

1) 나라장터의 의의와 특징

(1) 의 의

정부조달 과정은 조달계획의 수립, 입찰공고, 입찰, 계약, 검사 및 검수관리, 대금청구관리 등으로 구분되는데, 핵심은 입찰 및 계약이라고 할 수 있다. 우리나라는 이러한 과정을 총괄적으로 수행하는 시스템인 국가종합전자조달시스템(KONEPS)을 운영하고 있다. 즉, 나라장터라고 하는 국가종합전자조달시스템은 공공기관과 민간기업의 시간과 비용을 획기적으로 절감하고 투명한 조달을 위해 조달업무 전 과정을 온라인으로 처리하는 전자조달시스템으로 모든 공공기관의 입찰정보가 공고되고, 1회 등록으로 어느 기관 입찰이든 참가할 수 있는 공공조달 단일창구 역할을 수행하고 있다. 국가종합전자조달시스템을 이용 또는 활용하여 조달업무를 전자적으로 처리하는 전자조달은 수요기관의 조달업무를 전자적으로 처리하는 데에 필요한 사항을 정함으로써 조달업무의 안전성 · 신뢰성 및 공정성을 확보하고 전자조달업무의 원활한 수행과 촉진을 도모함을 중요한 목적으로 한다(전자조달의 이용 및 촉진에 관한 법률 제1조).

전자조달법 제5조는 수요기관의 장이 전자조달시스템을 이용 또는 활용하여 조달업무를 전자적으로 처리하도록 노력하여야 하며, 조달청장은 전자조달을 촉진하기 위한 시책[5]을 마련하도록 하고 있다.

(2) 특 징

우리나라에서 운영하고 있는 나라장터 시스템은 문서송수신 방식,[6] 조회 서비스 방식,[7] 중계 방식[8] 등 세 가지 표준 연계 방식을 통해 외부기관과 연계되어 운영되는

---

5) 전자조달법 시행령 제3조에 의하면, 전자조달을 촉진하기 위한 시책으로는 1. 전자조달을 촉진하기 위한 기본 방향에 관한 사항, 2. 전자조달시스템의 발전 및 운영에 관한 사항, 3. 전자조달을 위한 통계의 수집 · 분석과 활용 방안에 관한 사항, 4. 그 밖에 전자조달에 관한 교육 · 훈련 등 전자조달을 촉진하기 위하여 필요한 사항 등을 규정하고 있다.

6) 배치성으로 제공되는 문서나 나라장터에서 발생된 계약서 등의 문서수신 서비스를 이용하는 기관인 경우 발생시점에 해당 문서를 전송해 주는 방식.

데, 그 특징은 크게 다음 세 가지로 설명할 수 있다[http://www.g2b.go.kr(2019.2.11)]. 첫째, 모든 공공기관 및 조달기업이 이용하는 공공조달 단일 창구이다. 즉, 조달기업은 분야별 면허 등 자격 요건에 대해 미리 나라장터에 등록을 하면 1회 등록만으로 모든 공공기관의 입찰에 참가할 수 있으며, 나라장터 한 곳에서 모든 공공기관의 입찰 정보를 획득할 수 있다. 둘째, 입찰공고, 입찰, 계약, 대금 지급 등 조달 과정을 전자화하여 운영하고 있다. 즉, 입찰부터 계약, 대금 지급까지 조달 전 과정이 온라인으로 편리하게 처리되고, 166종의 공공조달 관련 서류를 전자화해 신속하게 처리함으로써 공공기관, 조달기업 모두 효율적인 조달 업무를 수행할 수 있도록 하고 있다. 셋째, 시스템 연계를 통해 One-stop 서비스를 제공한다. 156개 기관의 조달 관련 정보를 긴밀하게 연계하여 조달기업은 별도의 문서, 증빙서류 제출 없이 입찰, 계약, 대금 지급 등 조달 전 과정을 One-stop으로 처리할 수 있다.

전자조달법 제22조를 보면, 전자조달에 관한 국제협력 및 전자조달시스템의 국외 수출을 촉진하기 위하여 조달청장은 ① 전자조달에 관한 홍보, ② 기술・인력의 교류, ③ 공동조사・연구 및 기술협력, ④ 국제 표준화, ⑤ 국내 기업의 외국정부 전자조달시장 진출 지원・협력, ⑥ 그 밖에 조달청장이 필요하다고 인정하는 사업을 수행할 수 있다. 우리나라 나라장터 시스템은 국제적으로도 인정받고 있는 시스템으로 베트남(2008), 코스타리카(2009), 몽골(2010), 튀니지(2012), 카메룬(2013), 르완다(2015), 요르단(2015) 등 7개국에 나라장터 시스템을 수출하고 있으며, 미국 등 25개국과 MOU를 체결하여 국제 협력을 강화하고 있다.

2) 나라장터의 기능

나라장터의 기능은 다음 다섯 가지로 설명할 수 있다[http://www.g2b.go.kr(2019.2.11)].

---

7) 해당 기관에서 조달청의 필요한 정보만을 약속된 특정 키값으로 요청시 해당 키에 부합되는 정보만을 xml 형태로 제공해 주는 방식.

8) 보증사의 각 보증서와 신용평가사의 신용평가등급 정보의 경우 전달하고자 하는 기관을 수신 기관으로 조달청에 전송 시 해당 문서들을 해당 수신 기관으로 중계해 주는 방식.

① 전자입찰

입찰 공고, 조달기업의 입찰참가 신청, 투찰, 개찰, 낙찰자, 적격 및 계약이행 능력 심사(자격심사)를 통해 낙찰자를 선정한다.

② 전자계약

공인인증, 최신 생체지문인식 기술을 적용해 계약서 작성, 전자 서명, 각종 보증서 처리 인지세 납부, 채권매입 등 계약 체결에 필요한 모든 업무를 처리한다.

③ 전자지불

제품, 서비스, 시설물에 대한 검사, 대금청구, 지불까지의 모든 과정을 국가, 지방자치단체, 교육기관 등 3대 주요 재정정보시스템과 상호 연계하여 처리한다.

④ 종합쇼핑몰

목록 및 상품등록과 같이 수시 구매가 필요한 상용 물품이나 서비스 등은 조달기업이 자사의 상품을 종합쇼핑몰에 등록하며, 적격성 평가를 하고, 공공기관은 종합쇼핑몰에서 직접 검색하여 원하는 상품을 구매한다.

⑤ 목록 정보

250만 개 품목의 상품 정보를 UNSPSC(United Nations Standard Products and Services Code) 분류 체계를 활용해 빠르게 등록, 조회하여 공공기관 및 조달기업은 구매 대상이 되는 물품, 서비스 등의 설명, 규격 및 품질 정보 등을 공유한다.

3) 나라장터의 운영 기대 효과

우리나라의 나라장터는 1997년 전자문서 교환 시스템을 시작으로 출발하여 2002년 나라장터 시스템을 구축하였고, 전자정부 프레임워크 적용, My Work Place, Bid Center, 나라장터 민간개방, Open-API 제공, 하도급 관리시스템 구축, 전자입찰 가상화 서비스 제공 등 차세대 나라장터 시스템을 2013년 구축하여 오늘에 이르고 있다[http://www.g2b.go.kr(2019.2.11)]. 나라장터의 긍정적 효과는 다음 세 가지로 설명할 수 있다.

첫째, 거래비용의 절감이다. 입찰정보 파악, 입찰 계약 서류제출 등 조달기업이 공공기관에 방문할 필요가 없기 때문에 여비 등 8조 원 상당의 거래비용을 절감할 수 있으며, 조달업무 절차도 간소화할 수 있다. 또한 조달기업의 절감액은 6조 6천억 원, 공공기관 절감액은 1조 4천억 원으로 추산되고 있다.

둘째, 투명한 조달행정이 가능하다. 조달 정보의 실시간 공개와 표준 절차에 따른 업무 처리로 조달행정의 투명성이 개선될 수 있다. 실제 우리나라 나라장터 시스템은 국제투명성기구, 세계 반부패포럼 등에서 투명성 우수 사례로 소개된 바 있다.

셋째, 중소기업 경쟁력이 제고될 수 있다. 중소기업의 정부조달 참여 폭 확대 및 경쟁력 제고, 공공입찰 정보의 통합 · 공고를 통해서 입찰참여 기회 확대 및 마케팅 비용을 절감할 수 있다. 28만여 개 나라장터 등록업체 중 중소기업이 96.9%를 차지하고 있다.

제 2 절 정부계약

1. 정부계약의 의의

1) 정부계약의 개념

정부는 그 재정 활동을 원활하게 수행하기 위하여 공공 재화 및 서비스의 공급 등을 하여야 하는데, 이러한 정부 예산 집행에서 핵심적인 내용 중 하나가 지출원인행위에서 계약이라고 할 수 있다. 정부계약은 국가기관, 지방자치단체가 계약당사자의 일방이 되어 상대방인 사인과 공사, 제조, 구매, 용역 등의 계약을 체결함으로써 국가, 지방자치단체의 제반 수요를 충족시킴과 동시에 사법상 효과 발생을 목적으로 하는 행위를 말한다(지방자치인재개발원, 2018: 159). 국가나 지방자치단체의 계약법령을 준용하는 공공기관을 포함하는 경우에는 공공계약이라 한다. 따라서 정부계약도 이러한 사법상 계약의 당사자이므로 국가 또는 지방자치단체의 공권력의 주체로서가 아니라 사인(私人)과 대등한 지위에서 계약을 체결하고 이행하여야 한다. 이에 따라 공공계약에 의한 다툼은 민법상의 일반원칙 적용을 받아 민사소송의 대상이 된다.[9]

정부계약은 개인의 이익을 추구하는 일반적 계약과는 다르게 공공재의 생산이나 공공 복리의 추구라는 궁극적 목적을 가지고 있으며, 예산 집행의 공익성·공정성·경제성 확보가 요구되기 때문에 별도의 법률을 가지고 운영하게 된다. 국가를 당사자로 하는 계약에 관한 법률(국가계약법)과 국가를 당사자로 하는 계약에 관한 법률 시행규칙은 1995년 마련되어 시행되었으며, 국가를 당사자로 하는 계약에 관한 법률 시행령은 1997년 마련되어 1998년 1월부터 시행되었다. 2006년에는 지방자치단체를 당사자로 하는 계약에 관한 법률(지방계약법)이 제정되었다(윤영진, 2017: 490). 다른 법률에 특별한 규정이 있는 경우를 제외하고 국가 및 지방계약법을 적용해야 한다.

2) 정부계약의 원칙

정부계약의 원칙은 정부계약은 공정하게 진행되어야 하는데, 대등한 입장에서 ① 당사자의 합의에 따른 체결 원칙, ② 신의와 성실의 원칙, ③ 사정변경의 원칙 및 권리남용 금지의 원칙 등 세 가지 원칙을 가지고 있다.

구체적으로 국가계약법 제5조에서 “계약은 서로 대등한 입장에서 당사자의 합의에 따라 체결되어야 하며, 당사자는 계약의 내용을 신의성실의 원칙에 따라 이행하여야 한다”라고 규정함으로써 원칙을 천명하고 있다. 이러한 신의성실 계약 원칙은 국제입찰에도 적용되어 “각 중앙관서의 장 또는 계약 담당 공무원은 국제입찰의 경우에는 호혜(互惠)의 원칙에 따라 정부조달협정 가입국(加入國)의 국민과 이들 국가에서 생산되는 물품 또는 용역에 대하여 대한민국의 국민과 대한민국에서 생산되는

9) 낙찰 취소 처분 등 취소에 관한 대법원 판례(1996.12.30 누 14708)를 보면 지방자치단체가 당사자가 되어 체결하는 계약은 사법상의 계약일 뿐 공권력을 행사하는 것이 아니며, 공권력 작용과 일체성을 가진 것은 아닌 것이라 할 것이므로 이에 관한 분쟁은 행정소송 대상이 될 수 없다. 다만, 공공계약 관련 법령에 의하여 별도의 처분을 하게 되는 부정당업자에 대한 입찰 참가자격 제한은 행정법상의 처분에 해당되어 이에 대한 다툼은 행정소송의 대상이 된다.

물품 또는 용역과 차별되는 특약(特約)이나 조건(계약 상대자의 계약상 이익을 부당하게 제한하는 특약 또는 조건)을 정하여서는 아니 된다"라고 규정하고 있다.

3) 정부계약의 위임

국가 및 지방자치단체의 장은 그 소관에 속하는 사무를 처리하기 위하여 재무관 또는 분임 재무관, 대리 재무관에게 계약에 관한 사무를 위임하여 처리할 수 있다.[10] 이와 관련하여 국가를 당사자로 하는 계약에 관한 법률 시행규칙 제2조에는 "정부계약에서 적용되는 계약 담당 공무원은 세입의 원인이 되는 계약에 관한 사무를 각 중앙관서의 장으로부터 위임 받은 공무원, 재무관(대리 재무관 · 분임 재무관 및 대리 분임 재무관을 포함), 계약관(대리 계약관 · 분임 계약관 및 대리 분임 계약관을 포함), 지출관으로부터 자금을 교부받아 지급원인행위를 할 수 있는 관서운영경비 출납공무원(대리 관서운영경비 출납공무원 · 분임관서 운영경비 출납공무원 및 대리 분임관서 운영경비 출납공무원을 포함)과 기타 법령에 의하여 세입세출 외의 자금 또는 기금의 출납의 원인이 되는 계약을 담당하는 공무원을 말한다"라고 규정하고 있다.

2. 정부계약의 종류

정부계약의 종류는 계약 목적, 계약 체결 형태, 계약 체결 방법에 따라 분류할 수 있는 바, 그 내용을 구체적으로 정리하면 다음과 같다.

1) 계약 목적에 의한 분류

① 공사계약은 건설공사(토목 · 건축 등 일반공사, 특수공사, 철강재설치 · 준설 등

---

10) 재무관이 분임재무관에게 위임할 수 있는 계약의 범위를 보면 공사는 광역은 본청이 추정금액 10억 원 이하, 기초는 1억 원 이하이다. 물품 제조 · 구매, 용역은 광역은 추정금액 5억 원 이하, 기초는 5천만 원 이하이며, 의무경비 및 조달구매 등은 광역과 기초 모두 금액 제한이 없다(지방자치인재개발원, 2018: 166).

전문공사), 전기공사, 정보통신공사, 소방공사, 문화재공사, 환경 관련 공사(일반폐기물, 오수, 분뇨처리, 축산폐수, 소음진동, 수질, 대기 등) 등으로 구분된다.

② 물품의 제조는 별도 주문에 의해 제작 절차를 거치는 것이며, 구매계약은 이미 제조된 완성품을 매입하는 것이다.

③ 용역계약은 기술용역과 일반용역으로 구분되며, 기술용역은 설계 및 감리 용역이 있고, 일반용역은 학술연구 용역, 청소용역, 시설관리 용역 등이 해당된다.

2) 계약 체결 형태에 따른 분류

(1) 총액계약과 단가계약

총액계약은 당해 계약의 목적물 전체에 대해 총액으로 체결하는 계약이며, 단가계약은 계약을 체결 시 계약의 목적물 단위당 가격만 약정하고, 계약 이행 후 계약 대금은 미리 약정된 단가를 기준으로 산정하는 계약을 의미한다. 국가계약법 제22조는 "각 중앙관서의 장 또는 계약 담당 공무원은 일정 기간 계속하여 제조, 수리, 가공, 매매, 공급, 사용 등의 계약을 할 필요가 있을 때에는 해당 연도 예산의 범위에서 단가(單價)에 대하여 계약을 체결할 수 있다"라고 규정하고 있다.

(2) 장기계속계약, 계속비계약, 일반(단년도)계약

계약의 기간 등에 따라 구분하는 것으로 장기계속계약은 각 중앙관서의 장 또는 계약 담당 공무원이 임차, 운송, 보관, 전기·가스·수도의 공급, 그 밖에 그 성질상 수년 간 계속하여 존속할 필요가 있거나 이행에 수년을 요하는 경우 체결하는 계약이다. 장기계속계약의 경우 계약 금액 총액은 계약서에 부기하는 것에 불과하며, 각 회계연도의 예산 범위 내에서 계약하고 이행해야 하기 때문에 순수한 장기계약의 의미와는 다르다고 할 수 있다.[11]

계속비계약은 계속비 예산으로 편성된 사업에 대한 계약을 말한다. 국가계약법 제

11) ① 운송·보관·시험·조사·연구·측량·시설관리 등의 용역계약 또는 임차계약, ② 전기·가스·수도 등의 공급계약, ③ 장비, 정보시스템 및 소프트웨어의 유지보수 계약의 경우 장기계속계약을 체결할 때는 각 소속 중앙관서의 장의 승인을 받아 단가에 대한 계약으로 체결할 수 있다(국가계약법 시행령 제69조).

21조는 “각 중앙관서의 장 또는 계약 담당 공무원은 계속비 사업에 대하여는 총액과 연부액을 명백히하여 계속비 계약을 체결하여야 한다”라고 규정하고 있다.

일반(단년도)계약은 당해 회계연도에 이행이 완료되는 것을 원칙으로 하는 회계연도 독립 원칙 하에서의 통상적인 계약 방식이다. 즉, 당해 연도 예산 범위 내에서 입찰・계약이 이루어진다.

(3) 공동(도급)계약과 단독계약

계약 상대자의 수에 따라 구분되어지는 것으로 계약 상대자가 1인인 경우를 단독계약이라 하고, 도급계약의 경우와 같이 계약 상대자 또는 수급인 2인 이상인 경우를 공동계약이라 한다. 국가계약법은 단독계약이 원칙이지만, 국가계약법 제25조를 보면 각 중앙관서의 장 또는 계약 담당 공무원은 공사계약・제조계약 또는 그 밖의 계약에서 경쟁에 의한 계약 체결이 필요하다고 인정하면 계약 상대자를 둘 이상으로 하는 공동계약을 체결할 수 있도록 하고 있다. 또한 공동 계약서를 작성하는 경우에는 그 담당 공무원과 계약 상대자 모두가 계약서에 기명하고 날인하거나 서명함으로써 계약이 확정된다.

(4) 확정계약, 개산계약, 조건부 계약

계약을 체결한 때 계약 금액의 확정 여부에 따라 구분하는 계약 형태로서 확정계약(fixed price contracts)은 계약 금액을 확정하여 계약을 체결하는 계약 방법이고, 개산계약(cost reimbursement contracts)은 개산 가격으로 계약을 체결하고, 계약 이행 후에 계약 금액을 확정하는 계약 방법이다.

정부계약은 국가계약법 제23조를 보면, ① 개발시제품의 제조 계약, ② 시험, 조사, 연구 용역, ③ 법령의 규정에 의한 정부투자기관 또는 정부출연기관과의 위탁 또는 대행 계약, ④ 시간적 여유가 없는 긴급한 재해복구를 위한 계약의 경우 미리 예정 가격을 정할 수 없을 때는 개산계약을 체결할 수 있도록 하고 있다. 개산계약을 체결하고자 할 때에는 미리 개산가격을 결정하여야 하고, 입찰 전에 계약 목적물의 특성・계약수량 및 이행 기간 등을 고려하여 원가검토에 필요한 기준 및 절차 등을 정하여야 하며, 이를 입찰에 참가하고자 하는 자가 열람할 수 있도록 하여야 한다(국가계약법 시행령 제70조).

이외에도 조건부 계약이 있는데, 각 중앙관서의 장 또는 계약 담당 공무원은 입찰 전에 예정가격을 구성하는 일부비목별 금액을 결정할 수 없는 경우에는 사후원가검토 조건으로 계약을 체결할 수 있도록 하고 있다. 이때는 입찰 전에 계약 목적물의 특성·계약수량 및 이행 기간 등을 고려하여 사후원가 검토에 필요한 기준 및 절차 등을 정하여야 하며, 이를 입찰에 참가하고자 하는 자가 열람할 수 있도록 하고 있다. 또한 계약의 이행이 완료된 후에는 기준 등에 따라 원가를 검토하여 정산하여야 한다.

확정계약의 경우 계약 수행 이전에 적정 계약의 산출 과정을 거쳐서 계약 가격이 확정되어야 하고, 그 계약 가격에 대한 위험 부담은 온전히 계약 대상자에게 주어지므로 계약 상대자가 이윤을 보다 많이 남기려면 합리적인 관리 목표를 수립하여 계약을 최대한 효율적으로 이행하기 위해 노력하여야 한다. 반면, 개산계약의 경우 계약 가격이 계약 이행 후 결정되므로 계약 가격에 대한 위험 부담은 계약 상대자에게 없다. 따라서 계약 상대자가 이윤을 더 많이 남기려면 비용 증가가 오히려 유리할 수 있기 때문에, 효과적인 비용 통제 계획을 세울 필요가 없게 되어 비경제적 계약 이행 결과를 초래할 수 있다.

(5) 종합계약

종합계약은 각 중앙관서의 장 또는 계약 담당 공무원은 같은 장소에서 다른 관서, 지방자치단체 또는 공기업 및 준정부기관이 관련되는 공사 등에 대하여 관련 기관과 공동으로 발주하여 체결하는 계약이다(국가계약법 제24조). 종합계약을 체결하는 데에 관련되는 기관의 장은 그 계약 체결에 필요한 사항에 대하여 협조하여야 하며, 한다. 기획재정부 장관은 종합계약의 체결에 있어서 필요하다고 인정할 때에는 종합계약의 체결 방법, 기타 필요한 사항을 정할 수 있다(국가계약법 시행령 제71조).

(6) 회계연도 개시 전의 계약

각 중앙관서의 장 또는 계약 담당 공무원은 임차계약·운송계약·보관계약 등 그 성질상 중단할 수 없는 계약의 경우 회계연도 시작 전에 해당 연도의 확정된 예산의 범위에서 미리 계약을 체결할 수 있다(국가계약법 제20조). 체결된 계약의 효력은 당해 회계연도 개시일 이후에 발생한다.

3) 계약 체결 방법에 의한 분류

계약 방법별 구매사업 실적을 보면, 2018년의 경우 일반경쟁 37.8%, 지명 0.2%, 제한 37.2%로 경쟁계약이 75.3%를 차지하고 있고, 수의계약은 기술 13.4%, 정책 0.9%, 기타 10.3%로 24.7%를 차지하고 있다. 2016년 이후 수의계약보다는 경쟁계약 비중이 조금 늘어나고 있으며, 경쟁계약 중 제한경쟁은 소폭 감소한 반면, 일반경쟁 입찰이 상대적으로 큰 증가 폭을 보여주고 있다.

(1) 일반경쟁입찰에 의한 계약

정부계약은 계약을 체결하려면 일반경쟁입찰에 부치는 것이 원칙이다(국가계약법 제7조). 경쟁입찰에 부치는 경우 계약이행의 난이도, 이행 실적, 기술 능력, 재무 상태, 사회적 신인도 및 계약이행의 성실도 등 계약수행 능력 평가에 필요한 사전심사 기준, 사전심사 절차, 그 밖에 대통령령으로 정하는 바에 따라 입찰 참가자격을 사전

표 16-5 계약 방법별 구매사업 실적

(단위: 건, 억 원, %)

구 분		합 계	경쟁계약				수의계약			
			일반	지명	제한	소계	기술	정책	기타	소계
2016년	건수	37,359	7,789	162	15,896	23,847	5,176	4,116	4,220	13,512
	금액	242,638	82,339	709	94,676	177,724	30,394	3,830	30,690	64,914
	(%)	100.0	33.9	0.3	39.0	73.2	12.5	1.6	12.7	26.8
2017년	건수	30,099	6,650	142	13,668	20,460	4,398	966	4,275	9,639
	금액	263,026	91,929	467	103,435	195,831	35,977	1,774	29,444	67,195
	(%)	100.0	35.0	0.2	39.3	74.5	13.7	0.7	11.2	25.5
2018년	건수	29,625	6,217	192	13,736	20,145	4,387	1,011	4,082	9,480
	금액	273,283	103,360	632	101,782	205,774	36,687	2,554	282,268	67,509
	(%)	100.0	37.8	0.2	37.2	75.3	13.4	0.9	10.3	24.7

출처: 조달청 홈페이지(2019.2.11).

심사하고 적격자만을 입찰에 참가하게 할 수 있다. 계약을 체결하는 과정에서 다른 법률에 따른 우선구매 대상이 경합하는 경우 계약의 목적, 규모, 사회적 약자에 대한 배려 수준 등을 고려해 계약 상대자를 결정하여야 한다.

경쟁입찰은 2인 이상의 유효한 입찰로 성립하며, 경쟁은 입찰 방법이나 입찰 방법에 준하여 경매의 방법으로 하여야 한다. 일반경쟁입찰은 입찰참가 기회를 확대하는 장점이 있는 반면, 부적격 업체의 응찰로 인하여 경쟁과열이나 부실 공사 우려가 있다.

(2) 제한경쟁입찰에 의한 계약

계약의 목적, 성질, 규모 등을 고려하여 필요하다고 인정되면 대통령령으로 정하는 바에 따라 참가자의 자격을 제한할 수 있다. 시공 능력 공시액, 기술보유 상황 등 일정한 기준에 의해 제한하여 불성실하고 능력이 없는 자를 입찰에 참가하지 못하도록 하여 공정성, 공개성, 경제성을 유지시키려는 계약 방법이다. 국제입찰의 경우에는 일반경쟁입찰에 포함된다. 각 중앙관서의 장 또는 계약 담당 공무원은 경쟁 참가자의 자격을 제한하고자 할 때에는 입찰공고에 그 제한 사항과 제한 기준을 명시하여야 한다(국가계약법시행령 제21조 제2항).

(3) 지명경쟁입찰에 의한 계약

계약의 목적, 성질, 규모 등을 고려하여 필요하다고 인정되면 대통령령으로 정하는 바에 따라 참가자를 지명할 수 있다. 계약의 성질 또는 목적에 비추어 특수한 설비, 기술, 자재, 물품 또는 실적이 있는 자가 아니면 계약 목적을 달성하기 곤란한 경우 등에 특정 다수인을 지명하여 지명된 자들로 하여금 경쟁을 시켜 계약 당사자를 결정하는 방법이다. 한정된 업자들을 지명하기 때문에 담합의 여지가 있다.

(4) 수의계약

계약의 목적, 성질, 규모 등을 고려하여 필요하다고 인정되면 대통령령으로 정하는 바에 따라 수의계약을 할 수 있다. 계약 담당 공무원이 특정인을 선정하여 계약을 체결하며, 자본, 신용, 기술 및 경험 등이 풍부한 계약 대상자를 선택할 수 있고, 계

표 16-6 조달계약의 계약 방법별 비중

(단위: 억 원, %)

구 분	2014년	2015년	2016년	2017년	2018년
합계	342,639	365,109	356,532	387,668	393,016
경쟁계약	288,107	308,747	290,018	318,952	323,097
(비율)	(84.1)	(84.6)	(81.3)	(82.3)	(82.2)
수의계약	54,527	56,362	66,514	68,716	69,919
(비율)	(15.9)	(15.4)	(18.7)	(17.7)	(17.8)

* 합계는 내자, 외자, 시설, 비축.
출처: 조달청 홈페이지(2019.2.11).

약 체결에 소요되는 비용을 절약할 수 있다는 장점을 가진다. 반면 불리한 가격으로 계약을 체결할 가능성과 부정의 우려가 존재한다. 정부는 2019년 수의계약 제도개선을 통해 지금까지는 수의계약 가능 대상으로 지정되면 준영구적으로 자격이 유지됐으나 앞으로는 지원 필요성과 목적 달성 여부를 주기적으로 심사하는 '수의계약 심사제'를 도입하였다(행정안전부, 2019).

조달계약의 계약 방법별 비중을 보면, 2014년의 경우 총 34조 2,639억 원 중 경쟁계약이 28조 8,107억 원(84.1%)이었는데, 2018년에 이르러서는 총 39조 3,016억 원 중 32조 3,097억 원(82.2%)로 약간 감소하였다. 반면 수의계약은 2014년 15.9%에서 2018년 17.8%로 조금 늘어나는 추세를 보여주고 있다.

(5) 기타 계약

① 희망수량 경쟁입찰에 의한 계약

다량의 물품을 매각할 경우의 일반경쟁입찰은 그 매각수량의 범위 안에서 수요자의 매수 희망수량과 그 단가를 입찰하게 할 수 있다. 또한 다량의 수요물품을 제조 또는 구매할 경우의 일반경쟁입찰은 그 수요 수량의 범위 안에서 공급자가 공급할 희망수량과 그 단가를 입찰하게 할 수 있다(국가계약법 시행령 제17조).

다량의 물품을 일시에 매각하거나 제조·구매할 경우 먼저 매각은 예정 가격 이상의 단가로 입찰한 자 중 최고 가격의 입찰자부터 순차적으로 낙찰자를 결정한다. 제조·구매의 경우에는 예정가격 이하의 단가입찰자 중에서 최고 가격의 입찰자부터 순차적으로 낙찰자를 결정한다.

② 2단계 경쟁입찰 등에 의한 계약

정부계약은 물품의 제조·구매 또는 용역계약[12]에 있어서 미리 적절한 규격 등의 작성이 곤란하거나 기타 계약의 특성상 필요하다고 인정되는 경우에는 먼저 규격 또는 기술입찰을 실시한 후 가격입찰을 실시할 수 있다.

2단계 경쟁입찰은 먼저 규격 또는 기술입찰을 개찰한 결과 적격자로 확정된 자에 한해 가격입찰에 참가할 수 있는 자격을 부여하는 것이다. 그 외에 분리 동시 입찰은 물품의 제조·구매 또는 용역계약의 특성 등에 따라 필요하다고 인정되는 경우에는 규격·가격 또는 기술·가격 입찰을 동시에 실시할 수 있으며, 이 경우 먼저 규격이나 기술입찰을 개찰한 결과 적격자로 확정된 자의 가격입찰을 개찰하도록 하고 있다(국가계약법 시행령 제18조). 입찰을 실시하고자 할 때에는 입찰 전에 평가 기준 및 절차 등을 정하여 입찰에 참가하고자 하는 자가 이를 열람할 수 있도록 하여야 한다.

③ 협상에 의한 계약

협상에 의한 계약 체결은 계약 담당 공무원이 물품·용역계약에 있어서 계약이행의 전문성·기술성·긴급성, 공공시설물의 안전성 및 그 밖에 국가 안보 목적 등의 이유로 필요하다고 인정되는 경우 다수의 공급자들로부터 제안서를 제출받아 평가한 후 협상 절차를 통하여 국가에 가장 유리하다고 인정되는 자와 계약을 체결하는 제도이다(국가계약법 시행령 제43조). 이 경우 입찰 공고 시 협상에 의한 계약이라는 뜻을 명시하여야 하며, 협상에 의한 계약에 참가하고자 하는 자에게 제안요청서 등 필요한 서류를 교부하거나 필요한 서류를 전자조달시스템에 게재해야 한다. 또한 계약을 체결하려는 경우 그 계약의 성질·규모 등을 고려하여 필요하다고 인정되는 경우에는 제안요청서 등에 대한 설명을 할 수 있으며, 이 경우 설명에 참가한 자에 한하여 계약에 참가하게 할 수 있다.

이외에도 계약 체결 기준에 따라 세부 기준을 정하고, 계약을 체결하려는 자가 그 기준을 열람할 수 있도록 하여야 하며, 제안서를 평가하는 경우에는 제안서평가위원회의 심의를 거쳐야 한다.

---

12) 단순한 노무에 의한 용역으로서 기획재정부령으로 정하는 용역의 계약을 제외한다.

3. 정부계약의 절차

정부계약의 절차는 계약 방법의 결정, 입찰공고, 입찰 참가자격 사전심사, 공사의 현장 설명 및 설계서 열람, 예정가격 결정, 입찰, 낙찰자 결정, 계약 체결, 계약의 이행 및 대가 지급 등의 순으로 이루어진다.

1) 계약 방법의 결정

계약 담당 공무원은 사업부서에서 예산 집행 품의 요구가 이송되어 오면 ① 공사, ② 물품의 제조·구매·수리·가공, ③ 용역 중 어디에 해당되는지 계약 목적물을 분류해야 하며, 일반경쟁입찰, 제한경쟁입찰, 지명경쟁입찰, 수의계약 등의 계약 방법을 결정해야 한다. 이후 정해진 계약 방법에 따라 계약 절차를 진행하기 시작한다. 계약의 목적, 성질, 규모 등을 고려하여 필요하다고 인정되는 경우 외에는 원칙적으로 계약 담당 공무원은 계약을 체결하려면 일반경쟁에 부쳐야 한다.

2) 입찰공고

입찰공고는 계약 담당 공무원이 계약 방법을 결정한 후 계약 방법에 대한 세부 내용을 입찰 참가자들에게 입찰 전에 미리 알려주는 일종의 통지 행위로 매우 중요한 절차이자 의미를 가진다(지방자치인재개발원, 2018: 273). 원칙적으로 입찰서 제출 마감일 전부터 가산해 10일(국제입찰은 40일) 이전에 공고한다. 입찰 방법에 의하여 경쟁에 부치고자 할 때에는 특별한 규정이 있는 경우 외에는 전자조달시스템을 이용하여 공고하여야 하며, 필요한 경우 일간신문 등에 게재하는 방법을 병행할 수 있다(국가계약법 시행령 제33조).

공고 내용은 ① 입찰에 부치는 사항과 입찰 또는 개찰의 장소와 일시, ② 현장 설명의 장소, 일시, 참가자격 및 참가의무 여부에 관한 사항(공사입찰의 경우)과 입찰 참가자의 자격에 관한 사항, ③ 입찰보증금의 납부 및 세입조치에 관한 사항과 낙찰자 결정 방법, ④ 계약의 착수 및 완료일과 계약하고자 하는 조건을 공시하는 장소, ⑤ 입찰무효에 관한 사항과 입찰에 관한 서류의 열람·교부장소 및 교부비용, ⑥ 추가정보를 입수할 수 있는 기관의 주소 등과 우편입찰 등의 허용하는 경우 그 취지와 입찰서를 송부할 주소, ⑦ 공동계약을 허용하는 경우 공동계약이 가능하다는 뜻과 공동계약의 이행방식(공사는 지역의무 공동도급에 관한 사항 포함)과 대형공사 입찰의 경우에는 대안입찰, 일괄입찰 또는 실시설계·시공입찰 등에 관한 사항, ⑧ 지정·고시한 정보 처리 장치를 이용하여 입찰서를 제출하도록 하는 경우 그 내용과 협상에 의한 계약체결의 경우로서 제안요청서에 대한 설명을 하는 경우에는 그 장소·일시 및 참가의무 여부에 관한 사항, ⑨ 입찰참가 등록 및 입찰 관련 서류에 관한 사항과 입찰공고의 내용에 이의가 있는 경우의 이의신청 방법, ⑩ 입찰 관련 비리 및 불공정행위의 신고에 관한 사항 등이다(국가계약법 시행령 제36조).

3) 입찰 참가자격 사전심사

입찰 참가자격 적격심사(Pre-qualification: PQ) 제도는 입찰참가 희망 업체의 공사 수행 능력을 종합적으로 심사·평가하여 일정한 요건을 갖춘 업체에게만 입찰자격을 부여해 공사의 성실한 시공을 계획하는 제도이다. 1993년 도입된 적격심사(PQ) 제도는 부실공사를 예방하기 위해 도입된 제도로서 댐, 고속도로, 항만, 지하철 등 14개 유형의 공공공사 중 공사비가 1백억 원 이상인 공사에 대해 적격심사 제도를 적용하고 있다.

국가계약법 제7조에 의하면, 계약 담당 공무원은 경쟁입찰에 부치는 경우 계약이행의 난이도, 이행 실적, 기술 능력, 재무 상태, 사회적 신인도 및 계약이행의 성실도 등 계약수행 능력 평가에 필요한 사전심사 기준, 사전심사 절차, 그 밖에 대통령령으로 정하는 바에 따라 입찰 참가자격을 사전심사하고 적격자만을 입찰에 참가하게 할 수 있도록 하고 있다. 그러나 적격심사 제도는 공사 실적과 경영 상태가 다소 약한 중소건설업체는 원천적으로 입찰참가가 제한되어 몇몇 대기업이 담합할 가능성이 높다는 문제점을 가지고 있다.

4) 공사의 현장 설명

계약 담당 공무원은 공사입찰에 있어서 그 공사의 성질·규모 등을 고려하여 실제 공사현장에서 입찰 참가자의 적정한 시공을 위한 현장 설명을 실시할 수 있다. 추정가격 300억 원 이상인 공사의 경우에 현장 접근이 어렵거나 기획재정부령이 정하는 사유[13] 외에는 반드시 현장 설명을 해야 하며, 현장 설명을 하는 경우에는 현장 설명에 의무적으로 참가해야 한다. 공동도급의 경우에는 대표자가 반드시 현장 설명에 참가해야 하는 것은 아니고, 구성원 중 1인(대표자의 위임)만 참가하여도 충족된다. 현장 설명 참가자격은 소정의 국가기술자격수첩(건설기술자경력수첩)을 제시한 자가 참가할 수 있다.

현장 설명은 공사의 규모에 따라 해당입찰서 제출마감일의 전일부터 기산하여 ① 추정가격이 10억 원 미만인 경우 7일, ② 추정가격이 10억 원 이상 50억 원 미만인 경우 15일, ③ 추정가격이 50억 원 이상인 경우 33일 전에 실시하여야 한다.

5) 입찰참가 신청

법령에 의한 인가 · 허가 · 면허 · 등록 · 신고를 받았거나 자격 요건에 적합한 자, 보안측정 등의 조사에 필요한 경우 적합 판정자, 부가가치세법에 따른 사업자 등록자 등이 경쟁입찰에 참가할 수 있으며, 입찰참가 신청마감일(입찰일 전일)까지 입찰금액의 100분의 5 이상의 보증금을 입찰참가 신청서와 함께 납부해야 한다. 국내 입찰의 경우 전자입찰을 하도록 하고 있으며, 전자입찰인 경우 전자입찰 시스템에 의하여 납부하나 각서만 징구하고 납부면제 처리한다(지방자치인재개발원, 2018: 279).

입찰이란 경쟁계약을 체결하기 전 계약의 상대자가 될 것을 희망하는 자가 계약의 내용에 관해 다수인과 경쟁을 통해 일정한 내용을 표시하는 행위를 말한다. 입찰참가 신청서는 입찰 보증금 납부서(전자입찰은 면제확약서로 대체), 입찰 보증금 면제확약서, 대리인 위임장(전자입찰 제외) 등이 포함된다. 정부는 혁신 · 중소기업제품 구매 촉진을 위해 사전에 과업 내용을 정하기 어려운 물품이나 용역은 제안업체들과 협의해 과업을 확정하고 최적의 업체를 낙찰자로 선정하는 '경쟁적 대화 방식 입찰' 제도를 도입하였다. 또한 세포탈자 등의 입찰 참가자격을 제한하고 계약 체결 · 이행 과정에서 뇌물을 제공하거나 담합한 경우 최대 2년인 입찰 참가자격 제한 기간을 감

13) 접적 지역, 육지와 원거리에 위치한 낙도 및 무인도, 산간벽지 등이다.

경할 수 없도록 하였다.

6) 낙찰자 결정

낙찰자 결정 방식은 적격심사 낙찰제, 최저가 낙찰제, 종합낙찰제 등이 있다. 적격심사 낙찰제는 계약 담당 공무원이 국고의 부담이 되는 경쟁입찰 시 예정가격 이하로서 최저 가격으로 입찰한 자의 순으로 계약이행 능력 및 기획재정부 장관이 정하는 일자리창출 실적 등을 심사하여 낙찰자를 결정하는 방식이다. 최저가 낙찰제는 추정가격이 고시금액 미만인 물품입찰의 경우 예정가격 이하로서 최저 가격으로 입찰한 자를 낙찰자로 결정하는 방식이다. 종합낙찰제는 추정가격이 300억 원 이상인 공사, 「문화재수리 등에 관한 법률」에 따른 문화재수리로서 문화재청장이 정하는 공사의 경우 각 입찰자의 입찰가격, 공사수행 능력 및 사회적 책임 등을 종합 심사하여 합산점수가 가장 높은 자를 낙찰자로 결정하는 방식이다.

이외에도 전술한 바와 같이 2단계 경쟁입찰, 협상에 의한 계약을 통해 낙찰자를 결정하는 방식이 있다.

7) 계약의 체결

낙찰 통지를 받은 후 10일 이내에 계약을 체결한다. 계약서에는 담당 공무원이 기명날인하여야 하며, 다만 외국인과 계약을 체결하는 경우 기타 특별한 사유가 있는 경우에는 서명으로써 이에 갈음할 수 있다.[14] 낙찰자가 정당한 이유 없이 계약을 체결하지 않으면 입찰보증금 국고 귀속 및 부당업체로서 제재 조치가 이루어진다. 각 중앙관서의 장 또는 계약 담당 공무원은 국가와 계약을 체결하고자 하는 자로 하여금 계약보증금을 계약금액의 10% 이상을 납부하게 하여야 한다.

다만, ① 국가기관 및 지방자치단체, 공공기관 등 법령에 규정된 자와 계약을 체

14) 국가계약법 시행령 제49조는 계약서의 작성을 생략할 수 있는 경우를 다음과 같이 규정하고 있다. ① 계약금액이 3천만 원 이하인 계약을 체결하는 경우, ② 경매에 부치는 경우 ③ 물품매각의 경우에 있어서 매수인이 즉시 대금을 납부하고 그 물품을 인수하는 경우, ④ 각 국가기관 및 지방자치단체 상호 간에 계약을 체결하는 경우, ⑤ 전기 · 가스 · 수도의 공급계약 등 성질상 계약서의 작성이 필요하지 아니한 경우이다.

결하는 경우, ② 계약금액이 5천만 원 이하인 계약을 체결하는 경우, ③ 일반적으로 공정 · 타당하다고 인정되는 계약의 관습에 따라 계약보증금 징수가 적합하지 아니한 경우, ④ 이미 도입된 외자시설 · 기계 · 장비의 부분품을 구매하는 경우로서 당해 공급자가 아니면 당해 부분품의 구입이 곤란한 경우 등은 계약보증금의 전부 또는 일부를 면제할 수 있다(국가계약법 시행령 제50조).

8) 계약의 이행 및 대가 지급

공사 착공 시 착공 신고서와 공사공정 예정표를 제출해 승인을 얻어야 하며, 계약 담당 공무원은 계약의 적정한 이행을 확보하기 위해 계약서 및 설계서 등에 따라 감독해야 한다. 계약 상대자가 계약의 이행을 완료한 경우 그 이행을 확인하기 위해 계약 담당 공무원 혹은 지정받은 전문기관은 설계서, 계약서 등 관계 서류에 의해 검사를 해야 한다. 검사는 계약 상대자로부터 당해 계약의 이행을 완료한 사실을 통지받은 날부터 14일 이내에 완료하여야 한다. 다만, 기획재정부 장관이 정하는 경우에는 7일의 범위 내에서 그 검사기간을 연장할 수 있다.

대가의 지급은 국고의 부담이 되는 계약의 대가는 검사를 완료한 후 계약 상대자의 청구를 받은 날부터 5일 이내에 지급하여야 한다(국가계약법 시행령 제58조). 이 경우 계약 당사자와 합의하여 5일을 초과하지 아니하는 범위에서 대가의 지급 기한을 연장할 수 있는 특약을 정할 수 있으며, 천재 · 지변 등 불가항력의 사유로 지급 기한 내에 대가를 지급할 수 없게 된 경우에는 당해 사유가 소멸된 날부터 3일 이내에 대가를 지급하여야 한다. 기성 부분 또는 기납 부분에 대한 대가를 지급하는 경우에는 계약수량, 이행의 전망, 이행 기간 등을 참작하여 적어도 30일마다 지급하여야 한다.

각 중앙관서의 장 또는 계약 담당 공무원이 대금 지급 청구를 받은 경우 대가 지급 기한까지 대가를 지급하지 못하는 경우에는 지연이자를 지급해야 한다. 각 중앙관서의 장 또는 계약 담당 공무원은 공사의 도급계약을 체결할 때에는 전체 목적물을 인수한 날과 준공검사를 완료한 날 중에서 먼저 도래한 날부터 1년 이상 10년 이하의 범위에서 해당 공사의 하자보수를 보증하기 위한 하자담보 책임 기간을 정하여야 한다. 하자 검사는 하자담보 책임 기간 중 연 2회 이상 정기적으로 하자를 검사해야 한다.

4. 이의신청 제도

1) 이의신청

(1) 개 념

대통령령으로 정하는 금액 이상[15]의 정부조달계약 과정에서 해당 중앙관서의 장 또는 계약 담당 공무원의 국제입찰에 따른 정부조달계약의 범위와 관련된 사항, 입찰 참가자격과 관련된 사항, 입찰 공고 등과 관련된 사항, 낙찰자 결정과 관련된 사항, 그 밖에 대통령령으로 정하는 사항에 해당하는 행위로 불이익을 받은 자는 그 행위를 취소하거나 시정(是正)하기 위해 이의신청을 할 수 있다.

(2) 이의신청 절차

이의신청은 이의신청의 원인이 되는 행위가 있었던 날부터 15일 이내 또는 그 행위가 있음을 안 날부터 10일 이내에 해당 중앙관서의 장에게 이의신청을 한다. 해당 중앙관서의 장은 이의신청을 받은 날부터 10일 이내에 심사하여 시정 등 필요한 조치를 하고 그 결과를 신청인에게 통지하여야 한다.

2) 재심 신청

이의신청 결과에 불복하는 자는 통지를 받은 날부터 15일 이내에 국가계약분쟁조정위원회에 조정(調停)을 위한 재심(再審)을 청구할 수 있다.

---

15) 대통령령으로 정하는 금액은 공사 계약의 경우 30억 원, 물품 계약의 경우 1억 5천만 원, 용역 계약의 경우 1억 5천만 원 등이다.

3) 국가계약분쟁조정위원회

국가를 당사자로 하는 계약에서 발생하는 분쟁을 심사·조정하기 위하여 기획재정부에 국가계약분쟁조정위원회를 두고 있다. 위원회는 위원장 1명을 포함하여 15명 이내의 위원으로 구성되고, 위촉위원의 임기는 2년으로 하되, 연임할 수 있으며, 위원회의 위원은 그 위원과 직접 이해관계가 있는 안건의 심사·조정에 참여할 수 없다(국가계약법 시행령 제29조).

위원회는 심사·조정의 완료 전에 청구인 및 해당 중앙관서의 장과 그 대리인에게 의견을 진술할 기회를 주어야 하며, 필요한 경우에는 청구인 및 해당 중앙관서의 장과 그 대리인, 증인 또는 관계 전문가로 하여금 위원회에 출석하게 하여 그 의견을 들을 수 있다.

제 3 절 정부조달의 변화 방향

제4차 산업혁명 시대에 신산업 발전과 융합상품의 등장에 따라 고객 수요가 급변하고 있어 고객과 적극적으로 소통하는 조달체계 마련의 필요성이 증가하고, 대규모의 공공 구매력을 활용하여 혁신 성장과 사회적 가치 구현 등 정부정책 지원을 위해 조달청의 적극적인 역할이 필요하다. 즉, 고객 요구에 선제적으로 대응하고, 가격과 품질 등 조달 핵심 기능과 정책지원 기능을 조화롭게 추진하기 위한 노력이 요구된다.

조달청은 2018년 약 123조 원에 이르는 공공 구매시장에서 공정한 조달시장 질서 확립, 일자리 창출 중심의 조달 제도 운영, 공공 조달을 통한 신산업 육성 및 중소기업 성장지원 등 조달 혁신을 통해 사회적 책임을 강화하고, 경제 활성화를 지원하기 위한 정책을 수립·추진하고 있다(행정안전부, 2019). 즉, '투명·공정 조달'의 기본 가치는 살리면서 국가 산업·경제정책의 체계적 지원을 위한 조달정책 기능 강화와 함께 고객 중심의 고품질 조달 서비스 제공으로 선진형 조달 체계를 확립해 나가야 할 것이다.

이를 위해 다음과 같은 노력이 요구된다(조달청, 2018b; 2019b).

첫째, 특히 국내 조달시장 경쟁이 갈수록 치열해지는 상황에서 우수 조달기업의 수출 지원을 확대하고 국제 협력을 강화하여 글로벌 조달시장에 우리 기업이 진출할 수 있도록 교두보 역할을 충실히 수행해 나가야 한다.

둘째, 창업・벤처기업의 혁신성장 지원 등 공정한 조달환경 조성, 전문적・효율적 조달 서비스 제공 및 제4차 산업혁명 대응을 위해 「고객중심 조달행정 발전 방안」을 지속적으로 수립하고 추진해 나가야 한다.

셋째, 서비스 상품의 다양성 확대를 위해 기관과 협업을 강화하고, 상품 개발인력 확충 및 새로운 트렌드, 시장조사, 마케팅 등에 대한 지속적 교육 및 개선 노력이 필요하다.

넷째, 전자조달시스템(나라장터)의 웹 접근성과 호환성을 지속적으로 개선해 나가야 한다. 나라장터는 웹을 통해 이루어지는 바, 시스템 및 호환성 개선을 통해 이용자의 불편을 해소해 나감으로써 고객가치 제고를 위한 전자조달시스템의 지속적인 개선 노력이 요구된다.

[부 록]

표 16-7 나라장터 운영 현황

구 분 \ 연도별			2012	2013	2014	2015	2016	2017
거래 규모(억 원)			667,367	727,588	673,250	745,643	780,685	877,022
입찰 공고	전체 공고	기관 수	15,806	16,522	16,457	17,774	180,630	19,800
		건수	410,929	410,144	378,291	405,745	442,106	499,318
	연계 공고	기관 수	479	480	541	684	694	507
		건수	51,283	53,795	55,958	64,333	84,193	93,649
전자입찰		집행 건수	292,195	279,648	238,399	246,960	265,387	296,335
		참가자 수	23,952,849	23,482,612	20,640,221	24,085,913	27,584,647	33,437,546
전자계약		기관 수	14,721	15,516	15,862	16,700	24,611	18,731
		건수	698,820	713,523	684,305	711,461	761,162	864,859
전자 납품확인 요청 건수			1,662,324	1,699,141	1,679,222	1,719,259	1,687,055	1,823,263
전자 보증서 접수 건수			723,082	806,956	825,052	958,088	1,120,511	1,271,113
G4C 이용 건수 (사업자등록증, 시국세 증명)			930,814	1,040,758	1,093,655	1,564,400	1,677,019	1,666,616

출처: 조달청(2018: 427).

참고문헌

[국내 문헌]

감사원(2005). 『IT감사 매뉴얼』.

______(1982). 『국가 발전에 있어서 감사원의 지원적 역할』.

감사원 감사연구원(2013). 『바람직한 감사원상과 OECD국가의 감사원』.

강명구(2009). 공공성의 작동 원리: 허쉬만적 해석으로부터의 교훈. 『한국행정학회 동계학술대회 발표논문집』.

강봉균(1983). 영점기준 예산 방식에 의한 국가예산 개혁. 최광(편). 『국가예산과 정책목표』. 서울: 한국개발연구원.

______(1981). 중기재정계획제도. 『국가예산과 정책목표』. 서울: KDI.

강신택(2009). 논의의 배경과 의의. 한국행정연구원. 『한국의 행정이념과 실용행정』. 서울: 법문사.

______(2006). 『재무행정론』(전정판). 서울: 박영사.

______(2000). 『재무행정론』. 서울: 박영사.

______(1992). 예산심의에 있어서 국회 상임위원회와 행정부처 간의 상호작용: 제13대 국회 1988-1992. 『행정논총』, 30(1).

______(1990a). 예산담당 공무원의 역할에 관한 연구. 『행정논총』, 28(2).

______(1990b). 예산 결정에 관한 연구. 『행정논총』, 28(1).

______(1988). 정치환경과 행정 기능. 『행정논총』, 26(1).

______(1981). 『사회과학 연구의 논리』. 서울: 박영사.

______(1975). 한국 공무원의 예산 절차상의 행태. 『행정논총』, 13.

______(1974). 한국 국회의 예산심의 과정: 제6대 국회. 『행정논총』, 12.

______(1969). 계획예산제도의 구조. 『행정논총』, 7(2).

강신택 · 유훈(1987 · 1981 · 1973). 『재무행정학』. 서울: 서울대학교출판부.

강인재(1987). 지방정부 공공지출의 결정 요인과 결정 과정에 관한 연구. 서울대학교 박사학위 논문.

______(1985). 정책결정 요인 연구에 관한 소고. 『전북행정학보』.

강인재 · 민진 · 윤영진(편역)(1985). 『예산이론』. 서울: 대왕사.

강현수(2005). 『성과예산 실무』. 서울: 삼일인포마인사업부.

강호진(2004). 문화복지 서비스에 대한 주민만족도 결정 요인. 『한국행정학보』, 38(2).

경제기획원(1988). 『공기업백서』.

______(1987). 『1987년도 예산 개요』.

______(1984). 『예산정책과 선진국의 재정정책 및 예산제도 비교연구(보고서)』.

______(1984.4). 『예산정책협의회 운영』.

______(1982). 『개발 연대의 경제정책: 경제기획원 20년사』. 서울: 삼성인쇄주식회사.
______(1982.6). 『국가예산 개혁작업 추진 개요』.
______(각 연도). 『예산개요 및 참고자료』.
경제기획원 예산실(1983). 『83중기재정계획(1983－1986)』.
고명철 · 최상욱(2012). 삶이 질(QoL) 연구의 행정학적 함의와 제언. 『한국행정학보』, 46(4).
고제규(2006). 대통령 노릇 못해 먹게 생겼네. 『시사저널』, 894(2006.12.12).
공공기관의 운영에 관한 법률. 법률 제16092호 일부개정 2018.12.31.
공보처(1997). 『문민정부 5년 개혁백서』. 서울: 대동문화인쇄.
공유재산 및 물품관리법. 법률 제15794호 일부개정 2018.10.16.
곽상경 외(1992). 『포항제철과 국민경제』. 서울: 수정당.
곽태원(2008). 조세의 시대적 역할과 현 시대의 조세정책의 방향. 한국재정학회 세제개편위원회. 『한국 경제 선진화를 위한 세제개혁』. 서울: 해남.
관계부처합동(2018.11). 『"핵심사업 평가" 추진계획』.
구영록(편저)(1988). 『국가흥망론』. 서울: 어문각.
국가를 당사자로 하는 계약에 관한 법률. 법률 제15219호 일부개정 2017.12.19.
국가계약법 시행령. 대통령령 제29360호 일부개정 2018.12.11.
국가재정법. 법률 제15342호 일부개정 2018.1.16.
국가회계기준에 관한 규칙(2019). 기획재정부령 제732호 일부개정 2019.3.27.
국가회계법. 법률 제15285호 일부개정 2017.12.26.
국경복(2015). 『재정의 이해』. 서울: 나남.
국고금관리법. 법률 제14464호 일부개정 2016.12.27.
국무조정실(2007.12). 『정부업무평가 백서』.
국세청(2005 · 1999). 『국세통계연보』.
______(1986). 『국세청 20년사』.
국정홍보처(2003). 『국민의 정부 5년 국정자료집 2(경제)』.
국회도서관 입법조사국(1974). 『주요국의 예산제도』.
국회도서관 자료국(1988). 『미 의회의 의사절차와 정책심의 과정』.
국회예산결산특별위원회. 『1991년도 예산안 · 결산심의 개요』.
국회예산정책처(2019). 『2019 대한민국재정』.
______(2019). 『2019~2050년 NABO 장기 재정전망』.
______(2018a). 『대한민국재정 2018』.
______(2018b). 2018년 NABO 중기 재정전망: 2018~2027. 『NABO 브리핑』 제44호.
______(2018c). 『2019년도 예산안 분석 종합』.
______(2012.5). 『주요국의 예산제도』.
______(2011). 『우리나라 세계잉여금 처리의 문제점 및 개선방안』. 용역보고서.
______(2006). 『대한민국재정 2006』.
권오성(2008). Top－down 예산제도의 실효성 확보 방안에 관한 연구. 『재정선진화의 방향과 과제

(한국행정연구원 등 2008년 동계공동학술대회 논문집)』.
권지현(옮김)(2012). 『누가 세계를 지배할 것인가?』. Jacques Attali. 서울: 청림출판사.
권해호(2011.2). 예산법률주의의 도입 방안 연구. 『한국지방정부학회 2010년도 동계학술대회 자료집』.
기획예산위원회 공보관실(1999.2). 『성과주의예산제도 추진 방안』.
기획예산위원회 · 예산처(1999). 『한국의 재정 1999』. 서울: 매일경제신문사.
기획예산처(2008). 『2008년도 예산개요 참고자료』.
______(2006a). 『2006~2010년 국가재정 운용계획 수립지침』.
______(2006b). 『2006 나라살림(2006년 예산 개요)』.
______(2006c). 『2006 나라살림(2006년 예산개요 참고자료)』.
______(2006d). 2007년도 예산안 편성지침 및 기준. 2006.3.
______(2006e). 『2006~2010년 국가재정 운용계획』. 2006.10.
______(2004). 기획예산처 보도자료: 주요 재정사업 성과계획서를 작성하여 예산편성에 활용. 「2004년도 성과관리제도 시행지침」 마련(2004.5.10).
______(2004.4). 기획예산처 보도자료(4월 27일).
______(2002a). 『국민의 정부 공공백서』.
______(2002b). 『2002 공공개혁백서』. 서울: 일지사.
______(2002.2.24). 『사전 재원배분제도 도입』.
______(2001.6). 『2002년도 성과계획서 및 2000년도 성과보고서 작성지침』.
______(2000a). 『2000년도 예산개요』.
______(2000b). 『2000년도 예산개요 참고자료』.
______(1999). 1999년 7월 15일 보도자료: 성과주의예산제도 시범사업 실시.
기획예산처장관 진념(1997). Back to the Basic－대한상공회의소 최고경영자대학 강좌(1997.7.17).
기획예산처 재정운용실(2007). 『2008~2012년 국가재정 운용계획 수립지침』.
기획재정부(2019). 『월간재정동향』, 60. 2019.1.
______(2018a). 『2018 나라살림 예산개요』.
______(2018b). 보도자료. 2018.12.7.
______(2018c). 『2018년도 나라살림 예산개요 참고자료』.
______(2017c). 국고금관리법 시행령. 2017.12.29. 대통령령 제28515호.
______(2017b). 『2017~2021년 국가채무 관리계획』. 2017.9.
______(2014). 『원가계산에 관한 지침』. 기획재정부예규 제207호.
______(2013.2) 보도자료: 2012회계연도 총세입 · 총세출부 마감.
______(2013.1). 『2012년도 재정사업 자율평가 지침』.
______(2012a). 『국가회계제도 개혁 백서』.
______(2012b). 『2012년도 예산개요 참고자료』.
______(2011.10). 재정통계 개편, 기획재정위원회 설명자료.
______(2010). 『2013~2017년 국가재정 운용계획』.
______(2008a). 『2008년도 재정사업 자율평가 매뉴얼』.

______(2008b). 『2009년도 예산안편성지침』.
______(2008c). 『2008년도 나라살림(예산개요 참고자료)』.
기획재정부 예산실(1997). 『97년 한국의 재정』. 서울: 매일경제신문사.
김경한(2004). 목표관리제의 운영 실태 및 효과성 평가연구. 『한국정책학회보』, 13(1).
김광웅(1989). 의회와 행정부의 관계 원형. 박동서 · 김광웅(공편), 『의회와 행정부』. 서울: 법문사.
______(1983). 『행정과학서설』. 서울: 박영사.
김근세 · 오수길 · 정용일(1998). 한국 중앙행정기구 변화의 정치경제. 『한국행정학회보』, 32(3).
김길조(2003). 『ACL을 활용한 전산감사』. 서울: 법영사.
김남주 외(옮김)(1966). 『정부예산의 이론과 실제』. 서울: 교학사.
김대철 · 박승준(2015). 국가재정운용계획 11년 운영평가 및 과제. 『제도와 경제』, 9(1).
김도훈 외(1988). 『행정학개론』. 서울: 대영문화사.
김도훈(옮김)(1987). 『경제의 정치적 통제』. E. R. Tufte. 서울: 대영문화사.
김동건(1997). 『비용편익분석』. 서울: 박영사.
______(1984 · 1996). 『현대재정학』. 서울: 박영사.
김민주(2011). 공적개발 원조의 유형별 예산 변화에 대한 패턴 분석. 고려대학교 박사학위 논문.
김번웅 · 김만기 · 김동현(1991). 『현대한국행정론』. 서울: 박영사.
김상헌(2006). 우리나라의 조세지출에 대한 이해: 조세지출과 예산지출의 관계를 중심으로. 『하계 공동학술대회 발표논문집(15): 한국행정학 50년』. 한국행정학회(2006.6.16~17).
김석준 외(2000). 『뉴거버넌스연구』. 서울: 대영문화사.
______(1975). 예산전략 결정자에 대한 영향요인 분석 소고. 『행정논총』, 13(1).
김성태(2014). 재정의 지속가능성에 대한 평가 및 시사점. 『재정 건전성의 평가 및 정책 과제』. 세종: KDI.
______(2008). 우리나라 중기재정계획의 실효성 제고 방안. 『재정학연구』, 1(4).
______(1992). 시정부 정책결정 요인분석. 『한국행정학회 하계 학술대회 발표 논문집』.
김수영(1988). 『행정개혁론』. 서울: 박영사.
김신복(1983 · 1999). 『발전기획론』. 서울: 박영사.
김영섭(1975). 사회계발지표의 행정행동화에 관한 연구. 명지대학교 박사학위 논문.
김영조(1988). 지방정부 예산결정 행태. 『한국행정학보』, 22.
______(1984). 지방재정 지출 변화 실태. 『법대논총』, 22.
김영평(1991). 『불확실성과 정책의 정당성』. 서울: 고려대학교출판부.
김영훈(편저)(1992). 『재무행정논집』. 서울: 정훈출판사.
______(1980). 현행 예산제도의 문제점과 그 개선 방향. 『연세행정논총』, 6.
______(1973). 예산결정이론에 대한 일고찰. 『연세논총』, 10.
______(1972). 『예산의 결정과 PPBS』. 서울: 연세대학교출판부.
김완순(1987). 한국 재정정책의 전망과 발전 방향. 『한국조세연구』, 3.
______(1986). 『재정학』. 서울: 다산출판사.
______(1983). 『세제와 사회개발』. 서울: 정음사.

김왕식 외(옮김)(1999). 『민주주의』. 서울: 동명사. 원저: Dahl, Robert. *On Democracy*(New Haven: Princeton University Press, 1998).
김용만(2012). 예산법률주의 도입을 통한 재정민주주의 확립에 관한 연구. 『한국행정사학지』, 30.
김용식 · 김지엽(2018). 『국가재정운용계획의 운영현황과 제도개선방안 연구』. 국회예산정책처 연구용역보고서.
김 인(1986). 공공서비스 배분의 결정 요인과 형평성에 관한 연구. 서울대학교 박사학위 논문.
김인자 · 박형준(2016). 단절균형모형을 통한 생명공학정책 국가 R&D 예산지출 변동 요인 연구. 『한국정책학보』, 25(2).
김정렴(1985). 『한국경제정책30년사』. 서울: 한국경제신문사.
김정미 · 이강구(2013). 해외 주요국의 재정준칙 운용동향과 정책시사점. 『경제현안분석』, 84. 국회예산정책처.
김종림(1985). 입법 과정을 지배하는 불문율. 박동서(엮음). 『의회와 입법 과정』. 서울: 법문사.
김중위 · 최광(엮음)(1984). 『국가예산과 정책목표』. 서울: 한국개발연구원.
김철수(1988 · 1989). 『헌법학개론』. 서울: 박영사.
______(1988.9). 국정감사권과 감사원의 기능. 『계간 감사』, 15.
김철희(2005). 정부지출 변동의 패턴과 결정 요인에 관한 연구. 『한국행정학보』, 39(3).
김춘수(2018). 『국가재정』. 서울: 도서출판 동연.
김춘엽(1987). 한국 국회의 입법 정보지원 체계 분석. 서울대학교 행정대학원 석사학위 논문.
김태일(2014). 『재정은 어떻게 내 삶을 바꾸는가』. 서울: 코난북스.
______(2013). 『국가는 내 돈을 어떻게 쓰는가』. 서울: 웅진지식하우스.
김해식(1985). 한국 도시생활의 질에 대한 주관적 만족도와 객관적 향상도에 대한 분석. 『사회조사연구』, 4(1).
김 혁(1996). 『현대정보시스템감사론』. 서울: 무역경영사.
김현구(1990). 효율적 국정감사 체계의 확보 방안. 『한국행정학보』, 24(3).
김현우(2001). 『한국국회론』. 서울: 을유문화사.
김현조 외(옮김)(1988). 『행정학』, G. E. Caiden. 서울: 형설출판사.
김홍기(1985). 조세의 행정구제제도 개선에 관한 연구. 서울대학교 행정대학원 석사학위 논문.
김홍걸(1988.9). 국정감사와 감사원감사의 비교 검토. 『계간 감사』, 15.
김홍율(1998). 신공공관리개혁과 성과감사. 『한국행정연구』, 7(3).
나라장터 홈페이지. http://www.g2b.go.kr, 2019.2.11.
나중식(2007). 『재무행정론』(전면개정판). 서울: 형설출판사.
______(2006). 『재무행정론』, 서울: 형설출판사.
남궁근(1994). 우리나라 지방정부 지출 수준의 결정 요인. 『한국행정학보』, 28(3).
노진덕(2009). 한국의 성과관리예산제도의 평가와 발전방안 모색. 『한국정책연구』, 9(3).
노화준(2007). 『정책학원론』. 서울: 박영사.
______(1991). 『정책평가론』. 서울: 법문사.
대통령공보비서실(1965). 『박정희대통령연설문집』 제1집. 서울: 동아출판사.

대통령자문 전자정부특별위원회(2003). 『전자정부백서』.
대통령자문 정부혁신지방분권위원회(2005). 『참여정부의 재정세제 개혁』.
대한민국 교육부 국사편찬위원회(1974). 『자료 대한민국사 7』. 서울: 탐구당.
대한민국 국방부(1988). 『국방백서』.
대한민국정부(2018). 『2018~2022년 국가보증채무관리계획』.
______(2013). 『2013년도 기금운용계획』.
______(2012.6). 『2012년도 조세지출예산서』.
______(2011). 『2011년도 성인지예산서』.
______(2008). 『2009년도 수정기금운용계획안』.
______(1987). 『제6차 경제사회발전 5개년계획: 수정계획(1988~1991)』.
대한민국학술원(2004). 『한국의 학술연구: 행정학』. 서울: 선명인쇄주식회사.
로버트 D. 호메츠(조기성 옮김)(2009) 『자유의 대가』. 서울: (주)미래사.
류덕현(2013). 재정준칙의 재정건전화 효과분석. 『재정학연구』, 6(1).
______(2012). 재정준칙별 재정건전화 효과분석. 『한국정책학회 하계학술발표논문집』.
매일경제신문(2006). 부동산세, 지방세로 이전을. 2016.8.8.
______(1998). 새해 무엇이 달라지나(1) 세제. 1998.12.30.
문영세(1995). 중기개발계획과 예산의 연계성에 관한 연구. 서울대학교. 박사학위 논문.
문희갑(1984). 재정 역할의 재정립과 향후 정책과제. 김중웅 · 최광(엮음), 『국가예산과 정책목표』. 서울: 한국개발연구원.
박노옥 · 원종학 · 김진 · 박명호(2008). 『재정성과관리제도의 현황과 정책과제』. 한국조세연구원.
박동서(1987). 『한국행정론』(제2전정증판). 서울: 법문사.
박동서(엮음)(1985). 『의회와 입법과정』. 서울: 법문사.
박란준(1987). 한국 부가가치세 행정의 평가와 그 합리화 방안. 서울대학교 석사학위 논문.
박문옥(1972). 『재무행정론』. 서울: 박영사.
박민정 · 박중훈(2008). 재정사업자율평가제의 영향분석. 『재정선진화의 방향과 과제(한국행정연구원 등 2008년 동계공동학술대회 논문집)』.
박병식(1988). 주관적 행정평가에 관한 연구: 주관적 삶의 질을 중심으로. 『한국행정학보』, 22(2).
박성환 · 이종운 · 양준선 · 이도희 · 임영제 · 배수진(2018). 발생주의 국가회계제도 도입 이후 현황 진단과 개선방안. 『정부회계연구』, 16(1).
박영희(1989 · 1983). 『재무행정론』. 서울: 다산출판사.
______(1982). 예산배정의 결정이론에 관한 연구. 『행정연구』, 6. 건국대학교 행정대학원.
______(1979). 미국에 있어서 예산개혁의 전개 과정. 『연구논총』, 7. 건국대학교.
박영희 · 김종희(2006). 『신재무행정론』(제2판). 서울: 다산출판사.
박우룡(2008). 『영국인의 문화와 정체성』. 서울: 소나무.
박재창(1995). 『한국의회행정론』. 서울: 법문사.
______(1985). 관료적 권위주의 체제하의 국회위원회 기능. 박동서(엮음), 『의회와 입법 과정』. 서울: 법문사.

박종구(1991). 지방정부를 위한 예산이론의 모색. 『한국행정학보』, 25(1).
박종기(1985). 경제 성장과 법인세의 역할. 차병권 · 최광(편저), 『한국 조세의 연구』. 서울: 세정신보사.
박종기 · 고일동(1985). 조세정책과 세제개혁. 차병권 · 최광(편저), 『한국 조세의 연구』. 서울: 세정신보사.
박태균(2008). 『원형과 변동: 한국경제개발계획의 가원』. 서울: 서울대학교출판부.
박형수 · 류덕현(2006). 『재정준칙의 필요성 및 도입 방안에 관한 연구』. 한국조세연구원 연구보고서.
박형수 · 류덕현 · 박노욱 · 배웅기 · 홍승현(2012). 『재정제도 및 재정운용 시스템의 개선』. 한국조세연구원.
박호근(1992.9). 기업의 목줄을 쥔 세무행정의 칼자루. 『월간조선』.
박홍윤(2009). 『전략적 기획론』. 서울: 대영문화사.
배득종(2006). 재무행정. 한국행정학회, 『한국 행정학 50년』. 서울: 조명문화사.
______(2005) 『신재무행정』(제2개정판). 서울: 박영사.
______(1992). 『공공선택론』. 서울: 나남.
______(1990). 조세환상이 공공선택에 미치는 영향. 『한국행정학보』, 24(2).
배병룡 · 이시원(1988). 정부 불신의 원인과 결과. 『한국행정학보』, 22(2).
백강수(1982.4). 조세쟁송의 합리화를 위한 입법론적 고찰. 『국세』.
백완기(2008). 공공성에 대한 다양한 시각. 한국행정연구원. 『새로운 시대의 공공성 연구』. 서울: 법문사.
______(1988). 『행정학』(전정판). 서울: 박영사.
______(1980). 예산에 있어서 자원배분 문제. 『법률행정논집』, 18.
백웅기(2016). 우리나라 재정준칙의 도입 방안. 『국회입법조사처, 입법과 정책』, 8(1).
백원구(1983). 현행 세제의 당면 과제와 1982년도 세법 개정. 최광(편), 『국가예산과 정책목표』. 서울: KDI.
부산일보(2018). 세금먹는 백양. 수정산터널 시의회 예산 전액 삭감 감수. 2018.12.3.
사공일 · L. P. Jones(1981). 『경제 개발과 정부 및 기업가의 역할』. 서울: KDI.
삼성경제연구소(2011). 『재정위기 방지를 위한 유용한 수단』. 재정준칙. 연구보고서.
______(1999). 『IMF 체제 2년간의 경제사회 변화』.
______(옮김)(1993). 『정부혁신의 길』. D. Osborne & T. Gaebler. 서울: 삼성경제연구소.
서재호 · 김혜정 · 이승종(2012). 지방정부의 가치 지향으로서 커뮤니티 웰빙에 대한 연구. 『한국행정학보』, 46(1).
서준호(1985). 현행 부가가치세가 소득분배에 미치는 영향. 차병권 · 최광(편저), 『한국 조세의 연구』. 서울: 세정신보사.
선병완 · 양규혁(2003). 『세법의 이해』. 서울: 영화조세통람.
성낙문(2012.11.24). 밑 빠진 독에 물 붓는 택시 해법. 『경향신문』.
성낙인(2012). 『헌법학』. 파주: 법문사.
______(1983.9). 감사원의 독립과 국민의 알 권리. 『계간 감사』, (15).
성명재(2011). 소득분배 개선을 위한 조세 · 재정정책 방향. 『응용경제』, 13(2).

______(2000). 『외환위기 발생 후 2년간의 소득 소비 패턴 및 개인세 부담의 변화 분석』. 서울: 한국조세연구원.
성용락(2004). 성과감사의 의의와 적용 기준. 『계간 감사』, 83.
______(1990.12). 감사의 현대적 의의 및 한계. 『계간 감사』, 24.
소영진(2008). 공공성의 개념적 접근. 한국행정연구원. 『새로운 시대의 공공성 연구』. 서울: 법문사.
송건섭(2008). 광역생활권의 삶의 질(QOL) 영향 요인: 대구와 시애틀지역을 중심으로. 『한국행정논집』, 20(3).
송병락(1981). 『한국경제론』. 서울: 박영사.
송영달(1984). 재무행정의 개념과 석사 교과과정에 관한 소고. 『한국행정학보』, 18.
송인상(1994). 『회남 송인상 회고록: 부흥과 성장』. 서울: 21세기북스.
송하중(2000). 정부개혁을 위한 전략적 접근. 『관료제의 반성과 대안, 2000년도 추계 학술대회 발표논문집』. 한국행정학회.
신도철(1994). 민주화와 삶의 질의 변화. 『사회과학과 정책연구』, 16(1). 서울대사회과학연구소.
신무섭(2009a). 그리즐의 예산 형식과 예산 결정. 권오성 외 공저, 『현대지방재정의 주요이론』. 서울: 대영문화사.
______(2009b). 유훈 교수님의 재무행정 연구. 한국행정학회 재무행정연구회: 학맥찾기<유훈 교수님> 한국행정학회 하계학술발표회(5회의, 6월 26일).
______(2007). 한국 지방자치단체 지출 수준의 결정 요인. 『한국행정논집』, 19(3).
______(2001). 『재무행정학』, 서울: 대영문화사.
______(1987). 사회복지비 결정 요인에 관한 연구. 『사회과학연구』, 14. 전북대학교.
______(1986). 예산결정모형으로서의 점증주의에 관한 연구 경향과 평가. 『한국행정학보』, 20(1).
______(1985). 한국 행정부의 예산안 결정 과정에 있어서 점증주의 행태에 관한 연구. 서울대학교 박사학위 논문.
______(1982). 예산결정 과정에 관한 연구: 'A'시를 중심으로. 『사회과학연구』, 9. 전북대학교.
신무섭 · 홍성영(1989). 의료보장에 대한 수혜자의 태도와 생활만족도에 대한 연구. 『한국행정학보』, 23(2).
신장섭 · 장하준(2004). 『주식회사 한국의 구조조정』. 서울: 창비.
신재원(2011). 『예산개혁론』. 서울: 세명서관 시대와 연대.
______(1989). 한국 재정지출의 공공선택론적 분석. 건국대학교 박사학위 논문.
______(1984). 예산심의 과정에 있어서 의원 활동과 사무처 지원에 관한 연구. 전북대학교 석사학위 논문.
심상달(1988). 정부 지출의 수혜분포 분석. 곽태원 · 이계식, 『국가예산과 정책목표』. 서울: KDI.
심석무(1985). 국제경쟁력 및 기업 체질 강화를 위한 세제 개편 방안. 『한국조세연구』, 1.
심정근(1983a). 『정부예산론』. 서울: 법문사.
______(1983b). 『재무행정론』. 서울: 조세정보사.
______(1981). 『지방재정제도론』. 서울: 법문사.
______(옮김)(1982). 『예산과정의 정치론』. A. Wildavsky. 서울: 조세정보사.

______(1981). 『예산정책』. D. J. Otto & A. Otto. 서울: 법문사.
안병만(1985). 『한국정부론』. 서울: 다산출판사.
안병영(1980). 사회복지정책의 가치 정향과 사회과학. 『한국정치학보』, 14.
안병영 · 정무권 · 한상일(2007) 『한국의 공공부문』. 춘천: 한림대학교출판부.
안성민(2005). 주민참여예산제도 포르투알레그레시의 사례. 『지방재정』, 134.
안용식(1984). 『현대공기업』. 서울: 박영사.
안종범(1997). 경제 정의를 위한 조세정책. 최 광 · 현진권(엮음). 『한국조세정책 50년』. 서울: 한국조세연구소.
안진환(옮김)(2012). 『3차 산업혁명』. Jeremy Rifkin. 서울: 민음사.
안해균(1986). 행정개혁의 이론화를 위한 시론. 『행정논총』, 24(2).
안해균(옮김)(1987). 『행정국가와 관료제』, F. M. Marx. 서울: 박영사.
양무목(1984). 한국의 의회정치와 정치 발전에 관한 연구. 『한국정치학회보』, 18.
양성욱 · 노연희(2012). 사회서비스의 공공성은 무엇을 의미하는가? 『사회복지연구』, 43(1).
양영철(1983). 우리나라 의회 내 정책평가 시스템의 제도화와 활용 방안에 관한 연구. 서울대학교 석사학위 논문.
오무근(1990). 행정오류의 진단 및 시정에 있어서 국회의 역할. 『한국행정학보』, 24(1).
오석홍(2014). 『행정개혁론』(제8판). 서울: 박영사.
오석홍 외(1980). 『조직이론』. 서울: 박영사.
______(편)(2000). 『행정학의 주요 이론』. 서울: 법문사.
오승용(2004). 한국 분점정부의 입법과정 분석. 『한국정치학회보』, 38(1).
오연천(2008). 재정운용 시스템의 개선. 최병선 · 최종운(엮음). 『국가운영 시스템: 과제와 전략』. 서울: 나남.
______(1988.10). 조세 정의 실현과 세제 개편. 『전망』.
______(1987 · 1981). 『한국지방재정론』. 서울: 박영사.
______(1985). 부가가치세를 위시한 간접세 체계의 개혁이 계층별 부담 배분에 미치는 영향에 대한 연구. 차병권 · 최광(편저). 『한국 조세의 연구』. 서울: 세정신보사.
오연천 · 박영희(1985). 재무행정론의 연구 영역에 관한 소고. 『한국행정학보』, 19.
오철기(2014). 재정위기 방지를 위한 재정준칙 도입방안에 관한 연구. 전북대학교 석사학위 논문.
오철기 · 주상현 · 최선복 · 김상욱(2018). 우리나라 재정준칙 도입 방안에 관한 시론적 연구: 재정 건전화 법안(정부안)을 중심으로. 『한국비교정부학보』, 22(4).
옥동석(2010). 한국의 정부부채, 왜 논란이 거듭되는가? 『한국경제포럼』(한국경제학회).
______(2010). 『이명박 정부의 재정개혁: 평가와 과제』. 서울: 자유기업원.
______(2007). 일반정부의 분류 기준과 쟁점. 『한국지방재정논집』, 12(2).
______(2006). 일반정부 산정 기준과 주요 쟁점. 『하계 공동학술대회 발표논문집』, 18.
우명동(옮김)(1990). 『현대 국가의 재정위기』. J. O'Connor. 서울: 이론과실천.
우병규(1983). 『각국 의회의 비교』. 서울: 일조각.
원구환(2016). 『재무행정론』. 서울: 대영문화사.

원윤희(2008). 조세행정. 한국행정연구원, 『한국행정 60년 제2권: 국정관리』. 서울: 법문사.
______(1998). 조세제도의 개혁과 세정의 합리화 방안. 이계식 · 황성현(엮음), 『재정개혁』. 서울: 한국개발연구원.
원종학(2013). 재정사업 성과관리의 현황과 과제. 새 정부의 성과관리. 『한국평가분석학회 · 한국자치행정학회 등 2013년 하계학술대회 발표논문집』.
원종학 · 성명재(2007). 『소득분배 격차 확대의 원인과 정책대응 방향』. 서울: 한국조세연구원.
유금록(2011). 재정의 지속가능성의 평가. 『한국행정학보』, 45(3).
______(2007a). 한국의 중앙정부예산에 있어서 정책단절의 시계열분석. 『한국행정학보』, 41(2).
______(2007b). 한국과 일본의 중앙정부 세출예산에 있어서 단절균형분석. 『정책분석평가학보』, 17(3).
______(1999). 지방재정교부금이 지방정부 지출에 미치는 영향에 관한 최근 연구 경향과 평가. 『한국자치행정학보』, 13(1).
______(1979). 기획예산담당관실에 관한 연구. 서울대학교 석사학위 논문.
유병욱(1991a). 정치적 경기순환에 의한 불균형 예산의 결정 요인에 관한 연구. 서울대학교 박사학위 논문.
______(1991b). 치안지출 결정의 시계열 분석. 『한국행정학보』, 25(1).
유시권(1997). 『한일 국세행정의 비교평가』. 서울: 한국조세연구원.
유한성(1988.10). 복지국가 시대의 조세제도. 『전망』.
유한옥(2008). 근로장려세제의 최적 설계에 관한 연구. 『한국개발연구』, 30(1).
유 훈(2007). 『재무행정론』(제6정증보수판). 서울: 법문사.
______(2003). 『재무행정론』(제6정판), 서울: 법문사.
______(2000). 『공기업론』. 서울: 법문사.
______(1986.12). 정책감사의 의의와 성과. 『계간 감사』, 8.
______(1982). 예산과정의 점증주의. 『행정논총』, 20.
______(1981). 『행정학원론』(제4개정판). 서울: 법문사.
______(1978). 한국 예산제도의 문제점과 그 개선 방향. 『행정논총』, 16.
______(1977b). 예산의 이용, 전용, 이월에 대한 연구. 『행정논총』, 15.
______(1974). 예비비제도 운영 실태에 관한 연구. 『행정논총』, 12.
______(1973). 『예산제도론』. 서울: 박영사.
______(1972). 예산결산위원회에 관한 연구. 『행정논총』, 10.
______(1963 · 1984 · 1992). 『재무행정론』. 서울: 법문사.
유훈 · 조택 · 김재훈(2012). 『재무행정론』. 서울: 법문사.
윤근섭 외(1988). 전북지역 주민의 의식구조 및 지역사회 발전에 관한 연구. 『사회과학연구』, 14. 전북대학교.
윤기웅 · 유승현(2018). 감사종류의 변화과정에 대한 행정사적 고찰. 『한국행정사학지』, 43.
윤영관(1999). 『21세기 한국 정치경제모델』. 서울: 신호.
윤영진(2018). 『새재무행정학 2.0』. 서울: 대영문화사.
______(2008a). 『새재무행정학』(제4판). 서울: 대영문화사.

______(2008b). 디지털 예산회계 시스템 구축. 오석홍. 『행정개혁실천론』. 서울: 법문사.
______(2006). 『새재무행정학』(제3판). 서울: 대영문화사.
______(1998). 『새재무행정론』. 서울: 대영문화사.
______(1991). 한국의 경제성장 과정에서의 정부의 개입과 지대추구 활동에 관한 연구. 서울대학교 박사학위 논문.
윤은기(2012). AHP기법을 이용한 삶의 질 평가 요인들의 상대적 중요성 분석. 『한국행정학보』, 46(2).
윤재풍 · 정용덕(옮김)(1987). 『행정학』. 서울: 박영사.
윤형섭(1988). 국회의원 선거제도의 변천 과정. 한국정치학회(엮음), 『현대한국정치론』. 서울: 법문사.
이경섭(1992.6). 공공부문 감사기법. 『계간 감사』, 30.
이경섭 · 김오수(2013). 『정부계약: 개념판례, 예규, 감사사례』. 고양: 유석출판사.
이경숙(2008). 『대통령인수위보고서』. 제17대 대통령인수위원회.
이계식 · 문형표(1995). 『정부혁신』. 서울: 한국개발연구원.
이계식 · 배준호(1986). 우리나라의 간접세 부담분포 분석. 곽태호 · 이계식(엮음). 『조세정책과 세제 발전』. 서울: KDI.
이광종(1986). 한국 관료의 행정책임과 통제에 관한 연구. 서울대학교 박사학위 논문.
이근식(2004). 한국 경제개발모형의 평가와 대안. 변형윤박사 정년퇴임 기념논문집간행위원회, 『경제 민주화의 길』. 파주: 한국학술정보(주).
이만우(2000). 『세법』. 서울: 박영사.
이명진 · 이명재(2010). 공공기관의 조직적 특성과 정보공개에 관한 연구. 『한국행정학보』, 44(1).
이문영(1991a). 『자전적 행정학』. 서울: 문학평론사.
______(1991b). 『마지막 ＜재무행정＞ 강의』.
______(1980). 『한국행정론』. 서울: 일조각.
______(1962). 『행정학』. 서울: 일조각.
이문영 · 윤성식(2003). 『재무행정론』. 서울: 법문사.
______(1993). 『재무행정』. 서울: 학현사.
이문희(1982). 예산요구전략에 관한 연구. 고려대학교 석사학위 논문.
이병화(1983). 『한국 경제입법 연구』. 서울: 평민사.
이상호(1993). 정치변혁기의 예산결정 과정. 『한국행정학보』, 27(3).
이상희(1985). 『지방재정론』. 서울: 계명사.
이세정(1991.11). 권력의 재계 장악 루트. 『월간 옵서버』.
이세창(1965). 『한국 재정의 근대화 과정』. 서울: 박영사.
이순호(1988). 영기준예산제도의 도입과 예산 행태의 변화에 관한 연구. 전북대학교 석사학위 논문.
이양호 · 지은주 · 권혁용(2013). 불평등과 행복: 한국의 사례. 『한국정치학회보』, 47(2).
이연우(옮김)(1998). 『목표관리의 이론과 실제』. G. S. Odiorne. 서울: 한국능률협회.
이영균(1998). 내부통제로서의 감사와 외부통제와의 연계성 확보 방안. 『한국행정연구』, 7(3).
이영희(1992). 지방자치제와 재정수요의 영향평가 및 예측. 『하계학술대회 발표논문』. 한국행정학회.
이웅근(1970). 『예산개혁론』. 서울: 한국산업능률본부.

이원희(2008). 『시민이 챙겨야 할 나라 가계부』. 서울: 창비.
이은재(옮김)(1988). 『발전행정』, G. F. Gant. 서울: 대영문화사.
이재원(2002). 지방정부의 성과관리 시스템 개발에 관한 연구. 『한국행정학보』, 36(1).
이정숙 · 양옥경(1996). 지역사회 정신건강 증진을 위한 임상개입 모형연구. 『한국사회복지학』, 30.
이정희(2016). 우리나라 재무행정학의 연구경향과 구조에 관한 연구. 『한국행정학보』, 50(5).
______(2011). 대통령제 하의 예산전쟁의 갈등 양상에 대한 비교연구: 미국의 정부폐쇄 사례와 우리나라 예산안 날치기 사례를 중심으로. 『2011년도 한국행정학회 동계학술대회 논문집』.
______(2010). 최근의 주요 예산이론의 비교, 평가 및 발전방향에 관한 연구. 『한국행정학보』, 44(4).
이종범(2006). 서론. 한국행정학회. 『한국행정학 50년』. 서울: 조명문화사.
______(1986a). 『국민과 정부관료제』. 서울: 고려대학교출판부.
______(1986b). 행정과 국민 간의 거리감: 정책의 신뢰성 제고를 위한 절차적 방안의 모색. 『국민과 정부관료제』. 서울: 고려대학교출판부.
이종수(1991). 경제개발이 소득분배에 미치는 영향. 서울대학교 행정대학원 박사학위 논문.
이종수 · 이대희(옮김)(1985). 『정책형성론』, J. E. Anderson. 서울: 대영문화사.
이종원(1986). 한국 조세법의 회고와 전망. 『한국조세연구』, 2.
이종익(1981 · 1992). 『재무행정론』. 서울: 박영사.
이종익 · 강창구(2000). 『재무행정론』. 서울: 박영사.
이죽철(1978). 국회 예산심의에 관한 연구. 서울대학교 석사학위 논문.
이준구(2000). 조세제도 개혁의 정치경제학. 『재정논집』, 14(2).
이준영(1983). 행정부의 내부통제. 『발전정책연구』, 19.
______(1970). 예산전략에 관한 연구. 『행정논총』, 8(2).
이진설(1981). 우리나라 5개년 계획 체제의 운영: 경과와 방향. 『발전정책연구」, 9.
이철성(1988.10). 세제개편과 공정분배. 『전망』.
______(1987). 조세법률주의와 헌법적 보호 기능. 『한국조세연구』, 3.
______(1986). 『한국재정론』. 서울: 박영사.
이철송 · 김완석(1988). 『조세심판제도의 합리적 개선 방안』. 서울: 한국조세연구회.
이태노(1985). 『세법』. 서울: 방송통신대학.
이한빈(1973). 『사회 변동과 행정』. 서울: 박영사.
______(1968). 한국 예산개혁 논고: 1955-1961. 『행정논총』, 6.
이현재(1986). 『재정경제학』. 서울: 박영사.
이형우 · 김규옥(2011). 성인지 예산 제도에 대한 고찰. 『사회과학연구』, 18(1). 동국대학교.
이호진(1979). 『국회법 해설』. 서울: 국회사무처.
임병규(1985). 한국 국회에 의한 결산심의제도의 개선 방향에 관한 연구. 서울대학교 석사학위 논문.
임양택(1988.10). 세제개혁의 올바른 방향. 『전망』.
임의영(2010). 공공성의 유형화. 『한국행정학보』, 44(2).
임혁백(2003). 『세계화 시대의 민주주의』. 서울: 나남.
장노순 · 정성호 · 유호(2012). 주민참여예산제도에 관한 인식조사 연구. 『한국지방재정논집』, 50(1).

장승진(2018). 국회와 대통령(행정부)관계의 변화와 특징. 『국회개원 70주년 기념 학술회의 논문집(2018.5.25.)』. 국회 의원회관.
장영철(2008). 이명박 정부의 공공기관 혁신과제. 한국행정학회 춘계 학술대회(2008.4).
장영희(2008). 17대 국회 힘껏 쓰고 살살 일했다. 『시사인』, 52 · 53합병호.
______(1997). 임자 없는 돈 '팍팍' 쓰고 보자. 『시사저널』, 435.
재경회 · 예우회(엮음)(2011). 『한국의 재정 60년』. 서울: 매일경제신문사.
재난 및 안전관리기본법(2019). 법률 제16301호 2019.3.26.
재무부(1979). 『한국조세사』(상)(하).
재정경제부(2005a). 『재정금융통계』, 1/4.
______(2005b). 『2004년 경제백서』. 2005.7.
______(2004). 『재정금융통계』, 3/4.
______(1999a). 『재정금융통계』, 2/4.
______(1999b). 『재정금융통계』, 3/4.
______(1998). 『재정금융통계』, 4/4.
전국경제인연합회(1992). 『1992년도 한국경제연감』.
전라북도(2006). 『2006년도 사업별 예산서』.
전상경(2005). 『정책분석의 정치경제학』. 서울: 박영사.
전상경(옮김)(1991). 『시장과 정부』. Charles Wolf, Jr. 서울: 교문사.
전상경 · 홍완식(옮김)(1991). 『관료제의 정치경제학』. Peter M. Jackson. 서울: 대영문화사.
전영준 · 이철인(2008). 소득세제 개편 방안. 한국재정학회 세제개편위원회. 『한국 경제 선진화를 위한 세제개혁』. 서울: 해남.
전자조달의 이용 및 촉진에 관한 법률. 법률 제13626호 일부개정 2015.12.29.
전자조달의 이용 및 촉진에 관한 법률 시행규칙. 기획재정부령 제360호 제정 2013.9.17.
전자조달의 이용 및 촉진에 관한 법률 시행령. 대통령령 제27513호 일부개정 2016.9.27.
전주성(2010). 적정조세 이론과 한국의 조세개혁. 『재정학연구』, 3(4).
전택승(2004). 『우리나라와 외국의 성과주의 예산제도』. 한국조세연구원.
정광모(2008). 『또 파? 눈먼 돈, 대한민국 예산』. 서울: 시대의 창.
정락균(1986.9). 현행 예산제도에의 ZBB 적용 실태와 개선 방향. 『계간 감사』, 7.
정부혁신지방분권위원회(2008). 『참여정부의 재정세제개혁』.
______(2005). 『참여정부의 재정세제 개혁』.
정용덕(2011). 한국 행정학에서 무엇을 어떻게 연구할 것인가? 박종민 · 윤견수 · 김현준(편저), 『한국 행정학의 방향』. 서울: 박영사.
______(2002). 『한일 국가기구 비교연구』. 서울: 대영문화사.
______(1988). 물적 자원의 동원과 배분. 김도훈 외(공저), 『행정학개론』. 서울: 대영문화사.
______(1984). 자유시장경제와 정책규제: 연구문제의 선정. 『한국행정학보』, 18.
정재룡(2000). 제16대 국회 입법활동 평가. 『국회보』, 406.
정정길(1988). 『정책결정론』. 서울: 대명출판사.

______(1986.3). 정책감사의 개념. 『계간 감사』, 5.
______(1984). 정책결정요인론의 재검토. 『김병찬교수 회갑논문집』.
______(1979). 계획예산제도의 정치행정적 측면. 『경북대논문집』, 27.
정진영(2013). 국회와 주요국 의회의 예산안 심사일정 비교와 함의. 『이슈와 논점』(국회입법조사처, 2013.1.8).
정창수 외(2016). 『최순실과 예산도둑들』. 서울: 도서출판 답.
정창훈(2017). 관료제 권력변화에 따른 우리나라 부처별 예산변동의 패턴분석. 『공공정책과 국정관리』, 11(1).
정태언(1988). 우리나라 징세비의 실태와 적정화에 관한 연구. 서울대학교 석사학위 논문.
정희상(2008). 안팎에서 동티난 '군력 감싸원.' 『시사인』, 59.
조 준(1986). 제11대 국회의 예산심의 과정에 관한 연구. 서울대학교 석사학위 논문.
조경엽(2016). 법인세, 오해와 진실. KERI 정책제언: 16－23(2016.11.4).
조규상(2009). 『재정민주주의』. 서울: 리북.
조달사업에 관한 법률. 법률 제14526호 일부개정 2017.1.17.
조달사업에 관한 법률 시행령. 대통령령 제28186호 일부개정 2017.7.17.
조달청(2019a). 주요 통계.
______(2019b). 2018년도 자체평가 결과보고서 요약.
______(2018a). 『2017 조달연보』.
______(2018b). 2018년 조달청 주요 업무계획.
조석준(1992). 『한국행정학』. 서울: 박영사.
______(1988.9). 민주화와 행정통제. 『계간 감사』, 15.
______(1985). 『조직론』. 서울: 법문사.
조성한・문신용・사공영허・유지윤(1996). 『일본의 정부조직』. 서울: 한국행정연구원.
조은경(1998). 공공서비스에 대한 주민평가에 관한 연구. 서울시립대학교 박사학위 논문.
조익순(1996). 『한미일 정부회계 및 감사제도의 문화적 조명』. 서울: 박영사.
조정현(1995). 정부지출 편익의 귀착. 건국대학교 박사학위 논문.
조창현(1986). 『재무행정론』. 서울: 법지사.
조한상(2009). 『공공성이란 무엇인가?』. 서울: 책세상.
조형석・신민철(2012.4). 『주요국 최고감사기구의 지위 및 기능에 관한 비교연구』. 감사연구원.
주한미국대사관 공보과(2006). 『살아 있는 미국 역사와 민주주의 문서』.
지방교육재정교부금법. 법률 제16112호 일부개정 2018.12.31.
지방자치단체를 당사자로 하는 계약에 관한 법률. 법률 제16042호 일부개정 2018.12.24.
지방자치단체 재무회계규칙 제2조 내지 제7조
지방자치단체회계기준에 관한 규칙. 행정안전부령 제1호(행정안전부와 그 소속기관 직제 시행규칙) 일부개정 2017.7.26.
지방자치인재개발원(2018). 『지방자치단체 회계실무』. 교육교재.
지방자치인재개발원・시도공무원교육원(2018). 『2018 공통교재 회계 실무』.

지방재정법. 법률 제15803호 일부개정 2018.10.16.
지방회계법. 법률 제14197호 신규제정 2016.5.29.
지방회계법 시행령. 대통령령 제29269호.
차병권(1972). 우리나라의 조세 부담에 관한 고찰: 소득계층별 국내 소비세의 부담. 『조세개론』. 서울: 박영사.
차병권 · 최광(편저)(1985). 『한국 조세의 연구』. 서울: 한국세정신보.
최 광(1991). 조세지출예산제도와 도입의 정책과제. 이계식 · 노기성(엮음), 『국가예산과 정책목표』. 서울: 한국개발연구원.
______(엮음)(1984). 『한국 세제의 주요 정책과제와 개선 방향』. 서울: KDI.
______(1983a). 『재정통계자료집』. 서울: KDI.
______(1983b). 『국가예산과 정책목표』. 서울: KDI.
최광 · 노봉래(1988). 정치적 경기순환의 논리와 실증적 연구. 『재정논집』, 2.
최광 · 임주형(1997). 『공공부문 생산성 제고를 위한 연구』(3). 서울: 한국조세연구원.
최광 · 현진권(1997). 『한국조세정책50년』(1권). 서울: 한국조세연구원.
최 명(1997). 『민주주의론』. 서울: 해남.
최명근(1981). 『세법학개론』. 서울: 경문사.
최명근 외(1988). 『조세 확정의 적정 절차 보장에 관한 연구』. 서울: 한국조세연구소.
최병선(2006). 신제도경제학에서 본 규제이론과 정책: 이견과 확장. 『행정논총』, 44(2).
______(2001). 정부 주도의 경제사회 운영과 행정윤리. 『행정논총』, 39(4).
최성렬(1985). 국민 조세의식의 조사연구(요약). 차병권 · 최광(편저), 『한국 조세의 연구』. 서울: 세정신보사.
최수동 · 손윤진(2018). 국방재운배분의 책임성강화를 통한 국방예산 가치제도방안. 『국방논단』. 한국국방연구원. 제1735호(2018.11.19).
최승필(2016). 재정준칙에 대한 법적 검토: 재정건전화법안(정부안)을 중심으로. 『공법학연구』, 18(1).
최양식(1998). 『영국을 바꾼 정부개혁』. 서울: 매일경제신문사.
최완규(옮김)(2012). 『민주주의 역사』. 서울: 시공사. 원저: Rogers, Osborne. *A New History of Democracy*(London: The Bodley Head, 2011).
최은봉(옮김)(2000). 『일본의 헌법』. 하세가와 마사야스. 서울: 도서출판 소화.
통계청(1999). 『한국의 사회지표』.
하미승(2004). 정부성과 관리시스템의 문제점 진단과 개선 방향. 『한국행정연구』, 13(1).
하연섭(2015). 성과주의 예산개혁의 비교제도 분석. 『현대사회와 행정』, 25(1): 161-191.
______(2012). 재정규율과 재정책임. 권오성 공저, 『재정규율과 재정책임의 이론과 실제』. 서울: 대영문화사.
______(2010). 『정부예산과 재무행정』. 서울: 다산출판사.
______(2008a). 『재정학의 이해』. 서울: 다산출판사.
______(2008b). 공공성과 재무행정. 한국행정연구원. 『새로운 시대의 공공성 연구』. 서울: 법문사.
______(1996). 한국의 『재무행정론』 교과서에 대한 평론: 새로운 접근을 위한 모색. 『한국행정학보』,

30(2).
하우석(2012). 기획 천재가 된 홍대리. 서울: (주)다산북스.
하재구(1986). 서울시민의 삶의 질의 실태와 시정부의 공공정책의 발전 방향에 관한 연구.『행정문제논집』, 7. 한양대학교.
하태권 외(2001).『현대한국정부론』. 서울: 법문사.
한국개발연구원(1975).『예산제도 개선에 관한 연구』.
한국개발원(1996).『재정통계자료집』.
한국경제신문(2006a). 한나라, 주택거래세 더 내려라. 2006.8.3.
______(2006b). 내주부터 부동산 거래세 인하. 2006.8.29.
한국납세자연맹(2018). 국민연금 지급보장의 불편한 진실 7가지. 2018.8.29.
한국노동연구원(2005). 통계프리즘: 생활만족도의 변화 추이.『노동리뷰』. 2005.12.
한국사회과학연구소(엮음)(1981).『한국사회론』. 서울: 민음사.
한국은행(1994).『세계 속의 한국경제』.
한국재정정보원(2019).『재정통계해설』.
한국재정학회 세제개편위원회(2008).『한국 경제 선진화를 위한 세제개혁』. 서울: 해남.
한국조세연감발간회(1997).『한국조세연감 1998』. 서울: 세무조사연구소.
한국조세학회(1987).『한국조세연구』, 3.
한국지방행정연구원(2018). 재정분권시대 보통교부세의 발전방향.『지방자치정책 Brief』, 55.
______(2017). 2017 지방자치단체 재정분석 종합보고서.
______(2016a). 지방재정준칙 어떻게 도입해야 하는가?『지방자치정책 Brief』, 2.
______(2016b). 지방자치단체 채무 및 부채, 바람직한 관리 방향은?『지방자치정책 Brief』. 6.
한국행정문제연구소(1969).『한국 행정의 역사적 분석: 1948~1967』.
한국행정학회(1980).『*Selected Readings in Public Administration*』. 서울: 다산출판사.
한배호 외(1978).『현대 일본의 해부』. 서울: 한길사.
한상국・박훈(2005).『조세구제제도의 개선 방안에 관한 연구』. 서울: 한국조세연구원.
한승수(1985). 한국 조세부담 분포. 차병권・최광(편저),『한국 조세의 연구』. 서울: 세정신보사.
행정개혁위원회(1967).『정부기획제도의 개선을 위한 조사보고서』.
행정안전부(2012).『2012 행정안전통계연보』.
______(2019). 지방계약법 시행령 및 시행규칙 개정안.
행정자치부(1998).『대한민국정부조직변천사(상)』. 서울: 덕산인쇄사.
행정학전자사전(2010). 발생주의 회계. 한국행정학회(KAPA).
현진권(1998). 조세행정의 개혁 방향과 정책과제. 현진권(엮음),『조세행정과 정책과제』. 서울: 한국조세연구원.
홍성만 외(2007). 한국 중앙재정기구의 형성과 변화 과정.『정부학연구』, 25(1).
홍승현(2013). 글로벌 금융위기 이후 재정준칙 변화와 재정준칙의 적절한 도입방향.『재정포럼, 현안분석』. 2.
황수연(옮김)(2013). 공공선택론 입문. 부산: 도서출판 리버티. 원저: Butler, Eamonn(2012). *Public*

Choice: A Primer(London: The Institute of Economic Affairs, 2012).
황윤원(1991). 감축관리를 위한 민간화 기법의 연구. 『한국행정학보』, 25(1).
______(1987). 지방정부 예산의 결정변수 분석구. 『한국행정학보』, 21(2).
황윤원 · 김성철(2005). 『재무행정론』. 서울: 법문사.
황인정(1970). 『행정과 경제 발전』. 서울: 서울대학교출판부.
회계관계직원 등의 책임에 관한 법률. 법률 제14197호(지방회계법) 일부개정 2016.5.29.
후쿠자와 유키치(2011). 『학문을 권함』. 이동주 옮김. 서울: 기파랑.

[국외 문헌]

Almond, G. A. & G. B. Powell, Jr.(1978). *Comparative Politic*(2nd ed.). Boston: Little, Brown, Co.
Alt, James E. & K. Alec Chrystal(1983). *Political Economics*. Berkeley: California University Press.
Andrew, F. M. & S. Withey(1973). *Developing Measures of Perceived Life Quality*. Ann Arbor: Michigan University Institute for Social Research.
Anshen, Melvin(1975). The Program Budget in Operation. In D. Novick(ed.). *Program Budgeting*. Cambridge Mass: Harvard University Press.
Anton, T. J.(1979). Agency Budget Roles. In R. T. Golembiewsky & J. Labin(eds.). *Public Budgeting and Finance*(2nd ed.). Itasca, Ⅲ.: F.E. Peacock Publishers.
______(1970). Roles and Symbols in the Determination of State Expenditure. In Ira Sharkansky(ed.). *Policy Analysis in Political Science*. Chicago: Markham.
______(1966). *The Politics of State Expenditure in Illinois*. Urbana: Illinois University Press.
Axelrod, Donald(1988). *Budgeting for Modern Government*. New York: Martin's Press.
Bailey, J. & R. J. O'Connor(1975). Operationalizing Incrementalism: Measuring the Muddles. *PAR*, 35(1).
Baldacci, E. Sanjeev Gupta, & A. Mati(2011). Political and Fiscal Risk Determinants of Sovereign Spreads in Emerging Markets. *Review of Development Elonmics*, 15(12).
Baumgartner, Frank R. & Bryan D. Jones (1993). *Agendas and Instability in American Politics*. Chicago: University of Chicago Press.
Berman, Larry(1979). *The Office of Management and Budget and the Presidency: 1921-1979*. New Jersey: Princeton University Press.
Binford, Charles W.(1978). Reflections on the Performance Budget: Past, Present and Future. In Hyde & Sharfritz(eds.). *Government Budgeting*. Ork Park, Ⅲ.: Moore Publishing.
Borcherding, Thomas E.(1977). *Budget and Bureaucrats: The Source of Government Growth*. Durham, North Carolina: Duke University Press.
Boynton, G. R. & Chong Lim Kim(1975). *Legislative Systems in Developing Countries*. Durham, North Carolina: Duke University Press.
Bradshaw, Kenneth & D. Pring(1972). *Parliament and Congress*. Austin, Texas: University of

Texas Press.
Brady, R. H.(1978). MBO goes to Work in the Public Sector. In F. J. Lyden & E. G. Miller(eds.). *Public Budgeting*(3nd ed.). Chicago: Rand McNally.
Braybooke, David & C. E. Lindblom(1970). *Strategy of Decision*. New York: Free Press.
Breunig, Christian & Chris Koski(2012). The Tortoise or the Hare? Incrementalism, Punctuations, and Their Consequences. *Policy Studies Journal*, 40(1).
Bryan D. Jones, Frank R. Baumgartner, & True, James L.(1995). The Shape of Change: Punctuations and Stability in U.S. Budgeting, 1946–94. Working Paper 42, Program in American Politics: Texas A & M University.
Buchanan, James M.(1970). *The Public Finance*. Homewood, Ⅲ.: Richard D. Irwin.
Buchanan, J. M. & M. R. Flowers(1975). *The Public Finance*. Homewood, Ⅲ.: Richard D. Irwin.
Burkhead, Jesse(1985). The Boundaries of Public Budgeting: Issues for Education in Tubultuous Times. *PAR*, 45(4).
______(1956). *Government Budgeting*. New York: John Wiley & Sons.
Caiden, Naomi & Aaron B. Wildavsky(1974). *Planning and Budgeting in Poor Countries*. New York: John Wiley & Sons.
Caiden, Naomi(1987). Paradox, Ambiquity & Enigma. *PAR*, 47(1).
______(1978). Patterns of Budgeting. *PAR*, 38(1).
Chandler, R. C. & J. C. Plano(1982). *The Public Administration Dictionary*. New York: John Wiley & Sons.
Choi, Byung–Sun(1987). The Structure of the Economic Policy Making Institutions in Korea and the Strategic Role of EPB. *Korean J. of Policy Studies*, 2.
Cnudde, Charles F. & R. J. McCrone(1968). Party Competition and Welfare Policies in the American States. *APSR*, 62.
Conyerss, Diana & Peter Hills(1984). *An Introduction to Development Planning in the Third World*. New York: John Wiley & Sons.
Cothran, Dan A.(1993). Entrepreurial Budgeting: An Emerging Reform?. *PAR*, 53(5).
Cox, Harvey(1999). The Market as God: Living in the New Dispensation. *Atlantic Monthly*, March.
Crick, Bernard(1965). *Reform of Parliament*. New York: Anchor Books.
Davidson, Roger H.(1984). The Congressional Budget. T. Wander et al., *Congressional Budgeting*. Baltimore: Johnhokins University Press.
Davidson, Roger H. et al.(1982). *Congress in Crisis*. New York: Hawthorn Books.
Davis, Edward(1997). The Evolution of Federal Spending Control: A Brief Overview. *Public Budgeting and Finance*, 17(3).
Davis, J. W. & R. B. Ripley(Nov. 1969). The Bureau of the Budget and Executive Branch Agencies: Note on Their Interaction. *J. of Politics*, 29.

Dawson, Richard E. & J. A. Robinson(May, 1963). Inter−Party Competition, Economic Variables, and Welfare Policies in the American States. *J. of Politics*, 25.

Denhardt, J. V. & R. B. Denhardt(2003). *The New Public Service*. Armonk, New York: M. E. Sharpe.

Derthick, Marta(1975). *Uncontrollable Spending for Social Service*. Washington D.C.: Brookings Institution.

De Zoysa, Hema R.(1990). Cash Management. In A. Premchand(ed.). *Government Financial Management*. Washington D.C.: IMF.

Dobb, L. C. & R. L. Schott(1979). *Congress and the Administrative State*. New York: John Wiley & Sons.

Dumbrell, J.(1980). Strengthening the Legislative Power of the Purse: The Origins of the 1974 Budgetary Reforms in the U.S. Congress. *Public Administration*, 58.

Dye, T. R.(1981). *Understanding Public Policy*(4th ed). Englewood Cliffs. New Jersey: Prentice−Hall.

______(1970). A Model of Analysis of Policy Outcomes. In Ira Sharkansky(ed.). *Policy Analysis in Political Science*. Chicago: Markham.

Eckstein, Otto(1979). *Public Finance*(4th ed.). Englewood Cliffs, New Jersey: Prentice−Hall.

Eihtedari, Ali & Frank Sherwood(1978). Performance Budgeting in Los Angeles. In Hyde & Sharfritz(eds.). *Government Budgeting*. Ork Park, Ⅲ.: Moore Publishing.

Emanuele Baldacci, Iva Petrova, Nazim Belhocine, Gabriela Dobrescu, & Samah Mazraani(2011). Assessing Fiscal Stress. *IMF Working Paper*, WP/11/100.

Fabricant, Solomon(1952). *Trend of Government Activity in the United States Since 1900*. New York: National Bureau of Economic Research.

Faludi, A.(1976). *A Reader in Planning Theory*. New York: Pergamon Press.

Fenno, Richard, Jr.(1973). *Congressmen in Committees*. Boston: Little, Brown, and Co.

______(1962). The House Appropriations Committee at a Political System. *APSR*, 56.

Fisher, K. F.(1985). Quality of Life Research and Sociology. *Annual Review of Sociology*, 11.

Fisher, Louis(1984). The Budget Act of 1974. W. Thomas et al., *Congressional Budgeting*. Baltimore: Johnhokins University Press.

Frank, R. Baumgartner & Jones, Bryan D.(1993). *Agendas and Instability in American Politics*. Chicago: Univ. of Chicago Press.

Frederickson, H. George(1997). *The Spirit of Public Administration*. San Francisco: Jossey−Bass Inc.

______(1980). *New Public Administration*. Alabama: Univ. of Alabama Press.

Fried, R. C.(1975). Comparative Urban Policy and Performance. In F. I. Greenstein & N. Polsby(eds.). *Handbook of Political Science*, 6. New York: Addison−Wesley.

Frohlich, N. & J. A. Oppenheimer(1978). *Modern Political Economy*. Englewood Cliffs, New

Jersey: Prentice-Hall.

Gilmore, J. B. & D. E. Lewis(2006). Does Performance Budgeting Work?: An Examination of the Office of Management and Budget's PART Scores. *PAR*, 66(5).

Gist, J. R.(1977). Increment and Base in Congressional Appropriations Process. *AJPS*, 21.

Golembiesky, R. T. & J. Rabin(eds.)(1979). *Public Budgeting and Finance*(2nd ed.). Itasca, Ⅲ.: F. E. Peacock Publishers.

Gore, Al(1993). *National Performance Review.*

Harper, Edwin L. et al.(1980). Implementation and Use of PPB in Sixteen Agencies. In A. Schick(ed.). *Perspectives on Budgeting*. Washington D.C.: ASPA.

Haveman, R. H.(1977). Policy Analysis and the Congress: An Economist's View. In R. H. Haveman & J. Margolis(eds.). *Public Expenditure and Policy Analysis*(2nd ed.). Chicago: Rand McNally.

Haveman, R. H. & B. A. Weisbrod(1977). Defining Benefits of Public Programs. R. H. Haveman & J. Margolis. *Public Expenditure and Policy Analysis.* Chicago: Rand McNally.

Heaphey, James J.(1975). Legislatures: Political Organization. *PAR*, 35(5).

Heclo, Hugh & Aaron Wildavsky(1974). *The Private Government of Public Money.* London: Macmillan.

Henry, Marion L. & Willis Proctor(1978). New York State's Performance Budget Experiment. In Hyde & Sharfritz(eds.). *Government Budgeting.* Ork Park, Ⅲ.: Moore Publishing.

Henry, Nicholas(1980). *Public Administration and Public Affairs.* Englewood Cliffs, New Jersey: Prentice-Hall.

Hogan, J. J.(1985). Ten Years After: The US Congressional Budget and Impoundment Control Act of 1974. *Public Administration*, 63.

Holsey, C. M. & T. E. Borcherding(1997). Why does government's share of national income grow? An assessment of the recent literature on the U.S. experience. In D. C. Muller(ed.). *Perspectives on Public Choice.* New York: Cambridge University Press.

Hyde, A. C. & J. M. Sharfritz(eds.)(1978). *Government Budgeting.* Ork Park, Ⅲ.: Moore Publishing.

Hyde, A. C.(1978). A Review of the Theory of Budget Reform. In A. C. Hyde & J. M. Sharfritz(ed.). *Government Budgeting.* Ork Park, Ill.: Moore Publishing.

IMF(2014). Safe Debt and Uncertainty in Emerging Markets: An Application to South Africa. *IMF Working Paper*, No. 14/231.

______(2012). Fiscal Rules in Response to the Crisis-Toward the 'Next-Generation' Rules: A New Dataset. *IMF Working Paper*, No. 12/187.

______(2006). Managing and Controlling Extrabudgetary Funds. *IMF Working Paper*, WP/06/286 prepared by Richard Allen & Dimitar Radev.

Ippolito, D. S.(1978). *The Budget and National Politics.* San Francisco: W. H. Freeman.

Jackson, P. M.(1983). *The Political Economy of Bureaucracy*. N.J.: Barnes and Noble Books.

Jacobs, Kerry(1995). Budgets: A Medium of Organizational Transformation. *Management Accounting Research*, 1995.6.

James, L. True, Bryan D. Jones, & Baumgartner, Frank R.(2006). Punctuated Equilibrium Theory: Explaining Stability and Change in Public Policymaking. In Paul Sabtier(ed.). *Theories of the Policy Process*(2nd ed). Boulder, Co.: Westview Press.

Jeffrey, Iran(1990). *A Guide to the Socialist Economy*. London: Rouledge.

Jenkins, W. I.(1978). *Policy Analysis*. New York: St. Martin's Press.

Jewell, M. E. & S. C. Patterson(1966). *The Legislative Process in the United States*. New York: Random House.

Jogert, Michael(1993). *Reform in the House of Commons: The Select Committee System*. Lexington: University Press of Kenturky.

Jones, Bryan D., Frank R. Baumgartner, & James L. True(1996). The Shape of Change: Punctuations and Stability in U.S. Budgeting, 1946−94. Presented at the Annual Meeting of Midwest Political Science Association, Chicago.

Jones, Charles O.(1989). Congress and the Constitutional Balance of Power. In Christopher J. Deering(ed.). *Congressional Politics*. Chicago: Dorsey Press.

Jordan, Meagan M.(2003). Punctuations and Agendas: A New Look at Local Government Budget Expenditures. *Journal of Policy Analysis and Management,* 22(3).

Joyce, G. Philip(1999). Performance−Based Budgeting. In R. T. Meyers(ed.). *Handbook of Government Budgeting*. San Francisco. Jossey−Bass Publishers.

Kanter, A.(1972). Conress and Defence Budget. *APSR*, 66.

Kelly, J. M. & W. C. Rivenbark(2003). *Performance Budgeting for State and Local Government*. Armonk, New York: M. E. Sharpe.

Key, V. O., Jr.(1980). The Lack of Budgetary Theory. In K.A.P.A.(ed.). *Selected Readings in Public Administration*. 서울: 다산출판사. 이 논문은 본래 1940년 발표된 것을 한국행정학회가 전재한 것이다.

______(1956). *American State Politics*. New York: Knopf.

Kim, Chong Lim(1984). *The Legislative Connection: The Politics of Representation in Kenya, Korea, and Turkey*. Durham, North Carolina: Duke University Press.

Kim, Sae−Jung(1987). *The Political Economy of Authoritarianism: State Propelled Industrialization and the Persistent Authoritarian State in South Korea: 1961−1979*. Unpublished Ph. D. Dissertation, McGill University Press.

Kim, Suck−Joon(1987). Crisis, Regime Change, and Development: A Quantitative Analysis of South Korean Political Transformation, 1945−1987. *Korean J. of Policy Studies*, 2.

King, K. L. & E. L. Schrems(1982). Cost−Benefit Analysis in Information Systems Development and Operation. In F. J. Lyden & E. G. Miller(eds.). *Public Budgeting*(4th ed). Englewood

Cliffs, New Jersey: Prentice-Hall.

Kopits, G., & Symansky, S.(1998). Fiscal rules. *IMF Occasional Paper*, 162. DC: IMF.

Kramer, A.(1979). *Contemporary Approaches to Public Budgeting*. Cambridge, Mass.: Winthrop Publishers.

Krone, Robert M.(1980). *Systems Analysis and Policy Science*. New York: John Wiley & Sons.

Kurt M. Thurmaier & Willoughby, Katherine G.(2001). *Policy and Politics in State Budgeting*. Armonk, New York: M. E. Sharpe.

Lauth, T. P.(1979). Zero Base Budgeting in Georgia State Government: Myth and Reality. In F. A. Kramer(ed.). *Contemporary Approaches to Public Budgeting*. Cambridge, Mass.: Winthrop Publishers.

Lee, Hong-Koo et al.(1982). Perceptions of Quality of Life in An Industrializing Country: The Case of The Republic Korea. *Social Indicators Research*, 10.

Lee, R. D., Jr. & R. W. Johnson(1977 · 1980). *Public Budgeting Systems* Baltimore: University Park Press.

Lee, Robert D. & Robert C. Burns(2000). Performance Measurement in State Budgeting. *Public Budgeting and Finance*, 20(1).

LeLoup, L. T.(1978). The Myth Of Incrementalism: Analytical Choices in Developing Budgetary Theory. *Polity*, 10.

______(1977). *Budgetary Politics*. Brunswick, Ohio: King's Court.

LeLoup, L. T. & W. B. Moreland(1978). Agencies Strategies and Executive Review: The Hidden Politics of Budgeting. *PAR*, 38.

Lewis, V. B.(1988). Reflections on Budget System. *Public Budgeting and Finance*, 8(1).

______(1978). Toward a Theory of Budgeting. In A. C. Hyde & J. M. Sharfritz(eds.). *Government Budgeting*. Oak Park, Ill.: Moore Publishing.

Lindblom, C. E.(1979). Still Muddling, Not Yet Through. *PAR*, 39.

______(1977). *Politics and Market*. New York: Basic Books.

______(1959). The Science of Muddling Through. *PAR*, 19.

Los, Marc(1981). Some Reflections on Espistemology, Design and Planning Theory. In M. Dear & A. J. Scott(eds.). *Urbanization and Urban Planning*. New York: Mechuen.

Lyden, Fremont J. & E. G. Miller(eds.)(1982). *Public Budgeting*(4th ed). Englewood Cliffs. New Jersey: Prentice-Hall.

Lyden, Fremont J. & E. G. Miller(eds.)(1978). *Public Budgeting*(3rd ed.). Chicago: Rand McNally.

Lynch, Thomas D.(1979). *Public Budgeting in America*. Englewood Cliffs, New Jersey: Prentice-Hall.

March, J. C. & H. A. Simon(1958). *Organizations*. New York: John Wiley & Sons.

March, J. C. & J. P. Olsen(1979). *Ambiguity and Choice*. Universitetsforlaget.

Marini, Frank(ed.)(1971). *Toward a New Public Administration*. San Francisco: Chandler.

McCaffrey, J.(1978). Budgeting in a Era of Resource Scarcity. *PAR*, 38(6).

McKean, R. N. & M. Anshen(1975). Limitations, Risks, and Problems. In D. Novick(ed.). *Program Budgeting*. Cambridge, Mass.: Harvard University Press.

Melkers, J. & K. Willoughhy(2001). Budgeters Views of State Performance Budgeting Systems. *PAR*, 61(1).

Meyers, Roy T. & Philip G. Joyce(2005). Congressional Budgeting at Age of 30: Is it Worth Saving?. *Public Budgeting & Finance*, Silver Anniversary Edition.

Mezey, M. L.(1979). *Comparative Legislatives*. Durham, N.C.: Duke University Press.

Mikesell, J. C.(1982). *Fiscal Administration*. Homewood, Ill.: Dorsey Press.

______(1978). Government Decision in Budgeting and Taxing. *PAR*, 38.

Miller, Gerald J.(1991). *Government Financial Management*. New York: Marcel Dekker.

Mosher, F. C.(1984). *A Tale of Two Agencies*. Baton Rouge: Louisiana State University Press.

Moynihan, D. P.(2006). Managing for Results in State Government: Evaluating a Decade of Reform. *PAR*, 66(1).

Mueller, Dennis C.(1979). *Public Choice*. New York: Cambridge University Press.

Musgrave, R. A. & P. B. Musgrave(1980). *Public Finance in Theory and Practice*(3rd ed.). Tokyo: McGraw-Hill.

Natchez, P. B. & I. C. Bupp(1973). Policy and Priority in the Budgetary Process. *APSR*, 67.

Neugarten, B. L. et al.(1961). The Measurement of Life Satisfaction. *J. of Gerontology*, 16.

Norton, Philip(1990). Parliament in the United Kingdom: Balancing Effectiveness and Consent? in Philip Norton(ed.). *Parliaments in Western Europe*. London: Frank Cass.

Novick, David(1979). What Program Budgeting Is and Not. In Fred A. Kramer(ed.). *Contemporary Approaches to Public Budgeting*. Cambridge, Mass.: Winthrop Publishers.

______(1975). *Program Budgeting*. Cambridge, Mass.: Harvard University Press.

______(1975). Origin and History of Program Budgeting. In D. Novick(ed.). *Program Budgeting*. Cambridge, Mass.: Harvard University Press.

Nussle, Jim(2012). Perspectives on Budget Process Reform. *Public Budgeting & Finance*, 32(3).

O'Connor, James(1973). *The Fiscal Crisis of the State*. New York: St. Martin's Press.

OMB(2007). *OMB Circular NO. A-11.*

______(2006). Circular No. A-11. *Preparation, Submission, and Execution of the Budget.*

______(2006.6). *OMB Circular NO. A-11.*

Osborne, D. & T. Gaebler(1992). *Reinventing Government*. Reading Mass.: Addison-Wesley.

Padgett, John F.(1980). Bounded Rationality in Budgetary Research. *American Political Science Review*, 74(2).

Paolo Manasse, Nouriel Roubini, & Axel Schimmelpfennig(2003). Predicting Sovereign Debt Crises. International Monetary Fund. *IMF Working Paper*, WP/03/22.

Peter, B. Guy(1984). *The Politics of Bureaucracy*. New York: Logman.

Poister, T. H. & G. Streib(1999). Performance Measurement in the State of the Practice. *PAR*, 59(4).

Polsby, N. W.(1975). Legislatives. F. I. Greenstein & N. W. Polsby. *Handbook of Political Science*, 5. Mass.: Addison−Wesley.

Premchand, A.(1983 · 1990). *Government Budgeting and Expenditure Control.* Washington D.C: IMF.

President's Commission for a National Agenda for the Eighties(1980). *Quality of American Life in Eighties.*

Prethus, Robert(1975). *Public Administration*(6th ed.). New York: Ronald Press Company.

Pyhrr, Peter A.(1973). *Zero Base Budgeting*. New York: John Wiley & Sons.

Reed, B. J. & J. W. Swain(1990). *Public Finance Administration.* Thousand Oaks, Sage Publication.

Rivlin, Alice(2012). Rescuing the Budget Process. *Public Budgeting & Finance*, 32(3).

Robinson, Ann(1985). The Treasury and Civil Service Committee 1979−1983. In Grvin Drewry(ed.). *The New Select Committees: A Study of the 1979 Reform.* New York: Oxford University Press.

______(1977). The House of Commons and Public Expenditure. In S. A. Walkland & Michael Ryle(eds.). *The Commons in Seventies.* London: Martin Robertson.

Rosenbloom, D. H.(1983). Public Administrative Theory and the Separation of Powers. *PAR*, 43.

Rourke, F. E.(1976). *Bureaucracy, Politics, and Public Policy.* Boston: Little, Brown, & Co.

Rowland, Wade(2005). *Greed, Inc.: How Corporations Rule Our World and Why We Let It Happen.* Toronto: Thomas Allen.

Rubin, Irene S.(2004). The State of State Budget Research. *Public Budgeting and Finance*, Silver Anniversary Edition.

______(1997). *The Politics of Public Budgeting*(3th ed.). New Jersey: Chatham House.

______(1990). Budget Theory and Budget Practice: How Good the Fit? *PAR*, 50(2).

Rush, Michael(1982). Parliamentary Committees and Parliamentary Government: The British and Canadian Experience. *The Journal of Commonwealth & Comparative Politics*, 20(2).

Sarant, Peter C.(1978). *Zero−Base Budgeting in the Public Sector.* Mass.: AddisonWesley.

Schick, A.(2005). Sustainable Budget Policy: Concepts and Approaches. *OECD Journal on Budgeting*, 5(1).

______(2000). *The Federal Budget.* Washington. D.C.: Brookings Institution Press.

______(1990). Budgeting for Results. *PAR*, 52(1).

______(1988). Micro−Budgetary Adaptations to Fiscal Stress in Industrialized Democracies. *PAR*, 48.

______(1986a). *Crisis in the Budget Process.* Washington D.C.: American Enterprise Institute.

______(1986b). Macro−Budgetary Adaptations to Fiscal Stress in Industrialized Democracies.

PAR, 46.

______(1983). Incremental Budgeting in a Decremental Age. *Policy Science*, 16.

______(1980). *Perspectives on Budgeting*. Washington D.C.: ASPA.

______(1979). The Road from ZBB. In F. A. Kramer(ed.). *Contemporary Approaches to Public Budgeting*. Cambridge, Mass.: Winthrop Publishers.

______(1978). Systems Politics and Systems Budgeting. In F. J. Lyden & E. G. Miller(eds.). *Public Budgeting*. Chicago: Rand McNally.

______(1973). A Death in the Bureaucracy: The Demise of Federal PPB. *PAR*, 33.

______(1971). *Budget Innovation in the States*. Washington D.C.: Brookings Institution.

______(1966). The Road to PPB: The Stages of Budget Reform. *PAR*, 26.

Schick, Allen & Felix Lostracco(2000). *The Federal Budget*. Washington, D.C.: Brookings Institution Press.

Schultze, C. L.(1968). *The Politics and Economics of Public Spending*. Washington D.C.: Brookings Institution.

Sekler－Hudson, Catheryn(1978). Performance Budgeting in Government. In Hyde & Sharfritz (eds.). *Government Budgeting*. Ork Park, Ill.: Moore Publishing.

Selma Mahfouz, Richard Hemming, & Michael Kell(2003). *The Effectiveness of Fiscal Policy in Stimulating Economic Activity: A Review of the Literature*. International Monetary Fund.

Sharkansky, Ira(ed.)(1970). *Policy Analysis in Political Science*. Chicago: Markham Publishing.

______(1968). Agency Requests, Gubernatorial Support, and Budget Sucess in State Legislaturea. *APSR*, 62.

______(1967). Government Expenditures and Public Services in the American States. *APSR*, 61.

______(1965). Four Agencies and an Appropriations Subcommittee: A Comparative Study of Budget Strategies. *Midwest J. of Political Science*, 9.

Shuman, Howard E.(1988). *Politics and the Budget*. Englewood Cliffs, New Jersey: Prentice－Hall.

Simon, Herbert A.(1976). *Administrative Behavior*(3rd ed). New York: Free Press.

Singleton, D. W. et al.(1979). Zero Based Budgeting in Wilminton, Delaware. In F. A. Kramer (ed.). *Contemporary Approaches to Public Budgeting*. Cambridge, Mass.: Winthrop Publishers.

Skok, J. E.(1980). Budgetary Politics and Decision Making. *Administration and Society*, 11.

Smithies, Arthur(1975). Conceptual Framework for the Program Budget. In David Novick(ed.). *Program Budgeting*, third ed. Cambridge, Mass.: Harvard University Press.

Smith, J. F.(1999). The Benefits and Threats of PPB. *PB&F*, 19(3).

Steinbruner, John D.(1974). *The Cybernetic Theory of Decision*. New Jersey: Princeton University Press.

Steiner, George A.(1975). Problems in Implementing Program Budgeting. In D. Novick(ed.). *Program Budgeting*. Cambridge, Mass.: Harvard University Press.

Steiss, A. W.(1979). *Public Budgeting and Management*(5th ed.). Lexington, Mass.: Lexington Books.

Stipark, Brian(1979). Citizen Satisfaction with Urban Services: Potential Misuse as a Performance Indicator. *PAR*, 39.

Stone, Clarence N., P. K. Whelan, & W. J. Murin(1986). *Urban Policy and Politics in Bureaucratic Age*(2nd ed.). Englewood Cliffs, New Jersey: Prentice-Hall.

Sumner, L. W.(1996). *Welfare, Happiness and Ethics*. Oxford: Clarendon Press.

Swan, Wallace K.(1983). Theoretical Debates Applicable to Budgeting. In J. Rabin & T. D. Lyden(eds.). *Handbook on Public Budgeting and Financial Management*. New York: Marcel Dekker.

Thurber, J. A.(1978). Congressional Budget Reform and New Demands for Policy Analysis. In F. J. Lyden & E. G. Miller(eds.). *Public Budgeting*(3rd ed.). Chicago: Rand McNally.

Thurmaier. Kurt M. & Katherine G. Willoughby(2001). *Policy and Politics in State Budgeting*. Armonk, New York: M. E. Sharpe.

Tompkin, Gary(1975). A Causal Model of State Welfare Expenditure. *J. of Politics*, 37.

True, James L. Bryan D. Jones, & Frank R. Baumgartner(2006). Punctuated Equilibrium Theory: Explaining Stability and Change in Public Policymaking. In Paul Sabtier(ed.). *Theories of the Policy Process*(2nd ed.). Boulder, Co.: Westview Press.

U.S. Bureau of Budget(1978). Planning Programming Budgeting(PPB) System. In Hyde & Sharfritz(eds.). *Government Budgeting*. Ork Park, Ill.: Moore Publishing.

U.S. Government(2008). Performance and Management Assessments, Analytical Perspectives. *Budget of U.S. Government, Fiscal Year 2008*.

Valdimer. O. Key, Jr.(1940). The Lack of Budgetary Theory. *APSR*, 34(6).

Waldo, Dwight(1971). *Public Administration in a Time of Turbulence*. San Francisco: Chandler Publishing.

______(1948). *The Administrative State*. New York: Ronald Press.

Walkland, Stuart(1976a). Parlimentary Control of Public Expenditure in Britain. In David Coombes et al., *The Power the Purse*. London: George Allen & Urwin.

______(1976b). The Politics of Parlimentary Reform. *Parliamentary Affairs*, 29(2).

Wanat, J.(1978). *Introduction to Budgeting*. North Scituate, Mass.: Duxbury Press.

Waterston, Albert(1979). *Development Planning*, Paperback Edition. Boltimore: Johns Hopkins University Press.

Webber, Carolyn & A. B. Wildavsky(1986). *A History of Taxation and Expenditure in the Western World*. New York: Simon & Schuster.

Weidenbaum, Murray L.(1979). Budget 'Uncontrollability' as an Obstacle to Improving the Allocation of Government Resources. In Golembiewsky & Rabin(eds.). *Public Budgeting and Finance*(2nd ed.). Itasca, Ill.: F. E. Peacock Publishers.

White, Leonard D.(1963). *Introduction to Public Administration*(7th ed.). New York: Macmillan.
White, Michael J.(1978). The Impact of Management Science on Political Decision Making. In F. J. Lyden & E. G. Miller(eds.). *Public Budgeting*. Chicago: Rand McNally.
Wholey, Joseph S.(1979). *Zero−Base Budgeting and Program Evaluation*. Lexington, Mass.: Lexington Book.
Wildavsky, Aaron B.(1997). *The New Politics of the Budgetary Process*(2nd ed.). New York: HarperCollins Publishers Inc.
______(1980). Political Implications of Budgetary Reform. In K.A.P.A.(ed.). *Selected Readings in Public Administration*. 서울: 다산출판사.
______(1979). *The Politics of the Budgetary Process*(3rd ed.). Boston: Little, Brown, & Company.
______(1978). A Budget for All Seasons?: When the Traditional Budget Lasts. *PAR*, 38.
______(1975). *Budgeting: Comparative Theory of Budgeting*. Boston: Little, Brown, & Company.
Willoughby, Katherine G.(2004). Performance Measurement and Budget Balancing: State Gov-ernment Perspective. *Public Budgeting and Finance*, 24(2).
Wolf, Charles, Jr.(1982). A Theory of Non−Market Failures. In F. J. Lyden & E. G. Miller(eds.). *Public Budgeting*(4th ed.). Englewood Cliffs. New Jersey: Prentice−Hall.
Yoo, Jong−Youl(1985). Policy Processes in Korea. *Proceedings of the Sixth Joint Conference*. August, 5−7. The Korean Political Science Association. Seoul.
Young−duck, J, Seok−jin, E, Kwanpyo, B., & Deok−soo, K.(2012). Institutionalization for Improving Transparency in Korea. *Korean Political Science Review*, 46(3).

http://www.jwindow.net/OLD/GOV/CABINET/MOF/MOF.organization.html(2000.12.14)
http://www.nts.go.kr/File/E/O/B/a/E−O−B−a−20000209001_O001.htm(2000.9.26)
http://www.whitehouse.gov/omb/budget/fy2008/pdf/apers/performancepdf(2007.11.29)

찾아보기

ㄱ

ㄴ

ㄷ

ㄹ

ㅁ

ㅂ

ㅅ

ㅇ

ㅈ

ㅊ

ㅋ

ㅌ

저자 소개

신무섭(申武燮)

- 연세대학교 수학과 졸
- 서울대학교 행정대학원(행정학석사)
- 서울대학교 대학원(행정학박사)
- 전북대학교 행정학과 교수 역임
- (현) 전북대학교 명예교수

[주요 저술]

- 율곡의 행정사상
- 공무원의 직무태도에 관한 비교연구
- 한국 행정부의 예산안 결정에 있어서 점증주의 행태에 관한 연구
- 미국 예산정치론(Irene S. Rubin, *The Politics of Public Budging*의 역서)
- 정부 재무관리 이론(Gerald J. Miller, *Government Finance Management Theory*의 역서)
- 국책사업 추진과 국가예산 확보를 위한 지방자치단체의 활동에 관한 사례연구
- 형식적인 서류작업으로서 계획
- 경제개발 5개년계획 기간 중 벼농사와 전북행정: 1972~1981

주상현(朱相炫)

- 전북대학교 행정학과 졸
- 전북대학교 대학원 졸(행정학석사 및 박사)
- (전) 문화체육관광부 공공기관 경영평가 위원
- (전) 정부업무평가 국정과제 평가 전문위원
- (전) 국회사무처 입법고시 출제위원
- (전) 한국행정학회, 한국정책학회, 한국지방자치학회 부회장
- (현) 행정안전부 지방자치단체 합동평가 위원
- (현) 전라북도 주요 재정사업 평가 민간평가단 위원
- (현) 한국연구재단 사회과학단 전문위원
- (현) 한국자치행정학회 회장
- (현) 전북대학교 행정학과 교수

[주요 저술]

- 문화와 국민행복: 문화국가 만들기(공저)
- 지방정부 간 정책갈등에 관한 연구
- 한국 행정학 연구경향의 실증적 분석: 최근 7년(1995~2001) 간 한국행정학보 기고논문을 중심으로
- 지방정부 사회복지비 지출 결정요인 분석: 전라북도 14개 시군을 중심으로
- 정책집행의 영향요인 분석
- 커뮤니티비즈니스 연구동향 및 특성 분석
- 도시재생사업 성공요인 중요도 분석과 정책적 함의: 전문가와 지역주민 인식비교를 중심으로 외 다수

개정 8판
재무행정학

펴낸날 제1판 제1쇄 1989년 9월 8일
제2판 제1쇄 1993년 3월 10일
제3판 제1쇄 1997년 2월 15일
제4판 제1쇄 2001년 2월 28일
제5판 제1쇄 2007년 2월 10일
제6판 제1쇄 2009년 6월 30일
제7판 제1쇄 2014년 1월 20일
제8판 제1쇄 2019년 8월 30일
지은이 신무섭 · 주상현
펴낸이 임춘환
펴낸곳 도서출판 대영문화사
주소 (본사) 사무실: 경기도 고양시 일산서구 주화로 70
우신프라자 307호 (우 10387)
(본사) 물류센터: 경기도 고양시 일산서구 덕산로
107번길 68-50 (우 10205)
등록 1975년 12월 26일 제3-16호
전화 (031) 913-3062, (031) 914-3884~5
팩스 (031) 913-3839
홈페이지 http://www.dymbook.co.kr

ISBN 978-89-7644-741-8
값 35,000원